KB274097

권력과
은둔

저자 소개

유준영 俞俊英 1935년 강원 춘천 출생. 독일 쾰른(Köln)대학교 철학박사. 주요 논문으로 「구곡도의 발생과 기능에 대하여」, 「성리학과 조형예술」 등이 있고, 전남대학교 · 한국정신문화연구원(현 한국학중앙연구원) · 이화여자대학교 교수 및 문화재 전문위원을 역임하였다.

이종호 李鍾虎 1955년 경기 안성 출생. 성균관대학교 문학박사. 논저로는 『유교경전의 이해』, 『월천 조목의 삶과 생각 그리고 문학』, 『조선의 문인이 걸어온 길』, 『퇴계학에세이: 온유돈후』가 있으며, 안동대학교에서 퇴계학연구소장을 역임하였고, 현재 한문학과 교수로 있다.

윤진영 尹軫暎 1966년 경북 경산 출생. 한국학중앙연구원 한국학대학원 문학박사. 논저로는 『조선시대의 연회도』, 『조선왕실의 미술문화』(공저), 『옥소 권섭과 18세기 조선문화』(공저), 『조선시대 책의 문화사』(공저)가 있으며, 현재 한국학중앙연구원 장서각 연구원으로 있다.

권력과 은둔
조선의 은둔문화와 김수증의 곡운구곡

2010년 1월 25일 초판 1쇄 발행
2010년 7월 15일 초판 2쇄 발행

지은이 유준영 · 이종호 · 윤진영
펴낸이 이찬규
펴낸곳 북코리아
등 록 제03-01240호
주 소 121-801 서울시 마포구 공덕동 115-13
전 화 02-704-7840
팩 스 02-704-7848
이메일 sunhaksa@korea.com
홈페이지 www.북코리아.com
ISBN 978-89-6324-030-5 (93340)

값 29,000원

이 도서의 국립중앙도서관 출판시도서목록(CIP)은 e-CIP 홈페이지(http://www.nl.go.kr/ecip)에서 이용하실 수 있습니다.
(CIP제어번호: CIP2009004251)

권력과 은둔

조선의 은둔문화와 김수증의 곡운구곡

유준영 이종호 윤진영 공저

책머리에

기록유산은 희미해진 기억의 실타래를 풀어내어 현재의 눈으로 과거를 반추하도록 한다. 그리하여 지금의 생각을 덧입혀 재생한 새로운 기록을 남기게 한다. 이것이 우리가 말하는 산 자들의 글쓰기이고 역사의 켜를 도탑게 쌓아가는 과정이다. 우리의 기억을 되살려 주는 기록은 종이에 쓰인 다큐멘터리 형태만 있는 것이 아니다. 간혹 돌에 새기거나 벽에 그림을 그려 생각의 흔적을 남겨 둠으로써 후대의 판독을 기다리는 것도 적지 않다. 울산 대곡리 반구대의 암각화나 중국 길림성 집안현 무용총 벽화 같은 것들이 그러한 유형을 대표한다.

강원도 화천에 가면 사내면 삼일리로 흐르는 화음동 계곡이 있다. 한여름 소나기가 지나간 뒤 계곡 앞에 서 보라. 맑은 골물이 바위에 부딪혀 콸콸거리며 달아나는 모습을 보노라면 풍진에 찌들어 울적해진 가슴속이 단번에 후련해짐을 느끼게 될 것이다. 그런 뒤 조금 있다가 물이 잦아들었다 싶으면 조심조심 징검다리를 슬쩍 밟고 건너편 반석으로 다가서 보라. 물이끼로 고색창연해진 판판한 바위에 새겨진 여러 도형의 문양에 그만 걸음이 멈추어질 것이다. 보란 듯이 정연하게 새겨져 있는 그 문양은 지금부터 300여 년 전인 1690년대, 청음 김상헌의 손자로 팔분서체에 능했던 김수증이 정성들여 디자인한 이른바 인문석人文石이라는 '기록'이다.

인문학 위기의 시대를 살아가는 인문학자에게 인문석은 남다른 호기심을 불러일으킨다. 이 인문석은 모두 역학의 원리를 도상화한 것으로 태극도·하도낙서·선후천팔괘도가 아직도 선명하게 그 자태를 뽐내고 있다. 김수증은 인문석 주변에 수양공간인 정사를 경영하여 송풍정·삼일정·부지암·유지당 등 여러 채의 건물을 짓고, 계곡에 구르다 멈춘 듯이 서 있는 큰 바위에다 하나는 '천근석', 하나는 '월굴암'이라 글자를 새긴 뒤 이내 그들의 이름으로 삼았다.

움직일 수 있는 것은 옮겨지거나 헐어지게 되어 있다. 꼼짝할 수 없는 완석頑石들만 남고 예전의 자취가 모두 사라졌으니 뉘라서 그곳이 그 옛날 김수증이 식솔을 거느리고

도마치 고개를 넘어 신세계를 꿈꾸던 화음동 정사 터라고 여길 건가. 그런데 어느 날 운세가 돌았는지 화음동의 옛 기억을 되살려 내고 인문석을 손가락으로 어루만지며 탄성을 지르는 이가 있었다. 화음동의 베일이 300년 만에 벗겨지는 순간, 냇물도 힘을 얻어 더 거세게 흐르고 화악의 취봉들이 걷힌 안개로 더욱 푸르렀다. 바로 그 현장에서 탄성을 질렀던 길손이 바로 이 책자의 발간을 기획한 유준영 선생이시다.

나는 유 선생을 기계옹杞溪翁이라 부른다. 관향이 현재 포항시의 옛 지명인 기계이니 그렇게 칭한들 무슨 흠이 있을까. 선생도 그런 나를 나무라지 않을 것이다. 유황·유철 형제와 유계로부터 유척기, 유언호에 이르기까지 참으로 많은 석학대유를 배출한 기계유씨의 후예답게, 다정하면서도 꼿꼿한 문한가의 기품을 잃는 일이 없는 옹은, 올해로 벌써 팔순을 바라보며 무상한 세월의 문턱을 넘고 계시다. 아마 그때 인문석에서 터져 나온 탄성이 30년 가까운 시간의 바다를 건너 오늘에 이르도록 우렁차게 울려 퍼져 선생으로 하여금 한순간도 곡운과 김수증을 떠나지 못하게 했나 보다. 요즘도 조촐한 술상을 마주 대하고 앉으면 선생은 예와 같이 곡운과 화음을 말씀하신다. 약주 한 잔을 비우기도 전에 이내 그 훈훈하고 진진한 담론으로 나를 술이 아닌 이야기 삼매로 취하게 만드신다.

내가 1990년대 초반에 선생을 만났으니 곡운 이야기를 들은 햇수도 꽤 오래다. 어떨 때는 곡운이 선생인지 내가 곡운인지 도무지 갈피를 잡을 수 없다. 고인과 정신으로 사귀다 마음까지 빼앗길까 두렵다. 이젠 영락없이 발목엔 화음이란 차고를 차고 목에단 곡운이란 칼을 쓴 수인의 형색이 되고 말았다. 지난 300년의 소식을 어찌 한 권의 책으로 다 전할 수 있겠는가. 지난 시절 자세한 소식은 모두 우리 기계옹의 머리와 가슴에 남아 있으니, 이 책에서 못다 한 말씀을 꼭 다음 기회에 다시 들려주실 것으로 믿는다.

이 책자는 화음동의 인문석과 곡운집의 기록을 기억의 실마리로 삼아 먼저 김수증과 그의 시대를 추억하고, 나아가 그와 인간적 결연을 맺은 다른 문인들의 기억을 통해 곡운구곡과 유람문화의 실체를 알아보고자 엮어졌다. 먼저 기계옹이 김수증과 그 시대를 회상하고 상수학과 은일사상을 알기 쉽게 요약했다. 오대 말 송 초의 진도남과 소강절에서 출발하여 라이프니츠를 거쳐 오늘날 워쇼스키 형제의 매트릭스에 이르기까지 상수학적 사유의 내포와 외연을 설명하고 현재적 의미까지 읽어내려 했다.

이어서 이종호가 김수증의 문예취향이 어떠한 과정을 거쳐 형성되어 후대에 전해졌는가를 따졌다. 그리하여 농연그룹으로 지칭되는 이들의 산수관과 진경시학이 김수증의 기유문예에 힘입고 있음을 밝혔다. 윤진영은 구곡도의 발생과 한국적 전개를 개괄하고 김수증이 해서지방에서 이름을 날리던 화인 조세걸을 초빙하여 곡운구곡도를 그리게 한 과정과 남아 있는 곡운구곡도의 조형미학적 의미를 탐색했다. 현장을 답사하여 조세걸의 실경산수와 비교하고 김수증의 증언을 청취하여 그림의 특징을 설명했다. 아울러 도판자료를 부지런히 준비하여 책자의 볼거리를 풍성하게 해주었다. 윤 선생은 한국 미술사학자 가운데 구곡도 연구 분야에서 자타가 공인하는 전문가이다. 구곡문화를 학제적으로 연구하자면 그의 힘을 빌리지 않을 수 없다. 앞으로 진일보한 성과로 구곡처럼 굽이굽이 우리의 어두움을 밝혀 주리라 믿는다.

책의 제목을 '권력과 은둔'으로 했다. 당쟁으로 얼룩진 조선조 정치권력의 무상한 변동이 김수증의 화음동 정사와 구곡경영이라는 독특한 은둔문화를 탄생시켰기 때문이다. 은둔은 야누스처럼 두 얼굴을 가지고 있다. 은둔은 권력이탈이라는 수동적이고 어두운 측면과 권력지향이라는 능동적이고 밝은 측면이 공존한다. 탈속을 가장한 은자의 고상한 몸짓을 보면 곧 권력의 황홀한 유혹도 맥을 추지 못할 듯하다. 그러나 은자는 고기잡이를 생업으로 하는 어부가 아니다. 미끼도 없는 낚싯줄을 드리울 때, 은자가 낚을 것은 고기도 세월도 아닌 권력뿐이다. 뒤집어 생각하면, 은둔권력은 마치 긴 겨울잠에 들어갔다가 봄이 오면 깨어나 기지개를 켜는 동물의 생리를 닮았다. 이런 의미에서 은둔은 숨은 권력, 잠자는 권력이라 해도 좋다. 따라서 한번 권력의 향유를 경험한 인간은 잠시의 패배와 상실의 고통을 감내할지언정 결코 부활의 가능성을 포기하지 않는다. 때문에 이탈한 권력의 은둔이 종종 승리한 권력의 경계와 불안을 불러오게 되는 것이다.

권력의 무상함으로 인해 조선사회 지식인은 은둔하는 이의 속임과 은둔을 바라보는 이의 속음이라는 특이한 메커니즘에 익숙하다. 속이고 속아 주는 구도 아래에서 은둔의 두 얼굴은 전혀 낯설지 않고 오히려 자연스럽기까지 하다. 김수증을 둘러싸고 전개되는 은둔문화 역시 '권력의 빛과 그늘'로 설명하는 것이 실체에 부합한다. 문화 역시 강한 권력속성을 보인다. 조선사회는 문화권력이 곧 정치권력임을 웅변한다. 문화의 내용이

성리학적 이념의 제약을 수반하는 도학과 문예로 수렴되는 바, 그 형성과 전수가 간단치 않음은 물론이다. 문화의 지체는 바로 권력의 낙후로 이어지게 마련이다. 일정한 문화수준의 유지는 진부함과 인순고식을 거부한다. 그래서 유력한 문벌의 후예들은 경화문화의 흐름을 선도하기 위해 연경을 통해 새로운 지식과 사조를 수용하는 일에 과감했다. 그 가운데 김상용과 김상헌으로 대표되는 안동김씨 장동파 후예들이 가장 적극적인 움직임을 보임으로써 늘 신지식의 최전선에 포진할 수 있었다. 김수증의 은둔문화는 이러한 선진 지식정보의 네트워크 위에 구축된 것이다. 그러하기에 김수증의 은둔문화에서 우리는 패배의식보다는 쾌활한 시문창작의 리듬과 심오한 산수미학의 사색에 주목하게 되는 것이다.

책의 전체 내용에 대해서는 기계옹께서 정리한 〈총론〉에 잘 요약되어 있다. 덧말은 줄인다. 이번의 발간이 김수증과 상수학, 구곡문화와 농연그룹 연구를 더욱 심화시키는 계기가 되었으면 한다. 특히 한국의 구곡문화를 체계적으로 연구하는 동학들의 모임을 끌어내는 작은 디딤돌이 될 수 있다면 더 이상 바랄 것이 없다. 독자들의 질정을 바란다.

뜻있는 이들이 '권력과 은둔' 의 간행을 지지하고 후원해 주었다. 정갑철 화천군수, 한상우 화천문화원장, 김수철 향토문화연구소장, 정종성 사무국장, 김광복, 길종갑 씨를 비롯한 곡운연구회 회원과 사내면 주민께 감사드린다. 이분들의 협조에 힘입어 우리는 화천에서 '은사문화와 곡운구곡' 을 주제로 두 차례의 국제학술회의를 개최할 수 있었고, 화음동 정사지 지표조사를 마무리하여 김수증 유적지를 개발로부터 지켜낼 수 있었다.

일에는 천명이라 할까 운수라 할까 뭐 그런 것이 있는 것 같다. 필자들이 서로 만나 일을 도모했을 땐 금방이라도 탈고하여 문세問世할 수 있을 것만 같았다. 대망의 2010년, 누구라 할 것 없이 하는 일마다 막히고 틀어지는 비색否塞의 운세이다. 그러니 우리의 사업만 예정대로 형통하기를 원하는 건 분명 지나친 욕심이리라. 다만 벌써 세상에 알려야 했을 소식을 너무 늦게 전하여 뉴스의 가치가 떨어져 버렸으면 어쩌나 하는 생각에 마음 한구석이 편치 않다. 끝으로 흥이 나서 읽고 보도록 책자를 꾸며준 북코리아에 고마움을 전한다.

2010년 1월 안동 무물재에서

이종호는 삼가 기록한다

차 례

책머리에 · 4

총론 · 10

김수증의 은둔사상 ·· 유준영

1. 높은 산 깊은 골 · 34
2. 동아시아 선비들의 은사문화 · 55
3. 은사문화와 상수학사 · 65
4. 성리학자들의 구곡과 정사경영 · 105
5. 은거, 입세와 출세의 메커니즘 : 안동 풍산에서 석실까지 · 111
6. 김수증의 제1차 은둔문화 : 곡운과 석실을 넘나들며 · 142
7. 제2차 은둔문화 : 송시열·김수항·김수흥의 희생, 은둔 차원의 상승 · 146
8. 초월과 은일의식 · 163
9. 은둔문화 다시 보기 · 178

장동김문의 문예의식과 김수증의 문예취향 ····················· 이종호

1. 김수증이 문제의 인물인 까닭 · 190
2. 선행연구가 말하는 김수증의 문예성취 · 192
3. 장동김문의 가풍과 문예의식 · 199
4. 김수증의 문예취향과 서법예술 · 226
5. 김수증의 아들과 손자를 향한 가업 전수의지 · 233
6. 농연 형제에 의한 가풍의 계승과 발전 · 237

김수증의 곡운운거와 농연그룹의 기유문예 ·········· 이종호

1. 김수증의 유람의식, 그 열림과 닫힘의 이중주 · 244
2. 김수증의 곡운은거가 남긴 산수문화사적 의미 · 270
3. 조선 후기 동유열기와 기유문예의 성립과정 · 293
4. 농연그룹의 형성요인과 문예정신 · 301
5. 농연그룹의 산수관 · 315
6. 농연그룹의 진경시학 · 327
7. 《해악전신첩》과 기유문예의 새로운 전개 · 339
8. 기유문예의 의의 · 347

김수증의 은둔과 《곡운구곡도》 ·········· 윤진영

1. 머리말 · 352
2. 김수증의 은둔과 곡운구곡 · 356
3. 《곡운구곡도》의 다면적 성격 · 365
4. 《곡운구곡도》와 화사 조세걸 · 386
5. 《곡운구곡도》의 고찰 · 394
6. 맺음말 · 442

참고문헌 · 446
찾아보기 · 458

길종갑 作, 삼일리(면대마을)

총론

총 론

강원도 서북지역 1,468m 높이의 화악산華嶽山을 북한강 줄기가 감아 도는 곳에 화천華川이 있다. 화천 지역은 한반도의 가장 오지에 위치해 예로부터 말과 사람 이 뚫고 들어가기조차 힘든 난세의 피난처였다. 화천 이웃엔 춘천 청평사淸平寺가 있다. 청평사는 고려 말 이자현李資玄, 1061~1125이 찾아든 이래 유배와 은둔지로 유명해졌다. 화천이 비록 오지이긴 하나 일찍부터 서울에서 금강산으로 향하는 샛길과 통했다. 우연히도 세조정권에 저항한 생육신의 한 사람, 김시습이 춘천 청평사로 향해 가던 길에 화천을 지나간 흔적이 여기저기 남아 있다. 김시습 이 후 마침내 화천은 현실에 실망하여 세상과 등진 은자에게 '명분의 땅'이 되었다.

이 글의 주인공 김수증金壽增, 1624~1701은 청음 김상헌1570~1652의 사손嗣孫이다. 김상헌 역시 1592년 4월, 임진왜란을 당해 춘천으로 피란간 적이 있다. 그 후 신新 안동김씨 집안은 철원 삼부연三釜淵, 영평현 포천 백운산, 그리고 화천 사내면史呑 등 을(그림 1) 난세의 피난처로 점지했다. 하지만 300년쯤 지난 1945년 8월, 해방군 은 북위 38°를 경계로 한반도를 남북으로 갈랐고 바로 그 경계선이 화악산 정수 리를 가로질렀다. 6 · 25전쟁 말기에는 휴전을 바로 앞두고 화악산(그림 2) 북쪽, 이른바 '철의 삼각지대금화, 평강, 철원 사이'에서는 남북 사이에 서로 유리한 전략지 점을 차지하려는 치열한 마지막 전투가 벌어졌다. 화악산 동북쪽 화천과 양구에 서도 일진일퇴하는 살육전이 벌어졌다. 그리하여 오늘날 '파로호破虜湖'니 '비목

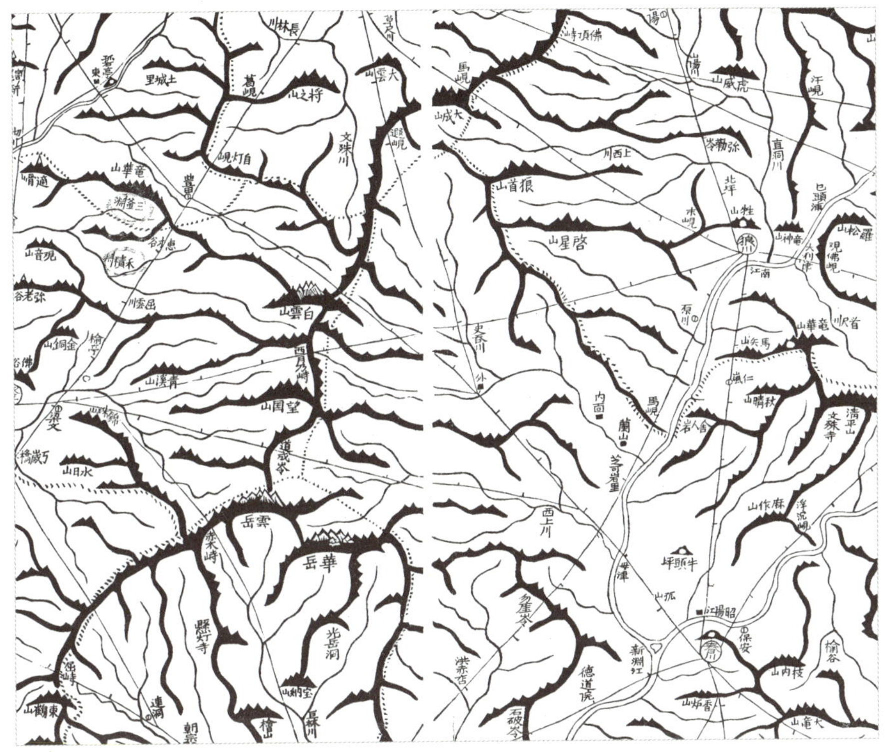

그림 1 화악산華嶽山(대동여지도 12쪽 참고)　북위 38°, 동경 127° 30′에 위치하며 주봉은 1,468m이다. 동으로 춘천시, 서쪽으로 포천군과 경계를 이루면서 38° 이남의 가평군과 주산의 영역을 반반씩 아우르는 중부지역의 큰 산이다.

그림 2 화악산 원경
용담리龍潭里 농수정사 터 북쪽 언덕에서 화악산 주봉과 '응봉鷹峰'을 바라본 모습이다.

碑木'이니 하는 훈장 아닌 '동족상쟁의 생채기들'을 남겨 놓고 말았다.

  '은둔'이란 무엇인가? 일반적으로 세상을 외면하고 세속적 욕망을 줄여 최소한의 생존만 가능하도록 하면서 마음 편히 살아가는 이름 없는 인간들의 삶을 말한다. 중국은 어느 다른 문화권보다도 자연과 사회의 경계선에서 입세入世와 출세出世를 두고 머뭇거렸던 수많은 '은사들의 일화와 담론'을 후세에 전하고 있다. 유가의 으뜸 경전인 『논어』「미자」편에서 이미 공자와 그 문도들이 입속入俗·탈속脫俗의 문제를 두고 도가 은자들과 입씨름을 하였다. '지식인은 사회에 대해 적극적인 책임을 져야 하는가?', 또는 '무위자연과 인간 개체성이 더 중요한가?'가 논쟁의 주제였다. 도가 계열 은사들은 세상을 바로잡는다며 이 나라 저 나라를 기웃거리는 공자와 제자들의 '겉치레와 헛수고'를 냉소적으로 비꼬았다. '은둔'이란, 결국 주어진 사회제도에 '참여할 것인가', 아니면 노자처럼 '소국과민小國寡民'을 이상으로 삼아야 하는가? 하는 '유위有爲'와 '무위無爲'의 대결이었다. 어느 것이 인간의 삶을 더 소중히 여기는지 판가름내기 어렵다.

  중국에서 당말오대唐末五代의 분쟁국면을 이어 나라를 세운 것은 송나라였다. 한밤중에 반란을 일으킨 장졸들이 조광윤趙光胤, 재위 960~976에게 억지로 황포를 입힌 뒤 열병을 받게 했다. 송 태조는 군사들로부터 절대적인 복종을 약속받은 후 황제의 자리에 올랐다. 그는 자발적으로 물러나는 장군들에게 많은 연금을 보장하는 등 기막힌 통치술을 발휘해 두 세기 동안 지속된 지방 군벌시대를 끝냈다. 그 후 송나라는 유능한 황제들이 장기간 통치하면서 북방 이민족들에게 영토의 반을 잃는 위기 속에서도 안정과 물질적 번영을 누렸다. 황제들은 자애롭고 관대하며 학문과 예술을 사랑했다. 그리하여 사치, 잔인함, 오만, 지칠 줄 모르는 성욕에서 자유로웠다. 황제들은 학자의 붓이 전사의 준마를 대신하는 시대를 열었다. 그에 따라 송나라 귀족들은 서화와 철학에 심취했다. 황제들은 권력이 옛 문벌귀족에서 신흥 중소 지주층으로 이동하는 국면을 맞아 이에 부응하는 제도를 선택했다. 그 결과 진정한 의미의 당파가 출현하고 성리학이 발전했다[1]고 한다.

---

1) 앤 팔루던 지음, 이동진·윤미경 옮김, 『중국황제』, 갑인공방, 2004, 128~129쪽.

북송과 남송은 요, 금, 서하의 중원 침입에 대처해 주로 '화의외교和議外交'로 현상을 유지했다. 그렇지만 조정 안에서는 명분과 실리를 두고 화和인가, 수守인가 그렇지 않으면 전戰인가 하는 논쟁이 끊이지 않았다. 16세기 말에서 17세기 전반, 조선은 일본과 후금1636년부터 청의 침략을 받으면서 동북아시아 지정학적 변화에 대응해 송대와 유사한 정치외교적 상황이 전개되었다.

16세기 중반 이후 퇴계 이황에 의해 조선 성리학이 정착의 길을 걸으면서 바야흐로 학파가 형성되어 갔는가 하면, 율곡 이이의 '붕당긍정론'이 나온 후 점차 사림붕당의 시대가 도래하였다. 그동안 조선의 독서지식인들은 어느 정도 익히면 좀처럼 잊히지 않는 '고전 한자문화'의 세례를 흠씬 받았다. 자연스럽게 정·주학의 영향 아래 한족 문명을 높이고 이민족을 금수와 같이 여기는 '존주양이尊周攘夷'의 이념에 물들어 갔으므로 잇따른 외세 침입은 '존화尊華사상'에 뿌리를 내린 문화민족의 자부심을 멍들게 하였다.

병자호란이 일어나자 1636년 12월부터 46일간 청 태종의 대군과 대치했다. 그러나 피난 정부와 조선군은 엄동설한에 전술과 병력 모든 면에서 월등한 청나라 군사와 '남한산'이라는 크지도 높지도 않은 산성에서 맞섰다(그림 3). 국가와 백성들의 운명은 그야말로 풍전등화와 같았다. 몇 곳에서 소규모 전투를 치룬 것을 제외하고는 물리적 항쟁은 거의 없었다. 산속의 찬바람 속에서 맨손을 쥐고 행궁 마루에서 갈팡질팡하는 인조를 가운데 둔 채 대신들은 주화主和와 척화斥和로 갈려 격렬한 논쟁을 벌였다(그림 4). 사대부의 피란정부는 유가의 '인의仁義'를 무엇보다 앞세웠지만 천성이 유약하여 평소 전투 훈련에 게으르고 싸울 줄 몰랐다.[2] 조선군은 동토의 벌판에서 잘 훈련된 12만 8,000명의 청나라 팔기군八旗軍[3] 출신 기마부대와 겨룰 만한 아무런 대책도 없었다. 1637년 1월 30일 결국 종묘사직과 백성을 구하기 위해 인조는 '삼전도三田渡' 벌판에 흰 천막을 친 오랑캐 야전사령부

---

2) 조선군의 부패와 무능에 대하여는 율곡 이이의 『만언봉사』에 자세히 언급되어 있다. 이이 지음, 강세구 엮음, 『만언봉사, 목숨을 건 직설의 미학』, 꿈이있는세상, 2007.

3) 八旗軍 : 누르하치 시대에 복수의 여진 부족집단을 통합 관할하기 위한 조직으로 구사(gusa)라고 하는 여덟 개의 군단이다. 청 태종 홍타이지 시대에는 복속한 팔기몽골군, 팔기漢軍, 기존의 팔기만주군이 있었다.

그림 3 송파진에서 바라본 남한산성 겸재 정선이 1740년경에 그린 〈송파진松波津〉에서 남한산성의 역사적 위상(송파진 객사와 멀리 삼전도비각)을 엿볼 수 있다. 기원전 5세기에 하남 위례성에서 옮겨온 후 신라 문무왕 12년(672) 토성으로 축조하였고 인조 4년인 1626년에 준공되었다. 가장 높은 곳이 동쪽 외성 암문暗門으로(521m), 서쪽에 위치한 내성 주봉 청량산(498m), 동쪽 망월봉(502m) 등 몇 개의 봉우리를 연결하였으며 성벽은 서북쪽이 급한 경사를 이루고 성 내부는 평균 고도 350m인 완만한 경사의 분지다. 간송미술관 소장.

그림 4 남한산성 행궁
임금이 거동할 때 머무는 별궁으로 '광주행궁' 이라고도 한다. 1999년 1차 발굴 조사를 시작으로 최근에 행궁을 포함한 대체의 규모를 복원하고 있다.

로 몸을 굽히고 들어가 청 태종에게 무릎을 꿇었다. 그 순간 명나라에 대한 '의리'를 잠시 접을 수밖에 없었다.

그러나 명나라 조정은 파벌싸움과 무능한 통치력으로 스스로 무너져가고 있었다. 1643년, 서안을 점령한 반란군 이자성은 이듬해 나라를 세워 대순大順이라 칭하고 북경을 향해 진군했다. 명은 산해관 밖 대청 방위의 전초기지인 영원성寧遠城 장수 오삼계를 평서백에 임명하고 북경의 방위를 맡겼다. 이자성 반군이 몰려오자 다급해진 황제 의종毅宗은 황포를 벗고 한쪽 신발을 잃은 채 자금성 북쪽 메이산에 올라 나무에 목을 맸다. 오삼계는 궁지에 몰렸다. 동북에서는 여섯 살 어린 나이에 태종을 이어 위에 오른 순치제順治帝 섭정 도르곤태종 홍타이지의 동생이 이끈 청군이 다가왔다. 북경에서는 이자성이 육박해왔다. 결국 오삼계는 이자성을 토벌한다는 명분으로 도르곤에게 투항하고 산해관에서 말을 돌려 청군 선봉을 이끌면서 이자성의 군대를 패주시키고 북경에 입성했다. 이때 볼모로 잡혀간 소현세자도 도르곤의 대열에 합류했었다.

이듬해 2월 명나라의 저항이 완전히 끝나자 심양에 끌려간 수십 만 포로와 죽은 삼학사를 제외한 소현세자, 봉림대군, 김상헌, 최명길 등이 살아서 돌아왔다. 그러나 바로 두 달 후인 4월 26일, 인조와 불화설이 있던 소현세자가 갑자기 죽고, 1649년, 인조도 돌연 승하하자 소현세자의 아들을 제치고 봉림대군鳳林大君이 즉위했다. 치욕스런 인조의 시대가 막을 내리고 복수를 꿈꾸는 '효종의 시대'가 열린 것이다. 조선은 군신상하와 당파를 가리지 않고 청나라를 향해 실의와 분노의 창을 겨누었다. 젊은 유생들은 땅을 치며 여진족에 대한 적개심을 드러냈고 사람마다 입을 열면 '춘추대의春秋大義'와 '복수설치復讐雪恥'를 외쳐댔다. 그러나 이미 청국의 중원지배는 어린 순치제順治帝, 1643~1661를 대신해 섭정을 편 도르곤多爾袞, Dorgon의 강력한 통치로 안정되어 갔고 조선 조정은 청나라의 감시를 받았다. 그런 가운데서도 불타던 '복수설치'의 구호가 문화적 차원으로 승화되어 갔다. 그래서 조금은 억지스럽지만 동이족 조선이 '꺼져가는 중화문명의 여맥을 잇는다'는 '조선중화朝鮮中華' 의식이 싹트기 시작했다. 조선이 중화문명을 충실히 이었으므로 '우리 소중화의 땅이 진경眞境이라는 씨앗이 이때부터 배태' 하기 시작했다.

인조를 앞세워 광해군의 이른바 '패륜과 배은외교 철폐'를 명분으로 정권을 잡은 서인들은 왜란에서 조선을 구해 준 명에 대한 의리를 잊으면 안 되었다. 새 임금 효종은, 1637년 1월 강화도 투항 때부터 섭정 예친왕睿親王 도르곤의 군막생활을 체험했었다. 그러나 효종과 송시열 사이에 미묘한 긴장과 정치 술수가 이어졌다. 효종은 8년 동안 도르곤과 소현세자를 따라다니면서 명 말 동북아시아의 정세를 직접 체험하고도 '10만 정예군이 있으면 북벌이 가능하다'고 주장을 했고, 송시열은 '당장 청나라와 전쟁을 하는 것이 아니라 명나라의 은혜를 잊지 말고 힘을 길러 청나라와 국교를 단절하여 조선의 정체성을 지키자'는 명분을 내세웠다. 그때 두 사람의 진심이 어디 있었는지를 두고 역사는 각기 다른 해석을 한다.

이 글의 주인공 곡운谷雲 김수증金壽增, 1624~1701 형제들은 정치적으로 파란 많은 이 시대를 살아야 했다. 그러나 역설적으로 국가와 개인의 위기가 그들 가문을 조선의 명문가로 성장시켰다. 병자호란이 이어나자, 김상용金尙容은 강화성 전투에서 '살신성인' 했고 김상헌金尙憲은 남한산성에서 '사대절의事大節義'를 지켜내려 했다. 이 두 조부의 후광에 힘입은 김수증 집안은 인조 말에서 숙종 초까지 권력의 주류인 서인에 편입되었다. 효종 사후 현종에서 숙종까지 왕권을 축으로 예송禮訟이 치열하게 벌어졌다. 두 차례의 예론禮論 논쟁에서, 척신과 신·구 사대부 당파 사이에 심각한 권력투쟁이 이어졌다. 서인정권은 남인을 사이에 두고 노·소로 분열되었다. 어린 숙종이 즉위하면서 '사화士禍와 환국換局'이 연이어 발생했다. 권력의 중심이 이동할 때마다 정파 원로들이 목숨을 잃거나 그들 가문이 처참한 박해에 시달렸다. 특히 임금의 적장자가 왕위를 계승하지 못해서 생겨난 '예송 정국은 붕당정치의 공존의 틀을 깨고' 나라를 더욱 불안하게 만들어 많은 희생자를 낳았다.

사화와 환국으로 사대부의 심리상태가 점점 불안해져 갔다. 막연하게 은둔을 꿈꾸고 실천하려는 움직임들이 하나둘씩 나타나기 시작했다. 지배이념이나 주류 권력에 반발하거나 반발할 수밖에 없는 상황에 몰린 이들이 있었다. 그래서 스스로를 현실정치에서 소외시키는 '정치에서 거리두기'의 방편으로 은둔을 택했다. 이들 고급관료나 문인지식인들인 선비들이 '은둔문화'를 정교하게 가꾸어 갔다. 산림출신은 모처럼 출사의 기회가 온다 하더라도 명분과 정략을 세밀히 따져서 진퇴와 거취를 말하고 권력을 향한 돌다리를 두드려가면서 조심조심 나아가야 했다. 이른바 '명철보신'에 유의하던 시절이다. 일단 권력의 중심에 어렵사리 진입했다 하더라도 녹봉과 생명을 오래 보장받을 수는 없었다. '황극皇極'으로 표현되는 절대권력, 왕을 축으로 회전하는 정책과 파당이 만들어 내는 이 '권력의 장'은 늘 서로 각축하느라 어지럽기 짝이 없었다. 밀고 밀리는 싸움에서 까딱하면 파직이나 좌천으로 내몰리기 일쑤였다. 권력의 무상을 절감하는 시절이었다. 임금의 말 한 마디에 어제까지 일인지하 만인지상의 영화가 군왕이 내려준 독배 한 사발로 힘없이 스러져 갔다.

고급 관료들이 중앙정권으로부터 일시적으로 격리 또는 축출되는 정치적 관행을 '유배流配' 혹은 '방축放逐'이라고 한다. 이 말이 일상처럼 말해지던 시절엔, 그것이 번잡한 세속을 떠나 때로 자성하면서 학문적으로 진일보하는 계기를 마련해 주기도 했다. 특히 독서지식인인 고급관료 출신들은 이 기간 자연과 벗하며 독서궁리에 힘썼다. 중국 유배문화의 예를 따라 '주역철리'에 침잠하여 역에 대한 논설을 집필하기도 하고, 경우에 따라서는 백성들의 삶을 직접 돌아보며 민생

그림 5 안동 풍산현 고택

그림 6 안동 풍산김씨네 고택과 삼귀정三龜亭 안동 풍산현豊山縣 소요산素耀山 김상헌의 6대조 생원 김삼근金三根이 처음 자리 잡은 향촌. 김상헌의 4대조 김영전金永銓 형제들이 양친의 수를 기려 세 개의 지석묘가 있는(세 마리 거북이) 집 근처 언덕에 정자를 짓고 '삼귀정'이라 했다. 1686년 김수증은 청풍부사로 재직 중 이곳을 찾아 '화산기花山記'를 남겼다.

을 위한 방도를 모색하여 이를 기록으로 남기는 기회로 삼기도 했다. 선비가 무슨 이유이든 관직에서 물러나 칩거하면 '은둔'이고, 적극적으로 세속을 멀리해 명당을 잡아 별서別墅나 외포外圃를 짓고 살면 '복거卜居'라고 한다.

조선 전기까지 신新안동김씨의 후예들은 안동 향반으로 명맥을 유지해 갔다. 1480년 김계행金係行, 1431~?이 처음으로 문과에 합격해 대사간 벼슬에 올랐다. 계행의 종손從孫 김영金瑛, 1475~1528과 김번金璠, 1479~1544 역시 문과에 급제하면서 삶의 터전을 안동 풍산현豊山縣 소요산素耀山 청원루清遠樓(그림 5·6)로부터 한양 북촌 청풍계清楓溪와 장의동壯義洞으로 옮겨와 경화거족京華巨族으로 기반을 닦았다. 김상헌은 1596년 정시병과庭試丙科에 급제하여 승문원承文院 부정자副正字로 관직에 나아갔다. 그러나 광해군 치세 동안 김상헌도 이른바 '계축옥사癸丑獄事, 1613'에 연루되어 좌천되거나 파직당한 적이 있다. 이때 뒷날 김수증의 어머니 연안김씨는 선조계비宣祖繼妃 인목왕후仁穆王后의 아버지, 김제남金悌男, 1568~1613의 손녀라는 이유로 강제 이혼까지 당했다. 따라서 효종, 현종 그리고 숙종연간 김수증과 그의 형제들은 권력의 중심권에 있었으나 첨예하게 대립되는 당쟁 때문에 항상 불안을 떨쳐 버리지 못했다. 그들은 세상을 구하는 공을 세우는 것과, 공을 세웠어도 적당한 때 물러날 줄 아는 '출처거취出處去就'와 '수기치국修己治國'이라는 유가 선비들의 사회·문화적 윤리의식을 끌어안고 살아야 했다. 때문에 현달하면 할수록 마음으로만 산림을 동경하고 은자의 노래를 자주 불러야 했다.

조선은 종법사회였다. 적장자손의 혈통을 종통으로 인정하는 대가족제도를 기본으로 했다. 후사가 끊겼을 때 형제들은 아들을 서로 주고받으면서 순수혈통을 유지해 나갔다. 김수증은, 세 살 때 친자를 생산하지 못한 김상헌의 양자로 들어간 김광찬金光燦, 1597~1688의 장자이자 청음의 종손이다. 그런 연유로 어려서부터 두 동생 수흥壽興, 수항壽恒보다는 조부를 가깝게 모시면서 특별한 훈도를 받았다. 그는 문과시험도 거치지 않고 음직으로 관직에 나아갈 때도 의식적으로 중앙정치와는 일정한 거리를 유지하려고 했다. 종손으로서 가통을 이어나가야 한다는 의식이 그로 하여금 세속을 벗어나 산수에 노니는 심성이 자라나도록 만들었다. 김수증은 주로 외직을 맡았다. 석성현감石城縣監, 평강현감平康縣監, 안악군수安岳郡守, 성천부사成川府使, 회양부사淮陽府使, 청풍부사淸風府使를 역임했는데, 관할지역마다 모두 승경처가 많았으므로 자주 관아를 벗어나 명산을 유람할 수 있었다.

그는 두 조카 김창협, 김창흡과 함께 산천경개를 품평하는 산수유기山水遊紀를 짓고, 전래의 산수 시·문을 모아 『와유록臥遊錄』을 편찬하기도 했다. 김수증의 산수 편력은 의식적으로 '권력에 대한 불안'을 떨치는 차원에서 한 단계 더 나아갔다. 적어도 표면적으로는 '세속을 경멸하는 심리적 반동'이 크게 작용한 듯 보였다. 거기다 조부 김상헌으로부터 물려받은 산수를 좋아하는 성정이 한몫을 더했다. 그림이나 글을 통해 산수를 추상하던 와유의 틀을 깨고 직접 산수를 찾아서 산수의 아름다움을 만끽하는 방식으로 선회했다. 소극적인 '권리풍광卷裏風光'을 기반으로 함양한 산수취향을 적극적인 '본지풍광本地風光'을 통해 몸소 체현하고자 했다. 김수증은 산천에서 노닐던 흥겨운 체험을 가슴에만 담아 두지 않았다. 문자를 빌어 자세하게 그려내어 후손들에게 보여 감상하도록 했다. 그리고 〈곡운구곡도〉 제작에서 보듯 '실경과 자아'를 주체로 내세우는 '진경문화眞境文化'의 선구를 시범했다.

김수증은 의식적으로 권력을 멀리했으나 끝내 권력의 장에서 완전히 벗어날 수는 없었다. 사손嗣孫으로 가내 대소사를 주관하고 조상의 제사를 받들며 많은

그림 7 멀리 보이는 도마치倒馬峙 고개로 오르는 들머리   현 포천군 이동면 매바위鷹巖에서 3km 북행하다 도평리都坪里에서 동쪽으로 꺾여 5km 백운산과 국망봉 능선을 넘어 화천군 사내면으로 향하는 꼬불꼬불한 계곡과 험한 고개이다. '백운령白雲嶺' 이라고도 한다. 김창협은 29세인 1679년 8월 영평현 응암에 집을 지었고, 42세에 집 동편에 농암서실을 완성했다. 『農巖集』 卷35, 「年譜」, "卜築于於永平鷹巖.", "農巖在鷹巖舊居之東, 俗稱籠巖, 先生改今名."[4]

골육지친들을 돌봐야 했다. 그는 옥사와 환국으로 점철된 난세를 자주 비분강개했지만 큰 명망을 지닌 세력가의 사손으로서 번잡하고 무거운 짐을 내려놓을 수도 없었다. 가문을 건사시켜야 한다는 책무가 그의 어깨를 짓눌렀으나 시끄러운 도성을 벗어나고 싶었다. 그때마다 백악산 아래 북촌이나 양주 석실을 떠나 김수항의 별서였던 영평현永平縣 백운산 아래 '동음洞陰'을 거쳐 화악산 자락 도마치倒馬峙 고개(그림 7)를 넘어 곡운으로 드나들었다. 그러나 세상은 그를 산속에 오래 머물지 못하게 했다.

1674년 '갑인예송甲寅禮訟'으로 남인정권이 들어서자 서인들이 몰락의 처지에

---

4) 도마치는 김수증과 그 일족이 서울과 곡운을 넘나들던 주요 교통로였다. 『谷雲集』 卷4, 「谷雲記」, "一自永平白雲山南支而西入, 俗名倒馬峙."; 同書, 卷3, 「山中日記」, "自抱川來, 偕行入倒馬峙, 洞口絶壁, 危峯刺天出雲."; 『三淵集拾遺』 卷24, 「白雲嶺修路募緣文」, "史呑谷之西, 有巨嶺曰倒馬峙, 谷人走京師者, 必由是而往."; 『農巖集』 卷6, 「伯父入谷雲, 送至元化壁, 崇兒有詩, 和之」; 同書, 卷30, 「祭伯父谷雲先生文」, "小子與崇謙, 送之于元化壁下."

놓인다. 바로 동생 수항과 서인의 영수 송시열이 유배에 처해졌다. 김수증은 이 이듬해 성천부사成川府使를 그만두고 강원도 화천 '사탄史呑' 땅에 들어가 '농수정사籠水精舍'를 짓고 '제1차 은거시대'에 들어갔다. 그리고 주자의 '무이구곡武夷九曲과 정사경영精舍經營'을 본받아 지금의 사내면 '용담龍潭 계곡'과 화악산 북쪽 일대인 속칭 '실운實雲'을 '곡운谷雲'으로 고치고 '곡운구곡谷雲九曲'을 경영한다. 구곡을 만들었으니 또 주희의 「무이도가십수武夷櫂歌十首」에 따라 차운시를 지어야 했다. 자신은 물론 자제, 친지들을 시켜 「곡운구곡차회옹무이도가운谷雲九曲次晦翁武夷櫂歌韻」을 짓게 했다.

1682년에는 평양 화가 조세걸曺世傑, 1636~1705 이후을 곡운으로 불러들인다. 실제의 산천, 인물, 건물을 충실히 재현하는 이른바 '진경산수도眞景山水圖'의 한 갈래인 〈곡운구곡도谷雲九曲圖〉를 제작하기 위해서였다. 주자의 은둔시와 「무이구곡도가武夷九曲櫂歌」가 퇴계·율곡 시대를 거치면서 한때 유행을 본 바 있다. 그런데 그로부터 거의 1세기가 지난 시점에 송시열과 김수증에 의해 구곡문화가 부활되고 있다는 사실이 놀랍다. 그 이유가 무엇인지 알아볼 일이다. 아마도 여기에는 서인 노론계의 당파 혹은 학파의식이 일정하게 작용한 것이 아닌가 한다. 퇴계는 구곡을 경영한 바 없는 반면 율곡은 해주에서 고산구곡을 경영했다. 구곡시를 차운하는 것과 직접 구곡을 경영하는 것은 상당한 차이가 있다. 퇴계는 도산구곡을 설정하거나 「도산구곡가」를 짓지 않았다.[5] 다만 주자의 「무이도가」를 차운하고 도산 주변의 승경을 한시로 읊었으며 교학을 위해 「도산십이곡」을 지었을 뿐이다. 반면에 율곡을 '고산구곡'을 경영했고 한글로 「고산구곡가高山九曲歌」를[6] 지었다. 이는 후학들에게 주자학의 적통이 율곡을 거쳐 송시열 대로 계승되었음을 표지하는 중요한 단서로 인식되었다. 이러한 전통을 계승하기 위해 송시열과 김수

---

5) 이유원이 『林下筆記』卷16, 文獻指掌編, 「諸賢들이 지은 노래」에서 "文純公 李滉이 陶山九曲歌를 지었고, 文成公 李珥가 朱熹의 武夷九曲을 모방하여 노래를 지었으며"라고 말한 것은 잘못인 듯하다. 아마도 「도산십이곡」을 「도산구곡가」로 착각한 것이 아닐까 한다.

6) 본디 「고산구곡가」는 한글로 지어졌는데, 훗날 송시열이 이를 한시로 번안하여 『율곡집』에 부록했다. 서인계 문인들이 「고산구곡가」를 얼마나 중시했는지를 알 수 있는 대목이다. 『栗谷全書』卷2, 詩下, 附高山九曲歌를 참조.

증은 의기투합했고, 김수증은 당대에, 송시열은 문인인 권상하 시대에 구곡을 실현시킬 수 있었다. 그리고 무슨 확고한 증거라도 만들듯이, 김수증은 조세걸을 불러 '곡운구곡'을 사실적으로 그려내어 후세에 드리우게 한 것이다.

사실 '구곡문화'는 조선 후기에서 말기에 걸쳐서 주로 서인 노론계의 전유물처럼 여겨져 왔던 것이 사실이다. 충청권 괴산이나 경북 문경지역은 구곡경영이 활발했던 곳인데, 거의 서인 노론계가 주도하고 있음을 알 수 있다. 이러한 분위기에 자극을 받아서였을까. 18세기 영남학파를 대표하는 이상정李象靖, 1711~1781, 호 大山 시대까지도 구곡경영이 전무했던 영남에서 18세기 말이나 19세기 초에 이르러서야 이이순李頤淳, 1754~1832, 호 後溪과 이야순李野淳, 1755~1831에 의해 퇴계의 유지를 잇는다는 명분 아래 '도산구곡'을 명명하고 주자의 무이도가를 차운한 「유도산구곡遊陶山九曲」과7) 「도산구곡」이8) 지어지기 시작하는 것이다. 이 점에 대해서는 더 정밀한 연구가 있어야 할 것이다.

어느 때인가 주자의 「무이도가武夷櫂歌」가 수입된 이후 조선 '구곡도가九曲櫂歌' 해석사에는 주희의 「무이도가」가 '순수 서경시'인가 또는 '입도차제入道次第, 도학에 들어가는 과정'인가 하는 의론이 뒤따랐다. 서경시일 경우에도 제9곡을 노래한 시를 어떻게 해석해야 되는지 주자의 의도를 이해하기 쉽지 않았다. 어떤 이는 9곡에 이르면 기이한 승경처가 없으니 어부들처럼 다른 곳에 가서 무릉도원을 찾아야 한다고 보았고, 다른 이는 탁 트인 그곳이 궁극적인 목적지이므로 더 이상 다른 데서 이상향을 찾지 말라고 한다. 송시열은, 주자가 말한 '도원桃源이 바로 9곡에 있다'고 보았고, 따라서 '뽕나무와 삼밭이 즐비한 시골 들판桑麻平川이 바로 진경眞境'이라고 했다. 이로써 실경이 바로 파라다이스라는 '조선 진경산수론眞境山水論'의 이론적 기틀을 마련할 수 있었다.

조세걸은 창령조씨昌寧曹氏로, 김상헌과 심양에서 볼모생활을 같이 한 척화파 조한영曺漢英, 1608~1670 집안과 연고가 있을 것으로 본다. 조한영의 손녀가 바로 김수증의 부인이기 때문이다. 송시열은 김수증과 함께 1675년 5월, 주자가 관심

---

7) 『後溪集』卷2, 「遊陶山九曲, 敬次武夷櫂歌韻十首丙並序」을 참조.

8) 『廣瀨集』卷1, 「陶山九曲」. 이 작품은 1799년 경 지어진 것으로 보인다.

을 기울였던 〈취성도聚星圖〉 제작을 추진했다. 동년 6월에는 평양 화가가 아직 김씨 집안에 있는지 물으면서 조맹부가 그린 〈문희별자도文姬別子圖〉를 한 부 그려 보내 달라고 김수증에게 부탁한다. 이 같은 일련의 서·화 예술 창작은 "퇴폐한 풍속을 격려하고 또한 윤증의 무리를 슬며시 나무라서 그 일개 반개라도 구하려는 것이다."[9]라고 한 것처럼 단순한 예술문화 애호사업이 아니고 세도世道를 바로 잡는다는 명분론이었다.

김상헌은 난세를 맞아 명나라 연경과 청나라 심양을 오가며 주로 한족 출신 문예지식인들과 친분을 쌓았다. 귀국 후에도 석실에 머물며 예술 형상화와 이론작업들을 계속했거니와 이러한 김상헌의 예술 취향은 손자 김수증에게 더욱 고스란히 이어진다. 1652년 김상헌이 세상을 떠나고 1656년에 기호파 지방유림의 공의로 '석실서원石室書院'이 건립된다. 1664년에는 현종이 석실서원에 사액을 내린다. 그 후 석실서원은 김창협, 김창흡의 주도하에 노·소론 신세대를 길러 내는 '이념과 학문의 산실'이 되었다.

서인들은 1680년 '경신환국庚申換局'으로 다시 정권을 잡은 뒤 자체 분열기로 들어가, 1689년 '기사사화己巳士禍'로 노·소 분열이 극에 달한다. 송시열과 김수항이 사약을 받고, 김수흥도 이듬해 유배지에서 죽는다. 이때 김수증은 화악산 북록 더 깊은 골짜기로 들어갔다. '화음동 정사華陰洞精舍'를 짓고 2차 은둔기를 열었다. 그는 '부지암不知菴'이니 '무명와無名窩'니 하는 암자와 당堂을 지었다. 1차 은둔기부터 추진해온 제갈량諸葛亮과 김시습을 추모하기 위한 사업을 완성했으며, '유지당有志堂'에 두 사람의 초상을 걸어 놓고 '정이수신靜以修身'을 표방했다.

김수증은 젊어서부터 유명한 '화산도사華山道士 진단陳摶, 호: 圖南'의(그림 8·9) 은둔 처세학을 익히 들어 알고 있었다. 주희와 가깝게 지낸 남송 벽애도사碧厓道士 감숙회甘叔懷가 각조산마애閣皁山磨崖에 '하도낙서河圖洛書', '선·후천팔괘도先·後天八卦圖' 등을 새긴 것을 『주자대전』에서 읽었다. 그래서 정사 계곡 너럭바위에 하도낙서, 복희팔괘, 문왕팔괘를 새기고 그 머리맡에 주돈이周敦頤의 '태극도'를 크게

9) 『宋子大全』 卷51, 「答金延之」(乙卯 6月 20日), 別紙, 및 同書 附錄 卷7, 「年譜」 6, 乙卯 六月 丁卯 條를 참조.

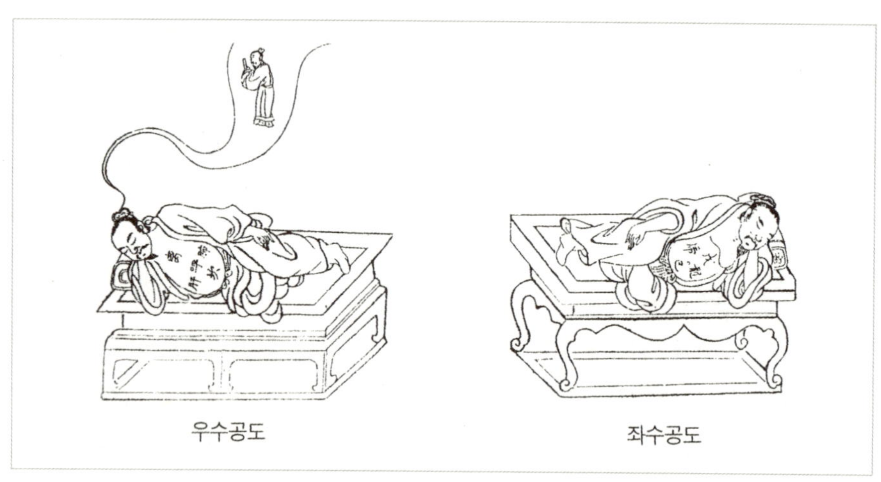

그림 8 진단   준생팔전遵生八牋 卷10의 진희이수공도. 미우라 쿠니오, 『주자와 기 그리고 몸』, 368쪽.

각석한 다음 전체 도상을 '인문석人文石'이라 명명하였다. 그 밖에도 '삼일정三一亭'을 지어 인문석의 도상들을 3차원으로 형상했다.

김수증은 소옹邵雍, 1011~1077의(그림 10) 『황극경세서皇極經世書』와 『이천격양집伊川擊壤集』에서 펼친 〈선천팔괘도〉의 시적 표현 "천근월굴한래왕天根月窟閑來往 36궁도시춘三十六宮都是春"의 진수를 맛보기 위해 계곡에 있던 '월굴암月窟巖', '천근석天根石'이라는 큰 바위에 '한래왕교閑來往橋'를 걸쳐 놓고 스스로 날마다 오가며 소강절의 '관물철학觀物哲學'을 체인하고자 했다. 이런 형상화 작업은 시적으로는 '우주적 규모까지 팽창하는 소옹의 자아앙양自我昂揚'이고, 상수학적으로는 '기기氣機가 유행하여, 그 음양소장陰陽消長이 인·물 모두에 하나같다' 라는 천명론天命論에 가깝다. 김수증은 소강절의 '심법心法'을 따라 당쟁으로 혈육을 잃고 낭패당한 가문의 사손으로서 슬픔과 울분을 삭혔다. '심법' 이란, '우리 몸의 주재자인 심 안에 선천적으로 도가 갖추어 있어 천지가 나로부터 나온다' 는 '천인합일설天人合一說'을 말한다. 다시 말해 『이천격양집』에 표현된 달관達觀, 한閑과 낙樂의 경계를 본받으면서도 '소인의 시대' 를 시운時運 탓으로 돌리려 했다.

1694년 갑술환국으로 노론정권이 다시 들어섰다. 김수항의 관직이 회복되고 군왕이 내려 주는 제사를 받는다. 김수증은 그 동안 쌓인 분노를 죽은 동생 김수

그림 9 화산華山과 진단陳摶

중국 오악 가운데 하나인 서악西嶽. 도사 진단이 후기에 은거하던 영산(2,200m)으로 섬서성陝西省에 있다. 산정 운대도관雲臺道觀에는 진단이 백일 잠에 빠져 있다는(睡功) 측와상側臥像이 있다. 이 산 북쪽에 화음시華陰市가 있어 김수증의 '화음동華陰洞'이라는 말이 여기서 유래한다.

그림 10 소강절(1011~1077)의 초상 성현상찬聖賢像贊, 광서 4년(1878) 중간, 판장곡부회문당版藏曲阜會文堂, 북송 5대 사상가 중 한 사람. 특히 상수학과 철리시哲理詩에 능하였고 낙양에 은거하면서 구법당수 사마광 등과 절친하였다. 남송 주희의 철학과 조선 후기 상수학에 크게 영향을 끼쳤다.

항의 외손 이세백李世白에게 험한 말로 울분을 터뜨리기기도 했지만「答李仲庚(1694)」, 곡운집, 권5, 서 세월이 흐르자 닫힌 은둔의 골짜기에서 일상으로 돌아가 평상심을 되찾아갔다. 주변의 자연과 산촌 화전민 그리고 승려의 환속까지 주의 깊게 살펴 기록하고 시를 지어 고독과 울적한 마음을 달랬다. 김창협 형제도 부친이 신원伸寃되자 비통한 심정을 다소 덜어낼 수 있었다. 이들은 오늘날의 덕소德沼 아래인 '미호渼湖'에다 '미음별서渼陰別墅'를 재건한다. '미호'는 교통이 편리하고 마음을 열어 아름다운 강산을 바라보기에 좋은 곳이었다. 여유를 회복한 듯이 김창협 형제는 '삼주삼각三洲三閣'과 '석실서원石室書院'을 거점으로 여항문인 홍세태洪世泰 등과 시회를 갖기도 하고 찾아오는 문생들을 모아 강학의 자리를 열기도 하는 등 활발한 문예창작 분위기가 1700년 경까지 이어졌다.

　김수증과 김창협 형제가 세상을 떠나고 나서, 이병연, 정선, 이하곤, 오원, 이덕중, 이용은, 홍길주, 정약용 등이 곡운을 찾았다. 이로써 곡운구곡은 노·소론은 물론 일부 남인까지 포함해서 금강산과 춘천의 소양강, 청평사를 오갈 때 들려야 하는 '은둔문화의 순례지'가 된 셈이다.

장동김문의 문예의식과 서화 취미는 선대 김극효에서 싹이 트고 아들 상용과 조카 상헌으로 이어져 김수증과 수항을 거쳐 이른바 육창六昌에서 꽃을 피웠다. 특히 김상헌이 공무로 여행하거나 산수를 유람하면서 얻은 유기遊紀나 사경시寫境詩, 그리고 조천朝天사행과 심양에서 구류되어 있을 때 교류한 명대 문인지식인들과 친분관계, 안동과 석실 서재에서 연마한 금석학과 서화 예술 취미가 후손들에게 깊은 영향을 주었다.

그 중에서도 김수증의 도발적인 '산수벽山水癖'은 김창협, 김창흡 그리고 이병연, 홍세태, 정선, 이하곤에게 전이되어 수많은 시와 문장, 그림을 창작하게 만들었다. 이른바 '백악사단白岳詞壇' 또는 '농연農淵그룹'의 형성 역시 김상헌 이래 가법을 온전히 계승한 김수증과 김창협, 김창흡의 문예의식에 큰 빚을 지고 있거니와 숙종 말 영조 전기 노·소론을 다시 묶는 '탕평정국'의 재규합 분위기를 타고 '진경문화眞境文化'를 낳는 밑거름이 된다.

김수증의 후반기 '은일과 심미의식'은 소옹과 주희가 끼친 영향이 크다. 가깝게는 의리학과 상수학 모두에 밝았던 이단상 부자, 조성기, 송시열의 격려와 지도가 큰 힘이 되어 주었다. 이들은 김수증 형제와 그 자손들 그리고 다음 세대인 농연그룹에게 이론적 자문을 아끼지 않았다. 김수증은 환란 가운데서도 화산도사 진도남과 11세기 낙양의 대 은자 소강절의 '신비하고 직관적인 영상 경계映像境界'를 본뜨고자 했다. 모방하는 과정을 통해서 은둔문화를 한 차원 높은 단계로 끌어 올렸고 인간적 고뇌를 어느 정도 해소시킬 수 있었다.

김수증이 세상을 떠난 뒤, 1722년 '임인옥사壬寅獄事'가 일어난다. 노론사대신老論四大臣의 한 사람으로 김수항의 장자 김창집金昌集이 사사되고 그의 아들 김제겸金濟謙, 김성행金省行도 희생된다. '권력의 핵심에 너무 다가서지 말라'는 김수항의 유훈遺訓을 지키지 않아서일까. 장동김문의 불행은 계속되었다.

김창협은 화음동 정사의 역사役事가 거의 완성된 1691년부터 10여 년 뒤 「부지암기不知菴記」를 쓴다. 김창협은 이 글에서 자연의 진퇴소장 이외에는 아무런 약속도 없는 ‘원유遠遊’의 ‘오무五無(無地, 無天, 無見, 無聞, 無爲)’를 가지고 김수증이 곧 돌아가야 할 ‘태초의 경계’를 논한다. 김수증의 별난 상수학적 은둔방식과 상징적 표현은 얼른 알아듣기 힘들다. 당시 주류 사대부들의 정치·문화사의 굴절된 반영이기도 한 김수증의 은둔사상은 유불선 삼교의 미묘한 무늬들, 예를 들면 유가의 세계긍정, 불가의 허망에 대치하는 참된 자아의 발견, 노·장의 무위와 소요 등으로 복잡하게 얽혀 있기 때문이다.

김수증과 그의 조카 김창협 형제가 기획한 다양한 ‘구곡문화’의 구상과 기록들은 17세기 후반 ‘한국 은둔사’의 매우 독특한 국면을 보여 준다. 17세기 말 18세기 초를 전후해서 ‘화양구곡’에서는 정권 차원의 성지화 작업이 진행되었지만, ‘곡운구곡문화’는 농연그룹 사대부들의 사적인 산수문화 공간체험에 머물고 말아 서서히 시간과 더불어 잊혀져갔다. 이제 그로부터 350년이 흘러 지리적 분단과 무관심의 표층을 뚫고 ‘권력과 은둔’이라는 화두가 새롭게 우리 앞에 나타난 것이다. 이를 어떻게 해명할 것인가. 그것이 앞으로 우리가 시대정신으로 껴안고 해결해 나가야 할 과제이다.

요컨대, 17세기 후반에서 18세기 초까지 약 3세대의 정치적 파동은 조선왕조 500년 역사 가운데서 가장 처참하고 스펙터클한 시대였다. 사화와 환국이라는 정치적 소용돌이가 곡운구곡과 화양구곡이라는 수려한 산천을 역사의 무대로 끌어들였다. 마침내 무대 위에서 짙게 분장하고 강한 조명을 받으면서 선 굵은 연기가 한바탕 베풀어졌다. 김상헌과 송시열, 김수증, 윤휴, 인조, 효종, 숙종, 김수항, 김창협, 김창흡이 신명난 몸짓으로 무대 위를 달렸다. 처음에는 화악산 음지를 가설무대로 김수증이라는 주연 배우가 시공을 넘나들며 이야기를 주도하지만 갈등의 국면에 이르면 아주 특별한 인물 한 사람이 등장하면서 극적 분위기가 고조된다. 주자의 거의 모든 것을 철저히 따르면서도, 한편으로 ‘도학의 이단자’ 소강절의 세계관에 매혹되었던 송시열의 역할이 이채를 띤다. 500년의 시공을 넘어 송대 ‘권력과 은둔’의 함수관계가 조선 땅 17세기에서 보다 역동적인 모습으로 태어난다. 이 점이 ‘곡운은둔문화’ 해석에서 새롭게 제시하고자 하는 포인트다.

다만 김수증, 특히 조카 김창흡같이 무대에 올랐던 배우들 모두가 과연 심산유곡의 신선한 풍경에 어울리는 배역을 맡았는지는 알 수 없다. 때에 따라 은거지가 저들로부터 버림을 받는 비극도 없지 않았기 때문이다. 그러한 버려짐은 오늘도 권력의 주변에서 심심치 않게 벌어지고 있지 않을까.

김수증의 은둔사상

유준영 (전 이화여자대학교 교수)

1. 높은 산 깊은 골

2. 동아시아 선비들의 은사문화

3. 은사문화와 상수학사

4. 성리학자들의 구곡과 정사경영

5. 은거, 입세와 출세의 메커니즘 : 안동 풍산에서 석실까지

6. 김수증의 제1차 은둔문화 : 곡운과 석실을 넘나들며

7. 제2차 은둔문화 : 송시열 · 김수항 · 김수홍의 희생, 은둔 차원의 상승

8. 초월과 은일의식

9. 은둔문화 다시 보기

김수증의 은둔사상

1. 높은산 깊은 골

조선왕조는 성리학을 통치이념으로 신봉하는 소수의 사대부 학자 관료집단이 임금을 보좌하면서 나라를 이끌어 간 문치국가였다. 왕과 인민 사이에서 원뿔형 지배구조 윗부분에 참여하는 고급관료 계층을 양반, 선비, 독서지식인, 사대부라고 부른다. '여력을 가진 지주地主이자 학자이며 관료인' 사대부들은 여타 백성들과 함께 우리의 문화를 떠받쳐 온 양대 축이다.

1649년, 남한산성에서 치욕을 당하고 소현세자와 불화설이 있던 인조가 갑자기 죽었다. 그러면서 세제 봉림대군이 등극하여 효종이 된 이후, 왕권의 정통성과 맞물린 예송禮訟으로 붕당 사이의 공존의 틀이 무너지고 대립이 첨예화되었다. 이후 조정은 지루한 당쟁에 휘말려 여러 차례의 사화와 환국이 일어나 현종과 숙종 대에는 많은 사대부들이 유배를 당하거나 목숨을 잃었다.

당쟁은 사림정치士林政治의 부산물이라 한다. 당초 선조 연간에 제기된 붕당논의의 틀은 훌륭하게 보였다. 문제는 현실정치에서 붕당구조가 이상적으로 작동하지 못했다는 사실이다. 대립각에 서 있던 훈구세력勳舊勢力이 무너지자 사림 내부에서 분파가 싹트고 선후배가 서로 자신은 군자이고 상대방은 소인이라고 배격하였다. 1575년에는 사림세력이 동서로 갈렸다. 동인은 임진왜란의 책임문제를 둘러싸고 다시 남북으로 갈렸다. 북인은 적장자가 아닌 광해군을 지지하여 집권했다. 새 임금은 동기인 임해와 영창대군을 살해하고 서모 인목대비를 유폐하여 서인들에게 반정反正의 명분을 제공하였다. 인륜을 저버리고 후금과 타협함으로써 왜란 때 조선을 도와 나라를 다시 찾아준 명나라의 은혜를 어겼다는 것이 거사의 명분이었다. 인조반정으로 정권을 잡은 서인은, 북인이 권력을 독차지했다가 자체 분열한 우를 범하지 않기 위해 '기호 남인'을 관제야당으로 영입했다. 서인은 '사림의 여론을 존중하고崇用士林 왕비의 자리를 뺏기지 않는다勿失國婚'는 원칙을 고수해 나갔다. 남인은 현종 때 왕실의 특수성을 강조하는 윤휴尹鑴의 '왕조례王朝禮'를 내세웠다. 서인은 '사대부예士大夫禮'를 중시하여 '국왕도 사대부와 같은 예를 행해야 한다'는 송시열의 주장으로 맞섰다. 그 결과 국왕이 남인 편을 들어주자 남인정권이 탄생하게 된다. 현종을 이은 14세의 숙종은 성장하면서 흔들리는 왕권을 강화시키고자 의도적으로 서인과 남인을 충돌시켰다고 한다. 이것이 숙종 대의 정권교체가 잦았던 환국換局의 원인이었다.[1]

　이 같은 상황에서 현실 정치에 깊이 관여했던 고급 관료들은 때로는 목숨을 잃을지도 모른다는 강박관념에 휘말리게 되었다. 그러나 극심한 당쟁이 아니더라도 은둔에 대한 관념은 이미 오랜 역사를 통해 중국 유교문화 전통 속에 녹아 있었다. 더구나 '나아가기를 어렵게 여기고 물러나기를 쉽게 하는難進易退' 선비들이 역사에 기록되는 특이한 현상을 낳기도 했다. 따라서 세상이 혼탁해질수록 『고사전高士傳』과 같은 은자의 기록을 읽으며 이상적 은자들의 덕목을 기렸다. 은자들 가운데는 역학에 관심을 기울인 이들이 많았다.

　역학사易學史에서 '상수학象數學'을 완성시킨 이는 소옹邵雍, 1011~1077, 시호 康節이다. 상수학은 이미 한대漢代 은사인 방사方士들에게 큰 관심거리였다. 그 전통은 오대 말 송 초 산중도사 진단陳摶에 이르러 틀이 잡혔고 다시 소옹을 만나 완성되었다. 소강절의 철학은 『황극경세서皇極經世書』와 『이천격양집伊川擊壤集』에 고스란히 갈무리되어 있다. 소강절 철학의 키워드는 심학, 반관反觀, 선천학 그리고 '한

---

1) 이성무, 『조선시대당쟁사』 2, 동방미디어, 2000.

閑과 낙樂'이다.

주자도 상수학에 관심이 깊었다. 그의 역학 해석이 새로운 단계로 진입했음을 예고하는 표지였다. 『주자대전』과 1415년 명나라 성조 때 출간된 송학의 개설서인 『성리대전』 가운데 『황극경세서皇極經世書』와 『역학계몽易學啓蒙』이 보인다. 주자가 상수와 천리를 연결하고 태극과 선천을 긍정하는 새로운 역학해석이 바로 이 『역학계몽』이었다. 『역학계몽』과 주렴계의 「태극도설太極圖說」의 유입으로 상수학은 조선 역학사에 큰 영향을 끼쳤다.

소옹의 상수학은 이미 조선 초에 권근1352~1409에 의해 알려졌으나 그 본지를 체득하기 시작한 것은 김시습1435~1493, 서경덕1489~1546, 이황1501~1570, 정지운1509~1561 등이었다. 좀 더 발전시킨 이는 상촌 신흠1566~1628이다. 신흠 다음 세대인 송시열, 박세채, 이단상, 이희조 같은 서인들에게 상수학이 더욱 번져갔다. 소옹의 상수역학은 당쟁과 사화의 시대를 살아간 관료 출신 은자들에게 '난세를 시운時運으로 보는' 처세담론을 제공했다.

서인 노론계를 이끌던 송시열의 경세이념은 남·북 송의 정치철학이나 북방 이민족의 침략에 대처했던 그들의 외교노선과 거의 궤를 같이한다.[2] 송시열은 효종 즉위로부터 숙종 초기를 거치는 기간, 권력투쟁의 소용돌이 중심에서 주자학으로 배수진을 치고 산림 세력을 이끌어갔다. 그는 학문과 이념에서 지나치게 주희에게 의존했고 성격이 원래 다혈질이었다. 그때 김상헌의 손자들인 김수홍, 김수항 두 형제가 권력의 핵심에서 동지로 활동하다 함께 희생됐다. 김창협, 김창흡 두 형제는 권력 게임에서 멀찍이 물러서 있었으나 정치적으로는 송시열의 노선을 지지했다. 이들은 가문의 종주인 백부 김수증에게 은둔에 합당한 의론을 제공하고 권력 중심을 우회하면서도 자파 문도교육과 문예활동에 적극적으로 나섰다.

김수증이 화음동 정사 건축에서 보여준 별난 은둔방식은 그 시대 역사관, 역해석사와 아주 밀접하게 연결되어 있었다. 김수증의 '농수정사 은거시대'는 주자

---

2) 이 글에서는 토모에다 류타로(友枝龍太郎)의 주자의 '宋代の本土防衛說'에 대해 상론을 생략한다. 友枝龍太郎, 『朱子の思想形成』, 東京: 春秋社, 1979, 419~434쪽.

가 무이구곡에서 보낸 '우유임천優遊林泉', '소쇄소영瀟灑嘯詠'의 서원 생활과 퇴계의 도산 은거를 모방한 듯 보였지만, 속세와 단절하기보다는 청음 가문의 정치적 무게를 은둔이라는 이름으로 상쇄하는 지렛대 역할이었다. 그렇지만 후기 '화음동 은거시대'는 이와 달랐다. 격심해진 사화로 두 아우를 잃어버린 김수증이었다. 그는 관료세계를 향한 극도의 혐오감으로 치를 떨면서도 조용한 은거를 통해 내면을 순화하고자 했다. 이때 소강절의 인생관과 은일의식이 그를 사로잡았다.

이 글에서, 중국과 조선 은둔사는 짧게 다룬 반면, 독자들에게 지금까지도 다소 생소한 역학의 한 갈래인 '상수학'과 소강절의 '이천격양집'의 인생관을 좀 길게 다룰 수밖에 없었다. 다시 말하지만 17세기 은둔과 구곡문화는 조선의 중심 권력과 주변이 역동적으로 얽히면서도, '정주학'이라는 약 600년 전 송대 사상사를 강하게 반영하기 때문이다. 먼저 유·불·도 세 부류가 걸어간 동아시아 은둔사를 간략히 검토하고, 복서卜筮의 발전과 소강절의 상수역학을 전문가가 아닌 독자들을 위해 애써 이해시키고자 노력했다. 거기다 도학으로 무장한 경세가였던 정이, 주희, 송시열이 중앙 권력무대로 진출해 군주들과 말씨름하던, 번쇄한 명분론과 지루한 출·처론의 장도 마련해 보았다. 어떤 이들은 이 생경한 분위기에 접해 다소 실망할지도 모른다.

필자가 「구곡도의 발생과 기능에 대하여」라는 글을 집필하던 1980년 10월 4일, 강원도 화천군 사내면 지촌천龍潭川 상류에 있을 법한 '곡운구곡'을 찾아 나섰다. 젊은 미술사가 이태호 씨와 함께 사진기를 메고 처녀 답사를 나섰었다. 그 뒤 1981년 3월 21일 제3차 답사에서 우연히 그 지역 사창초등학교 삼일분교 박제호 선생님의 안내로 '화음동 정사 유지'가 있음을 알게 되었다. 그 참에 창문여자고등학교 교장으로 계시던 김창현 선생님을 찾아갔다. 그로부터 김수증의 곡운집을 얻었고 그제야 비로소 은자 김수증의 '곡운구곡과 화음동 정사 연구'가 본격화될 수 있었다. 당시 필자는 한국정신문화연구원지금의 한국학중앙연구원에 적을 두고 있었기에 조선시대 선비들의 문집을 두루 접할 수 있었다.

1981년 10월 '화음동 정사' 연구계획이 지지부진할 무렵, 마침 프랑스 출신 구조주의 권위자인 레비스트로스Claude Levi-Strauss, 1908~2009 교수를 알게 되었다.

그가 한국을 방문했을 때 한국정신문화연구원에서 구조주의에 대해 학술간담회가 며칠간 열렸는데, 그의 인간의 의식이나 사회제도가 '차이의 관계망' 속에서 구성된다는binary opposition 강론을 들으면서 나는 어렴풋이 음양이론으로 전통건축의 구조를 분석할 수 있지 않을까 하는 소박한 생각을 해보기도 했다. 결국 구조분석 방법론은 효험이 있었다. 1984년 우여곡절 끝에 「성리학과 조형예술―화음동 정사에 나타난 구조와 사상적 계보」라는 논문이 학계에 소개되었다. 그러나 내 전공분야인 미술사학계에서는 전혀 반응이 없었다. 오히려 한국건축사가인 김동현 선생이 내 글을 보고 나서 신진 학자들에게 소개하는 예상 밖의 일이 벌어졌다. 이를 계기로 내 글은 먼저 전통건축사학계를 거쳐 조경학회와 한국문학계에 알려지더니 마침내는 현역 산수화가들의 주목을 받기에 이르렀다. 경기대학교 김동욱 교수는 내 글을 「한국건축에 대한 1980년대 전반기의 연구현황」에서 "현장을 통해 당대의 유적을 확인하고 관련된 문헌을 독파하면서 사상과 건축을 연관시켰다는 점에서 전통건축 연구의 한 방법론을 열었다."고 평가했다.[3]

구곡도에 대한 관심은 1976년 독일에서 귀국해 국립중앙박물관에서 근무하던 시절, 우연히 〈곡운구곡도谷雲九曲圖〉를 발견한 것이 계기였다. 당초엔 겸재 정선의 실경산수화 양식이 어디서 발원하는가를 묻고 싶었는데, 그 원천으로 거슬러 올라가다 보니 조세걸의 그림을 만나게 된 것이다. 이를 '소 뒷걸음치다 개구리 밟는다' 는 말에 비유하면 적절할지 모르겠다. 생각지도 않은 '화음동 정사지' 를 발견하고 두근거리던 감동을 가라앉히고 차츰 화음동이라는 '은둔공간이 만들어지게 된 근원' 을 찾아 들어갔다. '구곡' 이나 '정사 건축' 이 단지 동아시아적인 은둔이나 시대 정치사, 주자학의 본체론적 자연관과 윤리학적 역사관으로만 설명될 수 있는 것이 아니란 사실에 놀랐다. 그 연장선 너머에 조선 17세기 산수문예를 빛낸 농암 김창협과 삼연 김창흡의 '산수유기' 가 은둔의 꽃을 피우고 있

---

3) 『건축과 환경』, 월간 건축과 환경사, 1985년 9월호, 36~38쪽. 이러한 정보를 건네 준 경주대학교 이강근 교수에게 고맙게 여긴다.

었던 것이다. 그래서 먼저 찾아낸 학제적 동지가 안동대학교의 이종호 교수였다. 나는 여러 해 동안 그의 도움을 받으면서 차차 새카만 한자로 가득 찬 문집을 조금씩 소화해 내는 이른바 '문리'라는 것을 터득해 갔다. 그러나 은둔사는 연구범위가 너무 컸다. 유적지 조사를 위해 관련 전문가와 공동연구가 절실히 필요했다. 성균관대학교 이상해 교수가 그 일에 함께 힘을 보태 주었다. 또 구곡도 전문가인 소장학자 윤진영 선생도 흔쾌히 동참해 주었다.

은둔사와 나는 숙명적으로 인연이 있는 것 같다. 1960년대 말 내가 독일 쾰른대학에서 중국학을 방청할 때 호남성 출신인 장하오張昊라는 교수로부터 산가지 50개로 점치는 법을 터득했다. 그 덕에 이화여자대학교에서 은자 김수증에 대한 강의를 할 때면, 여학생들이 내 강의의 내용보다는 점치는 법을 더 좋아 했다. 화음동 현장을 발견하고 흥분하던 그날부터 30년이 흘렀다. 어느 날 문득 화천지역 학생들에게 곡운구곡 이야기를 알기 쉽게 풀어서 들려 주면 좋겠다는 생각을 했다. 그래서 '곡운구곡 이야기'를 써 보려고 당시 한양대학교의 젊은 이승수 선생과 화천군을 찾아가 협조를 구해 보기도 했지만 도로에 그치고 말았다. 또한 1999년, 2005년 두 차례 열렸던 심포지엄 발표문 가운데 요긴한 대목을 한 권으로 요약하여 세상에 내보이고 싶었지만 그마저 계획단계에서 포기해야 했다. 이처럼 오래도록 '곡운구곡 안내서'를 써 보리라 별렀는데 이제야 비로소 그 일에 적임인 출판사를 만나게 되었다.

다만 너무 무겁고 골치 아픈 내용으로 독자를 난처하게 만들지나 않을지 걱정이다. 그래서 조금씩 현대적 상식에 기대어 독자들을 이해시켜 보고자 나름대로 노력했다. 누군가가 이 복잡하게 얽히고설킨 이야기를 속 시원하게 풀어 줬으면 하고 기대했는데, 결국 '결자해지'라고 출판사의 요청으로 내가 전체를 아우르는 비전문적인 밑그림을 그리게 되었다. 그런데 이야기를 재구성하는 과정에서 김창흡 말고도 뜻밖에 김상헌과 화양구곡의 송시열이 큰 비중을 차지하고 있다는 사실에 놀랐다. 이야기 속에 등장하는 인물과 시공간을 확대해 가다 보니, 김수증의 입지가 다소 축소되는 감이 없지 않다. 그러나 모든 물이 바다로 흘러들듯이 실은 모든 인물과 이야기가 김수증으로 수렴되고 만다. '화음동'의 김수증과 ‘화양동’ 의 송시열, 한 사람은 음지에서, 한 사람은 양지에서 서로 음과 양, ‘권력과 은둔’ 이라는 야누스의 얼굴을 하고 우리 앞에 서 있다. 이와 같이 ‘권력과 은둔문화’ 는 본시 복잡하게 전개되는 ‘난세 지식인들의 담론’ 이다. 그 담론이 17세기 동아시아를 무대로 전개되는 것이 구곡문화인데, 조선의 그것이 별난 모양새를 보이는 것도 위와 같은 양면성이 강력하게 작용한 결과이다.

다시 말하지만 이 글은 진경산수화 양식의 연원을 찾아보려고 나섰다가 발견한 곡운구곡과 화음동을 단서 삼아 18세기 겸재 정선의 예술과 사상이 의지했던 주류문화의 사회적 맥락을 이해하기 위해 집필된 것이기도 하다. 그래서 문화의 본질보다는 그 형성의 과정이나 배경에 치중했다.

나는 화천이라는 땅과 이른 시기부터 인연을 맺었다. 지금 돌이켜 생각해도 이상할 정도다. 여섯 살 무렵의 일로 기억된다. 1939년경 세브란스 의학전문대를 갓 졸업한 아버지를 따라 함경도 함흥과 신북청을 거쳐 만주, 지금의 흑룡강성 넌쟝嫩江이라는 곳까지 간 적이 있다. 나는 그곳에서 엄동설한에 일본 점령군과 중국 빨치산이 서로 총부리 겨누고 싸우는 난세를 경험했다. 그리고 나서 1942년경 돌아온 곳이 화천수력발전소를 건설 중이던 ‘구만리 고개’ 산비탈의 오막살이었다(그림 1).

그 집 바로 앞 강가에 건설회사 공사장 부속 의료실이 있었고 아버지는 바로 그곳에서 근무하셨다. 그때 조권목이라는 젊은 조수가 있었는데, 6·25전쟁 때 북쪽 의무군관으로 복무하다 전사했다고 한다. 나는 원래 춘천 향교골, 교동校洞 태생이다. 당시에는 춘천역에서 화천수력발전소 공사장까지 시멘트 포대를 운반할 수단이 마땅치 않았다. 춘천역에서 소양교 옆을 건너 지금의 화천댐 공사장까지 ‘솔개미’ 라는 이상한 이름의 리프트가 시멘트 포대를 싣고 높은 철탑 줄에 매달려 오가곤 했다. 그리고 구만리 고개에서 멀지 않은 곳에 일본말로 ‘엔떼이堰堤’ 라고 부르던 화천댐 공사장에 시멘트 창고가 있었다. 나는 동네 꼬마들과 함께 그곳으로 들어가 빈 포대에서 흰 실을 풀어내느라 회색 가루를 뒤집어쓰기 일쑤였는데 간혹 창고지기 아저씨들한테 들켜 쫓겨나곤 했다. 지금도 나는 화천에 가면 그 땅이 나를 따뜻하게 품어 주는 느낌을 받는다.

그림 1 화천댐과 화천발전소　홍수 조절과 수력발전을 위해 당시 조선전업사가 1944년에 준공한 댐과 수력발전소(10만 5,000kw).

그림 2 화음동 정사 유적지 1981년 4월 24일 지표 조사 모습(가운데, 당시 대학원생 정병모)

충청도 괴산에 가면 잘 보존되어 지역문화의 구심체가 된 '화양구곡' 이 있다. 화천 땅 곡운은 '화음동 정사지' 만 겨우 강원도 보물로 지정되었을 뿐, 곡운구곡은 날로 개발에 노출되어 보존이 점점 어려워지고 있다. 그럼에도 불구하고, 화천에서 문화행정을 담당하는 이들이 너무 자주 갈리고, 지역 지식인들의 관심이 상업적 이익에만 매달리는 것 같아 걱정이다. 그런데 설상가상으로 곡운 이야기를 쉽게 풀어서 전달해 줄 도구가 변변치 못하다는 현실이다. 오랫동안 의리역학에 밀려 있던 소강절의 상수역학이 17세기 정치사회사와 서로 긴밀하게 연결되어 매우 복잡한 구도를 보이기 때문에 이해하기 어려운 것이 곡운문화의 배타적 특성이다. '지속가능한 개발' 이란 말이 있기는 하다. 진정 그런 개발이 가능할 것인가. 언제나 보전의 허울을 쓴 개발이 판치는 현실이 아니던가. 이 같은 현실에서, 역사적 진실은 언제나 뒷전으로 밀려나게 마련이다.

거듭 말하거니와 화천군 사내면 화악산 북록 계곡에 아직은 원형이 어느 정도 보존된 구곡과 은둔처가 있다(그림 2). 거기서 김수증의 족적을 따라가노라면 어느새 우리는 3000년의 은둔사와 역학사가 펼치는 '인문석의 별천지' 와 화산도사 진도남의 '1000년의 잠'을 꿈꾸던 김수증의 '부지암' 터를 밟게 된다. 만약 잠시라도 틈이 나거들랑 '반수암伴睡菴'에 올라가 보라. 영기가 감도는 화악산華嶽山의 비경을 접하고 '환幻, 지난 이야기'과 '실實, 자연풍광'이 무심명회無心冥會하는 '진경'을 맛볼 것이다. 우리가 그냥 스쳐갈 수도 있는 궁벽한 산골짜기에 일상의 시공을 뛰어넘어 선조들이 치열하게 고민하며 살아갔던 그 원초적 순결성과 만나는 문이 있다.

할아버지 김상헌의 빛과 그늘

1636년 12월 14일 새벽이 밝았다. 아! 병자호란이여. 김상헌1570~1652은 석실에 머물다 선영先塋에 곡하고 도성 안으로 들어갔다. 인조를 강화성으로 몽진하는 행렬을 호종하려는데 벌써 해가 서편으로 넘어가고 말았다. 후금의 군사는 이미 도성 문턱인 서쪽 교외에까지 압박해 들어왔다. 강화로 향하던 인조의 대가를 급히 돌려 수구문을 통해 남한산성으로 향했다. 뒤늦게 이 소식을 듣고 김상헌은 어둑어둑해서야 문안에서 돌아온 아들 김광찬과 석실에서 미음나루로 달려가 얼어붙은 강물을 건넜다. 그러나 밤이 깊고 바람이 거세어 말이 앞으로 나아가지 못했다. 다시 광주로 향하는 길가 집에서 하루를 묵기로 한다. 자고나서 바로 길을 떠나 닭이 울 무렵에야 산성 북문에 당도하여 입성에 성공한다.[4]

김상헌은 남한산성에서 끝까지 척화斥和를 주장했다. 뿐만 아니라 청나라가 명을 치는 군사행동을 돕기 위해 조선군이 출병하는 일에 반대했다. 병자호란 이후 안동으로 내려와 학가산鶴駕山에 은거 중이던 1640년, 다시 심양으로 끌려갔다. 그리고 1645년 봄, 소현세자 등과 함께 귀환했다. 그 후 정국을 주도하던 서인들은 김상헌을 우국충정을 실천한 '절의'의 화신으로 존숭했다. 뒷날 김상헌의 절의사상을 온전히 계승하고자 한 이는 서인의 영수 송시열이었다. 그는 지나치게 원칙을 고수하는 입장을 견지하여 좀 더 현실 포용적이던 자파 신진세력과 노선갈등

---

4) 『安東金氏文獻錄』甲編, 卷9, 「南漢紀略」, 府君自述.

을 빚기도 했다.[5]

　김상헌은 임진왜란이 소강상태로 접어들던 1596년, 스물일곱의 젊은 나이로 정시병과庭試丙科에 급제했다. 승문원부정자承文院副正字, 종9품에 임명되어 벼슬살이가 시작되었다. 사간원정언정6품을 거쳐 1601년에는 안무사按撫使로서 제주에 건너가 '길운절吉雲節의 역옥逆獄'을 다스린 다음, 한라산 정상에 올라 산신제를 올리고 귀경하여 복명하였다. 그는 제주에서 돌아온 뒤 성종 때 최부崔溥, 1454~1504가 지은 「금남표해록錦南漂海錄」을 참고하여 기행문인 『남사록南槎錄』을 남겼다. 백성들의 고통을 접하고 현실정치에 눈을 뜨기 시작한 것도 이 무렵이었다.

　김상헌은 33세 되던 1602년, 당로자의 미움을 받아 외직인 고산도찰방高山道察訪으로 밀려났다. 그때 마침 '함경도 지역 향시고관鄕試考官'으로 차출되어 운 좋게 처음으로 금강산을 구경했고 함경도 북청, 길주 칠보산을 올라 백두산을 멀리서 바라보고 두만강까지 나아갔다. 1626년에는 성절사겸진주사聖節兼陳奏使로 명나라로 건너가 명장 '모문용毛文龍의 무고誣告'를 해명하는 임무를 수행하고 돌아왔다. 그때 김상헌 일행은 이미 요동을 장악한 후금 세력을 피해, 의주義州에서 발해만을 건너 산둥반도로 진입하는 다소 위태로운 사행 노정을 잡지 않을 수 없었다. 산둥에 상륙하여 북경을 향하는 길에 등주登州와 제남齊南을 경유했다. 김상헌은 그때 이태백의 시를 통해 상상했던 태산과 화부주산華不注山을 바라보았다.

　그는 광활한 풍광을 자랑하는 연燕과 조趙 땅을 오가면서 지난 역사를 되돌아보고 가슴에 맺힌 답답함을 풀었으며, 사행 길에서 만난 명나라 한인 지식인들 사이에서 중국 문예와 서화예술을 접했다. 이를 통해 중화문명에 대한 안목을 넓혀 고루함에서 벗어났다고 한다.[6] 돌아와 김상헌은 북경까지 해로와 육로로 다녀온 여정의 지리, 고적과 고금의 풍속을 상세히 서술한 「조천록朝天錄」을 짓고, 화원을 시켜 지나온 자취를 그림으로 그리게 하여 〈조천지장도朝天指掌圖〉를 남겼다.[7]

---

5) 節義, 春秋精神, 華夷觀 등은 김낙진, 「실학적 경세치용학의 대두」, 『조선유학의 학파들』, 예문서원, 1997, 323~327쪽 참고.

6) 『清陰集』, 「清陰草稿自敍」와 「書東陽尉申君翊溟岳錄後」를 참조.

7) 『谷雲集』 卷3, 家記, 「書王考謫宦奉事事實後」.

그림 3 소양정昭陽亭 춘천시의 진산인 '봉의산鳳儀山' 서북록에 위치. '이요루二樂樓'라고도 전하며 김수증의 조부 김상헌이 1635년 3월 11일 '청평록清平錄'에서 "연광정, 백상루, 강선루, 낙민정, 청심루와 우열을 다투지만 꿈속에 노니는 듯한 분위기神遊夢想는 이곳에 있다"고 절찬한 명소이나 댐 건설과 분별없는 주택개발로 여울물 소리가 은은하던 옛 맛이 없어졌다.

이밖에도 김상헌은 중년에 춘천을 돌아보고 지은(그림 3)「청평록清平錄」, 평생 처음으로 인왕산弼雲山에 올라가 본「유서산기遊西山記」, 관북지역 공무여행 중 지은 한시와 유기遊記, 그리고 1640∼1645년 심양 억류기간에 지은「설교집雪窖集」과「설교별집」등을 남겼다. 그는 이 글들을 통해 이역과 본토의 본지풍광에 대한 정서를 한껏 풀어 놓았다. 그리고 가는 곳마다 유산시遊山詩를 남겨 놓아, 훗날 김수증, 김수항, 김창협, 김창흡, 김창업 등 자손들이 공적인 일이나 사적으로 여행할 때, 조부가 지은 산수유람시를 보고 현장에서 차운하는 것을 행운을 여기게 했다. 특히 손자 김수증, 김수항에게는 '그림과 유기', 그리고 증손자 김창협, 김창흡에게는 '유산문학 창작'의 새로운 길을 여는 데 큰 영향을 끼쳤다.

김상헌은 생애 내내 바쁘게 뛰어다닌 관료였다. 임진·정유왜란, 계축옥사, 인조반정, 병자호란 등 크고 작은 사건과 재앙의 한복판에 서 있었다. 그래서 김상헌은 선비의 출사出仕에는 항상 위험이 따른다고 생각했다. 그러나 유자가 개인의 안위를 걱정하여 사회적 책임을 소홀히 하는 것을 용납할 수 없었다. 의식의 저편에서는 현실정치에서 물러나 유유자적하고 싶은 욕망이 없지 않았지만 선뜻 산림으로 돌아가지는 못했다. 어쩌다 현직에서 물러날 때면 지금의 남양주 와부면 덕소에 위치한 '석실선영石室先塋' 아래로 돌아가곤 했다.

병자호란 이후, 김상헌은 안동으로 내려가 풍산豊山 소요산素耀山과 학가산鶴駕山 중대사中臺寺 아래 '만석산방萬石山房'에서 지내기도 했다. 거기서 시·서·화에 몰두하며 잠시나마 처사와 같은 인생태도를 드러내기도 하였다.[8] 김상헌은 심양으로 끌려간 이듬해인 1641년, 손자들에게 안부를 전하는 글에서 독서는 반드시 과거를 위한 것이 아니라는 충고를 했다.[9] 그는 이처럼 자손들에게 현달한 선비 집안의 법도와 근면을 강조하면서도 '명철보신' 할 것을 여러 차례 당부했던 것이다.

곡운 김수증의 생애

곡운谷雲 김수증金壽增, 1624~1701은 병자호란을 계기로 정치적 위상을 크게 높인 김상헌의 사손嗣孫이다.[10] 아버지 김광찬金光燦, 1597~1668은 원래 김상관金尙寬의 2남이었으나 김상헌의 양자로 들어갔다. 신新안동김씨 김선평파金宣平派 가운데, 삶의 터전을 안동에서 서울로 옮긴 이른바 서울 입향조入鄕祖는 김번金璠, 1449~1544이다. 김광찬은 김번 → 김대효金大孝 → 김상헌으로 내려가는 가계를 이었고 이를 다시 김수증에게 전해 주었다.[11]

김수증은 가문의 종손이었기 때문에 어려서부터 조부 김상헌을 가까이 모셔야 했다. 김수증은 다사다난한 시대에 '경화사족京華士族'이라는 말이 딱 어울리는 현달한 세가世家에 태어나 처음부터 심리적으로 무거운 짐을 지고 성장했다.

---

8) 『安東金氏文獻錄』天, 343쪽, 「遺事」: "在豊山. 手書易經, 澤滅木大過[대과괘] 君子以, 獨立不懼, 遯世無悶."; "못이 나무를 매몰하는 것이 대과괘의 뜻이다. 군자는 이상을 보거든 독립하여 두려워하지 않고 세상에서 은신하여도 고민하지 않는다." 김상헌의 「群玉所記」의 印章들에 나타난 별호, 「一塵不到處」, 「明哲保身」 등 은자상을 참고.

9) 『淸陰集』卷40, 「寄孫壽增兄弟」(辛巳): "讀書非必求科第也. 人而不學, 有同面墻, 汝等勉之."

10) 『谷雲集』卷2, 「華陰索居, 書懷示兒輩」其三: "嗚呼我王考, 煌煌禮義宗, 聞風起庸儒, 垂訓牖昏蒙, 鈍根竟難化, 小子老轉憃, 依然松柏堂, 萬事泣無窮."

11) 김상헌은 원래 생부 극효克孝의 넷째였으나 후사가 없는 백부 대효大孝의 뒤를 이었다. 그런데 상헌도 어린 아들 종경宗慶(1689~1592)이 죽고 후사가 없었으므로 둘째 형 장단부군長湍府君 상관尙寬의 차자 광찬光燦을 입양하였고, 그 정실正室에서 출생한 이른바 '삼수三壽' 가운데 맏이가 김수증이다. 『淸陰集』卷37, 「先府君行狀」.

이 집안의 비극은 계축옥사1613로 시작된다. 이 사건으로 뒷날 김수증을 낳은 어머니 연안김씨延安金氏는 조부선조계비 인목왕후의 부 김제남1562~1613 등이 영창대군 추대혐의로 사사되었던 사건에 연루되어 강제 이혼당했다. 어머니의 억울함은 인조반정 후 복권되었으나 자신의 계모가 낳은 배다른 4남 1녀는 서출庶出로 전락했다.

김수증은 조부 김상헌이 세상을 떠나던 해인 1652년, 음사蔭仕로 익위사세마翊衛司洗馬, 정9품에 제수된다. 이때를 전후해서 두 동생 김수흥과 김수항은 문과를 통과했으나 아직 영향력 있는 자리에 오르지 못했고, 부친 김광찬도 여전히 종6품의 교하현감에 머물러 있었을 뿐이었다. 그 후 김수증은 여섯 고을의 외직을 역임했다. 그의 외직 진출도 정국이 서인에게 유리하게 돌아가고 있을 때 가능했다. 그러나 이미 관료생활을 맛보고 여러 차례 외직으로 돌아다닌 만큼, 김수증의 처신은 정치적 기득권을 포기하고 물러나 숨어 사는 고매한 은일隱逸은 아니었다. 다만 권문세가에 속했지만 벼슬보다는 처사적인 생활을 어느 정도 즐기는 편이었다. 그의 두 동생 김수흥, 김수항은 서인 노론계의 핵심세력으로 효종에서 숙종에 이르는 기간 내내 줄곧 권력의 중심에 있었다. 할아버지 김상헌의 후광에 힘입어 지나치게 현달한 두 동생의 환로宦路가 김수증을 늘 불안하게 하였다. 이런 심리적 불안이 그를 일찍부터 권력의 핵심으로부터 일정한 거리를 유지하게 했다. 김수증은 그들과 달리 일찍부터 과거와 출세를 단념했다. 김수증은 젊어서부터 외직에 있거나 물러나거나, 조카들을 앞세워 명산을 찾아다니면서 여러 '산수유기'를 남기고 역대 유기를 모아『와유록臥遊錄』을 편찬했다.

1674년, 김수증은 '갑인예송'으로 이듬해 서인들이 실권하자 안악군수를 곧 그만둔다. 그리고 1668년 김화현감으로 부임하러 가는 길에 보아 두었던 강원도 화천군 사내면 영당동影堂洞에 5년 만에 완성한 '농수정사籠水精舍'로 처자를 이끌고 들어간다. 이른바 '농수정사 시대'라 할 수 있는 첫 번째 은거가 시작된 것이다(그림 4).

김수증은 주희가 운곡에서 무이구곡武夷九曲을 경영한 예를 따라 용담천 하류인, 오늘날 춘천시 사북면과 화천군 사내면 경계에 제1곡 '방화계傍花溪'를 정해 놓고

그림 4 농수정사도 터 실경   1981년도.

그림 5 농수정사도 1   조세걸 作. 1682년경, 비단에 채색, 64×42.5cm.

그림 6 농수정사 터 바위   조세걸의 〈농
수정사도〉에 묘사된 바위로, 현존한다.

권섭과 은둔

상류로 거슬러 올라가면서 좋은 경치 아홉 곳을 꼼꼼히 살펴 '곡운구곡谷雲九曲'을 설정하고 「구곡시九曲詩」와 〈구곡도九曲圖〉로 현장을 묘사해 낼 계획을 차분하게 세워갔다. 이 때 늘 송시열과 정치적 상황을 분석하면서 자문을 구하고, 박세채朴世采와도 은둔문제를 의논했다. 은둔생활에 들어간 김수증은 지금의 남양주 도농의 선산인 '석실石室'과 북촌 백악산 밑 본가를 드나들며 '은일문화'의 구체적 사업들을 벌려 놓는다. 조부 김상헌의 문인 송시열이 처음부터 적극적으로 거들고, 박세채, 이단상의 손자 이희조, 두 조카 김창협, 김창흡, 자손, 친지들을 동원하여 각종 기記를 적고, 비문을 쓰고, 시를 짓고, 상량문을 만들도록 했다. 김상헌이 수집한 〈고사도古事圖〉와 몇몇 시·서·화에 송시열이 발문을 짓고, 제갈량, 김시습의 '초상화'를 그리고, 찬문을 쓰는 등 사대부들의 '은일의식隱逸意識의 고갱이'들을 부지런히 모았다. 1차 은둔지 '곡운정사'(그림 5·6·7) 시대에도 그랬지만 2차 은거지 '화음동 정사'를 경영할 때도 『주자대전』을 들추어 주희의 글에서 각종 아이디어를 얻어내어 기문과 한시와 발문 등에서 나오는 명칭들, 예컨대 총계봉叢桂峰, 소산小山, 요엄류정聊淹留亭 등을 수없이 끌어다 썼다.[12]

한편, 1차 은거지 곡운정사에 머물 때 김수증은 정치에 깊이 관여하고 있던 두 동생들이 걱정되었다. 「기퇴우당寄退憂堂」과 「곡운추회차문곡운谷雲秋懷次文谷韻」 등을 통해, 이들에게 위태로운 세태를 경계하고 물러날 것을 권하면서 한편으론 곡운 은거생활의 초연한 경계를 애틋한 형제애 속에 담아 술회했다. 김수증은 1680년 경신환국으로 서인이 재집권하자 회양부사로 다시 나아간다. 그러나 송시열에 동조하는 계파와 박세채 등 소장파의 주장에 공감하는 사류들 사이에서 권력다툼으로 노·소로 분열하는 데 환멸을 느꼈다. 그 후 8년여 동안, 송시열이 이끄는 노론은 소론과 남인을 이용하여 정국의 미래를 불투명하게 만드는 숙종의 무원칙한 통치 술수에 말려들었다. 그로 인해 1689년 기사사화가 일어나 동생 김수항이 송시열과 함께 사약을 받고, 김수흥마저 유배당했다가 이듬해 적소에서 병사하는 엄청난 비극을 맞게 된다.

---

12) 예로 주희의 『朱子大全』, 卷6, 「次劉彦集木犀韻三首」 가운데 제3연聯, "秋到寒巖桂樹叢, 小山吟罷思悲翁, 不妨更作淹留計, 占取人間十里風."

그림 7 농수정사도 2 필자가 모사한 농수정사도이다. 농수정에 김수증이 앉아 있고 우측 하단에는 화가 조세걸로 추정되는 그림 그리는 남자가 보인다. 화가를 작품 속에 나타낸 최초의 예이다.

이러한 인간적 불행을 감내하기 위하여 김수증은 화악산 북록으로 더 깊이 들어가 '화음동 정사' 터를 골라 진도남陳圖南의 '천년 잠' 그리고 '잠들어 만사를 알지 못 한다' 는 육방옹陸放翁의 시어를 빌려 정사 이름을 부지암不知菴이라 짓고, 계곡을 건너 제갈량과 김시습의 사당을 만들었다. 특히 소강절邵康節 심학心學의 핵심인 선천학과 음양소식관을 상징하는 '한래왕교閑來往橋'를 조경에 반영하여 보다 적극적인 은둔 생활에 들어갔다.

김수증은 송시열보다 열일곱 살이나 아래였다. 그러나 그가 청음 김상헌의 종손이라는 위상 때문에 서인 산림의 수장인 송시열로부터 항상 정중한 대우를 받았다. 그렇지만 정계의 실세인 두 동생들과는 달리 사상논쟁은 될수록 피했다. 송시열, 박세채, 이세백 그리고 몇몇 친척들을 제하고는, 정치적 주도 인물들과 의도적으로 거리를 두면서 지냈다.

김수증은 조, 부가 세상을 떠나자 만년에 이르도록 자손을 가르치고 기르는 일 말고도 대가의 크고 적은 제사를 받들었으며, 지금 남양주 와부읍 석실에 위치한 누대를 내려오는 산소를 돌봐야했다.[13] 김수증에게는 대를 이을 장자 창국昌國, 1644~1717이 있었다. 그런데도 노년에 이르도록 김수증은 허다한 대소사를 평시나 난세를 가리지 않고 도맡아 해결해야 했다.[14] 창국이 후사를 두지 못해 김창흡의 아들 김치겸金致謙을 양손으로 들였기에 모든 것을 아들에게 맡길 수도 있었을 터인데, 그렇지 못했다.

김수증은 큰 아들 창국을 다그쳐 독서를 게을리하지 말 것과 사손嗣孫으로서 가문의 제사를 성실히 돌보는 일, 그리고 관직에 나아가서도 직무를 충실히 할 것을 마지막 삶의 순간까지 걱정했다. 1672년 김수증은 안악군수로 있으면서 자

---

13) 『谷雲集』卷6,「亡室曺氏淑人行狀」: "壽增奉四世之祀, 祠墓大小享祀, 逐月稠疊, 家貧奠需不能豐腆, 而物力殆盡於此."

14) 예로, 그는 죽기 직전 맏아들 昌國에게 13祭祀와 24大忌를 기억하도록 당부한다. 『谷雲集』卷5,「與昌國」(辛巳): "十三祭事及廿四大忌臨迫, 祭物當隨力有無而設行可也. 且吾家, 自先世祭祀之規, 絶無豐昵之事, 余自幼目見之矣. 近來有不然者, 況王考祀事, 有遺書略設之訓, 而如十三日祭, 尤不可稍加饌品於先祀, 求之禮意, 心有所未安, 玆以云云, 須量之. 婦人輩何能知之, 詳飭爲當, 大忌亦不當加於先祀也."

식들에게 다음과 같은 편지를 쓴다.

우리 집 문헌이 장차 천 년에 가깝다. 돌아가신 조부에 이르러 천하에 큰 이름을 남겼는데 이제 내 몸에 이르러 선조의 가르침을 추락시켜 이룩한 바가 없이 궁벽한 오두막에서 그럭저럭 지내는 사람이 되었을 뿐이다. 너희들 또한 다시 학업에 힘쓰지 않아 한결같이 여기에 이르렀으니 이후로 독서하는 종자가 장차 끊어져 집안의 운수가 없어질 것이다. 하물며 창국은 촉망하는 뜻이 중하기가 다른 자손에 견주지 못한다. 돌아가신 조부께서 훈계의 말씀을 남겼으니 말씀의 의미가 엄숙하고 절실하다. 매양 생각이 미치면 나도 몰래 두려워진다. 너희들이 만일 내가 안심하고 지내도록 만들고 싶다면 이제부터 오래된 악습을 통렬히 끊고 만사를 깨끗이 정리하며 몸과 마음을 수렴하고 부지런히 독송해서 이룸이 있기를 기약하는 것이 지극히 옳다. 그러나 이를 행함에 일정한 법도가 있으니 오직 뜻을 세워 마음에 간직하는 데 달려있을 뿐이다. 전에 말한 문집을 늘 궤 위에 놓고서 독서하는 겨를에 늘 눈에 둔다면 또한 좋을 것이다. 자손으로서 조상의 사적을 모른다면 진실로 부끄러워해야 마땅하거늘 하물며 우리 돌아가신 조부의 언행을 천하가 모두 아는데 자손이 된 자가 만일 혹시 알지 못한다면 남들이 장차 무어라고 이르겠는가? 어찌 불초해서 그 조상을 욕되게 함이 심하지 않겠는가![15]

김수증의 삶과 은둔은, 17세기 조선왕조의 운명과 함께 자신들의 삶의 기반을 지탱하려던 한 사대부가의 낭패와 비극에 뿌리를 두고 있다. 그것은 때로 기득권층의 영화를 반증하는 화려한 도피쯤으로 보일 수도 있지만, 정작 형제들과 동지들에게 참극이 다가왔을 때 견디기 어려운 고통이었다. 김수증은 1차 은둔지에서 더 깊은 산속으로 들어가 화음동 암반계곡에 자신과 그 시대의 철학사상을 상

---

15) 『谷雲集』 卷5, 「與兒輩」(壬子): "我家文獻, 將近千年. 至於先祖, 有大名於天下, 今至吾身, 墜落先訓, 無所成立, 不過爲悲歎窮廬之人. 汝輩又復不力於學業, 一至於此, 此後讀書種子將絶而家運亡矣. 況昌國, 屬意之重, 不比他子孫, 先祖厥有訓戒之辭, 辭意嚴切. 每一念至, 不覺悚然, 汝輩若欲使我安心度日, 則自今痛斷舊習, 掃除萬事, 收斂身心, 勤勤讀誦, 期於有成, 至可至可. 然爲此有道, 惟在於立志存心而已. 前言文集, 常置几案上, 讀書之暇, 常常在目, 亦可. 子孫而不知祖先之事蹟, 固可羞, 而況吾先祖言行, 天下皆知之, 而爲子孫者若或不知, 則人將謂何. 豈非不肖而忝厥祖之甚者乎."

그림 8 김수증의 묘 남양 주시 와부읍 석실 신안동김 씨 분산墳山

징적으로 표현했다. 이 모든 것들을 기記로 남기고 시로 읊었다. 이러한 작업들은 중국 '은둔사'에서도 사례를 찾기 힘든 구체적이고 특징적인 상황을 보여 준다. 두 차례의 외침과 계축옥사, 인조반정 그리고 꼬리를 물고 일어난 당화와 환국이 만들어낸 결과였다. 계축옥사로 물러난 조부, 그리고 특히 자신의 모친이 서인庶 人의 신분으로 강등되었던 사건이 김수증의 뇌리에 깊이 자리 잡고 있었다. 병자 호란으로 목숨을 잃은 선원 김상용의 가족과 엄동설한 피난길에 강원도 춘천을 거쳐 인제, 양양, 강릉으로 전전하던 쓰라린 기억도 무의식 세계의 한 부분을 점 유했다. 심지어 백부의 가족이 양주 검단산黔丹山 부근으로 피난 중 말 탄 청병이 나타났다는 소문을 듣고 벌어진 급박한 상황은 그에게 지울 수 없는 충격이었다. 황망하게 몸을 숨기는 과정에서 받들고 가던 장단부원군長湍府君 상관尙寬의 신주 를 잃어버린 사건은 사대부 가문의 예의와 체면을 한순간 파탄시켜 버리기에 족 한 것이었다. 그때 조상에 대한 도리를 저버린 데서 오는 죄의식으로 온 가족이 목 놓아 울던 일 등은 아직 열네 살 이전의 김수증이 감내하기에 너무나 큰 악몽 같은 체험이었다.[16] 때문에 그의 은둔은 위난의 시대를 맞은 유력한 사대부 집안 이 어떻게 문호를 유지해갈 수 있는가 하는 가문수호방식의 한 유형으로서 살펴

---

16) 『谷雲集』卷3, 家記, 「丙丁避亂事實」.

볼 필요도 있는 것이다.

숙질 간이지만 백부와 의기투합하여 평생 유산遊山의 길을 함께하고 따르던 조카 김창흡은 묘표墓表에서(그림 8) 다음과 같이 김수증의 생애를 요약하고 있다. 아마 김수증의 내면세계를 이해하는 데 가장 정확한 단서를 제공할 수 있는 거의 유일한 자료로 보인다.

선생은 평소의 뜻이 고상하여 세속적 취미에는 담담했다. 비록 벼슬살이 자취를 붙이기는 했지만 자나 깨나 산수를 생각하셨다. 천륜의 화를 만나고부터는 잠시도 서울에 머물려 하지 않았다. 일찍이 말씀하기를, "도성을 바라보면 통곡하고 싶구나!"라고 하셨다. 경오년 화악산에 들어가시어 예전에 지은 농수정籠水亭이 오히려 깊지 못하다고 여기시어 이에 그 위쪽 근원으로 나가시어 부지不知·무명無名 등 암자를 만드시고 덩그러니 외롭게 앉아서 세속과 영원히 단절하고자 하셨다. 간혹 냇가 골짜기를 서성대시며 노래와 휘파람으로 회포를 풀어내었다. 또한 한나라 무후 제갈량과 우리나라 매월당 김시습, 그리고 우재 송시열의 유상을 가져다 한곳에 모셔 두고 그 당을 이름하여 '유지有知'라 했다. 은미한 생각이 간직되어 있는 곳이니 아는 자가 드물 것이다. 본래 주자서를 좋아했는데 만년에 더욱 침잠하셨다. 더욱이 사악을 물리치고 이단을 변증할 때엔 반복해서 생각을 다했고 가훈의 바름으로써 고수하며 변화되지 않으셨다. 늘 말씀하기를, "잘못을 거짓 꾸미거나 변호하는 말이 가장 해로운 일이다."하시고 소반과 사발, 안석과 지팡이에 '벽립만인壁立萬仞'과[17] 같은 말을 써넣기를 좋아하셨다. 갑술년 이래 국론이 날로 천박해지고 선비의 예절이 더욱 타락해가는 것을 보시면 일에 부딪쳐 의기가 드러나 언론이 격발되기에 더욱 남과 만나고 싶어 하지 않으셨다. 우거하는 서울 집에 편액을 '청람靑嵐'이라 했으니 대개 집착이 없다는 뜻이다. …… 오호라! 선생이 세상에 계신 지 78년이 되었다. 온갖 변고를 만났지만 한결같은 덕은 더욱 높아졌다. 집에 계시며 일상으로 하는 행동에서부터 백성을 다스리는 정사에 이르기까지 기록해야 할 것이 어찌 한두 가지에 그치겠는가! 그러나 만일 그 중에서 으뜸되는 일을 든다면 오직 굳센 지조와 속세를 벗어난 운치, 불쌍히 여기고 걱정해 주는 인덕, 정의에 순수하고 도덕을 지켜 내

---

17) 만 길의 절벽이 온갖 風霜에도 변하지 않고 의연하게 서 있다는 뜻으로 험난한 世波에 시달려도 조금도 흔들리지 않고 의연히 節義를 지키는 말이다.

는 아름다움이 만년의 절조를 드러내어 쇠미한 풍속을 권면한 바로서 홀로 크게 이 룩한 것이다.[18]

2. 동아시아 선비들의 은사문화

중국의 은사문화[19]

중국 역사에는 신선과 은사隱士에 관한 이야기가 많다. 인도나 서양 문명의 시 초에도 은자들이 존재했다.[20] 이들은 대부분 종교적 신비체험이 동기가 되어 사 회를 떠나 사원이나 숲에서 명상에 잠기거나, 광야나 사막에 숨어 살며 묵상과 비의秘儀에 깊이 몰두하였다. 이에 비해 현세를 중시했던 중국의 은자들은 현실 에서 마주치는 환란과 생로병사에 적절히 대처하여 살아 있는 동안 신선이 되어 해탈을 누리려고 하였다.

「열선전」과 「신선전」에 나오는 허구와 환상으로 가득 찬 선인과 은자들은 어 느 문화권보다 불로장수에 관심이 많았다. 갈홍의 『포박자』는 본격적으로 외단外 丹과 내단內丹 비법을 실천적으로 체득하는 '방사'들의 얘기들이다. 이들의 사상 적 연원은 선진시대先秦時代 재야 지식인이며 위대한 철학자로 불리는 노자老子이 다. 그로부터 전설적인 '황노사상黃老思想'이 싹터 중국인의 가장 큰 민중종교인

---

18) 『三淵集卷』 卷30, 「伯父谷雲先生墓表」: "先生雅意高尙, 澹於世味, 雖寓迹簪組, 而寤寐丘壑. 自 遭天倫之禍, 不欲暫住京輦, 嘗日望城欲哭. 庚午入山, 以舊築籠水亭猶爲不深, 乃就其上源, 作不 知無名等菴, 而嗒焉孤坐, 欲與世冥絶. 或徊徨澗谷, 歌嘯遺懷, 又取漢諸葛武侯我東梅月堂及宋 尤齋遺像, 妥于一所, 名其堂曰有知, 微意所存, 知者鮮矣. 雅嗜朱子書, 晚益沉潛, 尤於斥邪辨異 之際, 反復致意, 參以家訓之正, 守而不化, 常謂回互之論最害事, 盤盂几杖, 愛書壁立萬仞等語. 甲戌以來, 見國論日卑, 士節益墮, 則觸事義形, 言議激發, 尤不欲與人相接也. 所寓京第, 扁以靑 嵐, 蓋亦無著之意. …… 嗚呼, 先生臨世七十有八年矣. 所遭萬變, 而一德彌邵, 自居室庸行, 以及 臨民之政, 其可書者, 奚止一二, 而如擧其最, 惟耿介拔俗之韻, 惻怛孔懷之仁, 純正衛道之懿, 所 以著晚節而勵衰俗者, 獨爲大致."

19) 이 절에서는 馬華·陳正宏 지음, 姜炅範·千賢耕 옮김, 『중국의 은사문화』, 동문선, 1992, 14~ 16쪽에서 여러 곳을 취하여 가감 인용하였음을 밝혀 둔다.

20) Bertrand Russel, *The History of Western Philosophy*, Simon and Schuster, 1772, pp. 375~387.

도교로 발전하였다.

불교는 원래 명상과 해탈을 실천하였던 고대 인도의 자연 종교를 계승하여 자아의식이 강한 은자의 모습을 탄생시켰다. 특히 자력 해탈을 중시하는 소승불교는 탈세속적 은자의 모습을 면면히 유지해 왔다. 한편 대승불교는 이타와 중생구제를 지향했는데, 이것이 일찍부터 중국 도교교단 발전에 크게 영향을 끼쳤다. 중국 불교의 고승과 선사禪師들의 산중생활은 은사문화의 또 다른 이야기들을 제공한다.

동진의 혜원慧遠은 관리의 자제로 젊어서 유가와 도가의 경전을 두루 섭렵했으나 어지러운 세상을 피해 고승 도안道安의 문하로 들어갔다. 그가 후에 여산廬山에 사원을 짓고 명사들과 가까이할 때 많은 은사들이 혜원을 찾아가 불경을 연구했다. 불교의 출세간적 태도와 많은 설화에 나오는 아라한, 선종의 산중수선山中修禪도 은사문화를 촉진시켰다. 예로 천태산天台山 한산암寒山庵에 은거했던 한산의 구도와 선오禪悟는 불교 은자들의 모범이 되었다.

한편 선비계층 은사의 한 계열로서 장자莊子 같은 전국시대 지식인들은 극단적 위기상황에서 '권력자들의 덫이나 그물에 걸려 죽는 것을 어떻게 피할 것인가' 하는 문제에 관심이 깊었다. 그러나 불행한 현실과 대면하여 장자가 비록 '소요유逍遙遊'라는 경지를 추구하여 표면적으로는 유유자적한 것 같지만, 마음속으로는 "처세의 걱정으로 가득 차 있었다"고 한다. 그가 10여 만 마디나 되는 책을 저술했다는 것은 '사회와 인생에 대해서 깊은 관심을 가지고 있는 것'으로 세상을 완전히 피하거나 벗어나는 것은 더욱 아니었다. 그는 '피세와 입세 사이에 끼어 있는 지식인'이었던 것이다.[21]

『논어』「미자」편에 나오는 허유·소부는 중국 유가 은사의 시조이다. 그들은 초역사적 인물일 것이지만 후인들은 그들의 전설에다 초기 유가의 이상을 부여하였다. 권세와 사사로운 이利를 마다하고 깨끗하게 자신을 지킨 그들의 정신은 후대 유가 은사의 거울이 되었다. 은사문화와 유가 사대부 전통 사이에는 관계가

---

21) 劉笑敢 지음, 최진석 옮김, 『莊子哲學』, 소나무, 1990, 21~23쪽.

긴밀하다.

공자는 자신의 뜻을 펴서 도가 행하는 세상을 만들고자 적극적인 지식인의 인생태도를 보였지만 현실사회는 그의 정치적 이상을 만족시켜 주지 못하였다. 때문에 "한편으로는 세속을 떠나고 싶어 하는 은사의 정서를 지니고 있었다." 공자는 말하기를, "믿음을 독실하게 하고 배우기를 좋아하며, 죽음으로 지켜서 도를 선하게 하라. 위태로운 나라에는 들어가지 말며 어지러운 나라에는 살지 말라. 천하에 도가 있으면 나아가고, 도가 없으면 숨을 것이다."라고 했고, 또한 "어진 자는 세상을 피하고, 그 다음은 예의를 잃은 임금의 얼굴을 피하고, 그 다음은 바른 의견을 반대하는 말을 피할 것이니라."고 했다. 공자의 이러한 인생 태도는 그의 전체 사상에서 핵심적인 것은 아니었지만 '도를 세상에서 실현하려고 했던 사대부 전통의 유기적 구성성분'이 되었다.

'은사'라는 말이 중국 역사에서 가장 먼저 나타난 것은 『장자 외편』, 「선성장繕性章」이라고 한다. 장자는 "몸을 숨기어 들어내지 않거나伏身不見, 입을 다물고 말하지 않거나閉言不出, 지식을 숨기고 들어내지 않거나藏知不發 하는 것은 모두 '시세時勢가 크게 잘못되었기時命大謬 때문'이다."라고 하였다. 도덕이 무너져 버린 사회에 자신이 도움을 주지 못하게 되면 덕을 감추어 세상에 드러내지 말라는 이야기다. 즉, '정신상으로 세상에서 독립하여 자기 사상의 독립성을 지킨다는 것'이다. 하지만 난세뿐만이 아니라 태평성세에도 은사들은 계속 존재했다. 요·순 시대 은자 이야기가 그렇고, 후한 광무제光武帝 때25~57 엄광嚴光은 황제와 젊었을 때 공부를 같이 한 친구임에도 정치에 몸담기를 거부했다. 황제가 엄광을 궁중으로 불러들이는 몇 번의 시도가 실패하자 하루는 광무제가 직접 찾아 나섰다. 엄광이 드러누워서 일어나지도 않자, 그의 배를 두드리면서 "이것 봐, 이것 봐, 자릉子陵, 엄광의 자. 나를 도와서 정치를 하지 않겠나?"라고 하자 엄광은 대답도 안하고 있다가 "옛날 요堯는 덕이 매우 높았어도, 소부巢父는 더러운 말을 들었다고 귀를 씻었다."라고 대답했다. 그러자 광무제가 "나는 너를 설득할 수 없구나." 하고 돌아갔다. 이번에는 엄광을 궁중으로 불러다 광무제가 그와 같은 침대에서 잤다. 엄광이 한밤중에 다리를 황제 배 위에 올려 놓았다. 다음날 천문을 보는 태사가

"어젯밤, 어떤 별이 왕좌별을 침범했습니다." 하자, 황제는 웃으며 말했다. "짐이 옛 친구 엄자능嚴子陵과 함께 잤을 뿐이다."라고 했다. 엄광은 간의대부, 그리고 또 다른 관직에 초빙되었으나 부춘산富春山에 들어가 여느 백성과 같이 살다가 여든 살에 고향에서 죽었다. 이를 황제가 애석하게 여겼다 한다.

은사란 원래 이름을 드러내지 않고 사는 선비지만 우리가 지금 알고 있는 은사들은 대개 완전히 숨기에 실패한 은사들이나 그들의 얘기를 꾸며 부풀린 것들이다. 노자의 무위사상은 민간에서 자연적으로 발생한 은사사상을 체계화한 것이라고 한다.[22]

『논어』「미자」편에 나오는 초나라의 접여接輿, 장저長沮, 걸약桀溺 같은 도가 은사들이 "공자의 문도는 세상을 구하려고 헛되게 노력하는 스승을 따라다닌다."고 힐난하고 있는데, 이 이야기는 초기 은사문화에서 도가와 유가 사이의 근본적 인생관의 충돌을 전한다. 범엽范曄이 『후한서後漢書』를 편찬하면서 「일민전逸民傳」이라는 항목을 둔 이후, 중국 역대의 정사正史는 '은일隱逸, 일민逸民, 유일遺逸, 처사處士, 고사高士' 등의 명칭으로 유명한 은사들의 전기를 기록해 왔다. 유가 경전 가운데 가장 오래된 『주역』의 '돈괘遯卦', '고괘蠱卦', '비괘否卦' 등에서는 '옳지 않은 소인이 나타나는 시대에는 소인들을 멀리하고 떳떳한 군자의 도를 지켜 관직에 나아가지 않으며, 왕후도 섬기지 말며 은거하거나 피난하여 군자의 고상함을 지킬 것'을[23] 강조한다. 그러나 유가 사대부가 마주했던 것은 난세의 복잡다단하고 변화무쌍한 정치 상황이었다. 이 문제에 대해 맹자는 명쾌한 지침을 제시하였다. 「진심장盡心章」에서 말한, "상황이 어려울 때는 자신을 바르게 수양하고, 잘 다스려질 때는 천하를 바르게 다스린다窮則獨善其身, 達則兼善天下."는 것이 그것이다. 유가는 인간을 사회화 하고, 도가는 인간을 자연화 한다. 그럼에도 불구하고 대다수 유가지식인들은 도가와 불가의 '이상과 꿈'까지 평생 함께 끌어안고 살아왔다. 외유내선外儒內仙이니 외유내불外儒內佛과 같은 말이 회자되는 까닭이다.

---

22) 富士正晴, 『中國の隱者』, 東京: 波岩書店, 1973, 4쪽.

23) 周易 遯卦: "天下有山, 遯, 君子以遠小人, 不惡而嚴.", 蠱(고)卦: "不事王侯, 高尚其事.", 否(비)卦: "天地不交, 君子以儉德, 避亂, 不可榮以祿."

도가는 현실의 억압 속에 헤매는 인간들에게 자유와 꿈을 심어 주고, 유가는 인간의 현실성을 확인시켜 보다 나은 문명을 약속한다. 인간의 주체성을 기준으로 보자면 어느 편이 인생을 적극적으로 향유하는 것인지 분간하기 힘들다. 그러나 현실세계를 등질 수 없는 지식인들은 대개 유가의 관점을 따랐다. 유가문화는 사대부들에게 적극적으로 그리고 절대 굴하지 않는 정신으로 인생을 살 것을 요구한다. 그러나 지식인이라도 곤란과 좌절을 당하게 되면 영원히 변치 않는 마음을 가질 수 없다. 선비들은 부모가 늙고 집이 가난한데 벼슬길이 순탄치 못하면 마음의 평형을 잃어 불안한 상태에 빠지고 만다. 이럴 때 불안한 심리를 조절하여 안정한 상태에 이르도록 해주고 고난을 비교적 수월하게 넘길 수 있는 갖가지 지혜와 철학이 필요했다.

『후한서』의 편자는 일민逸民을 '사仕'와 긴장관계에 있는 '은隱'으로 규정했다. 이것은 중국의 '은일隱逸'을 고찰할 경우 중요한 포인트이다. 양자의 기반은 동일하게 '정치라는 장'이다. 정치 속으로 들어가느냐 정치에서 등을 돌리느냐 하는 방향의 차이가 있을 뿐 결국 '사'와 '은'은 동일한 차원의 정치행위이다. '은'은 몸으로 보여주는 '체재비판'이라는 점에서 또 하나의 정치적 행위이고, '은'을 통해 '사'의 실질적 효력을 나타낸다는 점에서 '사'의 이면이다. 그 때문에 역대 왕들은 재야의 은자를 찾아내는 퍼포먼스를 보여 주어 자기 정권의 오류가 없음을 입증하고자 했다.[24]

한국의 은사문화

우리나라 은사문화는 어떠한가. 아직 은사열전에 대한 체계적 연구가 시도되지 않아 무어라고 잘라 말하기 곤란하다. 지금까지 단편적으로 서술된 기인과 은자를 뒤섞어 나열해 보자면, 『삼국유사』 「피은避隱」에 나오는 최치원, 나말여초의 유명한 도선선사, 『역대 고승전』에 보이는 기승奇僧들, 고려 중기의 이자현, 이

---

24) 미우라 쿠니오(三浦國雄), 「隱과 詩와 樂: 소강절의 삶」, 『한국의 은사문화와 곡운구곡』, 화천 향토문화연구소, 2005, 108쪽.

인로의 『파한집』에 나오는 기인, 은일, 처사들의 이야기, 그리고 여말선초의 길재, 정몽주를 비롯한 고려왕조 말년에 절의를 지킨 '불사이군'의 초기 도학자들이 있다. 그 다음이 김시습, 그리고 서경덕과 그 문도 순으로 내려오다가 이황을 기점으로 선비로서 '출처의 문제의식'을 가진 사림파 도학자들의 은둔관이 전개된다. 홍만종洪萬宗, 1643~1725은 『순오지旬五志』에서 최충崔冲을 시작으로 도학자 41명을 소개하고 나서 이렇게 말했다.

> 중국에서는 삼교가 병행했으나 우리나라에는 다만 유교와 불교만 있고, 도교는 심히 드물게 유행하고 있다. 내가 야사와 제집을 읽다가 그 가운데 단학에 대한 이적이 있는 것을 보았으나, 이것은 여러 가지 서적에 흩어져 있어 상고하기 어렵다. 이에 사적을 한데 모아서 이름을 『해동이적전』이라고 했다. 이 글은 모두 32편으로 그 속에 수록한 사람은 모두 40명이나 된다. 세대가 요원해서 혹은 칭호만 전하고 성명은 모르는 것도 있으며, 혹은 성만 있고 이름을 모르는 사람도 있다. 이제 와서 이것을 모두 상고할 수가 없기로 여기에서는 대강 아는 대로만 적어서 박흡博洽한 여러 선비들의 고증을 기다려 볼까 한다.[25]

홍만종은 이인異人들로, 단군, 혁거세를 시작으로 조선시대 곽재우까지 38명을 거론한다. 이들 가운데는 최치원, 김시습 그리고 서경덕 같은 유가 은사도 있으나 선·불 계열 기인들이 섞여 있다. 다만 해동기인이적海東奇人異蹟을 전하고자 하면서도, 오히려 『삼국유사』 권8에 나오는 「피은避隱」 같은 불교 은자 얘기는 없다. 1145년에 김부식이 지은 『삼국사기』에서도 「은일전隱逸傳」을 따로 두지 않았다. 정두경1649~1736의 「해동이적서海東異蹟序」를 보자.

> 우리나라 산수로 말하면 세계 제일이라고 한대도 과언이 아닐 것이다. 단군, 기자 때부터 천지의 기운을 먹고 육신을 단련하며, 바람을 먹고 이슬을 마시는 사람들이

---

25) 『旬五志』 下: "中國三教並行, 我東則只有儒釋, 而道流甚罕. 余嘗取觀野史諸集, 其中或有丹家異蹟, 而第散出諸書, 艱於考閱. 遂輯成一篇, 名之曰東海異蹟, 凡傳三十二, 得人四十, 世遠代邈, 或有只傳稱號而莫知其姓名者, 或有得姓不得名者, 今皆不可考, 因錄于后, 以待該洽之士."

많았었다. 그러나 이런 일들은 세상 사람들의 숭상을 받지 못한 때문에 널리 전해지지 않았을 뿐이다. 그래서 물외의 선비들은 이것을 한탄하고 있을 뿐이다. 홍군 만종은 「여지지」와 야사 그리고 여러 책을 주워 모아서 책 한 권을 만들고 이것을 제하여 『해동이적전』이라고 하였다. 옛날 유향과 갈홍이 「열선전」을 지어서 비로소 옛날의 이인들이 후세에 그 이름을 전하게 되었던 것이니, 이것은 오로지 두 사람의 힘이라 하겠다. 홍군도 또한 유향, 갈홍과 같은 공로를 남겼다고 할 것이다.[26]

정두경은 우리나라 산천이 천하에서 제일 뛰어나다고 하여 그 속에 은거하며 양생술을 익힌 도인들이 적지 않았을 것이라 믿는다. 그들의 이름을 정확히 알 수 없을 뿐이다. 유가사상이 주류였던 조선의 풍토 속에서는 도인들은 방외인으로 취급되었다. 그래서 물외에서 노니는 은일군자들의 도맥이 후대에 제대로 전수되지 못한 것을 아쉬워한다. 홍만종도 물외에서 노니는 부류에 속한 선비 가운데 하나였다. 홍만종은 전한 말의 유향의 『열선전』은 물론, 갈홍이 지었다는 『포박자』와 『신선전』을 보고 우리나라의 열선전을 짓고 싶었다. 『해동이적전』의 출현은 이러한 동기와 과정을 거쳐 이루어진 것이다.

홍만종은 역대 고승들을 소개하면서 고구려 순도대사로부터 조선시대 수초守初까지 총 40명을 거명한다. 그 가운데서도 정명도와 주희가 모두 단학이나 「주역참동계」에 대해 깊은 관심을 가졌던 것을 말하면서, 조선시대 청송 사람 심대해를 필두로 정경세 등 일곱 명이 신선술을 수련했다고 소개했다. 은자와 단학을 은연중에 서로 연계시킴으로써 중국 도교의 은사전통이 우리나라에도 계승되고 있음을 시사한 것이다.

후기 은사들을 나열하자면 최치원 다음으로 잘 알려진 은자는 이자현1061~1125이다. 『고려사절요』에서는 그가 부귀한 가문에서 생장하여 나라의 외척이 되었으나, 화려한 것을 싫어하고 한적한 것을 좋아하여 벼슬을 버리고 춘천 청평사로 들어가, 문수원文殊院을 수습하고 거처하면서 채식과 베옷으로 선과 도를 즐기며

---

26) 「海東異蹟序」: "我東山水, 雄於六合, 自檀箕以來, 服氣鍊形, 吸風飮露之輩, 必多矣. 不尙, 故不傳, 是以, 物外之士, 甚恨之. 洪上舍萬宗, 搜括輿地誌及野史諸書, 作一書目曰, 海東異蹟, 昔劉向葛洪作列僊傳, 古之異人名垂後世者, 二子之力也. 洪君其亦劉葛之儔歟."

소요하였다고 한다. 그는 고려 예종의 지우를 얻어 몇 차례 사신을 통해 부름을 받았으나 사양했다. 국왕이 행소에서 자현을 영접하여 예로서 대하고 후하게 선물을 내리어 은총을 베풀기도 하였다. 그러나 성질이 인색하여 재산을 축적하고 양곡을 모아들였으므로 그 지방 농민이 매우 괴롭게 여겼다고 한다.

이황은 "훗날 이자현을 헐뜯는 나중의 말은, 사관이 의심스러운 것을 빼지 않고 심한 말로 전하였고, 뒤의 다른 사관이 그것을 경솔하게 믿고 함부로 논하였다."라고 말하였다. 그러면서 이자현은 농촌이나 산간에서 나온 고인일사高人逸士가 아니고, 부귀를 신 벗듯 하고, 영화를 버리고도 원망하지 않았으므로 마음속에 스스로 즐거워하는 것이 있었다고 하였다. 그러니 "동방의 「은일전」을 누가 제대로 적어 전할 것인가." 하고 한탄했다.[27]

고려에서는 의종 24년1170에 무신정변이 일어나 그 후 한 세기 동안 무신정권이 지속되었다. 이때 살아남은 문인들이 세상을 피해 숨었다. 그 중에는 세태를 비판하면서 산수나 찾아 즐기며 고결한 문학을 한다고 표방하면서, 사실은 사회로 진출할 수 있는 길이 열리지 않는다고 한탄했다. 그런 사람 일곱이 중국의 죽림칠현을 본떠 '죽림고회竹林高會'를 열었다. 그러나 그 중 이인로만이 무신정권에서 벼슬을 했고 나머지 사람들은 뜻을 이루지 못했다.[28]

조선조에서 은사열전에 제일 먼저 올라야 할 선비는 김시습1435~1493이다. 그는 한미한 무반 집안에서 태어나 어려서부터 놀라운 재능을 보여 일찍이 '오세동자五歲童子' 라고 일컬어졌으나 뒷날 은자형 방외인方外人이 되었다.[29] 그의 방랑 기질은 이 글의 중심인물인 김수증, 특히 그의 조카 김창흡에게 큰 영향을 끼쳤다. 김시습은 스스로 「고금군자은현론古今君子隱顯論」을 지었을 만큼 세상을 일탈하는 데 대한 나름대로의 입론이 있었다.[30]

---

27) 「過淸平山有感」, 『국역 퇴계집』 1, 민족문화추진회, 18~22쪽.

28) 조동일, 『한국문학통사』 2, 지식산업사, 1983, 11~23쪽.

29) 金容九, 「梅月堂의 방랑과 비판정신」, 『梅月堂: 그 文學과 思想』, 강원대학교 출판부, 1991, 232 ~233쪽: "방외인에는 은자와 선인 두 가지가 있다. …… 김시습은 은자형이라 하겠다. 그에게 신선 취향이 전연 없는 것은 아니만, 아무래도 은자의 기질을 강하게 풍긴다."

30) 『매월당집』, 권18, 그리고 권9 「宕遊關西錄後志」.

그 다음으로 중요한 은사는 서경덕1489~1546이다. 김시습과 서경덕 이후의 은사연구는 매우 다양한 문집들과 야사의 기록 속에 들어 있다. 그 중에서도 16세기 이후의 은사문화에서 '사림士林'이라는 지식인 집단이 발생했다.[31] 이들이 정계에 등장하여 왕권, 척신과 대립하고, 붕당 간의 이익갈등에서 오는 권력의 암투가 빈번했다. 이 같은 정국의 흐름은 선비들의 '출처관出處觀'에 심각한 영향을 주었다.

이에 대해 나름대로 기준을 제시한 선비가 영남사림의 스승인 퇴계 이황1501~1570이다.[32] 그는 1534년 34세로 과거에 급제하여 벼슬에 나아갔지만 본래 벼슬에 뜻이 적었고 시사時事에 큰 변화가 있을 것을 예상하여 10년 만에 벼슬에서 물러나기로 결심하였다. 1545년에는 을사사화가 일어나고 1550년에는 둘째 형 이해李瀣, 1496~1550가 갑산으로 유배 가던 도중에 죽고 난 뒤로는 더욱 은거의 뜻을 굳히고 마침내 고향 예안으로 낙향하였다. 그 후 이황의 여생은 대부분을 오로지 학문과 교육을 위한 것이었다. 선비의 물러남을 판단하는 기준에 대하여 이황은 다음과 같이 말하였다.

> 선비는 일을 할 만한 때와 일을 할 수 있는 지위, 그리고 훌륭한 임금을 만나야 비로소 도의를 실현할 수 있는데, 이 가운데 하나만 부족하여도 물러나야 한다.[33]

그러나 이황은 49세에 낙향을 결행했음에도 계속되는 임금의 부름을 거절하지 못하고 여러 차례 조정을 들락거렸다. 그 역시 유가의 사회에 대한 책임의식을 외면할 수 없었기 때문이다.[34] 이황은 낙향한 뒤에 주자의 거의 모든 저술을 계통적으로 검토할 수 있었다. 또한 주자를 따라서 정사와 서원을 경영하면서 강

---

31) 이종호 외, 『安東의 선비文化』, 아세아문화사, 1997.

32) 『국역 퇴계집』 2, 293~304쪽. 「퇴계언행록」에는 '출처'라는 항목이 따로 있어 제자들과 출처에 관한 문답이 자세히 기록되고 있다.

33) 吳錫源, 「안동 선비문화의 형성배경과 현대적 의의」, 『안동의 선비문화』, 아세아문화사, 1997, 40~43쪽.

34) 김기현, 「주리설의 확립과 도덕적 인간학」, 한국사상사연구회, 『조선 유학의 학파들』, 예문서원, 1997, 144~145쪽.

학과 수양을 일상화하였다. 이황의 이러한 산림에 대한 애정과 후진 양성은 후기 사림들의 생활양식에 큰 영향을 끼쳤다.

이황이 경상좌도에서 후진에게 모범이 되는 '산림은거'를 보여 주고 있을 때, 경상우도에서는 조식1501~1572이 은일군자의 길을 가고 있었다. 조식은 '거경행의居敬行義'를 주장하여 '거경궁리居敬窮理'를 통해 천리탐구에 치중하는 퇴계의 학문경향을 형이상학적이고 비현실적이라고 비판하였다.[35] 의리의 실천을 중시했던 조식은 한 번을 제외하고는 평생 관직에 나아가지 않았다. 그러나 그는 선비 엄광嚴光이 후한 광무제의 부름을 가벼이 여겨 응하지 않은 것을 높이 사면서도, 한편으로는 세상을 잊어버린 엄광의 태도를 못마땅하게 여겼다.

영남 사림들은 인조반정 이후 제한된 관직을 차지하기 위해 중앙 기득권층과 경쟁을 벌였으나 패배했다. 그에 따라 입지가 축소되자 낙향하여 안동과 지리산 언저리 그리고 낙동강 상류 몇몇 고을에 머물게 되었다. 이들은 소규모의 농경지를 근거로 계곡과 강가에 정자와 정사를 건축하고 산수와 전원의 낙을 익히게 되면서 과거시험을 포기하는 '처사형處士型 은사집단'을 이루게 된다. 이에 비해 중앙에 진출해 누대에 걸쳐 경제적·정치적 기반을 확고히 한 세습 사대부가를 '경화사족京華士族'이라고 부른다. 이들은 대개 초기에는 한양 북촌에 생활기반을 형성하였다. 경화세족들은 자손들이 번창함에 따라 서울 근교 또는 풍수에 유리한 경기지역의 낮은 산과 언덕에 산소를 만들었다. 또한 이를 지키는 병사丙舍를 짓고 노비를 상주시켜 장토莊土를 개척하게 하여 생활권을 점차 넓혀 갔다.

때로는 가까운 한강변의 좋은 경치를 골라 정사를 경영하였다. 그 중 더러는 차차 서원으로 발전하였는데, 서원은 도학과 풍류를 겸하는 공간인 동시에 학파의 구심점이 되기도 하였다. 조선시대 선비들의 사회의식에는 항상 입세入世와 출세出世에 대한 모범답안이 마련되어 있었다. 아득한 요·순과 허유·소부의 이상적 통치시대를 내려와, 춘추시대 공자에 이르면, 지식인의 사회적 의무감이 벼슬아치들의 기준이 되었다. 그러나 전국 말의 패자 진시황의 압정을 경험한 한

---

35) 손병욱,「수양과 실천의 통일: 남명학파」, 위의 책, 178~179쪽.

나라 고조^{高祖}는 농촌 지주계급에 대해 비간섭주의 노선을 유지했다. 무제^{武帝} 때에 와서야 군현제도가 확립되어 중앙집권체제하에 정권이 안정되었다. 무제는 오경박사를 길러 유교를 한 왕조의 정통학문으로 삼았다. 이후 중국 '율령국가^{律令國家}'의 정치는 유교적 교양을 갖춘 문인들이 담당했다. 이를 '문치^{文治}'라고 한다. 전한 말 왕망의 쿠데타를 경험한 후한 광무제는 젊은 시절 장안에 유학해 『상서^{尚書}』를 전수한 역대 개국 군주 가운데서 첫째가는 학자 제왕이었다. 무제는 낙양에 태학^{太學}을 설치해 유생을 교육시키고 친히 공경^{公卿}들을 모아 뒷날 이른바 '경연^{經筵}'이라는 정치·도덕 교육의 장을 마련했다. 그가 유교를 장려하고 '명분과 절의'를 권장했으나 중세 이후 '명절^{名節}'에는 일정한 기준이 없었다. 따라서 학문보다는 극단적 언론으로 태학 유생들의 인기에 영합하는 '허명^{虛名}'에 힘입어 명성을 얻고자 실권을 가진 환관들을 비판했다. 항제^{桓帝}는 패거리를 만들어 정부를 비판하는 당인들을 종신금고에 처한 다음 방면^{放免}한 뒤 향리로 쫓아냈다. 이것이 이른바 '당고지화^{黨錮之禍}'이다. 조선시대 '당쟁과 사화'는, 사대부들 윤리의식은 정주학에 두었으나 형벌은 '대명률^{大明律}'을 따른 이상과 현실 사이의 모순이기도 하였다.

3. 은사문화와 상수학사

송대 성리학과 상수역학

경학^{經學}이란 중국 문화사에서 특정한 경전들에 대한 해석사를 말하며, 이 경전들은 유학의 고전으로 일컬어지는 역, 례, 서, 시, 악, 춘추의 6경에서 9경, 13경으로 점차 확대되었다. 그 중에서도 『역경^{易經}』이 으뜸가는 경서가 된 것은 동한의 반고^{班固, BC 32~AD 92}부터라고 한다.[36] 일반적으로 '역학^{易學}'이란 한·위^{漢·魏}의

---

36) 今井宇三郎, 『宋代易學の硏究』, 東京: 明治圖書株式會社, 1958, 2~3쪽. 班固의 『漢書藝文志』에 易은 樂, 詩, 書, 禮, 春秋의 원리를 說하는 책으로 六藝略의 처음에 실렸다고 함.

역학을 의미하지만 송대의 새로운 발전은 한·위의 '고역古易'에 대해 '신역학'의 의미를 갖게 되었다.[37]

송대인들의 관심 저변에 흐르는 공통점은 '우주와 인사를 음양으로 결합시킨 이 책(역)이 형이상학으로 새롭게 구축될 수 있을 것'이라는 예감이었다.[38]

원래 점占은 경험과 합리성이 미숙한 상고시대 인간들이 어떤 상황에 대해 불안을 극복하고 미래에 대처할 행동지침을 신비한 힘에 가·부로 묻는 의식이었다. 하늘의 일·월·성·신이나 여타 자연현상 중에서 이상한 것을 보고일식·월식, 천재지변 그것이 길한 징조냐 흉한 징조냐 하는 의문을 갖기 시작했다. 그리고 현실 생활에서 불안한 상황에 처하면 계시를 통해 화를 피하려고 했다. 이래서 인류문명 초기에 여러 곳에서 갖가지 점치는 방법이 발달한 것은 자연스러운 일이다.

'갑골甲骨'은 귀갑수골龜甲獸骨의 약자이다. 은나라 때 점치는 데 사용한 거북등 딱지는 당唐이라는 대읍大邑에서 왕실에 공납되었다고 한다.[39] 은나라 제22대 무정왕武丁王, BC 1339~BC 1280 때 갑골에는 '정인貞人'이 점을 쳐 얻은 복사卜辭가 새겨져 있었다. 점복을 주관하는 '정인'은 초기 국가 제사장이면서 정책을 자문하는 권력의 보좌관이었다. 중국 하남성 안양安陽 '은허殷墟'라는 은나라 유적에서 1936년에 발굴된 직경 2m, 깊이 1m의 구덩이에서 1만 7,700여 편의 귀갑이 출토되었는데, 완전한 귀판龜版이 1만 300장 가까이 있었다(그림 9). 이것은 『은허문자 을편殷墟文字乙編』이라는 자료집으로 출판되었다.[40] 귀갑의 각사刻辭는 은대 후기 정인이 점치고 제사 지낸 '왕실의 공적 기록문서'로, 전쟁·수렵·질병·제사 등을 다루었다.

---

37) 위의 책, 3쪽.

38) 미우라 쿠니오 지음, 이승연 옮김, 『주자와 기 그리고 몸』, 예문서원, 2003, 132쪽. 주희의 역사 상에 대해서, 특히 정이의 義理易學 비판에 대해서는 제4장 역설을 132~185쪽 참고.

39) 尹乃鉉, 『商周史』, 민음사, 1984, 42쪽.

40) 陳舜臣 지음, 이용찬 옮김, 『중국고적발굴기』, 대원사, 1988, 131~147쪽.

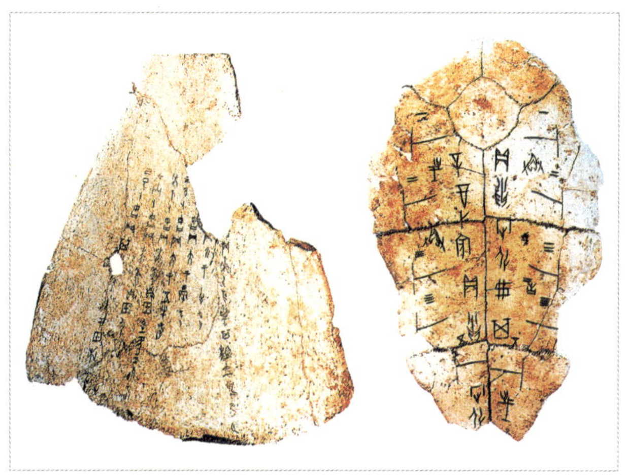

그림 9 은허에서 출토된 갑골문 출처 미상.

　　19세기 말 하남성 안양에서 한 농부가 밭을 갈다 우연히 점사가 새겨진 갑골편^{甲骨片}을 발견하였다. 사람들은 '갑골'을 용골^{龍骨}이라고 해서 한약방 약재로 써 왔다. 1889년 국자감좨주 왕의영^{王懿榮}이 열병으로 용골을 달여 먹고 있었는데 유악^{劉鶚}이란 식객이 우연이 용골에 고문자가 새겨 있는 것을 발견하고 수집·탁본해서 『철운장귀^{鐵雲藏龜}』라는 책을 냈다. 뒤에 동작빈^{董作賓, 1895~1963}이라는 유명한 갑골학자가 나왔다. '귀복^{龜卜}'에는 다음과 같은 규칙이 보인다.

　　귀갑을 수직으로 세워 좌우로 같은 내용의 복사를 쓰되(때로는 불규칙하게), 예로 오른편에는 어떤 행동이 가한가?, 왼편에는 부한가? 묻는다. 이 물음의 가부는 불에 달군 쇠꼬챙이로 귀갑을 지질 때 생기는 균열의 좌우 향방에 의해 결정된다.

　　인지가 상당한 수준으로 발달한 은대 사회에서도 판단하기 어려운 중대사를 최후로 '귀복'에 문의하였다. 어떤 일의 실행에 대한 가·부^{길·흉}를 물어 결국 둘 중 하나가 선택되는데, 이것은 인간의 사고판단 원형이라고 한다. 구조주의 언어학자 로만손 야곱슨^{Romanson Jacobson}과 모리스 할레^{Morris Halle}는 "2항 대립^{binary opposition} 인식은 아이가 행하는 최초의 논리적 조작인데, 이 조작^{operation}에서 우리는 문화가 자연에 대하여 행하는 인위적이고 특유한 간섭작용intervention을 보게 된다."고 했다.[41]

오늘날 우리가 보는 64괘 384효의 『역경』은 대략 춘추 초기춘추시대, BC 544~BC 476에 성립되었다고 한다. 그 후 십익十翼, 이론적으로 역경의 의미를 높이 띠우는 열 개의 날개의[42] 발전단계인 춘추시대에서 전한까지, 길·흉은 다시 천지자연의 상象과 법法을 본받는 음·양八卦, 그리고 인사人事를 나타내는 괘덕卦德인 강·유剛·柔로,[43] 그리고 이 강유는 다시 '음양대대陰陽待對'라는 상보적 개념을 낳았다. 『주역·계사전』에서는 점괘의 발생 순서를 말하면서 ① 성인이 자연 가운데서 발견한 신물神物, ② 천지변화, ③ 천체운행의 이상 현상, ④ 황하에서 나온 그림河圖과 낙수에서 출현한 글씨洛書를 말하고 있다. 즉, 이 같은 징조와 현상들의 원인은 결국 '음양이기'의 변화이며 그 주기는 통시적通時的으로 '순환'하며, 그 공시적共時的 '구조'는 음양대대일 뿐이라는 것이다.

역은 이와 같이 초기 수골점에서는 여러 개의 구멍만이 있었다가, 복사卜辭가 새겨진 갑골복점 단계에서는 길·흉 두 개의 가능성 중에서 어느 한쪽만을 택한다. 오늘날도 축구장에서 양팀이 공격방향을 택할 때 심판이 동전을 던져 정한다. 이렇게 임시방편으로 이자택일하는 것을 남송 때에는 척전점괘擲錢占卦, 동전을 던져 점치는 법이라고 했다. 오늘날의 2진법 컴퓨터 원리를 빌려 설명하자면, 이것은 0과 1이라는 비트체계bit/binary digit와 유사한 원리이다.[44]

대략 춘추시대에서 전한 사이에 중국 고대 수학이 발전하면서 '서점筮占해석'에 수론數論이 개입된 것 같다. 컴퓨터에 더 많은 데이터를 입력해 문제를 해결하기 위한 단계적 프로시저procedure를 거쳐 얻은 복잡한 정보를 체계적으로 표시

---

41) Roman Jacobson, Morris Halle, *Fundamentals of Language*, Walter de Gruyter Inc., 2001; 테렌스 혹스 지음, 오원교 옮김, 『구조주의와 기호학』, 신아사, 1984, 29쪽.

42) 象伝 上下, 象伝 上下, 繫辭伝 上下, 文言伝, 說卦伝, 雜卦伝, 序卦伝.

43) 山下靜雄, 『周易十翼の成立と展開』, 風間書房, 1974?, 53, 151~155, 417, 420쪽(大象→小象→象傳); 觀變於陰陽而入卦,發揮於剛柔而生爻(설괘전).

44) 『性理大全』 卷24, 「洪範皇極內篇中」: "奇耦之分, 象數之始也."

하기 위해 비트bit의 증가, 즉 바이트byte가 필요한 것과 같았다.[45]

처음에는 음양 2효가 중복되는 것에서, 다시 세 개의 효爻, 3bits로 구성되는 소괘小卦, 3bits per byte로 그리고 다시 여섯 개의 효로 구성되는 중괘重卦 또는 대괘大卦, 6bits per byte가 필요하였다. '대괘'가 먼저라는 학설이 있으나 처음에 '소괘'가 그리고 대괘가 나중에 생성됐을 수도 있다. 고대 복서卜筮 원리를 현대 컴퓨터 원리와 단순 비교할 수는 없다.

그림 10 라이프니츠의 초상

하지만 인간 인식의 발전과정은 유아에서 수리철학자까지 인식과 사유의 성장과정이 비슷하다. 주역 64괘, 특히 복희 8괘와 프랙탈Fractal 이론의 디지털 코드화에 대해 최근 꽤나 흥미 있는 연구가 나왔다. 관심 있는 분들의 일독을 권한다.[46]

고대 중국인들이 여러 가지 방식으로 발전시킨 '산가지 점치기'인 시서蓍筮[47]는 '시蓍'라는 짧은 풀줄기이 풀줄기는 후에 대나무 젓가락, 서죽筮竹으로 대체되었다 50개에서 하나를 빼고 난 49개를, 나누고 다시 합치는 몇 가지 단계를 거쳐 기본적으로 여

---

45) Both data and programs are entered in to the computer in the same way — in the 1s and 0s of the binary system. The binary digits have become known as 'bits'. Bits like the dots and dashes of the Morse — code, are combined into larger units to represent specific numbers, letters, and symbols. These groups of bits (usually eight) are called 'bytes' Most of the personal computers that have proliferated in the past few years use the 8~bit per byte. Gene Brown, *The Friendly Computer Book*, Toronto, 1983, p. 43.

46) 김상봉, 『수역數易』, 은행나무, 2007, 특히 119~121쪽. 주자도 소옹의 '가일배법(2진법)'을 프랙탈(Fractal) 구조로 설명하고 있다. 「與郭沖悔」, 주자대전 권37. 김창흡도 「乙亥日錄」 삽연집 권33에서 주자의 프랙탈 이론을 답습하고 있다. 디지털 이론에 흥미가 있는 분들은 David J. Chalmers, *The Matrix as Metaphysics*, Christopher Grau(ed.), *Philosopher Explore*, Oxford University press, 2005, pp. 132~176의 에드워드 프레드킨(Edward Fredkin)과 스터븐 울프램(Stephen Wolfram)의 가설의 정독을 권한다.

47) 山下靜雄, 앞의 책, '靈妙한 식물', 153쪽, 주 1.

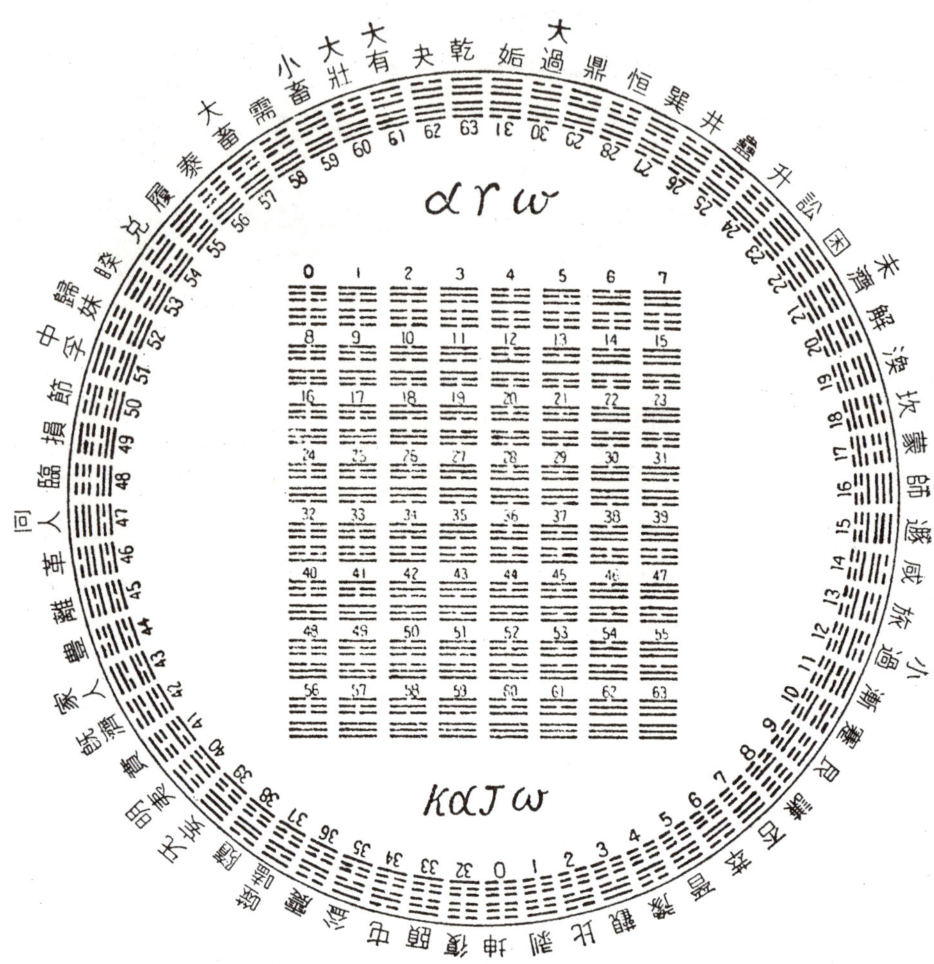

그림 11 복희 64괘 방원도 중국 파견 선교사 요아힘 부베Joachim Bouvet가 1703년 4월 1일 라이프니츠에게 보낸 목판으로, 숫자와 그리스 문자는 라이프니츠가 써 넣은 것이다. 독일 하노버도서관 소장.

섯 개의 음·양 효를 아래부터 위로 세 개씩 2조의 괘상卦象, 상·하괘을 얻는 것을 말한다. 춘추 말기 노나라 태사 좌구명左丘明이 썼다는 『춘추좌씨전』에서 "거북점은 상象이요, 서점筮占은 수數이다."라고 했다.[48] 이 말은 거북점은 단순 기호판단법이요, 서점은 좀 더 복잡한 숫자계산방법이란 뜻이다. 후세에 나타난 '상수象數' 라는 말은 하도·낙서론에서 보는 것처럼 기호와 수론이 복잡하게 얽힌 것이다.

그림 12 코끼리 위에 앉아 있는 어린 부의
앤 팔루던, 『중국의 황제』, 222쪽에서.

영화 〈마지막 황제 부의溥儀〉[49]에서 어린 부의신해혁명으로 물러나 자금성에 갇혀 살던가 서재 탁상에 있던 점치는 신성한 산가지통을 엎어버리고 흉조를 예감해 당황하는, 예부터 '산통算筒을 깬다' 는 한자문화권의 상징적 낭패감을 기억해 보라(그림 12). 『주역』은 상·하 역경易經과 역전易傳으로 나뉜다. 역경은 64개의 괘상부호들과 그 이름, 그리고 괘사卦辭, 뜻풀이와 효사爻辭, 효 풀이로 구성된다. 상·하경의 모든 괘형은 위아래로 세 효씩 3bits로 묶여 분리된다. 이 소괘의 상·하 효 사이의 상이한 관계에서 아주 기본적이고 소박한 상징성들인 '천天, 지地, 뢰雷, 풍風, 수水, 화火, 산山, 택澤' 여덟 개의 상象을 정하고, 8을 자승해 64개의 기호의 집합, 즉 64괘를 얻는다(그림 11). 「역경」 상·하에 나열된 이 64괘를 '문왕文王 64괘' 라고도 한다. 전한 사람 비직費直, 생몰년대 미상, 산동성 동래인東萊人이 처음 십익十翼으로 『주역』 상·하경 의미를 해석했다고 한다. 주역의 예견철학은 점서의 실

---

48) 左伝僖公 15年, 鈴木由次郎, 『漢易研究』, 1963, 131쪽, 注 1.

49) 溥儀: 淸, 宣統帝 재위 1909~1911, 만주국 부의황제, 재위 1932~1945.

제적 측면, 즉 괘상의 기호발생과 그 해석을 통해 윤리 · 도덕 · 정치 등 인생제반사를 규명하는 형이상학이라는 두 얼굴을 가졌다.[50]

종합해서 말하자면, 역은 이론적 측면_{자연철학}을 중시하는 '상수학' 과 인간 사이의 윤리를 중시하는 '의리학' 으로 나눌 수 있다. 대략 한대에 와서 길 · 흉은 강 · 유剛 · 柔로[51] 발전되고, 다시 음양은 오행론과 습합褶合되었다. 앞서 언급했지만, 어느 때부터인가 순수한 음 · 양 두 부호가 하도낙서론에서 발전된 신비한 숫자들의 집합이론과 겹치면서 '기호이론체계에 혼란' 이 일어났다. 이것이 이른바 하도낙서설이다. 전한 곡부 사람으로, 공자 19세 손으로 알려진 간의대부 공안국孔安國은 이렇게 말했다.

하도는 복희씨가 천하에 왕 노릇 할 적에 용마가 황하에서 나오자 마침내 그 무늬를 본받아 8괘를 그렸고, 낙서는 우왕이 홍수를 다스릴 적에 등에 무늬가 있는 신구神龜가 나왔는데, 등에 나열되어 있는 수가 9까지이므로 우왕이 이를 얻어 9수를 이루었다.

이로써 한대 이후 이 하도낙서론에 온갖 '수와 도설圖說'이 끼어들어 순수한 법칙성을 잃으면서 신비주의에 흘러 오랫동안 상수론 비평가들에 의해 폄하와 배척을 받아 왔다.

'음양소식관陰陽消息觀'은 한나라 이후 간파한 우주자연의 원리이다. 해가 동쪽에서 떠 서쪽으로 지며, 달이 찼다가 기울며, 봄이 오면 여름이 오고, 가을을 보내면서 겨울을 맞듯, 대자연은 암암리에 음양소식의 섭리를 인간에게 현시한다는 것이다. 따라서 자연법칙[52]에 순응해 '천도'를 따라야 한다는 한나라 무제 때

---

50) 山下靜雄, 앞의 책, 1, 2쪽.

51) 剛 · 柔란 물리적 속성에서 관계의 속성으로 변환 가능[예 : 男 · 女에서 母(강) · 子(유) 관계로].

52) 중국 자연과학과 철학에서 현대 자연과학적 의미의 법칙 · 원리 · 섭리 등에 대해서는 Joseph Needham, *The Grand Titration/Science and Society in East and West*, 橋本敬造(하시모토 게이죠우) 역, 『文明の滴定』, 東京: 法政大學出版局, 1975, 326~371쪽 참고. 『參同契』를 지은 東漢의 魏伯陽과 『說文解字』를 지은 許愼은 '易' 이란 글자를 '해가 뜨고 달이 지는 형상' 이라고 본다. 갑골문에는 실제로 그런 형상을 한 '易' 자가 있다고 한다.

동중서董仲舒의 '천인감응설天人感應說'이 후대 유가 도학자들에 의해 "인륜의 바른 길이 자연법에 근원을 둔다."는 천인합일사상이 되었다.[53] 자연계의 이변災異현상은 '군주의 폭정과 실행失行을 하늘이 경고하는 것'이라는 '재이사상災異思想'도 일종의 정치사상으로 천인감응사상과 음양사상이 결합되어 하나의 이론체계를 형성한 것이다.[54]

송대 경학을 '송학宋學'이라고도 한다. 송학의 특징은 유가경전을 깊이 해석하여 그 참뜻을 찾아내는 것이었으며 문자나 훈고를 중시하지 않았다. '의리역義理易'은 주역 「계사繫辭」 가운데서 '보편적 도道나 이理를 찾아내는 데 치중' 했다. 일부 상수학파를 포함한 송대 역학파의 이 같은 해역학풍은 주역의 철리연구였다.[55] 초기 도학자 가운데 한 사람인 정이程頤, 1033~1107가 「역전易傳」을 짓자 『주역』은 유가의 중심 경전이 되었다. 북송의 역학은 '의리학파義理學派'와 '상수학파象數學派'로 나누어지는데, 한·당 이래 상수학파는 상수를 근거로 역을 해석하는 것 외에도 각종 도식圖式으로 주역의 원리를 도해하는 '도서학파圖書學派'와 수리로 풀이하는 '수학파數學派'로 나누어진다. 주자가 말한, '낙서洛書 9궁宮'에 홀·짝기우 2계열正/維의 8방 숫자 배치는 숫자만 놓고 보면 3차 마방진魔方陣, magic square이다. 독일 화가 알브레히트 뒤러Albrecht Dürer, 1471~1528의 유명한 'Melancolia I'이라는 판화에도 4차 마방진(그림 13)이 있다.[56] 한나라 상수학자 경방京房 이후 '구궁수九宮數'라는 진법陣法이 발전했는데, 특히 오대 말·북송 초 도사 진단陳摶에서 소옹1011~1077, 주진朱震, 1072~1138이 하도낙서론에 관심을 기울였고 뒷날 남송 양휘楊輝의 『양휘산법』에 갖가지 마방진법이 소개되고 있다. '양휘산법'은 1378년에도 간행된 바 있고 조선에서도 1433년에 출판되었다.

필자는 우선 앞서 귀복점 발달사에 유의하여 '하도낙서설'에 대해 다음과 같

---

53) 쓰치다 겐지로 지음, 성현창 옮김, 『북송도학사』, 예문서원, 2006, 262~270쪽.

54) 鈴木由次郎, 『漢易研究』, 東京: 明德出版社, 302~303쪽.

55) 朱伯崑, 『易學哲學史』(中冊), 北京: 大學出版社, 1988, 2쪽.

56) 3차 마방진에 대해 관심 있는 분은 알브레히트 뒤러가 15세기에 그린 판화 'Melancolia I'에서 벽에 붙은 4차 마방진을 인문석의 '낙서 3차 마방진'과 비교해 보라.

그림 13 화가 알브레히트 뒤러의 'Melancolia I'에 보이는 세부 4차 마방진과 화음동 정사 인문석의 낙서洛書는 3차 마방진

은 가설을 제시한다.

　　은나라 무정왕武丁王(BC 12C) 이전 어느 때부터인가 갑골에 문자로 기록된 복사卜辭를 당시 국가문서 보관소에 보존해 왔다. 그러다 여러 차례 대홍수가 났다. 『한서오행지漢書五行志』에 "복희가 천하를 다스릴 때 황하에서 그림이 나오고, 하 우왕이 홍수를 다스릴 때 낙수에서 글씨가 나왔다" 한다. 황하가 넘치고 그 지류인 낙수洛水마저 불어나 하·낙 가까이 위치했던 은·주나라 귀복문서(정부문서)들이 떠내려갔다.

　　그리고 다음과 같은 고고학적 발견에 귀를 기울여 보자. 은나라 마지막 도읍은 안양읍安陽邑, 자읍茲邑이었는데 갑골문에는 "원수洹水가 자읍茲邑, 이 읍에 화를 입힐 것인가?"라고 묻는다. 원수는 안양 소둔小屯에 위치한 은허殷墟를 끼고 흐르는 강의 이름인데, 자주 홍수로 넘쳤다.[57] 그렇다면 주나라 사람 공자BC 552~BC 479가 『논어』「자공」편에서 "봉황새가 날아오지 않고, 황하에서 그림이 나오지 않으니 이제 끝장인가보다鳳鳥不至, 河不出圖, 吾已矣夫."라고 한 말은 하·낙도설과 관계가 없고, 시대가 혼란스럽다는 위기의식의 상징적 표현 같다.

　　그런데 이미 송대에 금석학에 밝았던 중국 역대 지식인들이 왜 19세기 말 한 농부가 갑골문을 발견하고, 유악이라는 사람이 거기서 복사卜辭를 발견하기까지 기다려야 했을까?[58] 은나라 무정왕 때BC 1200에 비로소 갑골 점치기가 시작되었다 하더라도 줄잡아 3000년 동안 중국 역사에서 왜 갑골들이 그 흔한 홍수 때마다 떠내려 오지 않았을까? 단순 논리로 말하자면 "그동안 큰 홍수에도 갑골문 유실이 없었다."이다. 그러나 『주역』「계사전」에서 "황하에서 그림이 나오고, 낙수에서 글이 나와 성인께서 이를 본받으셨다河出圖, 洛出書, 聖人則之."고 했고, 『회남자淮南子』「숙진훈俶眞訓」에서 "낙수에서 붉은 글이 나왔고 황하에서 푸른 그림이 나왔다洛出丹書, 河出綠圖."고 했으며, 또 전한의 공안국은 "하도는 복희씨가 천하에 왕

김수중의 은둔사상 | 75

---

57) 尹乃鉉, 앞의 책, 44쪽.

58) 주희는 『어류』권66, 7조에서 "역은 본래 卜筮之書였는데 왕필에 이르러 노자류의 해석을 시작했다고 하면서 문헌이 남아 있지 않아 내가 감히 주장할 수는 없지만……."이라고 한 것을 보면 갑골괘사를 그냥 지나치지 않았을 것이다. 미우라 쿠니오, 앞의 책, 주 32에서 인용.

노릇할 적에 용마龍馬가 황하에서 나오자 마침내 그 무늬를 본받아 8괘를 그었고, 낙서는 우왕禹王이 홍수를 다스릴 적에 등에 무늬가 있는 신귀神龜가 나왔는데 등에 나열되어 있는 수가 9까지 있으므로 우왕이 마침내 이것을 차례로 나열하여 9류九流, 구주九疇를 이루었다.”고 했다. 이런 기록을 토대로 다음과 같은 인과관계를 도출해 본다.

은나라 무정왕 이후 어느 때인가 정부 공문서 보관창고의 갑골문이 홍수로 유실되었다. → 갑골이 발견되었다. → 이 갑골에 뚫린 구멍들의 숫자가 초기 신비수학(하도낙서)과 뒤섞이게 됐다.

이렇게 해서 방술가方術家들의 초기 술수적術數的 신비주의가 시작된 것이다. 17세기 황종희黃宗羲, 1610~1695는 그의 『역학상수론易學象數論』에서 상수학을 호되게 비판한 한 사람이다.

송대 역학은 3계보로 나뉘는데, 유목劉牧, 1010~1064의 ‘하도낙서학河圖洛書學’, 소옹1011~1077의 ‘선천도학先天圖學’, 주돈이周敦頤, 1017~1073의 ‘태극도설太極圖說’ 이다. 한 · 위漢 · 魏의 역학이 경문이나 십익十翼을 대상으로 훈고 주석하는 해석학을 성립시킨 데 비해, 송대 역학은 역의 경문經文과 십익 가운데 「계사전繫辭傳」이나 「설괘전說卦傳」에 의거하고는 있지만 아주 새로운 해석을 시도했다.[59] 이들 3계보 역학의 특징은 어느 것이든 한역의 해석학적 기반이 되는 ‘음양오행사상’ 을 직접 대상으로 하며, 여기에다 주돈이의 ‘태극사상’ 을 부여하고자 했다.[60] 음양오행상의 우주생성론에다 인식론적 원리로서의 태극을 정립하여 이것으로서 만물이 최종 근원에서 모두 하나가되는 ‘일원상즉一源相卽’[61]을 해명하고자 하는 것이라고 한다.[62] 즉, 유목의 ‘하도낙서학’ 은 음양오행을 9수 · 10수의 10진수로 전개

---

59) 今井宇三郎, 앞의 책, 3쪽.

60) 今井宇三郎, 앞의 책, 5쪽.

61) 주자의 표현을 빌리자면 “이는 하나이고, 기는 둘이며, 오행이 갈라섰다 합쳤다 한다一理二氣五行分合.”는 것과 같다.

62) 今井宇三郎, 앞의 책, 5쪽.

한 것이고, 소강절의 '선천도학'은 「설괘전」의 「문왕팔괘차서文王八卦次序」건乾, 곤坤, 진震, 손巽, 감坎, 리離, 간艮, 태兌를 「복희팔괘차서伏羲八卦次序」로 고쳐건乾, 태兌, 이離, 진震, 손巽, 감坎, 간艮, 곤坤 "역학발전사의 잡다한 비순정성을 극복하고 복서 뜻풀이 이전으로 돌아가 기호논리체계를 회복했다"는 것이다.[63] 주돈이의 '태극도설'은 무극에서 태극을 이끌어 내고, 여기서 음양을 얻어 오행과 섞어 만물이 탄생하는 우주론을 세우고 이를 윤리의식의 근거로 삼았다. 앞서 나온 주진朱震, 1072~1183은 1134년 「주역진표進周易表」에서 다음 그림과 같은 역학의 3계보를 제시한다.

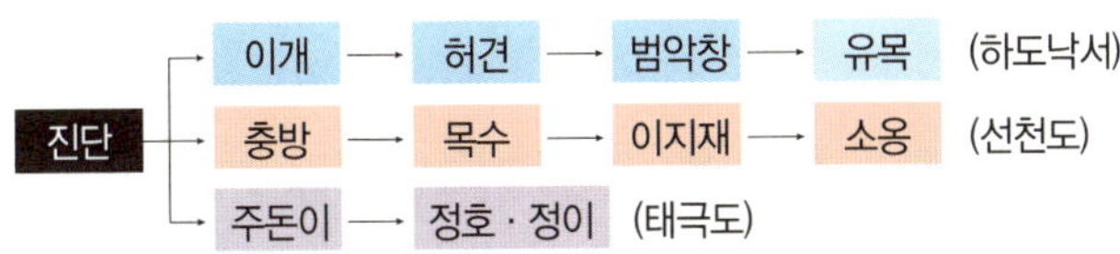

역에서 의리와 상수의 대립은 위魏의 왕필王弼, 226~249로부터 시작되었다. 그는 『노자』 제40장 "천하 만물은 유에서 생기고 유는 무에서 나왔다天下萬物生於有, 有生於無."라는 데서 '무와 유의 관계'를 이理로 보고, 이 이를 발휘하기 위해 본체와 현상의 관계를 규정하는 체용론體用論을 취하면서 역에서의 상수론을 이차적인 것으로 격하시켰다. 왕필은 '상象을 버리고 근원적인 의意에 도달하는 것'을 역리파악의 제일 요체로 삼았다.[64] '상수역의 근본 원리가 음양소장陰陽消長에 있는 것'에 대해 왕필의 의리역義理易의 요체는 '음양을 통일하는 무'에 있었으며, 이 무가 유로

---

63) 『朱子大全』 卷38, 「答袁機仲」: "方見六十四卦, 全是天理自然挨排出來 …… 及至成卦之後, 逆順縱橫都成義理, 千般萬種, 其妙無窮 …… 蓋自初未有畵時, 說到六畵萬處者, 邵子所謂先天之學也. 卦成之後, 各因一義推說, 邵子所謂後天之學也." 그러나 소옹보다 22년 젊은 송학 '의리론의 종통'인 정이는 "이가 있은 다음에 상이 있고, 상이 있은 다음에 수가 있다." 또는 저 유명한 문장인 '체와 용이 한 근원이며 드러남과 은미함이 간격이 없다.'라고 하면서도 개인적으로 소옹의 '수'를 백안시하였다. 쓰치다 겐지로, 앞의 책, 332쪽. 二程의 소옹 상수학 불신에 대해서는 潘富恩·徐余慶, 『程顥程頤理學思想研究』, 上海: 復旦大學出版社, 1988, 71~74쪽; 高懷民, 『邵子先天易哲學』, 臺北: 高懷民, 1997, 21~27쪽을 참조.

64) 鈴木由次郎, 앞의 책, 114~119쪽. "掃象歸義理": 기호 따위는 필요 없고 의미만이 중요하다.

전환하는 체용론體用論[65]으로 상수역과 대결한 것이다. 이와 같은, "역에 대한 본뜻을 천명하고 인사人事를 분명케 한다."라는 왕필의 의리역학은 위진 시대의 사조를 반영하고, 돌아가 한 초의 역 정신에 접근하는 면도 있었지만, 「계사전」의 네 가지 근본사상인 "사辭, 말/뜻 · 변變, 변화 · 상象, 상징/기호 · 점占, 예언" 중에서 '뜻풀이에 편중한다' 는 비판을 받았다.[66] 왕필은 '득의망상론得意忘象論' 으로 한대 상수학의 번쇄한 먹구름을 한번에 날려버려 역학사에서 새로운 장을 열었다. 왕필이 술수術數와 재이사상災異思想으로부터 역학을 구했으나 그의 이론은 망상忘象 부분에만 초점이 맞추어져 역학의 연원인 기호 발생을 제대로 보지 못했다고 한다. 왕필 이후 상수역 자체의 존립 기반이 무너져 역서에 대한 온전한 이해 가능성이 줄었다. 청대 학자 왕부지王夫之, 1619~1692에 따르면 왕필은 득의망상론에 의거해 상수역의 허물을 폐기시키기는 했지만 '다른 형태의 허물에 빠졌다' 는 것이다.[67]

주희도 『역학계몽』에서, '지루하고 산만하게 글 뜻에 매달리려는 의리론이나, 신비적 수론에 빠져 억지로 끌어다 맞추려는 상수론의 비논리성'을 배척하였다. 그러나 진단과 소강절 계열의 「복희 선천 8괘」와 「복희 64괘 방원도」(그림 11)의 수리체계를, '뿌리에서 줄기로, 줄기에서 가지로 자연스럽게 정렬되어 괘상卦象을 이루는 순차적 형성과정' 이 논리적이라고 보았다. 앞서 언급한 대로 주희는 채원정蔡元定의 도움을 받아 여전히 하도낙서 이론체계에 강한 신뢰를 부여한다. 이것이 상수역 체계의 번잡한 중세적 한계이기도 하다. 신비하긴 하지만 때로 지루한, 그래서 역술이 이른바 '술수術數' 에 빠졌다는 후대 비난을 듣게 되는 이유이다. 근원은 방사方士들의 음양 · 오행론, 하도낙서의 '구궁수九宮數'와 '팔괘방위八卦方位' 그리고 종내에는 중국 수학의 이른바 '삼분손익법三分損益法'이라는 '황종률黃鐘律' 3 : 2 9 : 6 같은 수와 음률의 비례론까지 무리하게 한 곳으로 환원하려는 상수론 변천사에서 유래한 것이다.

---

65) 體用論의 논리적 변천사에 대하여는, 쓰치다 겐지로, 앞의 책, 329~339쪽을 참고. 특히 程頤의 "理無形也. 故假象以顯義."는 음미할 만한 문장이다.

66) 鈴木由次郎, 앞의 책, 105~127쪽.

67) 吳進鐸, 「周易 繫辭傳 연구」, 한국주역학회 편, 『주역의 현대적 조명』, 범양, 1992, 88쪽.

중국 은사문화와 소강절의 상수역학

　중국 은사들은 『주역』을 선호하였다. 역대의 많은 『은일전隱逸傳』을 읽어 보면 은사들은 구류九流를 두루 연구했지만, 주된 연구대상은 『주역』이었다.[68] 주역에는 의를 중히 여기는 선비들에게 처세를 신중이 할 것을 권하는 '돈괘遯卦'나 '고괘蠱卦' 등이 있었고 주역이 험난한 세상에 대처하는 예언서였기 때문에 당연히 처음부터 은자들의 기본 독서가 되었다.

　그런데 주역의 "의리보다는 수리를 강조한 상수학이 어떻게 방외方外의 은둔자나 도사들의 전공이 되었는가?" 주나라 왕실의 몰락으로 사관들은 직책을 잃고 민간으로 흘러들어가 방사方士가 되었다. 방사란 '방술方術의 사士'로서, 방술은 미래의 길흉을 예언하거나 신에게 제사를 드려 재앙을 물리치거나, 단약丹藥을 만드는 신선의 술법을 수련하는 무리이다.

　제齊, 山東나 연燕 지방은 방사들의 고장으로 발해 연안에 접해 있어 기후변화가 심하고 그 풍토적 영향 때문에 이를 예측하는 방사들의 말이 횡행했다. 그 중에서도 추연騶衍의 '오덕종시설五德終始說'이 진나라 때 방사들 사이에 퍼지게 되었다. 진시황과 한나라 무제가 모두 방사들의 예언에 귀를 기울여, 이들의 말을 정치에 이용하거나 장생불로 사상에 빠져들었다.

　한대의 상수이론은 하도낙서 같은 신비한 잡술들과 관계가 깊었는데, 이들을 정통 역학에 대해 '도참설圖讖說', '참위학讖緯學, 예 : 조선시대 『정감록』'이라고도 하였다. 참위학을 위진남북조 이래 지배자들이 엄중히 단속했으나 그치지 않아 수나라 문제나 양제는 도참설을 엄금하여 이를 불태우고 방사들을 사형시켰다. 그러나 당나라 공영달孔穎達, 574~648의 『오경정의五經正義』에는 위서緯書의 설이 도처에 인용되고 있어 북송의 구양수歐陽脩는 『구경정의九經正義』 가운데서 위서를 없애려고 황제에게 차자箚子까지 올렸다. 이로써 상수학이 단약조제丹藥調劑나 심신수련 등 실제적 수요에 따라 각처에 흩어져 있던 방사들에 의해 확산된 것을 짐작할 수 있다.[69]

---

(68) 馬華·陳正宏, 앞의 책, 192~197쪽.

(69) 鈴木由次郞, 앞의 책, 331~351쪽.

한편 『태현경太玄經』을 지었다는 전한 말의 양웅揚雄, BC 53~AD 18은 어릴 때 촉나라 은자 엄군평嚴君平으로부터 『역』과 『노자』를 배웠고, 『참동계參同契』를 지은 한 말 위백양魏伯陽은 은일방사隱逸方士였다.[70]

방사들이 상수론을 통해 유교에 크게 영향을 끼친 계기는 오대 말·송 초의 진단陳搏부터이다. 『송사·은일전·진단』편과 여타 기록을 보면 다음과 같다.

진단은 도교별파 도사였다. 그는 진원眞源 사람으로[71] 자는 도남圖南, 호는 부요자扶搖子이다. 장흥년간(930~933)에 진사에 응시했으나 급제하지 못하자 산수 자연에서 즐거움을 찾았다. …… 무당산武當山 구실암九室巖에 살게 되면서 복기服氣하고 피곡避穀하며 20년을 지냈다. 날마다 술을 서너 잔 마실 따름이었다. 거처를 화산華山 운대관雲臺觀으로 옮기고 또 소화小華의 석실石室에 머물렀다. 잠자면 언제나 100여 일 동안 일어나지 않았다(총론, 그림 8).[72] 후주 세종(954~959)은 황백술黃白術(선인들이 丹砂로 황금과 백은을 만드는 기술)을 매우 좋아했는데 진단의 명성을 듣고 그를 대궐로 보내라는 명령을 화주華州 지방에 전했다. 그가 대궐에 한 달 남짓 머물렀을 때 방술에 대하여 물었다. 그러자 진단이 "폐하께서는 천하의 주인이시니 언제나 극진히 정치를 염두에 두셔야 합니다. 그런데 어찌 황백술[73] 같은 데 마음을 두시는지요?"라고 아뢰었다. 하지만 세종은 그를 책망하지 않고 간의대부에 임명했으나 끝내 받아들이지 않았다. 이에 세종은 다른 방법이 없음을 알고는 진단을 은거하던 곳으로 돌려보내고 그 고장 관리로 하여금 철마다 안부를 여쭈도록 하였다. 현덕 5년 성주자사 주헌朱憲이 임지로 간다고 황제에게 아뢰자 세종이 비단 50필과 차 30근을 주어 진단에게 대신 전하도록 하였다. 송태종 9년에 진단이 서울로 다시 오자 더욱 극진히 대접하고 '희이선생希夷先生'이라는 호를 내려 자주색 옷을 한 벌 주었다. 그리고 그를 대궐에 머무르도록 하고, 운대관등을 증수하여 임시로 살게 하였다. 황제는 그와 여러 차례 화답시를 주고받다 수개월 만에야 산으로 돌려보냈다.[74]

---

70) 鈴木由次郎, 앞의 책, 393~599쪽.

71) 진단의 출생지에 관해서는, 미우라 쿠니오, 앞의 책 참고.

72) 위의 책, 347쪽.

73) 『抱朴子』 內篇, 卷16, '黃白'에 있는 '金銀合成法'.

74) 馬華·陳正宏, 앞의 책, 94~95쪽; 諸橋轍次, 『大漢和辭典』에서 인용.

도식圖式으로 주역원리를 해석하듯 연단술 과정을 설명하는 도식이 오대 이후
유행했는데, 진단이 바로 그러한 해역학풍을 전파한 것 같다. 주돈이의 「태극도」
나 소옹의 「선천도」 같은 것도 진단으로부터 나왔다고 한다. 진단은 그의 학문을
충방种放에게 전하고, 충방은 목수穆修에게, 목수는 이지재李之才에게 전했는데 이
지재가 그것을 소옹에게 전했다고 한다.[75] 후대의 은사나 방사들이 상수학에 큰
관심을 가졌던 것은 '만고의 단경丹經 중에 으뜸'이라는 위백양의 『주역참동계周
易參同契』때문이었다. 참동계 연단술과 상수역은 '음양소식관陰陽消息觀'이라는 근
본사상을 괘기卦氣, 소식消息, 납갑納甲, 응세世應, 승강昇降 등 괘효 변화를 모두 도상
으로 표현한 것이다. 연단술의 목적은 '성명性命을 보존하고 안은장생安隱長生하여
허무에 안주하는 것'이다. 주역참동계가 역의 태극과 노자의 도를 섞어 한나라
상수학에다 태극, 즉 무無, 건양곤음乾陽坤陰, 감리수화坎離水火 등의 괘변설卦變說로
연단술에 새로운 계기를 만들었다.[76] 송대에 이르러 소강절의 상수연구가 성하
자 참동계에 대한 관심도 늘어났다.[77]

소옹1011~1077은 북송 진종 4년 신해1011에 태어났다. 이름은 옹雍이며 자字는 요
부堯夫, 스스로 안락선생安樂先生이라 불렀다(총론 그림 10). 하남공성인河南共城人, 현
河南輝縣東北이다. 젊어서 과거에 뜻을 두고 수년을 공부하다 "옛사람은 성현을 좇
아 배웠는데 나는 아직 사방을 둘러보지도 못하고 말 것인가." 하고 오吳, 초楚,
제齊, 노魯, 양梁, 진晉에서 오랫동안 나그네 되었다가 "도란 바로 내가 있는 곳에
있다道其在是矣, 징명도「묘지명」."라 말하고 돌아왔다. 이 무렵 진단으로부터 도·서학
圖·書學을 이어받은 공성현령 이지재李之才가, 현 서북쪽 '소문산백원蘇門山百源'이라
는 골짜기에서 조모상을 당해 여막에서 학문에 골몰하는 소옹을 찾아와[78] "과거

<hr>

75) 朱伯崑, 앞의 책, 9~10쪽; 小島祐馬, 앞의 책, 327쪽. 穆修는 북송 慶曆年間 이전의 재야 불만
   분자의 색채가 강한 古文家로 고집스러워 남과 화합하지 못하는 인물이었다. 쓰치다 겐지로,
   앞의 책, 59쪽.

76) 鈴木由次郎, 앞의 책, 635~636쪽.

77) 위의 책, 601쪽.

78) "이 세상의 근원적인 사실을 알려는 데 뜻이 있는 사람이 문도問道를 위해 양사良師를 구한 것
   이 아니라, 마치 '바로 그 사람(其人)'을 찾아 그 무엇을 전하기 위해 멀리서 온 의인처럼 그렇

시험공부 말고 의리지학義理之學이 있는 것을 아는가?"라고 물었다. 소옹이 "모르니 가르침을 바라오." 하니 또 "의리학 말고도 물리지학物理之學이 있소."라 했다. 소옹이 다시 "가르침을 바라오."라고 대답했다. 이지재가 다시 말하기를 "물리 밖에 또 성명학性命學이 있다. 그대가 이것을 아는가?"라고 하자 이에 소옹이 처음으로 이지재로부터 진단의 도·서학을 전수받았다. 이 때문에 소옹의 학파를 '백원학파百源學派'라고 부르기도 한다.

1045년, 소옹이 38세 때, 산수와 풍속이 좋고, 천하의 중심에 있어 사방의 선비를 두루 만날 수 있는 낙양洛陽으로 이사하였다. 얼마 후 부친이 돌아가자 이천伊川에 장사지냈다. 낙양으로 막 옮겨 생활이 어려웠으므로, 소옹은 집에다 학당을 열어 강학으로 생계를 유지했다. 날이 갈수록 배우러 오는 자들이 늘어났다. 향리 사람들이 그를 본받고 원근에서 그를 존경하여 선비 중에 낙양에 공무로 오는 이들은 반드시 그를 먼저 찾아뵈었다.[79]

소옹은 왕안석의 신법당을 반대한 부필富弼, 사마광司馬光, 여공저呂公著, 장재張載, 정호程顥, 정이程頤 등과 친하게 지냈다. 이들이 낙양에 퇴거할 때 소옹을 존경하여 항상 서로 사귀었다.[80] 그때에 낙양부윤洛陽府尹 왕선미王宣微가 낙양 도덕방道德坊 천진교天津橋 남쪽 낙수 가까이 경치 좋은 곳에 땅을 사서 30간의 집을 지어 주었다. 국가도 지원하고[81] 또 승상을 하다 은거하던 부필이 정원을 사서 소옹으로 하여금 살게 하였다. 이렇게 낙양에서 집을 얻어 강학하면서 편히 살게 되자 사람들이 그의 학덕과 지조를 점점 떠받들게 되었다. 이러한 생활환경 개선과 친한

게 이지재는 소강절 앞에 등장했다(이창일, 『소강절의 철학』, 심산, 2007, 32쪽)."는 표현은, 영화 '매트릭스'에서 오랫동안 네오(Neo)를 찾은 모피어스(Morpheus)를 연상시킨다. 영화에서 네오가 요원들에게 잡혀갔던 꿈에서 깨어난 다음 모피어스는 네오와 두 번째 통화에서 "너는 나를 그저 몇 년 동안 찾아왔겠지. 그러나 나는 너를 평생에 걸쳐 찾아 헤맸다."라고 한다. 리드 머서 슈서드, 「매트릭스란 무엇인가」, 글렌 예페스 엮음, 이수영·민병직 옮김, 『우리는 매트릭스 안에 살고 있나』, 굿모닝미디어, 2003, 13쪽.

79) 高懷民, 앞의 책, 5쪽.

80) 소옹은 二程의 아버지 程珦을 형의 예로써 섬겼던 것을 인연으로 이정과의 교유를 가졌다고 말한다. 『邵氏見聞錄』15. 쓰치다 겐지로, 앞의 책, 47쪽.

81) 『伊川擊壤集』「知幸吟」: "鷄職在司晨, 犬職在守禦, 二者皆有功, 一歸於報主, 我飢亦亨食, 我寒亦受衣, 如何無纖毫, 功德報於時."

벗들의 후대로 본래 순후관화純厚寬和한 그의 천성이 자연스럽고도 편안함을 얻었다. 소옹은 45세에 제자들의 권유로 왕윤수王允修의 누이동생을 얻어 결혼하였다. 47세에 아들 백온伯溫을 낳고 67세에 세상을 떠났다. 이처럼 소옹은 초년의 고생을 제하고 거의 30년간 '한閑'과 '낙樂'으로 세상을 살아 그가 읊은 시에서 '한과 낙' 두 자를 가장 흔하게 볼 수 있다. 북송 인종 가우년간1056~1063 재야의 현인을 초대할 때 장작감주부將作監主簿에 임명되었고, 다시 신종 희령 2년1069에 영천단련추관潁川團練推官에 임명됐으나 세 번 사양한 다음 배명拜命했지만 병을 핑계로 실제는 나아가지 않았다. 사후에 철종으로부터 '강절康節'이라는 시호를 받았다.

그의 약간은 굴절된 '벼슬아치 기피수단'을 주희는 '타괴법문打乖法門'82)이라고 했다. 소옹이 어디까지나 벼슬살이에 등을 돌리고 은둔을 택한 것은 '진실한 생은 은둔으로만 가능하다'고 여겼기 때문이었을 것이다. '사환仕宦이란 통치 집단에 자신을 맡기는 것이고 인민구제라는 좋은 말 아래에서 소용돌이치는 것은 이기利己일 뿐'이라는 것이 그의 생각이다. 소옹의 장년과 만년은 왕안석王安石, 1021~1086의 등장과 겹쳐 북송의 여러 모순이 일거에 분출해 관계에서 당쟁이 차츰 치열해지는 시기였다. 선비의 이상이란, 특히 송대 도학의 경우 우선 수기修己한 다음에 인민을 교화하는 것이 본분이었으나 소강절의 '은隱'은 사회에 대한 유자의 책임을 어느 정도 기피하는 것이었다.

소옹은 『황극경세서皇極經世書』, 『이천격양집伊川擊壤集』을 저술하였다. 황극경세서는 「관물내편觀物內篇」과 「관물외편」으로 나누어지는데 '내편'은 소옹이 친히 지은 것이며, '외편'은 아들 소백온과 제자들이 기술한 것이다. 소옹의 '선천先天 상수학象數學'은 우주적 발생과정을 「선천 8괘도先天八卦圖」와 「복희 64괘 방원도伏羲六十四卦方圓圖」를 근거로 설명한다. 오늘날 주역에 나오는 이른바 '문왕 64괘의 배열'은 논리적으로나 수리적으로 아직 체계화되지 못한 것을, 수에 눈이 밝은 소강절, 또는 화산도사 진단학파陳摶學派가 순수한 음양기호만으로 「선천 8괘도」

---

82) 『朱子大全』續集, 卷5, 「答呂東萊」: "康節恐是打乖法門, 非辭受之正."; 三浦國雄, 「打乖」, 京都大學中國哲學史研究室, 『中國哲學史研究』第4號, 1981, 191~215쪽.

와 「복희 64괘 방원도」를 창안해 이치에 맞게 차례를 만든 것이다.[83]

여기서 말하는 각종 '도圖', 즉 추상적 그림들은 대개 남송 때 주희와 학술 편찬사업을 함께한 서산西山 채원정蔡元定, 1135~1198, 주희의 친구이며 학생이 지은 「찬도지요纂圖指要」에 나오는 상수기호들을 명나라 호광胡廣, 1370~1418 등이 『성리대전』을 지어 출간하면서 1, 2부로 나누어 실었다. 소강절의 학문을 잘 아는 정명도가 말한 '가일배법加一倍法'이 바로 '소강절의 이진법二進法'이다.[84] 즉, 진단과 소옹이 종래의 주역 64괘와는 달리 새로운 수학적 기호체계를 세운 목적은, 우주자연을 관찰해 가장 보편적 법칙理을 수數에 근거해 상징하고 이것을 부호로 표상해象 거기서 변화의 의미를 읽어내는 것이었다.

특히 「복희 64괘 방원도」2의 6자승는(그림 11) 근세의 아리스토텔레스라고 불리던 고트프리트 빌헬름 라이프니츠Gottfried Wilhelm Leibniz, 1646~1716의 '이진법산술표二進法算術表, Arithmetique binaire'와 같은 배열이다.[85] 라이프니츠는(그림 10) 서양 근대 '이진법' 창시자의 한 사람이고, 소옹은 중국 역학사에서 '이진법'의 발견자이다. 소강절은 주역 「계사전」과 도교의 '생성론'을 묶어 「선천 8괘도」와 「복희 64괘 방원도」에서 우주창조의 모식模式, 소옹의 선천 8괘도와 현대 컴퓨터 계산이론의 'computation tree'를 비교하라[86]을 만들어 자연과 역사 변화의 근저에서 작동하는 원리를 설명한다. 소옹은 천지창조 이전을 인정하지 않고 다만 이치를 이해하는 마

---

83) 김상봉은 "주역 64괘는 괘순의 다원구조와 괘상의 대각 대칭성을 처음으로 밝히고 있다. 김상봉, 『수역』, 은행나무, 2007, 103~141쪽.

84) 安宗守, 「역경과 이진법」, 한국주역학회 편, 『주역의 현대적 조명』, 범양사, 1992, 401~415쪽.

85) 소옹의 복희 64괘 방원도와 라이프니츠의 이진법 산술과의 근본적 유사성에 대해서는 金鎔貞, 「라이프니츠의 기호법 사상과 역의 논리」, 『주역의 현대적 조명』, 범양사, 1992, 283~314쪽, 그림 5·6·7 참고. David E. Mungello, *Leibniz and Confucianism, The Search for Accord*, University press of Hawaii, pp. 15, 43, 51, 116, 140, 148, 159; 鳥恩溥, 『周易, 古代中國的世界圖式』, 吉林文史哲出版社, 1988, 24~45쪽을 참고하라. 프랑스 루이 14세에 의해 중국에 파견된 예수회 선교사로 17세기 말 라이프니츠에게 역경, 특히 주역 64괘에 대한 정보를 제공한 부베Joachim Bouvet(1656~1730, 중국명 白晉, 호 明遠)는 라이프니츠와 邵雍의 바로 이 같은 '보편적·수학적 법칙성'에 동의하고 있다.

86) Gene H. Golub and Charles F. Van Loan, *Matrix Computations*, 2nd. ed., London: The Johns Hopkins University Press, 1993, p. 464, Figure 8.6.1.

음心이 있을 뿐이며, 이것이 태극이고 혹은 도道라고 하였다. '심, 태극, 도가 바로 선천이고 상수의 뿌리'이다. 소옹은 이렇게 말한다.

> 선천학은 심법이다. 그러므로 그림은 모두 스스로 그렇게 된 것이고, 만화만사萬化萬事는 마음에서 생기는 것이다. 그림에는 아무 글도 없지만 우리는 종일 그것을 말해도[變易] 그로부터 벗어남이 없으니[不易] 이것은 모두 천지 만물의 이치가 그 안에 있기[簡易] 때문이다.[87]

이 말 가운데 나오는 3역설, 즉 후한의 정현鄭玄이 「역찬易贊」과 「역론易論」에서 말한 역의 세 가지 측면인 '역간易簡, 변역變易, 불역不易'을 장 피아제Jean Piaget, 1896~1980가 구조structure를 정의하기 위해 사용한 3개념들과 짝지어 보자. '불역不易은 전체성의 개념wholeness, 변역變易은 변환transformation, 간역簡易은 자기조절 능력self-regulation이다.'[88]라는 정의와 매우 원리적 친근성을 보인다. 거의 2000년 이전의 역의 원리 규정과 20세기 초 서구의 구조주의 정의가 매우 흡사한 점이 흥미롭다. 다시 본론으로 돌아가서, 상수학이 남송시대 이학파理學派에 영향을 끼친 까닭은 다음과 같다.

남송 때 상수학이 유행했는데 어떤 이는 그 도식을 해설하고, 어떤 이는 술수術數에 흘렀지만 그 이론에서 매우 큰 발전이 시작되었다. 남송 상수학은 정·주학파의 학자들을 통해서 발전되었는데, 그 원인은 북송 의리학파의 대표인 정이와 장재가 괘효상과 괘효사를 해석할 때 모두 괘변설卦變說을 취했기 때문이다.[89] 괘

---

87) 『皇極經世書』, 册2, 卷七下, 35쪽: "先天之學心法也, 故圖皆自中起, 萬化萬事生乎心也. 圖雖無文, 吾終日言而未嘗離乎是, 蓋天地萬物之理盡在其中矣."

88) 테렌스 혹스 지음, 오원교 옮김, 『구조주의와 기호학』, 신아사, 1984, 17~19쪽; 王雲五 主編, 『周易今註今譯』, 臺北: 商務印書館, 1974, 2쪽. 이밖에도 '易三義'에 대하여는 김진근, 「새로운 주역관을 위한 연구」, 한국주역학회 편, 『주역의 현대적 조명』, 범양사, 1992, 34~35쪽을 참조.

89) 卦變說: 周易64卦 사이 괘효의 음양, 강유변화법칙을 발견해 기호적 통일체계를 확립하려는 괘효 구조론 가운데 한 설. 前漢 孟喜의 十二消息卦에 나타나는 규칙적 變卦의 순서. 朱子의 『周易本義』에서도 보임. 주자는 『주역본의』에서 "이천은 괘변의 말씀을 취하지 아니하여 …… 여러 부분에 대하여 모두 견강부회 하였다(伊川不取卦変之說. …… 諸處皆牽强說了)."라고 불평했다. 정이는 건·곤 두 괘에 의한 독자의 괘변설을 주장한다. 쓰치다 겐지로, 앞의 책, 344~345쪽.

변설은 상수학파에 속하는 것으로 이지재와 소옹은 모두 괘변설을 강론하여 그 설이 북송 의리학파에 흡수되었다. 이로써 주자를 포함한[90] 남송 이학파는 상수학을 아주 배척해 버릴 수 없었다. 그들 중에는 자못 상수학에 흥미를 가진 이가 있었고, 혹자는 이학과 상수학을 조화시키고자 하였으며, 더러는 의리학파에서 떨어져 나와 상수학 발전에 공헌하기도 하였는데, 「역학계몽」을 지은 주희와 채원정, 주진朱震 그리고 채원정의 아들 채심蔡沈은 모두 한 시대의 상수학을 널리 보급시킨 대표적 인물이다.

주희는 각 파의 단점을 버리고 장점을 취해 역철학의 광대한 체계를 수립했지만, 정이의 '상을 빌려 뜻을 나타낸다'는 '가상이현의설假象以顯義說'을 아주 버리지는 못했다. 이로써 한당 이래 북송까지의 우주론을 추상적이고 논리적인 본체론으로 발전시켜 유가철학을 완성시키는 데 크게 공헌했다.[91] 그러나 주희는 정이천의 상수역 경시 태도에 계속 불만을 품고 복희역의 복권을 밀고 나아갔다.

조선조 17세기 상수학파의 형성

상수역학은 언제 들어왔으며, 조선 17세기 중기, 말경까지 어떻게 전개되었을까. 고려 말부터 성리학이 들어오기 시작하여 그 후 조선조 초기 경학사에서 취급된 문헌들이 실제로 무엇들인가에 대해서는 여러 연구가 이루어졌다.[92] 그러나 백이정1247~1323과 이제현1287~1367의 성리학, 그리고 이제현이 원나라에서 배운 학문 중에서 역학, 특히 우리가 관심을 집중하고 있는 상수학의 존재가 어떠하였는지 궁금하다.

『익재난고』에 보면, 고려 인종 11년1133 5월 왕의 교유敎諭 가운데 '경방역京房易'이란 말이 나오며 이제현 자신의 여러 글에서도 '괘사'는 물론 '복희서伏羲書', '일양생一陽生', '생수生數 · 성수成數' 등 그가 상수학을 접하고 있음을 증명할 만

---

90) 朱伯崑, 앞의 책, 338쪽.

91) 위의 책, 338~339, 394~430쪽.

92) 李源明, 『高麗時代 性理學受容研究』, 국학자료원, 1997; 한국주역학회, 『주역과 한국역학』, 범양사, 1996, 255~286쪽.

한 어휘들이 보인다.[93] 이제현 말고도 권보權溥, 1262~1346, 우탁禹倬, 1263~1343 같은 초기 성리학자들이 있지만 이들의 학문 내용을 알 수 없다. 고려는 건국 당초부터 도선道詵의 강력한 도참사상의 세례를 받았고 양송에서 크게 성행한 도상과 술수가 직·간접으로 유입되었을 것이다. 특히 남송에서 상수학이 부활하여[94] 원나라 한인漢人을 통해 들어왔는데, 그 중에서도 주자가 북송 3계보 역학을하도낙서학, 선천도학, 태극도학 수용한 새로운 상수론의 지침서인 「역학계몽易學啓蒙, 1186」을 지었으므로 그 영향이 가장 크다.[95]

조선시대 상수학파의 계보를 바로 이 3계보 역학의 도상과 상수이론 수입이라면 그 효시를 권근1352~1409의 『입학도설』로 볼 수 있다.

권근 자신은 『입학도설』에서 다음과 같이 말했다.

> 홍무 경오년(1390) 가을 익산군 금마면金馬面에 귀양을 가서 있자니 나에게 와서 『대학』과 『중용』을 배우는 초학자들이 한둘이 있었는데, 거듭 자세히 설명을 해주어도 분명히 이해하지를 못한다. 이에 주렴계의 「태극도」를 근본으로 하고 「중용장구」의 설을 참작하여 그림을 그려 보이고, 다시금 선현들의 격언을 취하여 그 의미를 해석해 주었다. 또 학생들의 질문이 있으면 거기에 대하여 일일이 해답을 해주었는데, 그 문답한 내용을 기록하여 그 뒤에 붙였으니 이름하여 『입학도설』이라 하였다. 그 밖에 다른 경서도 그림으로 그릴 만한 것은 모두 그렸고, 때때로 제각기 나의 억설을 덧붙여 놓았다.

여기서 '다른 경서도' 라는 표현이 어떤 책들인지 분명치 않지만 권근이 『입학도설』에서 말하는 그림 내용을 분석하면, 전·후집 합간1425은 40종의 그림을 다루고 있는데 「천인심성합일지도天人心性合一之圖」는 주렴계의 태극도설에서 분명히

---

93) 『益齋亂稿』卷4, 「悼恥菴朴判事忠佐」: "眼昏猶玩宓羲書, 身貴能安葛亮廬."; 앞의 책 卷2, "短晷南至一陽生."; 『翁稗說』: "生數", "成數".

94) 元에서의 性理學의 발전, 특히 圖說과 象數易을 주도하는 南宋易學의 성행은 戶田豊三郎, 『易經注釋史綱』, 東京: 風間書房, 1968, 559~568쪽 참조.

95) 위의 책, 598~601쪽.

영향받고 있으나 「하도오행상생지도河圖五行相生之圖」와 「낙서오행상극지도洛書五行相克之圖」 등은 '9수·10수수론' 계통이고, 「선천방위원방도」 및 「복희·문왕선후천도」 등은 선천도 계열이다. 즉, 소강절계의 도상과 상수의 결합이 처음으로 보인다.

그러나 양촌의 주역사상이 입학도설에 소개된 도설만 보면 상수역학에 기울어 있다고 속단하기 쉽지만, 실상 「주역천견록周易淺見錄」을 보면 그를 단순하게 '상수역계보'에 넣기가 곤란하다. 하지만 성리학자 대다수가 그러하듯 그가 '송대 도서역학圖書易學'을 도외시하지 않은 역학자에는 틀림이 없다고 한다.[96]

『입학도설』은 권근 사후『역상도설易象圖說』 등을 지은 그의 제자 김반金泮, 생몰년대 미상, 1428 명나라에 서장관으로 들어감이 『속입학도설續入學圖說』을 저술하는 데 참고가 되었다. 「천인심성합일지도」는 정지운鄭之雲, 호 秋巒, 1509~1561과 이황의 「천명도설天命圖說」에 큰 영향을 주어 권근 이래 성리학에 관한 많은 도설류가 쏟아져 나오게 되었다.[97] 권근의 「대학지장도大學指掌之圖」를 따르고 있는 이황은 「성학십도」[98]에서 다음과 같이 말하고 있다.

이에 삼가 종전에 있었던 것에서 더욱 뚜렷한 것만 골라 일곱 개의 그림을 얻고, 그 중 〈심통성정도心統性情圖〉는 정림은程林隱의 그림에다가 신이 만든 두 개의 작은 그림을 덧붙인 것이요, 이 밖에 또 두세 개의 그림이 있는데, 이것은 비록 신이 만들었으나 그 글과 뜻이 조목과 규획에 있어서 한결같이 옛 현인이 만든 것을 풀이한 것이요, 신의 창작이 아닙니다.[99]

---

96) 곽신환, 「주역천견록과 양촌권근의 역학」, 한국주역학회, 『주역과 한국역학』, 주역연구논총 2, 범양사, 1996, 265쪽.

97) 康吉洙, 「朝鮮時代의 教育古典」, 『韓國의 教育古典研究』, 한국정신문화연구원 편, 1983, 86쪽.; 필자는 이 글을 다 쓰고 난 후 곽신환 선생의 「'주역천견록'과 양촌 권근의 역학」을 주역학회 편, 『주역과 한국역학』, 주역연구논총 2, 1996, 255~286쪽에서 발견했음을 밝혀 둔다.

98) 이황은 20세에 주역을 읽고 그 뜻을 강구하느라 거의 자고 먹는 것을 잊어 병을 얻었다.

99)『국역퇴계집』Ⅰ, 고전국역총서 20, 민족문화추진회, 1982, 132쪽;『국역퇴계집』Ⅰ, 「進聖學十圖箚幷圖」, 357~364쪽. 「程林隱圖」는 「答禹景善問目」 참고. 程林隱은 元 仁宗時, 新安人으로『四書章圖』를 지었다고 한다.

주자는 「원기중袁機仲에게 답하는 글」에서 다음과 같이 말한다.

소강절의 설은 진도남의 설이고, 진도남 설은 공자의 설이다. 다만 여러 유학자가 그 전한 바를 잃어서 도사들에게 서로 전수되어 단조丹竈의 기술이 되어버린 것을 진도남·강절에 이르러 처음으로 역의 본래 모습으로 돌아가 그 설이 세상에 밝혀졌다. 오늘날 전하는 역서의 글 뜻을 알고자 한다면 다만 문왕의 경, 공자의 역전에 구하면 족하다. 그러나 성인이 역을 만든 본지를 알고자 한다면 당연히 '복희팔괘'를 생각해 봐야 한다.[100]

조선시대 경학사에서 상수론에 관심을 두었던 유학자들은 바로 이 '주희의 관점'을 따랐다. 이황은 「정자중鄭子中에게 답하는 글」에서 다음과 같이 말한다.

술법을 두 정자가 귀히 여기지 않는 것은, 비단 미루어 계산하여 장래를 아는 술법뿐만이 아니라 수학조차도 귀히 여기지 않았습니다. …… 그러나 이것은 특별히 그 술법 때문에 말단에 가서 이루어지는 폐단이 반드시 여기에 이를 것을 염려함이며, 강절이 그렇다는 것은 아닙니다. 하도낙서에 이르러서는 이것이 이수理數의 근원으로서, 성인이 계사에서 이미 분명히 말한 것이니, 이것을 버리고 역을 배울 수 없는 것은 분명한 일입니다. 그런데 두 정자가 강절에 대해서는 이것까지도 함께 강의하여 밝히지 않았으니 알 수 없는 일이라 하겠습니다. 아마도 이런 일들은 천지간에서 발생하였지만 역시 사람을 기다려서야만 알려질 수 있는 것이기 때문에 강절은 혼자 알 수 있었고, 주자에 와서 크게 천명하고 해설하여 누구나 모두 함께 들을 수 있게 한 것인가 합니다. 그렇다면 학문하는 이가 소강절을 배워서, 수학을 위주로 하여 이를 알 수 있는 것은 원래 어려운 일이지만, 주자 같은 이는 이를 위주로 하면서 겸하여 수학도 밝히려 하였으니 또 어찌 힘쓰지 않았겠습니까?[101]

퇴계는 주자의 「역학계몽」에 다시 주를 달아 상수를 밝히는 「계몽전의啓蒙傳疑」

---

100) 戶田豊三郞, 앞의 책, 453~454쪽.

101) 『국역 퇴계집』 I , 317 쪽. 堯夫는 邵雍의 字. 소옹과 二程 사이의 사상적·학설적 異同을 간략히 논한 곳은 潘富恩, 徐余慶, 『程顥程頤理學思想硏究』, 上海: 復旦大學出版社, 1988, 71~74쪽.

를 지었으며, 앞서 나온 「천명도설후서」와[102] 함께 도설과 상수에 대해 그가 말한 것을 이루 다 열거할 수 없다. 그러나 후세에 골치가 아픈 것을 무릅쓰고 역 해석에서 도설과 상수를 응용해 보려는 선비들이 이황을 모범으로 삼았을 것이 분명하다. 우선 도설만 해도 권근에서 정지운, 이황, 김인후1510~1560, 그리고 기 대승1527~1572이 천명도설 연구의 한 흐름을 형성하고 있다.[103]

퇴계보다 먼저 상수이론을 접했던 이들은 김시습1435~1493과 서경덕1489~1546 이다.[104] 김시습의 사상 중에서 상수학을 지적할 수 있는 부분은 적다. 하지만 그 가 유불도의 근본사상을 체득하였고 많은 독서를 하였으며 특히 불의한 세상에 대해 불만을 품고 산천을 두루 떠돌아다닌 방외인이었다. 그는 『탕유관서록宕遊關 西錄』「후지後志」에서 다음과 같이 썼다.

어느 날 갑자기 개탄스러운 일을 당하고는, 남자가 이 세상에 태어나 도를 행할 수 있는 세상이라면 결신난윤潔身亂倫한다는 것이 부끄럽지만, 도를 행할 수 없는 세상 일진대 독선기신獨善己身하는 것이 옳다고 여겼다. 물외로 떠나면서 진도남陳圖南 과 손사막孫思邈의 풍모를 사모하고자 했으나, 나라에 이러한 풍속이 없어 머뭇거렸 다. 그러나 어느 날 저녁에, 만약 장삼을 걸치고 스님이 된다면 소원을 풀 수 있을 것 이라고 문득 깨달았다.

「후지」에서 그가 '진도남과 손사막의 학문'에 대해 어느 정도 알고 있었는지 는 정확히 가늠할 수 없다.[105] 『매월당집』 권20, 「전」에는 어느 누구의 것보다도 긴 「소옹전」이 실려 있고, 문집 전체를 통해 시에서는 「관물」이라는 제목도 보이 고 「선천도」 등이 언급되며, 권16 「잡저」에서는 혹자와 청한자淸寒子가 문답하는

---

103) 柳正東, 「河西 金麟厚의 天命圖에 關하여」, 『東方思想論考』, 道原柳承國博士華甲記念論文集, 1983, 407~420쪽.

104) 梅月堂 金時習(1434~1493)의 글에도 이미 「邵雍傳」이 언급된다. 『梅月堂集』 卷20, 傳.

105) 常盤大定, 『佛敎と儒敎 道敎』, 東京: 東洋文庫, 1966, 652~665쪽. 孫思邈은 唐代道士, 京兆華 源人, 太山隱士이다. 저서로는 『千金方』이 있음.

형식으로 여러 내용들을 다루면서 수진修眞, 복기服氣, 용호龍虎 등을 말하는데, 특히 제7장 「용호」에서는 '연단술'과 소강절의 '원회운세론元會運世論'까지 논한다.

이제 서경덕의 학문에 나타나는 소옹의 영향으로 넘어가 보자. 그는 평생 『황극경세서』를 연구하여 「황극경세수해」, 「64괘 방원지도해」, 「성음해聲音解」 등의 논문을 저술하였고, 자신의 인생을 함축표현하고 있는 철리시哲理詩에서도 소옹의 시와 그 정신을 빈번히 언급하였다.[106] 서경덕은 소옹의 철학과 시 정신을 깊이 이해하고 즐거움을 이기지 못하여 다음과 같은 시를 쓴다.

> 관물觀物하는 공부가 십분十分에 이르러
> 해와 별이 높이 뜨자 안개와 구름이 걷히네.
>
> 호연지기浩氣를 가슴속에 기르고부터는
> 자유롭게 산수자연에서 노닐며 속세에서 풀려났네.[107]

관물공부는 강절의 상수역학 연구를 가리키는 듯하다. 서경덕은 관물공부가 지극한 경지에 이르자 모든 의심이 풀렸다고 하면서 호연지기를 함양하면서부터 세속의 분분함에서 벗어나 산수자연을 자유롭게 노닐 수 있게 되었다고 했다. 서경덕의 상수학을 가장 추숭한 이로 신흠申欽, 1566~1627이 있는데, 그는 만년에 이렇게 말했다.

우리나라는 본디 역학易學이 발전되지 않았으므로 유선儒先 중에 그 누구도 핵심 부분을 계발시켜 준 이가 없었고 논한 것이 있다 하더라도 그저 글 뜻과 같은 부분적인 것을 해설하는 정도로 그쳤을 뿐이었다. 그런데 화담 혼자서 멀리 강절康節을 이어 곧바로 그 경지를 엿보았으니 정말 세상에 드문 호걸이라 하겠는데, 상기上記 해

---

106) 南廷淑, 「徐花潭의 唯氣論에 관한 연구」, 한국학대학원 석사학위논문, 1982, 9쪽; 정병석, 「화담 서경덕의 역학 사상」, 주역학회 편, 『주역과 한국역학』, 주역연구논총 2, 1996, 227~254쪽 참고.

107) 『花潭集』卷1, 「觀易, 偶得首尾吟, 以示學易輩諸賢」: "觀物工夫到十分, 日星高揭霽披氣, 自從浩氣胸中養, 天放林泉解外紛."

설들은 우리나라 제유諸儒가 미처 내놓지 못한 것들이었다.[108]

서화담徐花潭은 이름은 경덕敬德이요 자는 가구可久로서, 타고 난 자질이 상지上知에 가까운데 황폐한 곳에서 일어나 스스로 학문을 할 줄을 알았다. 그 중에서도 특히 소역邵易[邵康節의 선천역학]에 조예가 깊었는데 그가 뽑아낸 『황극경세서皇極經世書』의 수數를 보면 하나도 잘못된 곳을 찾을 수가 없으니 기걸스럽다고 하겠다. 가령 그가 중국에 태어나 대유大儒를 직접 스승으로 모시고 배웠더라면 그 고명하고 투철하게 된 경지가 현재 보이는 발전 정도로 그치지만은 않았을 것이다. 하여튼 희역羲易[伏羲 先天易]의 오솔길을 제대로 찾아낸 자는 아조我朝에서 화담 한 사람뿐이었다.[109]

서경덕보다 조금 늦게 태어난 이황의 상수학에 대한 관심을 앞에서 잠시 언급한 바 있다. 이황은 남언경南彦經과[110] 주고받은 편지에서 다음과 같이 말했다.

『황극경세서』 내편에서 그대가 보고 싶은 데가 어느 것인지 알지 못하겠습니다. 나는 지난 해 민경열閔景悅(1504~1568)이 새로 사온 내·외편 10여 권을 빌어 왔는데 …… 여사로余師魯가 엮은 주해註解를 가지고 주은로朱隱老[111]의 주해와 비교하여 보면, 하늘과 땅 같은 차이가 날 뿐 아니었습니다. …… 이 두 가지 책과 『성리대전』의 장절이 앞뒤가 서로 어긋나고 착잡하여, 마침내 한곳으로 돌아가기가 어려웠습니다. 또 그 뜻이 현묘하고 심오하여 그 수를 산산을 가지고 시험해 보았는데, 맞

108) 『象村稿』卷60, 「先天窺管」, '經世外篇解' : "我國素無易學, 雖儒先亦無能啓發關鍵者, 所論述, 只文義之末爾. 花潭獨能遠紹康節, 直闢門戶, 可謂不世之人豪矣. 此解, 是我國諸儒所未發也."

109) 『象村稿』卷52, 漫稿下, 「晴窓軟談」下 : "徐花潭名敬德, 字可久, 生質近於上知. 起自草萊, 自知爲學, 於邵易尤邃, 其推出經世之數, 無一謬誤. 奇哉. 使生於中國, 薰染大儒函丈之間, 則其高明透徹, 不啻其所造而已. 知義易蹊逕者, 我朝一人."

110) 南彦經(1528~1594), 자는 時甫, 號는 東岡, 젊어서 화담에게 수학하고 뒤에 퇴계를 사사하였다. 『국역 퇴계집』 1. 위의 책, 230~231쪽.

111) 『중종실록』 37년 임인(1542), 5월 7일(정해)조를 보면, 예조 판서 김안국이 인쇄할 만한 책을 건의하는 대목이 나온다. 그 가운데 김안국이 말하기를 "『皇極經世書說』은 명나라의 朱隱老가 지은 것인데, 邵雍의 글을 드러내어 밝히되 考究에 典據가 있고 의논도 유창하여 참으로 소옹의 글을 보는 데 도움이 되며, 『易經』을 集說한 데에 실은 諸公의 논의가 明暢하고 義旨를 드러내어 밝힌 것이 많으므로, 『역경』을 강독할 즈음에 이것을 참고하면 도움이 있을 것입니다."고 했다.

기도 하고 어긋나기도 했습니다. 지난겨울과 올봄 사이에 이것 때문에 허다한 나날을 보내었지만 결국 아직 그 경계를 엿보지 못하고, 다만 병든 사람의 정력을 허비하기만 했습니다. 나중에 생각해 보니 송연해져 절로 웃음이 납니다.[112]

이황은 『황극경세서』를 열심히 구해 보았고, 『성리대전』에 수록된 「역학계몽」과도 비교하면서, 황극경세서의 수數를 서경덕처럼 징험해 보고자 수개월 동안 애를 썼으나 얻은 성과가 신통치 않았음을 고백하고 있다. 그러면서도 이황은 문도들에게 "화담의 소견은 매우 정밀하지 못한데, 그가 지은 여러 설을 보면 한 편이라도 병통이 없는 것이 없다. …… 화담의 학문은 허탄하고 조잡하다."고[113] 비난을 가했다. '그가 지은 여러 설' 가운데, 「황극경세수해」와 같이 소옹의 역학에 대한 논설도 들어 있었던 것으로 보아, 이황이 서경덕의 상수학 연구를 그렇게 높이 평가하지 않았음을 알 수 있다.

서경덕보다 약 60년 늦게 태어나 화담의 상수학을 학술적으로 이어받았다고 자부한 이는 신흠申欽, 1566~1628이다.[114] 그는 16세기 말부터 17세기 전반 초 선조, 광해군 치세의 복잡한 현실 속에서 적극적으로 활동한 정치가, 문인 그리고 학자이다. 그는 정치참여와 유배·은거라는 현실경험과 수신기간을 통해 방대한 저술을 남겼으며, 타고난 문장력과 총명함으로 당대의 많은 지식인들을 사귀었다. 그의 학술은 다양하고 실제적이면서도 이론적이다. 그 중에서도 가장 두드러진 점은 '소옹에 대한 절대적인 관심'이다. 그의 전 문집을 통해 과거의 어느 문인보다 소옹을 많이 언급하고 있다.

---

112) 『退溪集』卷14, 「答南時甫」: "皇極書觀物內篇, 未知所欲見者, 謂何件耶. 僕去年, 借得閔景說新貿來內外篇合十餘冊. 豐城朱隱老所註, 其註華而少實, 正所謂隔壁聽隔靴爬者. 然以得見爲幸. 略抄其類例未半. 已而又借得余本所註外篇四冊, 以余視朱, 不啻霄壤之懸, 乃捨朱而抄余, 第恨余註又多落張, 而兩書與性理大全, 章節先後, 參互錯入, 竟難歸定. 且其義玄奧, 其數試以算驗, 或合或違. 去冬今春間, 以此送了許多日子, 而卒未窺其藩籬, 徒耗減病人精力, 追思悚然自笑. 且自覺力盡, 未了抄寫, 而遽還朱註全帙於閔公, 今獨留余註四卷. 但余註, 公與應吉曾所借覽, 必非謂此. 故只僕所抄二冊子呈上."

113) 『退溪集』卷25, 「答鄭子中講目」: "花潭所見, 殊未精密, 觀其所著諸說, 無一篇無病痛. …… 花潭之學, 誕而雜."

114) 朴熙秉, 「申欽의 學問과 그 思想的 位置」, 民族文化推進會, 『民族文化』20, 1997, 10~11쪽.

신흠은 8세 때부터 외조부 송기수1507~1582의 서재에 드나들었으며, 15세에 이미 성리서를 접하고 나서 문을 닫고 독서에 열중하였다. 그가 읽은 책 가운데 상수, 위서緯書, 감여堪輿, 율력, 산수, 음양, 노자 등이 있었다. 신흠은 15세 되던 해 1580에 이제신李濟臣, 1536~1583의 딸과 결혼하고, 그로부터 상수학을 배웠다.[115] 어려서 병약했던 신흠은 15세 때, 벌써 원나라 은자 유염俞琰이 주해한 『주역참동계』를 읽고 '내단 수련법'을 시험해 보았다고 한다. 신흠이 상수역에 본격적으로 관심을 갖게 된 계기는 계축옥사[116]로 인해 고향 김포로 방축된 이후부터이다.

내가 소싯적에 소역邵易[邵雍의 황극경세서]을 보기를 좋아하였는데 그 요체를 이해하지 못하여 사색을 하다가 다시 그냥 놔두곤 하였다. 이렇게 한 것이 대개 수십 년 동안 되었는데, 세상에 이를 궁구窮究한 명유名儒와 석사碩師가 없어서 의문점을 물어보고 나의 어리석음을 깨우칠 길이 또한 막연하였다.

그러다가 만력萬曆[明 神宗의 연호] 계축년[1613, 광해군 5]에 이르러 조정에 죄를 얻어 시골로 쫓겨났는데, 다른 물건은 일체 지니지 않고 오직 중국 조정의 학사學士들이 편찬한 『성리대전性理大典』 한 권만을 책상 위에 올려놓았다. 그리고는 관직에서 물러나 있는 여가에 『황극경세서』에 요약된 법수法數를 살펴보았더니, 자연히 환하게 깨달아지는 점이 있었다. 그래서 이것을 토대로 유추하며 연구해 본 결과, 그것이 '가배지법加倍之法[加一倍法]' 이라는 것과 또 까마득하게 알지 못할 성질의 것은 아니라는 확신을 갖게 되었다.

이렇게 해서 방 속에 틀어박혀 고증해 나가는 동안 쉽게 보이지 않던 길을 점차 찾아내게 되었는데, 그래도 마음속으로 감히 자신할 수가 없어 곧바로 북경에 돈을 보내어 『소자전서邵子全書』를 구입해 오게 한 뒤 내가 이해한 내용과 비교해 보니 상당 부분이 부합되는 것 같았으므로 내가 일단은 조금이나마 터득한 것이 있는 것을 스스로 다행으로 여겼다.[117]

---

115) 申欽, 앞의 책, 附錄上「諡狀」.

116) 1613, 박응서, 선조계비 인목왕후의 부 김제남 등이 영창대군을 추대했다는 혐의로 사사당하고 신흠, 김상헌 등이 파직당한 사건.

117) 『象村稿』 卷60,「先天窺管跋」: "余少時喜觀邵易, 而未領其要, 思索而復置之, 如是者蓋數十年. 世無名儒碩師究窮乎此者, 亦無緣就質而擊蒙矣. 暨萬曆癸丑, 得罪于朝, 竄跡田間, 無他隨身物, 秪有皇朝諸學士所纂性理大全在床上, 捐佩之餘, 取經世約法觀之, 則忽若有所通曉, 因以推

신흠은 소옹의 『황극경세서』에서 난해한 말을 모아 자신의 의견을 붙이고, 서경덕의 「황극경수해」의 수목數目을 소개한 「선천규관先天窺管, 1618」을 지었다.[118] 신흠은 계축옥사로 상징되는 부당한 현실을 설명하고 그것에 논리적·정서적으로 대응하기 위해 역을 연구했다. 신흠의 상수학이 '습정習靜과 묵계契默의 깨달음'을 강조한 점에서 서경덕과 공통점이 있다. 그러나 신흠의 역학은 정사政事와, 세무, 사공에 대한 강렬한 관심을 보여준다고 한다. 서경덕은 사화의 시대에 살면서 은둔하여 심성을 기르는 것에 힘쓴 데 반해, 신흠은 청요직淸要職을 두루 거친 고관으로서 나라와 민생을 돌봐야 하는 처지에 있었기 때문이다.[119]

신흠은 「휘언彙言」에서 "정이천은 주역을 주석했을 뿐, 소강절이 나와 일가를 이루었다."고 했다. 신흠은 처음에 시운時運이 소인에게 기운 것을 개탄했지만 결국 수용한 명제들은 선천지학, 이심위본以心爲本이었다. 선천역의 탐구대상인 복희역은 몰가치한 괘만 있을 뿐 문자가 없다. 상과 수를 체득하여 오묘한 이치를 마음으로 깨닫는 것이기에 '심心'과 '정靜'이 강조된다. 정을 일단 받아들이면 상과 수에도 구애받지 않고 시의진퇴時宜進退하는 경지에 들어갈 수 있다. 신흠은 「산중독언山中獨言」에서 소옹의 말을 빌려, "자기로 말미암지 않은 화는 재앙이다."라고 했다. 즉, 우리가 "아무리 순리대로 살고자 노력해도 상도를 떠나 사람을 해치는 세상은 어쩔 수 없는 천재와 같다."는 것이다.

김상헌1570~1652은 신흠보다 4년 늦게 태어나 그가 죽은 후 20년을 더 살았으니 신흠을 잘 알고 있었다. 김상헌은 「신공행장부록하申公行狀附錄下」에서 신흠이 주역을 강하는 차자箚子를 선조에게 올린 글 가운데 "선천의 학은 마음을 근본으로 삼고 …… 선천도가 곧 심학입니다先天之學, 以心爲本 …… 先天圖, 乃心學也."[120]라고 한 말을 지적하였다. 신흠의 '선천학에 대한 경도'는 이정귀李廷龜의 「신공신도비명申公

研, 則信其爲加倍之法, 而又非渺茫難知者也. 於是乎閉戶考證, 漸得蹊逕, 而心不敢自信. 旋捐金於燕市, 購邵子全書以來, 以所領會者校之, 則頗似符契, 余旣自幸其粗有所得."

118) 禹應順, 「申欽 詩의 一局面」, 『民族文化』, 113쪽.

119) 박희병, 앞의 글, 14~19쪽.

120) 『象村稿』 附錄一, 下, 「行狀」: "先儒有言曰, 先天之學, 以心爲本, 又曰, 先天圖, 乃心學也."

神道碑銘」이나, 이수광李晬光의 「신공묘지명」에서도 마찬가지이다.[121] 또 김상헌은 신흠의 큰 아들 동양위 신익성申翼聖, 1588~1644의 신도비명을 지었는데, 그 속에서 "신익성이 만년에 소옹의 상수역학을 깨달아 『황극경세서』를 운용하여 우리나라 역사를 보충해 넣었다."고 하면서,[122] 신흠 부자가 상수학을 가학으로 전수했음을 밝혔다. 실제로 『실록』에 보면, 1644년 신익성이 「황극경세서동사보편極經世書東史補編」을 임금께 올렸다는 기록이[123] 있다.

신흠이 세상을 떠나기 2년 앞서1626 김상헌의 부탁으로 안동 풍산에 있는 삼귀정을 노래한 「삼귀정팔경三龜亭八景」를 지었는데, 그 가운데 '추석에 달을 감상하다仲秋翫月' 라는 시에서 이렇게 읊었다.

일 년 중추계절
오늘밤 보름달.

깨끗한 그 모양 마음을 맑게 하니
나로 하여금 '월굴' 을 더듬게 하네.[124]

김상헌 자신은 상수공부에 집중했다는 사실을 어디에서도 분명하게 말한 적은 없으나, 스스로 지은 320자 전후의 「설교수창집서雪窖酬唱集序」에서 '시종始終', '길흉吉凶', '굴신屈伸', '영허盈虛', '변화變化', '반복反覆', '순환循環' 같은, 다는 아니지만 상수학에서 빈번히 쓸법한 2자 구들을 나열함으로써 그 시대 상수학적

---

121) 『象村集』 附錄; 張維의 「申公諡狀」, 李廷龜의 「申公神道碑」, 李晬光의 「墓誌銘」.

122) 『淸陰集』 卷26, 「東陽尉申公神道碑銘幷序」: "晚際頗悟邵氏象數之奧, 參究三才始終, 取以運經世法, 引而伸之, 補入東史."

123) 『인조실록』 22년 갑신(1644), 7월 28일(계축)조: "東陽尉 申翊聖이 병이 위중해지자 차자를 올리고, 인하여 자신이 찬술한 『皇極經世書東史補編』 9권을 바치니, 상이 답하기를, '경이 올린 차자를 보니, 내가 매우 염려된다. 경이 바친 새 책은 실로 내가 거울삼아 경계해야 할 좋은 先例들이니, 의당 儒臣으로 하여금 교정해서 간행하도록 하겠다. 경은 몸조리를 잘하여, 쾌차해지거든 들어와서 경의 소회를 다 진술하라.' 고 하였다. 인하여 그 책과 차자를 옥당에 내렸다."

124) 『象村稿』 卷17, 「三龜亭八詠」, 中秋翫月: "一年中秋節, 中秋此夜月, 冷然淸心肝, 使我探月窟."

흐름에 전혀 둔감하지 않았음을 보여 준다.

또 '근세역법'과 '소자의 원회운세'를 비교하면서 당시 이상기후의 조짐에 대해 김상헌은 오히려 문인 송시열(그림 14)로부터 상수 이론을 경청하기도 했다.

> (송시열이 말하기를) "이적夷狄이 성하고 음기가 센 것이 아마도 자연의 이법인가 봅니다." 하니, (김상헌이 말하기를) "자고로 난세가 길고 치세가 짧은 것과, 군자가 적고 소인이 많은 것을 역의 괘를 가지고 말하자면, 양은 하나이고 음은 둘이니, 이것이 바로 이치의 자연스러움입니다. 어찌 오늘날만의 일이겠습니까!"라고 했다.[125]

이 두 정치가가 역학이론으로 당시의 정국을 진단하고 있음을 본다. 이렇게 볼 때, 김상헌은 적극적이지는 않았지만 상수역을 알고 있었다고 해야 할 것 같다.

송시열은 주자의 역학을 극력 받들어서인지 소옹의 수학을 백안시한 정이천의 역학을 폄하까지 한다. 「우암어록」에서 그의 문인 최신崔愼, 1642~1708은 "주희가 정이천은 주역을 꿰뚫은 학자가 아니라고 한 것"을 다음 같은 예까지 들면서 지적했다.

> 곤괘의 초6효를 「정전程傳」에서 "음효를 6이라 칭한 것은 음이 왕성한 때문이고, 8이라 칭한 것은 양이 생긴 것이다." 하였는데, 선생(송시열)께서 제자를 가르치시다가 이 대목에 와서는 말씀하셨다. "'주자께서 정자는 주역을 아는 분이 아니다.'라고 한 것은 이런 것에서였다. 만일 주자가 아니었다면 뉘라서 주역의 의미를 밝혔겠느냐. 양은 나아가고 음은 물러가기 때문에 양수는 7이 소少가 되고 9가 노老가 되어 음이 노양老陽에서 생기고, 음수는 8이 소가되고 6이 노老가 되어서 양이 노음老陰에서 생긴다. 8은 바로 소음인데 어찌하여 양이 소음에서 생긴다는 말이냐. 「정전」이 음양노소陰陽老少의 구분에 있어 정밀하지 못하기가 이러하다." 이어 스스로 말씀하셨다. "내가 오래전에 주역을 읽으면서 「정전」을 참고삼아 보았지만, 결국 주역의 의미를 깨닫지 못했다. 그래서 임시로 「정전」을 치우고 주자의 「본의本義」를 위주로

---

125) 『宋子大全』卷212, 「石室先生語錄」: "夷狄盛而陰氣多者, 恐是自然之理也. 曰自古亂多而治少, 君子少而不肖多, 以易畫言, 陽一而陰二, 是理勢之自然, 豈惟今日也."

공부한 뒤에야 주역의 의미가 분명해졌다."[126]

1687년 10월 20일 전라도 금성錦城, 지금의 나주에서 송시열과 문인 박광일은 다음
과 같은 대화를 나눈다.

> 광일 : 지난번 의논한 괘변卦変을 망령스럽게 저의 좁은 소견으로 그림圖像을 만들
> 어 드렸는데, 살펴보셨는지요?
>
> 선생 : 이미 다 보았는데, 그 그림이 아마 행장(짐) 가운데 있을 것이다. 다만 주역의 괘
> 변은 「계몽」의 괘변과 서로 같은 것도 있고 같지 않은 것도 있으니, 이것이 내가
> 답답한 점이다.
>
> 광일 : 「계몽」의 괘변은 괘마다 모두 64변의 뜻이 들어 있고 주역의 괘변은 다만 강
> 유剛柔 2효가 아래위로 왕래하는 뜻만 말하였기 때문에 순음(곤괘)과 순양(건
> 괘)의 괘에는 모두 어디로부터 왔다는 뜻을 말하지 않으니, 주역과 계몽의 것
> 이 각각 다른 것입니다. 「주역본의」에 소위 '어떤 괘는 어떤 괘로부터 나왔
> 다.' 한 것은 각각 자연에 의한 것이지 사람의 힘으로 적당히 안배하여 된 것
> 이 아닙니다.
>
> 선생 : 그렇다면 어찌 마음이 후련하지 않겠느냐.[127]

소옹이나 정이의 시대보다 대략 600년 쯤 지난 17세기에, 한 세대쯤 차이를 두

---

126) 『宋子大全』 附錄 卷17, 語錄, 崔愼錄上: "坤之初六傳曰, 陰爻稱六, 陰之盛也, 八則陽生矣. 先
生誨人至此而謂人曰, 朱子以程子爲非知易者, 此類也. 倘非朱子, 則誰能明易之旨乎. 蓋陽進陰
退, 故陽數則七爲少九爲老, 而陰生於老陽, 陰數則八爲少六爲老, 而陽生於老陰, 八則正是少
陰, 豈有陽生於少陰之理乎. 程傳未精於陰陽老少之卞者如此, 仍自言曰, 余嘗讀易而參看程傳,
竟不曉易之義, 乃權行倚閣程傳, 而專主乎朱子本義, 然後易之旨明." 주희는 우주 안에 이치를
탐구하게 하는 정이의 주장을 매우 중요하게 여기고, 그것을 자신의 철학적 구도의 토대로 삼
았지만 정이의 추상적이고 산만한 이치와 본성에 관한 논의를 경전의 전통에서 찾으려고 하
였다고 한다. 쓰치다 겐지로, 앞의 책, 65~66쪽.

127) 『宋子大全』 附錄 卷16, 語錄, 朴光一錄: "光一問曰, 前日所論卦變, 妄以管見作圖見達矣. 未知下
鑑否. 先生曰, 吾已見之, 其圖似在行中矣. 但周易卦變與啓蒙卦變, 或有相合者, 或有不相合者,
此吾所懍然者也. 對曰, 啓蒙卦變, 則每卦皆有六十四變之義. 周易卦變, 則但言剛柔二爻上下來
往之義. 故於純陰純陽之卦, 皆不言來義, 所以彼此不同也. 本義所謂某卦之自某卦來者, 各有自
然之勢也, 而有非人力安排而得者矣. 先生曰, 若然則不亦洒然乎."

고 산 김상헌과 송시열의 '역경 의리사상'
은 서로 차이가 있었다. 김상헌은 여전히
정이 계통의 의리학을,[128] 송시열은 예상
밖으로 주자처럼 소옹의 상수학을, 특히
말년에는 그의 성격으로 봐서 『이천격양
집』에 나타나는 소옹의 '우주적 규모에까
지 팽창한 자아의 앙양과 낙관' 에 매료되
었을 것으로 생각된다. 송시열이 얼마나
주희에 경도했었는지는 다음과 같은 말이
있다.

그림 14 송시열의 초상화 김수항의
아들 김창업의 그림.

옛날에 해씨解氏 성 가진 사람을 미워하는 사람이 있었는데 그는 물속에 사는 게
[해蟹]까지도 미워하였고, 그는 자기가 좋아하는 것도 또한 그런 식이었으되 오히려
그보다 더 심한 편이었다. 대체로 '해解' 와 '해蟹' 는 음音만 같을 뿐, 글자는 서로 다
른데도 오히려 이렇게 서로 연관지어 보았는데, 더구나 그 좋아하는데다가 글자까지
다르지 않으니, 그 좋아하는 것이 또 어떠하겠는가. 이제 내가 두 주군朱君을 끝없이
애모愛慕하는 것은 무슨 마음에서인지 모르긴 하지만, 여기에는 반드시 이유가 있는
것이다.[129]

앞서도 말했지만 정이가 상수론을 완전히 배척한 것은 아니었다. 그러나 21년
이나 젊은 정이가 노년의 소옹과 나눈 『하남정씨유서河南程氏遺書』에 나오는 다음
과 같은 대화는 상수학에 대한 두 사람의 인식의 차이를 명료하게 그려낸 유명한
일화이다. 어느 날 둘이서 의논하고 있을 때 우연히 천둥이 쳤다.

128) 『安東金氏文獻錄』甲編, 卷5, 「遺事」92條.

129) 『宋子大全』 卷137, 「送咸興二朱君序」: "昔有惡解姓人者, 猶惡水中蟹, 則其好之也亦然, 而或
甚矣, 夫解與蟹, 聲近而字異, 猶且相視, 況其所好焉而字又不異, 則其好之也, 又當如何也, 今
吾於二朱君者, 愛慕而無斁者, 不知其何心, 而必有以焉矣.

소옹이 "당신은 천둥이 어디에서 생기는지 아십니까?"라고 물으니, 정이는 다음과 같이 답했다. "나는 알고 있습니다만, 당신은 이해하지 못하고 있군요?" 요부(소옹)는 놀라서 말했다. "무슨 뜻입니까?" 정이가 말했다. "이해하고 계시다면 수를 가지고 추론할 필요가 있습니까? 이해하고 있지 않기 때문에 추론하고 나서 아는 것입니다." 요부는 말했다. "그럼 당신은 천둥이 어디에서 일어난다고 생각하는 것입니까?" 정이가 말했다. "일어나는 곳에서 일어나는 것입니다." 그러자 요부는 삼가 상찬했다고 한다(『송원학안』, 「백원학안」은 "선생은 허허 웃으며 그렇다고 여기었다."는 좀 다른 뉘앙스를 보인다).

천둥은 일어나는 곳에서 일어난다起於起處. 일어나는 곳과 일어나는 것, 즉 'A와 A 사이에 자연이 있다.' 군군君君, 신신臣臣과 같은 관계로서, 정이는 이 이상의 것을 논하는 것은 무용하다고 여겼다. 천둥이 일어나기까지의 구체적인 메커니즘은 그에게는 어떻든 상관없었다. 이것은 정이와 소옹 두 사람 사이의 역학에 대한 인식의 차이를 단적으로 나타낸다. 소옹의 가일배법에 기초한 역수체계에 정이가 냉담한 것도 천지의 자연스러운 상태에 관심이 그치고 그 본연의 상태에서 인간 내면에 있는 규범의 확실성을 감득하는 것으로 충분하였기 때문이라고 한다.[130]

정이는 "유자는 인사를 말해야 하고 수에 관해서 언급해서는 안 된다."라고 했다.[131] 주희는 자기 당대에 정이의 『역전』이 천하에 산재하여 소장하고 있는 자가 많다고 말했다. 그는 정이의 역전에 대해 근본적인 불만을 떨쳐버릴 수 없었다.[132] 그래서 『주역본의』를 저술하는 한편 『역학계몽』에다 소옹의 '역수체계'를 받아들여 '천지의 메커니즘을 해명하는 일환으로서의 의의를 역에 부여' 하

---

130) 쓰치다 겐지로, 앞의 책, 339~345쪽. 그러나 "黃畇이 주자에게 물었다. '우레와 번개는(雷電) 程子가 알 수 없는 기의 마찰이라고 했는데, 옳은 말입니까?' 하니, (선생이) '그렇다' 라고 했다." 『語類』 卷2. 黃畇錄: "問雷電, 程子曰, 只是氣相摩軋, 是否. 曰, 然." 山田慶兒, 같은 책, 377쪽에서 인용.

131) 쓰치다 겐지로, 앞의 책, 343~344쪽.

132)『晦庵集』卷67, 雜著,「易象說」.

고자 하였다. 이러한 정·주의 차이는 도학 내부의 교학적 문제였다고 한다.[133]

정이의 「역전서易傳序」에 나오는 너무도 유명한 말인, "지극히 은미한 것은 이치이고 지극히 드러난 것은 상이다. 실체와 쓰임이 한 근원이요 드러남과 은미함이 간격이 없다至微者理也. 至著者象也. 體用一源, 顯微無間."처럼, 정이도 기본적으로는 의리와 상수의 대응구조를 인정하면서도 '상수학'이라는 순수 기호 논리적 역경해석, 즉 한역漢易에 뿌리를 둔 소옹 상수역을 냉소에 부치면서 도학자道學者로서 일탈한 그의 기질까지도 싫어졌을 것이다. 그리고 거부감을 가지고 이어 "내가 전하는 것은 말이니予所傳者辭也"라고 하였다. 그러나 앞서 나온 천둥 이야기를 주희는 뒷날 「답원기중논계몽答袁機仲論啓蒙」이란 시에서 이렇게 답한다.

> 홀연 야밤에 일어나는 우레 소리에
> 만호 천문이 차례로 열리누나.
> 만약 없음 가운데 형상 있음을 안다면
> 그대가 복희씨를 친견했다 허여하리.[134]

이 7언 시는 소강절의 '자여음自余吟'의 '심즉태극心則太極' 논리 연장선상에 있다.

> 몸은 천지 뒤에 나앗고　　　身生天地後
> 미음은 천지 앞에 있었네　　心在天地先
> 천지가 나로부터 나왔으니　天地自我出
> 내가 또 무어라 말해야 좋을까?　自余何足言 (『이천격양집』, 19, 自余吟)

한밤중 난데없는 천둥소리에 집집마다 창문이 열렸다. 만약 천둥이 일어나는 상이치을 무심 가운데 아는 자라면, 즉 "하늘의 양기가 땅의 음기와 부딪혀 일어

---

133) 쓰치다 겐지로, 앞의 책, 347~348쪽.

134) 『晦菴集』 卷9, 「答袁機仲論啓蒙」: "忽然半夜一聲雷, 萬戶千門次第開, 若識無心含有象, 許君親見伏羲來."

나는 현상을 이해한다면 복희 선천역괘상의 전개가 무엇인지 마음 속으로 아는
자다.” 라고나 할까?

　누구보다 충실한 주희의 제자인 송시열은 정이와 주희의 ‘의리지학’을 평생
간직하였으나 한편으로는 주희를 따라 소옹의 상수학과 『이천격양집』의 세계에
적극적으로 공감하였다. 말하자면 송시열은 자신의 이념인 ‘의리지학’과 그렇
게도 다른 『이천격양집』의 파격적 세계관윤리의 세계 넘어에서 심리적 보상을 받고
자 했었는지, 또는 송시열의 거칠 것 없는 태생적 자질이 소옹의 기상에 어느 정
도 들어맞았는지 단언할 수는 없다. 미우라 쿠니오三浦國雄는 『이천격양집』의 특
색을 “상상력의 자유로운 비상과 우주를 삼킬 것 같은 거침없는 태도野放圖”라고
표현했다.

　1679년 5월 송시열은 유배에서 돌아오는데, 8월 9일부터 언제까지였는지 모르
지만 소옹이 60~67세까지 이어 지은 『이천격양집』 가운데 「수미음首尾吟」 134수
를 따라 지었다. 문제는 이 연작시가 형식은 똑같지만, 수미일관 도학자의 지식
과 역사관의 틀을 아주 벗어나 소옹의 세밀한 자연관찰, 특히 낙양의 사계절설화
풍월雪花風月과 일상의 즐거움을 따라 읊지는 못했다. 아마도 풍광이 뛰어난 낙양에
살면서 태평세를 자주 노래한 소옹과는 달리, 송시열은 세도世道에 치중하지 않
을 수 없는 시대를 살았기 때문이었을 것이다. 그럼에도 불구하고 『이천격양집』
에 대한 사랑은 극진했다. 송시열이 1689년 기사사화로 제주에 유배됐을 때를
회상하며 제자 박광일은 다음과 같이 기록했다.

　　선생은 자리 모퉁이에 『주자대전』, 『주자어류』, 『이천격양집』, 『양선생왕복서』 등
　의 책을 쌓아 놓고 사색에 잠기기를 마지 않으셨는데, 항상 『이천격양집』을 주로 보
　시고 그 나머지는 마음 내키는 대로 보셨다. 길을 가실 적에도 『이천격양집』 한 권은
　언제나 손에서 놓지 않았다.[135]

---

135)『宋子大全』附錄 卷16, 語錄, 朴光一錄: “先生於坐隅, 積置朱子大全, 朱子語類及擊壤集, 兩先
　　生往復書等文字, 沈潛不已, 而常以擊壤集爲主, 其餘則隨意看過, 在道之時, 擊壤集一卷, 常不
　　釋手矣.”

정이의 형 정호는 소옹을 '호걸이며 풍류의 인호人豪'라고 평했고, 주희는 다음과 같이 극찬하였다.

하늘이 내린 인간 호걸, 영특하여 인간세에 우뚝하다.
바람타고 채찍 휘둘러 천둥소리 내며, 가없는 우주를 돌아보다.
손은 달이 숨는 굴을 더듬고, 발은 해가 솟는 뿌리를 밟는다.
한가한 틈 고금을 오가고, 술 취한 가운데 천지가 있도다.[136]

소옹의 기상은 송시열과 단순 비교할 수 없지만, 그렇다고 해학과 배짱이 도타운 기질 면에서 송시열이 전혀 소옹을 닮지 않았다고 단정하기 어렵다. 따라서 정이를 넘어 주희를 따른 송시열의 학문과 개성을 의리와 상수라는 두 측면에다 『이천격양집』의 세계관을 더하고, 또 소옹, 주희, 김상헌으로 이어지는 예능과 서·화 감식력에서도 찾아야 마땅할 것이다.

오늘날 17세기 중반 이후의 상수학 연구는 아직 본 궤도에 오르지 않았으므로 김상헌과 김수증 조손祖孫 사이의 학문전수를 자세히 알 수는 없다. 다만 김수증보다 17년 연상인 송시열이 소옹의 상수학과 '이천격양시'로 곡운의 은둔과 연계되는 각종 사업을 1664년의 「김연지金延之의 와유록臥遊錄 뒤에 쓰다」, 1671년 「곡운정사기谷雲精舍記」를 비롯한 여러 편의 기記·서序·발跋 등으로 도와준 사실,[137] 그리고 4년 뒤인 1675년, 김수항이, 신흠의 외손으로 가학을 이은 박세채와 서한을 통해 상수학 공부 방도를 물은 것[138] 등은 특기할 만한 사항이다. 김수증 형제, 박세채, 이단상李端相, 김석문金錫文, 1655~1735 등의 상수학에 대한 관심, 특히 김창흡1653~1722이 말년 설악벽운정사雪嶽碧雲精舍에서 보여준 상수 강학 열정

---

136) 『朱子全書』卷66, 「六先生畫像贊」, 康節先生: "天挺人豪, 英邁蓋世, 駕風鞭霆, 歷覽無際, 手探月窟, 足躡天根, 閒中今古, 醉裏乾坤."

137) 「송자대전」 제146권에서만 김상헌 후손 등과 나눈 跋文이 「南漢記略」을 마지막으로 총 15건이다.

138) 『文谷集』卷28, 書牘.

은 기억할 만한 것이다.[139]

송시열은 앞서 말한 김수증의 『와유록』에 글을 써 주면서, "나와 연지延之, 김수증의 字는 소강절의 백원공부百源工夫, 상수학를 잘할 수 있다."[140]고 하여, 상수학에 대해 대단한 자부심을 드러낸 바 있다. 또 1678년 12월 김수증의 동생인 김수홍에게 답하는 글에서, 송시열은 다음과 같이 말한다.

> 역서는 의당 주선생의 설에 따라 복서卜筮로 보아야 하네. 가령 '잠룡물용潛龍勿用'의 경우, 상과 점을 나누어 '잠룡을 상으로 삼고', '점을 쳐서 이 상을 얻은 사람은 의당 등용하지 말아야' 하니 이것이 이른바 점일세. 이와 같이 보면 의미도 있고 조리도 있어 독해에 어려움이 없을 것이네. 제가의 설들은 실로 애매하고 현란하여 무슨 말을 한 것인지 알 수 없네. 『이천역전』의 경우는 주자가 물샐틈없다고 칭찬하였으나 역과 뜻이 서로 관련되지 않는 병폐가 있으니, 이는 대개 복서로 보지 않고 상과 점을 분리하지 않은 때문일세.[141]

대략 종합해 보면, 신흠, 신익성, 김상헌 시대에 상수학이 주변 사대부들에게 널리 퍼졌지만 그 가운데서도 특이한 기상을 보인 사람이 송시열과 김창흡이다.

---

139) 1707년 10월 한계령 깊숙이 들어가 '曲淵'에 '碧雲精舍'을 완성한 만년의 김창흡은 두 수의 「精舍志喜」라는 시를 지었는데, 그 한 부분은 이러하다. "여러 생도들 엄숙히 둘러 앉아 공자 말씀 가운데서 묻고 대답하니, 복희팔괘 괘상들 종횡으로 펼쳐있네." 『三淵集』 卷8, 「精舍志喜」: "環座儼諸生, 魯論擬問對, 羲卦排縱橫."

140) 『宋子大全』 卷146, 「書金延之臥遊錄後」: "吾與延之能學邵先生百源工夫."

141) 『宋子大全』 卷52, 「答金起之」(戊午 12月 20日): "易書, 當依朱先生說, 只以卜筮觀之, 如潛龍勿用, 分象占, 以潛龍爲象, 而筮得此象之人, 當勿用於世, 是則所謂占也. 如是看則有意味有條理而不難讀矣. 如諸家之說, 固荒昧怳惚, 不知其爲何等說話. 至於程傳, 則朱先生雖稱其置水不漏, 而亦病其與易不相干. 蓋不以卜筮看, 而又不分象占故也."

4. 성리학자들의 구곡과 정사경영

주자의 무이구곡과 정사경영

노장의 '세속을 피하여 자연을 가까이 한다^{避世親自然}' 는 은둔사상이 후한 이후 전파되었다. 산수에서 진과 미를 구하던 위·진시대 도잠과 사령운은 산수시를 발전시켜, 『시경』 이래 하나의 뚜렷한 전통을 세웠다.

주희의 '이학미학^{理學美學}'을 면밀하게 연구한 반입용^{潘立勇}은 '물에 감하여 정을 말한다^{感物道情}' 라는 주희의 시론은 『예기·악기』에 나타난 인간 본연의 자연스러운 감정 표달^{男女相與詠歌}을 계승하여 후한 이래 유가의 윤리 도덕적 '모시서^{毛詩序}'의 왜곡을 배격하여 『시경』 본연의 기능을 되살렸다고 강조했다. 그러나 예술의 본원을 말할 때 이학가로서 주희는 논리적 추론을 통해 '문도^{文道, 文從道出, 文道合一}' 를 자주 거론하여 예술발생론과 예술본체론 사이에 모순이 보이기도 하지만, 실제 밑바탕을 분석하면 흔히 '문기^{文氣}' 를 말하는데, 이것은 왕왕 그 '유심론적 선험론을 돌파하여' 유물론적 합리적 견해를 표현하는 것"이라고 말한다.

주희의 '세속을 떠난 참 은사의 높은 인격을 통한 산수심미 과정'에서 '산수의 낙을 참으로 즐기는 취미' 가 형성되었다고 한다. 이러한 여건은 주희가 무이산에서 유산^{遊山}을 즐기고 문도들과 함께 한 서원 강학생활을 통해 구체화될 수 있었다. 그러기 위해서는 아름다운 산수자연 속의 서원경관^{書院景觀}도 매우 중요시되었다.[142]

주희는 1170년 건양^{建陽} 서북 50km 노봉^{蘆峯} 아래 초당을 지어 회암^{悔庵}이라 칭하고, 그 너머 서산^{西山}에 암자를 지은 채원정^{蔡元定}과 서로 왕래하였다. 노봉은 주자의 가거생활이 가장 오래 지속되던, 또 뒷날 무이정사를 중심으로 사상과 일상이 가장 오래 영위된 곳으로 1175년 지은 「운곡기^{雲谷記}」에서 다음과 같이 말했다.

---

142) 潘立勇, 『朱子理學美學』, 北京: 東方出版社, 1999, 394~400쪽.

…… 나는 늘 생각하고 있지만 지금부터 10년쯤이면 자식들 혼인도 끝날 테니 가 정잡사를 끊어버리고 이 산속에 자취를 감추어 살고 싶다. 그때에는 산에 숲도 더욱 무성하고 수석도 더욱 깊어져서 집들도 더 정돈될 것이다. 그러면 산속에서 밭 갈고 물에서 낚시질하며 마음을 수양하며, 책을 읽고, 거문고를 뜯고 장구 치고, 선왕의 멋을 읊조리면서 스스로 즐거움에 만족해 죽음을 잊고 살 수 있겠다. 그러나 지금은 그런 여유가 없으니 잠시 이와 같이 산중의 빼어남에 대해 기기를 쓰고, 겸하여 시를 지어 장차 화가로서 그림을 그리게 하여 때때로 들여다보고 위안을 삼고자 한다. ……[143)

「운곡기」를 쓰면서 주희는 10년 앞을 내다보고 은둔의 뜻을 밝혔는데, 1179년 부터 1182년까지 남강군지사南康軍知事와 절동제거浙東提擧라는 관리생활을 끝내는 다음해 4월에 숭안현崇安縣 서남 20km쯤 무이산 아래에 무이정사를 짓고 「무이정 사잡영武夷精舍雜詠」을 읊었다.[144)

주자는 또 1184년 「무이도가武夷櫂歌」[145)를 지어 뒷날 조선조 성리학자들 사이에 서 「차주문공무이도가운次朱文公武夷櫂歌韻」[146)이라는 차운시를 유행시켰다. 그는 1192년 약 1년 동안 장주지사漳州知事의 임기를 마치고 돌아와 건양建陽 서남쪽 삼 계리三桂里에 ‘고정考亭’이라는 집을 짓는다. 이곳은 일찍이 그의 부친 주송朱松이 마음에 들어 살고 싶어 하던 곳으로 만년에 와서야 주희의 꿈이 이루어진 셈이 다. 주희는 1200년 생애를 마칠 때까지 여기 머물렀다. ‘고정’을 마련한 지 2년 만인 1194년 12월에는 문인의 수가 늘어 따로 학사를 짓고 ‘죽림정사竹林精舍’라 했다가 곧 ‘창주정사滄州精舍’라 개칭한다. 여기서 주자의 사제私第인 고정이 많은 문인들을 수용할 수 있는 학사로 발전하는 것을 볼 수 있다. 주자는 전 생애를 통

---

143) 『晦庵集』卷78, 「雲谷記」: “予常自念自今以往十年之外, 嫁娶亦當粗畢, 卽斷家事滅景此山, 是時山之林薄當益深茂, 水石當益幽勝, 館宇當益完美, 耕山釣水, 養性讀書, 彈琴鼓缶, 以詠先王之風, 亦足以樂而忘死矣. 顧今誠有所未暇, 姑記其山水之勝如此, 并爲之詩, 將使畫者圖之, 時覽觀焉, 以自慰也.”

144) 『朱子大全』卷9.

145) 『朱子大全』卷9.

146) 『退溪全書』卷1, 「閑居讀武夷志次九曲櫂歌十首」.

해 실직에 나아가 있었던 약 8년여를 제하고 무이산 숭계^{崇溪} 주변의 숭안^{崇安}, 건양 그리고 건안^{建安}을 중심으로 200km 이내의 지역에서 살았다.

그가 관직에 나아갔을 때에는 적극적으로 경륜을 펴 왔지만 그의 내심에는 늘 산림에 대한 그리움이 있었다. 그는 산림 속에서 사색과 저술 활동^{서신왕래와 저술}은 물론 찾아오는 문도들을 교육하기 위해 정사라는 심신수양과 교육에도 알맞은 아름다운 자연환경을 선택하였다.

퇴 · 율의 구곡과 정사경영

조선시대 사대부들은 평소 관직생활을 하면서도 항상 세속과 일정한 거리를 둔 은거할 복지를 꿈꾸거나 실제로 도성안의 경저^{京邸}를 떠나 좋은 환경에 위치한 외포^{外圃}를 경영하였다. 이황 같은 도학자들은 특히 주희를 모방하여 정사를 경영하며 후세를 양성하거나 산중계곡에 노닐며 시를 짓고 심신수양에 몰입하였다. 주자의 서원교육이 조선 성리학자들 산수관에 구체적으로 어떻게 작용했는지 논의는 쉬운 일이 아니다. 그러나 속세를 멀리한 산수 속에서의 정사라는 교육적 환경은 공부하고 심신을 수양한 퇴 · 율에게 하나의 모범이었다. 그러면 정사제도는 17세기에 와서 어떻게 변용되는가? 사대부나 선비들의 사제^{私第}, 서재^{書齋}들을 이르는 말은 허다하여 별업^{別業}, 별서^{別墅}, 별장^{別莊}, 별당^{別堂}, 정사, 암^庵, 방장^{方丈}, 여^廬, 심지어 '정亭, 당堂, 루樓' 등이 있었으나 고려시대부터 조선시대까지 가장 흔한 명칭은 별업, 별서, 정사, 암 등이다. 그 중에서도 '별업' 이라는 명칭에 대한 선호는 고려 때부터 당 · 송 시의 영향이 있었을 것으로 왕유^{王維}의 '망천별업^{輞川別業}' 이 한 예이겠다. 그러면 '정사' 라고 하는 말은 조선조에 들어와서 언제부터, 왜 특별한 의미를 갖게 되었는가?

고려 말 이제현과 권근을 지나 서거정^{1420~1488}에 오면, 처음으로 〈주문공무이정사도〉, '주문공무이정사도용문공운^{朱文公武夷精舍圖用文公韻}'[147]란 오언절구의 시가 나타난다. 주자의 무이정사 경영사실이 모방되고 차츰 「무이도가^{武夷櫂歌}」가 자연

---

147) 『徐四佳全集』 卷4.

묘사와 성리학적 사상시로서 형식과 내용 면에서 모범이 된다. 이황은 중국에서 전해 들어온 주자의 〈무이정사도武夷精舍圖〉를 이담李湛, 자 仲久, 1510~1574이라는 벗을 통해 얻었다. 얼마 후 유행되던 〈무이정사도〉의 조형적인 실례를 보여주는 가장 오래된 작품은 이성길李成吉, 1562~?의 〈무이구곡도〉이다. 퇴계의 문인인 정구鄭逑, 1543~1620는 〈무이구곡도〉를 스승으로부터 받아보고 다음과 같이 말했다.

> 내가 전에 〈구곡도〉를 갖고 있었다. 그것은 퇴계선생의 제발이 붙은 것으로 이중구가 소장했었으며, 중국 것을 묘사한 것이다. 실로, 이른바 '운연雲煙이 만목滿目하고 정묘곡진精妙曲盡하니 귓가에 도가櫂歌가 들리는 듯 황홀하다.' 라는 말이 맞다. 또 중국 책자 중에서 총도總圖와 서원도를 얻었는데 그때 마침 화산花山(안동)에서 우연히 화공을 만나 이를 모사하여 『무이지武夷志』 안에 넣고 퇴계 선생의 발문을 잇게 했다. 한가한 틈에 한 번씩 들여다 볼 때마다 이 몸이 주자가 돌아가신지 400년 후에 동편 땅에 태어났음을 깨닫지 못하고, 주자를 모시고 날로 도를 강론하는 데 나아가며, 그 가운데서 읊고 노래하면서 어울리는 듯하였다. 그러니 그 기상과 의취가 어떠하였겠는가?[148]

주희의 「무이도가」와 함께 〈무이구곡도〉가 성리학자들 사이에 유행했다. 그림 제5곡에는 '무이정사' 가 상세히 묘사되어 있어 이황의 정사와 서원경영으로 구상에 확실한 근거를 제공했을 것이다. 이황은 64세1546에 만년의 복거를 생각했던지 고향인 퇴계 동쪽 바위 위에 '양진암養眞菴'을 짓는다.[149] 그는 1549년 12월 풍기군수로 있으면서 경상도 관찰사 심통원沈通源에게 '백운동서원白雲洞書院'을 주자가 남강군지사南康軍知事로 있으면서 다시 일으킨 고사에 따라 '백록동서원白鹿洞

---

148) 『寒岡集』卷9, 「書武夷志附退溪李先生跋李仲久家藏武夷九曲圖後」: "余舊有九曲圖, 卽李先生題跋李靜存所藏唐本之摹寫者也. 信乎所謂滿目雲烟, 精妙曲盡, 恍若耳邊之有聞矣. 又於唐本冊子中, 得總圖與書院圖, 頃在花山, 偶值畫手, 泣令模入志中, 係以李先生跋文, 每於閑中時一覽閱, 不覺此身之落在東偏, 四百有餘年之下, 不知當日日侍講道而歌詠周旋於其間者, 其氣像意味, 又復何如也邪." 유준영, 「구곡도의 발생과 기능에 대하여」, 6쪽.

149) 『退溪年譜』卷1, 25年明宗大王元年丙午(46歲): "築養眞菴于退溪之東巖(先是, 構小舍於溫溪之南芝山之北, 以人居稠密, 頗未幽寂, 是年, 始假寓于退溪之下數三里, 於東巖之旁作小菴, 名曰養眞, 溪俗名兔溪, 先生以退改兔, 因自號焉)."

書院'을 재건해 줄 것을 요청했다.[150] 조정에서는 서원 이름을 '소수서원紹修書院'이라 사액하고 사서·오경과 『성리대전』을 보냈다.[151] 1549년 이황은 관직을 버리고 돌아와 이듬해 2월, 퇴계 위에 '한서암寒棲菴'을 지었다. 이로부터 배우러 오는 선비가 날로 많아졌다고 한다. 8월에는 한서암 앞에다 못을 파 '광영당光影塘'이란 이름을 붙인다. 주희의 시 "반 이랑 네모난 못에 거울 열렸으니, 하늘과 구름 함께 배회하도다. 묻노니 저 물은 어찌 저렇게도 맑은가. 근원에 활발한 물 솟아나기 때문이리半畝方塘一鑑開 天光雲影共徘徊 問渠那得淸如許 謂有源頭活水來."에서 따온 말이다.

　퇴계는 1556년 『주자서절요』를 완성하고, 이듬해에는 도산 남쪽에 서당을 세울 터를 마련한다. 1557년에서 1561년까지 당사 두 채가 완성되며 11월에 「도산잡영기」[152]를 짓는다. 이 기문에서 이황은 정사경영에 대한 몇 가지 요건과 의의를 말해 둔다. 즉, '농운정사隴雲精舍', '도산서당', 또는 뒷날 '도산서원'으로 불리는 이황의 복거와 강학의 터전인 이곳의 특징과 그의 은둔관을 요약하면 다음과 같다.

- 건물 배치와 조경 등에 있어서 주자의 정사경영 선례를 따랐다.
- 조식調息과 궁리를 한 다음 정사의 경내와 자연에서의 소요를 통해 감흥하며 다시 공부에 필요한 심신을 조절했다.
- 산림의 낙을 일찍이 알았고 결국은 세상을 버렸다. 산수의 낙은 겪어 봐야 그 참맛을 안다.
- 세상과 결별하는 도가적 '절대 은둔' 보다는 '도의를 즐기어 심성을 기르기를 즐기는' 유가적인 은둔을 택했다.

150) 『退溪集』卷9,「上沈方伯通源」(己酉).

151) 『退溪年譜』卷1, 28年己酉(先生49歲): "十二月, 上監司書, 請白雲洞書院扁額書籍, 啓聞頒降 (白雲洞在郡北小白山下竹溪之上, 乃前朝安文成公裕故居也. 周世鵬爲郡守, 始刱書院于其處, 祀文成, 且爲諸生遊學之所. 先生以爲東方舊無書院, 今始刱見, 然敎不由於上, 則恐遂廢墜, 上書監司, 請轉聞于上, 依宋朝故事, 頒降書籍, 宣賜扁額, 兼給土田臧獲, 使學者有所依歸. 監司沈通源以聞于朝, 於是賜號曰紹修書院, 令大提學申光漢作記, 頒降四書五經性理大全等書, 書院之興, 始此)."

152) 『退溪集』卷3,「陶山雜詠幷記」.

율곡 이이의 정사경영은 어떠한가? 1558년 봄, 23세의 이이가 처음으로 도산에 있는 이황을 찾아보고, "시냇물은 수사洙泗, 공·맹의 학에서 한 갈래 나눠 왔고, 드높은 그 봉우리 무이주자학처럼 빼어났네."라고[153] 하여, 도산의 산수를 공·맹의 고토와 주자의 무이에 견주는 가운데 이황의 학통이 공자·맹자와 주희를 계승하였음을 찬탄한다. 이이는 1570년, 서른다섯에 교리직校理職을 그만두고 '해주 야두촌野頭村'으로 내려가자 경향의 선비들이 따라가 배우는 이들이 많았다. 이듬해 학자들과 '고산석담구곡高山石潭九曲'을 찾아 곡마다 이름을 지어 표지하고 장차 복거할 뜻을 정한다.

그는 「송애기松崖記」에서 "내 일찍부터 풍암楓巖 하류에 경치가 아름다운 곳이 많다는 말은 들었지만 노니는 발길이 아직 미치지 못하였다. 신미년1571 늦은 여름에 친구, 학생 6, 7인과 시내를 따라 올라가니 수풀과 산골짜기가 물 있는 곳을 좇아 돌아가면서 혹은 일어서고 혹은 엎디었는데, 높은 곳에는 반드시 푸른 언덕이 병풍처럼 서 있으며, 그 아래는 물이 괴어 못을 이루었다."고[154] 하였다. 그는 1574년 해주관찰사로 있었으며, 1578년에는 '은병정사隱屛精舍'를 석담石潭 제5곡에 지었다. 「연보」에는 다음과 같이 기록하고 있다.

수양산의 한 줄기가 서쪽으로 달리다가 선적봉仙迹峯이 되고, 이 봉우리 서편 수십 리에 진암산眞巖山이 있으니 두 산 사이에서 물이 흘러 40리를 가다가 아홉 번 꺾이면서 바다로 들어간다. 매번 꺾이는 데마다 못이 있어 배가 움직일 수 있으니 우연히 무이구곡과 서로 부합된다. 그래서 예로부터 '구곡九曲'이라 하고, 또 '고산석담'이라 했다. 9곡을 거슬러 올라가면 제5곡에 바위봉우리가 읍하고 있는데 그 앞에 선생께서 정사를 지으셨다. 이에 무이구곡 '대은병大隱屛'의 뜻을 따라 편액하니 '은병정사'이다. 그러므로 주자의 뜻을 높이 받드는 것이 되겠다. 정사는 '청계당聽溪堂' 동쪽에 있으며, 선생께서도 「고산구곡가」를 지으시니 주자의 「무이도가」를 본받음이

---

153) 『栗谷全書』卷14, 「瑣言」: "戊午春, 珥自星山向臨瀛, 因過禮安謁之, 呈一律云, 溪分洙泗派, 峯秀武夷山, 活計經千卷, 行藏屋數閒, 襟懷開霽月, 談笑止狂瀾, 小子求聞道, 非偸半日閒."

154) 『栗谷全書』卷13, 「松崖記」(辛未): "余素聞楓巖下流多佳處, 游屨適未及焉. 辛未季夏之旬, 與友生六七人, 沿溪而上, 見林巒, 旁流逶迤, 或起或伏, 高處必有翠崖如屛, 其下必淳水成潭."

라. 이로부터 원근에서 선비들이 모여서 날로 정진하였다.[155]

한편 이이는 후에 정사 북쪽에 '주자사朱子祠'를 짓고 주희와 이황을 배향했다. 이황과 이이는 복거와 교육의 장소로서 주희의 선례를 따라 정사를 경영했다. 정사의 기능이 종래와 달라졌다. 부연해서 말하자면, 주자가 정사경영에서 보여준 행동양식이 조선조 16세기 성리학 정착과정에서 구체적으로 모방, 재해석되고 유형화한다. 특히 이때 지어진 '산수유기' 등에서 보인 미세한 부분까지 구체적으로 기술하는 태도는 '실實'을 중시한 성리학자들의 한 특징으로 볼 수 있다.[156]

5. 은거, 입세와 출세의 메커니즘 : 안동 풍산에서 석실까지

김상헌과 송시열의 의리정신

왜란이 끝나고, 병자호란을 거쳐 숙종 중기까지를 '조선왕조가 청나라에 대한 자주력을 확보하고 예학적 질서이념을 정립하기 위한 투쟁의 시대'라고 한다. 남한산성에서 내려와 청에게 항복한 인조의 수치와 무력감이 청나라에 대한 극도의 증오심으로 바뀌었다. 명나라가 아주 망하자, 북송이 요·서하·금과 대치했고, 남송1127~1279이 동북방의 후금1115~1234과 겨루다 중원에서 밀려난 과거사와 맞물려 명나라 은혜再造藩邦之恩에 보답해야 한다는 '대명의리大明義理' 사상이 강화되었다. 한편 통치권을 둘러싸고 '덕을 이루고 성인이 되는 학', '그 마땅한 바를

---

155) 『栗谷全書』卷34, 附錄二, 年譜下, 戊寅6年(43歲): "作隱屛精舍(首陽山一支, 西走爲仙迹峯, 峯之西數十里, 有眞巖山, 有水出兩山間, 流四十里九折而入海. 每折有潭, 深可運舟. 偶與武夷九曲相符, 故舊名九曲, 而高山石潭, 又適在第五曲. 且有石峯拱揖於其前, 先生築精舍於其間, 取武夷大隱屛之義, 扁之曰隱屛, 以寓宗仰考亭之意. 精舍在聽溪堂之東, 先生作高山九曲歌, 以擬武夷棹歌, 自是遠近學者益進)."

156) 山田慶兒, 『朱子の自然學』, 東京: 岩波書店, 1978, 390~399쪽.

바르게 행하며 이익을 꾀하지 않는다正誼不謀利’는 ‘의리론’이 현실을 우선하는 ‘사공파事功派’와 충돌했다. ‘청나라의 세력에 굴복하면서 왕조의 보전이 먼저인가, 의리를 내세워 명나라 황제에 대한 제후의 예를 지키면서 문화적 우월성을 유지할 것인가’라는 외교 정책의 혼돈이 계속되었다. 이런 갈등은 그 이전에 치른 ‘이기논쟁’을 둘러싼 사림의 학문적 분파와 대립에 어느 정도 뿌리를 두고 있었으나 적어도 퇴계와 율곡의 문인들까지는 주자학 자체에 대한 열정과 순수성이 유지되어 왔다고 한다.

병자호란 때 척화를 주장한 김상헌이 1640년 심양에 잡혀가 4년 동안 세자, 대군등과 함께 억류되었다가 1645년에 풀려나왔다. 그 후 송시열을 축으로 하는 서인 보수노선은 최명길을 중심으로 한 신진노선을 소인이라 배척하여[157] ‘화의和議’를 극력 반대한 김상헌을 ‘의리의 화신’으로 추켜세웠다. 김상헌의 의리정신이 뿌리내렸던 토대는 무엇일까? 다음은 김수증의 기록이다.

> 나(김상헌)는 어려서 역을 배우는 데 크게 공력을 기울이지 못했지만 이제와 보니 후회된다. 너희들은 반드시 이 경전(주역)을 읽어야 하고, 비록 깊은 뜻에 도달하지 못하더라도 먼저 정이의 『易傳』을 읽어야 한다.[158]

이처럼 김상헌이 장손 김수증에게 정이의 『역전』을 읽으라고 권면한 것은[159] 어쩔 수 없는 시운時運 속에서도 ‘의리’를 움켜쥐고 놓지 않으려는 ‘대의명분’인지, 혹은 모친 상중이여서 인조반정 현장에 없었던 자괴감인지, 명장 모문룡毛文龍의 무고 사건을 무마하러 북경에 들어가 ‘존주사대尊周事大’의 맹약을 거듭 약속한 ‘대

---

157) 『국역송자대전』 부록 권17, 「어록」, 崔愼 기록: “신; 선생이 병자호란 때 남한산성에서 왕을 호종할 그 당시의 사정을 듣고 싶습니다. 선생; 내가 미천한 신분으로 한낱 피난인에 불과했으니 어떻게 알겠느냐. 다만 청음·동계(정온의 호)·삼학사의 절의와 최명길의 주화는 그 일이 꼭 송나라 때 있었던 군자·소인의 경우와 서로 흡사하였다.”

158) 『安東金氏文獻錄』甲編, 卷5, 「遺事」92條.

159) 사실 김수증은 실제로 1694년에 쓴 「무명와기사」에서 『역전』과 『본의』를 읽다가 모르는 곳이 있으면 덮어버린다고 했다.

명의리' 때문이었을까? 아니면 '사욕의 제거가 의리역학의 본령'이라는 도학적 윤리성天理에 바탕을 둔 그의 역사상 때문이었을까? 송시열은 김상헌 「묘지명」에서 이렇게 말했다.

> 대명말년大明末年 선생은 속국의 신하로써 두 손으로 (쓰러지는) 기둥을 지탱하여, 삼강三綱을 잃지 않고 구법九法을 바로 잡았으니 세상의 치治와 난亂, 도의 밝고 어두움은 비록 시대의 기수氣數에 좌우되어 늘 변화를 면치 못하지만 하늘은 어두운 세태를 반드시 구할 대인을 낳는다. 뒷날의 일을 헤아려 보면 선생이 어찌 '그 사람其人'이 아니겠는가?[160]

김상헌은 일찍이 개성 만월대를 지나면서, "절의를 지킨 정몽주를 천년을 두고 추앙한다."[161]는 시구를 남겼다. 그가 손아귀에 꼭 쥐고 놓지 않았던 '의리에 대한 감개'는 이 시대의 선비들이 '남한산성 이후 다 같이 품었던 역사의 추세에 대한 개인의 무력감'이었을 것이라고도 한다. 그러므로 자연법칙에 따라 어쩔 수 없는 '시운時運'을 말하는 상수학의 운명관을 청음은 에둘러 피하고 싶었고 손자 김수증에게 정이의 『역전』을 읽으라고 했을 것이다. 그는 일찍이 통신사 여우길呂祐吉, 1567~1632의 1596년 일본 사행을 '눈구덩이의 땅 흉노匈奴에 끌려갔던 한나라 충신 소무蘇武'의 충절로 비유하면서 자신의 절개를 넌지시 자긍했다.

> 신종神宗 황제 십년 은혜, 아! 어찌 있다 없다 할까.
> 오늘 우리 동쪽 나라 족히 스스로 강한데
> 그 옛날 한나라 소무蘇武의 절개 무슨 일로
> 다시 오랑캐 배타고 일본으로 향하는가.[162]

160) 『宋子大全』 卷182, 「石室金先生墓誌銘幷序」: "當大明之末, 先生以屬國之陪臣, 隻手擎柱, 三綱不淪, 九法不斁, 夫世之治亂, 道之明晦, 雖迫於氣數之乘除, 常有所不能免, 而天必生治其亂明其晦之大人, 以擬其後, 先生豈非其人耶."

161) 『淸陰集』 卷5, 「滿月臺次車復元韻」: "節義圃翁千載仰."

162) 『淸陰集』 卷2, 「送呂參議祐夫奉使日本」(名祐吉): "皇恩十載荷存亡, 今日東方足自强, 何事漢庭蘇武節, 又隨蠻舶向扶桑."

김상헌은 1637년 2월 1일 인조가 항복한 후 2월 7일까지 병으로 남한산성 우사寓舍에 뒤처져 있다가 아들 광찬과 같이 산성을 떠나 원주에서 피난하는 가족을 만나 안동으로 귀향했다. 안동 체류기간, 1636년 12월 12일에서 1637년 2월 7일까지 약 55일간 남한산성 일기南漢紀略를 꼼꼼히 챙겼다.[163] 또한 「풍악문답豊岳問答」을 지어 인조가 적에게 항복하던 날 자신의 퇴거가 떳떳했음을 드러내기도 했다. 「풍악문답」의 이 대목은 다음과 같다.

> 묻기를 "대가大駕가 남한산성을 나갈 때에 그대가 따르지 않은 것은 어째서인가?" 하기에, 내가 응답하기를 "대의大義가 있는 곳에는 털끝만큼도 구차스러워서는 안 된다. 나라님이 사직에 죽으면, 따라 죽는 것이 신하의 의리이다. 간쟁하였는데 쓰이지 않으면 물러나 스스로 안정하는 것도 역시 신하의 의리이다. 옛 사람이 한 말에, 신하는 임금에 대해서 그 뜻을 따르지 그 명령을 따르는 것이 아니라고 하였다. 사군자士君子의 나가고 들어앉는 것이 어찌 일정함이 있겠는가. 오직 의를 따를 뿐이다. 예의를 돌보지 않고 오직 명령대로만 따르는 것은 바로 부녀자나 환관들이 하는 충성이지 신하가 임금을 섬기는 의리가 아니다."[164]

김수증은 「석실잡록石室雜錄」에서, "할아버지께서는 사서史書와 소학小學을 불초에게 가르쳐 주실 때마다 장순張巡, 709~725, 당 현종의 충신, 안록산난 때 잡혀 죽음과 왕곤王袞, 전진前秦 사람, 연燕과 싸움에서 박능을 사수하다 죽음에 이르면 목메어 눈물을 흘리셨다."라고[165] 전하면서, "사람에게 명분이란 매우 큰 것이다. 벼리와 인도로서 국가를 지킴이 실로 여기에 있으니, 명분이 한 번 무너지면 국가도 망하고 집안도 망한다. 우리 동방은 예의로서 나라를 세웠으니, 명분으로 집안을 이루지 않은 사대

---

163) 『安東金氏文獻錄』卷9, 南漢紀略, 付豊岳問答, 付擬與人書.

164) 『孝宗實錄』卷8, 3年(1652, 壬辰) 6月 25日(乙丑): "大駕出城之日, 子不從何也. 余應日, 大義所在, 一毫不可苟. 國君死社稷, 則從死者, 臣子之義也. 爭而不用, 則退而自靖, 亦臣子之義也. 古人有言, '臣之於君, 從其義, 不從其令.' 士君子出處進退何常. 惟義之歸. 不顧禮義, 惟令是從者, 乃婦寺之忠, 非人臣事君之義也."

165) 『安東金氏文獻錄』天, 「石室雜錄」.

부란 없다. 집안의 시중꾼들은 나라의 군신과 같은 것이다."[166]라는 조부의 가훈인, 명분名分·강기綱紀·예절禮節을 말했다.

한편 송시열은 「석실김선생묘지명병서」에서 "요약하자면 '지경持敬'으로써 힘써 실천할 것이며, 가정에서는 그 도리를 다하고 윤리를 반드시 바르게 할 것이며 은혜와 의를 돈독히 하고, 조정에 나아가서는 임금에게 예를 다하여 터럭만큼도 흐트러지지 말아야 한다."[167]고 말하면서, 근엄·명분의 수사들을 동원해 청음대로淸陰大老 김상헌을 '의리의 화신'으로 그려냈다. 역시 김상헌의 문인으로 뒷날 송시열을 끈질기게 설득하다 결국 소론으로 갈라선 박세채1631~1695마저, "청음께서 말씀하시길, '순안어사'로 평안도 단천에 있을 때 조정에서 명을 받아 여러 달이나 왕복했는데, 책을 가져갈 길이 없어 단지 『소학』 한 책만을 단정히 앉아 300여 번이나 독파했다. 이 때문에 처음으로 문장을 짓고 마름질하는 것을 알게 되었다라고 하셨다. 내 생각으로는 청음 노장께서 평생 글짓기를 매우 좋아하셨음은 원래 이 때문이었을 것이다. 더구나 그 집안의 절의가 '군신 사이의 대의'에서 나왔으니 아마도 모두가 어찌 『소학』을 닦음이 아니고 다른 데서 구하겠는가?"[168]라고 하면서 『소학』을 규범으로 삼았던 김상헌의 기상을 기렸다.

한편 봉림대군 동궁 시절에 잠깐 사부로 활약한 송시열은 1650년 효종의 부름을 받아 남한산성에서 내려온 이후 오랜 산림생활 끝에 '세자시강원진선'으로 관직에 나아갔다. 하지만 인조반정 공신이었던 김자점1588~1651이 조선의 북벌 동향을 역관을 시켜 청나라에 밀고해 이른바 시골 선비 출신 '산당山黨'들이 곧

---

166) 『谷雲集』 卷3, 家記, 「雜錄」: "名分之於人, 大矣哉. 綱紀人道, 維持家國, 實在於此. 名分一壞, 則在國亡國, 在家亡家. 我東以禮義立國, 而士大夫無不以名分成家, 夫人家之僕隷, 卽王朝 之 君臣也."

167) 『宋子大全』 卷182, 「石室金先生墓誌銘幷序」: "大要以持敬力行爲主, 居家曲盡其道, 倫理必正, 恩義必篤, 立朝則事君盡禮, 一毫不敢放過."

168) 『南溪集』 卷57, 雜著(記事), 「記少時所聞」: "淸陰嘗言以巡按御史在端川時, 有稟定於朝廷者, 往復幾成數月, 旁無所帶書冊, 只得小學一本, 遂端坐而讀之, 幾三百餘遍, 於是始知輟文裁斷法 云. 愚意此老平生酷嗜文章, 故以此爲言, 然其家行淵源, 君臣大義, 恐皆深得於此, 豈假他爲哉."

물러났다. 송시열은 1653년 12월 안방준安邦俊, 1573~1654에게 보내는 글에서 자신의 울분을 다음과 같이 호소한다.

지난 정축년의 화(인조가 항복한 것)는 본조가 멸망하게 된 변으로서, 생각하면 오장이 찢어지는 듯하여 차마 다시 말을 하지 못하겠습니다. 신하된 사람들이 분통하여 피를 토하고 눈물을 삼키면서, 복수하고 설욕하는 의리와 죽음도 무릅쓰는 것은 본시 천리와 인정상 그만둘 수 없는 일인 것입니다. 이런 때를 당해 한 사람이라도 공자와 주자의 의리를 들어 말하면, 혀를 빼물고 머리를 흔들며 감히 들으려 하지 않고, 더러는 저 오랑캐들의 세력을 끼고서 우리 임금에게 협박하는·자까지 있었으므로 식자들이 한심스럽게 여긴지 오래입니다. 그러므로 저는 스스로 이 세상에 제가 있든 없든 아무 상관이 없음을 알고서 산속에 자취를 감추어 세상과 길이 하직하게 된 것입니다.[169]

1558년 송시열은 효종의 간청으로 정계에 다시 등장했으나 이미 망해 버린 명나라를 위해 복수설치한다는 명분만을 내세워, 군사를 기르고 실제로 북벌을 실행한다는 효종과 대립했다.[170] 그 후 몇 차례 송시열이 다시 불려 나왔으나 예론의 여파와 국정개혁안을 두고 의견이 때로 엇갈려 다시 산림으로 돌아가 부름에 응하지 않는 줄다리기가 반복되었다. 그러나 1659년 효종도 10년 만에 갑자기 서거하고 현종이 등극했다. 현종은 청음 김상헌의 정치적 위상을 고려해 손자인 김수항과 김수흥을 계속 중용했다. 그러나 '복제논쟁'인 '예송'으로 사림이 분열하여 정권을 둘러싸고 일진일퇴하는 사태가 벌어진다. 1659년과 1674년 사이, 연이어 15년이나 왕실에 적용할 상례를 두고 서인과 남인이 대치해 지루한 예송

---

169) 『宋子大全』卷27, 「上安隱峯」(癸巳 12月 12日): "頃歲丁丑之禍, 皇朝淪沒之變, 思之腸裂, 不忍復言. 爲臣子者, 痛憤怨疾, 沫血飮泣, 以盡死於復讎讎雪恥之義, 自是天理人情之不可已者, 而當是時, 一有以孔朱之義出於口, 則吐舌掉頭而不敢聞, 至或挾彼勢以要吾君者有之, 識者之寒心久矣. 故雖自知不足有無於世, 而斂跡空山, 與世長辭."

170) 효종과 송시열 사이의 미묘한 대청의식의 구체적 대립과 정략적 의도에 관해서는 실증적 자료 분석이 요청되나 일본학자 友枝龍太郎의 『朱子の思想形成』 가운데서 제3절의 '本土防衛の說'을 참고하기를 권한다.

과 석연찮은 옥사가 일어났다. 1674년 현종은 선왕 효종에게는 박하고 송시열을 편드는 서인들에게 분노하여 예조의 관리들을 하옥시키고 김수홍을 춘천으로 귀양 보냈다. 이때 왕은 서인과 남인 사이를 수시로 오간 공신 김석주金錫冑, 1634~1684를 수어사, 도승지로 발탁해 서인 산림세력을 약화시키는 권력 재편을 단행했다. 그리고 남인 허적을 영의정으로 삼고 왕권에 도전하는 서인정권을 몰아내려고 하던 중 갑자기 승하했다.

현종을 이어 겨우 14세에 갑자기 왕이 된 숙종은 처음에 사림의 우두머리 송시열을 불러들였다. 그 사이에 송시열은 예론을 달리하고 주자해석을 마음대로 하는 남인 윤휴1617~1680, 박세당1629~1703과 충돌하면서 그들을 '사문난적斯文亂賊'으로 규탄하여 서인 신·구세력 사이의 대립이 증폭된다. 이후 권력투쟁의 회오리 속에서 주자학은 절대화되고 반대파의 열린 사상을 탄압하는 이념적 도구가 되기도 하였다. 소론은 서인과 남인의 원한관계를 해소하려고 하였다. 외척문벌의 정치관여를 막고, '나를 따르는 사람은 군자, 아니면 소인'이라는 송시열의 독단적 판단을 견제하는 데 노력했다. 그 중에서도 같은 김상헌의 문도인 박세채는 윤휴와 송시열을 화해시키려 많은 노력을 기울였으나 1680년 '경신환국'이 일어나면서 윤휴는 결국 희생되고 만다.

한편 숙종은 오랜 동안 후사가 없었다. 남인의 후원을 받아 궁녀 출신 장희빈의 아들을 원자로 책봉하려는 숙종의 뜻을 저지하려던 서인들의 저항은 마침내 기사사화1689를 자초한다. 이때 김수증의 손녀인 귀인貴人 김씨도 인현왕후와 함께 궁 밖으로 내쫓겼고, 송시열과 김수항은 사약을 받는다. 영의정 김수항은 1680년 남인들이 실권하자 위관으로 옥사를 다스리면서 소론의 반대를 무릅쓰고 남인 재상 오시수吳始壽를 처형했으므로 보복을 당했다고 한다. 김수항은 1689년 4월 7일 진도에서 생을 마치던 전날 자식들에게 다음과 같은 유훈을 남긴다.

나는 비록 이른 나이에 정계에 나아갔지만 실제 마음은 낮은 관직에 있었고, 성정은 산수를 좋아했다. 매번 생각하기를 벼슬아치를 그만두고 적막한 가운데서 조촐하게 노년을 한가히 보내려 백운산白雲山(경기도 포천시 이동면 소재) 중에 띠 집을 엮어보려 했다. 뜻은 이러했으나 고삐에 이끌리어 벼슬을 하게 되었다. 이것을 다시 되돌릴 수 없으니 세 번째 한이다. …… 너희들은 벼슬을 하거든 현달한 요직은 피하라. …… 옛사람들이 말하기를 책 읽는 것을 아주 끊어 가문의 종자가 단절되는 것은 불가하다고 했다. 너희들이 과연 여러 자손을 권고하고 돌이켜 충효라는 문헌의 전통을 따른다면 가문을 지켜 가는 데 꼭 과거에 매달려 벼슬로 나아갈 필요는 없다.[171]

그러나 김수항의 유언은 맏아들 김창집이 숙종 말기 권력의 핵심에 진출했다 '임인옥사壬寅獄事'에서 사사당하고 그의 큰 아들 제겸濟謙마저 귀양 갔다가 사사당해 지켜지지 않았다. 연잉군 측근 인물들이 경종 시해음모를 꾀했다는 고변으로 노론 중진 네 대신들이김창집, 이이명, 이건명, 조태채 죽었다. 김창흡은 말년에 이런 불행한 징조를 예감하고 있었는지 조카 김제겸에게 다음과 같은 편지를 보냈다.

얻고자 하는 것을 끝내 이루었으니 흥미가 어떠하냐? 얻지 못했을 때와 비교하여 생각하면, 생각건대 그 감흥은 반감되었을 것이다. 그렇지 않으냐? 우리 가문으로 말한다면 과거 급제의 경사가 조용해진 지 오래이니라. 갑자기 부자 두 몸에 모이면 너무 높이 올라가고 가득 찬 화가 더해져 경사가 근심으로 바뀔까 두렵구나. 넌들 어찌 그렇지 않겠느냐. 또 예전부터 우리 가문이 원망을 부른 것은 당색을 달리하고 벼슬을 좋아하는 데 있었다. 그래봐야 자잘한 일을 맡은 것이지만 지금 개량改量의 문제로 인하여 혹 세상 사람들이 모두 우리를 원수로 생각하게 된다면 어떻게 하겠느냐?[172]

지난, 1689년 5월 송시열은 '기사사화'로 자신도 죽음을 얼마 앞두고 먼저 간 '김수항이 도를 지키려다 희생되었다'는 묘비명을 정성껏 썼다. 남인들이 다시 정권을 잡았다. 모든 숙청이 끝났으나 송시열을 국문하자는 숙종의 처사를 남인

---

171) 『文谷集』 卷26, 雜著, 「遺戒六則」: "雖早出世路, 而實少宦情, 性且好山水, 每思休官就閒, 送老
　　於寂寞之濱, 嘗營茅棟於白雲山中, 意實在此, 而拘牽韁鎖, 竟未遂初服, 此三恨也. …… 仕宦則
　　避遠顯要. …… 古人云, 不可使讀書種子斷絶, 汝輩果能勤誨諸兒, 終不失忠孝文獻之傳, 則持
　　守門戶, 不必在於科第仕宦矣."
172) 이승수, 『삼연김창흡연구』, 안동김씨 삼연공파종중, 1998, 346쪽.

들이 반대했다. 그러자 숙종은 국문을 폐하고 다음과 같이 명했다:

> 대신들의 뜻이 이와 같고 또 그의 죄악은 국문하지 않아도 여지없이 드러났으니
> 사사하라. 도사가 약을 가지고 가다 그를 만나는 대로 사사하라![173]

　국정을 돕는 신하와 제왕 사이에 정책갈등이 가끔 첨예하게 대립되고 때로는
당쟁과 옥사가 겹치면 많은 인명피해가 있었다. 그 근원의 일부가 '인간적 갈
등', 예를 들어 북송의 정이, 그리고 조선의 송시열 같은 도학자로 자임하던 '고
급관료들의 직언과 군신君臣 개인 사이의 감정적 대결'이 때로는 사건의 격발 요
인이 아닌가 의심된다. 조선의 산림 출신 사대부들은 무엇보다 군신君臣관계를
중시하여 '제왕학帝王學'이라는 '왕권조차 아랑곳하지 않는 사상의 성실함'을 절
대 권력자들에게 요구했다. 왕실에서 태어나 어려서부터 엄격한 유교 교훈에 길
들여진 제왕들은 '예치禮治'의 정당성을 대개 받아들였다. 그러나 제왕들은 집요
한 신하들의 '도의道義'라는 원론주의와 외고집, 그리고 지루한 파당 간의 면전
말싸움에 지쳐 때로는 척신과 환관들에게 의존했다. 피로한 통치자들은 인내심
의 한계와 위기의식을 느끼면서 개인차가 있었지만 억압되었던 감정을 신하에
게 풀었다. 그 예가 북송의 정이이다.

　뒷날 정·주학의 교조로 부동의 권위를 누린 정이였지만 합리성만이 지배하
지 않는 관료사회에서 그는 많은 정치가들과 충돌했다. 1050년, 18세의 포의布衣
신분인 과거시험을 통과하지 않은 정이가 송나라 인종에게 좀 과격한 문장으로 "치국에
근면할 것과 폐정을 과감히 개혁할 것을 요구하는 정치적 포부를 올려, 자신이
지금까지 배운 것을 모두 쏟아 내기 위해 만약 황제가 자신을 가까이 두고 써 보
아 실효가 없다면 황제를 속인 죄로 죽음도 각오하고 지위와 관록도 받지 않겠
다."고 말했다. 당시 저돌적인 이 청년의 정치적 포부는 상달되지 않았지만, 36년
뒤 신법당이 실권하고 구법당이 다시 집권하면서 사마광과 여공저가 그를 추천

---

173) 이덕일, 『송시열과 그들의 나라』, 김영사, 2000, 382~383쪽.

했고, 1086년에는 중앙으로 올라와 '비서성교서랑秘書省敎書郎'을 거쳐 '숭정전설서崇政殿說書'라는 직책으로 12세 철종의 독서교육을 맡게 되었다.

정이가 경연에 들어갔을 때 쏠린 큰 기대 중 얼마간은 이윽고 혐오로 바뀌어 갔다고 한다. 내신과 궁빈宮嬪들을 폄하하고, 의론에 참석하고 있는 사람을 면전에서 비판하는 등 그가 적을 만들어 간 요소는 끝이 없었다. 정이의 강한 성격에 소년 황제 철종은 "나는 그를 두려워한다." 면서 외포의 감정을 가졌었고, 곧 그것은 분을 넘어선 전횡專橫이라는 혐오감으로 바뀌었다고 한다.

> 인간의 문제로 삼을 수 있는 전 영역에 걸쳐서 입론할 수 있다고 여긴 정이의 사상과 그것을 믿을 수 있었던 그의 개성은 한없는 불관용으로 나타났으며, 다른 강렬한 개성의 존재를 도저히 허용할 수 없었다.[174]

정이는 형 정호程顥와 달리 평생 소옹의 '완세玩世, 세상을 비꼬아 놀림'와 '수학數學'을 백안시하였고, 궁정에서 관료생활을 할 때는 지나친 형식주의로 '촉당'의 영수이며 선배관료인 소동파에게 미움을 받았다. 1097년 신·구파 당쟁이 성하던 말년 '서경국자감' 직을 그만두고 고향에 돌아가 살던 정이에게 멀리 '부주편관涪州編管'이라는 유배나 다름없는 차출명령이 내렸다. 양자강을 거슬러 올라가 사천성泗川省 중경시重慶市 약 100km 못 미치는 부릉涪陵으로 향할 때 배가 급류로 흔들렸지만 정이는 태연자약하여 동요되지 않았었다는 이야기는 유명하다.

1975년 독일 상트 오틸리엔St. Ottilien 소재 베네딕트파 수도원에서 필자가 발견한 《겸재화첩》 가운데는 〈부강涪江〉이라는, 정이가 부주涪州로 유배 가는 작은 그림 한 장이 있다(그림 15). 주희가 엮은 『이정외서二程外書』에는 소백온의 『소씨문견록邵氏聞見錄』을 인용하여 위급한 상황에서 정이가 어떻게 처신했는지 알려주는 일화를 소개해 놓았다. 기록에 따르면, 정이가 부주로 향할 때 배에 있던 노인이 배가 언덕에 닿은 후에 "어떻게 정좌하고 움직이지 않은 채 있을 수 있었는가?"라고 물으니 정이가 "마음에 성경誠敬을 존存할 뿐이다."라고 했단다. 노인은

---

174) 쓰치다 겐지로, 앞의 책, 531~537쪽.

그림 15 부강도涪江圖 정이가 부주涪州로 유배당해 가는 그림으로 겸재 정선의 작품이다. 비단 위에 담채, 23.5×28.3cm. 독일 상트 오틸리엔St. Ottilien 수도원 소장.

그림 16 정문입설도程門立雪圖 두 제자가 정이를 찾아갔을 때 선생께서 사색에 잠겼으므로 오래 기다려 눈이 무릎까지 쌓였다는 고사. 겸재 정선 作. 국립중앙박물관 소장.

일단 평가한 후에 "그러나 무심無心보다 나은 것이 없다."고 응했다고 한다.[175]

겸재 정선의 그림에는 양자강 상류의 급류를 헤치면서 일엽편주가 벼랑에 충돌하지 않으려고 사공이 삿대로 배의 방향을 잡느라 안간힘을 쓰는데, 장막 안에 앉은 정이는 사각 두건을 쓰고 폭넓은 도복 소매 속에 두 손을 모은 채 단정히 앉아 도학자의 엄숙한 모습 그대로다. 벼랑 위엔 선채로 정이에게 읍하는 나무꾼이 보이고, 뱃전, 정이 바로 앞 두 시동은 두려운 상황에서도 맞절을 한다.[176]

---

175) 宋朱子 編,『二程外書』卷12,「傳聞雜記」: "伊川先生貶涪州, 渡漢江中流, 船幾覆, 舟中人皆號哭, 伊川獨正襟安坐如常, 已而及岸, 同舟有老父問曰, 當船危時, 君正坐色甚莊, 何也. 伊川曰, 心存誠敬耳. 老父曰, 心存誠敬固善, 然不若無心. 伊川欲與之言, 而老父徑去."

176) 정선은 이것 말고도 정이의 두 제자가 정이를 방문했을 때 마침 선생님이 주무시므로 두 사람이 마당에서 기다렸는데 그 동안 눈이 쌓여 무릎 까지 올아 왔다는 《程門立雪圖》라는 작품도 남겼다(그림 16).

이 겸재 그림에 "기술로 임금을 섬기는 것은 선비의 도리가 아니다."라고 숙종 어진 제작 때 화필 들기를 굳이 사절한 노론 사대부 조영석趙榮祏, 1686~1761의 것으로 생각되는, "의관을 바로 하지 않고는 감히 화첩을 열지 말라非整冠衣, 不敢開卷."는 훈계조의 화평이 실려 있다.[177]

송시열도 1689년 2월 11일 제주도로 유배 가던 중, '정이천이 귀양길에 숙모를 뵙고 가기를 청한 것을 비판한 주희의 글'을 의식해 충청도 연산連山을 거치면서도 스승 김장생의 묘를 그냥 지나쳤다. 또 강진에서 뱃길로 제주로 향할 때 거센 풍랑에도 태연자약하게 앉아 주자의 「취하축융봉醉下祝融峰」 시를[178] 낭랑하게 읊었다고 전한다. 우리는 이 시대의 사건의 중심에 섰던 송시열이 효종, 현종 그리고 조선조 임금 중에서 변덕이 가장 심했던 숙종과[179] 정치적으로 대치하면서 이끌어 간 논쟁과 갈등과정에서 역시 북송 도학자 정이와 비슷한 불관용의 강열한 개인적 성향과, 신념을 위해 생사를 초월할 수 있는 학자 출신 정치가의 완강한 모습을 떠올린다. 그러나 송시열에게서 주희의 '평생산수심'이나 소강절의 『이천격양집』에 보이는 '달관'의 기상을 발견할 수 있다는 것은 또 하나의 수수께끼이다.

경저에서 석실로 : 제례와 문화 공간

신안동김씨는, 조선 중기까지 안동 향반으로 명맥을 유지하다가 1480년 제9세 김계행金係行, 1431~?이 처음으로 고급관료 등용문인 문과에 합격해 대사간 벼슬에 올랐다. 계행의 종손從孫 김영金瑛, 1475~1528과 김번金璠, 1449~1544 역시 문과에 합격하면서 삶의 터전을 안동 풍산豊山縣 소산素山에서 한양 북촌北村 청풍계淸楓溪와 장의동壯義洞으로 옮겨 경화사족京華士族에 합당한 경저京邸, 또는 경제京第를 마련하였

---

177) 쓰치다 겐지로, 앞의 책, 537~540쪽, 주 22 참고.

178) 주자대전 권 5, 시. 「醉下祝融峰作」: 我來萬里駕長風, 絶壑層雲許盪胸, 濁酒三杯豪氣發, 朗吟飛下祝融峰.

179) 이덕일, 『당쟁으로 보는 조선역사』 2, 석필, 1997, 328, 375쪽: "숙종 자신이 여러 차례 말했듯이, 그는 칠정七情 가운데 성내는 것을 가장 못 참는 인물이었다."

다.[180] 이때 북촌에 김상헌이 마련한 경저를 '무속헌無俗軒'이라 불렀다.[181] 북악산 아래 이 경저는 11세 등곡대사燈谷大師, 또는 학조대사가 12세인 조카 김번을 위해 명당 터를 잡아 주었는데, 동쪽으로 담장 밖 큰 느티나무를 경계로 영조의 생모 숙빈 최씨가 모셔진 '육상궁毓祥宮'과 접했었다고 한다. '무속헌'이 정확히 언제 개축되었는지 모르나 구조는 8괘 가운데 '이괘離卦' 형상을 그대로 따랐다. 맨 북쪽, 양효에 해당하는 남향 일자형一字形 건물은 가묘家廟이고 가운데 음효는 안채內솔이며, 남쪽 양효를 상징하는 역시 일자형 집은 사랑채外솔였다.

무속헌은 한성 북악산 아래 의통방義通坊 장의동壯義洞에 있다. 정남으로 멀리 관악산을 마주보고 있어 이괘의 상을 따라 지었다. 이것은 '불을 불로써 누르려는 뜻'이다.[182]

이 무렵 여러 곳에 '태극정'이라는 누정들을 문집에서 볼 수 있으나 사대부의 경저를 괘의 형상으로 지은 것은 범상치 않은 일이다. 여하튼 장동김씨네 가솔이 몇 대째 불어나자 이 무속헌 말고도 10여 채 부속 건물이 더 있었다. 김창흡은 1682년 그 동쪽에 한 칸짜리 작은 루를 짓고 장자의 글에서 이름을 따서 '낙송루洛誦樓'라 하였으며, 그 앞에 '삼부연三釜淵'을 상징하는 세 개의 못을 파고 그 위에서 날로 동지 몇 사람과 독서하고 시를 짓고 읊었다고 한다.[183] 또 김수증이 1687년 2월 13일, 돌아간 「망실숙인조씨행장亡室淑人曹氏行狀」에서 부인 조씨가 "정묘 2월 13일, 장의동의 새집에서 세상을 떠났다."는[184] 것 등을 감안하면, 시간이 흘러 자식들이 번창하면서 이러저러한 집채들이 늘어난 모양이다.

---

180) 안동김씨는 19세기 金祖淳(1765~1832) 이후 약 60년 동안 權門世家가 된다. 김병기, 『조선의 명가 안동김씨』, 김영사, 2007, 120~121쪽.

181) 『淸陰集』 卷38, 「群玉所記」: "曰無俗軒竹映琴書者, 形一圖字七陽, 圓爲乾象, 七爲斗數, 如北斗懸空, 斟酌元氣."

182) 『安東金氏文獻錄』 甲編 卷17, 宅廬彙.

183) 『安東金氏文獻錄』 丁編 卷4, 宅廬彙, 洛誦樓.

184) 『谷雲集』 卷6, 「亡室淑人曹氏行狀」: "至丁卯二月十三日, 卒于藏義洞之新舍."

반복되는 말이지만, 선비가 무슨 이유이든 관직에서 물러나서 칩거하면 '은둔'이고, 좀 적극적으로 세속을 멀리해 집터를 골라 선비다운 집인 별서別墅, 외포外圃[185]를 짓고 살면 '복거卜居'라고도 한다. 별서, 별업別業이란 사대부들이 자신들의 전장田庄이 있는 곳에 설치한 저택을 말하며 대개 학문하는 선비들은 '정사'라고 했다. 사대부가 벼슬을 할 때는 서울 본가京邸에 머물고 퇴귀退歸 시에는 별서로 돌아가는 것이 상례였다.

신안동김씨 일문은 안동 풍산, 양주 석실, 미음渼陰, 영평포천의 백운산 근방 '동음洞陰'을 비롯한 경기지역 몇 곳에 '장토莊土'를 소유하고 있었다. 그 가운데서도 남양주군 와공면瓦孔面 도혈리陶穴里, 현 와부읍 덕소5리에 자리 잡은 안동김씨 세장지世葬地, 분산墳山에 김상헌의 별서가 있다. '금대지산金臺之山', '석실산石室山', '석실제사石室齋舍' 또는 '도산정사陶山精舍' 등의 이름이 있었다. 김상헌의 조부인 김생해가 부 김번의 묘지 아래 병사丙舍를 처음 세운 곳이다. 그 뒤 김상헌이 1632년 다시 옛 터에 사당을 세웠고, 1647년에는 사당의 오른쪽 구사 앞에 다시 옮겨지어 머무르면서, 김씨네 작은 집성촌을 이루었다.[186]

'병사丙舍'란 돌아간 조상의 묘소를 바라본다望考亭는 의미로 재사齋舍와 정사의 기능을 함께한다. 석실에는 약간의 제사 음식에 쓸 '묘전廟田'이 있었는데, 여기서 나는 소출로는 제사상을 차리기도 어려웠다고 한다.[187] 김수증은 1633년 10살이 되던 해 처음 사묘祠廟 앞에 기와집 한 채를 보았다는데, 언제 지었는지 모른다고 했다. 1642년, 아버지 김광찬이 안동에서 노모가 세상을 뜨자 이곳으로 올라오고, 1645년에는 심양에서 조부 김상헌이 풀려나 역시 석실로 돌아왔다. 『석실잡록』에서 김수증은 옛 병사의 규모를 안채는 남향집으로 누樓가 두 칸, 조부가 거처하던 안방이 두 칸, 그리고 대청마루 한 칸 집이었다고 말했다. 안채에는 또 초가 세 간이 있어 서조모庶祖母가 거처했다. 안채는 소나무 울타리로 둘러 있었고, 사립문으로 닫혔는데, 울타리 밖에 초가가 있어 김수증 자신이 거처하면서 할아

---

185)『農巖集』卷24,「遊白雲山記」: "白雲山, 吾家之外圃也."

186)『谷雲集』卷3, 家記,「松柏堂志感」.

187)『谷雲集』卷3, 家記,「雜錄」, 石室有些墓田以此不足於供祭.

그림 17 김반의 묘(上)와 김상헌의 묘(下)

버지를 모셨다고 한다.

석실 선영은 선조들의 혼백이 머무는 묘역이므로 망자와 후손들이 소통하는 제례 공간이다. 소통이란 선조의 영기가 현세의 자손에게 생명력을 불어넣으며, 가문의 번성을 축복하고 후손들은 효도와 유훈을 재확인하는 엄숙한 실제적 의례행위이다. 이 제례 공간의 제주가 김수증이었다. 사화와 당쟁으로 가문이 낭패하는 가운데서는 더욱이 선조들의 유훈을 따르고 문집을 독서하는 것이 강조되었다. 상고시대에는 작은 묘를 쓰고 큰 분묘를 두지 않았다고 한다. 예법에 따르면 제사는 가묘家廟에서 지내야 했다. 그러나 '가묘'라는 건축물은 무너지기 일쑤였지만 언덕의 산소山墓는 100세대를 견뎌낸다. 이 묘지도 세조 때 출가한 학조대사學祖大師가 김번을 위해, '우리나라에서 가장 좋은 열 곳 명당의 하나十勝之地'를 잡아 그때부터 '석실분산石室墳山'이 김씨네 선영이 되었다(그림 17)는 설이 있다.

　김상헌은 1627년 연경을 다녀왔고, 1640년에서 1645년까지는 심양에 볼모로 잡혀갔으나 소현세자의 비호를 어느 정도 받았다. 그때 역시 척화파로 심양에 갇혔던 손부孫婦의 조부로 그보다 나이가 아래였던 사돈, 조한영曹漢英, 1608~1670과 울분과 무료함을 달래려 많은 시를 지었다. 그 시집들이 「설교집雪窖集」과 「설교별집雪窖別集」이며, 그 중 '풍산초당을 생각하다憶豊山草堂', '집 부근 열 곳을 읊다近家十詠' 그리고 '석실을 생각하다憶石室' 등은 고향에 대한 그리움이 배어 있다. 김상헌이 1652년 세상을 뜰 때까지 8년, 혹 조정에 나아간 날은 불과 몇 달이 되지 않았고, 물러나 석실로 되돌아왔다.

　김상헌은 당시 80세가 넘었지만 늘 책을 손에서 놓지 않았고, 혹 읊거나, 원고를 고쳐 쓰곤 하였다. 이때 「설교집」을 다시 초하고, 또 명나라 문장가 왕세정王世貞의 글을 손수 기록하여 4책으로 만들어 「길광영우吉光零羽」라 명명했다. 또한 고문 1책을 기록하여 「호천백狐千白」이라 명명했는데, 이것은 김수증 형제가 필사한 것이었다.

　그밖에 김상헌이 저술한 것들은 비, 지, 묘표 40건, 서, 기, 제발, 제문, 잡저 10여 편, 편지가 수십 건, 그리고 시와 문장이 80여 수이다. 특히 김상헌은 연경과 심양에 머무는 동안 시·서·화 여러 점을 모아 왔다.[188] 그리고 자신의 자·호 등을 새긴 도장圖章들을 모아 석실 한편에 '군옥지소群玉之所'라는 각閣을 지어 보관했다(그림 18). 김상헌은 만년에 늘 붙어 다닌 '절의' 때문에 강직하고 청렴하기만 한 청백리淸白吏로만 묘사되곤 한다. 그러나 생부 김극효의 예능 기질을 이

---

188) 국역 『송자대전』, 권147, 「조맹부문회별자도발趙孟頫文姬別子圖跋」: "이는 신종황제가 애완하던 것으로 …… 문정공 김상헌이 심관瀋館에서 얻은 것이다."

어받은 그가 만약 태평세를 살았다면 문화와 예술 방면에 더 두각을 나타냈을 지도 모른다. 아니면 그의 정치적 경력에서 나온 이국문화와의 접촉이 오히려 문예적 시각을 넓히는 기회가 됐을 것이다. 김상헌을 가장 가까이 했던 문인 송시열이 다음과 같이 말하였다.

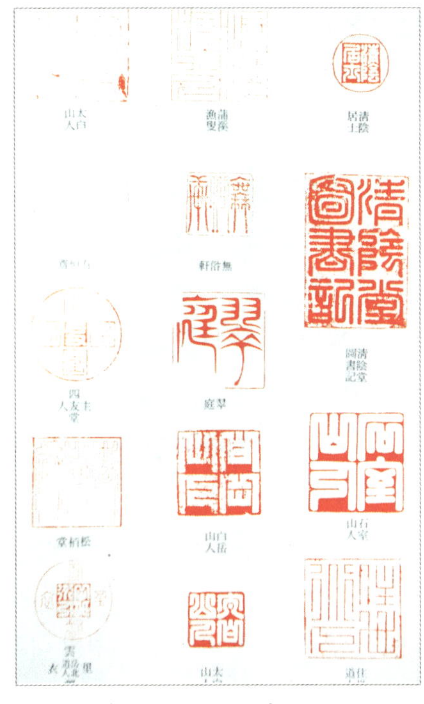

그림 18 '군옥소기群玉所記'에 나타나는 김상헌의 인장들 안동김씨문헌록 천 선세인기 先世印記.

> 내가 들으니, 문정공은 그림의 격조를 매우 좋아하였고, 또 그림을 논평함이 매우 정확하였다. 옛날에 이천伊川은 관화회觀畵會에 가지 아니하면서 말하기를 '나는 그림을 알지 못한다.' 하였고 회옹(주희)은 스스로 '나는 그림을 매우 좋아하는 성품이다.' 하였다. 대저 정·주程·朱의 기상도 서로 같지 아니하였으니, 공 (김상헌)의 존상尊尙 또한 이동異同이 없을 수 없다. 이는 자손과 문인이 마땅히 알아야 할 일이다.[189]

「세마 윤경지가 축적한 고금명화의 뒤에 서를 쓰다題尹洗馬敬之所蓄古今名畵後序」에서 김상헌은 사람이 좋아하는 것 여럿을 들면서, "대개 예부터 그림을 좋아하는 자는 속사俗士가 아니다."라고 했다. 실제 그는 당시 명화 소장가들에게 여러 번 '제발', '화상찬畵像贊', '계회도서契會圖序' 같은 글들을 지어 주었다. 특히 자신이 수집하고 품평한 「군옥소기群玉所記」에서 보여준 인장 감식안은 '은자의 품격'을

---

189) 위의 책, 권147, 「趙孟頫文嬉別子圖跋 再跋」.

강조하고 있다. 김상헌의 문예적 경향은 이미 몇 대 거슬러 올라간다. 그 중에서도 서예는 장동김씨네 특기이고, 김수증이 이 분야 예능을 이어받아 전서와 예서로 여러 차례 가자加資되어 통정대부通政大夫에까지 이르렀다.

송시열은 1645년 5월 22일 김상헌이 심양에서 돌아온 직후 '청음대로淸陰大老', '대의종주大義宗主' 같은 찬사를 써가면서 편지를 올려 한 번 찾아뵙고 가르침을 받고자 했다. 김상헌은 곧 답서를 보내 가을이 돼 기력을 되찾으면 만나보자고 했다. 1646년 1월 11일 송시열은 종제 송시도宋時燾 편에 「행록行錄」을 김상헌에게 보내면서 아버지 송갑조宋甲祖, 1574~1628를 위해 「묘지명」을[190] 지어 주기를 간청했다. 같은 해 4월 송시열은 석실로 김상헌을 찾아가 부친 수옹공睡翁公의 묘갈문을 받았다.

김수증은 『석실잡록』에서, 청음을 찾아 석실을 드나들던 명현들을 나열하면서, 특히 만년에 송시열과 박세채가 폐백을 갖추어 편지로 인사를 올리고 찾아왔는데, 송시열은 한번 오면 며칠씩 대화를 나누면서 묵어가기도 했다고[191] 회상했다. 송시열은 조정에 드나들던 만년의 김상헌을 백악산 밑 경저인 무속헌無俗軒으로 자주 찾아갔다. 한번은 타고 간 노새를 향나무에 매어 놓아 눈 오는 겨울밤에 얼어 죽었다는 일화가 있을 정도로 김상헌과 송시열의 만남은 깊었다.[192]

김상헌은 1646년에 좌의정에, 그리고 송시열도 1649년 호란 후 12년 만에 세자시강원진선과 정4품의 사헌부장령을 받고 중앙 정계에 다시 진출한다. 우암이 김수증과 직접 접촉하기 시작한 기록은 『연보』1645년 5월 21일에 "청음을 양주 도산 석실촌으로 처음 찾아뵙다."라고 했으니, 그때 22세의 김수증이 조부 옆에 단정히 서서 두 사람의 상견례를 유심히 지켜보았을 것이다. 1649년, 인조대왕이 승하하고 효종이 왕위에 오르자, 김상헌, 김집, 송준길 등 제현을 불렀다. 송시열에게는 별유를 내려 어렵게 입대하였으나 거취를 놓고 임금과 줄다리기가

---

190) 『淸陰集』卷31, 「司饔院奉事宋君墓碣銘」.

191) 『谷雲集』卷3, 家記, 雜錄: "賓客之來謁, 其所可記者. …… 尤菴宋公朴玄石世采, 則贄書來拜, 宋公累日陪話而去."

192) 『安東金氏文獻錄』甲編, 卷17, '宅廬彙', 九世孫 金炳性, 「觀無俗軒香樹感懷」.

반복되었다. 1652년 6월 김상헌이 세상을 떠났다. 그 뒤 석실 병사 경영은 아들 김광찬과 손자 수증이 이어받았다. 송시열과 김수증 사이의 첫 번 서찰왕래는 1649년 9월 13일자『김연지에게 주다與金延之』이다.

김상헌이 세상을 떠난 11년 후, 1663년부터 송시열은 청음의『연보』 초고를 엮는데 참여했다. 1664년 10월, 김수증이 편집한「서김연지와유록후書金延之臥遊錄後」라는 글에서 우암은 다음과 같은 평문을 쓴다.

> 내가 연지와 더불어 소선생邵先生의 백원공부百源工夫(상수학)를 배워서 마침내 마음이 맑아지고 천지의 정화精華로 일체가 된 후에, 월굴月窟을 찾고 천근天根에 올라서, 끝없이 넓은 곳을 두루 구경한다면, …… 우리나라가 요계遼薊 밖에 뻗쳐 나와서 청해靑海의 위쪽에 연속되었음을 어찌 알랴. 이것을 가지고 스스로 경계하고 또 연지를 격려한다.[193]

김상헌이 연경 사행과 심양 볼모생활에서 수집한 시·서·화에 대한 송시열의 특별한 관심은 청음 집안과의 이념적 연대를 의미한다. 특히 송시열이 청음 문하에 들어간 것을 확인하는 초기 교류 과정에서 더욱 그랬다. 송시열이 김수증의 '곡운 은둔' 에 대해 쓴「곡운정사기谷雲精舍記」,「농수정사기籠水精舍記」등을 제외한 글들은 다음과 같다.

「서김연지와유록후書金延之臥遊錄後」(1664)
「도산정사기陶山精舍記」(1668)
「중각역산비발重刻嶧山碑跋」(1672)
「석실서원묘정비石室書院廟庭碑」(1672)
「진전첩발秦篆帖跋」(1672)
「매월당화상발梅月堂畵像跋」(1672)

---

193)『宋子大全』卷146,「書金延之臥遊錄後」: "吾與延之能學邵先生百源工夫, 終至於靈臺瑩靜, 天壤披葩, 然後, 探月窟躡天根, 而歷覽無際, …… 又豈知東國之出於遼薊之外, 以屬靑海之頭也. 旣以自屬, 又以屬延之云爾."

「조맹부문희별자도발趙孟頫文嬉別子圖跋」(1675)

「서김연지서후書金延之書後」(1675)

「서김연지봉화문정선생시후書金延之奉和文正先生詩後」(1679)

「금석총발金石叢跋」(?)

「열천명冽泉銘」(?)

「일사정기一絲亭記」(1687)

「남한기략발南漢記略跋」(1688)

그 중에서 「도산정사기」를 옮기면 다음 같다.

참의 김공(김광찬을 말함)을 문정선생(김상헌의 시호)의 무덤 아래쪽에 부장祔葬한 뒤에 그의 고자孤子 연지延之 형제가 애모하는 심회를 부칠 데가 없으므로 드디어 무덤 옆에 두어 간의 작은 집을 짓고 '도산정사陶山精舍'라 하였으니, 이는 주자가 어머님을 장사 지내고 '한천재寒泉齋'를 세운 고사를 모방한 것이다. 이윽고 그의 아들 창국을 내게 보내, "도산은 본시 퇴계 이 선생의 자호自號인데, 지금 도산으로 명명하였으니 어찌 혐의스럽지 않겠습니까?" 하기에 내가 다음과 같이 말하였다. "『예기』에 '감히 세자世子와 더불어 이름을 같게 할 수 없다.' 하였으나, 신하의 이름이 먼저였으면 고치지 않습니다. 그런데 지금 '도산'이라는 이름은 그 전례가 매우 오래되었으니, 어찌 이 선생의 자호와 우연히 같다 하여 혐의가 되겠습니까? 또 노魯 나라의 '궐리闕里'라는 이름도 회옹의 출생지를 일컬었으니, 오늘날 도산이라 이름해도 불가하지 않을 줄 압니다.

또 연지의 형제는 그곳 지명만을 취하였을 뿐만 아니라, 문정선생이 심양에 억류되었을 때 중국 사람 맹광영孟光永이 선생의 의기를 흠모하여 〈연명채국도淵明採菊圖〉를 바쳤는데, 그 화심花心을 붉게 물들여서 은근히 뜻을 보였던 바, 그 그림이 지금 당에 걸려 있어서 도연명陶淵明의 뜻과도 서로 부합되니, 도산이라는 명칭은 이 선생(이황) 이전에 생겨났다고 해도 가합니다. 대저 무심중에 은근히 부합되는 것이 바로 참된 지경眞境입니다.

이곳 지명이 어느 연대에 비롯된 것인지는 모르지만 오늘날에도 연명淵明의 초상화가 이 당에 있으니, 비록 무심중에 은연히 부합되었다 해도 사실 조물주가 마음을

썼다고 한다면 연지 형제로서는 비록 혐
의를 피하려는 마음이 있었더라도 어찌
스스로 그만둘 수 있겠습니까? 또 일찍이
회옹晦翁의 「취석시醉石詩」를 기억하건
대, "내가 천년 뒤에 나서, 연명의 어짊만
을 감탄하누나. 푸르고 가파른 집 지어 놓
고, 졸졸 흐르는 물 떠서 드리네."라[194] 했
습니다. 지금 회옹의 초상화도 이곳에 함
께 모셔 두고 매년 9월이 되거든 시골 늙
은이들을 시켜서 맑은 샘물을 길어오고
서리 맞은 꽃송이를 띄워서 당에 올리고,

그림 19 취석 송시열의 글씨

또 '취석醉石' 이란 두 글자를 바위에 새겨서(그림 19) 산중 고사를 갖추는 것이 어떨
지. 여러분은 잘 요량해서 조처하기 바랍니다.[195]

석실서원 : 학문과 이념의 공간

안동김씨 분산墳山이 있는 석실을 '제례 공간' 이라고 한다면, 1656년 미음渼陰
에 건립된 석실서원石室書院은 '사학私學의 공간' 이다. 석실선영石室先塋과 석실서원

---

194) 송시열이 인용한 시는 『晦菴集』 卷7, 「陶公醉石歸去來館」(在歸宗西五里)이다. 송시열은 원시
에서 일부를 취하여 제시했다. 원시를 제시한다. "予生千載後, 尙友千載前, 每尋高士傳, 獨歎
淵明賢, 及此逢醉石, 謂言公所眠, 況復巖壑古, 縹緲藏風烟, 仰看喬木陰, 俯聽橫飛泉, 景物自
淸絶, 優游可忘年, 結廬倚蒼峭, 擧觴酹潺湲, 臨風一長嘯, 亂以歸來篇."
195) 『宋子大全』 卷141, 「陶山精舍記」: "參議金公旣祔葬於文正先生之兆下, 其孤延之昆仲無以寓其
哀慕之懷, 則遂就其阡隧之外, 立小屋數架, 因地名名以陶山精舍, 蓋倣晦翁寒泉遺制也. 旣而遣
其昌國諸胤, 就愚而問曰, 陶山是退溪李先生之自號, 今亦取而名之者, 無亦有相嫌者耶. 愚曰,
禮不敢與世子同名, 然臣名在先則不改焉. 今陶山之名, 其來甚久, 則豈可以偶同於李先生之自
號而爲嫌哉. 且魯中闕里之名, 猶以稱於晦翁之居, 則今日之爲, 未知其爲不可也. 且延之昆仲非
特因其地名而已. 文正先生留瀋時, 中朝人孟英光慕先生義, 來獻淵明採菊圖, 而就丹花心, 以寓
深意, 今者垂在中堂, 又適相符, 則陶山之名, 雖自我作古可也. 大抵無心冥會, 卽是眞境, 此地
之名, 不知創於何代, 而今日乃有淵明眞像來在此堂, 雖曰無心冥會, 而造物者實有心也. 旣曰造
物者有心, 則延之昆仲雖亦有心於嫌避, 安得以自已也. 又嘗記晦翁詩, 余生千載後, 獨歎淵明
賢, 結廬倚蒼峭, 擧觴酹潺湲, 今欲並置先生像, 每値九月之日, 使村翁野老, 得以酌淸泉泛寒英,
薦之堂中, 而又刻醉石二字於巖面, 以備山中之一故事, 未知如何, 幸僉賢財處之."

의 2차적 기능을 전자는 '제례와 문화', 후자를 '학문과 이념'의 터전으로 다소 무리하게 다시 나누어 보았다. 17세기 후반 김상헌이 자리를 차지하는 공간이면 어딘들 이념의 아우라가 따라다니지 않는 곳이 없었다. 그는 남한산성에서 인조의 삼전도 행차를 따르지 않고 강원도 원주에서 피난길에 있던 가족과 합류해 안동 풍산현 소요산 옛집으로 돌아갔다. 그리고 학가산 중대사 아래 '만석산방萬石山房'에 은거하다 심양으로 잡혀갔다. 이 기간을 빼곤, 조정에서 물러나면 선조들의 음택陰宅 아래 '석실'로 돌아가 손자들을 모아 놓고 문화·예술에 전념하면서 출입하는 사대부들을 응대했다. 사대부로서 사회적 위상을 간접적으로 쌓는 가장 중요한 바탕을 넓은 의미에서 '문화'라고 보자.

이에 비해 석실서원에는 김상헌이 타계한 뒤 1652년, 형 김상용의 '살신성인'과 아우의 '절의사상'을 기리는 석실사石室祠가 먼저 지어지고, 현종 원년1663 사액서원賜額書院으로 위상이 높여졌다. 이어 1697년에는 김수항1629~1689, 민정중1628~1692, 이단상1628~1669 그리고 1713년에는 김창협이 추배되었다.[196] 석실서원은 1695년에서 1700년경까지 김창협의 주도로 노론계 문도들을 기르는 기틀이 잡히고 그의 증손 김원행金元行, 1702~1772 때에 이르러 이른바 '낙학파洛學派'의 거점이 된다.

석실서원 터는 오늘날 남양주시 수석동水石洞 '세운내' 옛 장동김씨 별서 이웃 언덕에 그 유지가 있지만 현재는 흔적을 찾기 어려울 정도로 폐허가 되었다.[197] 이곳은 배산임수에 부합하는 형국으로 낮은 언덕과 가파른 벼랑 사이에 전답경작이 어느 정도 가능하고, 동남으로 한강을 건너 미사리와 검단산黔丹山을 마주보는 협소한 언덕이지만 앞으로 미호渼湖가 탁 트여 있어 한양의 '동호', '서호'와 함께 하천풍광이 가장 수려한 곳이다. 그러나 아쉽게도 지금은 '경춘고속도로'를 잇는 큰 교량이 미호의 경관을 가로 막고 있다(그림 20·21·22).

김수증의 「석실잡록」을 보면, 안동에 선대의 땅이 약간 있어 벼농사를 지었으

---

196) 『安東金氏文獻錄』甲編, 卷18, 祠院彙, 院享錄; 『宋子大全』卷171, 「石室書院廟庭碑」.
197) 윤종일·조세열·김희찬, 『석실서원』, 서일대학 강경향토문화연구소, 1988.

그림 20 미호(삼주삼각三洲三閣) 비단에 담채, 31.5×20.0cm. 간송미술관 소장.

그림 21 '미호渼湖(석실서원)' 겸재 정선 作. 비단에 담채, 31.2×20.8cm. 간송미술관 소장.

그림 22 현재의 미호 전경 미호에서 덕소 쪽을 바라본 전망이다.

나 거두어들이는 것이 불과 수십 석이었고, 석실에도 역시 묘전이 조금 있었지만 제사 때 상차리기도 모자랐다. 미음漢陰에도 거친 밭뙈기野田가 십여 무畝[198] 있었지만 해마다 무를 심어 일가친척과 나누어 먹었다[199]고 한다. 그러나 바로 서쪽 등성이 너머 '미음별서漢陰別墅' 또는 김창협의 거처인 '삼주삼각三洲三閣'과 그 주변 전답들처럼 서원 터가 장동김씨네 소유지였는지, 서원 건립을 위해 새로 마련한 땅인지 분명치 않다. 석실서원은 정철이 관동별곡에서 읊은 "평구역 말을 갈아타고 흑수로 돌아 들어오니"로 유명한 옛 평구역平邱驛과 인접해 있고, 서원 동쪽 '토미재'를 넘으면 '동대東臺'[200] 아래 모래사장엔 미음나루가 있어 배를 타고

---

198) 6尺 사방을 1步, 100步를 1畝라 함.

199) 『谷雲集』 卷3, 家記, 「雜錄」: "安東有若干先業, 亂後流寓家人, 使主莊奴耕種, 水田一區所收, 不過數十石, 日用艱乏, 多受官糴, 及至秋冬, 拮据備償, 無後鄉民. 石室亦有些墓田, 而以此不足於供祭, 晚年退居時, 孝廟命除本州田稅, 月給祿俸, 府君謂家人曰, 食祿之家, 不可又作農也. 平日雖係家間要用物件, 無所照管, 只於祭器, 致意措置, 一日, 家婢不謹奉執, 以致跌碎, 府君嚴責而亟令充備. 畿甸有先世田, 久爲他人所占, 庶姪辨覈而得之, 仍分割而與之, 漢陰有野田十餘畝, 歲種蘿葍, 分及一家親戚."

200) 『農巖集』 卷5, 「十五夜東臺, 與諸生臨眺」: "地有前宵雪, 天空此夕雲, 東臺無限月, 老子共諸君,

한강을 오르내리거나, 하남 선리나루와 통했다. 오늘날과 달리 당시는 팔당에서 한강의 급물살이 와부읍 덕소리德沼里 경계부터 세운내 앞을 세차게 굽이쳐 꺾이면서 '삼주삼각' 북안北岸을 침식해 삼각형 단애斷崖를 이루었고, 그 언저리와 강 건너까지는 소沼를 형성했다. 그래서 이 삼각형 언덕을 '각건角巾, 모난 망건'이라고 했는지도 모른다. 아니면 '삼주삼각'을 감싸고 있는 바로 뒷산이 '선비들의 모난 각건'처럼 생겨서 이름이 나왔을 것이다. 혹시 이 '각건角巾'이라는 표현은 1638년경 김상헌이 안동 학가산 중대사 아래 '만석산방'에 은거할 때 읊은 시에서 연유하는지도 모른다.

> 석실선생이 '각건角巾' 하나 쓰고
> 노년에 원숭이와 학과 어울렸네.
> 가을바람 낙엽으로 행적이 없는데
> 홀로 중대사에 올라 백운 속에 누웠구나.[201]

김수증은 '미음渼陰'에 대해 그의 문집에서 딱 두 번 언급했다. 그리고 후손들 손에 들어간 그의 인장印章 가운데는 '미호어부渼湖漁夫'라는 네모난 양각陽刻 도장 (그림 23) 한 개가 있는 것으로 볼 때 이 터가 김수증 선대부터 내려오는 장전莊田 일 가능성이 있다. 1698년 8월 18일, 김수증이 한양에서 화음동으로 돌아왔으나 이웃 마을에 마침 역병이 돌아 이틀만 쉬고 다시 서울 백악산 아래 '무속헌'으로 돌아갔다. 그런데 그곳 비복들이 전염병을 앓아 9월 16일 경저무속헌를 떠나 '미음 촌서渼陰村墅'에 13일간 머물다 29일 '석실'로 옮겨 홀로 '송백당松栢堂'에서 지냈다. 그때 석실 선산을 지키던 딸들은 몇 달을 노비들 집에서 기거해야 했다. 이 기간 김수증은 무료함을 달래려 25수의 시를 짓는다.[202]

爽氣千林得, 清光二水分, 誰言寸心內, 可使著塵氛."

201) 『淸陰集』卷3, 「西磵草堂偶吟」: "石室先生一角巾, 暮年猿鶴與爲群, 秋風落葉無行跡, 獨上中臺臥白雲(近家有寺, 名中臺)."

202) 『谷雲集』卷2, 「八月十八日, 入華陰, 以村廬厲疫, 不得仍留, 留二日還京. 又以婢僕疑疾, 九月十六, 出寓渼陰村墅, 廿九, 又移石室, 獨處松柏堂, 女兒輩寓奴家, 數月之間, 遷次靡定, 棲遑無

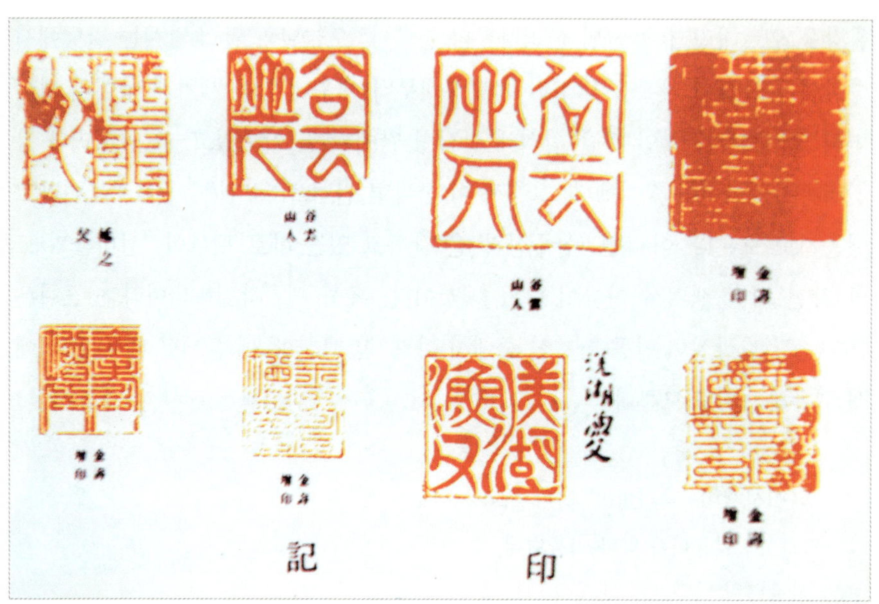

그림 23 미호어부渼湖漁父 하단 왼쪽으로부터 세 번째. 김수증의 인장, 곡운집.

1689년 기사사화 이후, 김창협은 통한과 좌절 속에서 지내다 1692부터 현 포천 이동면 백운산을 바라보는 '응암鷹巖'으로 들어가 그 동쪽에 '농암서실農巖書室'을 지어 놓고 평생 농사짓고 후진양성에 매진하고자 했다. 그러나 5년 후인 1694년 갑술환국으로 서인이 재집권하자 부친 김수항의 묘가 있는 양주 금촌金村으로 일단 가까이 옮겼다가 11월에 가족을 이끌고 미음촌渼陰村으로 아주 이사한다.

최완수는 겸재 정선이 그린 〈삼주삼산도三洲三山圖〉를 분석하면서 김창협이 거처를 '삼주삼각'으로 옮긴 이유를 이렇게 설명했다.

석실서원에서 강석을 베풀자 원근 선비들이 구름같이 모여 들었다. 그래서 47세가 되던 숙종 23년(1697) 8월에는 아예 이곳에 정거定居할 뜻을 세우고 '삼산각三山閣'

___

聊, 口占絶句. 所遭所懷, 率意輒書, 以資消遣, 皆實跡也. 觀者不以詩看可也, 然又不可與不知者道也」.

을 세우게 되니, 그 부분을 다음과 같이 기록하고 있다.

"8월 삼주三洲로 거처를 정하다. 선생은 본래 농암에서 세상을 마치려 하였으나, 대부인께서 그때 경저에 계신 까닭에 찾아뵙기 편케 하기 위해 근교에 머물러 사시게 되었다. 또 석실서원은 강산이 맑게 트여 있고 자못 재실齋室과 거처가 갖추어 있어 가르치는 즐거움을 누릴 수 있으므로 드디어 거처로 정하였다. 바깥사랑 몇 칸을 짓고 거처하시면서 '삼산각三山閣'이라 편액을 붙이셨다. 앞에 모래벌이 세 곳 있는 까닭에 또 그 땅을 '삼주三洲'라 명명하기도 하셨다."[203] …… (〈삼주삼산도〉에서: 필자 주) 큰 언덕 아래 번듯하게 지어진 기와집이 '삼산각'인 것은 두말할 나위도 없다. 세 채의 집중에 맨 앞에 있는 것이 외사랑外舍廊으로 농암이 머물며 '삼산각'이란 현판을 걸었던 집인가 보다. 기와를 이은 반듯한 담장이 둘러쳐지고 그 밖으로는 동쪽에 노송 몇 그루가 서 있고, 서쪽에 잡목으로 둘러싸인 협호夾戶들이 몇 채 초가로 지어져 있다. 뒤뜰에는 대숲이 있는 듯하고 뒤안과 왼쪽 골짜기 건너에도 협호들이 두엇 딸려 있다. 이만한 인가는 딸려야 뭇 제자들을 양성해 내는 시골 살림을 꾸려나갈 수 있을 것이다. 좌우 언덕에도 군데군데 있으니, 이는 모두 유식遊息을 위한 누정일 것이다.[204]

1695년 이후 몇 년간 김창협과 김창흡은 석실서원을 열고 강학을 했다. 인척 이해조李海朝, 1660~1711, 字 子東, 중인 시인 홍세태洪世泰, 1653~1725 등을 맞아 '각건정角巾亭'에 유숙하면서 지난 환란의 침체에서 벗어났다. 그리고 적극적으로 생도 교육과 시 창작에 몰두했다. 이때 조교나 다름없던 두 인물이 족질族姪인 김시좌金時佐와 김창협의 외아들 김숭겸金崇謙이었다. 석실서원은 뒷날 송시열—권상하 학통의 '호학湖學'과 변별되는 이른바 '낙학洛學의 산실'로, 김창협의 손자 미호渼湖 김원행金元行, 1702~1772에 이르면, 18세기 이후 조선의 정치와 학문을 주도하는 중심지로 발전한다고 이미 말했다. 석실 서원에서 김창협의 학문이 구체적으로

---

203) 『農巖集』卷36, 附錄, 年譜下: "八月, 定居于三洲(先生本擬畢命農巖, 而大夫人時在京第, 故爲便省侍, 棲息近郊. 且以石室書院, 江山淸曠, 頗有齋居藏修之樂, 遂定居焉. 作外軒數楹以處焉, 扁曰三山閣, 前有沙渚三, 故又命其地曰三洲)."

204) 최완수, 『겸재 정선 진경산수화』, 범우사, 1993, 104쪽.

어떤 모습이었는가를 밝히는 작업은 이어지는 이종호 교수의 '농연그룹의 형성 요인과 문예정신'을 소개한 부분을 음미해 보기 바란다. 필자는 다만 농·연이 지은 두 점의 시를 소개하면서 당시 석실서원의 강학 분위기를 잠깐 들여다 보는 것으로 그친다.[205]

1696년 3월 김창흡이 지은 시의 긴 제목을 옮겨 본다.

> 병자년(1696) 섣달 보름 뒤, 나는 석실의 강당에서 중형(김창협)을 모시고 여러 선비들과 함께 밤을 지새우며 경전을 논하였다. 이틀을 묵고 돌아오려 하는데 큰 눈이 내려 할 수 없이 하룻밤을 더 묵게 되었다.
>
> 오경五更(새벽 3~5시 사이)에 잠에서 깨어났는데 창문에 밝은 빛이 있더니 이부자리까지 스며들어 왔다. 드디어 밖으로 나와 사방을 바라보니 눈구름이 아득하여 물과 뭍을 분간할 수 없었다. 그때 밤기운에 새벽빛이 하얗게 쌓인 눈 위로 어슴푸레 어리는데, 맑고 빛나기가 말할 수 없었다. 내가 드디어 기둥을 두드리며 찬탄하자, 방에 있던 여러 군자들이 모두 글 읽기를 그치고 나와 모여들었다. 엄숙한 마음으로 옷매무새를 바로하고 동쪽을 향하여 눈도 깜짝 않은 지 한참 만에 문득 한줄기 밝은 기운이 용솟음치듯 덕포德浦(덕소)로부터 일어나 양쪽 기슭으로 스며들어 넘쳐 큰 바다처럼 퍼졌다. 구산龜山(미사리 부근의 언덕) 이 물결 속에서 여러 차례 잠길 듯 말 듯 조화를 부리더니, 장차 가까이서 다하여 사라지는 듯하였다. 먼동이 터오자 부드러이 빛을 발하니 밤이슬은 붉은 빛을 머금었고 모래톱은 잘게 주름이 잡혔다. 이 때 달도 빛이 흐려지며 지는데, 서쪽 행랑과의 거리는 백여 자 남짓으로 차갑고 빛을 더욱 쏘아댔다.
>
> 사람들은 섬돌을 좇아 내려와서 광정廣亭을 한 바퀴 돌고는 다시 처음 구경하던 자리로 돌아왔다. 눈 깜짝할 사이에 이처럼 아름다운 묘경의 변태가 있었다. 조카 숭겸崇謙이 구석에 있다가 "비록 용면산龍眠山의 명화가(송의 문인화가 李公麟)라도 이를 묘사하기 힘들겠군요." 하자, 내가 말했다. "어찌 화가뿐이겠느냐? 고금의 시인들도 그 사이에는 한 구절도 지어내지 못했을 것이다. 오직 고요히 파악하고 마음을 비우고 기다리는 것만 가능할 뿐이다."라고 했다. 드디어 오락가락하다 갑갑한 마음

205) 김용헌, 「율곡학파의 비판적 계승」, 『조선유학의 학파들』, 예문서원, 1996, 349~373쪽; 김창협 지음, 오용원 옮김, 『농암잡지』, 동국대학교 출판부, 2005.

으로 (시구를 얻지 못해) 그만두었다. 여기와사 약간의 시들을 얻어 지나간 자취를 새겼지만, 홀로 이 광경 하나만 빠뜨린 것이 못내 안타까웠다. 송백당으로 돌아와 문을 닫고 말없이 누웠지만 너무 맑고 또렷한 기운이 가슴속까지 퍼지고, 아까 본 광경이 자꾸 눈앞을 지나가서 없을 수가 없었다. 드디어 남은 청기淸氣를 음롱吟弄하다 오율 한 수를 얻었다. 그 기이함과 청초함을 묘사하기엔 만부당하다는 것은 너무 잘 알지만, 시험 삼아 중형의 자리 아래 넌지시 드밀어 가르침을 구한다. 빛나는 여러 군자들 중 나와 함께 구경한 사람 또한 여기에 화답해도 무방하다. 시를 주고받으며 아까의 기경奇境을 미루어 풀어내어 그 청명함을 마음속에 지니고 쇄락灑落함을 빙호氷壺에 모은다면, 이 또한 하나의 좋은 일이다. 이것이 어찌 백설과의 상화相和가 아니겠는가. 또한 곧 야기夜氣의 강설講說이다.[206]

이렇게 긴 제목 뒤에 다음 같은 시가 한 수 따르고 김창흡은 이것을 형 창협에게 건네어 화답을 청했다.

　밤기운 캄캄했는데
　새벽빛 묘하게 모이고 흩어지네.

　문득 강이 변해서 바다 같은데
　이제 보니 눈과 구름이구나.

　달빛 강기슭 훤하게 일렁이고

김수증의 은둔사상

---

206)『三淵集拾遺』卷5,「丙子臘月之望後, 余往侍仲氏於石室之講堂, 兼與諸章甫, 剪燭談經, 信宿而將返, 則天下大雪, 乃爲所維縶, 因加留一夕焉, 五更睡間, 覺窓有白光, 韻透衾枕, 遂出而四望, 雪雲浩渺, 不分川陸, 夜氣曙色, 沖漠於積素之上, 而湛然澄且瑩也, 余遂扣楹稱奇, 則齋房諸君子皆輟讀來集, 儼然整襟, 東向而不瞬者良久, 俄有一道英英之氣, 溽然起自德浦, 浸滛乎兩岸而大瀛平焉, 龜山漾漾其間, 屢被其呑吐, 光景之幻, 若將窮於此而猶有未也, 遠東啓矣, 冉冉送暈, 沆瀣含赤, 洲渚微皺, 落月炯炯, 距西廂可百餘尺, 冷彩益射人, 循除而降, 步匝廣亭, 復歸於初縱目處, 盖須臾之間, 妙景之變態相嬗有如許者, 崇姪在隅曰雖龍眠之善畵, 殆難描此, 余曰豈惟難畵鑑, 今古詩人, 亦難措一句於其間, 惟有靜挹而虛待爲可耳, 遂徊徨悵然而罷, 來時雖留得若干篇什, 以紀過從, 而獨以漏此一段, 爲耿耿也, 盖歸松栢堂, 閉戶靜臥, 猶覺有沁沁澄灝之氣, 洞澈心肝, 與前際相流轉而不可泯遣也, 遂吟弄餘淸, 賦得五言律一首, 極知其於描奇寫淸, 萬一無當, 而試爲呈洸於仲氏席下以求敎焉, 斐然諸君子, 凡同我曉望者, 亦不妨續此而和之也, 和來唱去, 因得追繹前境, 以存此淸明於靈臺, 會其灑落於氷壺, 亦是一事, 斯豈白雪之相和歟, 乃夜氣之講說也」.

여울소리 바람타고 아득하게 들린다.

강당 아래 모두 주욱 늘어서니
하늘 그대들에게 감출 것 없네.[207]

김창협의 화답시는 이러하다.

질펀하게 이어 눈 내리는 강
새벽빛이 조금씩 돋는다.
하늘엔 아직 지는 달 걸려 있고
들판은 구름을 덮어 쓸듯.

한(큰) 기운 차츰 옷깃에 스며드니
모두 멀리 소리치며 귀 기울이네.
이렇게 신비한 뜻을 지킬 수 있다면
길이 하느님 받드는 일로 삼게나.[208]

어쨌든 형 김창협과 동생 김창흡은 오랜만의 뼈에 사무치는 부친의 억울한 죽음과 가문의 낭패감에서 조금은 벗어났다. 세상을 밝게 보려고 애쓰고 학자와 시인으로 후생을 지도하며 그동안 뜸했던 한강 하류 옛 고장 몇 군데를 뱃길로 다시 찾아보았다. 그리고 서원 주변에서 배를 타거나 원생들과 정자에 올라 달밤을 즐기면서 시회를 열고 술잔을 기울였다. 하지만 그런 보람과 즐거움도 그리 길지는 않았다. 이미 1697년 봄 동생 김창흡은 다시 벽계檗溪, 현 양평군 서종면 노문리蘆門里로 돌아갔다.

1700년 7월에는 오진주吳晉周에게 시집간 김창협의 셋째 딸이 병사하였다. 이

---

207) 앞의 시: "夜氣含沖漠, 晨光渺合分, 忽焉江變海, 終是雪和雲, 月岸輝輝動, 風灘遠遠聞, 森羅講堂下, 天不隱諸君." 이승수, 『삼연김창흡연구』, 172~175쪽.

208) 『農巖集』 卷4, 「次子益詠曉景韻」: "泱溔連江雪, 晨光稍向分, 天留將落月, 野有欲鋪雲, 一氣彌襟次, 羣囂遠耳聞, 秪應存此意, 長以事天君."

무렵 소론계이며 뒷날 '백악사단白岳詞壇'의 일원이었던 이하곤李夏坤, 1677~1724이 1697년 11월 수종사水鐘寺에서 선고先考 김수항의 행장行狀을 짓던 김창협을 찾아뵈었다. 인하여 1699년 3월부터 1700년 중엽까지 미음 삼주삼각과 석실서원에 머물면서 김창협의 외아들 김숭겸과 즐거운 한때를 보냈다.[209] 그러던 숭겸도 1700년 10월 20일 겨우 열아홉 살에 요절했다. 1702년 6월에는 김창협의 모부인 나 씨羅氏가 세상을 떠나고, 1703년 3월 이태진李台鎭에게 시집간 둘째 딸이 중병을 앓다 죽었다. 김창협은 1702년 3월 죽은 숭겸을 위해 아주 긴 제문을[210] 지어 통한의 슬픔을 절절히 쏟아내었다.

그 동안 가문의 기둥이던 백부 김수증도 1701년 3월 4일 북촌 본가인 '무속헌'에서 세상을 떠났다. 숙종이 1705~1706년까지 김창협에게 여러 번 관직을 내렸으나 김창협은 모두 사양하였다. 1707년에는 조금씩 평온을 되찾아 여행하고 사람들과 접촉하다 이듬해 4월 11일 삼주정침三洲正寢에서 58세의 한 많은 생을 마감했다.

1698년 9월 18일, 김창협이 석실에서 지은 시 한 수를 음미하는 것으로 석실 이야기를 맺는다.

흐린 날 건들바람 봄인지 아닌지
먼 봉우리 푸르렀다 다시 안개 이누나.

생도들 과거보러 가고 아무도 없는데
맑은 강물에 비치는 이 늙은이 홀로로구나.
(그때 원생들은 모두 서울에서 과거보는 중이었다)[211]

---

209) 『頭陀草』冊一, 「水鐘寺, 奉次農岩金先生韻」: "野寺臨江豁, 淹留一月蹤, 人烟自下界, 雪色盡遙峰, 每與僧愁虎, 空聞佛伏龍, 客心兼歲暮, 蕭瑟對寒松."; 『觀復菴詩稿』, 「陪家君向水鐘寺」: "去去緣江路, 幽幽何處通, 鳴驢踏寒雪, 語僕度深松, 煙色村炊晚, 泉聲野碓空, 揮鞭望高寺, 欲趁下堂鐘."

210) 『農巖集』卷30, 「祭亡兒墓文」.

211) 『農巖集』卷5, 「十八日卽事」其3: "暖日輕風絶似春, 遙岑晴碧更氤氳, 無人不赴名場去, 對影淸江獨老身(時諸生皆赴試京中)."

6. 김수증의 제1차 은둔문화 :
곡운과 석실을 넘나들며

을묘사화(1675) : 김수증의 농수정사, 구곡경영과 송시열

갑인예송이 일어난 1674년으로 시간을 거슬러 올라가 본다. 영의정 김수홍이 철원으로 유배되었다. 이듬해 1675년에는 척신 김석주金錫胄와 송시열의 정치적 갈등이 계속되었다. 아직 15세에 불과했던 숙종은 외척현종의 외사촌 김석주를 편들면서 송시열을 덕원德源으로 유배시키고 남인정권을 세웠다. 김수항도 연이어 유배당하자 김수증은 안악군수安岳郡守를 그만두고 그 해 3월 서울을 떠나 강원도 화천군 사내면, 후세에 '영당동影堂洞'이라고 부르게 된 은거지로 들어갔다. 그가 이 곳을 알게 된 경위는 1668년 춘천을 거쳐 평강현감으로 부임 도중 지금 춘천시 사북면 '서오지리鋤吾芝里'라는 곳을 지나게 되는데, 이때 화악산 북록에 계곡이 깊어 경치가 좋다는 말을 듣게 된다. 그는 1670년 가을부터 지금의 용담리龍潭里 영당동影堂洞 북쪽, 언덕 자락에 명당 터를 골라 '간좌곤향艮坐坤向, 서남향'으로 초가를 짓기 시작하였다. 1675년 겨울에는 칠간모사七間茅舍가 완성되어 '농수정사籠水精舍'라 이름 짓고 서울 백악산 아래 '무속헌無俗軒'에 살던 가족을 거느리고 이 오지로 들어와 제1차 은둔생활을 시작한다.[212]

송시열은 김수증의 은둔사업을 거들어 '농수정사'와[213] '곡운구곡 경영'[214] 등 은둔문화 프로젝트에 적극 참여한다. 김수증은 이미 1670년 8월부터 '곡운정사'를 짓기 시작했는데 그 이듬해 송시열에게 「곡운정사기」를 부탁해 얻은 내용 가운데 한 부분은 다음과 같다.

"…… 수석이 평평하고 골이 넓어서 유영遊泳, 반환盤桓하고 서식棲息, 경착耕鑿

할 만하기로는 저 만폭동(금강산)이 이곳보다 못한 바가 있다. 더구나 매월당의 유적이 여기 있으니, 내가(김수증) 터를 잡아서 의지할 곳으로 삼는 일을 어찌 그만 두겠는가……” 하고는, 나에게 편지를 보내 기기를 청하기에 나는 다음과 같이 말하였다. “…… 지금 이 ‘사탄史呑’ 은 산이 우뚝하고 물이 흐른 지 몇천만 년이 지난 후에야 비로소 매월당의 유람하던 곳이 되었고, 또 매월당과 함께 파묻혀 버린 지 다시 몇 해 만에 연지에게 발견되었다. …… 나는 이어서 연지에게 고할 것이 있다. 연지가 이미 담潭 이름을 ‘와룡臥龍’ 이라 했으니, 회옹晦翁이 ‘여산廬山 와룡담’ 에 암자를 지어 제갈무후諸葛武侯를 봉안하던 고사를 모방하지 않을 참인가. …… 회옹의 「와룡암시臥龍庵詩」를 적어 보내니, 이후에 라도 낙성하게 되면 이것을 벽에 걸어 두기 바란다……”.[215]

그동안 갑인환국1674으로 남인이 집권하고 서인들이 궁지에 몰렸다. 송시열과 김수항이 유배되자 김수증은 곡운 땅보다 좀 더 깊은 은둔처를 갈망했다. 1675년 8월 20일 덕원에 유배 중인 송시열은 3월에 이미 가족을 데리고 곡운으로 들어간 김수증에게 다음과 같은 편지를 쓴다.

이른바 다른 계책이란 장차 어디로 가려는 것인가? 산이 높지 않은 것이 한스럽다고 한 것은 실로 주자의 말씀이나, 산이 높기만 하고 경작할 곳이 없다면 또한 좋은 계책이 될 수 없네. 아무튼 지금 경읍京邑에 있으면 잘못 걸려들 염려가 있네. 곡운이 비록 좋은 곳이 아니나 우선 그곳으로 옮기어 점차 좋은 곳으로 들어가도록 하게. 그리고 속세를 등지겠다는 말은 무심히 받아들일 수 없는 일이라 공연히 개탄할 뿐이네. 고기가 못에 있어도 극락이 아니라고 한 말은 실로 내가 하고 싶은 말이었네.[216]

그간 두 사람 사이에 오간 편지 내용을 보면 김수증은 송시열과 처음부터 곡운에다 제갈량과 매월당 추존사업을 계획했던 것을 알 수 있다.

215) 『송자대전』, 권142, 「谷雲精舍記」.

216) 『宋子大全』 卷51, 「答金延之」(乙卯 8月 20日): “所謂他計, 是將何向, 恨山不高, 是固朱子語, 然山徒高而無可耕之地, 則亦非良謀也. 第此時京邑, 恐有橫罹之憂, 谷雲雖淺, 姑先移就, 漸入佳境, 未知如何. 丘壑謀亦難從容, 承諭慨然, 魚在于沼, 亦非極樂, 實先獲語也.”

1689년에야 완성된 '곡운기谷雲記'에서, 김수증은 1670년 3월에 평강현감 3년 임기를 마치고 서울 본가로 일단 들어갔다가 북한강을 따라 오늘날 춘천시 사북면 오탄리梧灘里을 거쳐 사내천史內川, 또는 지촌천을 거슬러 곡운으로 향했다. 상류를 '용담천龍潭川'이라고 부르는 사내천은 춘천시 사북면과 화천군 사내면의 경계를 지나 춘천호로 유입되는 북한강 상류의 한 가닥이다. 남쪽에 1,486m의 화악산, 그 이북의 높은 산들로 둘러싸이고 암반이 침식된 아름다운 내륙 사행계곡이다. 김수증은 지금의 춘천시와 화천군 경계를 기점으로 지촌천을 동에서 서쪽 상류로 거슬러 올라가면서, 제1곡 방화계傍花溪라고 명명하는 등 전장 약 7km 사이, 아홉 구비북위 38도 4분을 따라 서에서 동으로, 동경 127도부터 32분까지에 경치 좋은 아홉 구비를 골라 속명俗名을 주자의 글들에서 찾아 고치고 '곡운구곡谷雲九曲'이라 하였다. 이들 구곡의 명칭은 다음과 같다.

- 일곡一曲 방화계傍花溪 : 봄철에 바위마다 꽃이 만발하는 계곡
- 이곡二曲 청옥협靑玉峽 : 맑고 깊은 물이 옥색처럼 푸른 골짜기
- 삼곡三曲 신녀협神女峽 : 하백河伯의 딸 신녀의 골짜기
- 사곡四曲 백운담白雲潭 : 튀어 오르는 물안개 흰 구름 같은 못
- 오곡五曲 명옥뢰鳴玉瀨 : 옥이 부서지는 듯한 소리를 내는 여울 또는 작은 폭포
- 육곡六曲 와룡담臥龍潭 : 용이 숨은 깊은 물
- 농수정사籠水精舍 : 시끄러운 여울물로 세속의 번거로움을 피하는 선비의 집
- 칠곡七曲 명월계明月溪 : 밝은 달 비치는 계수
- 팔곡八曲 융의연隆義淵 : 제갈량과 김시습의 절의를 기리는 깊은 물
- 구곡九曲 첩석대疊石臺 : 층층이 쌓여 있는 계곡의 바위들

김수증은 농수정사籠水精舍가 완성된 후 물가에 '농수정'을 짓고 작은 서문을 지어 다음과 같이 말했다.

미친 듯 격한 물 층층 바위 때리며 겹겹 산 구비에 울리니
사람 말 지척 사이에서도 알아듣기 어려워라.

세상 시비 소리 귀에 닿을까 두려워

짐짓 여울물 시켜 온 산을 둘러막았네.

이 시는 가야산 홍류동紅流洞에 새겨진 최고운崔孤雲의 시에서 빌려왔다. 내 어려서부터 이를 즐겨 읊었는데 어쩌다 물과 돌이 부딪치는 곳을 지나면 그의 높은 기풍을 마음에 떠올리지 않을 수 없었네. 이는 또한 마당의 무성한 풀을 보고 주렴계를 떠올리지 않을 수 없는 것과 같다. 내가 경술년(1670) 봄 춘주(春州) 곡운 땅에 들어와 정사를 짓고 계숫가로 다가가 농수정사를 지었는데, 아! 최고운이 이 시를 지은 뜻은 어디에 있었던가? 내가 이 시에서 취한 뜻은 역시 세상의 시비를 끊으려 함과 가깝지 않은가.[217]

1682년에야 김수증은 평양 출신 화가 조세걸曺世桀을 불러다 곡운구곡을 사실적으로 그리게 하였다. 조세걸은 김상헌과 심양에서 볼모생활을 같이 한 조한영曺漢英의 손녀이면서 김수증의 부인인 창령조씨昌寧曺氏와 인척이었을 가능성이 크다. 송시열은 1675년 5월 김수증과 《취성도聚星圖》와[218] 《문희별자도文姬別子圖》를[219] 만들 계획을 세우는데, 그 해 6월에는 "그 평양 화가가 아직 댁에 머물고 있는지?"라고 물으면서 《문희별자도》 한 부를 그려 보내 달라고 부탁한다. 김수증은 아들, 조카, 외손까지 주자의 「무이도가십수」에 차운해 조세걸의 그림과 합장合裝하려고 계획을 세웠다. 그러나 곡운구곡 경영이 실제로 때에 맞추어 이루어진 것과는 달리, 〈구곡도〉와 「구곡시」를 합장한 《곡운구곡도첩谷雲九曲圖帖》이 완성된 것은 그로부터 10년 후인 1692년이다. 오늘날 국립중앙박물관에는 1682년 조세걸이 그린 《곡운구곡도》와 그 후 모사본이 있다. '조세걸 본'은 옛 실경산수화 중에서

---

217) 『谷雲集』卷6, 「籠水亭小序」: "狂奔疊石吼重巒, 人語難分咫尺間, 常恐是非聲到耳, 故敎流水鎭籠山. 此乃崔孤雲詩, 刻在伽倻山紅流洞者也. 余自少愛誦之, 或遇水石噴薄處, 未嘗不懷高風, 蓋亦庭草憶濂溪之意也. 余於庚戌春, 得占貊墟之谷雲, 旣置精舍, 仍就澗曲, 爲籠水之亭. 噫, 孤雲之作是詩, 意果何在. 余之有取於斯義者, 其亦不幾於絶滅是非之天者歟."

218) 『宋子大全』卷147, 「聚星圖跋」; 『晦菴集』卷64, 「答鞏仲至」: "聚星圖, 此間已先令人畵, 今詳所寄, 大槩不甚相遠, 但此間者車中堂上有兩太丘, 心頗疑之. 今得所示, 却差穩當, 此必嘗經明者較量也. 但閩中人不好事, 畵筆幾絶, 爲可歎耳."

219) 김상헌이 藩館에서 얻은 趙孟頫의 그림. 『宋子大全』卷147, 「趙孟頫文姬別子圖跋」.

전래의 기법이 잔존하는 가운데서도[220] 대상을 사실적으로 묘사하는 새로운 경향을 보여 주어 실경산수화 탄생의 실마리를 연구하는 데 중요한 작품이다.[221]

7. 제2차 은둔문화 : 송시열 · 김수항 · 김수흥의 희생, 은둔 차원의 상승

기사사화 : 화음동으로 더 깊이, 전체 구조/일상과 수양

김수중은 기사사화1689로 남인들이 재집권하고 둘째 동생 김수항이 진도에서, 우암이 정읍에서 숙종의 사약을 받고 죽자, 석실에서 곡운으로 다시 들어와 곡운정사가 있는 지금의 영당동에서 남으로 화악산 북록 삼일리 계곡을 거슬러 약 4, 5리가량2,800m 더 들어가 "아, 바로 여기다!" 하고 발을 멈추었다. 그곳은 화악산 주봉과 사자봉 사이에서 모인 계곡물이 북쪽으로 흐르다 반수암 작은 골짜기의 물줄기와 만나 '쌍계雙溪'를 이루는데 화음동은 바로 그 아래였다. 산수 형세에 능통한 은자가 물을 만나니 곧 '화음계華陰溪' 또는 '백운계白雲溪'라 이름 붙였다. 현 행정구역으로는 화천군 사내면 삼일리 1097번지와 계곡을 둘러싼 산자락 일대이다.

김수중은 이해 가을 화음동 계수 서쪽 둔덕에 우선 '요엄류정聊淹留亭, 잠시 흐르는 물에 발을 담그다'이라는 임시 정자를 지었다. 말하자면 더 깊이 숨기 위해 베이스캠프를 설치하고 제2차 은둔에 합당한 정사 건축 설계도를 농수정사에서 매일 들고 와 정자에 머물면서 공사를 지휘한 것이다. 1년쯤 지난 1690년 여름, 요엄류

---

220) 조세걸은 절파풍으로 그림을 그리던 김명국(1600~?)의 제자였다는 설이 있다. 송시열은 1649년 7월 1일 '유무중에게 보냄(『宋子大全』 卷33, 「與兪武仲」, 兪棨의 자)'에서, "이른바 중부中部의 윤리를 거스르는 사람이란, '감토전甘土廛 행랑' 뒤에 사는 화원 김명국으로 아비가 죽어 장사도 하기 전에 아내를 맞이한 자이니, 모름지기 이를 근거로 탐문해서 사헌부에 고발하도록 하는 것이 어떤가. 하나하나 다 말하지 못하네."라고 했다.

221) 유준영, 「九曲圖의 發生과 機能에 對하여」, 『고고미술』 151, 국립중앙박물관, 1~20쪽.

정에서 수십 보 남쪽에 '부지암不知菴'이라는 안방, 부엌, 대청마루 그리고 건넛방
이 딸린 살림집 안채와, '자연실自然室'이라는 두 칸짜리 사랑방을 거의 동향에 가
까운 경좌갑향庚坐甲向 축선 상에 들어앉혔다. 물론 배산임수의 풍수원리에 따라
집 뒤 산자락에서 다가오는 '내룡來龍, 풍수용어'을 타면서 동쪽의 '총계봉叢桂峯'을
'안산案山'으로 삼았다. 달이 뜨는 밤 화음동에 머물면 '총계봉' 위로 달이 오른
다. 공사기간 우선 노비들이 각각 안채와 바깥채에 나누어 방들을 차지했을 것이
다. 진달래 필 무렵이면 무척이나 상쾌한 서쪽 골짜기西澗에서 샘물을 부엌 문턱
까지 끌어다 목조에 철철 넘치게 했고 장난삼아 중간에 작은 '물방아용운대舂雲碓,
구름을 찧는 방앗간'를 만들었다. 정사 출입문 안쪽에는 큰 돌에 작은 구덩이석확石確을
파 디딜방아 간을 만들고(그림 24) 호랑이와 삵을 막으려고 울타리를 단단히 둘
렀다.

　이러는 동안 김수증 자신은 1693년 2월까지 농수정사에 처자, 남은 노비들과
가끔 기거하면서 때로 덕소에 있는 석실과 서울 본가를 돌보려 곡운을 벗어나야
했다.

　1691년 5월 5일부터 15일까지, 또 무슨 바람이 불었는지 김수증은 조카 김창
흡과 곡운정사를 떠나 양구를 거쳐 인제 용대리에서 백담계곡으로 들어가서 진
부령까지 올랐다가 화천읍을 거쳐 돌아와서는 「한계산기寒溪山記」를 썼다. 겨우

석 달 후인 8월 28일에는 은거를 시작한 이후 16년이나 농수정사 사랑채에서 두고두고 눈으로만 오르던送目臥遊 화악산을 셋째 사위 신진화申鎭華와 반수암 승려 홍눌弘訥, 남득南特을 거느리고 등반하여 하룻밤을 지새운다. 반수암을 거쳐 산 서편 등성이를 소를 타고 오르다 가마로 바꾸었다. 산세가 점점 가팔라지자 짧은 바지에 짚신을 신고 지팡이에 의지했다. 이미 67세의 노구였지만 젊어서부터 달련된 각력을 믿었다. 이 산행에서 특별한 발견이 있었는데, 지금까지 뜬소문으로만 듣던 '상암사上菴寺 터'라는 깊숙한 비경秘境을 발견하고 '태초곡太初谷'이라 명명했다.

1692년 2월에는 비명으로 돌아간 김수항의 별서인 영평현 응암구거鷹巖舊居 동쪽지금의 포천시 이동면 수리바위 근처에 김창협이 '농암수옥農巖樹屋'을 마련했고, 같은 해 9월 2일에는 화음동에서도 세 칸짜리 '무명와無名窩'가 총계봉 벼랑바위인 장운병張雲屏 아래에 자리를 잡았다.

김수증은 이듬해인 1693년 가을 오랜 숙원 사업이던 제갈량과 매월당을 추모하는 공간을 마련했다. 무명와 남쪽 끝방에 애써 장만한 두 분의 초상을 걸고, 그 앞에 촛대와 향로를 갖춘 상을 차렸다. 그리고는 기둥과 문설주에 단청칠까지 하고 '유지당有志堂이라 했다. 그러니까 1689년 기사사화로 집안이 풍비박산나고 나서 1693년까지 김수증을 비롯해 두 조카들이 본거지인 장안의 경저와 석실을 뒤로하고 화음華陰으로, 영평 응암으로 그리고 한계산 백담사 골짜기로 몸을 피해 더욱 꽁꽁 숨어 세상을 아주 등질 자리를 둘러보러 다닌 셈인지도 모른다.

화음동 정사 건축이 한참 진행되던 차에 갑자기 그것도 높은 화악산을 오른 것은 다소 의외의 사건일 수도 있다. 그러나 김수증과 조카 김창흡은 흥이 일면 언제라도 산수 탐승을 즐기는 고질병을 지닌 이들이었다. 이런 이들이기에 화악산행이 결코 우연한 기행이 아니었던 것이다. 김수증은 70세를 바라보면서, 마지막으로 이승과 저승의 경계 어디쯤, 종내는 돌아가 자신의 형해를 의탁할 '태초곡' 같은 모태를 찾고 싶었을지도 모른다. 이러는 사이 화음동에서는 '송풍정松風亭', '한해왕교閑來往橋', '삼일정三一亭' 그리고 '인문석人文石'이 4년 만에 마련된다(그림 25 · 26).

그림 25 화음동 복원도 길종갑 作. 아크릴 캔버스화, 53×46cm.

그림 26 월굴암 근경

한참 뒤인 1699년에는 사랑채 '자연실自然室'에 은자의 도서를 비치한 '청몽루淸夢樓'를 덧대어 정사의 규모가 골고루 갖추어졌다. 김수증은 「화음동지」1693에서 그가 배치한 거의 모든 대상들을 기술했다. 대상들의 이름을 짓고, 이들을 각각 생활, 노동, 소요, 명상, 숭현崇賢, 외사外舍, 伴睡庵의 구역으로 나누고 다시 전체를 아울러 자신의 영역을 알리는 경계표석을 예서체로 각석해華陰 세워 외곽 산촌과 분리했다. 그러고도 발이 닿는 곳이면 산수가 모두 내 것이라고 여겼다. 말인즉 산수를 '보고 즐기는 심미안'이 있어야 산천의 참주인이 될 자격이 있다는 자부심이 작동한 것이다.

화음동 정사 설계구상에서 가장 중요한 것은 소옹의 핵심철학과 우주 모형을 속세와 거리가 더 먼 이 궁벽한 신천지에 돌과 나무, 흙과 문자로 형상화하는 작업이었다(그림 27). 낙양洛陽 땅 천진교天津橋 아래 안락와安樂窩에서 얼근하게 술 취해 꽃을 바라보는, 대선배인 시은市隱 소요부邵堯夫에게 "진짜 은둔은 이렇게 한다."라고 외치기라도 하듯 김수증의 생애에서 가장 신나는 유희와 창조의 순간이었다. 심지어 소 선생의 행와行窩, 낙양 사람들이 소강절을 며칠씩 모시는 별채를 시샘이나 하듯 산등 너머, 화악산의 높고 육중한 경관이 눈앞으로 확 다가오는 천연의 전망대에 '반수암伴睡庵'을 짓고 자신의 외사外舍라며 소를 타고 찾아가 금강산에서 불러들인 선승禪僧 홍눌弘訥과 사귀었다. 그러고는 화음동 정사 주변 일상의 자질구레한 움직임을 빠짐없이 기술하고 사물, 경관과 가여운 생명들을 관찰하며, 상수론의 세부까지 빈틈없이 챙겨 '은자의 완벽한 상징 시스템'을 구축했다. 그야말로 우주의 설계자가 자신이 창조한 태극을 자유자재로 가지고 노는 '농환弄丸'의 경지에 들어가고자 했다. 그리고 이 인문석의 상징세계를 굽어보기 위해 바위 위에 '삼일정'을 지었다. 마지막에는 집터에서 가장 높은 위치에다 시야를 더 넓힌 은자의 서재 '청몽루淸夢樓'를 완성한다. 마침내 정사가 모두 마무리되었다. 그리고는 계수를 시간의 축으로, 일상 공간인 '부지암'과 건너편 '상징세계' 사이의 동선이 형성되었다. 그러나 때로 발길이 동선動線을 벗어나 행동방향이 마음 내키는 변하기도 한다.

하루가 다하고 또 아침이 되면 '부지암'에서 '무명와'로 건너온다. 아직은 햇

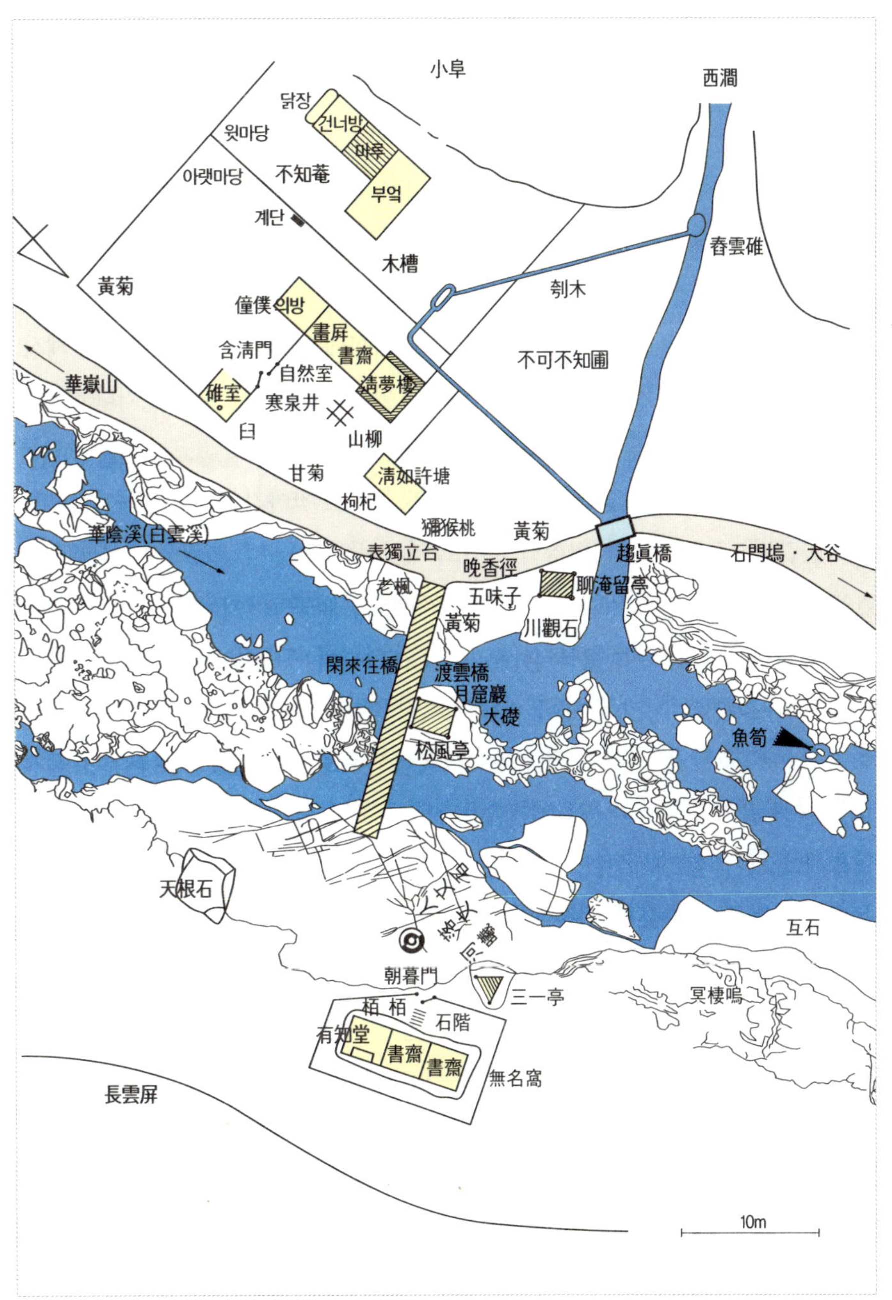

그림 27 화음동 정사 복원도 유준영 작성.

살이 들지 않고 맑으니 문을 열어 놓고 잠시 앉았다가 『역경』에서 괘 하나를 뽑아 들여다본다. 형식과 과정을 생략한 명상과 '관물觀物'이 끝난다. 그리고는 처마 밑에 매달은 경磬을 두드리면 멀지도 않은 부엌 계집아이가 아침 밥상을 들고 오다 다리를 건너와 계수 한 그릇을 떠 상 위에 올린다. 밥상을 물리고 어떤 때는 무명와 뒤로 돌아가 밭을 돌보고, 때로 삼일정에 올라 그가 눈을 감고도 한 치의 오차도 없이 그릴 수 있는 '인문석의 도상'들을 무심히 내려다본다. 자신의 손아귀에 천지 이법의 구슬을 쥐고 있으니, 그의 의식에 들어오는 것은 반드시 괘상의 의미가 아니고 오히려 바위틈 사이를 기어오르는 '무당개구리'거나 '석단풍'의 희고 조그만 꽃잎들의 흔들림일 수도 있다.

그리고는 '한래왕교'를 건너 늘 비슷한 방향으로 찾아간다. 마주치는 대상들에서 순간적으로 다가오는 형상들이 있고 거기서 시상을 얻기도 한다. 어쩌다 주변에 눈을 돌려 입산의 외길인 집 앞을 통과하는 타자들을 만나면 무어라 한 마디씩 하는데 서로 분명한 정보소통이 있는 건 아니다. 사람을 피해 더 깊이 들어왔는데 계곡 상류 질그릇을 빚는 가마에서 간간히 흙탕물이 흘러내려 심기가 조금 불편할 때도 있다. 시간이 지나면서 하루하루 쓸모없는 일을 되풀이된다고 느꼈다. 낮과 밤이 다하도록 말을 상대해 줄 이도 없다. 날이면 날마다 소일하는 것이 이와 같았다.

삼일정 : 인문석 도상의 3차원 형상화

천·지·인을 상징하는 이름을 가진 '삼일정三一亭'(그림 30)은 앞서 말했듯이, "도상을 살펴 천하를 교화한다"는 '인문석人文石'(그림 28)의[222] 도상들을 관찰하기 위한 목적으로 지었다. 먼저 인문석 도상들은 김수증 자신이 주자의 글에서 본받은 바라고 했으나, 실은 벽애도사碧厓道士 감숙회甘叔懷와 주희 사이에 오간 글들에서 얻은 것이다.[223] 인문석 도상들은 세 가지 범주로 나눌 수 있다.

---

222) 『周易·賁卦』象辭: "인문을 관찰하여 천하를 교화시킨다[觀乎人文, 以化成天下]."

223) 『谷雲集』卷4,「華陰洞志」, "遂名之曰三一亭, 亭下大石盤陀, 可數十間, 效晦翁閣皁山古事, 刻河圖洛書先後天八卦太極圖, 遂名其石曰人文."; 同書 卷1,「人文石」, "聞昔雲臺翁, 經營閣皁

- 주렴계의 「태극도설」에 나오는 제2도[224]
- 「하도」와 「낙서」[225]
- 「복희 8괘도」와 「문왕 8괘도」[226]

김수증은 인문석의 이 세 도상을 '삼일정' 내부에 선천 64괘 효와 기호나 글씨와 함께 입체적으로 형상화하였다. 삼일정은 기둥이 세 개뿐인 특수한 정자 형태를 이루며[227] 한 변이 약 2m, 기둥과 기둥 사이가 187cm이다. 이 정자가 들어선

石, 圖象我所昧, 聊爾效前跡." 김수증이 閣皂山을 여러 번 언급했거니와 주자는 '甘公叔懷'라는 인물과 閣皂山에 대해 『주자대전』여러 곳에서 말하고 있다. 예로 '河圖洛書後'에서는 '……閣皂甘君叔懷, 欲刻二圖山中, 覽者未必沈考 又當大啓爭端聊書以諗之……(권84跋).' '跋周益公楊誠齋送甘叔懷詩文卷後'에서는 '退傳精勤 小物無有人於間 老監縱橫 妙用諸相卽是非相且道二公用處 是同是別 叔懷於此卷中 直下薦得 不妨奇特如或未然 待汝一口盡西江水卽向汝道慶元 己未 四月(권84跋).'; '跋蒼玉詩卷'에서는 '余頃歲數往來江書 飽聞閣皂之勝每以不能一往遊 焉爲恨 今觀 蒼玉詩卷則 亦不待身到脚力而 小院回廊風篁雪竹已了了在眼中矣 軒中主人讀書彈琴終日遊居 寢臥其間而 不知歲月之逝 其樂詎可量也 況今桂山先生已往 有墨盒可貴重 陳君其保藏之 慶元乙卯七月二十八日 鴻慶外史 朱熹書(대전 권83발).'; '答蔡季通'에서는 '……前日所說, 磨崖刻河洛先天諸圖適見, 甘君說閣皂山中 新營精舍處, 有石如削, 似可鐫刻, 亦告以一本付之, 先天須刻卦印印之, 乃佳 但篆隷碑字書, 皆不滿人意 未有可寫之 人爲撓耳, 令伯謨篆如何, 三圖須作篆 乃有古意 更當遣人送伯謀處也……(大全續集 권2書).'; '登閣皂山'에서는 '……疊疊層巒 鎖閟宮 我來特地訪靈蹤 葛仙去後 無丹竈 弟子今成白髮翁(대전 별집7書).'; 또 '送單應之往閣山'에서는 '杖頭挑月入煙蘿, 城郭塵埃奈爾何. 若到名山高著眼, 洞天深處異人多. 回首名山我舊遊, 曾將風袂挹浮丘. 如今不及臺邊水, 長向山前山後流(大全 별집7書).'; '答甘道士'에서는 '……所云 築室藏書 此亦恐枉費心力 且學靜坐閒讀書 滌去世俗塵垢之心 始爲眞有所歸宿耳(권63서).' 등이 있다. 閣皂山은 '閣早山'이라고도 쓰는데 江西省 淸江縣 동쪽 30리에 위치하고, 山形如閤(작은 문) 色如皂(검은) 有峯有嶺四巖, 其如泉石池塘之勝 參差 不一, 相傳爲神仙之府, 道書以爲三十三福地(讀史方興紀要), 송대에는 龍虎山, 茅山과 함께 三山이라 하여 유명하였다. 합조산은 전설에 태극공 갈현이 승천한 곳이라고 하는데 남북조시대부터 도관이 있었다. 북송 정화 8년에는 휘종이 閣皂一派를 숭상하기 위하여 숭진궁이라는 이름을 하사하였고 남송시대에도 자못 융성하였다고 한다(閣皂山志). 葛兆光, 『道敎와 中國文化』, 동문선, 1993, 335쪽.

224) 『性理大全書』 卷1, 「太極圖」.

225) 『性理大全書』 卷14, 『易學啓蒙』 1, 本圖書 第一.

226) 『性理大全書』 卷15, 『易學啓蒙』 2.

227) 『農巖集』 卷24, 「三一亭記」: "何以名三一, 三柱而一極也. 何取於三柱一極, 以爲有三才一理之象焉爾. 日是象之而爲也歟. 亦爲之而有是象也. 始伯父杖屨於溪上, 有石焉如龜黿之曝于涯, 其背可以亭也." 여기서 삼일정을 받치는 바위 모양이 龜黿가 물가로 나와 햇볕을 쬐는 형상이라고 했는데, '거북바위'에 대한 김수증의 기억은 아마도 안동 소산에 있던 三龜亭과 모종의 관련이 있을 듯하다.

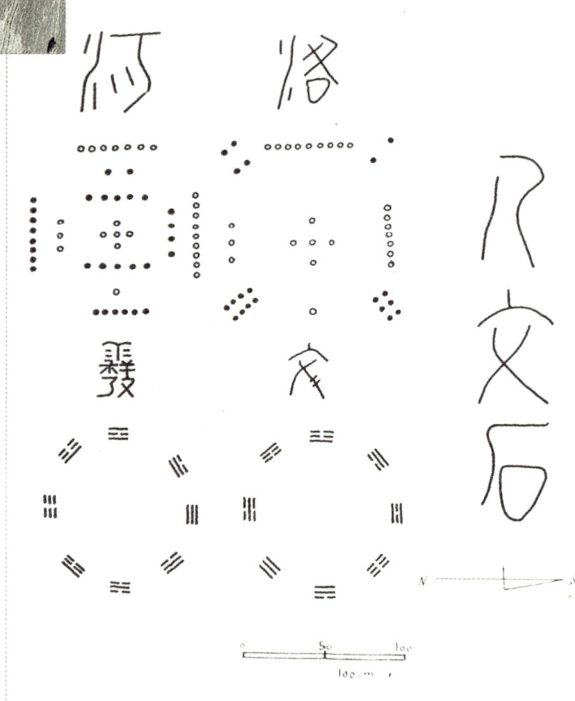

그림 28 인문석 전경과 상세도

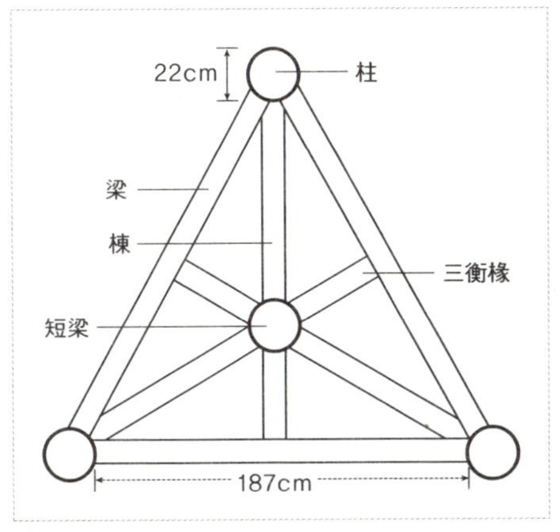

그림 29 삼일정 천정 구조도

그림 30 삼일정 암각자 탁본 오른쪽 사람이 박제호 선생.

바위 자체는 원래 대략 삼각형으로 생겨 기둥 세 개만을 세우고, 이를 잇는 동棟, 양梁, 연椽으로 짜인 특이한 구조를 보인다. 그 가구법架構法과 기호나 문자들은 다음과 같다(그림 29).

- 단량短梁(마룻대)
  - 양근梁根 : 태극도를 그리다.
  - 방열旁列 : 팔괘를 그리다.
- 삼형연三衡椽 : 예서체로 음양陰陽 · 강유剛柔 · 인의仁義를 나누어 쓰다.
- 삼동三棟 : 세 기둥을 잇는 수평 도리. 64괘를 그리다(통획通畵 64괘卦, 64괘 생략).
- 삼주三柱 : 8각주角柱 24면面
  - 24면에 24절기節氣를 써서 배치하다 : 입하立春 · 우수雨水 · 경칩驚蟄 · 춘분春分 · 청명淸明 · 곡우穀雨 · 입하立夏 · 소만小滿 · 망종芒種 · 하지夏至 · 소서小暑 · 대서大暑 · 입추立秋 · 처서處暑 · 백로白露 · 추분秋分 · 한로寒露 · 상강霜降 · 입동立冬 · 소설小雪 · 대설大雪 · 동지冬至 · 소한小寒 · 대한大寒
  - 12벽괘辟卦를 배치하다 : 복復 · 임臨 · 태泰 · 대장大壯 · 쾌夬 · 건乾 · 구姤 · 둔遯 · 비否 · 관觀 · 박剝 · 곤坤

- 12율律을 쓰다 : 황종黃鍾 · 태주太簇 · 고선姑洗 · 유빈蕤賓 · 이칙夷則 · 무역無射 · 대려大呂 · 협종夾鐘 · 중려仲呂 · 임종林鐘 · 남려南呂 · 응종應鐘
- 12지支를 쓰다 : 자子 · 축丑 · 인寅 · 묘卯 · 진辰 · 사巳 · 오午 · 미未 · 신申 · 유酉 · 술戌 · 해亥

한래왕교, 음양 소식관의 형상화

화음동의 현장실측도는 1998년에 조사한 『화음동지표조사華陰洞地表調査』[228]에서 볼 수 있다. 그 중에서도 계수의 흐름을 남북축으로 삼고 동서를 가로 지르는 '한래왕교'는 정사복원도에서 볼 수 있는 '월굴암月窟巖', '천근석天根石'과 함께 '36궁도시춘三十六宮都是春'이라는 『이천격양집』의 철리시를 형상화한 것이다. '한래왕교'의 상징성은 화음동 정사의 핵심적 사상의 축약이고 『황극경세서』 사상의 '고갱이'이기도 하다. 이 도식들은 소옹 상수철학에서 자연과 인사에 나타나는 현상을 분석 · 구조화한 것이다. 그 구조 속에는 상수학적 기호, 즉 선천 8괘도와 복희 64괘 복원도처럼 괘 · 효로 수리화한 하나의 우주 시스템 안에서 작동하는 상징들이 있다. 두 바위천근석, 월굴암를 잇는 구조가 단순한 조형으로서 뿐만 아니라, 형이상의 구조로 전체를 덮는다. 형이상의 구조란 예를 들자면, 역사적 현상으로서 이야기의 전체를 A중국 11~12세기 송대라고 한다면, 조선조 17세기의 상황을 A´라는 유사한 구조로 표현할 수 있다. 이 'A'라는 공통구조 속에 들어 있는 원리는 '음양소장陰陽消長' 원리이다(그림 31).

화음동 '계수의 흐름'시간과 '한래왕교'라는 공간으로 상징되는 '소식消息' 또는 '소장消長'이라는 개념들은 이미 한대 상수론에서 빌려온 '기수지자연氣數之自然의 증감'을 의미한다. 이 '기수지자연의 증감'은 자연계를 년 · 월 · 일 · 시 · 분 · 초 또는 역으로 세대 · 세기 · 태양계 · 우주의 역사 등등, 극소 단위에서 무한으로, 반대로 무한에서 극소로 시간과 물질의 단위를 자르거나 계량한다. 괘 효, 숫자 또는 그림도식의 기호적 법칙성을 가지고 몇 가지 상象, 패턴을 나타내며

---

228) 유준영 · 이상해, 『華陰洞精舍址 地表調査』, 강원도 화천군, 성균관대학교 과학기술연구소, 1998, 38~109쪽.

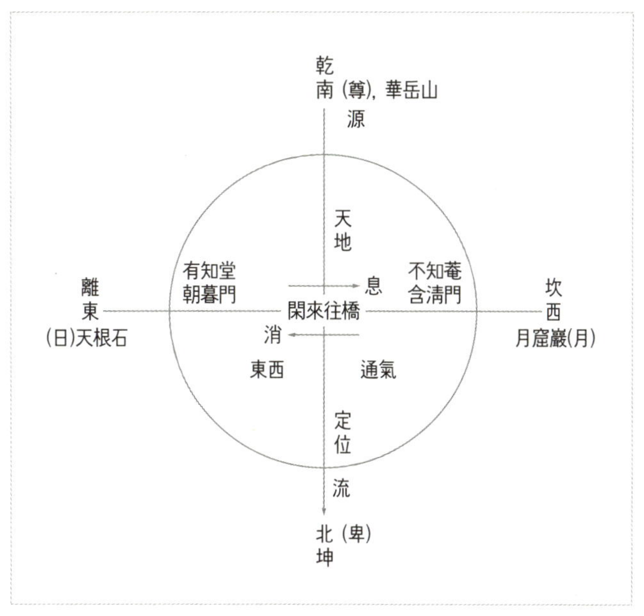

그림 31 화음동 정사의 상징적 구조

거기서 우리는 의미를 읽는다. '상象'이란 본래 볼 수 없는 기가 응축되어 형태를 취하여 볼 수 있는 '물'이 되기 '이전의 단계', 즉 보이는 것 같기도 하고 보이지 않는 것 같기도 한, '기氣와 형形의 중간 단계'에 있는 일종 애매모호한 상태를 가리키는 말인 듯하다. 정지된 상의 집합을 공시적共時的, synchronic이라고 한다면, 그 다리 위를 오가는 행위한래왕는 통시적diachronic이다. 소옹의 핵심사상인 '관물철학觀物哲學'은 우주 자연과 인사人事의 변화와 이치를 읽는 것이다. '과거와 현재를 읽으니 앞날을 예측할 수'도 있다(그림 32).

앞서 언급했지만 정호가 '가일배법'이라고 하였고, 라이프니츠가 '이진법 산술'이라고 한 것이 11세기와 17세기 동서양에서 우연히 일치하였다. 그 궁극적 모델을 가시적으로 표현한 것이 「복희 64괘 방원도伏羲六十四卦方圓圖」이다. 앞서 은사문화와 상수학사에서 논의를 대강 거쳤지만, 소옹의 '심학心學'은 정靜 또는 정定한 물, 거울 같은 마음에서만 가능하므로 '용用보다는 체體'를 우선하기 때문에 그의 사상을 '선천학先天學'이라고 한다. 선천학의 이론적 체계는 복희 8괘라는 괘상 속에 있다. 『주역』 「설괘전說卦傳」 제3장에 나오는 '천지정위天地定位, 산택통

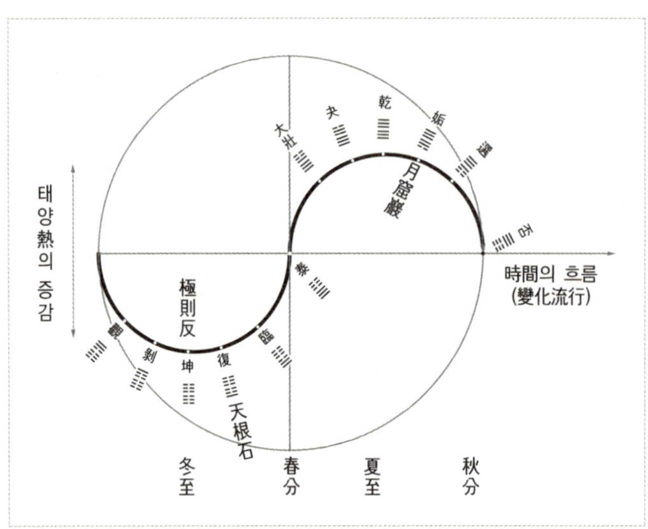

그림 32 12벽괘도의 통시적 구조

기山澤(東西)通氣', 즉 우주자연의 시공時空 속에서 운행하는 '기氣의 통시적 변화' 와 '공시적 구조' 속에 나타나는 모든 현상음·양의 '대대對待와 변화' 이다.[229] 화음동 정사의 '한래왕교' 라는 조형물에 표현된 이론의 현실화가 바로 김수증이 의도한 '형상화된 구조' 인데, 그 구조象數 속에는 비가시적인 17세기 역사의식華夷觀도 들어 있다.[230]

화음동 정사의 핵심적 구조 속에는 소옹의 '반관反觀 철학' 이 들어 있다. 그것은 선천학의 '관물사상觀物思想'에 기초한 소옹의 '심법心法' 이었다.[231] 다시 말하자면 소옹의 상수학에 이르러 비로소 이理와 상수가 좀 더 발전된 수·리 기호적 형식을 충족시키면서 '술수術數'에서 벗어나정이는 여전히 소옹의 수를 받아들이지 않는다고 했지만 '기표記標와 기의記意 사이의 논리적 관계가 정립'된 것이다.[232] 이러한 논리

---

229) 『皇極經世書』, 卷七上 三十四, 卷八下 十六, 卷八下 二十五; 孫國中編, 『河圖洛書解析』, 北京: 學苑出版社, 1990, 583~585쪽.

230) 北譯方邦, 『構造主義』, 東京: 講談社, 1968, 특히 116~118쪽.

231) 小笠智章, 「邵雍と張載の思想における神の意義」, 京都大學中國哲學研究室, 『中國思想史研究』第8號, 1985, 62~67쪽.

232) 『皇極經世書』卷13, 「觀物外篇上」: "天下之數, 出於理, 違乎理, 則入於術, 世人以數而入術. 故失於理也."

적 사변의 본거를 소옹은 '심心'이라고 보았다. 이 심은 주관 때문에 판단을 흐리게 하는 감정의 발원지로서의 '마음'이 아니라 '사리를 헤아리고 천지만물의 이치를 깨달아 뚫고 보는 이성의 객관적 능력'이라고 했다.[233]

소옹은 『이천격양집』「자서自序」에서 인간 사유체계의 개념들을 도道→성性→심心→신身→물物과 같이 '도'라는 추상개념에서 구체적 '물의 차원'으로 차서次序하고, 관물觀物할 때 그 사유대상에서 '이理'로 집중함으로써 다른 영역의 간섭 없이 '물자체의 본질에 뚫고 들어갈 수 있다'고 한다.[234] 여기서 성性을 이理로 바꾸어 말하면, "천하의 모든 물은 이가 없는 것이 없다. 따라서 이理라고 하는 것은 사유를 한 후 알 수 있다."는 것이다.[235]

소옹은 "성인이 만물의 실상을 하나로 할 수 있는 것은 '반관反觀'이 가능하기 때문이다. 왜 반관이라고 하는가, 나를 축으로 물을 보지 않기 때문이다. 나를 축으로 물을 보지 않는다고 하는 것은 물에 완전히 동화하여 물을 본다는 것이다. 물에 완전히 동화하여 물을 볼 수 있다면, 그 사이에 내가 개입하는 일 따위가 있을 수 있을까?"[236]라고 했다. 내가 도대체 절대로 개입할 수 없는 '물의 이치', 또는 우주자연에서 인사까지 모두를 관통하는 '원리나 법칙'이란 무엇인가? 물론 여기서는 「복희 선천 64괘 방원도」에 내재된 이법이다. 그 축소판 또는 원형이

김수증의 은둔사상

---

233) 『谷雲集』卷4,「無名窩記事」: "又觀於人文石圖象, 竊仰康節先天之學.";朱伯崑,『易學哲學史』中册, 165~175쪽.

234)「擊壤集自序」: "性者道之形體也, 性傷則道亦從之矣. 心者性之乳郭也, 心傷則性亦從之矣. 身者心之區宇也, 身傷則心亦從之矣. 物者身之舟車也, 物傷則身亦從之. 是知以道觀性, 以性觀心, 以心觀身, 以身觀物, 治則治矣, 然櫌未離乎害者也. 不若以道觀道, 以性觀性, 以心觀心, 以身觀身, 以物觀物. 則雖欲相傷, 其可得乎? 若然, 則以家觀家, 以國觀國, 以天下觀天下, 亦從而可知矣."

235)『皇極經世書』卷12,「觀物篇」57: "天所以謂之觀物者, 非以目觀之也, 非觀之以目, 而觀之以心也, 非觀之以心, 而觀之以理也. 天下之物, 莫不有理焉, 莫不有性焉, 莫不有命焉, 所以謂之理者, 窮之而後可知也, 所以謂之性者, 盡之而後可知也, 所以謂之命者, 至之而後可知也. 此三知者天下之眞知也. 天下之物, 莫不有理焉. 所以謂之理者 窮之以後可知也.";河婭和,『朱熹及其美學思想』, 第三節 北宋五子, 山東大學 博士學位 論文, 1998, 64~69쪽.

236)『皇極經世書』卷12,「觀物篇」57: "聖人之所以能一萬物之情者, 謂其聖人之能反觀也. 所以謂之反觀者不以我觀物也, 不以我觀物者, 以物觀物之謂也. 旣能以物觀物, 又安有我于其間哉.";쓰치다 겐지로, 앞의 책, 260쪽.

그림 33 월굴암

그림 34 천근석 암각자
김수증 필.

「복희 선천 8괘도」이다.

김수증은 화음동 백운계곡에 정확한 방위는 아니지만 남쪽에 자연히 박혀 있던 두 바위, 월굴암(그림 33)과 계수 건너 북쪽에 천근석(그림 34)을 얻어 그 위에 '한래왕교'라는 다리를 놓고 매일 오갔다. 정확히 말하자면 '표독립대表獨立臺'라는 서쪽 축대에서 물 한가운데 월굴암 한 귀퉁이를 다듬어 다리를 걸친 다음, 그 다리를 계수 북쪽 '인문석' 머리맡 어디쯤까지 연장을 했다. 정확한 지구의 남북 자극점磁極点을 기준으로 하는 방위는 크게 신경 쓰지 않고[237] '복괘復卦'와 '구괘姤卦'에 해당하는 두 바위를 이용했다. 심산계곡에 숨어살며 '도·태극'에 정통한 은자에게 무슨 정확성이 필요할까. 상징으로 족한 것이다. 그리고 그 다리를 거의 주기적으로 이용하면서 내 일신의 '화복禍福'이 아닌 '천·지·인의 조화를 반관'하는 것이다.

고회민高悔民은 『이천격양집』에서 자주 언급된 '삼십육궁도시춘三十六宮都是春'을 '성인이 지고의 만족 상태에 도달한 경지'로 보면서 어렵사리 여러 전거들을 찾고 있다. 여기 소강절의 「관물음觀物吟」에 대한 17세기 일본 유학자 야마사키 안

---

237) 인문석의 「선천 8괘도」의 방위에서 현재의 북극점과 1690년경 북극점의 차이는 약 11°임.

사이<ruby>山崎闇齋</ruby>의 별난 해석 하나를 요약 소개한다. 그는 우선 소옹의 「관물음」을 읊는다.

> 귀와 눈이 밝은 남자로 태어난 몸
> 하늘이 내린 것이니 가난하지 않구나.
>
> 월굴을 찾아 처음 물을 이해하고
> 천근을 밟지 않고 어찌 사람을 알까.
>
> 건괘乾卦가 손괘巽卦를 만나는 곳에서 월굴月窟을 보고
> 곤괘坤卦가 진괘震卦를 만나는 곳에서 천근天根을 보네.
>
> 천근과 월굴이 사이를 한가히 오가니
> 삼식육궁三十六宮이 모두 봄이로다.[238]

그리고 다음과 같이 풀이했다.

이른바 '삼십육궁'이란 복희팔괘를 말한다. 강획기일剛劃奇一[양효陽爻]을 일궁一宮이라하고, 유획우일柔劃偶--[음효陰爻]을 이궁二宮으로 한다. 「선천 8괘」의 8괘 24획은 모두 36궁이다. 양궁陽宮이 12, 음궁陰宮이 24이므로 그렇다.[239]

좀 번거롭지만 「낙서구궁도洛書九宮圖」에서 말하는 '궁宮'이란 '태을구궁太乙九宮'과 같은 뜻으로, 원래 『송사·예문지』에 실린 정현鄭玄, 한나라 역학자의 『주역건감도注易乾鑿度』 권3을 송대에 출판한 위서緯書 가운데 있는 「건감도하편乾鑿度下篇」에서 유래한다. '구궁수九宮數'는 『대대례·명당大戴禮·明堂』에서 '명당제明堂制'를

---

238) 『伊川擊壤集』卷16,「觀物吟」: "耳目聰明男子身, 洪鈞賦與不爲貧, 因探月窟方知物, 未躡天根豈識人, 乾遇巽時觀月窟, 地逢雷處看天根, 天根月窟閒來往, 三十六宮都是春."

239) 三浦國雄,「伊川擊攘集の世界」, 京都大學人文學研究所, 『東方學報』47, 京都, 1974, 117, 142~ 145쪽.

설명하는 이구사칠오삼육일팔二九四七五三六一八의 수로, 낙서의 마방진洛書魔方陳 아홉 칸 속의 수와 같다.[240]

황종희黃宗羲, 1610~1695는 『역학상수론』에서 '천근·월굴'을 다루면서, '36궁'은 여섯 가지 설이 있는데, 8괘를 말하는 자들에서 나오는 것이 3, 그 중 하나가 선천 8괘에 붙어 다니는 여덟 개의 역수逆數 건乾1, 태兌2, 이離3, 진震4, 손巽5, 감坎6, 간艮7, 곤坤8인데 합산하면 36이라는 것이다. 주희도 36궁을 말하고 있으며 도교의 우주관에도 '36동천설三十六洞天說'이 있다.[241] 소옹의 시에서는 '봄'과 '술'이 가장 자주 읊어진다. 소옹의 「스스로 지은 초상화에 찬을 짓다自作眞贊」라는 시를 한 수 보자.

솔과 계수처럼 사시 푸른 몸가짐이요
꾀꼬리 울고 꽃피는 봄날의 글재주라.

강산처럼 큰 기품이요
속세 떠난 풍월 같은 가슴속이라.

네 모습에서 얼굴 모양 빌리고
네 모습에서 형체를 빌린 이 몸.

구슬(태극)을 가지고 노는 여가에
한가로이 오고 가노라.
(구슬丸은 태극太極을 가리킨다)[242]

240) 鈴木由次郎, 앞의 책, 159, 351쪽.

241) 黃宗羲, 『易學象數論』, 卷1, 欽定四庫全書, 經部 一; 三浦國雄, 『風水/中國人のtopos』, 東京: 平凡社, 68~71쪽.

242) 『擊壤集』 12, 「自作眞贊」: "松桂操行, 鶯花文才, 江山氣度, 風月情懷, 借爾面貌, 假爾形骸, 弄丸餘暇, 閑往閑來."(丸謂太極).

8. 초월과 은일의식

부지암기 : 관념적 초월의 경계

1674년, 곡운 땅에 꿈꾸어 오던 제1차 은거지 '농수정사' 건축 공사가 거의 끝나갈 무렵 김수증은 아직 51세에 불과했다. 복제服制를 둘러싼 '예송' 으로 왕권과 충돌하면서 붕당정치이념으로 뭉쳤다고 여겼던 서인 붕당이 노·소로 분열하기 시작하고 그 틈새로 척신 김석주가 끼어들었다. 청음의 장손이라는 체면을 지켜 사태를 관망하던 김수증은 처음엔 시끄러운 세상을 좀 피해 살면 모든 것이 제자리로 돌아올 것이라고 막연히 기대했는지도 모른다. 그러나 '기사사화' 로 가문의 영광이 여지없이 깨지고 혈육들의 막대한 희생이 따르자 처음엔 걷잡을 수 없는 감정이 폭발했다. 그러나 곧 "자고로 진퇴소장의 법칙은 기수氣數가 고르지 않은 때문이고 사생화복도 대자연의 큰 변화일 뿐" 이라는 운명론으로 통한과 슬픔을 달래기 위해 화음동 정사 경영에 몰두했다. 1694년, 김수증이 칠순을 맞이하던 해 '갑술환국' 으로 서인들이 다시 정권을 잡았다. 그러자 묵혀 두었던 원통한 말을 김수항의 외손 이세백李世白에게 토로했다.

"내가 살면서 온갖 재앙을 모두 겪었는데, 끝내 또한 이렇게 요절하는 참상을 보네. 그 아이(3월 요절한 외손 홍유인)의 사람됨이 금세에 얻기 어려웠거늘 하늘이 낳아 놓고서 또 급히 빼앗아가니 하늘이 어질지 못함이 어찌 여기 이른단 말인가! 죽은 놈이야 그만이거니와 무슨 말로 그 어미를 위로하며 내 어찌 차마 상대하겠는가! 인편에 편지를 얻어 보니 슬픔과 위로가 지극하구만. 시사가 한 번 변하여 흉얼(흉악한 무리)들이 국문에 나가니(4월 갑술옥사) 이는 한바탕 통쾌한 일로 황천의 무옥(김수항의 죽음)을 씻어낸다 한들 또한 무슨 소용이 있겠는가! 처음처럼(기사사화가 날 때) 애통하여 또한 말하고 싶지 않으이. 내가 장사를 치르러 산을 나오고자 하나 자네는 이미 조정에 나갔을 것으로 생각되네. 이로부터 교외(석실)에서 조용히 만나기 어려울 듯하니 또한 슬퍼 탄식해야겠네. 앞으로 진퇴는 응당 때와 의리에 따라야 할 듯하나 사태가 과연 어떻게 돌아갈지 잘 모르겠네." [243]

갑술환국으로 원한을 풀 기회가 왔으나, 김수증 자신도 이제 76의 노인으로 가까운 혈육만 꼽아도, 셋째 아들 창숙昌肅, 부인 조씨, 무척이나 아끼던 손자 오일五一이 겨우 8살에, 그리고 조손 사이에 그렇게도 도탑게 지내던 외손 홍유인洪有人, 창협의 외아들 숭겸 마저 젊은 나이에 불귀의 객이 되었다. 무엇보다 병마가 아직 파릇파릇한 삶을 앗아가는 하늘이 더욱 원망스러웠다. 그래서 마음을 다잡고 평상심을 회복하려고 노력했다. 이제 김수증은 상황에 걸맞게 그리고 궁벽한 자연 속 늙은 은자의 체모를 지키면서 인륜과 명분은 조금씩 무뎌지고 낡아갔다.

김수증의 조카 김창협은 1700년경에 지은 「부지암기不知菴記」에서[244] 백부 김수증의 '초월적 운명론'을 다음과 같이 다룬다.

내가 그 같이 이름 지은 까닭을 여쭈었더니, 말씀하시기를 "옛날 육방옹陸放翁(陸遊의 호)의 시에 '만사를 잠들어 모르느니만 못하다(萬事無如睡不知).'라는[245] 곳이 있는데 내 이 말을 매우 좋아 하였고, 또 화음華陰에 깃들어 살고 있으므로 그 이름이 화산도사 희이希夷에 스스로 의탁함이니라." 하시었다. 이에 내가 물러나 가만히 생각하며 탄복하기를 "아, 선생의 뜻이 깊기도 하다. 대저 사람이 즐겨하는 바는 사람에 따라서인데, 어찌 그 능能함이 일심一心으로서가 아니라면 만사를 두루 알 수 있으리오. 그러나 세도世道의 변함이란 무궁하여 어떤 일은 혹 반드시 알아야 할 필요가 없는 것도 있고, 또 꼭 알고자 하지 않는 바도 있으며, 심지어 앎을 참을 수 없는 것도 있으니, 알지 못함으로 낙을 삼느니만 못하다. 이 때문에 인정이란 때를 따라가는 것이다.

그러나 사람은 (늘) 무사할 수만 없으니, 그림자가 반드시 내 몸을 따르는 것 같고,

---

243) 此生閱盡無限禍故. 終又見此天 閼之慘. 渠之爲人. 難得於今世. 天旣生之. 又奪之亟. 天之不仁. 何至此哉. 死者已矣. 作何辭慰其母. 而余何忍相對耶. 便中得書. 悲慰兼至. 時事一變. 凶孽就鞫. 此是一場快事. 泉壤之誣. 得見伸雪. 而亦何及也. 慟隕若初. 又不欲索言也. 俺欲趁葬事出山. 而想已趣朝. 自此恐難從容於郊坰. 亦可悵歎. 前頭進退. 似當隨時隨義. 未知冷暖果何如也 (答李仲庚/곡운집, 권5, 서).

244) '화음동 정사' 조경역사造景役事 완료가 대략 1691년에서 그의 칠순(1693)쯤 마무리되었으므로 '부지암기' 가운데 '……去亭後十數年'을 감안해서이다.

245) 『劍南詩藁』卷6, 「明日午睡至暮復次前韻」: "酒力醺然入四支, 華胥稅駕不應遲, 殘年已覺衰難彊, 萬事無如睡不知, 幸有琴書供枕籍, 安能冠帶更支持, 紅爐過盡灰如雪, 獨守靑燈坐晝詩."

마음이 알지 않을 수 없는 것은 마치 거울이 반드시 사물을 비추는 것과 같다. 그런데도 그림자를 없애고 거울의 비추임을 막으려면 오직 잠든 뒤에야 피할 수 있다. 이것이 백부께서 육방옹陸放翁의 시에서 맛본 바이며, 그것으로 암자의 이름을 지었고 또한 전일에 '농수정'이라 이름 지은 바도 그렇다.

'농수정'이라 명명함이 다만 외경外境(자연물)에 의탁하여 시비지성是非之聲을 듣지 않고자 할 뿐이었는데, 지금에 이르러 '부지不知'라 함은 아마도 그 지각知覺을 거두어들여 오직 마음속에 가두어 버려 돌아갈 데 없이 함일 것이니 이로서 세간 만사의 기뻐하고, 노하고, 슬퍼하고, 즐거워함의 크고 작은 무궁한 변화를 도무지 드릴 데 없이 함이라면, 그 뜻 또한 '농수'보다 깊지 않은가? 이미 농수정을 떠나 부지암不知菴을 지은 지 십여 년이 지났으니 세상 돌아가는 일世道에는 경중이 있으므로 변화에 따라 의탁함이 얕고 깊음이 있다. 이러한 이름 지음을 살피건대 수천 년 뒤에라도 선생의 마음을 역시 알 수 있을 것이다. 오늘날 세도의 변화 역시 역사와 사실을 기다려 논하지 않고도 알 수 있을 것임을 내가 다시 말해 무엇하랴. 또 잠시 육방옹의 시를 생각해 보건대 옳기는 하다. 그러나 잠든다고 해서 모두 알지 못하게 되는 것은 아니다. 잠들어 알지 못함은 오로지 마음이 잠든 뒤라야 할 수 있다. 다만 마음이 잠들지 못하고 눈만 감고 잔다면, 그 꿈은 장차 어지러워 왕후王侯가 나타나고, 장상將相이 나타나 말달려 사냥하는 것과 성색聲色의 즐거움이 있을 것이요, 또 빈천貧賤, 우고憂苦, 사상死喪, 득실得失의 근심이 있을 것이다. 이는 비록 잠들었다고 하나 만나는 것마다 얽매임이 되어 급히 다투면서 나아가니 어찌 깨어 있음과 다르겠는가. 이제 다시금 희이希夷를 말하자면, 오대의 전란을 당하여 듣고 보는 것은 당대의 근심과 불쌍한 것이었으므로 책을 싸들고 산으로 들어가 숨어 오래 되었는데, 3년을 자고 난 뒤에야 드디어 "다시 나귀를 타고 산을 나오다 송 태조가 등극했다는 말을 듣고 놀라 말에서 떨어져 산으로 되돌아갔다는 것은 또 무엇 때문이겠는가. 이 뜻은 오히려 마음마저 잠들지 못했기 때문이 아닌가?" 만일 그렇다면 평생토록 공신功臣으로 운대각雲臺閣에서 자랑거리가 되는 가운데서도 오히려 중원中原에서 사슴을 쫓는 꿈을 꾸지 않을까? 이것을 아직도 '부지'라 할 수 있을까?

그러나 이제 선생께서는 비록 스스로 희이希夷의 행적에 의탁하면서도 같지 않은 바가 있으니, 이제부터 산속에 살게 되면 허다한 세월을 보낼 것이고 그러면 하루도 은궤隱几에 기대어 코골지 않는 날이 아님이 없을 것이므로 그 마음 한가운데가 오로지 충막명적沖漠冥寂하고 무사무몽無思無夢하여, 사물이 그 한가로움을 비집고 들어갈 틈조차 없을 것이고, 귀신도 그 사이를 엿보지 못할 것이다. 이와 같아야 비로써 마음이 잠들었다 할 수 있고, 이와 같아야 부지不知라 함이 또한 옳지 않겠는가! 그러므로 선생의 뜻은 이에 그치지 않고 바야흐로 태초곡太初之谷[246]을 열어 그곳에 오무지암五無之菴[247]을 짓고 굴원屈原의 원유곡遠遊曲을[248] 노래하면서 그 수壽를 다할 것이다. 만일 이와 같이 한다면 장차 선생은 형해形骸를 벗어버리고 홍몽鴻濛을 뛰어넘어 만물 위에 홀로 우뚝 서서, 꿈을 꾸는 것과 꿈에서 깨는 경지와, 알고 모르는 상태에 다시는 돌아가지 않을 것이다. 이 또한 내가 어찌 가늠할 수 있는 경지이겠는가. 아! 깊고도 멀구나!

김창협이 보기에는, 백부가 1691년 8월 29일 화악산 깊은 골짜기 '상암사上菴寺' 터를 발견하고 '태초곡泰初谷'라 새 이름을 짓고 거의 10여 년이 흘렀으나 '오무지암五無之菴'을 짓고 '굴원의 원유곡遠遊曲'을 노래하면서 수壽를 다하겠다던 꿈마저 실현하기 어려운 말년을 보내고 있었다. 김창협이 실토한 핵심은 '장차 선생은 형해形骸를 벗어버리고 '홍몽鴻濛'을 뛰어넘어 만물 위에 홀로 우뚝 서서, 꿈을 꾸는 것과 꿈에서 깨는 경지와, 알고 모르는 상태에 다시는 돌아가지 않을 것'이다. 곧 '죽음이라는 영원한 침묵의 물질세계가 있을 뿐'이라는 표현이 늙은 백부와 조카 사이에 서슴없이 오고갔다. 이것이 바로 유가 사대부 김수증이 화음동 정사를 통해 터득한 '음양소장'의 궁극적 원리이고 피할 수 없는 자연의 이치였다. 부지암기에서는 '죽음'이라는 화두가 곧 '초월'이고, 노·장의 '꿈'이나 불가의 '공空, 우리의 감각기관을 통해 일상적으로 경험하는 현실이 실체가 없다'에 가까운 경지였을 것이다. 죽음이라는 극한적 상황 앞에서 얼마나 평상심을 관철할 수 있

---

246) 『周易乾鑿度』卷上: "有太易, 有太初, 有太始, 有太素. 太易者, 未見氣也. 太初者, 氣之始也. 太始者, 形之始也. 太素者, 質之始也. 氣形質, 具而未離, 故曰渾淪."; 李申, 『中國古代哲學和自然科學』, 北京: 中國社會科學出版社, 1989, 258쪽.

247) 『谷雲集』卷1, 「將還雲峽, 贈協姪」(甲戌): "浮雲世事百憂中, 匹馬還山萬念空, 絶壑松杉千古色, 太初深谷五無翁."; 『農巖集』卷3, 「太初谷」: "鉅谷深林虎豹墟, 蒼杉鬱鬱萬株餘, 風霜雨露無窮事, 拄杖時來問太初."; 『農巖集』卷24, 「不知菴記」 細注: "伯父又於華嶽最深處, 得一谷, 萬杉參天人跡所不及, 遂名之曰太初, 而擬作小菴, 取遠游卒章五無語而名之."

248) 『楚辭集注』卷5, 「遠遊」 第5: "下崢嶸而無地兮, 上寥廓而無天. 視儵忽而無見兮, 聽惝怳而無聞. 超無爲以至淸兮, 與太初而爲隣."

는가 하는 소강절의 임종 직전 '해학'이 도학자들 사이에서 유명해졌다. "내가 곧 죽게 되었는데, 어찌하여 사약이 이리 더디냐?"라고 한 송시열의 마지막 말도 이와 무관하지 않을 것이다.

김수증과 불교

김상헌의 증조부 김번 바로 윗세대11世에는 세조世祖 때1456~1468 국사國師를 지낸 '학조學祖' 또는 '등곡대사燈谷大師'가 있었다고 앞서 말했다. 그는 안동에서 20세가 되던 해 출가해 입산해서 '청오서靑烏書'를 배우는 등 풍수를 익힌 모양이다. 등곡대사가 가문에 또 어떤 영향을 남겼는지는 알 수 없다. 김상헌은 1635년 3월 비오는 가운데 석실을 떠나 춘천으로 향한다. 목적은 꽃피는 봄철 산수유람이겠으나 청평사淸平寺를 방문해 이자현과 김시습의 발자취를 더듬고, 임진란 때 춘천으로 피난 갔던 길을 되돌아보고 싶었는지도 모른다. 이 「청평록淸平錄」은 자손들에게 유람기는 이렇게 쓴다는 본보기가 될 만하다. 독자의 눈길이 머무는 곳 가운데 하나가 "청평사 승려들이 잡역에 시달려 이제 100명도 안 되니 장차 폐사가 되지 않을까." 하고 걱정한 대목이다.

김수증은 앞서 "우리 동방에서는 매월당이 세상을 피해 승복을 입고 스스로 미친 짓거리를 할 때 사람들은 손가락질하면서 경박하다고 하였으나 쪽박에 물을 떠다 놓고 부처 앞에 꿇어앉아 아침부터 밤까지 사흘 동안을 계속했다. 승도들이 놀라 경탄하여 복종하니 마음이 정하지 않고서야 어찌 이럴 수가 있었을까?"[249] 라고 했다.

조선시대 선비들이 유교를 배척하고 사찰들을 빼앗아 서원으로 고쳐 쓰고 산천을 유람할 때는 승려들을 강제로 동원해 교군轎軍으로 부리는 등 노력동원을 강요하고 억압과 신분차별을 한 것 이루 다 말할 수 없다. 그래도 교양 있는 유자들은 초연히 속세를 벗어나 고독과 청정한 삶을 사는 선사들을 만나면 서로 흉금

---

249)『谷雲集』卷4,「無名窩記事」: "至於我東之梅月堂, 逃世染緇, 放狂自恣, 時人指以爲輕躁, 而盛水小瓢, 捧跪佛前, 自朝達夜, 至于三日, 僧徒驚服, 則心不靜定而能若是乎."

을 털어 놓고 선담^{禪談}을 즐기거나 자신들에게 부족한 '공^空의 진체' 를 배우는 계기로 삼았다. 잦은 영달과 환란으로 가세^{家勢}의 부침이 심했던 장동김씨네가 바로 불가에 마음을 더 터놓고 지낸 내력은 선조의 출가나 산행에서 자주 도움을 받았기 때문이었을 것이라고 했다. 송대 신유학 발전사에 끼친 불교 심의식의 이론체계나, 젊은 시절 인생무상의 고뇌를 맛본 주희나 이이의 선학경도^{禪學傾倒}를 지적해도 좋을 것이다. 그래서 불우한 시기에 출세간의 불교에 관심을 쏟은 율곡의 초년 불가출입을 탓하지 않거나 감싸려고 했던 서인들의 자연스러운 인정인지 모른다.

그는 이미 병자호란 이후 안동 학가산 서미동으로 조부를 따라가 중대사^{中臺寺}라는 승사에 머물었었고, 제일차 은거지 곡운 제9곡 근처에도 신수암^{神秀菴250)}이라는 암자가 있었다. 그가 1680년 회양부사로 재직 중 9월 22일부터 10월 5일 사이 금강산을 들러보고 쓴 『풍악일기』에는 '마하연' 에서 홍눌^{弘訥}과 상견^{尚堅}이라는 두 선승을 만났는데 그들은 이미 곡운 신수암에서 극헌^{克軒}이라는 스님과 함께 김수증을 본 일이 있다고 했다. 그 인연으로 김수증은 1683년 회양부사를 그만두면서 홍눌 스님을 불러다, 2차 은둔지인 화음동으로 들어가기 전, 화음동 정사 바로 서북쪽 등성이 넘어 화악산 주봉을 마주보는 남향 터에 '반수암^{伴睡菴}' 을 짓게 하고 평생 가까이 사귀었다(그림 35 · 36 · 37).²⁵¹⁾

이러한 김수증과 홍눌 선승 그리고 여타 승려들과의 사귐은²⁵²⁾ 산수유람을 할 때 마다 매번 산사에 머물면서 발우공양과 승려 가마꾼들의 신세를 져야 했던 사대부 출신 김수증에게는 생소한 일은 아니었다. 그는 남달리 스님들에게 개방적인 태도를 갖고 있었다. 아마도 그런 전통은 『청음집^{淸陰集}』에서만도 줄잡아 22건

---

250) 『三淵集』 卷4, 「神秀菴」: "幽期山北小招提, 木蕨春肥青鴿啼, 藜杖沿源無幾步, 雨花浮出石臺西 (路由疊石臺故云)."

251) 『谷雲集』 卷4, 「遊華嶽山記」.

252) 『谷雲集』 卷2, 「七月晦日還華陰」을 참조. 그리고 『谷雲集』 卷6, 雜文, 「法性傳」에서는, 1616년 생의 법성이라는 승려가 한반도 거의 모든 명산과 사찰을 방문하고 일본까지 표류해서 24개 월이나 머물다가 1656년 8월에 부산으로 돌아온 이야기를 전기체로 담아내었다.

그림 35 최초의 반수암 터

그림 36 반수암 홍눌선사弘訥禪師 부도 홍눌선사는 홍눌 스님의 스승, 이름 미상.

그림 37 반수암 홍눌선사 비문

이상 승려들에게 차운시를 지어준[253] 기록으로 보아 승려들과 잦은 접촉을 가졌던 조부 김상헌의 대물림으로, 친불교적 가풍은 김수증, 김창협, 김창흡으로 이어져 이들 문집에서도 불승上人들에게 시나 글씨를 써 준 기록들이 무수히 전한다. 김수증은 자신을 여러 번 '비승비속非僧非俗'이라 했고,[254] 조카 김창흡은 백부 김수증이 '반수암' 승려들과 벗하면서 '유자와 승려 사이에 시비가 없다儒禪無是非'고 했다.[255] 더 중요한 이유는, '사화와 은둔'이라는 회오리바람 속에서 산사에 자주 머물면서 승려들과 사귀고, 세속에 안주하지 못하는 그들의 마음을 다잡는 불가의 좌선坐禪, 伴睡이 크게 도움이 됐을 것이다.

> 외계에 대한 심신안정의 희구라는 점에서 보면 불·도의 구별이 없으며, 나아가 유교까지도 포함될 수 있는 것이다. '외계에 대한 내심의 안정'이라는 문제의식 자체는, 그것이 아무리 경서의 말로써 꾸며진다 해도 소식蘇軾뿐 아니라 이 시대(북송) 사대부가 불교, 특히 선종에서 얻은 것이라고 한다.[256]

김수증은 1691년 8월 28일, 셋째 사위 신진화申鎭華, 반수암 승려 홍눌, 그리고 남특南特과 함께 1,486m의 화악산 정상에 오른다. 처음엔 소를 타고 가다 가마로 갈아탔고, 산이 점점 가팔라지자 가마를 내려 짧은 바지에 짚신을 신고 지팡이를 의지해 정상에 올라 하룻밤 묵었는데 찬 운무 때문에 잠을 잘 수 없었다. 그는 산을 오를 때 매양 하던 습관대로 정상에서 바라본 금강산과 한계령 그리고 한양의 목면산南山까지 낱낱이 거명하는 답사 기록을 남겼다. 오르고 내리기를 50~60리 온갖 고생 끝에 이튿날 산을 내려오면서, 일생에 이번 산행이 가장 기이한 장관이었다고 감탄하였다. 그는 산 정상을 2/3쯤 내려오다, 화음동에서 10리가 채 못

권력과 은둔

---

253) 『淸陰集』 卷2, 「山人道淸詩卷次韻」이나 「山人學靈詩卷次韻」와 같은 유형의 시가 많다.

254) 『谷雲集』 卷1, 「無名窩戲作」: "非僧亦非俗, 無知又無名, 少也不如人, 老而無所成. ……"

255) 『三淵集』 卷12, 「谷雲諸詠」: "雲間惟石室, 榻外又麻衣, 賓主遞來往, 儒禪無是非, 溪虛氷擁硾, 峰缺月臨扉, 每見煙鐘裏, 沙彌負米歸(右伴睡菴)."

256) 쓰치다 겐지로, 앞의 책, 514쪽.

되는 깊은 숲과 골짜기, 산삼과 온갖 산나물이 나지만 승려와 동네 사람들조차 모르는 '상암사上菴寺' 옛터가 이 근처에 있다는 말을 듣고 금방 솔깃해서, "햇빛이 밝고 화창한 날 다시 와서 느긋하게 노닐며 세속을 떠나 무궁한 취미를 붙여 보겠다."고 하면서 이곳을 '태초곡泰初谷'이라 명명했다고 앞서 말한 바 있다.[257]

김수증은 그 밖에도 「법성전法性傳」이라는, 1616년 경상도 성주에서 태어나 17세에 가야산 해인사로 들어가 평생 우리나라 산천을 여러 곳을 떠돌아다닌 스님 이야기를 기록으로 남기기도 하였다.[258] 그러나 반수암 승려들과 너무 가까이 지냈으므로 때로는 그들의 인간적 약점을 발견하고 다소 실망스러운 마음으로 바라보기도 하였다. 반수암의 늙은 중이 매일 여염집을 드나드는 모습을 보고 지은 시에서 이렇게 읊는다.

노쇠한 늙은이 평상에 한가롭게 잠든 지 오랜데
늙은 중 마을로 번거롭게 오가네.

누가 중이고 누가 속인인지
푸른 산 말없으니 또 누가 분간할까.[259]

백부 김수증보다 한 걸음 더 출세간의 기백으로 살면서 산사의 승려들과 아주 친숙했던 66세의 김창흡이 오대산 상원사까지 오르면서 흔히 듣지 못하는 양반의 심경을 이렇게 토로했다.

점심을 먹고 상원사 북대北臺로 향하여, 수목이 조밀하게 덮인 곳으로 들어갔는데, 돌들이 미끄러워 발을 접질리기 쉬웠다. 신택지辛澤之와 고달명高達明은 가마를 버리고 걸어갔으나, 나는 가마에 단단히 앉아서 내리지 않았다. 내가 이토록 쇠약하

---

257) 1691년 9월 9일에 지은 『谷雲集』 卷4, 「遊華嶽山記」.

258) 『谷雲集』 卷6, 雜文, 「法性傳」.

259) 『谷雲集』 卷2, 「七月晦日, 還華陰」 其32: "衰翁床上閑眠久, 老釋村中來往煩, 何者是僧何者俗, 青山無語更誰分(見伴睡菴老僧, 日日往來閭閻)."

다니! 자신은 편안하면서 남을 수고롭게 하는 것이 비록 불가함을 알고 있다 하여도 역시 어찌할 길이 없다. 가마를 타고 가지만 여전히 괴롭게 숨을 헐떡이고, 가마를 멘 승려들의 어깨가 붉으리란 것을 알고 있으면서도, 곧바로 10여 리를 더 올라갔다.

위태위태하여 위를 쳐다보기만 하고 굽어보지를 못 했다. 밤이 되자 안개가 갑자기 걷히고 초승달이 허공에 떠, 낭연朗然히 만물을 비추어 (어둠속) 형상들을 모두 들어낼 것 같다. 다만 가마를 메던 승려들이 방에 가득하여, 정수리가 닿고 발바닥이 서로 엇갈리는 혼잡함이 있어, '절간 방이 비록 맑기는 하지만 담담한 기미가 아주 모자라기에 한스러웠다.'

새벽에 이르러 두 번째 일어나서 절간을 산책하는데 경납敬衲(축경쓸敬) 스님이 따르고 달빛이 따르니 호계삼소虎溪三笑가 되었다. 내가 그에게 "늙어서 무엇을 얻었느냐"고 묻자, "일심一心을 본 것 밖에는 다른 법이 없소. 그 사이에 쇠마衰魔(늙은 몸)의 간섭을 받아 능히 순일하지도 못합니다. 3년 정도 더 살아 이 암자에서 생을 마칠까 합니다. 그대도 와서 평상(榻)을 함께하며 주인공(마음)을 되찾는 것이 좋지 않을까요?'라고 할 뿐이다. 나는 "좋지요." 하였다.

이날 60리를 갔다. 초아흐레 일찍 일어나 산을 내려가려 하는데 경납 스님이 손을 잡고 가마 앞에서 웃으며 "다음에 오실 때는 '이 물건(가마)'을 없애는 것이 좋겠습니다."라고 뼈 있는 말을 건넸다.[260]

그리고 또 훗날 곡운에 들어와 살 때 승려들과 교제한 사실을 기록했다.

260) 『三淵集』卷24, 「五臺山記」: "午飯, 向北臺, 轉入蒙密中, 多滑石易蹉跌. 澤之高生捨輿而徒, 余則堅坐不下, 甚矣其衰也. 自逸勞人, 雖知不可, 而亦無奈何. 坐輿上, 猶苦脅息, 僧輩之頹肩可知. 直上十餘里, 岌岌有仰而無俯, 險極勢轉, 髮鬇有光. 騰躍而上, 若陽神之出泥丸. 自此始轉峰腰, 而猶困巖崚, 未能坦行. 又越一脊, 乃到北庵, 高深曠朗, 摠有諸勝, 比諸中臺, 渾厚不及, 而疎豁過之. 入望遙山, 空翠接天, 似是太白近地, 而環之以疊嶺複嶂. 最近者歡喜嶺, 一名三印峰, 拱向有情. 適又景色明遠, 天宇沉潦, 萬楓曜日紅, 遍院落有木, 杉葉松身而皮微靑, 儼然攢立, 半山皆是木也. 所謂甘露水, 活活注槽中, 味同玉溪, 除是易牙, 方辨淄澠耳. 少憩蒲團, 白霧羃山, 坌入禪室, 咫尺不可辨, 爭喜到菴之早, 得悉領略也. 菴主竺敬曾識面於雪岳, 入山得信息, 値往中臺, 悵若有失也. 乘暝追到曰, 幾交臂失之, 相與談玄, 亹亹忘疲. 入夜霧氣頓褰, 弦月當空, 朗然萬象之表, 飄忽欲擧, 獨恨擔僧滿室, 有抵頂交跗之撓. 丈室雖淸, 殊乏澹一氣味. 到曉凡再起, 散步紺園, 敬衲隨之, 月影相參, 可作三笑. 余問敬衲以老來所得, 但云惟看一心外無餘法, 而間爲衰魔所攝, 未能純一, 擬作三年死限, 終臘於此菴. 君來同榻, 幷喚主人公, 不亦善乎. 余笑曰諾, 是日行六十里. 初九日晴, 早起下山, 敬衲叉手輿前而笑曰, 他日來時, 除此物可矣."

반수암 중이 '황량주' 한 병을 보내왔다. 누 위에 앉아 벼랑에 핀 꽃을 향해, 잔을 드니 술맛이 일어 얼큰하다. 소강절이 이른바 '태화탕太和湯' 이란 그 맛을 이제야 알겠다.[261]

김창흡의 친불 자세를 엿볼 수 있는 「치웅 산인에게 드리다贈致雄山人」의 전반부를 소개한다.

선비는 선선히
암자에 몸 붙이고.

스님은 따뜻하여
마음은 끼어 안을 듯.

한 칸 방장 나누어
담담히 마주하고 말없이 선정에 드네.

모습과 자취 다 사라지고
둥근달 두 마음만 남았어라.[262]

타괴법문打乖法門 : 낙양의 강절과 곡운의 은일의식

송시열은 청음대로清陰大老를 따라 명분과 대의大義를 지킨다고 자부하였다. 서인 영수로서 효종과 북벌논쟁을 벌이고 국정 운영의 방향을 놓고 주자의 말을 빌려 왕권을 견제하면서 사림정치의 뜻을 이루는 듯했다. 그러다 숙종의 세자 책봉 의도에 맞서면서 마침내 목숨까지 잃었다.

---

261) 『三淵集』 卷33, 日錄(己亥, 三月 初三日): "僧自睡菴進一瓶黃粱酒, 坐樓上擧, 向巖花而酌之, 興味陶然, 邵子所謂太和湯, 方知其味矣."

262) 『三淵集』 卷11, 「贈致雄上人」: "有士凉凉, 寄迹于菴, 有釋溫溫, 逢掖之心, 分其丈室, 淡對默參, 形迹旣泯, 圓月雙襟(釋則南華, 士也華嚴, 互換功課, 晨夕喃喃, 犁然意會, 遂至浸涵, 鯤鵬之池, 龍象之林, 何闊何狹, 合席莊疊, 相視而笑, 不在多談)."

주희도 말년에1194 영종寧宗 때 재상 조여우趙汝愚의 추천을 받아 세도世道를 바로 잡으려고 황제 곁에서 46일 머무는 동안 직언했지만, 한탁주韓侂冑의 노여움을 받아 돌아온 것은 '위학僞學의 금禁'으로 핍박받는 고통과 불안이었다.263)

이황은 주희의 전철을 밟지 않으려고 노력했으나 "중년에 망령되게 세상에 나아가 까딱하면 티끌 속에 묻혀 죽을 뻔했다."고 실토했다. 이정二程, 주희, 이황, 송시열은 모두 인간의 개체성과 사회에 대한 의무감 사이에서 한때 출처를 두고 망설였기 때문에 소강절의 파격적 출사出仕 거부방식인 이른바 '타괴법문打乖法門'264)에 적잖은 관심과 매력을 공유했었다.265) 미우라 쿠니오는 소옹이 말한 '타괴打乖'란 다음과 같다고 요약했다.

"사대부로서 경륜의 사업에 관여하면서 현실과 고투하지 않고 '은隱'이라는, 말하자면 무책임한 진공지대에 몸을 의지해 세간을 삐딱하게 보면서도 안락을 탐하는, 국가와 귀족 사대부들로부터 두터운 비호를 받고 있는 자신을 '깨어난 자의식을 가지고' 포착한 말이다.

소옹은 북송 도학자의 한 사람이면서도 벼슬아치의 거추장스러운 의관을 멀리 했다. 그리고 『이천격양집』의 파천황의 시들에서 '때와 만물의 이치를 자득함을 즐기고' 형식과 규율을 거부하는 자의식을 표현했다. '달관과 낙樂 그리고 한閒' 이라는 개성의 자유를 더 중히 여기면서 천리와 인욕의 경계를 넘나들었다. 소옹이 낙양 천진교 근처에 머물 때 그의 배후에는 사마광을 비롯해 물심양면으로 그를 도와준 북송 정계의 '구법당' 지도자들과 제자들이 있었다. 그래서 자신감에

---

263) 友枝龍太郞, 앞의 책, 35쪽; 미우라 쿠니오, 『주자와 기 그리고 몸』, 229쪽ff.

264) 우선 출사한다고 하고 병을 핑계로 나아가지 않는 소옹의 거취묘수.

265) 『伊川擊壤集』 卷9, 「安樂窩中好打乖吟」. 정호는 「安樂窩中好打乖吟」에 和答詩: "打乖非是安要身, 道大方能混世塵, 陋巷一生顔氏樂, 淸風千古伯夷貧, 客求妙墨多攜卷, 天爲詩豪剩借春, 儘把笑談親俗子, 德容猶足畏鄕人."를 지었다. 주희는 打乖라는 말을 『朱子大全續集』 卷5, 「答呂東萊」에서 처음 썼고, 이황은 『退溪集』 卷13, 「答宋寡尤」에서 '打乖法門'을 비판하였고, 송시열은 '打爲'라는 말을 『宋子大全』 卷2, 「感吟」 註解에서 "打爲也, 乖異常也, 打去異常之事."; 같은 책, 卷29, 「與李上沈」에서는 "久在山裏, 習性打乖, 切腰於大宰, 猶且黽勉, 何能楫於下吏耶."라고 했다. 三浦國雄, 「打乖考」, 『中國思想史硏究』, 第四號, 京都大學中國哲學史硏究室, 1981, 191~215쪽, 특히 注3에서 재인용.

넘쳤으나 유자儒者로서 조금은 미안했다."[266] 소옹은 '타괴'를 이렇게 읊었다.

안락와, 벼슬에 매이지 않고 살기(打乖) 좋은 곳
그렇게 쌓인 세월 이대로 그냥 보낸다.

매운 추위, 힘든 더위에 늘 문 닫아 걸고,
따뜻한 날씨, 서늘할 때면 거리로 나가네.

시상이 떠오르면 급히 붓과 벼루 찾고,
꾀꼬리 울고 꽃피면 술동이 끌어당겨 잔을 든다.

그대가 묻기를, 어찌 이럴 수 있는가,
그것 다만 타고난 재능일 뿐, 기른 것 아닐세.[267]

소옹은 인종 가우년간1056~1063 '장작감주부將作監主簿'로 임명되고, 신종 희녕 2년1069에도 '영천단련추관潁川團練推官'에 임명되었을 때, 다만 세 차례 사양하다 명을 받긴 했으나 곧 병을 핑계로 실제로 관직에 나아지 않았다. 그의 사직소는 10년 아래였던 왕안석의 「만언서萬言書」, 「본조백년무사차자本朝百年無事箚子」나, 21세 아래인 정이가 1050년 올린 「상인종황제서上仁宗皇帝書」의 끝없는 장광설과는 달랐을 것이다.[268]

소옹에게는 "관직이란 말하자면 통치 집단에 내 몸을 맡기는 것이며 인민구제라는 미명하에 소용돌이치는 것은 분명히 에고와 에고가 서슴없이 충돌하는 것"이 분명하였다. 뿐만 아니라 소옹의 장년과 만년은 신법당 왕안석이 등장하는 때

 미우라 쿠니오, 「隱과 詩와 樂—邵康節이라는 삶」, 華川文化院, 『韓國의 隱士文化와 谷雲九曲』, 화천향토문화연구소, 2005, 107~121쪽.

267) 『擊壤集』卷9, 「安樂窩中好打乖吟」: "安樂窩中好打乖, 打乖年紀合挨排, 重寒盛暑多閉戶, 輕暖初凉時出街, 風月煎催親筆硯, 鶯花引惹傍樽罍, 問君何故能如此, 秪被才能養不才."

268) 이이, 『萬言封事』, 1574, 154~155쪽. 율곡의 「만언봉사」는 강렬한 현실의식과 개혁실천 의지를 17, 18세기 실학자들에게도 큰 영향을 주었다고 한다.

와 맞물려 북송의 여러 모순이 일시에 분출해 당쟁이 차츰 치열해지는 시기였다. 1059년 소옹이 48세 때 지은 「한가롭게 읊다^{閒吟}」라는 시는 다음과 같다.

평생 벼슬아치가 되면
분수에 따라 풍파가 있을 테지.

잃는 것은 끝이 없고
얻는 것은 얼마일까.

세상 경륜할 생각은 어긋났어도
오히려 타고난 화기를 온전히 할 수 있네.

술 단지에 술이 남아 있을 때
또 마시고 다시 또 노래하네.[269]

주자의 모범생 이황은 송언신^{宋言愼}에게 답한 편지에서, "강절이 관직에 나아가기 싫어함은^{打乖法門}, 이미 스승의 법으로 삼기 곤란하다. 연평선생은 세상을 끊고 정좌^{靜坐}하였으니, 그것만으로도 표준이 될 만한데, 혹시 강절은 한쪽으로 치우친 폐단이 있지 않은가."[270]라고 하였다. 그리고 허봉^{許篈}이 타괴^{打乖}의 뜻을 물은 데 대해 답한 글에서는 "소자^{邵子}는 괴이한 사람이 아닌데도 스스로 '타괴인'이라고 불렀으니 「무명공전^{無名公傳}」의 이야기 같은 것들이다. 역시 세상을 희롱하고 자신을 비웃는 뜻^{玩世自嘲之意}이다."라고[271] 하였다.

송시열도 일찍이 자신의 진퇴에 대해 "오래도록 산속에 머물러 벼슬자리 마다

269) 『伊川擊壤集』 卷1, 「閒吟四首」: "平生如仕宦, 隨分在風波, 所損無紀極, 所得能幾何, 旣乖經世慮, 尙可全天和, 罇中有酒時, 且飲復且歌."

270) 『退溪集』 卷13, 「答宋寡尤言愼」(庚午): "康節打乖法門, 旣難於師法, 延平絶世靜坐, 若專以爲標準, 亦或有流於一偏之弊."

271) 『退溪集』 卷33, 「答許美叔篈」(庚午), 問目: "邵子非作乖異底人, 而自號爲打乖者, 如無名公傳所述等事, 自以爲乖, 亦是玩世自嘲之意也."

하는 버릇 들었으니習成打乖 높은 벼슬아치에게 허리 굽히고 어찌 낮은 벼슬아치
에 읍하리오."[272)라고 입장을 밝혔다. 그러나 송시열의 출처의론은 그렇게 단순
하지 않았다. 제자 이담李橝이 기록한 「송자어록」 가운데서 송시열과 윤선거가
거취에 대해 문답한 내용이 바로 그러한 예이다. 당시 정치적 상황이 매우 꼬여
있는 것을 지적해 윤선거가, "형의 출처는 앞으로 어떻게 하려 하오?" 하고 집요
하게 파고들자, 송시열은 처음에 의연히 정론을 펼치다, 마침내 "수고롭게 말하
고 싶지 않소." 하고 의논 자체를 피했다.

김수증도 이 '타괴打乖' 라는, 한 발을 늘 현실이라는 굴레에서 떼어놓지 못하
는 유가 은자들의 심리적 갈등을 그냥 지나칠 수 없었다.

> 출처방식을 두고 반드시 '타괴인' 이라 할 수 없는데
> 괴이하구나, 이 몸만이 거칠고 궁벽한 것.
>
> 높은 누대 영화를 비웃고 소나무 아래 분수를 지키는데
> 숲속엔 이슬비, 산속엔 아지랑이 또 새봄이로구나.[273)

말년의 김수증은, 낙양 도덕방 천진교道德坊天津橋 근처에서 중년 이후, 구법당인
들의 모임인 '낙사洛社' 의 후원으로 안락하게 지낸 소강절의 은거생활이 부러웠
다. 그래서 낭패한 가문과 자신의 처지를 비교하여 권력과 영화를 일소에 부치고
봄 이슬비 축축한 산속에서 여전한 자연법칙을 관물하는 자신의 심경을 읊었다.
송시열이 말한 것처럼 '소옹은 천지를 갖고 노는 무례불공의 호걸[274)로' 세속 안

---

272) 『宋子大全』 卷29, 「與李士深」(己亥正月九日): "久在山裏, 習成打乖, 折腰於大宰, 猶且黽勉, 何
能揖於下吏耶."

273) 『谷雲集』 卷1, 「臘月初七日, 自京還華陰, 正當嚴冱, 閉門無聊, 口占七絶, 寫境書懷, 不覺其多,
意或重複, 辭亦鄙俚, 只爲消遣之資, 不可與不知者道, 聊示子姪輩云」 其百: "法門非是打乖人,
怪底窮荒著此身, 一笑高臺松樹下, 林霏山靄又新春."

274) 『宋子大全』 卷131, 「看書雜錄」: "天地古今理氣性命之蘊, 至邵子而放言公誦, 不嫌其飜動漏洩.
蓋以前聖賢之言, 未嘗及此, 非不知也, 蓋不言也. 蓋邵子於此, 如視掌中物, 把弄玩戲, 樂而終
身, 此所謂雄豪君子, 亦所謂無禮不恭也."

에서도 마음 편했으나, 김수증은 경화세족의 신분에 매여 선仙과 속의 경계에서
한 평생 머뭇거렸다.

소옹은 젊어서 넓은 세상을 떠돌아다니다 "도가 여기 있다." 하고 돌아와 장년
이후 마음의 정함을 찾아 대은의 생을大隱往朝市隱 즐겼다. 김수증은 젊어서 할아
버지 밑에서 '정려精廬와 의리를 수업한 뒤' 산수 좋은 곳 외직을 맡아 실컷 유람
했으나, 장년 이후 당쟁으로 낭패한 가문을 지탱해야 했고, 높은 고개를 자주 넘
어 산속으로 들어가 대은자 진도남과 소옹의 정靜과 관물을 찾았지만 17세기 조
선의 현실은 그의 소은小隱隱丘樊마저 어렵게 했다.

9. 은둔문화 다시 보기

중국문화권 지식인의 역사는 시초부터 난세를 살아간 은사들의 얘기를 면면
히 전수하였다. 그중에서도 유가의 은둔사상은 여타 문명권과는 구별되는 자연
철학과 사회에 대한 관심을 보여준다. 유가들에겐 '은隱'은 '정치라는 동일한 장
에서 몸으로 체제비평을 하는 또 다른 사仕였다.' 자신은 물론 통치자에게도 자
기 수양과 인의의 덕성을 요구하였고 그렇지 못할 때 은둔을 통해 인의의 이상을
소극적으로나마 실현하는 문화를 낳았다.

선비 출신 고급관료들은 군주에게 인정仁政과 덕치를 요구하여 성리학적 왕도
정치를 시행하고자 했다. 그러나 사림士林의 이상주의는 자신들이 권력을 장악하
면서 내적 모순으로 스스로 분열하였다. 인맥과 학맥으로 현달한 사대부 가운데
는 때로 왕실과 인척을 맺어 권력의 핵심으로 다가간 척신들이 있었고, 왕들은
권좌가 불안할 때 공신이나 척신들에 의존하지 않을 수 없었다. 때로 적장자嫡長
子가 아니거나 너무 어린 나이에 왕위에 오르면 정통성 시비와 '예송' 이라는 애
매한 복제논란이 따랐다. 때문에 서로 자파에 유리한 '예론' 을 내세웠지만 왕들
의 통치술수에 따라 옥사와 환국이 이어지고 인명피해가 컸다.

난세는 김상헌이 중국 지식인들과 교유할 수 있는 절호의 기회를 제공해 주었다. 연경 사행과 병자호란 뒤 심양 구류생활 몇 년, 한인 지식인들을 통해 대륙 고급문화와 접촉하고, 돌아올 때마다 시·서·화 등 새로운 문물들을 싣고 왔다. 노경의 김상헌은 곧 조정에서 풀려나 석실로 돌아와 서·화 감식에 몰두했다. 국정에 깊이 참여하면서 평생 '경敬'과 '직直'을 거머쥐고 살아온 청백리 김상헌으로부터 은자 '석실산인石室山人'의 분위기를 우리가 감지하는 이유가 거기에 있다. 바로 이런 환경에서 할아버지의 '기록문화와 예술품격'을 거의 고스란히 이어받은 손자가 곡운 김수증이다.

이들이 산 17세기는, 16세기에 이어 소옹의 상수학이 『황극경세서』와 『이천격양집』 그리고 주자의 『역학계몽』 등을 통해 독서지식인들 사이에 퍼졌다. 의론이 정순精醇한 정이의 『역전』, 복서卜筮의 기호론을 복권시킨 주희의 「주역본의」와 「역학계몽」은 '정·주 의리학'이라고 하는 크고 공고한 도학체계 안에 병존하면서도 분명한 간극을 드러내었다. 송시열은 누구보다도 정이천과 주자의 의리사상을 고수하면서도 한편으로는 소강절의 『황극경세서』와 『이천격양집』에서 소강절이 지닌 '대인의 규모와 기상'을 마지막 순간까지 본받으려 했다. 송시열은 다음과 같이 말할 정도로 소강절의 크고 일탈한 스케일에 굴복하였다.

> 정자가 전에 진소유秦少遊(송나라 때 秦觀의 자)를 책망하기를 '상천上天이 존엄한데 어찌 쉽게 여겨 업신여기는가.' 하였다. 이는 대체로 그(진관)의 말에 '하늘이 파리하다天瘦'는 구절이 있었기 때문이다. 소자邵子는 하늘을 마치 눈앞에 있는 하나의 사물처럼 여겨 가지고 놀듯하였고, 그것을 논하는 말은 마치 자기 집안의 하찮은 일처럼 하였다. 두 선생의 기상이 서로 다른 점이 이와 같았다.[275]

그럼에도 불구하고 정·주학 이념의 골수인 '의리지학' 편향은 17세기 조선의 주자학을 지탱한 공통분모였다. 쓰치다 겐지로는 이렇게 지적한다.

---

275) 『宋子人全』卷131,「雜箸」: "程子嘗責秦少遊曰 上穹尊嚴安得易而 侮之盖以其有大瘦之句也 邵子則籤弄觀玩如眼前一塊物 論說如家門細 碎事 兩先生氣象不同如是矣."

정이에 있어서 '역이란 우주의 비의秘儀를 상징적으로 설명하는 것'이 아니라 '사
대부의 행동규범과 존재원리를 얻는 직접적 전거'였으며 …… 이천『역전』이 주희의
『주역본의』에 의해서도 도태되지 않고 오랫동안『전』·『의』양쪽이 병존했던 것은,
역에서 자기 존재 의의와 행동원리를 구하고자 하는 사대부의 보편적 요구에『역전』
이 하나의 완결된 답을 제시할 수 있었기 때문일 것이다.[276]

따라서 김상헌의『소학』과 의리에 대한 경도와 송시열의 '경敬과 직直'의 묵수
가 바로 그러한 맥락에서 이해되어야 할 것이다. 같은 서인이면서, 김상헌의 문
인으로 송시열과 남인 윤휴 사이의 깊은 골을 메우려고 동서분주했던 소론의 영
수, 박세채도 다음과 같이 문제를 제기했다.

소강절은 선천학을 이정(정호·정이)에게 전수하려 했으나 이정은 수용하지 않았
다. 만약 당시 피차간에 이들을 강론하여 밝혔더라면 결코 오늘날과 같은『역전』과
『주역본의』사이의 분열과 같은 병통은 없었을 것이다. 이것은 후학들도 알아두어야
할 바다.[277]

이런 관점에서 보자면 역학에 대한 송시열의 노선은 아주 특별하다. '강剛과
직直'을 평생의 화두로 삼았던 도학자 송시열이 '소옹의 달관, 한閑과 낙樂의 활
달한 개성'에 매료되었던 것은 어쩌면 소옹의 기질을 정말 닮은 것 같은 우암의
천성과 체질 때문일 것 같기도 하다. 이 점은 좀 더 깊이 연구되어야 할 문제이
다. 김상헌은 일찍이「지평 송시열의 시에 차운하다次宋持平時烈韻」라는 시에서 다
음과 같이 읊어, 송시열의 학문이 의리와 상수를 겸한다며 기대 반 걱정 반의 여
운을 남겼다.

고인이 숨어사는 곳

---

276) 쓰치다 겐지로, 앞의 책, 347쪽.

277)『南溪集』卷54,「隨筆錄」: "邵子欲以先天之學授二程, 二程不受, 若使當時自相講明於此者, 必
　　 無今日傳義分岐之患, 此亦後學之所不敢知也."

물이 다하면 다시 구름일세.

꿈 깨어 깊은 골 찾는데
옥천 땅에서 글이 오누나.

주자를 따라 정맥을 찾고
복희의 상을 두고 노니는데.

우리 도가 머뭇거리는 날
그대의 짐이 크도다.[278]

김수증의 삶과 은둔은, 권력과 지배의 기나긴 역사에서 있을 수 있는 그저 그런 ‘은둔문화의 한 단면’이 아니었다. 곡운의 은둔사는 기나긴 중국 ‘은둔사’에서도 사례를 찾기 힘든 독특한 정치·문화적 맥락을 보여준다. 즉, 동북아시아의 ‘화이질서’가 원 제국 붕괴 이후 약 300년 만에 다시 이적夷狄의 조직적인 도전을 받아 대청제국大淸帝國이라는 ‘이화질서夷華秩序’로 재편되어 갔다. 노론의 입장에서 보면 김수증의 시대는 ‘음陰이 자라나는 시운時運’이어서 군자의 도의가 땅에 떨어져 제 자리를 찾기 어려웠다. 이런 ‘음양소장의 역사관’을 상수학으로 이론화시킨 장본인이 바로 소옹이다. 상수학에다 ‘학파’라는 용어를 붙일 수 있는지 몹시 망설여진다. 어쨌든 상수학파의 영향은 근대 한국 역학사에서 거의 도외시되었다. 수에 기초한 상수학을 폄하하면서 주류 이데올로기 해석에만 충실했던 탓일까? 서양의 새로운 합리성과 물리적 힘에 치이고, 전통적 가치가 압도당했기 때문일까?

김수증은 사대부라고 아무나 가능한 게 아닌 허다한 은둔문화 사업을 송시열과 계획을 세우고 실행했다.『와유록』을 편찬하고, 《구곡도》를 그리고, 시대를

---

278)『淸陰集』卷4,「次宋持平時烈韻二首」其2: “高人棲遁處, 水際復雲邊, 夢去穿深峽, 書來出沃川, 溯源追正脈, 義象玩遺編, 吾道邅廻日, 期君重廓然.”

바로 잡기 위해 《고사도》를 만들고, 세상을 구하려던 의인들의 초상화를 제작하고, 비문과 여러 기記를 남기는 데 몰두했다. 매번 송시열이 정·주학의 박식한 지식으로 이론을 제공했다. 이점이 '지배층의 문화적 잠재력이자 기득권층의 우월성'이었다. 김수증은 '화산華山'의 은자 진단의 이단적 꿈을 젊어서부터 몸에 익혀 왔다. 그리고 진단의 유산을 이어받은 소옹, 주희, 도사 감숙회甘叔懷 등의 '상수학적 도상화圖象'들에 매료되었었다. 그가 먼저 경영한 농수정사는 주희의 무이정사가 아니고 당화의 불길한 예감과 잡된 속세의 시비 소리를 떠나 여울물 소리로 귀를 틀어막고 자연으로 의식을 돌리는 행위였다. 두 번째 화음동 정사 경영은 가슴속에서 활활 타는 원한의 불길을 다잡기 위한 혼신의 시도였다. 화음동 골짜기를 거슬러 올라가 그동안 새로 설계한 부지암과 인문석, 소옹의 한래왕교閑來往橋를 계곡 바위 위에 걸쳐 놓는 조경행위를 통해, '천지인 합일에 순응한다'는 달관과 체념을 표현했다. 그리고는 정사에 딸린 정자, 나무, 꽃, 디딜방아, 작은 못, 먹고, 자고, 채소밭을 가꾸고, 그리고는 반드시 앞마당을 거쳐야 화악산을 드나들 수 있는 나무꾼, 화전민, 심지여 반수암 승려들의 행색까지, 산골 하루하루의 시시콜콜한 관심사들을 정력적으로 기록했다. 그래도 부족할 때면 함께 졸던 승려들과 사위를 데리고 화악산을 올라 바람 불고 추운 하룻밤을 견뎌 냈다. 무인년 2월1698에는 75세의 노구를 이끌고 조카 김창흡과 설악산 백연百淵으로 달려갔다. 그리고는 흥이 다하면 언제나처럼 성안으로 잠시 들어가 세파에 몸을 맡기다가 견디지 못하면 화음동으로 다시 돌아왔다.

이번엔 마음이 평정되어 다시 붓을 잡고 자손과 후세 독자들을 위해 기문을 열심히 쓰고 담담하게 110수의 긴 율시를 지었다. 그러나 억울하고 기막힌 가문의 비극이 때로 이 밤잠이 짧은 노인에게 찾아온다. 소주를 두어 잔 걸치고 이불로 몸을 감싼 채 벽에 기댔다. 음산한 화음동 골짜기에 찬바람이 몰아치는 깊은 밤, 아랫방 젊은 머슴 녀석은 끝없이 코를 골고, 배고픈 쥐 한 마리가 문짝을 갉아먹는 소리가 그의 의식의 흐름을 잠시 멈추게 했다. 세상의 잡된 소리를 털고 도마치倒馬峙 고개를 넘어 일단 청정 무위의 세계로 들어온 듯했으나 무뎠던 감각이 되살아나고, 너무 한가하고 기나긴 골짜기의 겨울밤이 늙어가는 김수증의 의욕

을 다시 일깨웠다. 그러자 의식에 와 닿는 대상을 꿰뚫는 형상언어들이 춤을 추
며 들썩거렸다.

> 횃대 위 얼어 움츠린 닭 새벽 알리지 않고
> 주린 쥐 이따금씩 판자문을 갉는다.

> 병든 이 몸 밤이 다하도록 홀로 앉아
> 작은 화로 꺼진 불에 한잔 술 데우네.[279]

> 화로 불에 종이 태워 등잔 켜고서
> 억지로 차 마시니 입안 개운하네.

> 네 벽은 고요하고 찬 밤 기나긴데
> 창 너머 머슴아이 코골이 벼락같이 울린다.[280]

시상詩想은 때로 소요부邵堯夫의 『이천격양집』에서 빌려온 듯했다. 그러나 은
자의 모습을 패러디하는 대목은 소강절의 「낙」과 「환희」의 시어詩語들과는 대치
된다.

김수증의 고상한 논리와 유희적 심미경계는 좀 별난 은둔문화이다. 300년이
지난 오늘날 은둔을 좀 객관적으로 찬찬히 뜯어 보니 당시 지배계급의 **'권력의
확대 재생산'**을 거기서 읽어낼 수 있을 것 같다. 권력 재생산은 김상용이나 송시
열, 김수항처럼 목숨으로, 그리고 김상헌의 의리정신으로만 이루어지는 것은 아
니다. 기득권 주류 세력은 자신들의 정치적 열세를 문화적 우위로 지켜나가기 위
해 정치와 문화라는 두 가닥의 다른 색깔의 동아줄을 꼬아가면서 늘 변화의 첨단

---

279) 『谷雲集』卷1, 「臘月初七日, 自京還華陰, 正當嚴沍, 閉門無聊, 口占七絶, 寫境書懷, 不覺其多,
意或重複, 辭亦鄙俚, 只爲消遣之資, 不可與不知者道, 聊示子姪輩云」 其12: "塒鷄凍縮不司晨,
飢鼠時時嚙板門, 病客終宵孤坐處, 小爐殘火一杯溫."
280) 앞의 시, 其18: "自吹爐火紙燈明, 强飲茶湯口液淸, 四壁寂寥寒夜永, 隔窓僮僕鼾雷鳴."

에 자리를 잡고 재기의 기회를 노렸다. 그러기 위해 누구나 들이대던 '고전의 틀' 밖에서 새로운 정보와 지식을 탐색하고, 연행과 통신사 행원들을 다독여 이 루트를 통해 신간 서적과 문화·예술을 들여왔다. 석실서원을 통해 선정들의 제 사를 받들고 문도들을 길러냈다. 백악산 아래 '무속헌無俗軒'을 지키면서 '낙송루 洛誦樓'를 지어 '문학과 예술'이라는 이름 아래 정략적 힘을 길렀다. 그 열매는 훗 날 '백악사단白岳詞壇'이나 '농연그룹'이라는 이름으로 '영조 탕평정치'의 지지 기반으로 나타났다. 그것은 아슬아슬하게 권력투쟁의 지뢰밭을 조심조심 피해 서 권좌에 오른 영조의 통치술을 돕는 수단이 되었다.

이 시기를 전후해 권력의 핵심부에서 부침하던 서인계열 사대부들의 '곡운구 곡'이나 '화양구곡華陽九曲' 같은 이념적인 성격을 강하게 띤 '자연 속의 순례지' 들이 탄생했다. 결국 신안동 김문과 우암 문인들은 노·소 분열이라는 가혹한 시 련을 거치면서도 영조가 등극하자 권력을 다시 장악하고 핵심에 머물 수 있는 동 력과 발판을 마련했다. 힘의 지배원리와 고급문화가 항상 저급한 계층을 권력의 중심에서 밀어낸다. 당시 서인계열의 '은둔문화'가 의도적이든 아니든 정치적 재기를 노리는 것이라는 입론立論이 좀 지나친 것일까?

화악산 음지 곡운구곡과 화음동에서 펼쳐지는 김수증의 은둔 이야기는 드라 마를 예를 들자면 작가와 주연급 배우 그리고 조연 배우들이 있다. 주연은 당연 히 곡운 김수증이고 조연은 그의 할아버지 김상헌, 김상용을 비롯해 거슬러 올라 가 김시습, 서경덕, 이황, 신흠이 있고 다시 내려오면 송시열, 박세채, 윤휴, 윤 증, 김석주, 김창협, 김창흡, 홍눌 스님 등이다. 여기다 선조, 광해, 인조, 효종, 현 종 그리고 숙종, 강빈, 장희빈, 숙빈 최씨 등 줄줄이 늘어섰다. 중국 쪽에서도 역 시 진단, 소옹, 사마광, 왕안석, 이정 형제, 주희 그리고 이들이 산 남북 송의 인 종, 신종, 효종 황제 그리고 청 태조 등이 조연을 한다.

배역 인물들이 모두 무대에 초대되지 않았지만 처음에 중국 화산華山, 낙양 그 리고 무이산 계곡이다가 조선 땅 안동 도산과 고산구곡에서 한양 북촌으로 옮아 간다. 여기서 다시 덕소에 위치한 석실, 석실서원 그리고 춘천 청평사에서 화악 산 골짜기로 공간이 이동되는 듯싶더니 어느새 다시 금강산과 설악산으로 그리고 괴산 화양동으로 뻗어 간다. 문제는 조연이라고 생각한 우암 송시열이 특별연출을 하면서 각본을 쓰는 듯 하는 느낌을 지울 수 없다. 그가 만세지표라고 추숭한 정이천과 주희가 멀리서 이론을 보태주고 청음 김상헌이 행동으로 모범을 보였다. 악역은 왕안석, 진회秦檜와 만주 여진족에 빌붙은 조선 역관 정명수 등이 단골로 맡는다.

생경한 비유인지 모르지만 중앙권력의 자장磁場에서 밀고 당기는 '권력의 윷놀이'가 벌어지고 모냐, 도냐에 따라 화악산 골짜기 곡운이라는 무대에서 김수증은 '윷판의 말이은둔자 되어' 기다가 뛰다가 하면서 석실과 곡운을 들락거리는 형국이다. 결국 승패는 거듭되고 미래는 불투명한데 갈라진 지배층은 자기들에게 유리한 기록을 후세에 남겨 '죽은 다음에라도 시비를 가리고 명분을 되찾으려 했다.'[281]

이번 글에서는 필자가 오래전에 발표한 「구곡도의 발생과 기능에 대하여」1981, 「성리학과 조형예술: 화음동 정사의 구조와 사상적 계보」1984, 「17세기 사대부의 예술과 사상」2003이라는 논고들에서 깊이 다루지 못한 '은둔문화와 권력의 상승작용'을 짚어 보려고 했다. 그리고 주희라는 매개 인물을 통해 소옹의 『황극경세서』와 『이천격양집』이라는 의외의 세계관에 매료된 송시열이, 집요하게 지켜온 정·주학의 견고한 의리사상을 어떻게 우회하는지 조망하고자 했다. 즉, '의리와 상수'라는 미시적 역학사의 두 흐름의 간극에서 '이념과 개인의 성격 차이'를 미흡하나마 부각시켜 '이 시대 은둔사의 특징'을 짚어 보고자 했다.

필자는 여러 해 동안 '김수증의 풍부한 『곡운집』 은둔기록이 송시열의 화양구곡을 압도한다'고 생각했는데, 실은 괴산의 '화양동'과 화천의 '화음동'은 한 덩어리 큰 '권력과 은둔'의 이념적 표상이다. 그 속내를 드려다 보면 은둔이라는 비정치적 공간 속에 여전히 권력을 지향하는 풍향계가 숨어 있다. 김수증의 조카 김창흡은 1711년 『곡운집』을 간행하면서 송시열의 정치적 강경노선을 애써 축

---

281) 1689년 6월 3일 장성에서 송시열이 김수항의 묘지명을 지을 때, 자제가 노친의 기력이 너무 쇠약한 것을 걱정하여 간단히 몇 줄의 글로 완성할 것을 청하자 "이 글이 후세에 큰 의논이 될 것인데 어찌 소략하게 다루겠느냐?"라고 하였다. 『송자대전』 부록 권11, 「우암연보」.

그림 38 춘천부사 이용은 흥학비

소시키려고 송시열과 김수증 사이에 오 간 당략적 내용의 초기 서신들을 빼버 렸다. 김창흡은 김수증의 품격 있는 '산 수유기'와 '가훈' 그리고 '은둔기록' 만을 담아내려 백부 김수증의 양자로 입양한 둘째 아들 김치겸金致謙에게 편지 로 유념시킨다. 좀 더 이 틈새를 비집고 들어가 보고 싶었다.[282]

다시 말하지만, '은둔'이란 바로 인간 의 사회성의 반영이다. 때로는 '숨는 것 을 말하면서' 권력을 향한 치부의 역사 를 시시콜콜 파헤쳐야 하는 역설이 있 다. 도가는 유가의 윤리적 가치관을 거 북스럽게 여겨 현실을 적정한 선에서 외면하였다. 북송 5대 도학자 가운데 소옹 이 바로 이러한 사람이다. 송학을 집대성한 주희가 소강절의 『황극경세서』와 『이천격양집』에서 '도학의 이단자 소요부의 큰 그릇 됨'을 알아보고 그를 '여섯 선생의 반열'에 올려놓았다六先生畵像贊. 누구보다도 주희의 모든 것을 따른다고 자 처한 송시열이었기에 소강절의 '상수학'을 수용하고 그의 '해학과 완세玩世'도 즐긴 인상을 지울 수 없다. 이에 비하면 김수증은 '은둔과 기득권 세력의 경계선 상'에서 어정쩡한 연기로 주역인물의 비중이 반감되는 듯하다.

유감스럽게도 깊숙한 산천 계곡을 따라 널려 있는 '곡운 은둔문화'는 대중들 에게 쉽사리 접근을 허락하지 않는다. 그러나 일단 야기의 실마리를 잡고 차근차 근 접근해 가보라. 권력의 중심에서 벌어지는 팽팽한 긴장과 궁벽한 산속의 고독 한 일상적 은둔생활이 교차하면서 역사적 인물들이 되살아나와 우리의 가슴을

---

282) 예를 들자면 이 시기에 이미 湖洛論爭이 결판나 김창흡의 스승이기도한 송시열과 백부 김수 증 사이의 지난날의 정치적 유대를 표면화하는 것이 장동 김문을 위해 유익하지 못하다는 견 해가 있을 수 있다. 『三淵集』, 권17, 서, 「답치겸答致謙」.

후비는 이야기를 쏟아낼 것이다.

 지난 여름 필자는 곡운 지킴이 화가 길종갑 씨, 한국학중앙연구원의 윤진영 선생과 제1곡 방화계를 찾아갔다가 끔찍한 일을 목격했다. 어느 젊은이가 고기를 낚다 하필이면 전 춘천부사 이용은李容殷, 1856. 9~1857. 11이 '방화계傍花溪'라고 각석해 놓은 일종의 '문화 유적'을 불돌로 삼아 무엇인가 구워 먹고 불씨를 없애려 뜨거운 돌 위에 물을 부어 부분만 남았던 '유물'이 또 훼손되었다. 정약용보다 뒤늦게 곡운을 찾은 이용은을 기리는 조촐한 '흥학비興學碑'가 영당동 옛 '춘수영당春睡影堂' 터에 아직도 서 있는 것을 보면(그림 38) 곡운구곡에 꽤나 관심을 기울였던 인물이었다. '낫 놓고 기억자도 모른다.'는 말이 있다. 참 아쉬운 순간이었다. 곡운구곡과 광덕계곡, 그리고 이번에 일부 드러난 '칠선동七仙洞'이 무모한 개발로 훼손되는 것도 그렇다. 그러나 아직도 아름다움을 간직한 계곡이 어느 정도 남아 있다. 지역주민의 관심이 살아나고, 기표에서 기의를 제대로 읽어내는 보다 역동적인 은둔사가 학제 간 연구를 통해 밝혀지는 날을 기대한다.

회움동 계곡

장동김문의 문예의식과 김수증의 문예취향

이종호(안동대학교 한문학과 교수)

1. 김수증이 문제의 인물인 까닭

2. 선행연구가 말하는 김수증의 문예성취

3. 장동김문의 가풍과 문예의식

4. 김수증의 문예취향과 서법예술

5. 김수증의 아들과 손자를 향한 가업 전수의지

6. 농연 형제에 의한 가풍의 계승과 발전

장동김문의 문예의식과 김수증의 문예취향

1. 김수증이 문제의 인물인 까닭

우리가 김수증金壽增, 1624~1701, 자 延之, 호 谷雲에 대해 관심을 갖게 되는 몇 가지
이유가 있다. 김수증이 세상을 떠났을 때, 조선왕조실록은 그의 삶이 드러내는
몇 가지 특징을 다음과 같이 정리했다. 첫째 문정공 김상헌金尙憲, 1570~1652, 자 叔度,
호 淸陰·石室山人의 장손으로 사람됨이 맑고 빼어나 한 점 속된 모습이 없다는 점, 둘
째 송시열宋時烈, 1607~1689, 자 英甫, 호 尤庵·華陽洞主을 사우로 삼아 식견과 취향이 깊
어졌다는 점, 셋째 시문을 지으면 아담하여 그 사람과 같았고, 더욱이 전서篆書·
주서籀書·팔분八分[1]을 잘하여 공적·사적인 금석문을 많이 썼다는 점, 넷째 일찍
이 과거를 포기하고 간간이 나와서 수령을 지냈으나, 또한 얽매여 있을 생각은
없었다는 점, 다섯째 만년에 춘천의 곡운谷雲 산속에 자리를 잡고 살면서 그 산수
가 깊숙하고 그윽함을 사랑하여 마침내 여기에서 늙었기에 당시 사람들이 모두
그를 고상하게 여겼다는 점[2] 등이 그것이다. 실록이 말하는 이러한 특징이 바로

---

1) '八分'이란 篆書에서 八分을 취하고 隷書에서 二分을 취했기에 붙여진 명칭이라고 한다.

2)『肅宗實錄』卷35, 27年(辛巳) 3月 4日(辛卯)條: "前參判金壽增卒, 年七十八, 壽增字延之, 文正公
尙憲長孫也. 爲人淸修, 無一點塵態, 師友宋時烈, 識趣淵懿, 爲詩文, 澹雅如其人, 尤工於篆·籀·
八分, 多書公私金石, 早抛擧子業, 間出爲守宰, 亦無留戀意, 晩歲卜居春川之谷雲山中, 愛其山水
幽深, 遂終老於斯, 一時咸高之."

우리의 관심을 끄는 그 몇 가지 이유가 되기에 충분하다.

이러한 실록의 언급을 보충할 만한 개인의 기술로는 동평위東平尉 정재륜鄭載崙, 1648~1723의 『공사문견록公私聞見錄』이 있다. 정재륜은 이렇게 말했다.

근래에 서울이나 지방이나 할 것 없이 대과나 소과의 과장에서 과거합격을 위한 구차한 일들이 벌어지고 있는데 간혹 크게 의혹과 비방을 불러일으키는 자도 있었다. 그런데 김수증은 청음 김상국의 손자요 수상으로 있는 수흥, 수항 두 분의 형으로서 독서하고 공력을 들인 것이 일반 선비에 비할 바가 아니었음에도 불구하고 과장에 나가서는 다만 고시관의 취사선택에 맡길 뿐 한 번도 세간의 구구한 짓거리를 행하지 않았다. 때문에 끝내 급제하지 못했다. 그렇지만 분수를 편케 여기고 한가롭게 지내면서 오직 문학과 역사 글씨와 그림을 가지고 스스로 소일했으니, 사람들이 그의 청고한 기상에 감복하였다. 지금 임금님 신사년 3월에 세상을 떠났는데 그때 나이가 78세였고 벼슬은 공조참판 겸 부총관에 이르렀다. 그가 쓴 전서가 공·사적인 금석 각명에 두루 미쳤다.[3]

정재륜의 기술은 실록의 그것과 흐름을 같이하고 있으나 '과거를 포기한 사실'을 보다 크게 부각시켜 김수증의 '맑고 고상한 인품'을 강조하고 있다. 남보다 월등하게 좋은 집안배경을 가지고 있었음에도 한 점의 꼼수도 쓰지 않았다는 점은 '사람됨이 맑고 빼어나 한 점 속된 모습이 없다'는 실록의 지적을 적절히 뒷받침해 주고 있다.

이 글에서는 김수증의 인품을 논하기보다 그의 문예적 성취를 엿보고자 한다. 전통적인 문예이론에서 보면, 인격은 문예의 기초이며 문예는 인격의 반영이다. 이 글에서 필자가 사용하는 '문예'란 문학과 예술을 동시에 일컫는 것인데 구체적으로 말하면 한시와 산문古文 그리고 그림과 글씨와 같은 모든 문학예술활동을

---

3) 국립도서관 소장본 『公私聞見錄』卷4, 28~29쪽: "近來京外儒士, 於大小科場, 率不免苟且之事, 間有厚招疑謗者, 而獨金公壽增, 以淸陰金相國之孫也, 首相壽興壽恒兩公之兄, 其讀書着工, 尤非凡儒之比, 當其赴擧, 只任考官取舍, 一不爲時俗區區. 故終不得題名紅紙上, 安分居間, 惟以文史書畫自遣, 世人服其淸高. 卒于今上辛巳三月, 壽七十八, 爵至工曹參判兼副摠管, 其所書篆, 遍及公私金石刻."

포괄하는 용어이다. 실록에서 말하고 있듯이 김수증의 문예적 성취는 '아담한 시문창작' 과 주로 '금석문에서 발휘되는 전서 · 주서 · 팔분과 같은 서법예술창작' 이다.

우선 김수증의 문예취향이 어떠한 과정을 거쳐 형성되었으며 후대에 어떻게 전승되었는가를 살핀다. 조선시대는 이른바 종법宗法사회로서 혈통과 학통이 중시되었다. 개인의 어떠한 성향도 혈통이나 학통으로부터 자유로울 수 없다. 사실 학통 역시 혈연관계를 통해 형성된다고 봐야 할 정도로 가학과 가풍이 매우 중시되었다. 김수증의 문예취향 역시 장동김문의 형성과 깊이 연계되어 있음은 물론이다.

2. 선행연구가 말하는 김수증의 문예성취

김수증의 서법예술에 대해서는 최근에 연구된 김헌애의 논문이 참고할 만하다. 김헌애는 연구의 선편을 잡았던 이완우의 성과를[4] 계승하여 진일보한 성취를 이루어 내었다. 조선시대 예서의 발전사를 검토하고 나서 김수증 팔분체의 특징을 찾아내고자 했다.[5] 풍부한 실제 작품 분석과 서법예술의 역사적 맥락에 유의하여 치밀하고 논리정연하게 김수증 서법예술의 특징을 파악한 노작이라 할 수 있다. 글의 내용을 요약하면 다음과 같다.

김수증은 당시에 유행하던 대중 서체인 송설체松雪體 : 원나라의 명필 趙孟頫가 만들어 낸 독특한 서체를 따르지 않고 독자적인 수련과정을 거쳐 독특한 자가류의 팔분예서서체를 만들어냈다. 당시 유행하던 송설체는 조선 초기 서체의 정착단계를 지나 중기에는 완전 토착화되어 조선식의 송설체로 변모한다. 이때 송설체의 연미한 맛

---

4) 이완우, 「곡운 김수증 예서」, 한빛문화재단 제68회 정례발표회, 1999; 「조선중기의 서예」, 한국 서예이천년전 특강 자료집, 예술의 전당, 2000을 참조.

5) 김헌애, 「조선시대 예서 연구: 김수증의 팔분을 중심으로」, 경기대학교 전통예술대학원 서예전공 석사학위논문, 2007.

을 제거시키고 왕희지체를 바탕으로 하는 강경하고 단정한 석봉체가 형성된다. 그 후 석봉체 형성을 바탕으로 고유색 짙은 동국진체라는 서체가 이루어지고 초서명가의 출현과 양송체가 형성된다. 이러한 변화의 과정 속에서 김수증의 팔분이 성립된 것이다. 김수증 팔분의 특징은 전서의 잔적殘迹이 남아 있고 예隸로 쓰면서 행서의 필의筆意를 운영했으며 전법篆法을 구사해 새로운 형태를 창안한 것에 있다. 그의 팔분에서 순박하고 가지런한 필획의 평정함은 자세를 흐트러뜨리지 않는 곧은 선비의 방정함을

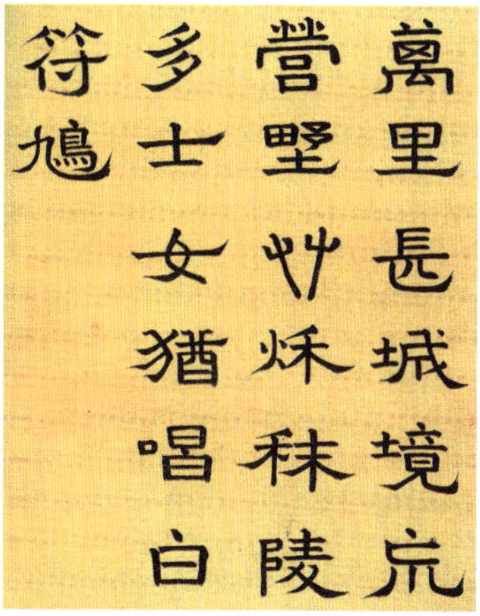

그림 1 김수증의 〈오언절구五言絕句〉, 《해동필수海東筆藪》 일부

표상한다. 전획篆劃의 예스러움과 이체자異體字를 적당히 섞는 기고奇古함이 예서의 법에 얽매이지 않은 자유스러움과 온화하게 퍼지는 파세波勢로 인해 여성적인 미태를 느끼게 한다. 동시에 해서 획에서 볼 수 있는 45° 경사의 강건한 절법折法이 남성적인 이미지를 만들어 낸다. 또한 김수증의 삶, 학문, 서예는 도예합일道藝合一을 연원으로 한다. 도학자들은 일반적으로 자연을 통해 물아일체를 지향한다. 또한 자신의 성정과 기질을 시나 글씨, 그림으로 표출하는 바 김수증은 사대부의 정체성을 자신만의 서풍書風 곧 팔분으로 표출하였다. 결국 "김수증은 금석학 연구를 통해 안진경체의 연원이 팔분체에 있다고 여겨 당대의 서체를 맹목적으로 추숭하지 않고, 자신만의 새로운 서체를 구축하여 곡운체谷雲體를 창안하였고 조선시대 예서의 주체성을 확립하고자 고민했다."고 할 수 있다.

종백부 김광현의 글씨와 이황의 글씨에도 김수증의 팔분체 특성이 일부 나타난다. 이로 볼 때 김수증은 전대의 예서풍을 전수받아 자신의 필법으로 정비하여 후대에 전수했다고 할 수 있다. 김수증에게서 정립된 예서의 맥이 김진규金鎭圭, 1658~1716, 호 竹泉, 인경왕후의 오빠와 김진상金鎭商, 1684~1755, 호 退漁, 김장생의 현손으로.이어지고 다시 송문흠宋文欽, 1710~1752, 호 閒靜堂, 송준길의 현손과 이인상李麟祥, 1710~1760,

호 凌壺, 이경여의 현손에게로 전해졌다. 그리고 다시 유명뢰俞命賚, 송시열의 문인의 증손 유한지俞漢芝, 1760~1834, 호 綺園에게로 이르는 사승관계를 보이면서 팔분이 노론의 전유물이 되어갔다. 또한 김정희는 김수증 이후 노론의 서맥書脈으로 이어져 오던 팔분예서파八分隷書派를 충실히 계승하여 예서의 절정기에 추사체라는 꽃을 피웠던 것이다.

김수증의 시문창작에 대한 연구도 여러 편 보고되었다.[6] 그 가운데 한시를 연구한 이효숙의 논문[7]과 산수유기를 다룬 황인건의 논문[8]이 김수증 문학연구를 본격화시켰다는 점에서 주목할 만하다. 이 두 편의 논문을 요약해 본다.

이효숙은 『곡운집』 권1~2에 수록된 540여 편에 달하는 김수증 한시에 대해 형식상 특성을 연작시에서 찾아 그 제재의 다양성·시어의 참신성·묘사의 사실성으로 나누어 고찰하고 내용상 특성을 은일지향·현실지향·자아성찰로 나누어 살폈다. 곡운에서 자연과 생활을 읊은 연작시는 조카인 김창흡에게 영향을 주었을 뿐 아니라 후대 18세기 작가들에게도 간접적으로나마 영향을 끼친 것으로 결론지었다. 그리하여 "한편 곡운에서의 생활을 시의 주된 제재로 선택함으로써, 시에 사용된 제재의 폭이 넓어졌다. 또 시를 짓는 데 있어 아름답고 세련된 단어를 골라 시어로 사용하지 않고 주변의 사물과 생동감 있는 모습을 시어로 사용하여 시어의 참신성을 가져왔다. 따라서 시에서 구현된 묘사는 현실을 핍진하게 나타낼 수 있었으며, 그로 인해 사실성을 획득할 수 있었다."고 했다. 또한 김수증 한시의 내용적 특성에 대해서는 "표면적 의미로서의 은일지향의 측면과 이

---

6) 1999년 8월 13일 화천에서 있은 『동아시아 은자들의 미의식과 곡운구곡: 은둔자들의 시와 자연관을 중심으로』(한일미학연구회 국제심포지엄)에서 심경호가 「곡운을 중심으로 한 은둔시와 자연관」을 발표했고, 2005년 10월 22일 역시 화천문화예술회관 대강당에서 개최된 『한국의 은사문화와 곡운구곡』 제2차 국제학술대회에서 이경수가 「곡운 김수증의 은둔시」를 발표한 바 있다. 개별적으로 모두 의의 있는 발표였다고 생각되지만 김수증의 시문학을 심도 있게 논의했다고 볼 수는 없을 것 같다. 또 이경구가 「곡운 김수증의 은거생활과 문예활동」(『한국학보』 30권 3호, 일지사, 2004)을 발표하여 연구를 심화시켜 주었다. 그러나 이 역시 작품을 구체적으로 분석한 것이 아니어서, 문학연구의 보조 자료로 기여할 뿐이다.

7) 이효숙, 「곡운 김수증의 한시 연구」, 강원대학교 석사학위논문, 2000.

8) 황인건, 「곡운 김수증의 산수문학 연구」, 한양대학교 석사학위논문, 1998.

면적 의미로서의 현실지향의 측면, 그리고 이들을 초월한 자기성찰의 측면으로 나누어 볼 수 있었다," "은일지향의 내용을 담고 있는 시들은 조화로운 자연을 읊기도 하고, 곡운에서의 소박한 산골생활을 읊기도 한다. 또 관습적으로 은일을 상징하는 대상예: 국화나 매화 등을 통하여 은일의 모습을 형상화하였는데, 이는 그의 현실적인 상황과 맞물려 시상의 변화를 꾀하기도 하였다. 현실지향의 내용을 담고 있는 시들은 자연을 냉혹한 현실 자체로 파악하기도 하고 그 속에 사는 산골 사람들의 척박하고 빈곤한 삶을 읊기도 하였다. 또 그는 은거를 하는 동안 계속 유자로서의 입장을 견지하며 성리학적 종경정신宗經精神과 의리·절의 등을 추구한다. 한편 숨고 나오는 것을 떠나 노년에 이르러 자기 삶에 대한 후회와 반성이 시에 드러난다. 이러한 모습은 단지 자책에 그치지 않고 자기 자손들과 자기 당 사람들에 대한 권면으로 나타난다."고 하면서 "결국 김수증 문학은 우리나라의 은일문학의 계보를 잇고 있다."고 했다. 전반적으로 김수증 한시 창작의 주요한 특징을 무리 없이 개괄했다고 평가할 수 있다.

황인건은 김수증의 산수문학을 연구했는데, 『곡운집』 권3~4에 수록된 19편의 기문을 산수유기와 산수기로 나누어 각각의 특질을 밝혔다. 아울러 기문을 모두 역주하여 부록함으로써 후발연구자들에게 많은 도움을 주고자 했다. 내용을 요약하면 이렇다. 김수증의 산수유기 창작을 의론보다는 서사를 위주로 하는 동적인 1기 작품과, 서사보다는 점차 의론이 강화되는 정적인 2기 작품으로 나누었다. 1기에 속한 산수유기에서 나타난 사진寫眞의 태도를 분석하였다. 산수를 접하고 절경을 찾아 그 아름다움에 빠져드는 과정을 각각 나누어 실경묘사 기법을 살펴 2기 작품과 비교하여 기술태도의 차이점을 살폈다. 김수증은 대상을 접하는 인지認知의 단계에서 산수의 정확한 위치를 꼼꼼히 밝혀 둠으로써 자신의 시점을 정돈하고 독자에게 사실감을 전달할 수 있었으며 대상에 대한 탐승探勝과 몰입沒入의 토대를 마련해 두었다. 또 주관적 탐승의 과정에서 승처勝處를 찾아가는 자신의 모습을 문면에 직접 드러내는 이외에도 여정이나 감상 등의 표현과 한데 뒤섞어 두는가 하면 때로는 작품의 행간에 감추어 놓기도 하는 등 다양한 방식을 운용했음을 알 수 있다. 아울러 핍진한 묘사와 함께 자신의 궤적을 적어 두었기에 독자들에게 훌륭한 안내서 구실을 할 수 있게 하였다.

1기의 작품이 경기·강원·황해 등 동태적으로 분포하는 반면 산수기로 집약되는 2기 작품은 자신의 정태적 인식세계를 주로 기술했다. 산수기에 보이는 명명命名을 통해 원림공간의 인식세계를 재구성했다. 농수정사·부지암·무명와·유지당 등 조형물의 명명을 통해 김수증은 세속과 단절하겠다는 절속絕俗의 의지를 더욱 공고히 했고, 천근석·월굴암·한래왕교 등 자연물의 명명을 통해 자기의 원림세계에 대한 질서를 부여했다. 1기에서 보이던 젊은 날의 방랑이 '곡운' 이라는 원림공간으로 수렴되면서 내적 질서를 갖추게 됨으로써 안정화의 길로 나갔던 것이다. 김수증의 산수유기 곳곳에 드러나는 일련의 실경묘사 기법은 이후 경화사족의 실경 묘사 풍조에 직간접으로 영향을 주어 조카인 김창협·창흡 형제와 이병연李秉淵, 1671~1751, 자 一源, 호 槎川, 정선鄭敾, 1676~1759, 자 元伯, 호 謙齋 등의 실경진경정신으로 이어졌다고 할 수 있다.

위 두 연구자의 노고에 힘입어 우리는 김수증이 창작한 시문학의 경개를 충분히 엿볼 수 있다. 따라서 새롭고 첨예한 시각을 마련하지 않는 한 또 다른 논의들이 옥상옥이나 중언부언이 되기 십상이다. 주지하듯이 『곡운집』에는 김수증이 곡운과 화음동을 경영하면서 창작한 누정기문, 산수유람의 과정과 흥취를 갈무리한 유기산문, 그리고 서사성이 강한 두어 편의 글을 제외하고는 문예적 산문으로 볼 만한 글이 별로 없다.[9] 모두가 잡록 스타일의 글이다.

---

9) 간략히 김수증의 산문창작을 문집에 수록된 차례에 의거하여 개괄해 보면 다음과 같다. 산수유람을 기행문 형식으로 기록한 유기산문으로는 1662년 9월 9일에서 14일까지 강원도 平康縣의 북쪽에 위치한 戱靈山을 기행한 「遊戱靈山記」, 평강현의 북쪽에 위치한 靑龍山과 靑龍寺 舊址에 대한 여행기록인 「靑龍山靑龍寺記」, 1670년 8월 황해도 平山에서 출발하여 명의 사신 許國의 廻瀾石碑, 朴淵瀑布, 太宗臺, 萬景臺, 靈通寺, 花潭書院, 善竹橋, 崧陽書院 등 개성과 그 주변을 유람한 「遊松都記」, 1672년 4월 安岳郡守로 황해도 長淵府의 助泥浦에서 敗船하는 사고가 있어 看檢차 갔다가 인근의 蒙金浦 일대를 둘러본 「遊白沙汀記」, 1673년 4월 11일에서 19일까지 石室에서 출발하여 강원도의 谷雲精舍에 도착하여 곡운 일대를 유람한 「山中日記」, 谷雲에서 서쪽 10여 리에 있는 白雲山의 동쪽 지류인 七仙洞을 1677년과 1678년 두 차례에 걸쳐 유람한 「七仙洞記」와 「重遊七仙洞記」, 寒溪山(內雪嶽)과 雪嶽山 사이에 위치한 曲淵을 유람한 「曲淵記」, 淮陽府使로 부임한 후 1680년 9월 18일에서 10월 4일까지 아들 昌國 등과 함께 내금강, 외금강을 두루 둘러본 「楓嶽日記」, 병자호란 때 김상헌을 따라 安東에서 지낸 바 있었는데 그 후 45년만인 1686년, 1월 20일에서 28일까지 다시 안동을 찾아서 종인들을 만나고 선영과 가문의 유적을 둘

한시는 김수증 문예의 중심이다. 그런데 그가 지은 한시가 과연 어떠한 수준의 성취를 보였는지 단정적으로 말하기 어렵다. 김수증은 이렇게 시에서 자신의 시를 설명한 적이 있다.

> 나는 본디 시에 능치 못해
> 그냥 노닐며 스스로 즐길 뿐
> 억지로 오언 구를 지으니
> 옛 격조를 논할 건가
> 잠시 내 회포를 그려내니
> 어찌 남의 이목을 위할까
> 가소롭구나! 운계의 물이여
> 씻지 않으면 서서히 악이 엉기나니[10]

김수증은 겸손하게 자기의 시를 '생활인의 자연한 일상'이라고 말하고 싶어 한다. 시인의 시로 보지 말고 한 인간 김수증의 넋두리로 들어달라는 주문이다. 아울러 오언 구를 좋아했고 산수자연을 매개로 한 정감의 표출을 위주로 했다는 고백을 듣는다. 이러한 김수증의 발언을 부연하고 보충한 이는 조카 김창흡이다.

러본 「花山記」(화산은 안동의 고호), 1691년 5월 6일에서 15일까지 조카 昌翕과 寒溪山을 유람한 「寒溪山記」, 1691년 춘천 북쪽 80리에 있는 華嶽山을 유람한 「遊華嶽山記」, 춘천부 곡운에 은거하게 된 동기와 과정, 곡운의 기이한 절경과 곳곳을 命名하는 과정, 谷雲精舍·籠水亭 등 자신의 은거처 등을 소개한 「谷雲記」, 谷雲精舍에서 서남쪽으로 4~5리쯤 떨어져 있는 화악산 북쪽의 한 골짜기 華陰洞으로 은거지를 옮기고 4년여를 지낸 뒤에 聊淹留亭·不知菴·三一亭 등과 주변 경관을 그려낸 「華陰洞志」, 1679년 이래 아들 昌直, 조카 昌翕 등과 수차례 설악산 일대를 유람했지만 한계산과 설악산 사이에 있는 曲百淵을 탐방하지 못하였다가 마침내 1698년 오랜 숙원을 이루고 나서 쓴 「遊曲淵記」 등이 있다. 또한 문집에서 재실이나 누정의 건립과정을 기록한 기문형식의 글으로는 1693 화음동에 제갈공명과 김시습의 화상을 걸어 놓기 위해 세운 유지당에 대한 기록인 「有知堂記」, 1693년과 이듬해에 화음동에 있는 無名窩에서의 일상을 기록한 「無名窩記事」, 화음동에서 聞來往橋 근처에 세운 松風亭과, 不知菴에 속한 작은 누각으로 서적을 보관하기 위해 세운 淸夢樓에 대해 기록한 「松風亭記」와「淸夢樓記」 등이 보인다.

10) 『谷雲集』卷2, 「閏三月初八日, 還華陰, 留四十二日, 逐日所接所懷, 山中景色, 無不形諸楮毫, 此不足爲詩, 而皆是實跡, 聊爲破閑之資, 以自觀焉」(丁丑) 其95: "我本不能詩, 優游徒自適, 强作五字句, 何論古調格, 聊寫我懷抱, 寧爲人眼目, 可笑雲溪水, 不洗徐凝惡."

남몰래 생각하건대, 저 가을과 겨울 서리와 눈 내리는 저녁, 부지암不知菴과 무명와無名窩 밖으로 온갖 자취가 아득히 끊어졌을 때, 선생께서 하나의 명아주 지팡이를 짚고 한 마리의 학을 데리고 계수나무에서 불어오는 바람과 삼나무에 걸린 달 사이에서 서성이셨다. 생동하는 기운이 아직 막히지 않은 곳에서 간혹 회포를 펼쳤는데, 소리를 내는 자는 산과 물이었지 이른 바 붓과 먹이 아니었다. 그러나 여전히 온갖 재앙을 겪은 신세와 수없는 화변을 겪은 나라에 대한 느낌을 다 표현하지 못했다. 그 중에 굴원의 「애영」(추방당한 뒤 도성을 그리워 한 작품)과 「원유」(나라에 용납되지 못하자 신선과 함께 멀리 돌아다니겠다는 뜻을 나타낸 작품)에 화운한 것이 많다. 훗날 이 문집을 보는 자들이 글에 나아가서 그 자취를 구해 본다면 진실로 장차 그가 수립한 바를 고상하게 생각하고 그가 만난 바를 슬퍼하게 될 것이다. 그리고 성률이나 격조를 논할 때에는 선생의 시가 성정과 기상에서 나왔기에 담박할 뿐이라고 여겨 무시하지 않는다면 좋을 것이다.[11]

매우 시적이고 정감어린 평론이다. 김창흡도 말했듯이 김수증 한시에서 성정과 기상을 볼 뿐 성률이나 격조를 따져서는 안 된다. 그것은 김수증의 겸손한 순결주의에 대한 반란으로 비춰질 수 있다. 김창흡의 발언을 액면 그대로 수용한다면 김수증은 ‘시인’의 이름에 값하는 문예창작에는 서투른 선비가 아니었나 싶다. 따라서 그의 시의 높낮이를 평가하는 일은 큰 의미가 없어 보인다. 그럼에도 불구하고 구차하게 몇 마디 평어로 사족을 달아 보면 이렇다.

우선 동원된 시어의 동어 반복적 경향이 눈에 들어온다. 앞서 이효숙의 연구에서는 이러한 경향을 주변의 사물과 생동감 있는 모습을 시어로 사용하여 시어의 참신성을 가져왔고 시에서 구현된 묘사는 현실을 핍진하게 나타낼 수 있었으며, 그로 인해 사실성을 획득할 수 있었다고 말했지만, 이는 너무 후한 평가가 아닌가 한다. 가급적 난해한 전고사용을 억제하려 했다는 점은 인정할 만하나 새로운

---

11) 『三淵集』 卷23, 「伯父谷雲先生文集序」: "竊想夫秋冬霜雪之夕, 菴窩外萬蹤夐絶, 所陪者一藜一鶴, 徘徊於桂風杉月之間, 德機所未杜, 間有攄發, 發之者山水, 非所謂筆墨, 而猶有未遣夫身世百罹與家國萬變之感, 則其膚韻乎哀郢遠游者爲多, 後之覽斯集者, 卽文而求其迹, 固將高其所立, 悲其所遭矣, 而至論聲格, 以爲出於帶性負氣, 而勿視以泊與淡而已則幾矣."

의경 창출을 위한 시어의 조탁이 부족하다. 그의 시를 읽노라면 천편일률이라고 말하면 지나치겠지만 거의 유사한 의상^{이미지}과 의경^{주제}의 나열로 지루한 느낌을 떨쳐낼 수 없다. 이를 반대의 시각에서 보면, 김수증은 시를 '창작' 했다기보다는 '기록' 했다고 보아 생활과 시학의 일치를 이루어내었다고 평가할 수도 있다. 아무튼 필자가 보기에 김수증 한시의 핵심어는 '생활' 이고, 나누어 말하면 가문과 가족, 전원과 산수, 당쟁과 세도世道, 노비와 생리生理 : 생계, 동봉東峰 : 김시습과 우옹尤翁 : 송시열, 승려와 속인, 석실과 화음, 북촌으로 수렴될 수 있을 것이다.

3. 장동김문의 가풍과 문예의식

임진왜란과 병자호란, 즉 동아시아 세력재편기를 거치면서 우리 역사도 그에 대응하여 새로운 국면으로 진입하게 된다. 문예적으로 보면 16세기 말 임란기로부터 중국과 보다 빈번한 교류가 이루어졌기에 그쪽에서 유행하던 문예사조가 조선에 유입되었고 그것이 후금의 침입과 인조의 성하지맹을 거치면서 더욱 조선화되어 갔다. 당시 명나라에서는 왕수인王守仁, 1472~1528, 陽明의 양명학이 사상계에 큰 영향을 주었고, 왕세정王世貞, 1526~1590, 호 弇州山人으로 대표되는 이른바 '문필진한, 시필성당文必秦漢, 詩必盛唐'을 구호로 외쳤던 전칠자 · 후칠자의 의고문풍이 문단의 주류가 되어 있었다. 양명학은 학계에 큰 반향을 불러 일으켰지만 이황의 거센 비판을 받았기에 많은 학자들이 드러내 놓고 그 수용을 지지할 수 없었다. 그로 인해 정학正學, 관학官學으로서 주자학의 권위는 계속 유지되었고, 양명학은 단지 일부 가문에 의해 가학의 형태로 내밀하게 수용되고 계승되었을 뿐이다. 그에 비해 왕세정의 고문사학은 조선의 지식인들 매료시켜 허균을 비롯한 수많은 동조자를 배출하였다. 특히 임란을 전후하여 외교의 현장에서 중국 측 인사와 교류한 문인들의 추종 열기는 대단했다고 할 수 있다.[12]

---

12) 이종호, 「상촌 신흠의 산문저술과 문예의식」, 『민족문화』 제20집, 민족문화추진회, 1997.

뿐만 아니라 서화고동書畫古董을 애호하고 완상하는 취미를 가진 문인 지식인들도 점차 늘어갔다.[13] 앞서 말한 의고문파가 시문에서 '고古'를 중시했던 호고취향이 예술계 전반으로 확산된 것이다. 진귀하여 찾아보기 드문 옛 것의 가치를 인정하고 진짜眞와 가짜贗를 분변하려는 비평적 문예활동이 촉진되어 갔다. 조천朝天·연행燕行을 통해 수많은 당판唐板：중국판 서적이 유입된 것은 당시 문인 지식인들이 중국의 새로운 문풍에 대한 수용열기가 얼마나 대단했는지 잘 알게 해 준다.

문화적 토대를 마련한 김극효

김수증은 1624년에 태어나 1701년 세상을 떠나기까지 17세기를 관통하여 78년의 삶을 살아간 분이기에 16세기 후반의 문예적 유산을 물려받았을 것이고 이를 자기화 하여 후인들에게 전수했을 것이다. 자기화의 정도에 따라 '자성일가自成一家'할 수도 있겠는데, 과연 일가를 이룰 정도로 문예수련에 열성을 보였는지는 잘 알 수 없다.

조선조 문인은 혈연적 인적 네트워크에서 자유로울 수 없다. 김수증은 위로 광찬光燦, 1597~1668, 중추부 동지사, 雲水居士 → 상헌尙憲, 1570~1652, 좌의정, 문정공, 淸陰 → 극효克孝, 1542~1618, 돈령부 도정, 四味堂 → 생해生海, 1512~1558, 신천군수 → 번璠, 1479~1544, 평양부 서윤으로 이어지는 수직적 계통맥락과 그를 둘러싼 횡적인 혼인맥락이 교직하는 그물에서 한 점으로 존재한다. 그 수직선상에서 그의 생애에 직접적인 영향을 줄 수 있던 선대는 광찬과 상헌이다. 극효 위로는 모두 김수증이 출생하기 전에 세상을 등졌기에 친견을 통한 훈도를 바랄 수 없다.

다만 김극효의 경우, 장동김문의 문화적 토대를 마련해 준 인물로 평가된다. 왜냐하면 김극효는 선조연간 대제학을 거쳐 좌의정을 역임한 정유길鄭惟吉, 1515~1588, 호 林塘의 딸과 혼인함으로써 동래정씨 경화세족의 문화전통을 전수받았을

---

13) 여기에 대해서는 홍선표의 「조선후기 회화의 애호풍조와 감평활동」(『조선시대회화사론』, 231~254쪽, 문예출판사, 1999)을 참조.

가능성이 높기 때문이다.

정유길은 문장 역량도 풍부했지만 조탁이나 수식을 일삼지 않고도 절로 멋들어진 시를 지어 당시에 사인들에 의해 종장으로 추대된 바 있다. 그래서 누정이나 객사에 그의 시가 걸리면 모두 영광으로 여겼고, 궐내의 그림병풍도 그의 제영題詠이 실려야 귀중하게 되었다고 한다. 다만 정유길의 시문은 전란을 거치면서 산일되어 두 권만 유고로 전한다. 정유길은 시문뿐 아니라 서법도 기경奇勁 : 멋있고 힘이 있음하여 일가를 이루었기에 사람들이 흠모하여 본뜨는 이가 많아 '임당체林塘體'라는 평을 받았을 정도로 유명했다.[14]

김극효의 아들인 상용과 상헌 형제 역시 생전에 외조부인 정유길의 사랑과 훈육을 받았다. 김상헌이 태어나서 19세가 될 때까지 정유길이 생존해 있었다는 점을 주목할 필요가 있다. 그 정도의 기간이면 정광필鄭光弼, 1462~1538, 영의정, 호 守天에서 복겸福謙, 1501~1552, 강화부사을 거쳐 유길, 창연昌衍, 1552~1636, 좌의정, 호 水竹으로 이어지는 동래정씨의 문풍이 무리 없이 안동김씨 장동파 쪽으로 전이되었을 것이다. 물론 지역적으로 청풍계와 가까운 거리에서 거주했던 이항복李恒福, 1556~1618, 호 白沙과 같은 문인들도 일정 정도 간접적인 영향을 주었을 것이나 정유길과 같은 정도의 그것은 아니었다.

김극효는 일찍이 사위로서 장인 정유길에게 수업을 하여 재주가 있다고 칭찬을 받아[15] 진사시에는 합격했지만 문과에 급제하지 못하고 음직으로 진출하여 내외직을 두루 거쳐 돈령부 도정에 이르렀다. 바로 이때가 장동김문의 첫 번째 전성기였다.

신흠申欽, 1566~1628, 호 象村은 그때의 정황을 아래와 같이 말한 바 있다.

---

14) 『淸陰集』 卷26, 「外王父議政府左議政鄭府君神道碑銘幷序」: "文章富麗, 尤長於詩, 不事雕削, 而自有風味, 人不能及, 翕然推爲宗匠, 亡論騷人楮客釋流方外之徒, 亭楣館壁, 得之以爲光, 九重之內, 燕閑之所, 圖畵屛障, 必經府君題詠, 然後爲重. 所著述甚多, 遭亂散軼, 遺稿二卷行世, 亦可以嘗臠知鼎也. 書法奇勁, 自成一家, 世多慕效, 謂之林塘體."

15) 『象村稿』 卷24, 「同知敦寧府事金公墓誌銘幷序」: "旣長, 娶于林塘鄭相國惟吉之門, 受業焉, 相國亦亟稱其才."

공(김극효)의 집은 북악산北岳山 아래 있었는데, 지추공(극효의 장자인 김상용) 이하 세 아드님의 집이 솥발처럼 세 군데에 자리를 잡아 서로 바라보고 있었다. 그 중에 지추공의 집이 북쪽 기슭에서 가장 경치 좋은 곳을 차지하였는 바, 여기가 바로 청풍계靑楓溪라는 곳인데, 수석水石이 좋기로 도성 안에서 으뜸이었다. 매양 좋은 시절을 만나면 여러 자손들이 반드시 음식을 푸짐하게 장만하고 어버이 뜻에 맞는 물품을 준비하여, 평소에 공과 친숙하던 손님들을 맞이해 음식을 대접해서 공을 즐겁게 하였는데, 나도 그 자리에 참여하지 않은 적이 없었다. 화려한 수레와 가마가 반짝반짝 빛을 내며 왕래하는데, 산과 시내를 방석으로 삼고 풍악을 연주하며, 이리저리 배회할 때, 공은 술에 취한 채 그 사이에 드러누워 가끔 담론을 늘어놓으면 사람들이 모두 듣기 좋아하였고, 주위를 돌아보면, 여러 자손들이 그 곁에 죽 늘어서 모시고 서 있었으며, 조복 입은 벼슬아치들이 자리에 가득하고, 훌륭한 풍채가 서로 빛났으니, 생각건대 공의 복록이 오래갈수록 더욱 끝이 없는 것이다. 아, 성대하고도 복되도다.[16]

장동김문 집안의 규범, 즉 가범家範 역시 김극효 대에 일정한 틀을 갖춘 것으로 보인다. 그는 "우리 집은 삼가고 경계하고 대범하고 검소한 것을 대대로 전해왔으니, 혹시라도 선대의 덕을 욕되게 하지 말라. 곤궁과 영달은 하늘에 달려 있는 것이니, 꼭 높은 벼슬을 할 필요가 없고, 오직 예모를 갖춘 사람이 끊어지지 않아서 대대로 선사善士만 있으면 된다."고 하면서 이단異端과 잡술雜術, 무격巫覡과 부도浮屠를 물리치고 계권契券이나 쟁송爭訟에 관한 일을 입으로 말하지 않게 했다고 한다.[17]

또한 김극효는 "만년에는 외실에 물러나 거처하면서 사미옹四味翁이라 자호自號하고서, 좌우에는 서화를 쌓아 두고 앞에는 화훼를 진열해 놓았으며, 뜰이 환하게 텅 비어 먼지 하나 없었으므로, 그곳에 온 사람들은 깨끗한 환경에 의해 생각

---

16) 앞의 글: "公居在北岳下, 知樞以下三君鼎宅相望, 知樞公家占北麓最勝, 名曰靑楓溪. 水石爲都中甲, 每於佳辰令節, 諸子孫必盛簜品備志物, 延素所客習於公者以娛公. 欽亦靡不與焉. 雕軒板輿, 往來有煒, 几山案溪, 絲彈竹吹, 婆娑盤桓, 公頹其間, 間出談論, 纚纚不厭人聽, 顧見諸子孫列侍其側, 袍笏盈床, 符彩互映, 意者, 公之福祿, 愈往而愈未艾也. 噫, 其盛哉祉哉."

17) 앞의 글: "恒語諸子曰, 吾家以謹飭簡素傳業, 毋或忝我先德, 窮達在天, 官不必高, 惟衣冠不絶, 世有善士斯可矣. 異端雜術, 不入於門, 巫覡浮屠, 不通於家, 契倦爭訟不談於口."

을 바꾸게 되었다. 손이 이르면 친소나 귀천, 소장을 막론하고, 모두 술을 대접하여 즐겁게 노닐었으며, 집에 있고 없는 것은 묻지 않았다. 다만 반복무상하게 아첨하여 열심히 남에게 빌붙기나 하고 제 소임을 다하지 않는 자들은 좋아하지 않았다."고[18] 했거니와 빈객을 친절하게 대하고 서화와 화훼를 애호하는 정신이 이때부터 시작되었음을 알 수 있다.

금석문 창작 전통을 세운 김상용

김상용은 어려서 『시경』, 『서경』이나 『사서』와 같은 경전을 읽어 대의를 통한 뒤 성장해서는 고문이나 고시와 같은 문학공부를 외조부인 정유길에게서 익혔다. 그 밖에 『주역』은 박수, 『춘추좌전』은 윤기에게 배웠다. 성혼의 문하에 출입하면서도 이이를 사모했으며, 이항복, 신흠, 오윤겸, 이정구, 황신, 정엽 등과 교유했다.[19] 본성이 산수를 좋아하고 이름난 그림이나 오래된 글씨를 보면 좌우에 나열해 놓고 감상했다. 독서하며 지내는 곳을 '와유암臥游菴'이라 이름하고 아취雅趣를 추구했다. 만년에는 부친을 위해 청풍계 수석을 꾸미면서 앞서 신흠이 언급한 바와 같은 명절이나 생신이 돌아오면 손님을 초청하고 풍악을 잡히는 흥겨운 놀이를 마련하기도 했다.[20] 그러나 본인은 가무나 박잡한 놀이를 즐기지 않았다. 문장은 문사를 통달하도록 했고 시는 음률이 맑고 내용이 아름다운 것을 높였다. 글씨는 이왕二王, 王羲之와 그의 아들 王獻之을 법 삼았고 전서는 여러 체에 두루 능했다. 그렇지만 모두 전적으로 몰입하지는 않는 듯하다.[21]

---

18) 앞의 글: "晩歲屛處外室, 自號四味翁, 左右書畫, 前列花卉, 庭宇昭曠, 不留一塵, 至者洒然易慮, 賓至, 無親疏貴賤少長, 皆置酒讙謔, 不問家有無, 唯不喜惛佞反覆, 爲翕翕熱者."

19) 『淸陰集』 卷26, 「伯氏議政府右議政仙源先生神道碑銘幷序」: "少讀二經四子通大義, 長學古文詩於外王父, 學易於朴公受, 學春秋左氏於尹公箕, 往來成牛溪先生之門, 慕栗谷李文成公, 推爲師道所存. 交游盡一時名人, 而如李文忠恒福 · 申文貞欽 · 吳相國允謙 · 李文忠廷龜 · 黃文敏愼 · 鄭文肅曄最所深契."

20) 앞의 글: "性喜山水, 見有名畫古蹟, 羅列左右, 名其庵曰臥游, 以償雅趣, 晩築楓溪水石, 先君心好之, 肩輿日往來, 公輒營具, 擇味以進, 佳辰壽節, 廣延賓客, 下至伶工伎樂, 必致親意所向, 務盡歡悅."

21) 앞의 글: "凡聲伎駁雜之戲弗用也, 文取辭達, 詩尙淸腴, 書法二王, 篆該衆體, 然皆不屑爲也."

청풍계의 위에 있는 태고라는 정자 바로

우리 집의 큰형님이 지어 놓은 것이라네.

숲과 골짝 의연히도 수묵도와 같거니와

바위 절벽 절로 푸른 옥병풍을 이루었네.

우리 부자 형제들이 한 당 안에 앉아서는

바람과 달 금과 술로 사시사철 즐기었네.

그 좋던 일 지금 와선 다시 할 수 없거니와

이러한 때 이런 정을 어떤 이가 알 것인가.[22]

인왕 백악 두 봉우리가 빼어나

이름난 절사와 문장가 모두 이 정기를 받았으리라.

사당 밑 층층 못이 흐느끼며 흐르니

세 번째 만나는 갑신년을 슬퍼하는 듯하네.[23]

앞의 시는 김상헌이 심양에 억류되어 있을 때 고향으로 돌아가고 싶은 감회를 읊은 것인데, 자기 집 가까이 펼쳐진 추억의 장소, 즉 목멱산木覓山:南山 · 공극산拱極山:北岳 · 필운산弼雲山:仁王山 · 청풍계淸風溪 · 백운동白雲洞 · 대은암大隱巖 · 회맹단會盟壇 · 세심대洗心臺 · 삼청동三淸洞 · 불암佛巖 등 10곳을 시로 노래하였다. 그 중 청풍계를 노래한 1수를 뽑아 옮겨 보았다. '우리 집 큰형님'은 바로 김상용을 가리키는 것이고 '우리 부자 형제'는 김극효와 상용 · 상관 · 상헌 등 형제를 말한다. 그런데 호란으로 큰형은 절사하고 자신은 심양에 억류되어 있어, 그 좋던 시절을 이제 다시 누릴 수 없게 되었다.

뒤의 시는 이덕무李德懋, 1741~1793, 호 靑莊館가 1764년 노래한 청풍계이다. 시에서 말한 '갑신'은 1644년으로 명의 마지막 황제 숭정의종이 내관과 함께 경산으로 올라가 수황각 누각 앞 괴목에 목을 매어 자결한 해이다. 그 120년 동안 청풍계는

22) 『淸陰集』 卷11, 雪窖集, 「近家十詠」: "淸風溪上太古亭, 吾家伯氏此經營, 林壑依然水墨圖, 巖崖自成蒼玉屛, 父子兄弟一堂席, 風月琴樽四時樂, 勝事如今不可追, 此時此情何人識."

23) 『靑莊館全書』 卷2, 嬰處詩稿2, 「淸風溪」: "仁王白岳拔雙峯, 名節文章此盡鐘, 祠下層潭嗚咽瀉, 似悲三度甲申逢."

인왕산과 북악산 정기를 받아 절의로 이름 높은 선비와 걸출한 문장가를 무수히 배출했다. 그 모두 장동김씨였음은 두말할 나위가 없을 것이다. 청풍계에 있던 사당이 무엇을 지칭하는지 정확치 않으나 아마도 김상용과 상헌 형제를 추모하기 위한 사당이 아닐지 모르겠다. 두 형제가 모두 명에 대한 의리를 지키기 위해 순국하거나 억류되는 고초를 겪었기 때문이다.

작품의 작자는 다르지만 청풍계의 역사를 압축해서 표현했다는 점에서 한 번쯤 음미할 만한 가치가 있다. 여하튼 김상용은 청풍계를 열어 문학예술의 공간으로 만든 장본인으로 장동김문 문예정신의 상징적 존재였던 것이다.

또한 사위인 장유는[24] 김상용이 직접 지은 묘지명 뒤에 쓰기를 "공은 소싯적부터 글씨를 잘 썼는데 특히 전주체篆籒體 : 小篆·大篆의 글씨체에 정묘精妙하였다. 국가의 대전례大典禮에서 반드시 사용하는 전문篆文 및 공사公私 간의 비액碑額을 보면 공의 손에서 나온 것이 많았다. 그러나 정작 공 자신은 이를 그다지 탐탁하게 여기지를 않았다. 그리고 일단 노경老境에 접어들어서는 공에게 요구해 오는 경우가 있어도 번번이 안질眼疾을 이유로 사양하곤 하였기 때문에, 사람들이 더더욱 공의 필적을 얻는 것을 다행스럽게 생각하였다."고[25] 하여, 그 서법예술창작의 정황을 보다 구체적으로 알게 해 준다. 전서체를 위주로 한 장동김문의 금석문 창작 전통은 이처럼 김상용으로부터 시작되고 있었던 것이다. 일가를 이룬 김상용의 전주체篆籒體 서법전통은 그의 아들 광현光炫, 1584~1647, 이조참판, 호 水北과 손자 수민壽民, 1623~ 1672, 德山현감, 효자, 호 沙浦, 증손 성달盛達, 1642~1696, 高城군수, 자 白兼 · 성우盛遇, 1643~ 1699, 충청감사, 호 一寒齋 형제, 현손 시걸時傑, 1653~1701, 대사간, 호 蘭谷 · 시보時保, 1658~ 1734, 都正, 호 茅洲 형제 등에 의해 계승된 듯하다.[26] 특히 김수민은 전주체의 글씨에

---

24) 병자호란 때, 장유의 장인인 김상용이 강화에서 화약을 안고 자결하고, 어머니 역시 강화에 피난 중 작고하였으며, 사위인 봉림대군이 심양으로 끌려가고, 동생 장신(張紳)은 강화 유수로 패전의 책임을 지고 사약을 받은 바 있다.

25) 『谿谷集』卷7, 「故右議政楓溪金公自撰墓銘後敍」: "公少工書, 尤精篆籒, 國家大典禮須用篆文及公私碑額, 多出公手, 然公不甚自喜, 旣老遇有求者, 輒以眼眚辭, 故人尤以得公蹟爲幸焉."

26) 『紀年便攷』: "金光炫, 尙容子, 宣祖甲申生, 字汝晦, 號水北. 光海壬子生進俱中, 仁祖反正後, 薦授連原察訪未赴任. 登庭試, 歷翰林南床奉敎, 丙寅以修撰登重試, 歷銓郞舍人副學, 李仁居亂以問郞勞參從功, 有正直忠厚之名. 元宗祔太廟時, 臺啓力爭, 而兪伯曾希旨停啓, 卽擢貳銓, 光炫與

그림 2 정선의 〈청풍계도淸風溪圖〉
1739년. 간송미술관 소장.

소질이 있어 서법가의 법도를 깊이 체득하였는데 당대 건물의 편액과 비석에 새긴 글씨가 대부분 그의 솜씨에서 나왔으며 효종으로부터 일찍이 각 서체를 써 올리라는 명까지 받은 적이 있었다고 한다.[27] 김성우는 팔법八法에 능해 고예와 전주가 모두 단아하여 서법가의 법도를 갖추었으며 읽을 책을 베낄 때 줄을 치지 않고 글자의 크기와 너비가 마치 먹줄을 대고 그은 것 같이 가지런했다고 한다.[28]

1640년, 김상용이 세상을 떠난 뒤 평소에 휘호한 글씨가 모두 전란에 잃어버려 다시는 볼 수 없게 되어 애통해 하던 차에 마침 종손인 김수홍金壽弘, 1601~1681이[29] 글 상자 속에 남아 있던 편지 약간 편을 얻어 장정해서 한 권으로 만들어 김상헌에게 발문을 청한 바 있다. 이에 응한 글에서 김상헌은 "백 씨가 처음엔 예술방면에 힘을 써 글씨로서 이

李尙質李時楷共劾之, 上下嚴旨, 配會寧移三水. 其父殉節後, 往求遺體不得, 奉遺衣冠虛瘞. 禮曹請致祭, 上入流言疑事不明白寢其奏. 光炫兄弟上疏訟冤, 以丙子扈從勞追錄從功, 加嘉善官止大司憲. 善篆隷. 丁亥卒, 年六十四. 子壽民, 字堯叟, 號沙浦, 性至孝, 母病斷指灌血以延數日, 而指瘡阽危者, 閱月執喪不懈. 中進士, 官止知縣, 工於篆籀, 孝旌." 김광현의 비석글씨는 홍천에 있는 「洪陽淸難碑」, 통진에 있는 「閔箕神道碑」, 「領相李鐸墓碑」에 남아 있다.

27) 『農巖集』 卷27, 「德山縣監金公墓誌銘幷序」: "工於篆籀, 深得家法, 一時堂扁冢刻, 多出公手, 孝宗大王嘗命書進各體云."

28) 『農巖集』 卷28, 「成均進士金君行狀」: "工於八法, 古隷篆籀, 皆端雅有家法. 所讀書, 必手自抄寫, 不爲界行, 而字大小闊狹, 不錯如繩畫然."

름이 났고 중간엔 다시 내직과 외직
을 통해 정술로 드러났으며 끝에는
이윽고 몸을 버려 순국하여 절의로
써 나타났다. 이로부터 예술로써 일
컬어짐이 없으니 어찌 무거운 것^{정술}
^{이나 절의}이 그것을 가린 때문이 아니
겠는가! 고인이 이르기를 '왕우군의
글씨가 그 사람을 가렸다' 고 하나
'백 씨는 사람이 그의 글씨를 가렸
다' 고 이를 만하도다."라고 하여,³⁰⁾
김상용을 탁월한 서법예술가로 평
가했다. 그런가 하면 일찍이 이식^李
^植이 당시 명필들에게 받은 글씨를

그림 3 〈김상용 상〉　작자 미상. 19세기. 일본
텐리天理대학도서관 소장.

모아서 책으로 엮어 『택당총완^{澤堂叢玩}』이라 표제한 바 있는데 1645년 이를 김상
헌에게 보여주면서 한 마디 느낌을 적어보라고 권유한 적이 있었다. 왜냐하면 그

---

29) 생원시를 거쳐 蔭補로 벼슬길에 나아가 승지, 참판 등을 거쳐 敦寧府 知事에 이른 김수홍은 西
　　人에 속해 있으면서도 특이한 행적을 보여 초기 장동김문의 가풍에서 벗어난 길을 간 인물이
　　다. 1636년 성균관 유생으로 후금의 사신 龍骨大를 참살하고 그 國書를 소각할 것을 상소하였
　　는가 하면, 1674년(현종 15) 제2차 禮訟, 즉 慈懿大妃(仁祖의 繼妃 趙氏) 복상문제가 제기되었
　　을 때, 1660년의 제1차 예송 때와 마찬가지로 같은 시인 송시열의 朞年說을 비난하고, 허목이
　　나 윤휴 등 남인 쪽 주장에 동조하여 논란을 일으켰다. 또한 송시열이 명나라 毅宗의 崇禎 연호
　　를 사용하여 尊周之義를 나타내고자 했을 때 김수홍은 그의 조부 文忠公 김상용이 병자년 江都
　　의 난리에 殉節하였는데도 청나라 康熙 연호를 쓰자고 주장하였다. 그로 인해 왕조실록의 卒記
　　에서 "壽弘以名家子, 雖小有名稱於士友間, 而短於文學, 爲人怪妄, 人多棄之."라는 좋지 않은
　　평가를 받았다. 일찍이 송시열이 산림 출신으로 기용되어 이조에서 인사권을 행사하고 있을
　　때, 김수홍도 자신을 추천해 주기를 희망했다고 한다. 그러나 송시열이 그의 청을 들어주지 않
　　자 이를 유감으로 여겨 번번이 송시열을 비방하고 배척한 것이라는 이야기가 실록에 전한다.

30) 『淸陰集』 卷39, 「題伯氏書跡帖」: "伯氏歿後, 平生翰墨, 竝逸於兵火, 不可復覩, 人琴俱亡之痛,
　　於是益甚, 適從孫壽弘, 得全其巾箱中所貯遺札如干紙, 裝爲一卷, 屬余題識. 伯氏始游藝, 以書
　　名, 中更內外, 以政術顯, 末乃棄身殉國, 以節義著, 自是而亡以藝術稱, 豈非以重者爲之掩也. 古
　　人云右軍書掩其人, 伯氏可謂人掩其書矣. 雖然, 重其人, 宜無所不重, 以此眂於後日, 此某公之
　　書, 則其有不寶於拱璧者乎, 開卷摩娑, 一玩一涕, 書此以與之. 崇禎庚辰季秋日, 西磵老人識."

『총완』 속에 강화도에서 순절하기 5년 전에 쓴 김상용의 글씨가 들어 있었기 때문이었다. 김상헌은 글씨를 보고 '우리 형님을 뵙는 듯하다!'고 자신의 슬픈 심회를 표출했다.[31]

그림과 시문의 소통을 긍정한 김상헌

김상헌은 "내가 아홉 살이 되었을 때 비로소 집안에서 학문을 배웠는데, 외할아버지인 임당林塘 : 정유길 상국相國을 섬기며 가까이에서 모시게 되자 큰형님인 선원仙源 : 金尙容, 1561~1637 선생과 당형堂兄인 휴암休庵 : 金尙寯, 1561~1635 선생이 부지런히 가르쳐 주어 점차 나아갈 바를 알게 되었다. 그 뒤 열여섯 살 때 윤문경공尹文敬公 : 根壽, 1537~1616에게 나아가 가르침을 청하였고, 또 현헌 신공玄軒申公 : 欽, 월사 이공月沙李公 : 廷龜, 1564~1635, 서경 유공西坰柳公 : 根, 1549~1627의 문하에서 노닐면서 들은 바를 더 넓혔으며, 학곡 홍공鶴谷洪公 : 瑞鳳, 1572~1645, 동악東岳 이자민李子敏 : 安訥, 1571~1637, 죽음竹陰 조이숙趙怡叔 : 希逸, 1575~1638, 계곡谿谷 장지국張持國 : 維, 1587~1638 등과 서로 절차탁마切磋琢磨하였다. 난대蘭臺와 석거石渠를 출입하면서는 금궤金匱 안의 장서를 펼쳐 보고 보급寶笈 안의 비서秘書를 엿보았다."고[32] 했듯이, 초년에 정유길, 김상용, 김상준에게 배운 것은 일종의 가학 성격이 짙다.

김상준金尙寯, 1561~1635, 호 休菴은 원효의 아들로 극효의 아들인 김상용·상헌 형제와 사촌 관계이다. 그는 김상용과는 동갑이나 생일이 늦어 아우가 되고 감상헌에게는 형이 된다. 김상준은 문과를 거쳐 외직으로 해주목사·죽주부사, 공주목

---

31) 『淸陰集』卷39, 「書澤堂叢玩伯氏書後」: "於乎. 伯氏在壬申作此書, 後五年丁丑, 殉義于江都, 丁丑去今又九年所, 歲月鶩過, 典刑寢遠, 心之悽愴, 如何可言. 日者大學士澤堂公, 示余此卷曰, 盍記一言, 余閱之至此, 瞿瞿焉如見我兄, 忽不知心之何在, 而淚已不可收, 悲夫悲夫. 至於諸公筆跡, 觸目琳琅, 儘一代佳品, 不恨劉賀不同時也. 若瑜也瑕也, 不但不能知, 亦不敢爲, 聊書此以寓吾悲, 時乙酉季秋, 石室山人金尙憲七十六題."

32) 『淸陰集』「淸陰草稿自敍」: "余年九歲, 始學于家庭, 逮事外王父林塘相國, 獲承謦咳, 伯氏仙源先生·堂兄休庵先生勤加提誨, 稍稍知向方, 十六謁尹文敬公請益, 又游玄軒申公·月沙李公·西坰柳公之門, 以廣所聞, 與鶴谷洪公·東岳李子敏·竹陰趙怡叔·谿谷張持國相切劘, 通籍蘭臺石渠, 探金匱之藏, 窺寶笈之祕."

사를 지냈고 천추사로 명나라에 다녀와서 도승지, 예조·형조참판을 역임했다.[33] 김상헌은 1601년 제주도에서 길운절吉雲節의 역모 사건이 발생하자 안무어사按撫御史로 제주 백성들을 위무하기 위해 파견되었는데, 비가 내려 공산公山에 머물러 있다가 공주 목사로 있는 김상준을 만나기도 했고,[34] 인조반정 뒤에 광해군 시절의 계축옥사癸丑獄事 때 김제남金悌男을 모함한 죄로 길주吉州에 유배된 김상준을 위로하기도 하는[35] 등 긴밀한 관계를 유지했다. 허균許筠, 1569~1618도 1601년 6월 사복시司僕寺 낭관郞官으로 있다가 전운 판관轉運判官에 제수되어 삼창三倉에 가서 조운漕運을 감독하게 되었는데, 그때 공주에 도착해서 목사였던 김상준이 하인들에 이르기까지 극진하게 대접해 주었다고 한다.[36] 1610년 허균은 시관試官이 되었으나 친척을 참방參榜했다는 탄핵을 받고 파직당했을 무렵 당시 형조참판으로 있던 김상준에게 편지를 보내고 있는데, 김상준에게 자기를 아껴주는 은혜를 잊지 않고 보답하겠다는 뜻을 전하기도 하였다.[37] 이로 보아 양인 간의 관계도 범상치 않았던 듯하다.

김상헌은 김상준을 종종 '선생'이라 칭했는데 그 만큼 그에게 일정 기간 학업을 익혔다는 표현이다. 김상준은 본디 독서를 좋아해서 한시도 책을 손에서 놓지 않았다고 한다. 만년에 『통감강목通鑑綱目』을 좋아하여 손수 20권을 초하여 『강감

---

33) 『2簡易集』 卷9, 稀年錄, 「議政府領議政具兼職海原府院君尹公神道碑銘幷序」: "諸孫二十人, 履之, 副率, 娶公州牧使金尙儁女, 新之, 海嵩尉, 尙貞惠翁主, 爲伯子出, 就之, 娶司果李元春女, 爲仲子出, 其餘幼." 그러나 김상준의 벼슬길은 순탄하지 않았다. 1608년 廢母論이 일어났을 때, 그 논의에 끝까지 참여하지 않아 광해군의 미움을 받고 쫓겨난 뒤 11년 동안이나 벼슬에 기용되지 않았고, 1613년 계축옥사 때 무고로 체포된 뒤 광해군의 親鞫을 받으면서 고문에 못 이겨, 金悌男과 함께 永昌大君을 옹립하려 했다고 허위로 진술하여 삭출당했으며, 1623년 인조반정 뒤에는 계축옥사 때 김제남을 모함한 죄로 吉州에 유배되고, 1627년 아산에 이배되었다가 1635년에 풀려나기도 했다. 김상준의 딸이 尹履之에게 시집갔는데, 윤이지의 조부는 尹斗壽(1533~1601, 호 梧陰)이고 부친은 海昌君 尹昉(1563~1640, 영의정, 호 稚川)이다. 김상헌이 윤두수의 아우인 윤근수의 문인이었던 점에서 볼 때, 해평윤씨 문중과 안동김씨 문중의 世誼가 깊었던 것 같다.

34) 『淸陰集』 卷4, 「出使耽羅, 雨留公山, 奉呈牧伯堂兄休庵先生」을 참조.

35) 『淸陰集』 卷8, 「白雁辭, 次堂兄休庵韻」(休庵謫吉州)를 참조.

36) 『惺所覆瓿藁』 卷18, 文部15, 紀行上, 「漕官紀行」을 참조.

37) 『惺所覆瓿藁』 卷20, 文部17, 尺牘上, 「答金汝秀」(庚戌十二月)를 참조.

요락綱鑑要略』이라 이름을 붙이기도 했는데, 편집이 매우 정요精要하여 보는 이들이 감탄했다고 한다.[38] 이로 미루어 보면, 김상헌이 김상준으로부터 역사서를 주로 공부했을 가능성이 높다. 감상준의 학문과 문장 그리고 글씨는 모두 그의 아들 김광욱金光煜, 1580~1656, 자 晦而, 호 竹所에게[39] 계승된 것으로 보인다. 고종 조에 영의정을 지낸 이유원李裕元, 1814~1888, 호 橘山은 『임하필기』에서 "죽소 김광욱은 문장으로 당대에 이름이 났으나 문형文衡 : 홍문관 대제학이 되지 못하였으므로, 당시 사람들이 애석하게 여겼다. 사랑할 만한 물건인데도 쓰이지 못하는 것을 보고는 '죽소의 헛된 문장'이라고 하였으니, 탄식하는 뜻이다. 이 설이 변하여 '죽을 쑤어 낭비한다'는 말로 되었으니, 이는 잘못된 해석이다."라고[40] 하여, 당대에 김광욱의 문예적 명망이 높았음을 밝힌 바 있다.

이제 김상헌을 논할 차례이다. 필자의 개인적 생각인지는 몰라도 김상헌이야말로 장동김문, 특히 김수중 형제들에게 가장 큰 영향을 끼친 인물이다. 거기에는 그 만한 이유가 필시 있을 것이다. 김상헌이 남긴 글 가운데서 문예취향을 강하게 드러낸 문장이 여러 편 보이는 바, 그 내용을 찬찬히 읽어보면 의문이 풀린다.

우선 김상헌은 인간의 '기호'를 적극 인정하고 수용하여, "인간의 본성은 그좋아하는 바가 있게 마련이다. 높은 벼슬을 좋아 하는 자, 돈을 좋아하는 자, 토목을 좋아하는 자, 노래와 춤, 잔치놀이, 닭싸움, 말달리기, 장기와 바둑, 돈내기 노름을 좋아하는 자가 있으며, 신기한 화훼나 목석, 먼 지방에서 진귀하고 괴이하게 생산된 물건을 좋아하는 자, 산수유람을 좋아하는 자, 서적 모으기를 좋아하는 자, 그림 보기를 좋아하는 자가 있다. 그가 좋아하는 바를 보면 그 사람이

---

38) 『淸陰集』 卷35, 「堂兄刑曹參判休菴先生墓誌銘并序」: "性嗜書, 手不釋卷, 晩喜通鑑綱目, 手鈔 二十卷, 目曰綱鑑要略, 見者歎其精要."

39) 김상헌의 5촌 조카인 김광욱은 진사시와 증광문과를 거쳐 벼슬길에 나아갔다. 1615년에 폐모 논의를 위한 庭請에 참여하지 않았다하여 삭직되자 은거에 들어갔다가 인조반정 후 복관되어 형조판서, 한성부판윤, 경기감사, 개성유수, 우참찬 등을 역임한 뒤 좌참찬에까지 오른 인물이다. 1611년(광해군 3) 正言으로 있으면서 李彦迪・李滉의 文廟從祀를 반대하는 鄭仁弘을 탄핵하였고, 1654년 冬至使로 북경에 다녀왔으며, 『竹所集』을 남겼다.

40) 『林下筆記』 卷28, 「春明逸史」, '竹所虛文'을 참조.

우아한가 저속한가를 알 수 있다."고[41] 했다.

김상헌은 우리 언어로 지은 가사를 좋아했다. 후에 김만중이 '좌해진문장'이라고 치켜세웠던 정철의 전후 「사미인곡」을 끔찍이도 사랑했다.

> 일찍이 듣기로 김청음은 이 가사(전후 「사미인곡」)를 듣기를 아주 좋아해서 집안의 여종들 모두에게 익히도록 했다 한다. 우리 집안의 늙은 비녀 춘대春臺라는 자는 어릴 적에 청음을 섬겼는데, 늙도록 옛날의 일을 말하며 능히 '나위羅幃 젹막ᄒ고 슈막繡幕이 뷔여 잇다' 등의 구절을 암송할 수 있었다. 청음이 그 가사를 좋아하기가 이와 같았으니 어찌 그 연유가 없었겠는가.[42]

김춘택金春澤, 1670~1717, 자 伯雨, 호 北軒의 기록이다. 김춘택은 김상헌이 「사미인곡」을 좋아한 이유가 있을 것이라 했다. "송강의 전후 사미인곡은 속언으로 되어 있다. 그리고 그 쫓겨나서 답답한 마음으로 인하여 군신이 헤어지고 만날 경우를 남녀 간의 애증에 비유했다. 그 마음은 충직하고 그 뜻은 깨끗하고 그 절개는 곧고 그 말은 우아하고 곡진하며 그 곡조는 슬프고 정당하니 거의 굴원의 「이소경離騷經」에 비견된다."는[43] 것이 그 이유이다. 김춘택이 든 이유는 「사미인곡」의 내용이 주는 감동에 치중되어 있다. 그러나 진일보하여 살펴보면, 김상헌이 우리말 노래가 정말로 사람의 귀를 움직이고 사람의 마음을 감동시킬 수 있는 강한 호소력을 지니고 있다는 사실에 동의했다고 봐야 한다. 우리말 노래하기 형식을 긍정하지 않고서는 가사의 내용도 큰 작용을 할 수 없기 때문이다.

김상헌은 우리말 노래 감상을 애호했을 뿐 아니라 또 다른 기호의 대상으로 우

장동김문의 문예의식과
김수증의 문예취향

---

41) 『淸陰集』 卷38, 「題尹洗馬敬之所蓄古今名畫後序」: "人之性, 厥有攸好, 有好軒冕者好錢者好土木者, 好聲伎游謙鬪鷄走馬博奕賭財者, 好花卉木石之新奇, 遠方之物珍怪異産者, 好遊山水者, 好聚書籍者, 好觀畫者, 觀其所好, 其人之雅俗可知已."

42) 『北軒集』 卷16, 散藁, 「論詩文」: "甞聞金淸陰劇好聽此詞, 家內婢使皆令誦習. 吾家老婢春臺者, 兒時逮事淸陰, 至老而猶道舊日事, 能誦其羅幃寂寞繡幕虛等句, 淸陰之好之如此, 豈無所以然者哉."

43) 앞의 글, 같은 곳: "松江前後思美人詞者, 以俗諺爲之, 而因其放逐鬱悒, 以君臣離合之際, 取譬於男女愛憎之間, 其心忠, 其志潔, 其節貞, 其辭雅而曲, 其調悲而正, 庶幾追配屈平之離騷."

아한 그림의 세계를 택했다. 왜 다른 것은 모두 거부하고 그림을 택했을까.

산수의 즐거움은 유람하는 데 필요한 도구를 갖추지 않으면 불가능하고 서적을 모으는 일도 늙고 병들면 불가능하다. 오직 그림을 좋아하는 자는 벼랑을 더위잡거나 높은 산을 오르는 수고를 하지 않고 눈과 마음을 괴롭히는 고통이 없이도 가능하다. 그냥 한 방에서 지내면서 정신으로 사해에 노닐 수 있어 절로 늙음을 즐겁게 보내면서 묵은 병을 치료할 수 있는 묘책이 그림 속에는 있다. 또는 마음을 집중하고 고요히 앉아 눈으로 보고 정신으로 융회관통하면 마치 구름과 노을을 헤치고 신선의 고을로 들어가거나 천태산을 밟고 곤륜산을 능가하여 자유롭게 노닐면서 속세 밖으로 멀리 떠나가 신선들과도 만날 수 있다. 몰입하면 나와 그림이 하나가 되어버려 그림과 나를 분별하지 않게 된다. 이렇게 좋은 놀이를 두고서 걸어서 오악을 두루 다니며 해가 다하도록 고생하는 유람가들의 모습을 보면 딱할 뿐이다.[44]

이렇게 김상헌은 생각했다.

김상헌이 유독 산수유람보다 그림 감상을 앞세운 데는 그럴 만한 현실적인 이유가 있던 듯하다. 그가 말한 대로 산수를 실제로 유람하자면 많은 도구를 마련해야 하는 번거로움이 따르는 것이 사실이다. 그러나 그보다도 관료생활을 하는 경우에는 쉽사리 유람을 꿈꿀 수 없다. 공무로 짬을 내기 어렵기 때문이다. 최립은 김상헌보다 한 세대 선배인데, 이미 조선 중기부터 그림에 대한 애호가 유행처럼 경화문인들의 취미로 자리 잡았음을 알려주는 글을 여러 편 문집에 남긴 바 있다. 그 중에서 이산해의 산수도 병풍에 써준 서문은 매우 깊은 인상을 남겨 준다.

그림은 소리 없는 시요, 시는 소리 있는 그림이다. 암혈에 거처하면서 흐르는 물을 감상하는 생활을 군자라면 어찌 즐거워하지 않겠는가. 그러나 그 한 몸의 처신에 따라 세상의 경중이 결정되는 그런 사람이라면, 그와 같은 생활을 할 겨를이 없는 것

---

44)『淸陰集』卷38, 앞의 글: “夫山水之樂, 乏濟勝之具者不能也, 書籍之業, 老且病者不能也, 惟好畫者, 無攀崖陟巇之勞, 無劌目鉥心之役, 偃仰一室, 神游四海, 自有娛老養痾之妙, 至於凝心靜坐, 目擊神會, 怳然若披雲霞入洞府, 躡天台凌崑崙, 浮游遐擧於埃壒之表, 與仙翁羽客遇, 不知畫之非眞身之非化, 彼迹徧五岳, 窮年矻矻, 抑何太勤苦歟.”

또한 현실이다. 이에 소리 없는 그림 속에서 그 경치를 빌려서라도 심신을 융회시켜
야 할 것이요, 또 거기에 소리 있는 시를 스스로 지어 노래를 부르면서라도 쌓인 회
포를 풀어야 할 것이다. 그렇게 하지 않는다면 암거천관巖居川觀의 즐거움을 비슷하
게라도 맛볼 겨를이 없게 될 것이다.[45]

　김상헌도 인조반정 이후 중앙의 요직에서 복무한 이력이 있다. 산수경관이 좋
은 외직으로 나가지 않는 한 도성 한편에서 궁궐과 자택을 오가는 삶에서 벗어날
수 없다. 이 점을 감안하고 당대 경화문인들의 그림 애호 열기의 이면을 되짚어
볼 필요가 있다. 공무의 피로감뿐 아니라 당파성을 요구하고 당쟁을 지속해야 했
던 17세기 사대부의 삶에서 그림은 그들에게 무엇이어야 했던가를 다시 살펴보
자는 것이다.

　최립은 산수화를 좋아하는 것은 원초적으로 인간에게 산수를 좋아하는 본능
이 있기 때문이라는 전제를 깐다. 그래서 "나는 산수를 좋아한다. 그런데 만일
산수의 형태를 표현한 그림을 내가 보게 될 경우 그때는 그림을 애호한다고 해야
하지 않겠는가. 그렇다. 그렇다면 결과적으로 저번에는 산수를 애호한다고 했다
가 이번에는 그림을 애호한다고 말을 바꾸는 것이 되지 않겠는가. 그것은 산수가
여기에 개입되어 있기 때문이다. 내가 그림 보기를 애호하는 것은 어디까지나 산
수를 애호하는 나의 마음 때문인 것이다."[46]라고 했다. 매우 논리적인 산수, 산수
화 애호론이다. 여기서 산수를 좋아하는 마음이 권장되는 것은 장자가 제시한
"그 기욕嗜慾이 심한 자는 그 천기天機가 얕다."[47]는 명제를, 16세기 후반부터 문인
들이 적극 수용하려 했던 태도와 관계가 있어 보인다. 세속적 욕망이 없어야 자
연의 리듬흐름과 쉽게 계합할 수 있다는 논리는 주자성리학의 조선화가 진전되는

장동김문의 문예취향과
김수증의 문예취향

---

45) 『簡易集』 卷3, 「李鵝溪題詩山水圖識」: "畵爲無聲詩, 詩爲有聲畵. 蓋巖居川觀, 君子樂之, 而身
　　爲當世重輕者, 不暇能也. 於是, 必借境於無聲之中, 而心融神會焉. 又自爲有聲者以宣之歌詠, 不
　　如是, 不足以肯乎所樂也."

46) 『簡易集』 卷3, 「山水屛序」: "吾樂山水也. 有形山水于畵者而吾觀之, 則畵足樂乎. 曰然. 然則是
　　向也愛山水, 而今也愛畵乎. 曰山水在此矣. 吾愛觀乎此, 乃所以愛山水也."

47) 『莊子 · 大宗師』: "其嗜欲深者, 其天機淺."

시기에 강조된 '천기유동天機流動'이란 막힘없는 자연 질서의 구현과, 인간 영감
의 자연스런 발현을 강조하는 장자의 천기가 묘합하여 새로운 문예이론으로 정
착되어 갔다.

최립은 공자가 산수의 즐거움에 대해 말한 바 있으나 성인 아닌 일반 사람들도
맑은 물과 우뚝 솟은 산을 보면 그런 곳에서 살고 싶은 충동을 느낀다고 했다. 그
런가 하면 길을 가다가 녹음방초가 울창한 숲과 졸졸 흐르는 시냇물을 만나면 자
기도 모르게 걸음을 멈추고 자꾸 뒤돌아보게 되는데, 그 이유는 암암리에 "천기
가 거기에 계합하는 바가 있어 다른 어떤 것에 대한 기욕도 이 산수 앞에서는 보
잘 것이 없게 되기 때문"이며, 따라서 그런 즐거움을 가볍게 보아서는 안 된다고
했다.[48] 그래서 산수를 즐기는 태도가 사대부들의 주된 관심사의 하나로 자리잡
게 되는 것이다.

김상헌은 "대체로 예로부터 그림을 좋아하는 자는 속된 선비가 아니다."라고[49]
했다. 속된 선비가 되지 않으려면 그림을 좋아해야 한다는 경고처럼 들린다.
'속'되다는 표현 안에는 장자의 '기욕'이 도사리고 있는 듯하다. 그런데 그림을
좋아하는 것과 그림 그리기를 좋아하는 것, 아니면 그림을 잘 그리는 것은 차원
이 각기 다르다고 본다. 김상헌은 그림 그리기를 좋아하거나 그림 솜씨가 남달랐
던 사람이 아니다. 그림을 애호하고 감상하는 일을 즐겼을 따름이다. 그림을 좋
아하는 것만으로 속된 선비를 면할 수 있다는 근거는 무엇인가. 김상헌은 고개지
가 그림을 그릴 때 마음이 어리석었던 것과 미불이 돌을 미치도록 사랑하여 돌을
보고 절을 했던 일은 모두 숭상할 만하다고 했다. 말하자면 화가의 순수 무구한
마음씨를 지적해서 말한 것이다. 이러한 마음씨는 스스로 공교롭고 지혜롭다고
여기면서 이익을 추구하는 데 골몰하는 자의 그것과는 서로 거리가 멀다. 그래서
이렇게 말했다.

48) 『簡易集』卷3, 「錦溪守所有山水圖識」: "山水之樂, 自聖人已言之, 下而世之君子, 居得一泓峥一
　　奔峭, 怡然若可以終其身, 行遇一葱蒨一潺湲, 不覺十步而九顧, 是誠何心哉. 雖未必皆樂聖人之
　　樂者, 要之天機暗合乎此, 而嗜欲淺乎甚它, 其樂奚未可輕也."
49) 『淸陰集』卷38, 「題尹洗馬敬之所蓄古今名畫後序」: "大抵自古好畫者非俗士."

다만 나는 고개지나 미불의 묘한 재주를 가지고 있지는 않지만 어리석음과 사랑함
에서는 그들을 능가한다. 어려서부터 그림 보기를 좋아하여 남의 집에 보배로운 그
림이 있다는 소식을 들으면 문득 가서 보거나 혹 빌려 보기라도 해야 여한이 없었다.
마침 해평 윤경지尹敬之(1604~1659, 洪川縣監, 윤두수의 손자)가 자기가 모아 놓은
고금의 명화를 모두 내놓고 나에게 보여 주었다. 그 가운데 절묘한 것을 헤아리기 쉽
지 않았는데 내가 마음으로 기뻐하며 좋아하여 하루를 다 보내도 절로 피곤한 줄을
몰랐다.[50]

이처럼 김상헌은 회화 방면에서 자신의 문예취향을 충분히 드러내었을 뿐 아
니라 윤경지가 소와 매와 두 마리 말을 그린 화첩에 "생각에 느끼는 바가 있어
마음을 글로 나타낸다意有所感, 情見于詞."고 하면서 세 수의 율시로 제사를 써 줄 정
도로 상당한 감상능력이 있었다.[51] 또한 윤경지의 「음중팔선도飮中八仙圖」에 제사
한 것을 보면 그림과 시문의 소통 내지는 일체화를 긍정하고 있음을 알 수 있다.

단청가丹靑家는 사한가詞翰家와 서로 통한다. 예로부터 시인 가운데 풍류가 있는
이들이 이를 많이 좋아했다. 매양 사계절 가운데 한가한 날을 만나면 향을 사르고 고
요히 앉아 안석을 털고 펼쳐 마주하면 왕왕 정신과 생각이 융회하여 경외의 취가 생
겨나 사람으로 하여금 기운을 기를 수 있게 하고 번뇌를 제거할 수 있게 하니 이를 일
러 예원의 훌륭한 보물이라고 하는 것이 아니랴! 비록 그렇지만 바보 앞에서 꿈을 말
하기 어려운 법이니 이는 제대로 아는 자들과 더불어 논할 수 있는 것이다.[52]

'단청가' 란 화가를 말하고 '사한가' 란 문인을 말한다. 화가와 문인은 서로 통

---

50) 앞의 글: "愷之之癡, 米老之顚, 皆可尙爾, 其視自謂巧智而營營於求利者, 相去遠矣. 顧余非虎頭,
　　南宮之妙技, 癡顚則過之, 自幼好觀畫, 聞人家有寶畫者, 輒往觀焉, 或借觀焉, 尙以不足恨也. 適
　　海平尹君某甫, 以其所蓄古今名畫, 盡出視余, 其中絶妙者未易數, 余心欣然好之, 費日竟暑, 不自
　　知其倦也."

51)『淸陰集』卷12, 雪窖後集,「題尹秀才畫帖」(三首)을 참조.

52)『淸陰集』卷39,「題尹洗馬敬之飮中八仙圖」: "丹靑家與詞翰家相通, 自古詩人雅流多嗜之. 每遇
　　四時閑日, 焚香靜坐, 拂几展對, 往往神融意會, 有境外之趣, 令人可以養氣, 可以鐲煩, 謂之藝苑
　　淸寶者非耶, 雖然癡人前難說夢, 此可與知者道也."

한다는 말은 무엇을 뜻할까. 소동파가 말했던가. "왕유의 시를 음미하면 시 안에 그림이 있고, 왕유의 그림을 보면 그림 안에 시가 있다味摩詰之詩, 詩中有畫, 觀摩詰之畫, 畫中有詩."고. 그런가 하면 앞서 언급한 최립은 "그림은 소리 없는 시요 시는 소리 있는 그림이다畫爲無聲詩, 詩爲有聲畫."라고 말하지 않았던가. 이렇게 보면 시와 그림과 음악은 하나로 통한다. 김상헌은 회화예술이 인간에게 주는 효과에 주목했다. 그것은 양기養氣와 견번譴煩이었다. 일종의 정신적 양생효과를 그림 감상을 통해 거둘 수 있다는 믿음을 가졌던 셈이다. 앞서 말한 그림과 감상자의 합일에서, 생성된 물질인 그림을 넘어서는 또 다른 미감이 가져다 주는 효과는 아무나 느낄 수 있는 것이 아니다. 천부적 소양감수성과 상당한 감상수련이 필요하다.

김상헌은 아취를 알고 풍류가 있는 문인, 시인이 되고 싶었기에 기회가 닿는 대로 그림 감상에 남다른 열성을 보였다. 한 번은 진사 이치李稚가 『방원에서 봄 잔치하는 그림芳園春讌圖』을 가지고 와서 보여 주었던 모양이다. 이때 김상헌은 그림을 감상하고 제사를 써 주기를 "계미년 여름, 내가 심양의 질관質館 : 볼모로 억류되어 있던 곳에 우거하고 있었는데 더위에 병으로 오래도록 누워 있었다. 동도에서 우연히 이 그림을 가지고 와서 보여 주기에 나도 몰래 흥이 일어 날아갈 듯하였다. 어찌하면 나를 이 사이에 두어서 꽃이 핀 아름다운 동산의 오로회五老會를 만들 수 있겠는가!"라고[53] 했다. 아마도 그림에는 네 노인이 봄 잔치를 즐기고 있었던 것 같다. 이처럼 김상헌은 천부적으로 대상에 몰입하여 물화의 경지로 나아가는 그림 읽기에 능했다.

그는 옥돌에 전각한 수십 개의 도장圖章 : 印章을 애장하고 있었거니와 이를 석실에 두고서 '군옥지소羣玉之所'라 명명한 바 있다.[54] 또한 스스로 "거사김상헌가 본성이 박졸樸拙하여 평소에 완호玩好하는 것이 없어 갈무리해 둔 것이 없지만 유독 이것에 대해서는 좋아하기를 마치 음란한 놈이 호색好色을 좋아하는 것과 같아서

---

53) 『淸陰集』 卷39, 「題李上舍稚芳園春讌圖」: "癸未夏, 余寓瀋陽之質館, 病暑臥久, 東道偶携此圖來示, 不覺興發飛動, 安得置我於此間, 作芳園五老會耶."

54) 『淸陰集』 卷38, 「群玉所記」: "淸陰居士有章數十枚, 欹蹶次玉, 纍纍滿函, 燦然爛然. 巾之襲之, 閣之于金臺之山石室之內, 命曰群玉之所."

아무리 다른 좋은 것이 있다고 해도 이것과 바꾸지 않았다."고[55] 했을 정도로 문예를 통해 몰입의 즐거움을 향유하려는 의지가 강했다. 각 개 인장의 내용과 각자의 형태를 소개하고 시적으로 품평을 달아 그야말로 예원의 훌륭한 감상거리로 삼았던 것이다. 달리 보면 김상용 이래 전서篆書체를 중시한 장동김문의 서법 열기가 김상헌에게 와서 전각 도장 감상하기로 전이된 것이라 할 수도 있다.

　여기서 우리는 김상헌과 중국의 서화가 맹영광의 교류를 빠뜨릴 수 없다. 맹영광은 명말청초에 활동한 서화가로 인물 초상을 잘 그렸다. 월심月心 혹은 낙치생樂痴生이란 호를 사용하였는데, 명나라가 후금에게 멸망당하자 요동지방으로 유람왔다가 청을 섬겼고 나중에 청 황제를 따라서 북경으로 들어가 화가로써 지후祗候가 되어 순치 황제의 사랑을 받기도 했다. 요동지방에 있을 때 심양에 억류되어 있던 조선 인사들을 만났다. 회계會稽 출신의 한족이었던 그는 후금에게 항복한 조선 인사들에게서 일종의 동병상련하는 정서를 느꼈던 듯하다. 여섯 폭『백동도百童圖』와『회계도會稽圖』를 그려 당시 심양객관에 있던 봉림대군후일 인조에게 진상하기도 했던 맹영광은 억류되어 있던 김상헌이나 사신으로 온 김육과 교유가 깊었다. 서로를 이어주고 동호할 수 있게 하는 매개체가 있었기 때문이다. 물론 그것은 시와 그림이었다. 김상헌이 그에게 시를 지어 주었고 김육은 그에게 자기의 초상을 그리도록 했다. 김육은 그와 이별하면서 시를 지어 주었는데 "신묘하다 남경의 맹씨 화사 그림 솜씨, 진짜 같아 털끝조차 빠뜨리지 않았구나, 고국 가서 이찌 감히 그대 은혜 잊을쏜가, 나의 얼굴 볼 적마다 그대 얼굴 생각하리라."고[56] 하여 극도의 찬사와 경의를 표하기도 했다. 김육에게 그려준 초상은 매우 핍진하다는 평을 받았다.

　맹영광은 일찍이 김상헌을 위해 초상화와 단심국丹心菊을 그려준 바 있다.[57] 단

---

55) 앞의 글: "居士性樸拙, 平生無玩好, 無藏畜, 獨於此嗜之, 若淫者之好好色, 雖有他好, 不與易也."

56) 『潛谷遺稿』卷2, 「別寫眞孟永光」: "神妙南京孟畫師, 寫眞毫髮細無遺, 東歸何敢忘君惠, 吾面看時子面思."

57) 金邁淳(1776~1840)의 『臺山集』卷20, 「闕餘散筆」: "文正公在瀋陽日, 畵篩孟永光爲寫影, 又畵丹心菊以遺之, 蓋遭亂而隱於藝者也. 影幀入大內佚焉."

심국은 국화가 모두 단심丹心으로 된 『도연명이 국화를 캐는 그림淵明採菊圖』을 말한다. 이하곤李夏坤은 이 그림에 대해 "이는 아마도 선생의 절조를 높이 사서 이를 도연명에게 비기고 또한 그 화심을 붉게 해서 선생의 존주尊周하는 붉은 마음을 표현한 것으로 보이는데, 그 뜻이 더욱 슬프지 않은가!"[58]라고 한 바 있다. 맹영광은 훗날 인평대군을 따라 조선으로 들어와 여러 사대부 집안을 출입하며 교유를 넓혀갔다. 그래서 세간에 그의 작품이 많이 남게 되었고 호사가 치고 그의 작품을 수장하지 않은 자가 거의 없을 정도가 되었다고 한다. 또한 그의 화풍이 조선의 많은 화가들에게 영향을 주기도 했는데, 숙종 때의 화가 윤덕희尹德熙가 그 대표적인 예로 맹영광의 영향을 받아 말과 신선을 잘 그렸다고 한다.[59]

요컨대, 송시열이 "내가 들으니, 문정공文正公, 김상헌은 그림의 격조格調를 매우 좋아하였고, 또 그림을 논평論評함이 매우 정확하였다고 한다. 옛날에 이천伊川, 정이은 그림을 구경하는 모임에 가지 않으면서 말하기를 '나는 그림을 알지 못한다.' 하였고 회옹晦翁, 주희은 스스로 '나는 그림을 매우 좋아하는 성품이다.' 하였다. 대저 정주程朱의 기상氣象도 서로 같지 아니하였으니, 공의 존상尊尙 또한 이동異同이 없을 수 없다. 이는 자손과 문인이 마땅히 알아야 할 일이다."라고[60] 한 것도 위와 같은 김상헌의 문예취향을 잘 설명해 주고 있다.

절의정신과 가전문풍을 이은 김광현과 김광찬

김상헌의 조카이며 장유의 처남이기도 했던 김광현金光炫, 1584~1647, 호 水北은

58) 『頭陀草』 册18, 「題一源爛芳焦光帖」(李景芳畵漫漶, 孟永光畵間有燒火處, 名之以此): "嘗爲淸陰先生作淵明採菊圖, 菊皆丹心, 盖高先生之節, 以比之淵明, 而又丹其花心, 以表先生尊周之赤衷, 其意尤不悲哉."

59) 「孟永光百童圖歌」(『泠齋集』 卷5), 「孟永光會稽圖記」(『硏經齋全集』 卷32, 風泉錄2), 「題孟永光畵後」(『硏經齋全集』 續集 册16, 書畵雜識), 「題一源爛芳焦光帖」(『頭陀草』 册18), 「翊衛司翊贊竹塘崔公行狀」(『立齋集』 卷45), 「桃源圖屛詩小引」(『恕菴集』 卷10) 등을 참조.

60) 『宋子大全』 卷147, 「趙孟頫文姬別子圖跋」(再跋): "竊聞公甚好畵格, 又評畵甚眞. 昔伊川不赴觀畵會曰, 某不識畵, 晦翁自云, 性甚愛畵, 盖程朱氣象自不同, 而公之尊尙, 亦不無異同矣. 此子孫門人所當知也."

장동김문에서 주목할 만한 인물이다. 시비是非와 정사正邪를 분변하는 데 매우 엄격한 태도를 견지했기 때문이다. 이 점은 기질적으로 김상헌과 통하는 대목으로 김수증도 여러 차례 언급한 바 있다.[61] 김상헌도 시에서 "논사하는 직 맡아서 시비 밝혀 논했는데 그런 마음 몰라주고 유배하는 벌 내렸네."라고 해서 조카의 부당한 유배를 지적하기도 했으며, 광현이 죽자 그를 위해 제문과 비문을 아울러 쓴 바 있다. 김광현은 생진 양과를 모두 합격하고 인조반정 이후 문과에 급제하여 벼슬길에 나아갔다. 그러나 그의 벼슬길은 그의 곧은 성격 탓으로 부침과 파란이 심했다. 이괄의 난과 유효립 역모사건 때 영사공신 1등에 올랐다가 뒤에 삭제되었고, 1634년 부제학으로 있을 때는 대사간 유백증이 인조의 사친추숭私親追崇 : 태묘에 원종의 신위를 모시는 일을 옹호함을 임금에게 아부한다 하여 탄핵하다가 삼수三水로 유배당했다가 이듬해 재이災異가 빈발함을 이유로 방면되었다.

아버지 김상용이 강화에서 순국하자, 홍주의 오촌동鰲村洞에 은거하였다. 전에 호종한 공으로 대사간을 제수하였으나 나가지 않았고 다시 청주목사에 제수하였으나 청나라 연호 쓰기를 거부하고 단지 간지만 쓴 것으로 파직당하였다. 또한 이조참판을 제수했으나 사직하였고, 1646년 소현세자빈 강씨의 옥이 일어나 강씨가 사사되자, 강빈의 오빠 문명文明 : 강석기의 아들이 그의 사위였던 까닭에 연루되어 순천부사로 좌천되었다가 이듬해 그곳에서 울분 끝에 죽었다. 일찍이 김상용이 강도 남문루에 올라 자리 옆에 화약을 놓고 불을 질러 스스로 타 죽었는데, 광현이 군사가 물러간 뒤에 강도로 달려갔으나 성루는 이미 잿더미가 되어 그 아버지의 해골을 찾을 곳이 없었다. 그래서 보내온 옷으로 초혼하여 왔다.

또한 성하지맹이 이루어지자 예조판서로 있던 김상헌이 노끈으로 자살하여 거의 목숨이 끊어지게 되었다. 나만갑羅萬甲, 1592~1642, 호 鷗浦, 鄭曄의 문인, 參議이[62] 달려

---

61) 『谷雲集』卷6,「寫水北公碑文志感」: "惟我先祖考, 平生嚴於淑慝之分, 而或疑其偏黨, 堂叔水北公, 立朝棘棘, 略無回互, 而亦有謂此公之忠厚, 而猶不免於黨論, 流俗之見, 每多如此, 吾於少時, 略有所聞於家庭者, 觀於祖考所作堂叔碑文, 亦可徵也." 김광현은 김상용의 季子이고, 홍주에 거주하고 있던 汝謙의 조부이다. 이이명은 여겸의 사위이고, 여겸의 妹婿는 이건명이다.

62) 나만갑은 羅星斗(1614~1663, 호 碁洲, 張維·鄭弘溟의 門人, 牧使)의 부친이고 羅良佐(1638~1710, 호 明村, 尹宣擧의 門人, 掌令)의 조부로 장동김문과 세의가 깊었다. 병자호란이 일어났을

가서 구하니 김상헌이 또 바지를 묶는 가죽으로 자결하려 하자 곧바로 또 구하였다. 그때 그 조카 광현과 아들 광찬은 방 밖에서 옷을 갈아입고 가슴을 두드리며 운명하기를 기다리는 것처럼 하였다. 만갑이 말하기를 “부형의 죽음이 비록 강상을 부지하려는 데서 나온 것이지만 공들은 어찌하여 부형이 자결하는 대로 놔두는 데 이르렀는가.”했다. 광현과 광찬이 눈물을 흘리면서 대답하기를 “부형의 일은 영감께서 아시는 바입니다. 이미 한 번 죽기로 스스로 판단하셨으니 우리가 비록 구하려고 한들 어찌 구할 수 있겠습니까.”라고 말했다고 한다. 이처럼 김광현은 김상용·상헌 형제의 절의정신을 온전히 계승한 인물로 김수증을 포함한 장동 김문의 후예들에게 기억되었던 것이다.

김수증의 부친 김광찬은 본디 상관尙寬의 아들이었으니 후에 작은아버지 상헌의 양자가 되어 후사를 이었다. 그는 생원시에 합격한 뒤 음직으로 세마洗馬에 서용되었고 병자호란이 일어났을 때 상헌을 따라 인조를 호종하여 남한산성에 들어갔다. 성하지맹이 맺어지자 척화를 주장하던 상헌이 자살을 기도했는데, 그때 상용의 아들 상헌과 함께 적극적으로 만류하지 않아 물의를 빚기도 했다. 후에 통진과 교하 현감, 청풍 군수, 파주 목사를 거쳐 동지중추부사에 올랐다.

김광찬은 연흥부원군延興府院君 김제남金悌男의 아들 래琜의 딸에게 장가들었다. 그런데 계축옥사가 일어나 김제남이 사사되고 김래가 고문을 받다 죽게 되자, 상헌이 글을 올려 이혼하기를 청하였다. 그때 예조 판서 이이첨李爾瞻이 법으로 보아 이혼은 부당하다고 말했으나, 광해군은 원하는 대로 이혼하게 하라고 명하였다고 한다.[63] 광찬은 15세에 시집을 와서 3년 만에 끔찍한 참변을 겪고 이혼마저 당한

때, 나만갑 부자가 안동에 기거하면서 김상헌과 내왕한 적이 있었고 김수항은 나성두의 딸과 혼인하여 여섯 형제를 낳았다. 안정 나씨 일문은 장동김문과 함께 서인계에 속해 있다가 노소분당기에 少論으로 갈려 나갔다. 김창협·창흡 형제가 한때 둘째 외삼촌인 나량좌와 대립하여 회니시비懷尼是非(尼山은 尹宣擧, 懷德은 宋時烈)를 놓고 격렬하게 서한논쟁을 벌인 것도 당파가 노소로 분기되었기 때문이다. 이들의 서한이 「羅金往復書」로 묶이어 유행을 보기도 했다.

63)『五洲衍文長箋散稿』, 人事篇, 論禮類, 論禮雜說, 「嫁母離弛辨證說」: “光海君時, 判書金尙憲子光燦, 娶金球女, 球, 延興府院君悌男之子也. 癸丑之難, 府院君死, 球考死, 尙憲上疏請離婚, 禮曹判書李爾瞻以爲法不當離婚, 光海命從自願離之.”

부인 김씨를 완전히 외면하지는 않았다. 10여 년 동안 함께 살지는 않았지만 인조반정으로 김제남 부자가 신원되자 다시 부부의 인연을 회복하였다.[64] 이러한 곡절 끝에 김씨 부인은 김수증·수흥·수항 3형제와 다섯 딸을 슬하에 두게 된 것이다. 광찬은 72세의 수를 누렸으며 아들 수흥과 수항이 재지와 문학으로 세상에 이름난 명재상이 되고, 두 사위도 명로名路에 있어서 자손들의 영달과 번창함이 세상에 드문 바가 되자, 사람들로부터 복이 많은 사람이라는 부러움을 사게 된다.[65]

김광찬 역시 평소에 집안의 경제문제에 신경을 쓰지 않았다. 또한 가무나 장기, 바둑과 같은 놀이를 멀리하고 차분하게 경화사족의 교양을 잃지 않도록 유의하는 전래의 가법에 충실했다. 그는 천성적으로 분잡하고 번화한 것을 좋아하지 않고 서책과 서화를 즐겼다.[66]

서족으로 문예정신을 이은 김수징과 김수칭 형제

김광찬은 본처인 김씨 부인을 잃고 나서 측실로 주부 한영韓泳의 딸을 들여 4형제를 생산했다. 수징壽徵, 1636~1663, 자 悠之, 호 碧梧堂, 적성현감·수응壽應, 1640~1695, 자 應之·수칭壽稱, 1642~1704·수능壽能, 1644~1704, 자 能之, 강동현령이 그들이다.[67] 즉, 김수증에게 서제庶弟가 생긴 것이다. 그런데 이들 서제들도 모두 문예적 재능을 타고났다.[68]

김상헌과 김광찬은 서족 출신 자제를 적자 출신과 크게 차별하지 않았던 것 같

64) 『谿谷集』卷11,「令人金氏墓誌銘」: "令人生於萬曆丙申, 十五歲, 歸佐郎君, 居三歲, 而遭癸丑之變, 懿愍公爲禍首, 父兄闔門, 皆遭酷禍, 旣而逼令離婚, 佐郎君內慭其無辜, 不忍絶, 而外不敢與之同室者十餘年, 至今上反正, 盡雪誣枉, 而佐郎君與令人, 爲夫婦如初."

65) 실록의 현종(1668, 강희 7) 2월 24일(계사), 김수흥의 아비 김광찬의 卒記를 참조.

66) 『文谷集』卷21,「先府君行狀」: "平生不事産業, 居家泊然不訾省, 屢典郡邑, 不以一芥自累, 家人不免內困, 常假貸以給, 尤謹於辭受, 雖親舊所餽, 非其義則却之. 雅不喜紛華, 竹素書畵之外, 無他好, 口不談財利爭訟之事, 門庭之內, 不設聲伎博奕玩好之具, 此皆本自家法, 而亦先君天性然也."

67) 앞의 글: "先君側室有四男一女, 男長壽徵, 癸卯進士, 瓦署別提, 次壽應, 丙午進士, 次壽稱, 次壽能, 癸丑文科, 廣興倉主簿, 女適許墅蚤歿."

68) 『玉吾齋集』卷14,「庶舅金學官墓誌銘」: "庶舅諱壽稱, 字稱之, 外王考同知中樞府事贈領議政諱光燦, 喪配後, 卜主簿韓泳女, 生四男, 舅其第三也."

다. 같은 항렬의 적서 형제들이 다 같이 섞여 노닐고 학문을 연마하거나[69] 고난을 함께 하도록 배려하는 것이[70] 일종의 가풍이 아니었을까 추측해 본다. 병자호란 때 서제인 9개월 된 수징이 마마를 앓고 있었는데 12세였던 김수흥金壽興, 1626~1690, 호 退憂堂이 적병의 핍박을 무릅쓰고 품에 안고 구원해 낸 이야기[71]를 듣게 되면 더욱 적서차별이 없는 화목한 분위기가 연상되는 것이다.

그 중에서 김수징은 조부의 사랑을 많이 받았던가 보다. 숭정崇禎 정축년1637, 인조 15, 우리나라에 반포되었던 황력皇曆을 인조가 김상헌에게 하사한 바 있었다. 김상헌이 일찍이 이를 여러 겹으로 싸서 소중히 간수해 오다가 만년에 서손庶孫인 수징에게 주면서 "이것을 잘 간수하여 혹시라도 손상하거나 더럽히는 일이 없도록 하라. 후일에 반드시 이 책을 사랑할 줄 아는 자가 있을 것이니, 그때에는 네가 그에게 주거라."고 했단다. 그런데 김상헌이 죽은 지 54년째가 되는 갑신년에 여러 선비들이 화양동에 사당을 세워 만동萬東이라 이름하고 명나라 신종神宗 · 의종毅宗 두 황제를 향사하였으니, 이는 송시열의 유지를 따른 것이었다. 그러자 수징이 이 책을 가져와 권상하權尙夏, 1641~1721, 호 遂菴에게 주면서 말하기를 "지금 온 천하가 오랑캐에게 멸망당하여 한 조각 땅도 깨끗한 데가 없는데, 공들이 스승의 말을 잊지 않고 이 존주尊周의 훌륭한 일을 하였으니, 우리 할아버지가 말씀하신 '이 책을 사랑할 줄 아는 자'라는 것이 바로 오늘날 여러분들에게 있지 않겠는가."라고 했다. 권상하는 이를 손을 씻고 절하고 받아 싸가지고 화양동으

---

69)『夢窩集』卷4, 南遷錄, 「述懷」: "二弟(農巖三淵)同庶叔(學官壽稱), 三人着鞭先, 並行指巫峽."

70)『谷雲集』卷5, 「與壽應兄弟」(壬申): "歲事又改, 春序向晚, 汝輩侍奉棲息, 凡百如何, 尋常思念, 前日見學官書爲慰, 迎日臨行時書, 亦見之, 而深以不及面別爲恨, 汝兄弟皆下鄕積城, 復歸淸峽, 骨肉分散, 參商落落, 情理悽黯, 有不可言." 1692년에 보낸 이 편지 중반을 읽어 보면, 庶弟인 壽應 형제에게 생활상 어려움이 생기더라도 관직에 있는 인척에 인연하여 분에 넘치는 행동을 하지 말라고 충고하기도 했다.

71)『芝村集』卷26, 「大匡輔國崇祿大夫議政府領議政兼領經筵弘文館藝文館春秋館觀象監事 · 世子師退憂堂先生金公行狀」: "丙子之亂, 庶弟壽徵, 生纔九月, 在途中患痘幾死, 而賊兵在後, 時擧家已驚散相失, 公獨與一僕褓負而走, 痘毒忽內陷, 氣息已絶, 賊追又急, 力且盡勢不可全. 兩僕欲投諸林壑而去. 公以爲此決不可忍, 號泣牽挽, 使不得行其計, 仍親自抱置懷中, 遂至得生. 是時, 公年董十二, 苟非篤愛至情, 發於天性, 何以如此."

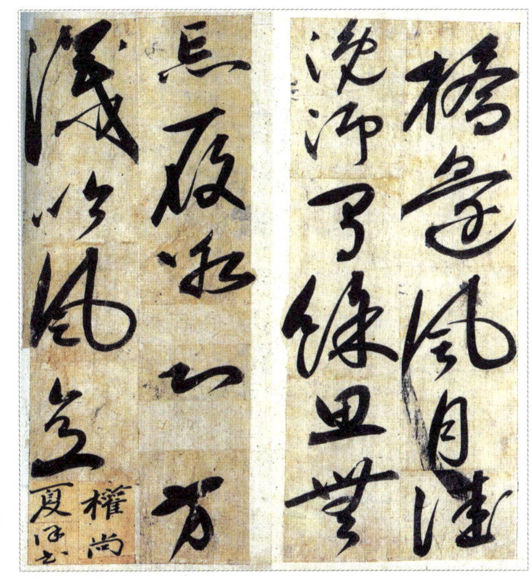

그림 4 권상하의 〈오언시五言詩〉
개인 소장.

로 들여와서 의종황제의 어묵御墨과 함께 진중히 봉안하였다고 한다.[72]

　권상하는 훗날 김수징이 세상을 떠나자 만시를 지어 그를 애도했는데 그 중 두 수를 옮겨 보면 아래와 같다.

　　자식 직분 어릴 때 힘껏 다하여
　　선생(김상헌)께서 너무도 사랑하셨네.
　　홍안 시절 사마시에 합격하였고
　　백발 되어 지방 수령으로 지냈다네.
　　고문과 주문古籒은 심오한 경지에 들어갔고
　　맑은 절조 매우 청렴하였다네.
　　하늘이 낳은 인재 어디에 썼나

남은 경사 육남이 기특하여라.[73]

정축년의 명나라 책력 한 권을

지난가을 나에게 손수 주면서

아울러 선정의 뜻 거론하였고

다시금 왕실을 걱정하는 시 읊조렸다네.

주나라 높인 의리 강개로웠고

명나라 그린 슬픔 처량하였네.

이 사람 어디에서 다시 얻을꼬

서책 어루만지며 눈물짓누나.[74]

　권상하도 인정한 김상헌의 서손 사랑을 가히 짐작하고도 남음이 있을 것이다.
또한 권상하는 김수징의 서법예술에 대해서도 경의를 표했다. 고문과 주문古籒이
심오한 경지에 들어갔다는 말은 전래의 문예전통을 온전하게 김수징이 수용하
고 있음을 표지해 준다.

　한편 김수징은 선대의 유묵을 찾아 모으는 데도 남다른 열의를 보여준 인물이
다. 김수중은 서제인 김수징이 전란 이후에 여기저기로 떠돌아다니는 가운데서
증조부인 극효 이하 3세 100여 년간의 묵적을 거두어 모아서 한 첩으로 만들고 또
자신 형제들의 시를 그 아래에 덧붙여 놓은 노고에 경의를 표했다. 그는 "예전에
주자가 사대부 집안에서 문자가 산일되는 것을 병통으로 여겼다고 했는데, 보통
사람들은 간혹 이를 유의하지 않는다. 하물며 자손이 선대에 대하여 그 한묵을 유
희한 나머지는 우러러 사모하는 뜻을 붙여서 집안에 전하는 보물로 삼지 않음이
없는데도 이를 수습하여 갈무리하는 사람 또한 만나보기 어렵다."[75]고 하면서 고

---

73) 『寒水齋集』卷1,「金積城壽徵挽」3首, 其1: "子職鬒齡盡, 先生甚愛之, 蓮科紅頰日, 梅閣雪鬚時,
　　古籒幾三昧, 淸操媿四知, 天生竟何用, 餘慶六男奇."

74) 앞의 시, 其三: "丁丑皇明曆, 前秋手贈台, 仍言先正意, 更誦下泉詩, 慷慨尊京義, 凄凉念舊悲,
　　斯人何處得, 撫卷一霑頤."

75) 『谷雲集』卷6,「書先世墨蹟帖後」: "庶弟壽徵, 收聚先曾王考都正府君以下三世墨蹟, 作爲一帖,
　　又以不肖兄弟之詩, 附見於下. 昔晦翁以士大夫家文字散失爲病, 而凡世之人, 或不以此爲意, 況

관대작을 대를 이어 배출한 교목세가^{喬木世家}에서 선대의 유업을 잃는 경우가 많아서 다시는 독서하고 수신해서 그 집안의 전통을 이어가는 예가 없게 된 현실을 개탄했다. 이 점은 단순히 문자를 잃어버리는 것에서 그치는 것이 아니라 가문의 전통마저 사라지는 것이기에 후손들에게 힘써 경계해야 한다고 말했다.[76] '유희한묵遊戲翰墨' 하는 장동김문의 전통이 김수징과 같은 구성원에 의해 보존되고 발전되었던 것이 아닌가 하고 생각해 본다.

김수징의 아우인 수칭은 과거에 불리해 말직인 학관에 그쳤지만 세속의 명리를 멀리하고 오직 서책과 글씨, 그림竹素書畫으로 스스로 즐기며 63년의 생을 마친 인물이다.[77] 송상기宋相琦, 1657~1723, 호 玉吾齋는[78] 외삼촌이 되는 김수칭의 묘지명을 쓰면서 "외삼촌은 전문적으로 시에 힘을 썼다. 삼연은 시인 가운데 안목이 뛰어난 분이었는데 자주 그의 시를 칭찬하였다. 또한 전서·예서·그림篆隷丹靑에 대해서도 각각 그 묘경이 이르렀다. 재예의 아름다움才藝之美이 이와 같았으나 늙도록 포의로 궁곤하게 지내다가 죽었으니, 아! 천명인가보다."라고[79] 했다.

이상에서 언급한 장동김문의 주요 인사들은 모두 김수증의 문예취향을 형성하는 데 직접 혹은 간접적으로 영향을 준 사람들이다. 이어서 김수증의 문예취향과 그 계승의 방향을 모색해 보기로 한다.

子孫之於先世, 其遊戲翰墨之餘, 無非寅羹墻之慕, 爲傳家之寶, 而人之收拾藏去者, 其亦鮮覩. 今庶弟乃於家國喪亂之後流離遷次之中, 鳩集三世百餘年遺蹟."

76) 앞의 글: "喬木之家, 多失其先業, 無復讀書脩身以世其家者, 不但文字散失之病而已. 惟我家後承, 可不知所以勉戒者哉."

77) 앞의 글: "舅少習博士家業, 凡六選功令, 而卒於無所遇, 晚調學官, 旋棄之. 甲申九月十四日卒, 距其生壬午, 得年六十三. 舅雅性沖恬, 於得喪利害, 不甚數數然, 平居粥粥若無能, 而中則有操守. 晚而卜居于維鳩, 貧不能擧火者數矣. 澹然不以爲意, 如世俗射利苟得之事, 一切避遠, 惟恐浼已, 惟以竹素書畫自娛."

78) 송상기는 김수증의 사위인 송규렴(宋奎濂, 1630~1709, 호 霽月堂, 송시열·송준길과 함께 三宋으로 불림)의 아들이다.

79) 앞의 글: "舅於詩, 用力最專, 三淵, 卽詩家隻眼, 而亟賞之. 至於篆隷丹靑, 亦各臻其妙, 才藝之美如此, 而白首一布衣, 窮困以死, 嗟乎命也."

4. 김수증의 문예취향과 서법예술

김수증은 어려서부터 조용한 것을 좋아하여 남과 다투지 않았다. 그는 모든 것을 가정에서 배우고 익혔다. 부친 김광찬과 조부 김상헌이 스승이고 후견인이었다. 조부 김상헌 곁에 있으면서 나아가고 물러남에 오직 삼갔고 한 마디 말씀이라도 들을 양이면 묵묵히 기억하고 널리 기록하여 종신토록 마음에 새겼다. 자손들을 가르치고 책망할 때면 모두 조부의 말씀을 끌어와서 논거로 삼았다.[80]

김수증은 전서와 예서에 솜씨가 있었다. 음서로 벼슬길에 나가 돈령도정으로 있을 때 보전寶篆 서사書寫의 수고로 통정의 품계에 오르기도 했다. 문장은 자유롭게 구사하여 형식에 얽매이지 않았다. 이러한 김수증의 순아醇雅함을 김상헌도 칭송한 바 있거니와 "순결淳潔한 것이 가상하나 교묘한 변화가 너무 적어 세인들 눈에는 좋게 보이지 않을 것이다."고 하여 은근한 염려도 잊지 않았다. 조카인 김창흡도 백부 김수증을 50년 동안이나 모셨지만 단 한 번도 문학에 관한 말씀을 들은 적이 없었다고 하면서 김상헌이 지적한 그 '순결함' 때문에 결국 김수증이 과거급제에 실패한 것이 아닐까 하고 진단했다.[81]

김수증은 독서를 좋아했다. 젊어서는 『중용』과 한유의 글을 부지런히 읽었다. 글의 기운이 커지자 이치로써 이를 이겨내려 했는데 만년에 주자의 서간문에 빠져든 것도 이 때문이 아닌가 한다. 문장관 역시 주자의 그것을 충실히 따랐다. 한대의 문장 역량, 「이소離騷」와 『문선文選』의 운치와 격조를 사법으로 삼고자 한 것이 그러하다. 이런 탓인지는 몰라도 그의 글에서 주자의 체취가 물씬 풍겨온다. 내놓고 이야기하지는 않았지만, 당대 최고 수준의 문예역량을 보여준 김상헌의

---

80) 『三淵集』 卷30, 「伯父谷雲先生墓表」: "自幼恬靖, 與物無競, 其在文正公側, 進退惟謹, 凡承一言片辭, 靡不默識而廣記, 終身佩服與誨飭子孫, 皆是道也."

81) 앞의 글: "好讀書工篆隷, 文詞沛然, 不規規於程式, 文正公嘗稱其醇雅 …… 都正則以寶篆書寫勞, 陞通政階也.";『三淵集』 卷23, 「伯父谷雲先生文集序」: "小子五十年侍坐, 一未聞自述文事, 抑嘗承教於先君矣. 曾祖考文正公每覽先生文曰, 可尙淳潔, 而太少巧變, 得無不媚於時眼, 其果以是坐公車歟. 夫其眩耀婉軟, 抽黃對白, 固先生之所未能, 而存吾淳潔, 至老而不隨世化, 豈惟文也哉."

손자로서 자부심이 대단했고 또한 실제로 가학을 통해 전수받아 익어진 문예적 안목만은 높아질 대로 높아진 그였다. 그러했기에 당시까지 이름을 날린 선배 작가들의 문예성취를 긍정적으로 평가하는 데 인색할 수밖에 없었다.[82]

이와 같이 김수중은 전래의 가학을 통해 가법과 가풍에 충실한 삶을 살려고 노력했던 인물이다. 따라서 김창흡이 지적했듯이 별도의 논설을 세워 자신의 문예 취향을 설명한 글을 남기지는 않았다. 아마도 그럴 필요를 느끼지 못했던 것이 아닌가 한다. 다만 서법과 관련한 언술은 일정하게 글로 남겼다.

「서한예첩후書漢隷帖後」를 보면, 김수중이 1673년 북경 점포에서 「조전기덕비曹全紀德碑」를 돈을 주고 구입한 사실이 있음을 알 수 있다. 물론 그가 직접 북경에 들어가서 구입하지는 않았을 것이다. 사행으로 가는 인편에 부탁을 하여 사들인 것이 아닌가 한다.[83] 그는 "우리나라는 궁벽해서 사람들이 고예古隷를 얻어 보지 못하고 얻어 보지 못하기 때문에 제대로 알지 못하며, 제대로 알지 못하기 때문에 간혹 그것을 하는 자가 있어도 체법에 대해 어두운 경우가 많았다."고[84] 해서, 먼저 고전 예서에 대한 인식의 후진성을 지적했다. 이어서 예서의 연변 맥락을 기술하고 각 체의 서법을 설명한 다음 「기덕비」를 감정하여 말하기를 "지금 이 비는 아마도 한漢 나라 때 구각舊刻으로 어떤 이가 쓴 것인지는 모른다. 서법이 매우 공교롭지는 못하지만 필의筆意가 천연스러워 소산蕭散하고 고아古雅한 멋이 없지 않다. 그 중에 또한 자못 취하여 법 삼을 곳이 있다. 왕세정이 이른바 비록 지극하지 않더라도 동경東京 : 한대의 본색을 잃지 않은 것이라고 한 것이 이런 것이 아니겠는가! 종요鍾繇와 채옹蔡邕의 예서필법을 이미 얻어 볼 수 없으나 이 비에 나아가면 또한 한대 예서漢隷의 일부분을 얻을 수 있다. 이에 잠시 이를 간직하여 고서를

---

82) 『三淵集』 卷23, 「伯父谷雲先生文集序」: "先生好讀書, 少致勤乎中庸韓文, 文氣渾浩, 以理勝之, 晚以朱子書爲淵源. 至論文章, 必稱漢文力量騷選韻格, 謂可師法, 是亦所聞乎晦翁者也. 雖未嘗肆口揚扢, 而意殊歉乎我東諸名家, 惟其所見者大. 故不覺自謙之益深也."

83) 부친 金壽恒이 1673년에 謝恩使로 다녀왔을 때, 구입한 것으로 보인다.

84) 『谷雲集』 卷6, 「書漢隷帖後」: "我東僻陋, 人不得見古隷, 不得見故不能知, 不能知故間有爲之者, 而多昧於體法."

좋아하는 취향을 돕도록 한다.”[85]고 했다. 평론하여 제출한 감정내용이 범상치 않다. 매우 뛰어난 감식안이 발휘되고 있다. 이로 볼 때, 김수증이 이론과 감상 그리고 창작에 이르기까지 고른 공력을 쌓았음을 알 수 있다.

이뿐 아니라 1672년[86]을 전후하여 김수증은 진시황이 자신의 공덕을 기려 역산에 세웠다고 전해지는 「역산비嶧山碑」를 중각重刻하면서, 그 진위眞僞에 대해 구양수나 주자를 비롯한 역대 문인 학자들의 견해가 분분한 점을[87] 감안하여 제가의 견해를 모두 비의 왼편에 부록附錄하여 후일 상고의 자료로 삼고자 한 바 있다. 이러한 김수증의 수고에 대해 송시열은 “이는 참조·비교하여 뒷사람의 바른 판단을 기다리려 함이니, 그 뜻이 공평하다 하겠다.”[88]고 하면서, “이제 진나라 이사李斯가 쓴 비의 글씨가 김연지金延之 : 김수증를 인연하여 예古를 좋아하는 군자의 진기珍奇한 완상품이 되었으니, 진시황을 만나서 천하를 통일한 것보다 더 영광스럽다.”[89]고 평가했다. 또한 송시열은 「진전첩발秦篆帖跋 : 1672」[90]에서도 「역산비첩」의 진위문제를 거듭 변증하였는데, 단정하기를 “이제 김연지의 모각본을 살펴보니, 그 수경瘦勁한 정채精彩가 참으로 귀신과 통할 만하다. 이 어찌 분서갱위 전에 전해진 본이 아니겠는가!”[91]라 하여 김수증의 모각본을 분서갱유 이전의

---

85) 앞의 글: “今此碑, 似是漢時舊刻, 不知何人所書. 書法, 雖不甚工, 而筆意天然, 不無蕭散古雅之趣, 其中亦頗有取法處. 弇州所謂雖非至者, 不失東京本色者, 得非此類也耶. 鍾蔡隷法, 旣不可得見, 而卽此碑, 亦可謂得漢隷之一斑, 聊爲存之, 以佐嗜古之癖.”

86) 송시열의 「重刻嶧山碑跋」이 “숭정 임자년(1672, 현종 13) 5월”에 쓰인 것을 볼 때, 그 무렵 작업이 완료된 듯하다.

87) 『宋子大全』 卷147, 「重刻嶧山碑跋」: “諸家論嶧碑者, 異同難齊, 豈於書體, 亦無正法眼藏而然歟. 然以歐公之淳厚, 亦於此而有眞僞之說, 只此一小事, 而論議之參差如此. 然歐公以易繫亦爲僭僞之書, 則其不失於此碑之評, 何保也.”

88) 앞의 글: “延之悉附諸說於碑左, 蓋欲參伍錯綜, 以俟後世, 其意可謂公矣.”

89) 앞의 글: “今秦斯此碑, 因延之而將爲好古君子之珍玩, 則其多於得祖龍而幷天下遠矣.”

90) “崇禎 壬子 至月 日”에 「秦篆帖跋」을 지었다고 했으니, 앞서 「重刻嶧山碑跋」을 짓고 나서 「역산비첩」에 대한 인증을 덧붙여 준 듯하다.

91) 『宋子大全』 卷147, 「秦篆帖跋」: “今觀金延之摹刻之本, 其瘦勁精彩, 眞可以通神, 此豈未燒前傳本耶.” 송시열은 “自古論嶧碑者多, 而愚竊以爲當以老杜所謂野火燒傳刻肥者, 爲正案矣.”라 하면서도 김수증의 「역산비첩」이 “瘦勁”하다고 하여, 두보의 그것과 품격이 어긋난 것에 대해, “人有昔瘦而今肥者, 其骨格精神則未嘗變也. 今此篆上下千餘載, 未嘗有毫髮近似者, 則可信其初實出於斯也. 如必謂非斯所作, 則其作者是亦眞斯也, 何害於有前後斯也.”라 변론했다.

진품으로 간주했다.

　김수증은 구양수의 『집고록集古錄』을 본떠 고금의 금석문을 규모 있게 수집하려고 계획했던 것 같고 실제로 약 180여 점을 수집했다고 한다. 이는 『집고록』에 수록된 양의 십 분의 이에 해당한다.[92] 송시열은 만일 김수증이 중국에서 태어나 널리 살펴보고 죄다 취했다면, 구양수만 못지않게 방대한 양의 금석문을 수집했을 것이라고 단언하여,[93] 김수증의 금석문 수집열기를 칭송했다.

　이러한 김수증의 금석문 애호와 전·예서에 대한 연구는 상당한 수준에 이른 것 같고, 또한 서법의 실기에 있어서도 일가를 이루어 세인들의 칭송이 자자했던 듯하다. 안동김씨로 일가인 김명석金命碩, 1623~1686, 자 德喬, 생원, 현령이 창원부사를 지낸 부친 김중일金重鎰, 1602~1667, 자 伯彦, 호 洛甫, 문과, 홍문관부제학의 묘갈문 글씨를 김수증에게 부탁한 것 같다.

　김수증은 1674년 김명석에게 편지를 보내어 자신의 금석 서체에 대한 관점을 피력한다. 김수증 역시 남의 전후문자傳後文字 : 碑文를 함부로 써서는 안 된다고 생각했다. 그래서 여러 차례 고사했지만 책임을 면할 수 없게 되었다. 이에 김수증은 이렇게 말했다.

　갈문의 글씨는 끝내 사양할 수 없다면 응당 서투른 솜씨를 다해야 하겠습니다만, 그러나 졸필에다 원래 공부를 하지 않고 게을러서 여러 해 동안 그만두다시피 했습니다. 저 금석의 글씨는 스스로 볼 때 더욱 생경해서 결코 후인들에게 전하여 보여서는 안 됩니다. 전에 함부로 고인의 팔분 서적書跡 몇 종을 얻어서 때때로 모의하여 무료함을 달래는 자료로 삼았습니다. 일찍이 소소한 석각石刻을 가지고 있었는데 오히려 해서체의 글자楷字보다 조금 나은 것 같았습니다. 이제 이 갈문을 만일 팔분으로 써내면서 부족한 바를 억지로 하지 않는다면 어떨지 모르겠습니다.

---

92) 『宋子大全』 卷149, 「金石叢跋」: "六一公網羅金石文字, 以爲集古錄千卷, 此實天下全勝, 後世莫能及焉. 今谷雲居士金延之所得一百八十餘, 視六一公殆十之二焉, 不可謂不多矣."
93) 앞의 글: "惜乎. 不使延之生乎中國, 博觀而盡取之也, 何渠不若六一公哉."

김수증은 이왕 각석을 한다면 해서체보다 팔분체로 새기는 것이 좋다고 견해를 드러냈다. 이어서 팔분체를 사용하는 방법으로 "우리나라는 팔분석각이 매우 드물지만 중국은 한당 이후 여러 각들이 팔분이 매우 많습니다. 혹은 그 자체가 간간이 은벽隱僻해서 쉽게 알아보지 못하는 것이 불만족스럽긴 합니다만 이것은 그 자체를 만든 것이 고법에서 구했다고 해도 다른 것이 많으니, 그 쉽게 알 수 있는 것을 취하여 쓰면 좋을 것입니다."라고 했다. 말미에서 그는 대개 팔분서법은 방정하고 근엄하며 또한 가는 획이 없기 때문에 금석글씨로 가장 적합하다고 거듭 강조했다.[94]

또 다른 편지에서 김수증은 "저의 글씨는 졸렬하고 난삽하여 본디 남에게 써 주면 안 되는 것인데 하물며 묘도墓道:묘비와 같이 중요한 것에 대해서는 더욱 경솔하게 글씨를 써서는 마땅치 않습니다. 그러나 일가 사이에 거듭 부지런한 가르침을 어기는 듯하여, 감히 이에 해법楷法으로 써서 올리나 더욱 틀어짐이 생겨남을 느끼게 됩니다. 스스로 비교해 보니 예서 팔분隸分이 혹 조금 나은 것 같습니다. 그래서 삼가 한당漢唐 시기의 예서 팔분으로 된 여러 체를 상고하여 본떠 썼으나 용필用筆이 끝내 속루俗陋하고 박졸樸拙한 상태를 면치 못했습니다. 이것을 가지고 어떻게 남에게 전하여 보일 수 있겠습니까. 또한 금석서는 북칠北漆[95]을 해서 전각할 때에 대체로 글씨의 참다움을 많이 잃어버립니다. 능히 묘한 이치를 아는 자라야 이를 제대로 할 수 있습니다."[96]라고 하여, 해서보다는 예서 팔분으로 묘

---

94) 『谷雲集』 卷5, 「與金德耆命碩」(甲寅): "碣文之書, 終不可辭, 則當爲效拙矣. 但拙筆, 元無功程, 懶廢多年, 如金石之書, 自視尤覺生硬, 決不可傳示後人. 向來漫得古人八分書跡數種, 時時效擬, 以爲無聊破寂之資, 曾有小小石刻, 猶似稍勝於楷字, 今此碣文, 若用八分寫出, 不强以所不足, 則未知如何. 東俗則八分石刻絶稀, 而中原漢唐以後諸刻, 八分甚多矣. 或以其字體間有隱僻未易解見爲嫌, 而此則其爲字體, 求之古法, 亦多不同, 取其易解者而書之則好矣. 蓋八書書法, 方正謹嚴, 且無細畵, 最合於金石書耳."

95) 北漆이란 비석에 글자를 새길 때, 글씨를 쓴 종이의 배면(背面)에 밑칠을 하고 거기에다 전면으로부터 비쳐 보이는 글자의 윤곽을 그려서 비석에 붙여 놓고, 자꾸 문질러서 글씨 자국이 내려앉도록 하는 일을 말한다.

96) 『谷雲集』 卷5, 「與金德耆」: "鄙筆拙澁, 本不可爲人作書, 況於墓道之重, 尤不當輕易下筆, 而一家之間, 重違勤敎, 敢此寫呈楷法, 益覺生拗, 自視隸分, 或似有寸長. 故謹考漢唐隸分諸體, 依樣而書之, 用筆終不免俗陋樸拙之態, 以此何可傳示於人乎. 且金石書, 北漆傳刻之際, 例多失眞, 能知妙理者, 可以爲之."

갈문을 써서 글자를 새기는 쪽을 선호했다.

김수증은 필적이 해정하고 또한 팔분체를 잘 알고 있는 서제庶弟 수칭壽稱, 1642~1704, 자 稱之과 화사 장자방張子房을 추천하여 묘갈 만드는 작업을 지휘 감독하도록 하자고 제안한다.[97] 아울러 아주 상세하게 글자를 돌에 새길 때 유의해야 할 사항을 설명한다.

또한 북칠하여 돌에 부치는 법도가 반드시 먼저 자행을 안배하고 돌에 인찰印札하여[98] 행마다 자마다 절단이 모두 메워져서 부치는 것이 마땅합니다. 만일 전지를 부친다면 정밀하지 못한 곳이 있게 될 것입니다. 또한 석각은 대체로 깊이 새겨 멀리 오래가도록 하는 것을 도모하는데 이는 진실로 그러할 것입니다. 그러나 만일 한갓 너무 깊이 새기는 것만을 일삼아서 각획刻劃할 곳을 정련하지 못하게 하면 획이 조밀한 곳이 도리어 견고하지 못해 떨어져 나갈 걱정이 있습니다. 또한 빗물로 습기가 남게 되어 이끼가 쉽게 생겨나게 됩니다. 고금의 각석이 닳아지는 것이 모두 이 때문입니다. 그런데도 사람들이 잘 알지 못하니 이는 잘 알지 않으면 안 되오니 아울러 양지하십시오. 석양石樣의 양방은 지나치게 여백을 남길 필요가 없습니다. 글을 짓고 글씨를 쓴 사람의 성명과 직함은 반드시 한 행에 쓰고 난 뒤에라야 좋게 될 것입니다. 그러므로 그 자행을 안배할 때, 형세가 부득불 이와 같다면 돌의 양방 상하로 여백을 조금 넓히는 것이 좋은 법도이오니 아울러 헤아리십시오.[99]

이로 본다면 김수증은 금석문으로서 팔분체를 선호하였고 더욱 한례漢隸 등을 중시했음을 알 수 있는데, 주목할 점은 그가 금석에 들어가는 실용서체로 팔분의

---

97) 앞의 글: "庶弟壽稱, 筆跡楷精, 亦解八分之體, 北漆之際, 不可不看檢指揮, 且僕眼暗近甚, 字畫或有未盡處, 必須隳栝大小長短之病, 然後, 似少疵矣. 畫師則張子房爲名者, 亦可使也."

98) 印札이란 백지에 가로와 세로로 선을 그어 칸을 만들어 글씨를 쓸 적에 밑에 받치고 쓰던 井間紙를 만드는 것을 말한다.

99) 앞의 글: "且北漆附石之規, 必先排字行, 印札於石, 行行字字, 截斷均塡而附之爲宜. 若以全紙附之, 則有不精處矣. 且石刻, 例以深刻爲久遠之圖, 此固然矣. 然若徒事太深, 而不精鍊刻畫處, 則畫密處, 反有不堅剝落之患, 又致雨水留濕, 苺苔易生, 古今碑石之刓, 皆出於此也. 而世人多不曉, 此不可不知也, 幷亮之. 石樣兩旁, 不必過有所餘, 而撰書人姓名職銜, 必書於一行, 然後爲好, 故排其字行之際, 勢不得不如是, 石之兩旁上下, 所餘稍廣, 此是好規耳, 幷諒之."

장처와 사용법을 빈틈없이 논리화하고 있었다는 것이다. 이는 김수증의 서법예술이 단순한 예술적 기예로 그치지 않고 실제 생활과 매우 밀착되어 일상 삶의 공간을 중심으로 전개되었다는 사실을 말해 주는 동시에 생활서예의 품격을 한 층 제고시키는 계기가 된 것으로 평가된다.

그의 팔분서체 연구와 창작수련은 평생에 걸쳐 간단없이 지속되었다.

맑은 창에서 그림을 보다가 절을 찾아가
묘지에서 비석을 탁본하며 함께 한가히 노닐었는데
이럭저럭 지내다보니 천고의 일이 되었거니
한강물은 무정하게 밤낮으로 흐르네.[100]

연진을 동으로 건너 서울로 달려가니
관문 밖 산천을 얼마나 오고 갔나.
옥류천 가에서 말을 쉬게 하고 앉아
회란석 아래에서 비석을 탁본하여 읽어 본다.[101]

위 시에서 비석을 탁본했다는 대목이 보인다. 소년 시절 광릉 궁촌에 갔었을 때 자형姊兄 : 李挺岳, 1615~1678과[102] 함께 그림을 보고 비석을 탁본하며 지낸 일이 있다고 술회한 바 있는데,[103] 앞의 시는 그 때의 정경을 회상하며 쓴 작품이다. 이처럼 김수증은 어릴 때부터 비석글씨에 남다른 관심을 가지고 있었던 것이다. 이런 관심은 외직으로 성천부사로 나갔을 때도 여전히 유지되었다. 뒤의 시

---

100) 『谷雲集』 卷2, 「入城」 其5: "看畵晴窓尋勝事, 打碑墟墓共閑遊, 人間俯仰成千古, 江漢無情日夜流."

101) 『谷雲集』 卷1, 「成都述懷」 其16: "延津東渡走長安, 關外山川幾往還, 玉溜泉邊休馬坐, 廻瀾石下打碑看."

102) 이정악은 어린 김수증 형제들에게 부형과 같은 존재였다. 『退憂堂集』 卷2, 「哭姊兄李延安挺岳」 其3: "我輩失所恃, 七人俱孩嬰, 視姊卽慈母, 仰兄如父兄, 分離各零丁, 何能共合幷, 哀哀當日事, 欲說已呑聲."

103) 앞의 시, 원주: "少時曾往廣陵宮村, 與姊兄看畵打碑, 追憶感懷."

가 이를 말해 주고 있다.

　김수증이 김명국金明國, 1600~?, 호 蓮潭의 제자로 산수화에 능했던 화인 조세걸曹世傑, 1635~?을 초빙하여 자신의 은거지 별서경영을 핍진하게《곡운구곡도谷雲九曲圖》로 그리게 한 사실은 이미 학계에 널리 알려져 있거니와 이 역시 김상헌의 서화애호 정신을 충실히 이어받은 결과라 하겠다.《곡운구곡도》의 작성 동기라든가 미학적 구도, 회화적 특징, 실경산수화로써 역사적 의의 등에 대해서는 유준영과 윤진영 등의 연구에서[104] 면밀하게 검토되었기에 언급을 피하기로 한다.

5. 김수증의 아들과 손자를 향한 가업 전수의지

　김수증은 자손을 통해 이러한 예술전통이 계승되기를 바랐다. 그러나 그것은 쉬운 일이 아니었다. 김수증의 둘째 아들이었던 김창숙金昌肅, 1651~1673, 자 仲雨, 호 三古齋도 남다른 문예취향을 지니고 있었다. 서너 살 때부터 문자를 알기 시작하여 시를 지으면 시어가 청초淸楚하여 볼 만했고 선대로부터 전래하는 전서와 예서篆隸가 고인들의 서법에 매우 가까웠다. 그는 평소에 종일토록 조용하게 지내며 세상일로 마음에 누를 끼치지 않았다. 물외한적物外閑寂하는 유유적적한 삶을 사랑했던 것이다. 오직 고인들의 서책과 글씨, 그림에 탐닉하여 그의 기문記問과 감상鑑賞 능력이 모두 보통 사람의 경지를 훨씬 뛰어넘었다.[105] 우리나라의 습속이 옛것을 좋아하지 않았기에 귀중한 금석 각명을 모아 소장한 경우가 드물었다.

---

104) 유준영의 「곡운구곡도를 중심으로 본 17세기 실경도발전의 일례」(『정신문화』 제8집, 정문연, 1980), 「구곡도의 발생과 기능에 대하여 : 한국실경산수화 발전의 일례」(『고고미술』 제151집, 한국미술사학회, 1981), 「진경산수의 원류로서의 구곡도」(『계간미술』 제19호, 1981), 「조형예술과 성리학 : 화음동 정사에 나타난 구조와 사상적 계보」(『한국미술사논문집』 1, 정문연, 1984), 윤진영의 「조선시대 구곡도 연구」(한국정신문화연구원 대학원 석사학위논문, 1997), 이석해의 「문화경관으로 본 곡운구곡의 특성」(『한국전통조경학회지』 제19-4, 한국전통조경학회, 2001) 등을 참조.

105)『農巖集』卷27, 「從弟仲雨墓誌銘幷序」: 自數歲時, 已知文字, 爲詩, 辭淸楚可喜, 篆隸絶逼古. 平居終日蕭散, 不以一俗事自累, 唯耽嗜墳典書畵, 其記問鑑賞, 俱過人遠甚."

김창숙은 이와 달랐다. 자기의 서재를 이름을 '삼고三古'라고 했을 정도로 고문古文과 고서화古書畫를 좋아했으며[106] 거의 광적으로 오래된 자료들을 망라하여 수집했다. 시대적으로 오래된 것은 위로 신라, 고려에까지 미쳤다. 그리하여 세대의 승강과 인물의 출처를 평론하여 견식을 넓혔는데 구멍을 뚫듯 통관하여 빠뜨림이 없었다.[107]

김창숙은 평소에 생년이 같지만 생일 빠른 김창협을 형으로 불렀다. 어려서부터 교유를 즐기지 않아 같은 동리 또래들과도 잘 어울리지 않고 오직 집안 형제들과 지내는 날이 대부분이었는데 그 중에서도 김창협과는 각별한 사이였다.[108] 사촌 형이며 지우였던 김창협은 김창숙 사후 20여 년만에 쓴 묘지명에서 "만일 그에게 수명을 연장시켜 주었더라면 아마도 중국 송대에 금석 각명을 모아 『집고록集古錄』을 엮은 구양수歐陽脩나 『금석록金石錄』을 저술한 조성명趙明誠과 같이 되었을 것이다."고[109] 단언했다. 사실 김창숙은 평소에 몸이 몹시 파리한데가 또한 팔다리가 붓는 각기병脚氣病을 얻어 몇 년 동안 심하게 고생을 하여 늘 방에서 누웠다 일어났다 하면서 바깥출입을 하지 못하는 처지였다. 주자도 일생 동안 각기병을 앓아 꿇어앉을 수가 없어 스님들처럼 무릎을 포개어 앉는 가부좌를 하며 지냈다고 하는데, 김창숙도 그 때문에 다른 일은 엄두도 내지 못했던 모양이다. 단지 좌우에 그림과 전적을 벌려 놓고 날마다 음미하고 완상하여 품평을 쓰는 것으로 일을 삼았던 것이다.[110]

김창숙은 조선 중기를 대표하는 저명한 고문가인 이식李植, 1584~1647, 호 澤堂의 손녀사위였다. 비록 이식 생존에 직접 훈도를 받은 일은 없으나 그쪽의 가풍을

---

106) 앞의 글: "君嘗名其所居齋曰三古, 蓋自以好古文及古書畫云."

107) 앞의 글: "東俗不好古, 罕蓄藏金石琬琰之刻, 君獨網羅裒錄, 上及羅麗之際. 因以考論其世代升降, 人物出處, 以助博聞, 穿穴通貫, 無遺漏."

108) 『農巖集』 卷27, 「從弟仲雨墓誌銘幷序」: "君名昌肅, 字仲雨, 安東人, 我伯父谷雲先生第二子, 與余同辛卯生, 以月日後也, 呼余爲兄. 君自少鮮交游, 雖同閈, 亦不屑徵逐還往, 唯日與諸兄弟相聚, 燕笑爲樂, 顧愛余甚."

109) 앞의 글: "使假以年歲, 則庶幾乎歐陽永叔, 趙明誠之爲矣."

110) 앞의 글: "君素淸羸, 旣又得脚氣疾, 數歲益劇, 常臥起一室中, 不能出戶, 左右列置圖籍, 日吟玩題品以爲事."

일부 전수받았을 것이다. 김수증도 아들인 창숙에 대한 기대가 컸다. 김상헌도 죽기 전에 본 손자였기에 손수 이름을 지어 주고 매우 아꼈다고 한다. 김수증은 창숙이 "고문古文과 고서古書를 좋아했고 전주체篆籀體 : 小篆·大篆의 글씨체를 잘해서 자못 진대의 이사李斯가 남긴 법도를[111] 터득했다."[112]고 말했을 정도로 아들의 서법예술에 대한 신뢰가 남달랐다.

김수증은 아들 창숙이 불행히도 젊은 나이로 세상을 떠나자 슬픔을 금치 못했다. 죽은 아들을 이어 장차 자신의 가업을 계승할 손자에게 정성을 쏟았다. 김수증은 창숙이 뛰어난 재주를 가지고 있었으나 후사 없이 죽었을 때, 첫째 아들인 창국에게 아들이 없었고 마침 셋째 아들인 창직이 함종어씨와 혼인하여 사내를 낳았는데, 이를 장차 창숙의 후사로 삼을 요량을 했다. 손자의 이름을 『홍범』에서 수복壽福의 의미를 취하여 오일五一, 1675~1682이라 지었다. 그리고 못 이룬 창숙에 대한 기대를 다시 연장해 보고 싶었다. 오일은 매우 영민하여 학습속도가 빨랐다. 조부가 무릎에 앉히고 일러 주는 이야기를 바로 깨쳐 그에게 즐거움을 선사했다. 김수증은 1682년 죽은 손자 오일의 행록을 지어 자세하게 자신이 그동안 쏟았던 사랑과 손자의 기특한 행적을 기술한 바 있는데, 얼마나 오일에 대한 희망이 컸는지 짐작하고도 남을 정도이다.

그도 그럴 것이 오일은 글씨나 그림을 보면 손으로 만지면서 이리저리 살펴보다가 빼앗으려 들면 놓으려 하지 않았다. 김수증이 매양 글씨를 연습할 때, 오일이 옆에 있다가 종이를 한 장씩 얻을 때마다 얼른 감추어서 갈무리하였다. 그렇게 모은 것이 얼마 되지 않아 한 책이 되었는데 조금도 빠뜨림이 없었다. 그리고 오일이 때때로 이를 꺼내서 모방하여 글씨를 썼다. 또 책을 보다가 주자서朱子書에 이르면 빙그레 웃으면서 장난기 어린 말투로 "나의 글은 응당 『김자대전金子大全』이 될 거예요." 했다. 병풍에 효자가 어머니에게 드리려 가슴에 귤을 품거나 여름에 아버지 베개에 부채질하는 모습과 같은 고인의 사적을 그린 것이 있으면 한

---

111) 大篆을 가감하여 小篆을 만든 李斯가 쓴 嶧山碑(진시황의 공덕을 기려 역산에 세운 비)의 서체을 말하는 듯함.

112) 『谷雲集』卷6,「亡子昌肅壙誌」: "好古文古書, 善篆籀, 頗得李斯遺法."

번 묻고서 그 의미를 이해했으며 늘 이야기하기를 좋아했다.[113] 이런 손자를 예뻐하지 않을 조부가 있을까. 보기만 해도 마음이 흐뭇해지고 그야말로 눈에 넣어도 아프지 않을 손자, 오일은 창숙이 죽은 지 10년 되던 해 여덟 살의 어린 나이로 세상을 떠나고 만다.

애통하도다! 내가 그 놈이 태어나고부터 궁벽한 골짜기에 은거하기 6~7년 동안 근심스럽고 적막한 가운데서 일찍이 그 놈과 조금도 떨어지지 않았었고, 또한 그 놈의 재주와 기품이 죽은 아이를 꼭 빼닮아 내 특별히 끔찍하게 사랑하기를 마치 좋은 벗이 내 옆에 있고 금옥과 같은 보배로운 볼거리가 내 눈을 기쁘게 하는 것보다도 더했다. 사람들이 모두 가리켜 '우리 집안의 천리마'라 하고 문호에 촉망할 바 있다고 했다. 만일 그 놈으로 하여금 오래도록 살도록 했다면 내 그 놈이 어디까지 이를지 알 수 없을 것이다.[114]

김수증에게 청천벽력이 아닐 수 없었다. 그 순간 김수증은 문예전통의 단절을 걱정했다. 조짐이 좋지 않다고 판단했기 때문이다. 창숙과 오일을 일찍 데려간 하늘의 뜻이 무엇인지 감지할 수 있는 나이였다.

김수증은 다시 창집昌集의 아들 호겸好謙, 1681~1699을 창숙의 후사로 삼는다. 호겸은 관례를 치루고 장가까지 들었지만 그러나 그 역시 스무 살을 넘기지 못하고 세상을 떠나고 만다. 바탕이 강건하고 성격이 자애롭고 어질었기에 크게 걱정을 하지 않았건만, 고독하게 산중에서 지내며 손자의 소식을 기다리던 어느 날 뜻밖에 부음을 접하고 망연자실, "결국 하늘이 나를 버리시는구나! 어찌 이리도 참혹하게 만든단 말인가!" 하면서 꿈인지 생시인지 한동안 정신을 차리지 못했다. 김수증은 호겸에게 가장家藏 중인 도서와 명화, 법첩, 그리고 창숙의 유묵을 부쳐 주

---

113)『谷雲集』卷6,「亡孫五一行錄」: "見書蹟繪畫, 摩挲繙閱, 至奪之不肯舍, 吾每臨池, 渠得一紙輒藏, 去久而成帙, 無少遺失, 時出而倣效焉. 閱書而至朱子書, 戲笑曰, 我之文, 當作金子大全, 屏風有畫古人事跡, 如懷橘扇枕之類, 一問而領其意, 常常喜稱說焉."

114) 앞의 글: "痛哉. 余自渠之生, 跧伏窮峽六七年, 幽憂岑寂之中, 未嘗與渠跬步相離, 且其才品絶類亡兒, 余故鍾愛特甚, 不翅若良朋嘉友之在吾側, 金玉寶玩之悅吾目也. 人皆指爲吾家千里駒, 而門戶有所屬望, 若使之降年有永, 吾不知其所至也."

어 가문의 문예전통을 전승시키려 했으나 뜻을 이루지 못한 것이다.[115]

6. 농연 형제에 의한 가풍의 계승과 발전

김상용·상헌과 이를 이은 김수증의 예술정신은 다시 김수항金壽恒, 1629~1689, 文谷의 아들들인 이른바 6창에 의해 계승되었다. 가까운 일가붙이들도 일정한 영향을 받아 예술취향을 부분적으로 지니고 있었을 터이나 6창만큼 집중적 학습과 탁월한 성취를 보인 그룹이 없거니와 6창 가운데서도 김창협과 창흡에게 의발이 전수되었다고 해야 온당할 것이다.

김수증의 부인 창녕조씨昌寧曺氏, 1627~1687는 배청파排淸派로 김상헌과 함께 청나라 심양으로 잡혀가서 심한 고문을 받고 투옥되었던 조한영曺漢英, 1608~1670, 호 晦谷의 딸이다. 이 조씨 부인은 평소에 문장과 학문을 귀하게 여기고 자제들의 과거 급제를 첫째가는 일로 생각하지 않았다. 다른 이가 문학과 행실이 있다는 말을 들으면 입이 마르도록 칭송하는 부인이었다. 조카 창흡이 과거에 나가지 않고 고요함을 지키며 독서하였는데, 조씨 부인은 늘 이를 아름답게 생각했다. 그래서 여러 아이들에게 창흡을 예로 들어 보이며, "집안에 자제가 이와 같으면 그 또한 아무런 걱정이 없을 것이다. 너희들이 지취志趣가 탁연히 수립한 바가 있다면 비록 과거에 우수하게 급제하여 높은 벼슬에 오르지 않더라도 괜찮다."[116]고 했다.

또한 1687년 셋째 아들 창직昌直, 1653~1702, 자 季達에게 보낸 편지에서 김수증은 "너의 문학과 견식이 남에게 미치지 못하니 위로 부형인 영부사와 영돈령수흥과 수항 형제이 있어 나 또한 모든 일을 상의하거늘 하물며 너는 더욱 응당 여쭈어 의론

---

115) 『谷雲集』 卷5, 「祭孫好謙文」: "戀嫪如渴, 一札來傳, 還復悵而, 山海杳綿, 消息闊稀, 猶望早晚, 相對雲溪, 誰謂一夕, 忽以訃至, 其夢其眞, 怳惚疑似, 神理昧昧, 汝其逝矣, 天之喪我, 一何酷哉 …… 家藏舊書, 名畵法帖, 亡兒手跡, 亦有一二, 將以付汝, 抽錄片楮, 此亦已矣, 何所傳付."

116) 『谷雲集』 卷6, 「亡室淑人曺氏行狀」: "平生尤知文章學問爲可貴, 不以子弟科名爲第一件事, 聞人有文行, 輒嘖嘖稱嘆. 家姪昌翕, 不赴公車, 守靜讀書, 常以此爲美, 擧似諸子曰, 人家子弟如此, 其亦無憂乎. 若使汝等志趣卓然, 有所樹立, 則雖不得取魁科登顯仕, 亦無傷也."

하여 한결같이 그들의 말을 따라야 한다. 또한 창집 조카 형제는 모두 더불어 이 야기할 만한 자들이니 함께 일을 해결하거라. 창협·창흡에 대해 무리 속에서 심상하게 볼지는 몰라도 기실 문학과 견식이 보통에서 크게 뛰어나니 다른 사람에게서 구해 본다 해도 얻기 어려움이 있다. 지금 일가로 있으니 어찌 매우 다행스럽지 않겠느냐! 대소사를 막론하고 조용히 상론하여 오직 그들의 말을 따른다면 아마도 허물이 적어질 것이다."[117]라고 하여, 조카 창협·창흡에 대한 신뢰감을 감추지 않았던 것이다. 이러한 신뢰감과 기대는 훗날 이들을 북촌시단을 지도하는 중심인물로 성장시켰던 것이다.

특히 "천성이 온수溫粹하고 청결하여 한 점의 더러운 세속의 기운이 없고, 문장은 법도가 아름다워 육일거사六一居士：歐陽修의 정수精髓를 깊이 얻었다. 국조國朝 이래로 작자作者는 1, 2분에 불과했는데, 김창협이 정립鼎立하였다고 이를 만하다. 시도 역시 한漢·위魏를 출입하면서 소릉少陵：杜甫으로 보익補翼하였다. 고고高古하고 아건雅健하여, 천박한 문장을 일삼지 않았는데, 조금 후에 이것은 우리 선비가 끝까지 할 사업은 되지 못한다고 여겨 마침내 육경六經에만 오로지 정진하여 염락관민濂洛關閩의 학學에 미쳐서 침함浸涵하고 연이演迤하여 침식寢食을 잊기까지 하니, 견해가 정확精確하고 공부가 독실篤實하여 요즘의 변통성이 없는 선비에 비길 수 없었다."[118]는 사관의 평을 받은 김창협은 문학과 도학 양 방면에서 탁월한 성취를 보여 장동김문 후예들이 따라 배울 전형으로 인식되었던 것이다.

우리 집안 형제들 그림 그리는 일을 중하게 여겨
어려서는 안마鞍馬를 그렸다가 성장해서는 그만두었지.

---

117) 『谷雲集』卷5, 「與昌直」(丁卯): "汝之文學見識, 不及於人, 而上有父兄領府事領敦寧, 余亦凡事相議, 況汝則尤當稟議, 一從其言, 且集姪輩兄弟, 皆可與語者而俱是解事. 至於協翁, 雖在群從中尋常見之, 而其實文學見識, 超出於人, 求之於他人, 有難得也. 今在一家, 豈不幸甚, 無論大小事, 從容相論, 惟其言之從, 則庶幾寡過矣."

118) 『肅宗實錄』卷46, 34年 4月 11日(丁巳), 김창협의 卒記: "天資溫粹潔清, 無一點塵俗氣, 爲文章, 典則醲郁, 深得六一精髓. 國朝以來作者, 不過一二公, 昌協可以鼎峙云. 詩亦出入漢魏, 翼以少陵, 高古雅健, 不事膚草. 己而謂此不足爲吾儒究竟事業, 遂專精六經, 以及濂洛關閩, 浸涵演迤, 至忘寢食, 見解精確, 工夫篤實, 非挽近拘儒可倫也."

대유大有는 홀로 마음을 괴롭혀
일찍이 화공의 생각을 빼앗았다네![119]

김창흡이 지은 「사제의 소나무 대나
무 두 그림을 읊다」라는 고시의 한 대목
을 절취해 보았다. 시에서 말한 '대유'
는 김창업金昌業, 1658~1721, 호 老稼齋의 자
이다. 김창업은 벼슬에 나가지 않고 지
금의 성북구 장위동인 송계松溪에 처사적
삶을 살았지만 문예적 취향이 남달랐다.
그의 아우인 창즙昌緝, 1662~1713, 자 敬明, 호
圃陰이 훈고와 성리에 조예가 깊었던 것
과 좋은 대조를 이룬다. 김창업은 연행
사신으로 가는 형 창집을 수행하여 다녀

그림 5 〈김수항 상〉 19세기, 일본 텐리대
학도서관 소장.

와서 『연행일기』를 남긴 바 있고 시와 그림, 특히 산수 인물에 뛰어나다는 평을
받았다. 현재 「송시열상」宋時烈像 : 국립중앙박물관 소장[120]과 「추강만박도」秋江晚泊圖 : 간송
미술관 소장가 전한다고 한다.

김창흡은 집안 형제들이 모두 '한묵유희', 즉 그림 그리는 일을 중하게 여겼다
고 했다. 이른바 6창으로 불리는 형제들에게 회화를 중요하게 생각하도록 만든
것은 김상용과 상헌 형제 이래 형성된 장동김문의 문예전통과 문예의식이었다.
때문에 소년기에는 의당 화필을 손에 쥐고 말을 그리는 일이 기본이었던 것이다.
그런데 커가면서 각기 소질이 달라 솜씨가 있는 김창업만 제대로 된 그림을 그릴
수 있었다는 이야기이다. 6창의 예술성향이나 창작특성에 대해서는 이미 많은
연구 성과가 축적되어 있고 담론을 시작하면 너무 장황해질 것 같아 이 글에서는

---

119) 『三淵集』拾遺 卷2, 「詠舍弟松竹兩畫」: "我家鴈行重繪事, 少畵鞍馬長則棄, 大有獨苦心, 早奪
畫工意."

120) 金昌業이 그린 黃江影堂本 「宋時烈像」(77세 像)에는 權尙夏와 金昌協의 贊文이 적혀 있다.

줄이기로 한다.

다만 6창이 선대의 문예취향에 더하여 보다 강한 은거취향을 보인다는 점을 지적해 두고자 한다. 이들의 은거취향은 물론 1689년 기사환국으로 남인이 재집권한 뒤에 강화된 것이다. 환국은 동전의 양면처럼 반드시 옥사를 불러들이게 마련이었다. 과거 1680년 이른바 경신대출척에서 옥사를 다스리는 위관으로 있으면서 남인재상 오시수吳始壽, 1632~1681, 호 水邨를 처형하는 등 남인을 지나치게 숙청한 것에 대한 반감이 빌미가 되어, 8년 동안 영상의 자리에 있던 김수항이 보복성 숙청의 대상이 되고 말았다. 김수항은 당시 장령으로 있던 김방걸金邦杰, 1623~1695, 호 芝村, 영남 안동 출신 등의 탄핵을 받고 진도 유배에 처해졌다가 계속되는 남인 대신들의 요청에 의해 사사되었거니와 그때 죽음을 앞두고 김수항은 장동김문의 자제들에게 경계하는 말을 남겼다.

1694년 갑술환국 후 김수항이 신원되자 6창에게도 재기의 기회가 찾아왔다. 그러나 그들은 현실정치에 참여하기를 극구 꺼렸다. 호조참의·예조참판·홍문관제학·이조참판·대제학·예조판서·세자우부빈객·지돈영부사 등 현달하고 청요한 관직顯要職에 잇달아 임명되었지만 김창협은 출사를 사양하고 조용히 은거하며 강학에 힘썼다. 벼슬이 내려올 때마다 사직소를 올렸는데 번번이 부친 김수항의 유계遺戒를 들먹이며 출사할 수 없다는 변을 늘어놓았다. 그 중에 한 대목을 옮겨 본다.

신의 돌아가신 아버지가 임종할 때에 유훈遺訓을 한 장 손수 써서 신의 형제에게 주었는데 그 내용 중에 "나는 평소 재주와 덕이 없어 한갓 선대의 음덕에만 의지하여 나라의 은혜를 후하게 분수에 넘게 높은 자리를 차지함으로써 재앙을 자초하였다. 오늘의 일은 모두 높은 지위에 올라도 그칠 줄 모르다가 물러나려 해도 물러날 수 없어 이 지경에 이른 것이니, 이제 후회한들 무슨 소용이 있겠느냐. 내 자손들은 나를 본보기로 삼아 항상 겸손한 뜻을 품어 집에서는 공손하고 검소하게 생활하고 벼슬할 때는 현요직을 피함으로써 몸을 편안히 하고 집안을 보존하는 터전으로 삼는 것이 좋을 것이다."라는 말이 있었습니다. 신의 형제들은 눈물을 흘리며 이 유훈을 받아 고이 간직하여 감히 잊어버리지 않았습니다.[121]

부친이 남긴 가르침을 실천하기 위해 모색된 김창협 형제의 은거취향은 자연친화로 연결되어 산수유람을 촉진시켰다. 뒤에서 엿보게 될 산수미의 발견과 표현을 관건으로 하는 '기유문예' 역시 이 은거취향의 산물이라 할 수 있다.

들리는 바에 의하면, 장동김문의 초기 100년 역사를 빛낸 인물로 3상尙 2광光 5수壽 6창昌을 든다고 한다. 3상은 김상용·상준·상헌, 2광은 김광욱·광현, 5수는 김수홍·수증·수홍·수항·수익, 6창은 김수항의 아들 창집·창협·창흡·창업·창즙·창립이다. 이 글에서 위 16인 중 몇 명만 논급하지 않았을 뿐 대부분 논의의 범위에서 빗겨나 있지 않음을 알 수 있다. 이 초기 100년을 가리켜 우리는 장동김문의 문예전통이 성립되는 기간이라 부르고 싶은 것이다.

김수증의 문예취향은 조부대인 김상용·상헌 시절에 형성된 문예전통과 문예의식으로부터 영향을 받아 형성된 것이다. 문예전통은 한묵翰墨과 시서詩書, 즉 서법, 회화, 시문 창작을 가문의 교양으로 익히는 것을 말하며 문예의식은 서법과 회화와 시문 창작이 모두 소통 가능한 예술이라는 인식에 바탕하여 속되지 않은 선비가 되기 위해 부단히 추구되어야 한다는 의식이다.

이러한 전통과 의식은 후대 장동김문 구성원 사이에서 공유되고 실천되었다. 그 과정에서 김수증은 곡운체라는 독특한 팔분서체를 완성하여 후대에 전했고 그것이 노론계의 서체로 굳어지는 결과를 가져오게 했다. 뿐만 아니라 세밀하고 핍진한 기문창작을 통해 후기 실경문화에 큰 영향을 끼쳤다. 김수증은 아들 창숙과 손자 오일을 통해 자신의 문예가 전승되기를 바랐으나 모두 허사로 돌아갔나. 그들이 자기보다 먼저 세상을 등졌기 때문이다. 그 결과 김수증의 문예는 조카인 창협과 창흡에게로 계승되었다. 특히 창흡은 자신의 아들 치겸致謙을 김수증의 후사로 입적시킴으로써 김수증의 의발을 전수받는 결과를 가져왔다.

---

121)『農巖集』卷8,「辭副提學三疏」: "蓋臣亡父, 於臨命之日, 手書遺戒一紙, 以授臣兄弟, 其言有曰, 余素無才德, 徒以憑藉先蔭, 厚蒙國恩, 竊位踰分, 自速釁孽, 今日之事, 無非履盛不止, 求退不得, 以至於此, 雖悔曷及. 凡我子孫, 宜以我爲戒, 常存謙退之志, 居家則力行恭儉, 仕宦則避遠顯要, 以爲褪身保家之地, 至佳. 臣之兄弟, 泣受而藏之, 不敢忘失焉."

화음동 유적

김수증의 곡운은거와 농연그룹의 기유문예

― 북한강 줄기 따라 백악에서 곡운, 곡운에서 설악·금강으로

이종호(안동대학교 한문학과 교수)

1. 김수증의 유람의식, 그 열림과 닫힘의 이중주

2. 김수증의 곡운은거가 남긴 산수문화사적 의미

3. 조선 후기 동유열기와 기유문예의 성립과정

4. 농연그룹의 형성요인과 문예정신

5. 농연그룹의 산수관

6. 농연그룹의 진경시학

7. 《해악전신첩》과 기유문예의 새로운 전개

8. 기유문예의 의의

김수증의 곡운은거와
농연그룹의 기유문예
— 북한강 줄기 따라 백악에서 곡운, 곡운에서 설악·금강으로

이 글의 주제는 김수증의 산수유람과 곡운은거가 어떠한 문화사적의 의의를 가지고 있으며 그 계승자들의 산수미학에 대한 견해가 어떠한지 알아보는 일이다. 김수증은 산수유람을 위해 태어났다고 말해도 지나치지 않을 만큼 치유할 수 없는 연하벽烟霞癖의 소유자였다. 그의 문예 역시 산수유람을 생략하고는 그 성립이 어렵다. 이 글에서는 김수증의 산수유람을 곡운구곡과 화음동 경영을 중심으로 살피고 그 과정에서 생성된 '기유문예紀遊文藝'가 후대에 어떻게 계승 발전되었는지를 따져본다. 다만 계승과 발전의 맥락을 산수미학적 측면에서 개략적으로 고찰하는 데 그치고 김수증이나 그 계승자들이 창작한 유기산문이나 누정기문에 대해서는 일일이 분석하지 않는다.

1. 김수증의 유람의식, 그 열림과 닫힘의 이중주

17세기는 왜와 만주족의 침략에 의해 국토산하가 유린되고 수많은 문화유산이 파괴되거나 일실되는 민족의 수난기였다. 그러한 와중에 일부 민중은 고향을 등지고 조선, 중국, 일본이라는 삼국의 지리적 공간 속에서 적의 포로가 되어 적진에 억류되거나 이역으로 표류하는 비극적 상황을 맞기도 했다. 오늘날 우리는

장대한 전기체의 서사물을 통해 민족사의 기구한 운명으로 인해 빚어진 이산의 고통과 향수로 시름하는 수많은 민중형상을 만날 수 있다. 그 중 조위한趙緯韓, 1567~1649의 「최척전崔陟傳」과 홍세태洪世泰, 1653~1725의 「김영철전金英哲傳」은 감동적인 구성으로 독자를 사로잡는다.[1] 이 두 전기물은 대체로 사실에 기초해 있으면서도 소설적 구성을 가미한 일종의 팩션faction이다. 물론 가공과 허구의 정도에 따라 실록이 될 수도 있고 소설이 될 수도 있겠는데, 김수증의 시대는 그러한 문예물의 출현이 요구되던 때였다.

이 글에서는 『곡운집』에 수록된 「법성전法性傳」과 「김승경사실金勝京事實」의 감상을 통해 김수증 유람의식의 일단을 살피고자 한다. 나중에 알게 되겠지만, 여기서 말하는 유람의식은 산수유람에 한정한 표현이 아니다. 주어진 조건이 김수증에게 산수유람을 고집하도록 만들었을 뿐, 그의 유람을 향한 욕망은 산수유람에 그치는 것이 아니었다. 따라서 이 글은 김수증이 생각한 원유遠遊의 외연을 이해하는 데 일정한 도움을 줄 수 있을 것이다.

중국 연행이나 일본으로 해유를 한 경험이 전혀 없는 김수증이다. 오히려 김수증의 은거는 그러한 열려진 유람의 공간과는 동떨어져 있어 보인다. 그래서 유람이라고 하는 형식을 꼭 놀이의 차원에서만 논할 수 없는 까닭이 있다. 장거리 여행은 놀이가 아니라 모험일 수 있다는 생각에서다. 이처럼 유람은 음양의 양면을 지닌다. 김수증은 열린 원유를 욕망하면서 닫힌 은거의 공간을 애써 사랑했다. 그리고 그 닫힌 공간 속에서 일종의 역동을 만들어 내었다. 그것이 은거지 주변을 유람하는 일이었다. 고요한 산속 암자에 흙덩이처럼 앉아 있는 인간의 모습은 너무도 고독하고 쓸쓸하다. 고독 반대편에 시끄러움과 번거로움이 있다. 김수증은 고독도 견딜 수 없다고 괴로워하면서 다시 또 예의 그 도성의 시끄러움도 견딜 수 없다고 한다. 유람은 그래서 고독과 소란을 녹여 내는 보약과 같은 장치이다. 다음에 읽게 될 법성이나 김승경 이야기도 모두 김수증의 유람을 애호하는

---

1) 민영대, 『조위한과 최척전』, 아세아문화사, 1993; 박희병, 「17세기 동아시아의 전란과 민중의 삶: 김영철의 분석」, 김학성 외, 『한국근대문학사의 쟁점』, 창작과비평사, 1990.

정신이 빚어낸 서사물들이다. 유람의 과정에서 듣고 본 이야기이기 때문이다.

「법성전」이나 「김승경사실」 역시 모두 일대기적 전기小說의 형식을 취하고 있다. 김수증이 당대에 이야기의 당사자 혹은 주변에서 견문한 바를 기록한 것이어서 시기적으로는 병자호란기의 역사적 체험을 담고 있다. 이런 측면에서 보면 최척이나 김영철과는 1세대 정도 뒤의 이야기라고 보면 된다. 같은 시기의 인물을 그린 것으로는 최성대崔成大의 「이화암노승행梨花庵老僧行」이라는 장편고시가 있다. 이를 훗날 정범조丁範祖가 「이화암노승전」으로 각색한 바 있다. 내용인즉, 한 지방의 아전이 호란에 포로가 되어 적지로 끌려갔다가 속받치고 봉림대군을 따라 귀국한다. 다시 본래 적을 두었던 지방의 아전으로 복귀하여 조운하는 임무를 맡았으나 관곡을 멋대로 유용한 죄를 저지르고 만다. 범법을 한 도망자의 행색을 숨기기 위해 마침내 중으로 변신한 뒤 전국의 명산대찰을 떠돌아다가 노년에 이르러 이화암에서 죽음을 준비한다는 이야기이다.[2]

승려 법성의 이야기인 「법성전法性傳」은[3] 이화암 노승의 그것과 다르다. 법성은 육로에 묶이지 않고 드넓은 해로를 통한 여행도 즐긴다. 그러나 해로는 육로보다 위험하다. 호란의 참상이 개입하지 않았기에 승려의 본색을 잃지 않고 해로에서 거듭 해적을 만나는 위기를 슬기롭게 헤쳐나간 인물로 그려진다.

법성法性은 성주 사람으로 1616년光海 8에 출생하여 17살에 가야산 해인사에서 출가하여 지리산 쌍계사를 중심으로 원근의 산천과 대소 사찰을 두루 왕래한다. 1650년 4월엔 일로 통영으로 갔다가 상선을 따라 강진의 손대도에 이르고 순풍을 타고 태도를 지나 제주도로 가서 한라산에 올랐다가 다시 통영을 거쳐 쌍계사로 돌아온다. 1654년 봄 경주에 있는 천태산에 가서 옥석을 깎아서 조각하여 십육나한十六羅漢을 만들었다. 장차 배로 강을 이용해서 일단 바다로 나갔다 남해를 돌아서 섬진강을 경유하여 쌍계사로 운반해 올 생각이었다. 그런데 5월에 부산으로 가다가 갑자기 남풍을 만나 표류하기 시작한다. 울릉도를 지나 동해로 나가

---

2) 이종호, 「시의 존재와 역사의 진실을 찾아서: 두기 최성대의 시 의식과 이화암노승행」, 『조선의 문인이 걸어온 길』, 한길사, 2004.

3) 『谷雲集』 卷6, 「法性傳」을 참조. 내용 소개는 일일이 주석을 달지 않는다.

고 다시 북해로 흘러든다. 흑룡해 목미도에 닿아서는 호인의 배 두 척을 만났는데, 호인 10여 명이 활과 칼을 지니고서 살해하려 위협하여 간신히 목숨을 구걸하여 죽음을 면한다. 또 가리도에 도착해서는 국적 모를 사람이 3인씩 탄 배 두 척을 만났는데 긴 몽둥이와 큰 도끼를 지니고 침략하고자 하기에 쌀 한 섬을 주고 위기를 모면한다. 혈도에 이르렀을 땐 키가 배나 되어 보이는 3인이 탄 배가 보였다. 그들은 삽살개 모양으로 온몸에 검은 털이 숭숭 나있었는데 옷을 입지 않고 음부만 새끼줄로 잡아 맨 채 흉악한 얼굴을 하고서, 철퇴와 같은 무기를 들고 살해할 기색을 보였다. 법성 일행이 불상을 내보이며 살려 달라 하니 그들은 시끄럽게 떠들면서 자기들 배를 손가락으로 가리켰다. 먹을 것을 달라는 시늉이었다. 쌀 두 섬을 던져 주고 위기를 모면한 일행은 그 섬에서 3일간 머무르며 땔나무와 물을 장만하고 다시 배를 띠운다. 여위도에 도착하여 15일 머물다 또 북풍을 만나자 항해를 거듭해 일본의 달리해 봉대 아래에 이른다.

그곳은 포를 쏘는 소리가 들리는 것으로 보아 일본 해군진지였다. 진지 쪽으로 접근하니 왜선 36척이 급히 와서 법성의 배를 둘러싸면서 무슨 배인가 물었다. 법성이 고려 중이 불상을 조성해서 배에 싣고 가다가 풍랑을 만나 표류해서 이곳에 왔노라고 답하자, 왜인들은 그곳에 배를 정박토록 하고 관리를 보내어 표류한 인원이며 정황을 모두 조사해 갔다. 법성 일행은 한동안 배에서 숙식을 해결할 수밖에 없었다. 나중에 일행은 왜인들이 준 의복을 차려입고 역관의 호위를 받으며 중원을 거쳐 왜의 서울로 들어간다. 왜궁에서 배례을 하고 나니 오게 된 사유를 묻고 권선문을 가져다 보고는 먹을거리를 내려 주었다. 또한 불사에 필요한 여러 물품을 선물로 주었다. 법성 일행이 왜경을 떠나 다시 정박한 곳으로 와보니 저들이 벌써 절 세 칸을 바다 위에 짓고서 불상을 봉안하고 왜승이 매일 와서 예불하고 또 마을 사람들도 끊이지 않고 와서 지역산물로 시주를 하고 있었다. 법성이 바로 배를 돌리려 하니 풍세가 불리하고 또 왜인들이 만류하여 24개월 동안 머물러 있다가 왜의 상선과 함께 출발하여 3개월 만에 부산에 이르게 된다. 그때가 1656년 8월이었다.

동래부사가 법성을 불러서 표류하여 돌아다닌 전후의 사실을 물었다. 동래부

사에게 보고를 마친 다음 법성은 본디 예정대로 남해를 돌아 섬진강을 거쳐 쌍계
사로 돌아와 법당에다 불상을 봉안한다. 그리고 대대적으로 공양을 베풀고 왜국
에서 얻은 물건들을 팔아서 그 비용으로 쓴다. 배에 모두 26인이 타고 3년 동안
다니다가 돌아와 보니 죽은 이가 한 사람도 없었다. 배가 워낙 튼튼하고 게다가
통신사행을 따라 일본을 자주 왕래하여 바닷길에 익숙한 뱃사공이 큰 힘이 되어
준 탓이었다.

　법성은 1660년 봄부터 쌍계사에서 나와 다시 유람길에 나선다. 그러다 1665년
동짓달 김수증이 일이 있어 희령산 심적암에 갔는데 암자에 객승이 보였다. 위인
이 자못 순진하여 알아보니 법성이었다. 김수증은 그에게 이와 같은 이야기를 듣
고 나서 "우리나라 산천과 사찰에 족적이 거의 다 미쳤고 해외로 표류하여 섬나
라 오랑캐의 특이한 풍속을 두루 보았으니, 장하다고 이를 만하도다."[4]라고 했
다. 사실 법성은 "평생 두루 유람했는데 산수로는 풍악금강산, 사찰로는 향산묘향산
이 가장 훌륭하다. 다만 속리·태백·소백산은 아직 미처 가보지 못했다. 봄이
되면 한번 이런 곳을 찾아보고 옛 절로 돌아올 것이다."[5]라고 말했을 정도로 여
행광이었다. 비록 관에서 채삼군의 월경을 막기 위해 모든 왕래를 금하는 바람에
백두산행은 이루어지지 못했지만 그야말로 한라에서 백두까지 그의 발자취가
닿지 않은 곳이 없을 정도였다.

　이처럼 주인공 법성은 풍랑으로 호인들이 사는 청나라와 왜인들의 일본 해역을
두루 다니며 모험을 통해 견문을 넓히고 기이한 풍속을 접하고 본래의 자리로 돌
아와 산수편력을 이어갔다. 김수증은 법성의 이러한 호방한 유람편력을 듣고 자
기도 몰래 상쾌하게 흥이 났다. 그래서 그의 이야기를 기록하여 훗날 심심풀이의
자료로 삼고자 했다. 법성의 체험이 기록할 만한 가치가 있다고 생각한 것이다.
그러나 해역의 기괴한 모습과 불가의 굉활한 이야기 그리고 승방에서 오고간 자
잘한 이야기들은 유가의 입장에서 볼 때 상식적으로 용납할 수 없기에 모두 생략

---

4) 앞의 글: "東國山川寺觀, 足迹殆遍, 漂到海外, 島夷殊俗, 其所歷覽, 可謂壯矣."

5) 앞의 글: "平生所歷覽, 山水則楓嶽, 寺觀則香山最勝, 只俗離·太白·小白, 猶未及到, 開春將尋此
　　等處, 而還舊寺云."

하는 태도를 취했다.[6] 만일 법성이 들려준 이야기를 덜어냄 없이 모두 기록했다면 그야말로 방대한 서사물이 탄생했을 법하다. 그럼에도 불구하고 대강만 남겨 둔다고 했지만 법성이 주석한 절이나 산 그리고 섬, 사람과 배의 수효는 하나도 빠뜨리지 않고 지리지에서 역말을 표시하듯이 지루할 정도로 자세히 기록했다.

대강 「법성전」의 저술의도를 짐작할 수 있는데, 필자가 보기에는 김수증의 숨은 의도가 역시 산수유람과 시문창작의 상호 연관성을 부각시키려는 데 있지 않았을까 한다. 김수증은 일찍이 김시습의 『관서록關西錄』을 본 적이 있었다. 『관서록』 발문에서 김시습은 "평소에 산수를 방랑하고자 했는데 어느 날 문득 깨달았노라. 옷에 검은 물을 들여 입고승복을 입고 산 사람이 된다면 속세를 벗어나 자유롭게 지낼 수 있겠구나." 하고 말했다. 김수증은 김시습이 방외에서 노닌 경험을 바탕으로 평소 자신의 정지情志와 정신을 시문으로 표출했을 것이라고 믿었다. 따라서 그로서는 사령운이나 맹교 식으로 나막신을 끌고서 깊은 산을 오르거나 금을 던지고 공무를 그만두는 방식은 취할 것이 못되었다. 오히려 사마천이나 허연許掾: 許詢이[7] 장쾌하게 유람하며 자신의 정감을 멋지게 하는 것이야말로 군자가 도를 즐기는 또 다른 방식으로 볼 수 있다고 했다.[8]

끝에서 김수증은 이렇게 자신의 속마음 시원하게 드러낸다.

아! 사람으로 세상에 살면서 속된 선비나 평범한 무리들이 티끌 세상에 국한되어 다만 우물 속 개구리처럼 살아가는 것을 진실로 괴이하게 여길 필요가 없다. 승려들이 구름처럼 돌아다니지만 법성처럼 멀리 떠나가 노닐 수 있던 무리가 있었다는 말

---

6) 앞의 글: "余今抽身簿領, 重訪名山, 邂逅性師, 得聞敍其遊, 不覺爽然起興, 余故記其說, 爲他日破閑之資. 至若海域奇詭之觀, 佛家宏闊之談, 涉於不經者, 山林僧舍之瑣瑣無聞者, 俱不盡載, 只存其大都云."

7) 허균의 『閑情錄』 卷5, 「遊興」에 보면 "허연이 경치 좋은 곳 유람하기를 좋아했는데, 그의 체구가 등산하기에 편리하게 되어 있었다. 그래서 당시 사람들이 말하기를 '허연은 좋은 경치를 즐기려는 마음만 있을 뿐 아니라 좋은 경치를 찾아다니기에 알맞은 도구(몸)를 지니고 있다.' 고 했다." 라는 『세설신어』 이야기를 인용해 놓고 있다.

8) 앞의 글: "余嘗觀梅月堂關西錄, 有云, 欲放山水, 忽悟染緇爲山人, 泛泛物外. 梅月心事, 雖不止此, 而其平日宣寄情志, 發舒精神, 亦不可謂不資遊方之外也. 然則如靈運·孟郊之理屐登山, 投金廢務, 雖不足取, 子長·許掾之壯遊勝情, 亦君子之所樂道也."

은 아직 듣지 못했다. 이제 법성은 그 사람으로 보면 승려이고 지내며 머무르는 곳은 절간이며 듣고 보는 것은 부처의 과장되고 허탄한 일들로 일컬을 만한 것이 없다. 그러나 하나의 지팡이를 가지고서 모든 인연을 덜어 버리고 자유롭게 아름답고 사랑하는 산수에서 노닐면서 뜻에 따라 마음을 즐겁게 하여 그 몸을 마쳤다. 그 세상에서 이욕에 빠져 지내면서 조정과 저자를 그리워하며 바쁘게 움직이다가 명성의 고삐에 구속되어도 스스로 잘났다 여기고 형법을 저촉해도 후회하지 않는 자와 비교한다면 과연 어떠하겠는가![9]

우물 안 개구리 식의 속 좁은 속사俗士와 범류凡流가 되기를 거부하는 몸부림이 느껴진다. 별안간 김시습의 탈속과 방달한 기상이 오버랩되는 기분이다. 법성의 이야기는 이 정도로 그치고 이제 김승경 이야기로 들어가 본다.

강원도 회양부 금성현金城縣 백성이던 김승경은 1625년인조 3에 태어나 병자호란에 금화의 오신산五神山으로 난을 피했다가 정축년1637, 인조 15 1월에 몽고 병사의 포로가 되어 기구한 운명에 처하게 된다. 그는 고향을 떠나 철령을 경유하여 두만강을 건너 여진, 장성을 거쳐 몽고로 끌려간다. 고생 끝에 5월 단오를 지나 몽고에 도착했으니 무려 100여 일의 여정을 지나온 것이었다.

도착 후 몽고의 소추小酋에게 소속된다. 그는 소추가 포로로 끌려온 16세의 해서지방 여인과 짝을 맺어 주어 2남 1녀를 낳고 30필의 말, 30두의 소, 수백 마리의 양, 4두의 낙타 등을 기르며 단란하게 살아갔다. 그러나 나중에 딸과 처는 먼저 세상을 떠나고 만다. 그는 일찍이 소추를 따라 몽고의 서울에서 서북으로 가면 2개월 정도 걸리는 대원달자 부락으로 출정했다가 저들이 쏜 화살에 맞아 부상을 입기도 한다. 여러 해 지내면서 김승경은 몽고의 정세에 대해서 꿰뚫어 알고 있었던 듯하다. 당시 몽고의 왕이 청나라 칸에게 복종을 하는데, 그 이유는 청나라 칸의 누이가 그 왕의 며느리가 되어 있기 때문이라는 것이다. 그래서 몽고

---

9) 앞의 글: "噫. 人生於世, 俗士凡流, 局於埃壒, 只守井觀者, 固不足怪. 緇徒雲蹤, 其能遐擧遠遊如性之流, 蓋未之聞. 今性也, 其人則髡徒也, 棲止則梵宇也, 所聞見則釋氏誇誕之事也, 無可稱者. 然能以一杖錫撥棄萬緣, 浮遊於佳山好水, 隨意適情, 以終其身, 其視世之沈湸於利欲, 眷戀於朝市, 皇皇營營, 係名繮而自賢, 觸刑辟而不悔者, 果何如哉."

가 청의 심양을 공략하고 싶어도 그 며느리 때문에 과감하게 하지 못하지만 조만간에 반드시 침략전쟁이 일어날 것으로 예측했다. 그럴 경우 내부적으로 몽고는 조선이 지원하러 오는 근심을 없앨 요량으로 먼저 심양을 공격하고 나서 북경을 공격하는 전쟁 시나리오를 설정하고 있다고 말하기도 했다.

그러던 어느 날 김승경은 고향으로 돌아가 죽어야겠다는 간절한 생각으로 몽고를 탈출하기로 결심한다. 1663년^{현종 4} 10월 수렵을 핑계로 도망하여 말을 타고 활과 화살을 끼고서 동으로 향하여 한 달을 달리자 말이 움직이지 않아 말을 버리고 걸어서 12월이 되어서야 심양에 도착한다. 그곳에서 포로로 잡혀와 2년 동안 머물러 있는 안주의 아전 출신 집에서 한겨울을 나게 된다. 이듬해인 1664년 3월 안주 아전 출신 조선인으로부터 말 한 마리를 얻어 몽고에 포로로 잡혀왔다가 한인 집으로 먼저 도피해 있던 양덕 사람, 여주 사람을 불러 함께 귀국길에 오른다. 마침내 김승경은 1664년 8월 고향에 도착한다.

어려서 고향을 떠난 지 20년이 흘렀으니 고향의 물과 언덕에 대한 기억이 가물가물하였다. 그의 어머니는 이미 몇 년 전에 세상을 떠났지만 아버지는 아직 살아있었고 형제들도 무고하였다. 처음엔 서로 알아보지 못했으나 차츰 그의 전후사정을 듣고 나서는 서로 붙잡고 통곡을 했다.

사실의 기록에 치중했기에 글쓴이의 아무런 코멘트 없이 싱겁게 이야기가 끝나고 만다. 이렇게 김수증은 무언가 체험하고 그 체험을 기록하는 시대를 살아갔다. 그 체험의 성격이 김승경의 경우는 매우 이색적이다. 평범한 유람이나 여행의 체험이 아니었다. 타인에 의해 강요된 고난의 포로생활이었다. 이야기 속에서 보이는 조선반도를 이탈한 기나긴 여정과 광대한 스케일, 그것은 1625년 생으로 김수증과 거의 같은 때에 태어나 전혀 다른 이국체험을 한 김승경을 향한 모종의 연민과 애상을 표시하는 서사이기도 하지만 산수유람에 병이 깊었던 김수증의 입장에서 보면 일말의 애틋한 동경의 염을 불러일으키기에 충분하다.¹⁰⁾

김수증의 현실로 돌아와 본다. 앞서의 이야기들이 모두 열린 공간을 지향하고

---

10) 『谷雲集』 卷6, 「金勝京事實」을 참조.

싶은 유람의식의 편린들이었다면, 곡운과 화음동 은거는 그 반대의 닫힌 공간을 지향하는 또 하나의 상대적 몸짓이다. 그 몸짓의 속내를 한시 작품을[11] 몇 대목 제시하여 알아보기로 한다.

먼저 곡운을 노래한 김수증의 목소리를 들어 보자.

> 이 몸은 한가한 구름과 같아
> 이 화악산 골짜기에 맡기었거늘
> 말렸다 펴졌다 하는 것은 또한 무슨 마음일까.
> 예부터 나만 그런 것이 아니거늘.　　　　　　　〈곡운谷雲〉[12]

> 산 늙은이가 할 일이 없어
> 낚시 드리우니 구름 어린 시냇물 찬데
> 이러한 사이에 절로 흥취 있으니
> 나물 반찬도 싫어하지 않는다네.　　　　　　　〈조운기釣雲磯〉[13]

> 아침의 구름 저녁의 안개
> 지척도 보이지 않는 그윽한 골짜기
> 이리저리 흩어졌다가는 훤해지기도 하니
> 뭇 봉우리들 칠한 듯 푸르게 늘어섰네.　　　　〈탕운곡盪雲谷〉[14]

---

11) 김수증의 한시는 1653년부터 1701년까지 곡운은거 이후의 시가 대부분이며 그 가운데서 4수 이상 연작시가 주종을 이룬다. 4수 이상 연작시를 예로 들면, 「成都述懷」 23수, 「谷雲秋懷」 8수, 「谷雲雜詠」 8수, 「精舍初成……」 10수, 「去年種粟……」 4수, 「在洞陰集句漫成」 4수, 「石室盆梅……」 8수, 「臘月初七日……」 110수, 「閏三月初八日……」 98수, 「七月晦日還華陰」 40수, 「八月十八日……」 25수, 「十月望日又移栗北」 40수, 「入城」 18수, 「山居記事述懷」 15수, 「和三洲家姪還山之作」 10수, 「華陰索居書懷示兒輩」 31수 등이 있다.

12) 『谷雲集』卷1, 「谷雲諸詠次晦翁雲谷韻」: "是身如閑雲, 託此華山谷, 卷舒亦何心, 自昔非余獨(右谷雲)."

13) 앞의 시: "山翁日無事, 垂釣雲溪寒, 此間自有趣, 非關嫌菜盤(右釣雲磯)."

14) 앞의 시: "朝雲與夕嵐, 咫尺迷幽谷, 散漫更廓如, 群峯橫黛綠(右盪雲谷)."

한가로움 탐하여 세상 분잡 사양하고

골짝으로 들어와 깊은 나무그늘에 앉았으니

누가 구름을 즐기는 사람을 알까만

마음을 알아주는 것은 산속의 달이라.　　　　　　〈열운대悅雲臺〉[15]

소나무 그늘 우거진 봉우리

구름과 안개로 골짜기 보이지 않나니

백 년 전의 그 마음 우러러 보며

바람에 술잔 받들어 제사 올리고 싶구나.　　　　〈청은대淸隱臺〉[16]

와룡이란 아름다운 이름이 맘에 들고

중이 된 김시습의 옛 자취가 깊어라

「동봉육가」엔 참으로 감동이 있으니

만가(양보음)[17]를 다시 길게 읊조리네.　　　　　〈융의당隆義堂〉[18]

마음은 외물에 침탈됨이 없고

몸은 소나무 구름 속에 있거늘

북창의 바람에 취해서 일까

잠시 남곽의 궤안에[19] 기대어 보네.　　　　　　〈와운암臥雲菴〉[20]

푸른 구름 속에 한가로운 삽살개

하릴없이 문 앞길에서 짖어대는데

---

15) 앞의 시: "耽閑辭世紛, 入谷坐深樾, 誰識悅雲人, 知心有山月(右悅雲臺)."

16) 앞의 시: "松檜蔭荒臺, 雲煙迷洞府, 仰止百年心, 臨風懷椒醑(右淸隱臺)."

17) 梁甫吟: 사람이 죽어서 梁甫山에 장사 지낼 때에 부르는 挽歌인데, 諸葛亮이 지었다고 한다.

18) 앞의 김수증의 시: "臥龍佳名愜, 逃緇舊跡深, 六歌眞有感, 梁甫更長吟(右隆義堂)."

19) 南郭의 几案은 은자의 案席을 말한다. 『莊子・齊物論』에서 "남곽자기(南郭子綦)가 안석에 기
대 앉아서 멍하니 마치 자신조차도 잊어버린 것처럼 하늘을 우러러 한숨을 짓고 있다(南郭子
綦, 隱几而坐, 仰天而噓, 荅焉似喪其耦)."라고 했다.

20) 앞의 시: "心無外物侵, 身在松雲裡, 陶然北窓風, 聊憑南郭几(右臥雲菴)."

마을에는 사람 발자취도 드물고

그윽한 시냇가에 봄풀만 파릇파릇.　　　　　　　　　〈폐운촌吠雲村〉[21]

　곡운·조운기·탕운곡·열운대·청은대·융의당·와운암·폐운촌, 모두 여덟 군데의 경관을 읊었다. 각 경관을 풀어서 이해할 수도 있겠지만, 시의 소제목이니 만큼 그대로 두어도 무방할 듯싶다. 구름과 안개 바람, 물과 소나무가 주인이고 인간이 객으로 설정되어 있다. 자연은 그대로이지만 그 속으로 들어간 것이 인간이니 주인행세를 할 수 없는 노릇이다. 그런데 흥미로운 것은 소나무를 제외하고 모두 유동적이다. 구름과 안개와 바람은 일어났다 사라지고 물은 위에서 아래로 흘러가서 다시 돌아올 줄 모른다. 그 사이에 인간이 있다. 그 역시 나그네이니 언제든지 자리를 떠야 한다. 목초지를 찾아 이동하는 유목민처럼 객은 흥취를 돋우는 경관이 있는 곳을 찾아 자리를 이리저리 옮겨 다닌다.

　작품에서 김수증은 제갈량과 김시습을 역사 속에서 불러내 또 다른 객의 자리에 앉힌다. 그리고 서로 마주보고 대화하고 싶어 한다. 마지막 등장하는 생명체는 삽살개다. 언제가 김수증은 이 삽살개를 푸른 구름 속에서 살아간다고 하여 ‘벽운방’ 이라 명명한 바 있거니와 외로운 나그네의 유일한 동반자다. 전반적인 시적 정조는 한적함에서 오는 쓸쓸함이다. 그러나 그 쓸쓸함은 전혀 무기력하지 않다. 무언가 분명한 지향을 깔고 있기 때문이다. 작자의 의지가 선명하게 읽히는 구절은 ‘융의당’ 을 노래한 세 번째 구절이다. 동봉육가에서 참다운 감동이 있다고 했으니, 그 감동의 내용이 무엇인지 궁금하다.

　“객이 있다 객이 있다 동봉이라 부른단다有客有客號東峯.”로 시작되는 김시습金時習의 「동봉육가東峯六歌」는 『속동문선續東文選』 권10에 실려 있거니와 한문학사적으로도 매우 중요한 작품이다. 이른바 조선의 육가계열 한시로서 이별의 「장육당육가」보다 이른 시기의 작품으로 볼 수 있기 때문이다. 「동봉육가」는 만년에 자신의 생애를 회고하며 지은 시인데, 이상의 좌절에서 오는 방랑과 울울답답한 심회

---

21) 앞의 시: “閑尨碧雲中, 空吠門前道, 村墟人跡稀, 幽澗生春草(右吠雲村).”

를 격정적으로 토로하고 있다. 특히 넷째 곡 "나에게 공자를 배우라 하였었소. 경술을 지니고서 당우 시대 만들라더니, 어찌 선비 이름이 도리어 그릇되어, 십년 동안 관산 길에 분주할 줄 알았겠소使我早學文宣王, 冀將經術回虞唐, 烏知儒名反相誤, 十年奔走關山路", 그리고 여섯째 곡에서 "정말로 슬퍼라, 이 뜻을 펴지 못하고, 획하고 길이 휘파람 부니 곁에 사람 없는 듯이, 아, 여섯째 곡을 노래하니 그 노래 슬프구나. 장한 뜻 꺾이고 부질없이 수염만 쓰다듬네慷慨絕兮不得伸, 劃然長

그림 1 〈김시습 상〉 충청남도 부여군 무량사
無量寺 소장.

嘯傍無人, 嗚呼六歌兮歌以吁, 壯志蕩落兮空撚鬚."와 같은 대목은 정감의 분출이 지나치게 격정적이어서 읽는 이의 마음을 뭉클하게 만든다. 김수증도 그러한 격정으로 마음의 물결이 거세게 일렁거렸을 것이다. 김시습의 좌절을 객으로 와 있는 나의 그것으로 전이시키면 감동을 넘어 비탄에 잠기게 마련이다. 장한 뜻을 꺾고 수염만 어루만지고 있는 김시습을 생각하는 김수증의 비장한 모습이 절로 떠오른다.

　이제 살핀 곡운 시편들은 전원을 노래했다고 보는 편이 좋겠다. 전원은 생명활동의 공간이다. 그에 반해 산수는 심미활동을 강하게 사극하는 난어이다. 보다 동적인 메커니즘을 수반한다고 할 수 있다. 따라서 우리가 전원을 유람한다고 말하지 않는다. 대신 전원에 한거하며 스스로 즐긴다고 말한다. 즉, '거居'하는 것이지 '유遊'하는 대상은 아니다. 대체로 전원은 그러한 속성을 다분히 지니고 있다. 생명활동이란 생산하고 먹고 입고 자고 하는 매우 원시적인 인간 활동이다. 물론 그 속에서도 문화는 만들어진다. 그 문화를 움직이는 키워드는 계절과 계절감이다. 농업생산과 관련한 절기의 변화가 인간 활동을 제약하고 방향 지운다. 그에 비해 산수는 특별한 목적을 설정하지 않는 한 좀처럼 찾아들어가지 않는다. 사대부들에게 산수유람은 그래서 하나의 산수미학으로 수렴될 수 있는 것이다.

구름이 말렸다 펴졌다 하듯이 객도 들어갔다 나왔다 한다. 김수증에게 몸을 돌
려 들어갈 곳은 도성^{북촌}이나 양주의 석실 정도가 있다. 대문중의 종손이니 이런
저런 일로 도성과 석실을 왕래하는 것은 전혀 이상할 게 없다. 「도성에 들어가
며」라는 작품을 통해 나그네의 공간이동이 그의 유람의식과 어떻게 관련되는지
엿보기로 하자.

> 말머리를 어찌 감히 서쪽으로 향할까
> 수심은 바로 종남산과 같은데
> 추운 하늘 저물녘 들 언덕에서는
> 지친 새가 숲을 찾아 둥지에 깃들려 하거늘.[22]

> 변변치 못하게 장안 저자에서 쌀을 구하고
> 힘들게 움직여 성문 밖 산에서 나무를 하고서
> 근심스레 앉았다 우연히 찾아온 손을 만나니
> 시사를 말하지 않으면 바로 벼슬을 구하네.[23]

> 궁벽한 거리에서 고생스레 사는 한 오활한 선비
> 긴 밤에 외롭게 읊조리자니 수염에 얼음이 맺혔어라
> 멀리서 생각해 보니 사수(임형수)는 오래 기억될 선비라
> 기이한 말이 기운을 되솟아나게 하는구나.
> (이하 두 수는 조카 창흡의 두 율시를 화운했다)[24]

> 온통 구름 낀 산에 동은 노인의 발자취
> 아득한 일 생각하고 맑은 이야기 하며 고즈넉한 마을에 누웠노라
> 그저 계획을 잃고 부질없이 머리 돌리니

---

22) 『谷雲集』 卷2, 「入城」: "馬首何堪更向西, 憂端直與終南齊, 寒天暮色郊墟外, 倦鳥投林好定棲."

23) 앞의 시 其2: "區區索米長安市, 役役採薪城外山, 愁坐偶逢相訪客, 不談時事卽求官."

24) 앞의 시 其3: "窮巷酸寒一腐儒, 孤吟永夜結氷鬚, 遙思士遂千秋士, 奇語令人氣欲蘇(以下二首, 和
　　翕姪兩律)."

세모에 화음동에는 눈이 문을 막았겠지.[25]

날다가 지친 새가 저물면 둥지로 돌아오는 것이 자연의 이치다. 작자는 도성 북촌으로 귀환하는 모습을 저녁 새의 움직임으로 대체시켰다. '서쪽'은 곡운에서 볼 때 도성 방향이다. 들어가고 싶지 않지만 들어가야 하는 자신이 안타깝다. 돌아간들 근심이 사라질까. 남산처럼 쌓인 근심을 풀 방도는 어디에도 없거늘 그래도 도성으로 들어가야 한다. 들어가고 나니 우선 생계가 걱정이다. 쌀 팔고 땔나무 장만하는 것이야 노비들의 몫이지만 그들의 고생이 주인인 나의 그것이 되고 만다. '근심'은 생계에서만 나오지 않는다. 이제 주인이라고 북촌에 정좌하고 있자면 진짜 객들이 찾아와 주인행세를 하라고 부추긴다. 주인행세란 정국의 흐름을 시비하거나 벼슬자리를 청탁하는 이야기를 들어주는 것이다. 하기야 도성이 속세의 한복판이니 그럴 만도 할 것이다. 곡운에서 한거하며 밀려오는 쓸쓸함을 걱정했듯이 도성에서는 그 반대의 일들이 걱정을 더해 준다.

뒤의 두 수는 도성에서 안주하기를 거부하고 다시 객이 되어 유람을 떠나자고 충동질하는 심리상태를 표현했다. 괴롭게 늦도록 읊조리다 문득 생각해 낸, 임형수林亨秀, 1504~1547, 호 錦湖가 했다고 하는 '기이한 말'이란 무엇일까. 김시양金時讓, 1581~1643, 호 荷潭의 『축수편逐睡篇』을 보면[26] 다음과 같은 이야기가 전해 온다.

이황이 항상 임형수의 사람됨을 칭찬하여 말하기를, "참으로 재주가 기이한 사람이었는데 죄 없이 죽었으니 정말 원통하나." 하며, 애석히 여겨 마지 아니했다. 임형수는 사람됨이 뜻이 높고 기개가 한 세상을 덮을 만하였으며, 또한 문무의 재주를 지녔었다. 일찍이 이황과 함께 호당에 들어갔는데, 술이 취하면 곧 호탕하게 노래를 부르며 시를 지었다. 황의 자경호를 부르며 말하기를, "자네도 사나이의 장쾌한 취미를 아는가. 나는 안다." 하여서 황이 웃으며, "말해 보라." 하였더니, "산에 눈이 하얗게 쌓일 때, 검은 돈피 갖옷을 입고 흰 깃이 달린 기다란 화

257

김수중의 곡운은거와
농연그룹의 기유문예

25) 앞의 시 其4: "一半雲山峒老跡, 緬懷淸話臥孤村, 居然失計空回首, 歲暮華陰雪擁門."
26) 이긍익의 『연려실기술』 권10, 명종조고사본말, '을사년의 당적'에 수록되어 있다.

살을 허리에 차고, 팔뚝에는 백 근짜리 센 활을 걸고 철총마를 타고 채찍을 휘두르며 골짜기로 들어가면, 긴 바람이 골짜기에서 일어나고 초목이 진동하는데, 느닷없이 큰 산돼지가 놀라서 길을 헤매고 달릴 때, 곧 화살을 꺼내 활을 힘껏 잡아당기어 쏘아 죽여 말에서 내려 칼을 빼서 이놈을 잡고, 고목을 베어 불을 놓고 기다란 꼬챙이에다 그 고기를 꿰어서 구우면 기름과 피가 끓으면서 뚝뚝 떨어지는데, 걸상에 앉아 저며서 먹으며 큰 은대접에 술을 가득히 부어 마시고, 얼큰히 취할 때에 하늘을 쳐다보면 골짜기의 구름이 눈이 되어 취한 얼굴 위를 비단처럼 펄펄 스치게 된다. 이런 맛을 자네가 아는가. 자네가 잘하는 것은 다만 글자를 다루는 작은 재주뿐이야." 하고, 무릎을 치며 너털웃음을 웃었다. 이황이 임형수의 인품을 말할 때면, 언제나 그가 하던 말을 이렇게 외웠었다고 한다.

임형수는 그야말로 풍류가 호일豪逸한 대장부의 기상을 지니고 있었지만 1547년 명종 2 양재역 벽서사건이 일어나자 대윤 윤임의 일파로 몰려 절도에 안치되었다가 나중에 원통하게 사사된 비운의 시인이기도 하다. 김수증의 시구에서 역시 앞서 언급했던 김시습의 「동봉육가」가 드러내고 있는 시적 정조와 통하는 비장하고 웅혼한 기상의 추구가 현저하게 느껴진다. 비장하고 웅혼한 기상은 앞서 법성과 김승경의 이야기에서 충분히 감수한 바 있다. 비장하고 웅혼한 기상이 열려진 유람의식을 고조시킬 수 있는 모티브가 될 수 있지만 김수증은 이를 심리적 차원에 머물러 두고 실천에 과감하지는 못했다. 다시 영평에 은거했던 동은峒隱 : 李義健, 1533~1621 노인을27) 들먹이고 화음동을 그리워한다. 유람의 동선이 다시 동쪽으로 향하는 것이다.

곡운에서 도성으로 들어갔다가 다시 화음동을 찾아가 본다. 「화음동에서 은거 생활을 기록하다」라는 작품은 김수증의 시편 가운데서 보기 드문 장편고시이다.

---

27) 김창협은 32세에 영평(현 포천군 경내에 있던 조선시대 군명) 유생을 대신하여 지은 옥병서원 (현 포천군 창수면 주원리)의 사액을 청하는 소에서 이의건의 고결한 행실과 의리가 탐욕스런 사람을 청렴하게 만들고 나약한 사람을 굳세게 만들 수 있다고 하여 박순의 사당에 배향하도록 허락해 달라고 청했다. 1649년 영평 유생들이 선조 때 문신 박순을 향사하기 위해 옥병서원을 세웠고, 다시 김창협의 손을 빌려 사액을 청했으나 수용되지 않았고 1713년(숙종 39)에 가서 사액을 받았다고 한다. 『農巖集』卷7, 「代永平儒生請玉屛書院賜額疏」를 참조.

전체를 제시하여 화음동 생활의 전반적 흐름을 느껴 보기로 한다.

늦가을이라. 화음의 나그네가 두 마리 학을 싣고 산으로 돌아오네
살랑살랑 곡운 문거리를 들어오니 주변의 경치가 어찌 이리 쓸쓸한가
고개를 내려와 남여를 버리고 정자 옆으로 가 말에서 내리네
냇가 단풍은 벌써 시들어가고 산봉우리 나무는 낙엽을 지우네
성긴 울짱에 부서진 문짝이 빗겨 있고 망가진 통엔 가을 물이 말랐네
초연히 서 있는 청몽루에 난간이 시내 굽이에 비추네
좌우 동쪽 울타리 아래엔 누런 국화가 난만하게 피었구나
섬돌 앞에 분매 하나 푸른 가지에 꽃망울이 주렁주렁
창 밝은 자연실에서 가부좌 틀고 앉아 있노라니 석양이 기울어가네
오래된 머슴이 마당을 쓸다가 나를 보고 너무나 기뻐하고
늙은 종은 닭을 잡아 대령하며 작은 보따리엔 새로 찧은 곡식을 담았네
여종은 기장밥을 넉넉히 짓더니 돌솥에 콩죽을 끓이는데
뜰 밑에 벌통을 늘어놓아 꿀을 갈라보니 눈처럼 희다네
거친 채소에 가지와 오이가 있어 뒷 남새밭에서 땄다고 하네
배불리 먹고 잠자리가 정해지자 향을 살라 밝은 촛불을 마주하자니
고요히 졸졸 샘물 소리를 들을 때 솔바람이 쏴아 쏴아 하며 일어나네
아침에 일어나 문을 열고 지팡이와 나막신으로 내키는 대로 나서 보니
곡식 익어 모든 게 기뻐 보이고 서리가 많이 내리니 수확을 서둘러야지
암자의 스님이 향기로운 버섯을 가져오니 정의가 매우 은근하고 돈독하고
촌 늙은이 숲 과일을 선물하니 입이 시원하여 맛이 그만이구나
문득 어떤 잘 모르는 나그네가 찾아와 안부를 묻는데
경화(서울)가 참으로 즐길 만한데 어찌하여 이 막힌 골짝에서 지내시오
말을 잊고 그냥 한 번 웃고 나니 산 얼굴이 침묵하듯 고요하구나
우연히 술통을 가져오는 이를 만났으니 중구일의 정취를 누릴 수 있겠구나[28]
피곤하여 오피궤[29]에 기대어 때때로 서책을 열람하고

28) 도연명이 9일에 국화를 따 손에 가득하였으나 술이 없었다고 한다.

29) 烏皮几는 검은 가죽 장식의 隱几로서 숨어 사는 이들이 애용하는 것.

옷깃을 정돈하고 옛 책을 읽으면 의리가 즐길 만하네

물에 나가 벼루를 씻어 흥이 나면 글씨를 쓰니

나머지 또 뭐 일삼을 것이 있을까 산 살림엔 또한 할 일이 많아

맑은 새벽에 노복들에게 일을 시켜 앞산 기슭에서 섶을 찍어오게 하니

잠깐 사이 언덕처럼 쌓였는데 문득 산속 집이 생각나

동남 언덕에서 띠를 베어다 내년 집 지붕을 이으려 하네

다시 후원 남새밭을 넓게 일구니 시원하게 통하여 멀리 바라보이네

소요하며 문득 피곤함을 잊고서 내키는 대로 이끼 낀 돌 위에 앉아 보네

밤이 들어 말똥말똥 잠 못 이루어 이불 안고 오래도록 벽에 기대어 보거니

닭 울음소리 괴롭도록 지루하고 천지의 온갖 소리 고요하구나

옛 시문을 침착하게 읊조리자니 이내 마음 문득 슬퍼져 오네

새벽달이 뜰에 가득하고 조는 학은 한쪽 다리를 감아쥐고 있는데

오직 너만을 내가 와서 짝하였으니 어찌 홀로 백발이라고 할까

멀리 어린 딸아이 가엾어라 세모에 기한이 핍박하는데

생각하노라! 벼슬에 서투른 사람이여 은사의 자취를 쫓으면서

망령되이 주제넘게 나라 걱정 해보지만 걱정을 내 힘으론 어찌할 수 없구나

이 뜻을 누가 있어 알아줄까 이리저리 뒤척이노라니 하늘이 밝아오네.[30]

다시 전원이다. 청몽루, 자연실이 덩그러니 객을 맞는다. 계절이 가을이니 절기에 맞는 소재들이 총동원된다. 국화가 그것이다. 솔바람과 샘물소리는 여전한

---

30) 『谷雲集』卷2, 「華陰記事」: "秋晚華陰客, 還山載雙鶴, 依依入雲門, 物色何蕭索, 下嶺舍籃輿, 卸鞍亭臺側, 溪楓已向衰, 峯頂木葉落, 疏籬破扉橫, 殘筒秋水涸, 超然淸夢樓, 闌干映澗曲, 左右東籬下, 瀾漫黃花色, 階前一盆梅, 靑枝多結蕚, 明窓自然室, 趺坐日西夕, 舊傭掃庭宇, 見我喜可掬, 老僕殺鷄待, 小蔂儲新粟, 赤脚炊黍餘, 石鼎煮豆粥, 庭下列蜂房, 割蜜如雪白, 寒菹有茄茋, 云是後圃摘, 一飽寢席定, 焚香對明燭, 靜聽泉聲細, 松風時淅瀝, 朝起闢幽戶, 杖屨隨所適, 歲稔欣物情, 霜重急收穫, 菴僧進香菌, 情意頗勤篤, 村翁餉林果, 爽口味無敵, 忽有不知客, 來過問棲息, 京華儘可樂, 胡爲此窮谷, 忘言聊一笑, 山容靜如默, 偶逢白衣人, 不負滿手菊, 倦來倚烏几, 時時閱簡策, 整襟讀舊書, 理義有足樂, 臨流洗硯池, 乘興弄紙墨, 餘外更何事, 山家亦多役, 淸晨課群奴, 斫薪前山麓, 須臾積如丘, 還憶靑嵐宅, 刈茅東南陂, 擬蓋來歲屋, 更拓後園圃, 爽朗通遐矚, 逍遙却忘疲, 隨意坐苔石, 入夜耿不寐, 擁衾久倚壁, 鷄聲苦遲遲, 天地萬籟寂, 沈吟古詩文, 此心還感慼, 曉月滿庭除, 睡鶴拳一足, 惟爾伴我來, 霜髮詎云獨, 遙憐小兒女, 歲暮飢寒迫, 懷哉拙宦子, 詎追鹿門跡, 妄有漆室憂, 所憂非我力, 此意有誰知, 輾轉至天旭."

데, 수확의 계절이니 향긋한 먹거리가 나그네의 심사를 달래 준다. 닭을 잡고 꿀을 따고, 햇곡과 갖은 채소, 과일, 향긋한 송이버섯까지 눈과 입을 호사시킨다. 온통 축제 분위기이다. 서책을 보고 글씨를 쓰는 일이 처사의 본업이지만 산중의 생계를 소홀히 할 수 없어 이것저것 내일을 대비하는 궁리를 한다. 나무를 여축하여 겨울을 날 생각, 띠를 베어 지붕을 새로 이을 생각, 채마밭을 정리하여 전망을 트이게 만들 생각 등등. 그런데 이런 생각들이 김수증을 불면증으로 몰아가는 것 같지 않다. 고인들의 시문을 읽고 울컥하는 감정을 억제하지 못하고 한편으로는 멀리 있는 딸아이 걱정, 도성에 벌어지고 있는 시국 걱정이 무력한 그를 뒤척이게 만든다.

이렇듯 김수증은 한적_{閑寂}과 우수_{憂愁}가 혼효된 은거생활을 지속했다. 물외한적이 정신적 자유를 가져다 준다면 근심과 걱정은 물외한적의 공효를 반감시키고 만다. 그리하여 스스로 마음의 문을 걸어 잠그고 아무도 찾지 않는 오지를 찾아 들어가고픈 욕망을 부추긴다.

김수증이 하루는 곡운 골짝에 들어가니 사람들이 말하기를 화악 동편에 이른바 육청_{陸靑}의 묵은 밭이 있는데, 육청이 어떤 사람인지 알지 못하고 또한 그가 있는 곳도 자세하지 않다고 한다. 그런데 권원지_{순선}의 말에 따르면 "10년 전에 춘천부를 지나다가 어떤 인삼장수를 통해서 '그 땅이 가장 깊어 세상을 피해 농사 짓고 살 만하다' 는 말을 들었다."고 한다. 그리고 본부 기린현에도 육청의 터가 있다고 한다. 김수증은 세상을 떠나기 1년 전인 1700년 3월에 화음으로 놀아와 바로 동복 가운데 산행에 익숙한 자를 시켜 찾아보도록 한다. 며칠 동안 찾아보고 돌아와 말하기를 "그 땅이 과연 화악 사자봉 동편에 있습니다. 화음 동봉을 넘어 수십 리를 가면 한 깊숙한 구역을 만나는데 사면이 험하고 끊어져 인적이 단절되고 우마도 통할 수 없습니다. 깊은 숲이 해를 가려 그 가운데 집을 둘 만합니다. 어떤 한 유민이 골 입구 동편 10여 리 밖에 살고 있습니다. 끊어진 길이 벼랑을 따라 나 있어 아래를 보면 길이를 가늠할 수 없습니다. 사내와 아낙 몇 사람이 이제 들어왔는데 띳집을 짓고 화전을 일구었습니다."라고 보고한다. 김수증은 동복의 보고를 듣고서 유연히 흥취가 일어났다. 그래서 절구 두 수를 지어

그림 2 화음동 정사지

'멀리 떠나고픈 생각遐想'을 부친다고[31] 했다.

백연 깊은 곳에 옥봉이 줄지어 솟아 있고
늙고 병든 몸이 어찌 능히 더 멀리 찾아갈까
또한 신선구역이 가까이 있다 하니
첩첩한 높은 숲이 화음과 이어졌다네.[32]

항아리 속 같은 색 다른 경지
바라보며 홀쩍 가보고 깊은 흥을 금할 수 없는데
훗날 그곳으로 옮겨 살면서 되돌아본다면
번잡하고 시끌벅적한 속세가 화음동이리라.[33]

---

31) 『谷雲集』 卷2,「余入谷雲峽, 人流傳華嶽之東, 有所謂陸靑陳田, 不知陸靑是何樣人, 亦未詳其處
   矣. 近聞權元之, 順善之言則曰, 十數年前, 過春川府, 因一蔘商, 聞其地最深, 可以避世耕鑿, 本
   府麒麟縣, 又有陸靑基云. 今年三月, 還華陰, 卽使家僮之習山行者往訪, 則數日探視而還, 言其地
   果在華嶽獅子峯之東, 踰華陰東峯數十里, 得一奧區, 四面險截, 人跡斷絶, 牛馬不可通, 穹林蔽
   日, 其中可以置屋, 有一流民居在洞門東十餘里外, 絶逕緣厓, 下臨不測, 男婦數人方入來, 結茇舍
   作火田云. 聞之, 悠然起興, 聊賦二絶, 以寄遐想」

32) 앞의 시:"百淵深處玉峯森, 衰病何能更遠尋, 亦有仙區還在邇, 萬重雲木接華陰."

33) 앞의 시 其2:"壺中異境更深深, 一望翕然興不禁, 他日移棲回首處, 喧煩闤闠是華陰."

유토피아는 현실 지상에는 존재하지 않는 이상적인 사회이다. 도연명의 「도화원기」에 나오는 도원경 역시 이곳에는 없다. 그럼에도 불구하고 김수증은 끊임없이 유토피아, 도원경을 찾아 헤맨다. 지독한 피세의식이 화음동 은거에 안주하지 못하도록 충동했을 것이다. 화악산 동쪽에 있다고 하는 이른바 '육청진전陸靑陳田'이 곧 유토피아였는지 모른다. 그가 생각한 유토피아는 '피세'와 '경작'에 유리한 조건을 제공하는 곳이다. 그런 곳이 어디 한두 군데만 있을까. 이미 화음동도 그만한 조건을 갖추지 않았던가. 김수증은 '사면이 험절하고 인적이 단절되어 우마도 통할 수 없으며 깊은 숲이 해를 가릴 정도'로 완전히 차단된 공간을 선호했다. 곡운협과 화음동은 그에 비하면 너무 열린 곳이었다. 그렇게 생각하도록 김수증의 심리상태가 점점 폐쇄적으로 발전하고 있었던 것이다. 세상에 죄를 짓고 도피하기 위한 방책이 아니라면 오히려 추구해선 안 될 무모하기 짝이 없는 공간이동이다.

제시된 두 수를 음미하다 보면, 신선구역이 바로 김수증이 상상하는 유토피아의 실체임을 알 수 있고 그 신선계가 현재의 거주공간인 화음과 인접해 있다는 희망 섞인 믿음이 그의 오지은거를 포기할 수 없도록 한 것이다. 항아리 속의 색다른 경지는 이백이 「산중문답山中問答」에서 말한 '복사꽃 아득히 떠서 흐르는 곳, 인간 세상 아닌 별천지가 펼쳐졌네桃花流水杳然去, 別有天地非人間.'이요 도연명의 '무릉도원武陵桃源'이며 도가에서 말하는 '별유동천別有洞天', '동천복지洞天福地'인 것이다. 이미 그의 정신과 미음은 그곳에 당도해 있다. 그리고 그쪽에서 이쪽을 바라본다. 육청진전에서 화음동을 바라보는 순간 화음동이 별안간 시끌벅적한 속세로 바뀌고 마는 것이다. 더 이상 은자가 살 곳이 못되는 것이다. 이렇게 그의 공간개념은 철저히 '속俗'과 '선仙'을 단절하는 방향으로 변화되고 있었던 것이다. 김수증이 한계산과 설악산 사이에 있는 곡연曲淵을 유람하고 그곳에 은거지를 마련하기 위해 말년에 이르도록 아들 창국, 조카 창흡과 정보를 주고받으며 애를 쓴 것도 이러한 그의 공간의식의 결과였다.

공간의식은 유람의식과 표리의 관계에 있거니와 김수증은 종종 '승僧'과 '속俗' 사이에서 갈등하고 고민했다. 이는 유토피아를 희구하는 과정에서 생성된

'속'과 '선'의 갈등과는 조금 차원이 다른 것 같다.

중도 아니고 속인도 아니며 무지에 무명이라
젊어서 남과 다르게 살더니 늙어도 이룬 것 없어
하는 일이라곤 참으로 황당하고 생계를 경영하는 것도 게으르네
나이가 적다고 해도 백발이 귀밑을 덮었고
칠십 늙은이라고 해도 하는 짓은 어린아이 같으니
호랑이 무서워 않고 산에 들어가고 물가에 가서는 물고기 부러워하네
농사를 미련한 종놈에게 맡기니 김매고 수확할 때 더러 속임을 당하고
벌을 쳐도 따는 꿀은 적으니 마을 사람들이 어리석다 비웃고
먹을 것이라고는 풍년이건 말건 아침저녁 두 끼로 밥 한 사발 때우네
주방이 청결하건 안하건 계집종이 두 병아리를 키우는데
순임금의 음악을 듣는 것은 아니지만 맛을 잊고 삼 개월을 지내 보네
장은 군자의 사귐과 같으니 얻어도 성스러워 먹기가 어렵네
죽은 간혹 소금을 뿌리지 못하고 나물은 기름을 치지 못하는 때가 많다네
그래도 이 또한 족하니 분수를 지킬 뿐 구차하게 구하지 않네
한 방안에서 덩그러니 지내노라니 마치 새가 끈끈이에 붙은 듯하네
홀로 밤에 괴롭게 잠 못 이루다가 언덕에 달이 새벽 빛인가 의심하네
문을 나서 어디로 가는가 초수와 목동이 가까운 이웃으로 지내니
상객은 조 사과요 친구는 홍눌 선사라
시냇가 길을 배회하니 수석이 사립문에 비치네
새로 지은 무명와 더욱 상쾌하고 가을 산은 맑은 빛에 감싸였네
누가 이 즐거움 알겠는가 유유히 스스로 속된 생각을 잊노라.[34]

---

34) 『谷雲集』卷1,「無名窩戲作」: "非僧亦非俗, 無知又無名, 少也不如人, 老而無所成, 事業誠荒唐, 生理懶經營, 謂是年紀少, 白髮垂兩耳, 謂是七十翁, 動作同幼稚, 入山豈忌虎, 臨水徒羨魚, 爲農付頑僮, 耘穫多見誣, 養蜂割蜜少, 村人笑其愚, 盤飱豐不豐, 朝晡飯一盂, 廚庖潔不潔, 赤脚擁兩雛, 不是聞韶樂, 忘味逾三月, 醬如君子交, 得亦聖難食, 粥或不點鹽, 菜多不沾油, 雖然此亦足, 隨分無苟求, 塊處一室內, 有似鳥粘黐, 獨夜苦無睡, 嶺月曙光疑, 出門何所之, 樵牧爲隣比, 上客趙司果, 狎友訥禪師, 徘徊溪路側, 水石映門扉, 新窩更爽朗, 秋山繞淸輝, 有誰知樂否, 悠然自忘機."

1693년 「무명와에서 장난삼아 짓다」라는 시이다. 은자의 어리석음이 두드러지게 표출되었다. '중도 아니고 속인도 아니며 무지에 무명이라' 했으니, 그렇다면 김수증은 누구란 말인가. 중이 될 수 없고 속인도 될 수 없는 은자일 뿐이라는 말이 되겠다. 게으르고 어리석고 가난한 것이 은자의 본색이니, 탓할 것이 없다. 세속적 신분으로 벗을 정하지 말고 부족을 만족으로 여기는 지혜가 생길 때, 참다운 은자가 된다는 설교처럼 들리는 시이다.

> 여기에 한 사람이 있나니
> 스님도 아니고 속인도 아니로세
> 타고난 재주는 졸렬하고
> 세상사엔 관심이 없다네
> 겉과 속이 어울리는 군자가 못되고
> 궁곤하게 늙어가니 끝내 어디로 갈거나
> 화악산 북쪽 골짝과 곡운의 구곡이
> 또한 숨어 고독하게 지냄에 무슨 병통이 될까.[35]

1695년 72세 때, 「아이들이 화공을 시켜 초상을 그리도록 하였기에 장난삼아 자찬을 쓰다」라는 시이다. 자신의 초상에 자찬을 쓰는 일은 문사들의 아름다운 취미활동이다. 그 속에서 자신의 생애를 희화적으로 나타내는 경우가 많다. 김수증도 그런 관행을 이탈하지 않고 있다. 역시 '중도 아니고 속인도 아니네'의 수법이 원용되었다. 재능의 졸렬함과 세상사에 대한 무관심은 은자가 갖추어야 할 기본 조건이다. 부유와 사치 역시 추구해서는 안 될 영역이다. 속인이 욕망하는 것을 애써 멀리하고 출세간의 스님에 가까이 가려하되 스님이 되어서도 안 되는 것이 유가 출신 은자가 지켜야 할 법도이다. 그렇게 김수증 생각하고 그 길을 갔다고 자부하고 있는 것이다.

---

35) 『谷雲集』卷6, 「谷雲翁生於大明天啓甲子, 至乙亥七十有二, 兒輩命畵史寫眞, 遂戱題自贊」: "有人於此, 非僧非俗, 天賦之劣, 世味之薄, 文質無所底, 窮老終奚適, 山之陰水之曲, 亦何病於幽獨."

늙지도 않고 또한 젊지도 않으며

중도 아니고 속인도 아니라네

사대를 갖추지 못했다 하고

만사를 끊었다고 하네

입산은 이미 숨는 것이 아니요

출산은 구함이 있어서가 아니라네

떠나고 머묾이 정녕 무슨 뜻인가

오고 감이 모두 유유한 것을

청람대 위에 홀로 서 있으니

흰 달은 내 마음을 아는지 모르는지.[36]

    1696년 장난삼아 지어서 스스로 읊조린 시이다. 노·소老少, 승·속僧俗, 입·출入出, 은·구隱求, 행·지行止, 내·왕來往의 대립적 관계에 집착하지 않고 그대로 두고 보는 여유를 통해 정신적 초탈을 꾀하고 있는 듯한 인상을 받는다. 대립을 긍정하거나 부정하는 것 모두 집착이다. 그 중간 회색지대가 있을 수 있다. 그러나 인간들은 이를 허용치 않는다. 명확한 변별을 통해 자아의 정체성을 어느 한 편으로 고정시키려 한다. 김수증은 번복하는 세태를 바라보면서 참과 거짓의 혼돈을 여러 차례 경험한 바 있다. 특히 은자로서 정신의 자유를 획득하자면 자연의 속성을 체현하는 편이 훨씬 효과적이라고 생각한 듯하다. '흰 달은 내 맘을 아는지 모르는지.' 하고 말미를 모호하게 처리하여 여운을 조성한 것도 아마 이 때문일 것이다.

쇠약한 얼굴에 점점 병이 날로 더해지니

연하의 맑은 흥취 또한 타기가 어려워라

날씨가 추운 빈 골에 오는 이 드물어

문 닫고 잠시 놀고먹는 스님[37]이 되었다네.[38]

---

36) 『谷雲集』 卷1, 「自詠戱賦」(丙子): "非老又非少, 非僧亦非俗, 謂無四大具, 謂有萬事絶, 入山既非隱, 出山非有求, 行止定何意, 來往摠悠悠, 獨立嵐臺上, 白月知我不."

빈산에 풍설로 해가 장차 저물고

초초히 아침저녁으로 밥 한 사발

그때 이웃 중이 찾아와 안부를 묻거니

두 집안 생계 대략 비슷하구나.[39]

　김수증은 1696년 동짓달 초 7일 서울에서 화음으로 돌아온다. 한참 매섭게 추운 때라 문을 닫은 채 지내자니 무료하여 입으로 7언 절구를 읊조렸는데, 연작한 시가 모두 110수에 이르렀다. 사물을 묘사하고 감회를 쓰다 보니 어느 새 많아졌다. 내용이 중복된 것도 있고 말 또한 속된 것이 있었다. 그러나 다만 소일거리로 한 것이니 이런 상황을 모르는 자에게는 말할 것이 못되고 자식이나 조카들에게나 보일 뿐이라고 했다. 김수증의 시는 대체로 이렇다. 인용한 두 수에서 모두 자신을 놀고먹는 '죽반승'에 비유했다. 중 살림과 속인의 살림이 누가 낫다 할 것 없이 다 그저 그렇다. 실제로 김수증은 은거지 인근에 있는 반수암 승려들과 잦은 교유를 나누었다. 그것은 선택의 여지가 없었다. 열악한 산골 살림의 조건을 극복하여 생존하기 위한 절대적인 협력이 필요했기 때문이다.

산승이 환속하여 무엇을 구하려 하나

인간의 천만 가지 근심을 얻고 싶어서

우습구나! 무명와 속 나그네여

중도 아니고 속인도 아니면서 그저 그렇게 지난다네.

(이웃 중이 환속하는 것을 보고서)[40]

---

37) '粥飯僧'이란 다만 죽만 먹고 수행에 힘쓰지 않는 무능한 중, 놀고먹는 중을 말함.

38) 『谷雲集』 卷1, 「臘月初七日, 自京還華陰, 正當嚴冱, 閉門無聊, 口占七絶, 寫境書懷, 不覺其多, 意或重複, 辭亦鄙俚, 只爲消遣之資, 不可與不知者道, 聊示子姪輩云」 其7: "衰相駸駸病日增, 煙霞淸興亦難乘, 天寒空谷來人少, 閉戶聊爲粥飯僧."

39) 앞의 시 其8: "空山風雪歲將除, 草草朝晡飯一盂, 時有隣僧來問訊, 兩家生計略相如."

40) 『谷雲集』 卷2, 「七月晦日, 還華陰」 其29: "山僧還俗欲何求, 賭得人間千萬愁, 可笑無名窩裏客, 非僧非俗漫悠悠(見隣僧還俗)."

쇠약한 늙은이 침상에서 한가로이 잠든 지 오래
늙은 중이 마을을 빈번하게 오고 가네
어떤 놈이 중이고 어떤 놈이 속인인가
청산은 말이 없으니 다시 뉘라서 분간할까.
(반수암 노승이 날마다 여염집을 왕래하는 것을 보고서)[41]

   1697년 「칠월 그믐 화음으로 돌아와서」라는 40수 연작에서 두 수를 뽑았는데, 도성에서 화음으로 돌아왔기에 공간이동으로 인한 새로운 시흥이 표출되고 있다. 앞의 시는 환속하는 반수암 중을 보고 지은 작품이다. 환속하러 하산하는 중과 탈속을 추구하러 입산한 김수증의 상반된 움직임이 너무나 대조적이다. 김수증은 환속이 능사가 아니라고 본다. 환속해서 무엇을 구할 수 있는가. 고작해야 천만 가지 근심을 얻을 뿐이다. 그러니 다시 제자리로 돌아가라 하고 권유하고 싶은 속내를 드러냈다. 입산했다고 모두 중이 되는 것도 아니고 하산했다고 모두 속인이 되는 것도 아니다. 중도 속인도 아닌 중간자, 회색분자로 자아를 비정하고 있는 김수증의 심리상태가 역시 상쾌하지만은 않은 듯하다. 이러지도 저러지도 못하는 어정쩡한 상태를 즐기려는 듯한 눈짓을 읽을 수 있는데, 그렇게 해야만 어디에도 얽매이지 않고 자유롭게 살아갈 수 있다고 믿은 때문이 아닐까. 반수암 노승이 날마다 여염집을 왕래하는 것을 보고 지은 시는 매우 시니컬하다. '어떤 놈이 중이고 어떤 놈이 속인인가' 라는 자문 속에 대답이 들어 있다. 서로 위치가 바뀌었다는 논리다. 여염집을 들락거리는 이유야 뻔한 것이니 새삼 물을 것까지 없겠다. 여염집에 살면서도 고독을 달래며 밤을 지새워야 하는 김수증이야말로 중의 속성을 체현하고 있지 않았던가.

눈이 침침하나 아직은 지팡이를 짚을 수 있고
행낭은 비었으되 다행히 한 됫박 양식이 남았어라
생애가 흡사 집 떠난 나그네니

---

41) 앞의 시 其32: "衰翁床上閑眠久, 老釋村中來往煩, 何者是僧何者俗, 靑山無語更誰分(見伴睡菴老僧日日往來閭閻)."

신세 또한 행각승과 같구나.[42]

적적하고 쓸쓸히 지내는 병든 늙은이
흐리멍덩하게 낮잠을 자나다가 또 새벽에 일어나
계집종이 죽과 밥을 바치고 사내종이 방구들을 덥히니
외려 깊은 산에서 벽곡하는 중보다 낫구나![43]

1698년 8월 8일 김수증은 화음동에 들어갔다가 마을에 역병이 번져 머물 수 없게 되자 이틀만 머물고 다시 서울로 돌아간다. 그런데 서울 북촌에서도 비복들이 탈이 난 듯하여 9월 16일 도성을 빠져나가 다시 양주 미음에 있는 별서에서 지내다가 29일 또 석실로 옮겨 송백당에서 홀로 거처하고 계집애들은 노복의 집에 우거하였다. 수개월 사이에 여기저기 옮겨 다니며 처소를 정하지 못했던 것이다. 그는 바삐 떠돌면서 무료하기에 절구시를 짓는다. 그가 만난 상황과 느꼈던 것을 생각나는 대로 그냥 써서 소일거리로 삼고자 했다. 모두가 실제의 자취實跡를 기록한 것이어서 보는 사람들이 이를 시로 간주하지 않았으면 좋겠다고 말했다. 그러나 또한 제대로 이러한 사정을 모르는 사람은 오해할 수도 있을 것이기에 그런 이와는 말하지 않고자 했다.

모두 25수인데 그야말로 한결같이 일상적인 삶의 모습을 그대로 직서하는 스타일의 작품들이다. 그 가운데 인용시 두 수는 자신의 생애를 중과 비교하여 행각승과 같다거나 벽곡승보다 낮다거나 하는 식으로 불안정한 생계의 현실을 고백하였다.

승과 속에 대한 논의는 김수증의 유람의식이 '은자의식'과 괴리될 수 없음을 알게 한다. 왜 그의 산수유람이 원유로 이어져 백두산이나 지리산, 한라산과 같

---

42) 『谷雲集』卷2, 「八月十八日, 入華陰, 以村廬癘疫, 不得仍留, 留二日還京. 又以婢僕疑疾, 九月十六, 出寓渼陰村墅, 卄九, 又移石室, 獨處松柏堂, 女兒輩寓奴家, 數月之間, 遷次靡定, 棲遑無聊, 口占絶句, 所遭所懷, 率意輒書, 以資消遣, 皆實跡也. 觀者不以詩看可也, 然又不可與不知者道也」其7: "眼暗猶能携簡策, 囊空幸得儲糧升, 生涯恰是離家客, 身世還同行脚僧."

43) 앞의 시 其14: "寂寂寥寥老病仍, 昏昏晝寐又晨興, 婢供粥飯奴溫埃, 猶勝深山絶粒僧."

은 규모가 큰 고산거악을 찾지 않고 북한강 수계를 따라 화악과 설악에서 그칠 수밖에 없었는가. 또 왜 그의 한시창작이 일반적인 전원시 범주를 넘어서 수준 높은 산수시로 발전할 수 없었는가. 이 모두를 설명하는 데 있어 김수증의 '숭·속' 인식에 기초한 '숭과 속 거리두기', '숭과 속 넘나들기' 가 중요한 고리로 작용한다고 할 수 있다.

2. 김수증의 곡운은거가 남긴 산수문화사적 의미

김수증의 유람은 산수를 지향하다가 일정 시점에 이르면 정적인 은거의 공간으로 수렴된다. 김수증은 과연 은자였는가. 아니면 은자처럼 행세했을 뿐인가. 이른바 진은眞隱이니 가은假隱이니 하는 논쟁은 진부한 것 같아 별 의미가 없어 보인다. 이 글에서는 김수증이 은거하려 의도했고 실제로 은거에 들어갔으며 상당 기간 은거를 풀지 않았다는 점만 지적해 둔다. 은거는 그 자체만으로 큰 미덕을 만들어 내는 것은 아니다. 다시 말하면 의미 있는 은거는 조용히 아무 것도 하지 않고 지내는 무활성 상태, 즉 마치 모든 최소한의 생명활동만 유지되는 캄캄한 음지 속에 놓인 식물이나 동면하러 들어간 뱀과 같은 상태를 부정한다. 은거가 문화를 낳지 않으면 그것은 그래서 이미 은거가 아닌 또 다른 의미의 죽음일 뿐이다. 역사는 이를 은거로 기억하지 않는다. 때문에 은거가 무엇을 만들어 내는가 하는 점이 중요하다. 필자는 김수증이 은거를 통해 독특한 산수문화를 만들어 내었다고 본다. 독특한 산수문화의 내용에 대해서는 앞으로 진지하게 모색해 나가야 할 터인데, 이 시점에서 말할 수 있는 것은 요컨대 기유문예의 성립에 그의 은거가 한몫했다는 결론이다. 다시 은자로 돌아가 보자.

은자는 금강산에 숨지 않는다. 금강산의 아름다움을 즐기고 노래할 뿐이다. 산이 너무 빼어나니 찾는 이가 너무 많아 은자가 숨을 곳이 어디인가? 금강산은 은자를 부른다. 그러나 머물러 두지는 않는다. 산의 자태가 너무도 기기묘묘하여 은자가 시샘하다 미쳐버릴까 두렵다. 북강산과 은자는 서로 이끌리는 구석이 있지만 언제나 짝사랑으로 그치고 만다. 우리가 기억하는 고상한 은자들 가운데 금강산 출신이 있었던가. 아직은 없다. 금강산에 어울리는 은자는 암자를 수호하고 있는 스님들뿐이다. 우리나라는 중국과 달리 도교의 사원인 도관道觀을 찾아보기 힘들다. 맨 절간만 보일 뿐이다. 중국의 명산을 주름잡고 있는 이들은 모두 도사들이다. 신선의 터전인 동천복지洞天福地를 정한 이들이 도가이니 그 기득권을 놓을 리 있겠는가? 도인들도 스님 못지않은 진정한 은자이다. 그러니 산림에 정이 많이 가는 사람은 필시 불성이나 도성을 다분하게 타고났다고 해야 할 것이다.

유자들은 분명한 이유 없이 산에 들어가지 않는다. 그들이 있어야 할 곳은 언제나 인민 곁이다. 산에서는 모듬살이가 쉽지 않다. 산업이 용이하지 않기 때문이다. 산은 이처럼 특별한 이유가 없는 한 찾지 않기에 일상의 삶과 격리되어 있다. 산을 생명활동의 공간으로 삼는 부류는 산짐승이다. 그 속에서 그들은 결코 숨지 않는다. 자유롭다. 자유롭게 날고 자유롭게 뛰논다. 조선사회는 산을 삶의 터전으로 살아가는 이들을 천민으로 취급했다. 이른바 담비나 여우의 모피를 취하여 삶을 꾸려가는 이를 '산장이'라 하여 백정과 같이 다루었다.

지금부터 250여 년 전의 일이다. 춘천부 화악산 끝자락 사창리를 굽이굽이 감아 돌아 흘러가고 있는 계곡이 있었다. 하루는 한양의 한 대갓집 선비가 소양강 줄기를 더위잡아 오르다가 꺾어지는 길목에서 문득 발을 멈추었다. 하늘빛 아홉 구비 시냇물 앞에서 숨이 멎는 듯한 놀라움에 휘감겼다. 쾌재라도 한바탕 불러제꼈을 일이었다. 그는 상수학을 애호했던 김수증이었다. 김수증은 일찍이 송시열에게 말하기를 "우리나라의 산수는 봉래산金剛山 만폭동을 첫째로 치지만 수석水石이 평평하고 골이 넓어서 유영遊泳하고 반환盤桓하며 서식栖息하고 경착耕鑿할 만하기로는 저 만폭동이 이곳보다 못한 바가 있습니다. 더구나 매월당의 유적이 여기에 있으니, 내가 터를 잡아서 의지할 곳으로 삼는 일을 어찌 그만둘 수 있겠습니까."[44]라고 했다. 금강산은 은자가 숨어 들어가야 할 곳이 아니라는 이야기다.

---

44) 『宋子大全』卷142, 「谷雲精舍記」: "吾東山水, 以蓬萊之萬瀑爲第一, 而若其水石平曠, 洞府寬廣, 可以遊泳盤旋而棲止耕鑿者, 則彼將有所遜焉, 而況有梅月之遺迹, 則吾之占之爲依歸之所, 烏可已乎."

김수증이 금강산이 아닌 춘천부의 곡운을 택하여 은거하게 된 까닭은 조금 뒤에 논하게 될 ‘구곡’의 발견과 긴밀히 연결되어 있다. 다만 학계 일각에서는 김수증의 곡운은거가 그의 조부 김상헌_{金尙憲, 1570~1652, 叔度, 淸陰·石室山人}의 유람코스와 일정한 관계가 있다는 주장을 펴고 있는데, 참고할 만한 견해라고 본다. 주장의 내용은 다음과 같다. 금강산이나 함경도로 가는 사람들이 쉬어가는 길목인 강원도 철원에 풍전역이라는 역원이 있었다. 풍전역 주변에 명성산이 있었고 산 중턱에 ‘삼부락_{三釜落}’이라는 거대한 폭포가 있어 폭포수가 고여 ‘삼부연_{三釜淵}’이라는 못을 이루었다. 16세기부터 삼부연은 금강산 유람이 성행하면서 풍전역을 경유하는 시인들에게 즐겨 음영의 대상이 되었다. 1631년경 김상헌이 당시 철원부사로 있던 김확_{金㦝}이란 이로부터 삼부락 근처에 있는 마을이 난리를 피할 만하다는 말을 듣게 된다. 그 말을 듣고 김상헌은 찾아가 보고 싶었으나 길이 험해 삼부락을 돌아보지 못하고 당시의 아쉬운 심회를 시편에 담는 데 그쳤다.[45] 김상헌의 시는 여러 문인들의 차운을 거쳐 널리 알려졌고 그 결과 삼부락이 경화사족들의 산수취미를 자극하여 주목받는 은거지로 부각되었다.

김창협도 일찍이 풍전역 주변의 풍광에 주목하고 꿈의 ‘청산녹수’로 생각하였다.

영평 응암에서 철원 풍전역으로 향하는 길에 낭유령_{狼踰嶺}에 들렀는데 고개 아래의 수석이 매우 아름다워 말을 멈추고 잠깐 앉았다. 세차게 흐르는 여울과 맑은 못, 푸른 벼랑과 늙은 나무가 극히 심원하고 호젓한 운치가 있어서 사람으로 하여금 일어설 생각을 잊게 하였다. 이어 생각하기를 ‘깊은 산 외딴 골짜기 안의 경치가 뛰어난 곳은 이 정도에 그치지 않을 텐데 사람들이 알지 못하고 또 가지 못하니 개탄스럽다.’ 하였다. 최고운이 이르기를 “인간 세상의 요로 통진 눈에 아니 뜨이고 세상 밖 청산녹수_{靑山綠水} 꿈에서도 돌아가네.” 하였는데 이 말을 세 번 반복해 되뇌며 한스

<hr>

45) 『淸陰集』卷4, 「鐵原府伯金正卿言三釜落水窮處有一村, 眞避亂之地, 路險不得到, 恨望賦之」(正卿名㦝): “聞道靈湫上, 深藏避世村, 生涯自耕鑿, 洞府別乾坤, 黃綺高風遠, 朱陳舊俗存, 一塵容我住, 何必問桃源.” 물론 김창흡이 철원의 삼부연에 별서를 마련하고 ‘삼연’이라 자호한 까닭도 증조부인 김상헌의 이루지 못한 꿈과 관련이 있다.

러워하였다.[46)]

한편 김수항이 삼부락을 오가며 유상遊賞할 수 있는 거리에 있는 동주東州：철원를 은거지로 택했듯이[47)] 김수증이 은거지, 즉 별서지別墅地로 곡운을 고른 데에는 개인적인 산거취향과 아울러 김상헌이 피난처로 주목했던 희망의 터전 삼부락이 있는 곳과 멀지 않은 거리에 있다는 점이 주요한 요인으로 작용했다고 보는 것이다.[48)]

김창협은 1693년 백부인 김수증의 70회 생신을 맞아 장수를 비는 글을 지어 올린 바 있다. 거기서 김수증의 곡운은거에 대해 이렇게 묘사했다.

지금 선생이 거처하는 곡운은 우리 동방에서 제일가는 복지이다. 산은 높고 골은 깊으며 지대가 넓고 토양이 두터운데다 특히 기묘한 바위가 장엄하고 맑은 샘이 아름다우니 대관령 동서에 이와 견줄 곳이 드물다. 선생은 이곳을 독차지하여 집터로 삼으시고 힘닿는 데까지 관심을 쏟아 샘과 바위에 이름을 짓고 산봉우리와 등성이에 의미를 부여하였다. 암자와 오두막을 지어 샘과 바위를 감싸고 정자와 누대를 봉우리와 고개 위에 짓고서 못을 둘러 파 그 모습이 비치도록 했으며 다리 길을 높고 낮은 곳에 설치하여 여기저기 서로 바라보이게 하였고 또 이 모든 것에 각기 이름과 품평을 붙여 수식하였다. 선생은 그 속에서 누각에 주렴을 드리우고 안석에 기대어 생각에 잠긴 채 청아하게 앉아 계시다가 이따금 신발을 끌며 홀로 가서 시내와 골짝을 종일토록 오르내리면서 피로한 줄을 모르셨다. 처음 그곳에 가는 사람은 모두 황홀하

273

---

46) 『農巖集』卷34, 「雜識·外篇」: "自永平鷹巖, 向鐵原豐田驛, 過狼踰嶺, 嶺底水石頗佳. 駐馬少坐, 激湍澄潭, 蒼崖老樹, 極有泓崢幽敻之趣, 令人忘起. 仍念深山絶谷中, 其奇勝處, 不止此比, 而人自不識, 又不能往, 可慨也. 崔孤雲云, 人間之要路通津, 眼無開處, 物外之靑山綠水, 夢有歸時, 三復此語, 爲之悵然."

47) 『文谷集』卷5, 「在昔辛未年間, 先王考以大宗伯, 祗役北關, 路過豐田驛, 聞三釜落水窮處, 有村可避地, 路險不得到, 悵然賦詩以寄興. 余少讀王考詩, 恨無由一探其勝, 未嘗不夢想之也. 今適纍居東州, 所謂三釜落, 卽其境也. 翕兒嘗往尋, 樂其幽邃, 遂結茅爲棲息之所. 余亦得以往來遊賞, 事若有不偶然者, 撫境興感, 自不能已. 玆用王考詩韻, 書示翕兒」: "峽束疑無路, 溪窮忽有村, 人間隔風日, 壺裏祕乾坤, 吾祖遺篇在, 玆山夙尚存, 今看一茅屋, 喜爾卜眞源."

48) 이종묵, 「철원의 삼부락과 김창흡」, 『문헌과 해석』 통권21, 2002; 조규희, 「谷雲九曲圖帖의 다층적 의미」, 『미술사논단』 23, 한국미술연구소, 2006.

그림 3 〈삼부연三釜淵〉 정선 作. 견본
담채, 24.2×31.4cm. 간송미술관 소장.

그림 4 삼부연 실경
강원도 철원군 갈말읍 신철원리.

고 쾌락하여 신선이 도를 닦는 곳이 아닌가 하고 의심을 하고 선생이 얼굴 모습이 단
아하고 피부가 깨끗하며 걸음걸이가 나는 듯이 가벼운 것을 보고는 또 모두들 산림
속의 신선이 아닌가 하고 의심한다.[49]

동방 제일의 복지에 터를 잡고 자연과 조화된 인문경관을 만들어 내고 그곳에
서 '산림속의 신선'으로 살아가는 김수증의 모습을 생동적으로 표현했다. 어쨌
거나 김수증은 그 곡운에서 주자의 무이구곡을 만나고 싶었다. 그즈음 이미 송시
열은 현재 충북 괴산군 청천면에 있는 화양동 계곡을 차지하고 찾아오는 권상하
등 문도들과 함께 경천대擎天壁며 운영담雲影潭이며, 읍궁암泣弓巖, 금사담金沙潭, 첨성
대瞻星臺, 능운대凌雲臺, 와룡암臥龍巖, 학소대鶴巢臺, 파곶巴串 등 아홉 구비에 이름을
붙여가며 구곡을 경영하고 있던 참이었다. 김수증은 이황李滉, 1501~1570, 景浩, 退
溪·陶翁·退陶·淸凉山人, 文純이 안동 청량산에서 한 일과 이이李珥, 1536~1584, 叔獻, 栗谷·
石潭, 文成가 해주 석담에서 한 일, 그리고 송시열이 화양에서 한 일을 자신은 화음
에서 실천해 보리라 마음을 먹었다. 그리고 그것이 공연한 꿈이 아니길 바랐다.
찾을 수만 있다면, 찾아서 나의 마음자리를 채울 수만 있다면, 구절양장 같은 백
운산, 화악산 준령도 거칠 게 없었다. 드디어 그는 구곡을 확인했다. 그리고 문화
를 만들어가기 시작했다. 굽이曲는 늘 상존하는 것으로 이미 거기에 그렇게 있었
다. 김수증은 그 굽이 가운데 아홉 굽이만 잘라 취했다. 그리고 이름을 붙였다.[50]

제1곡은 방화계傍花溪라. 서어촌鉏鋙村으로부터 서쪽으로 돌아 오리곡梧里谷을 지
나 하나의 시내를 건넌다. 이것이 곧 곡운동으로 들어오는 첫 번째 길목이다. 산
현蒜峴 : 마늘고개을 넘으면 산수가 두루 돌고 수석이 맑고 장엄하다. 상류에서 하류

---

49) 『農巖集』 卷22, 「伯父谷雲先生七十歲壽序」: "今先生所宅谷雲者, 吾東方第一福地也. 山高而谷
　　深, 地廣而土厚, 奇石淸泉, 壯麗尤異, 自大嶺東西, 鮮有其比. 先生旣專有之, 以爲府藏, 而肆其
　　力之所及, 以部勒泉石, 標置峰嶺, 包之以菴廬, 臨之以亭臺, 映帶之以池沼橋道, 高下碁置, 錯落
　　相望. 又各有名號題品, 以藻飾之, 而先生則簾閣隱几, 穆然淸坐, 其間時或曳履獨往, 下上澗谷,
　　終日而不知倦. 驟而卽其地, 莫不怳然灑然, 疑以爲靈眞之窟宅, 而及見先生, 顔貌綽約, 膚神淸
　　令, 而步履如飛, 則又莫不疑其爲山澤之列仙焉."

50) 다음에 전개되는 九曲命名에 대한 내용은 『谷雲九曲圖帖』에 수록된 김수증의 설명과 후대에
　　기록된 정약용의 기록을 참작하여 기술한 것이다.

그림 5 화양구곡 제4곡 금사담金沙潭 위에 보이는 송시열의 암서재巖棲齋

로 내려오며 구곡을 감상하는 이에게 방화계는 음악의 에필로그와 같다. 그 반대 방향에서 올라오는 이에게는 프롤로그일 터이다. 북쪽 언덕에 큰 반석이 넓게 깔려 수백 명이 앉을 만하다. 그 아래층에 또 하나의 색깔이 하얀 큰 반석이 있고 남쪽 언덕은 허옇다. 벽 쪽 암석에 이덕중李德重이 각자되어 있다. 반석에 방화계 傍花溪 세 자가 굵게 새겨져 있었는데 아스팔트 도로를 내기 위해 협곡을 폭파하는 과정에서 절반이 깨져 달아났다. 주변은 모두가 풍림석벽風林石壁으로서 대로가 나기 전에는 시냇물이 흘러내려 절벽으로 내달렸을 것이고 천둥소리에 분수처럼 물이 하늘 높이 용솟음쳐 올랐을 것이다. 고인들이 공포를 느끼고 탄성을 발했을 그 자리에서 우리가 할 일은 조용히 눈을 감고 앉아 선인들의 풍류를 느껴 보는 것이다. 방화계는 9곡 중에서 백운담에 버금가는 경관을 연출한다.

정약용은 방화계에서 아래로 서너 굽이를 지나야 청옥협이 나온다고 보고 중간에 생략된 곳 두 곡을 추가하여 2곡 설벽와雪壁渦 51) · 3곡 망단기望斷碕 52), 혹은 2곡

그림 6 곡운구곡 제1곡 방화계 실경

영귀연靈龜淵[53] · 4곡 설벽와雪壁渦라 명명했다. 김수증이 왜 정약용이 지적한 부분
에 대해 아무런 언급도 하지 않았는지 모를 일이다. 지금 우리가 보아도 중간이

---

51) '雪壁渦'는 정약용이 지은 이름이다. '망단기'를 따라 동쪽으로 가다가 한 모퉁이의 산을 돌면
    바람을 일으키는 급류가 허연 물거품을 이루어 놀랍고도 즐길 만하다. 북쪽 언덕에 병풍처럼
    두른 석벽이 玉雪처럼 희다. 돌 구덩이가 마치 절구통과 같아 '雪臼渦'라 이름할 수도 있고 또
    '雪壁渦'라 이름할 수도 있다.

52) '望斷碕'는 정약용이 고른 곳이다. 청옥담 밑으로 산모퉁이 하나를 돌면 바람을 일으키는 여울
    과 눈처럼 허옇게 일어나는 물이 있다. 참으로 즐길 만하다. 널따란 반석이 평퍼짐하게 깔려 수
    백 명이 앉을 만하다. 그 위에 또 '霹靂巖'이 있다. 높고 기이하여 경관이 놀랍다. 이곳은 본명
    이 '망단기'이다. '망단기'란 "돌 비탈길이 여기에 이르러 더욱 험하여 앞으로 나아갈 길이 끊
    어져 있음"을 이른 말이다.

53) '靈龜淵'은 정약용이 이름붙인 곳이다. '설벽와' 밑으로 한 굽이를 돌면 여울물이 허연 물방
    울을 튀기면서 흐른다. 아끼며 즐길 만하다. 또 평평히 흐르는 물속에는 거북처럼 생긴 돌이
    있다. 남쪽으로 머리를 두고 북쪽으로 꼬리를 두었다. 물가에 흰 반석이 넓게 깔려 있어 100여
    명이 앉을 수 있다.

너무 생략되었다는 느낌을 받는다. 의도적으로 무시하고 몇 구비를 화면에서 생략해 버렸다면 그에 합당한 이유가 있었을 터이다. 그러나 김수증은 아무 말도 하지 않았다. 후인들이 알아서 추론해 보고 마음에 들지 않으면 정약용처럼 구곡을 고쳐서 명명해도 좋다고 생각해서일까. 아니면 산수자연에 대한 그만의 특이한 심미적 관점이 작용해서일까. 단정할 수는 없겠지만 정약용과 같은 합리적 조형 감각을 일부러 거부 내지 초월하려 한 것이 아닐까 한다.

김수증의 구곡은 계속된다. 제2곡은 청옥협靑玉峽이라.54) 방화계로부터 5리를 지나서 하나의 산을 돌면 석잔石棧이 옆으로 비껴 있다. 왼쪽으로는 위험한 시내를 내려다보게 되고 오른쪽으로는 층층이 높이 솟은 봉우리를 안게 된다. 맑은 못의 검푸른 그 물빛이 마치 푸른 옥과 같다하여 붙여진 이름일 것이다. 북쪽 언덕의 널따란 반석이 노닐 만하다. 그 물이 깊기로는 의당 9곡 중에 으뜸이리라. 배를 띄울 만하다고 하면 지나치다 할런지.

제3곡은 신녀협神女峽이라. 청옥협을 지나 약간 벌어지는 듯 이 시냇물을 따라가면 여기에 이르게 되는데 옛 이름이 기정妓亭이었기에 신녀협이라 이름 했다. 물 위에 김시습의 유적이 있는데, 위아래로 웅덩이 두 개가 있다. 위에 있는 웅덩이는 명옥뢰와 어깨를 나란히 할 만하고 아래 있는 웅덩이는 너무나 기괴하다. 우레처럼 오르고 눈처럼 솟구치며 돌 색깔 또한 반들반들하다. 과연 절묘한 구경거리이다. 정약용은 양쪽의 언덕이 벽처럼 서 있는 협곡이 아닌데도 김수증이 협峽이라고 이른 것은, 아마도 그 웅덩이의 형상이 마치 마주 서 있는 두 벼랑이 협을 이룬 것 같기 때문일 것이라고 보았다.

정약용은 백운담 아래 1리 되는 곳을 벽의만碧漪灣이라 명명하고 구곡에 넣어야 한다고 주장했다. 두 언덕의 장송長松들이 암벽을 의지해 섰고 맑고 긴 물줄기에 넓은 녹색 수면을 이룬다. 그 아래 방화계로부터 위로 와룡담에 이르기까지 이곳처럼 평평한 물이 없다. 조물주의 솜씨가 돋보인다. 정약용은 꼭 나는 듯한 물과

---

54) 정약용은 이곳을 '靑玉潭' 으로 부르고 싶어 했다. 본문과 각주에서 언급한 곡운구곡에 대한 정약용의 발언은 모두 『與猶堂全書』 第1集, 詩文集 卷22, 「汕行日記」를 참조했거니와 일일이 그 출처를 밝히지 않는다.

그림 7 곡운구곡 제4곡
백운담 실경

거센 여울이 있어야만 구곡에 뽑히는 것이 아니란다. 여기는 고기잡이도 할 수 있고 배도 띄울 수 있는 곳이어서 조그마한 배 한 척을 마련해 두고 바람과 달을 맞아 즐기기에 안성맞춤이다. 정약용은 만약 9곡에서 이것이 없었다면 멋진 변화를 이루지 못하였을 것이라고 단언한다.

제4곡은 백운담白雲潭이라. 신녀협에서 작은 시내를 건너 한 언덕을 돌아서 시내를 따라가면 이르게 된다. 9곡 중 가장 훌륭한 경관이다. 반석이 넓게 깔려 1,000여 명이 앉을 수 있고 돌빛은 순전한 청색에 아주 깨끗하다. 구렁으로 쏟아져 흐르는 물이 기괴하고 웅덩이에서 솟아 넘치는 기운이 언제나 흰 十름 같다. 북쪽 암벽 석면에 '백운담白雲潭' 세 자를 새겼는데 초서로 되어 있다. 그리고 또 귀한 분들의 이름을 새긴 것이 많다.

제5곡은 명옥뢰鳴玉瀨라. 백운담에서 수백 걸음 위에 있다. 김수증 시절엔 산 아래 두어 집에는 사내종들이 살았다. 모여 있던 못 물이 쏟아져 내리는 곳이다. 반석이 넓게 깔리고 놀치는 물결이 구렁으로 달림으로써 옥가루와 눈보라가 함께 일어나고 바람과 우레가 서로 부딪혀 진동한다. 여울물로서는 극히 아름다운 경관이다.

제6곡은 와룡담臥龍潭이라. 명옥뢰鳴玉瀨와 서로 이어져 있다. 버들숲가에 물이 쌓여 맑고 깊다. 서쪽으로 농수정籠水亭을 바라보면 은연히 송림松林 사이에 비친다.[55]

제7곡은 명월계明月溪라. 영당影堂 앞에 있다. 곡운서원 마을 앞에 있다.[56]

제8곡은 융의연隆義淵이라. 영당影堂 서쪽에 있다. 첩석대 하류로 수백 걸음 떨어져 있다. 위에는 화전火田이 있고 곁에는 보리밭이 둘려 있었다. 기괴한 암석도 없고 그늘을 이룰 만한 수목도 없다. 다만 시냇물이 흐르다가 정체한 곳일 뿐이다.[57]

마지막 제9곡은 첩석대疊石臺라. 곡운서원의 서쪽 1리 되는 곳에 있다. 그 옛날엔 물속에 서너 개의 선돌이 있어 그 크기가 마치 비석만 하고 두어 겹의 가로진 무늬가 나 있었을 것이다. 그 위에 사람이 앉을 수 없었을 것이나 지금은 그 형상마저 추상하기 어려울 정도로 물살에 닳아지고 쓸려 내려가 버렸다. 좌우는 편평한 밭과 큰길이다. 그늘을 이룰 만한 수목이 없으니, 아마도 은사隱士가 숨어살 곳이 못된다. 또 서쪽으로 돌아가게 되면 좌우에 암석이 기괴하고 물이 그 사이로 쏟아져 내린다. 조금 올라가면 조그마한 탑이 있었고, 그 가에 백운령白雲嶺으로 향하는 길이 나 있었다.[58]

---

55) 정약용은 "농수정 터의 남쪽에 있다. 언덕 아래 돌로 된 벼랑이나 푸르게 병풍을 친 듯한 봉우리가 없다. 그 주위가 100보에 불과하고 그 깊이 또한 물밑이 두려움을 느낄 정도로 검푸르지도 않다. 그러나 역시 아름답기는 하다."고 했다.

56) 정약용은 소·말·개·돼지의 오염과 잡된 티끌의 어지러움과 더러움을 형언할 수 없고, 큰 다리가 걸쳐 있음으로써 수석이 오염되었으니, 이곳 역시 구곡에 넣기에는 불가하다고 했다. 또한 "대개 臥龍潭 이상으로부터는 산세가 비속하고 물의 흐름이 또한 세차지 못하다. 그리고 뽕밭, 삼(麻)밭, 느릅나무, 버들 등의 그늘과 빽빽한 밭도랑, 집들은 이미 인간의 속물이다. 다만 당시 정자가 여기에 있었고 이(김수증) 노인이 늘 멀리 노닐 수 없어서 평소에 여기로 발걸음을 많이 했다. 때문에 이상의 3곡이 외람되이 9곡의 수를 채우게 된 것이다. 주자의 「武夷棹歌」도 7곡·8곡에 이르러서는 아름다운 경치가 없다고 말하였다. 그러나 7곡의 벽탄과 은병봉(碧灘·隱屛)과 8곡의 기이한 고루암(鼓樓奇巖)이 오히려 취할 만한 것이 있었고, 9곡에 이르러서는 뽕나무 삼밭에 이슬이 내린(桑麻雨露) 별다른 인간 세계가 있다고 하였다. 이 사례로 미루어 보면 의당 와룡담으로 제9곡을 삼아 판판한 내(平川)가 시작되는 것으로 여기고, 그 농수정사나 마을에서 위로 다시 취하는 것은 마땅치 않을 것 같다."고 했다. 즉, 김수증이 안배한 곡운의 구곡이 주자의 구곡체계와 맞지 않는다는 지적이다.

57) 정약용은 무엇 때문에 이곳이 구곡에 끼게 되었는지 알 수가 없다고 했다.

58) 정약용은 방화계로 내려온 뒤에 김수증의 구곡선정에 불만을 느껴 일행들과 의논하여 아래와 같이 개정하였다. "1곡은 網花溪(이 땅이 마치 桃源洞口와 같기 때문에 傍을 고쳐 網으로 하였

이렇게 아홉 토막으로 자르고 나니 더 이상 그 굽이들은 자유롭지 못하게 되었다. 김수증의 것이 되어 그의 부림을 받아야 했기 때문이었다. 이렇듯 구곡, 곡운구곡은 만들어져 가고 있었던 것이다. 김수증이라는 조선의 선비가 보고 느끼고 생각하고 말할 수 있는 그 범위 안에서 말이다.

김수증은 1650년 사마시에 합격한 뒤 1652년 천거로 익위사세마에 임명되고 나서 여섯 고을에서 현감, 군수, 부사를 역임했다. 조부 김상헌의 음덕을 입은 까닭이다. 내직으로 들어와서는 형조와 공조의 낭직을 거쳐 사직령, 장악원정, 제용감·예빈시정, 돈녕부도정을 지내고 통정대부의 반열에까지 올랐다. 숙종이 즉위한 해인 1675년, 2차 예송에서 남인의 기년설이 채택되어 막내아우인 김수항과 지우인 송시열이 유배에 처해졌다. 그는 스스로 지니고 있던 성천부사의 인끈을 던져 버리고 당시 춘천부 곡운으로 발길을 돌렸다. 집안 식구들을 모두 데리고 맨 걸음으로 재를 넘었다. 나물에 거친 밥을 먹으면서 여생을 마치리라 결심한 것이었다. 그런데 어찌된 일인지 1680년 경신환국으로 남인이 실각하여 대대적으로 숙청되자, 그는 다시 회양부사로 나가라는 왕명을 따르기로 한다.[59]

얼마 후, 1689년에는 숙종의 아들인 희빈 장씨 소생의 윤昀, 1688~1724이 원자元子로 정해지자, 이를 시기상조라고 하여 반대한 송시열이 제주도로 위리안치되었다가 국문을 받기 위해 상경하던 중 정읍현에 이르러 사사되었다.[60] 당초에는 국

다), 2곡은 雪壁渦(새로 첨가한 것이다), 3곡은 望斷磧(혹은 2곡을 靈龜淵, 3곡을 雪壁渦라 하고 망단기는 취하지 않았다), 4곡은 靑玉潭(峽을 고쳐 潭으로 하였다. 본래는 제2곡이다), 5곡은 神女匯(峽을 고쳐 匯로 하였다. 본래는 제3곡이다), 6곡은 碧潺灣(새로 첨가하였다), 7곡은 白雲潭(본래는 제4곡이다), 8곡은 鳴玉瀨(본래는 제5곡이다), 9곡은 臥龍潭(본래는 제6곡이다)이라고 하였으니, 이제야 명실상부하다 하겠다."

59) 『三淵集』卷30, 「伯父谷雲先生墓表」: "乙卯, 羣壬盜秉, 季氏文谷公及尤齋宋先生皆被竄逐, 先生自成川投紱而歸, 卜居于春川之谷雲, 盡室徒步以踰嶺, 脫粟茹蔬, 若將終焉. 庚申, 傾否, 始赴淮陽命."

60) 당시 상황을 알려주는 실록의 기록을 인용하면 다음과 같다. "閔黯이 말하기를, '송시열의 지극히 흉하고 악함은 鞫問을 기다리지 아니하고도 알 수 있습니다. 우리 祖宗께서 나라를 세움이 仁厚하여 일찍이 大臣을 국문하지 아니하였으니, 대신에게 물어서 처리하는 것이 마땅합니다.' 하자, 임금이 대신에게 물으니, 權大運이 말하기를, '송시열의 罪犯은 凶逆하나, 나이가 80이 넘었으므로 국문할 필요가 없습니다. 성상께서 참작해 처리하시는 것이 좋겠습니다.' 하고, 睦來善과 金德遠의 말도 같았다. 右尹 睦昌命은 말하기를, '신이 臺閣에 있을 때에 국문하

문을 하기로 했었으나 숙종이 국문을 생략하고 바로 처분을 내려야 한다는 3정승 권대운·목내선·김덕원의 건의를 받아들여 "사사賜死하되 금부도사禁府都事가 갈 때에 만나는 곳에서 즉시 거행하게 하라."고 한 때문에 송시열의 죽음이 보다 빠르게 진행된 것이다. 또 한 차례의 환국으로 정권을 잡은 남인 영상 권대운은 민비를 폐위시키고, 노론재상으로 있던 김수항을 진도 유배에 처했다가 사사케 한다. 그 이듬해엔 세자를 책봉하고 생모인 희빈 장씨를 왕비로 책봉했는데, 이즈음 김수흥마저 유배지인 장기에서 숨을 거둔다. 뿐만 아니라 최석항 등의 요청으로 노적拏籍의 처분이 내려지고 김제겸은 부령 적소에서 사사되었으며, 가솔들은 7군으로 유배되었다.[61] 그야말로 장동김씨 일문이 쑥대밭이 되어 버린 것이다.

　김수증은 연속해서 두 아우 죽음을 마주하고 억누를 수 없는 비탄에 잠겼다. 그러나 그는 김상헌의 봉사손이었기에 아우들과 죽음을 함께 할 수 없었다. 잠시 석실로 물러나 있다가 다시 곡운으로 들어갔다. 그 후 10여 년 동안 성묘할 때나 자손을 보살피는 일이 아닌 한 산을 떠나려 하지 않았다. 마치 동면에 들어간 뱀처럼 몸을 웅크리고 숨고 또 숨어들었다. 1694년 김춘택 등이 폐비된 민씨를 복위시키려는 운동을 일으키자 남인의 민암 등이 이를 제거하려고 하다가 실패한다. 그 결과 남인이 숙청되어 왕비 장씨는 희빈으로 격하되고 서인이 정권을 잡는다. 또 한 번의 옥사와 환국이 일어난 것이다. 갑술환국으로 김수증은 지난번처럼 칩거를 풀고 벼슬길에 복귀할 수 있었다. 그러나 이번엔 달랐다. 가선대

기를 굳이 청하였으나 의논하는 이가 모두 잘못이라고 하니, 바로 처분을 내리는 것이 마땅합니다.' 하니, 임금이 말하기를, '대신의 말이 이와 같으니 참작하여 賜死하되, 禁府都事가 갈 때에 만나는 곳에서 즉시 거행하게 하라.' 하였다. 이때 송시열이 제주에서 拿致되어 돌아오는데 바다를 건너와서 中宮을 이미 폐한 것과 吳斗寅·朴泰輔가 간하다가 죽은 것을 듣고는, 드디어 먹지 아니하고 井邑縣에 이르러 賜死의 명을 받자, 이에 遺疏 두 本을 草하여 그 손자 宋疇錫에게 주어 다른 날을 기다려 올리게 하고, 또 훈계하는 말을 써서 여러 자손에게 남겼다. 아들 宋基泰가 말하기를, '국가에서 형벌을 쓸 때 弦日을 꺼리니, 마땅히 이를 따라야 할 것입니다.' 하니, 송시열이 들어 주지 아니하며 말하기를, '내가 병이 심하여 잠시를 기다릴 수 없으니, 명을 받는 것을 늦출 수 없다.' 하고는 드디어 조용히 죽음에 나아가니, 이때 나이가 83세이다."『肅宗實錄』卷21, 15年 己巳 6月 3日 戊辰, 송시열의 卒記.

61) 민족문화추진위원회에서「年譜」,「墓誌銘」(宋時烈 撰,『宋子大全』卷182),「行狀」(金昌協 撰,『農巖續集』),『朝鮮王朝實錄』을 기초로 집필된 金炅希의「문곡집 해제」를 참조.

부 · 동지돈녕부사 · 한성좌윤 · 공조참판에 거듭 제수되었으나 모두 사양하고 나아가지 않았다.[62]

김수증의 곡운은거는 이처럼 직접적으로는 '환국'과 '옥사'라고 하는 파행적 정치상황의 부산물이었다. 은거는 휴식과 다르다. 은거는 정치와 결별하고 문화와 손을 잡는 행위이다. 잠시 쉬면서 재기를 노리는 사람은 은둔을 빙자한 가어옹假漁翁에 속하는 부류이다. 고기잡이를 생업수단으로 하는 어부가 사시의 경치를 노래하며 뱃놀이할 여유가 어디에 있겠는가? 은자도 마찬가지다. 참다운 은자는 할 일이 있다. 삶의 공간을 은자의 이상에 맞게 디자인하고 그곳에서 은자다운 삶을 추구한다. 김수증이 곡운에서 늙어 죽으리라 결심하고서도 경신환국에 다시 벼슬길을 향한 것은 모순되는 행동이었다. 그 만큼 '숨을' 만한 상황이 주어지지 않았던 탓이다. 그러나 두 번째 환국은 그에게 '숨지 않으면 안 될' 상황을 만들어 버렸다. 다른 대안이 없었다. 숨을 양이면 확실하게 숨을 일이다. 곡운의 농수정籠水亭에서 더 원류 쪽으로 올라가 화음동을 경영했다. 화음동은 그를 17세기를 대표하는 은자로 만들었다. 확실하게 숨을 수 있게 해주었기 때문이다.[63]

김수증은 생전에 무이구곡의 본지풍광本地風光, 즉 실경을 직접 본 바 없다. 그야말로 책 속의 풍광을 접했을 따름이니 주자가 남긴 시와 평면 공간 속에 조형화된 그림을 통해서 상상해 보았을 뿐이다. 그가 무이구곡에서 본 것은 규범화된 구곡의 언어형식이었다. 언어형식이란 자연의 몸에 언어의 옷을 입히는 작업이다. 주자가 운곡雲谷에서 행했던 일이며 이황이 도산陶山에서 행했던 일이런 따지고 보면 모두 자연과 인간이 언어라는 매개를 통해 소통할 수 있게 하는 메커니즘의 구축에 지나지 않는다. 그들은 이러한 메커니즘을 통해 하늘天에서 분리되

---

62) 『三淵集』 卷30, 「伯父谷雲先生墓表」: "己巳坤宮失位, 文谷公被禍, 翌年, 仲氏退憂公亦歿于鵬舍, 先生退處石室, 轉入谷雲, 自後十餘年, 除省墓視子女外, 强半在山. 甲戌更化, 以侍從父, 陞嘉善, 拜同知敦寧府事, 漢城左尹, 至工曹參判, 皆一謝而止."

63) 앞의 글: "先生雅意高尙, 澹於世味, 雖寓迹簪組, 而窹寐丘壑, 自遭天倫之禍, 不欲暫住京輦, 嘗日, 望城欲哭, 庚午入山, 以舊築籠水亭猶爲不深, 乃就其上源, 作不知 · 無名等菴而嗒焉孤坐, 欲與世冥絶, 或徊徨澗谷, 歌嘯遣懷, 又取漢諸葛武侯我東梅月堂及宋尤齋遺像, 妥于一所, 名其堂曰有知, 微意所存, 知者鮮矣."

어 점점 멀어져가고 있는 인간의 본성性을 회복시키고자 했다. 자연은 영원한 스승이다. 말하지 않음으로써 위대한 가르침을 준다는 점에서 더욱 그러하다. 말을 버리고 침묵으로 자연과 대화하는 법을 익혀 가다 보면 자연의 이치를 터득하게 될지도 모른다.

김수증이 기실 '곡운'을 발견했을 때 주자의 '무이'는 무화되어 버리고 그 빈자리에 온통 구곡을 흐르는 물과 기괴한 형상을 한 바위며 산과 나무들이 꽉 들어차 버리고 말았다. 그가 화인 조세걸에게 구곡도를 그리도록 한 것도 오직 곡운의 구곡을 생생하게 남기고 싶어서였다. 결코 주자의 무이구곡과 비교하기 위함이 아니었다.

'구곡'이란 동적인 것과 정적인 것의 조화를 극대로 추구하는 문화이다. 물이 동적이라면 산은 정적이다. 물은 높은 데서 낮은 곳으로 흘러내린다. 계곡은 낮은 데에서 높은 데로 올라가며 보게 된다. 산을 오르듯 구곡도 일단은 올라가며 완상해야 한다. 아래에서 위로 상승하는 구도를 그리며 진행한다는 면에서 흔히들 독서나 학문을 구곡에 비유한다. 주자가 지은 「무이도가武夷櫂歌, 武夷九曲歌」에 대한 해석이 분분하게 논의된 것도 그 때문이다.[64] 늘 마지막 제9곡에 대한 해석이 문제였다. 주자의 「무이도가」 마지막 수를 보면, "구곡이 다하려니 안계가 탁트여라. 상마에 내린 비이슬 평천 같이 보이누나. 어부가 다시 도원 길 찾아가지만, 두어라, 예가 바로 인간 세계의 별천지라네九曲將窮眼豁然, 桑麻雨露見平川, 漁郞更覓桃源路, 除是人間別有天."라 하였다. 그런데 이 마지막 구의 "제시除是"를 "이것 말고"로 새기는 경향이 있는 것 같다.

다음은 이황의 해석이다.

구곡의 주석에 "성현의 경지에 넉넉히 들어갔지만 애초부터 백성이 날마다 사용하는 떳떳한 도가 아님이 없으니, 그 어찌 인간 세상을 떠나서 뭔가 고원高遠하여 행하

---

64) 이민홍, 「무이도가 수용을 통해 본 사림파문학의 일양상: 퇴계·하서·고봉을 중심으로」, 『한국한문학연구』 제6집, 한국한문학회, 1982; 김주한, 「퇴계의 주자시 이해: 무이도가를 중심으로」, 『한민족어문학』 제10집, 한민족어문학회, 1983.

기 어려운 일이 있겠는가!"라고 했습니다. (주석의) 이 말이 아름답지 않은 것은 아니지만 "다시 찾는다"(更覓), "이것 말고"(除是) 등의 말과 호응되지 않으니, 어떻게 하면 좋을까요? 만일 "어랑이 다시 찾는다."는 구절 이하는 우리 학문이 응당 이와 같아야 된다는 것이 아니라, '색은행괴' 하는 무리들이 이와 같이 하는 경우가 있다고 생각해 봅시다. 그러면 저들(색은행괴하는 무리)을 비난하고 우리들을 깨우쳐 주는 말이 될 뿐이니 사리에 가까울 듯합니다. 그렇다면 본래의 주석에서 이른바 "이 경치는 인간에서 흔히 얻을 수 있는 것이 아니다."라고 한 것은 또한 틀리게 될 것입니다.[65]

"어랑이 다시 찾는다."는 구절이란 "어부들이 다시 도원으로 가는 길을 찾으니, 인간세상 말고 별천지가 또 있구나漁郎更覓桃源路, 除是人間別有天!"라고 하는「무이도가」의 마지막 시구를 가리킨다. 주자의 시를 '하학이상달下學而上達'하는 학문의 발전 단계學問入道次第로 해석하는 이들이 이 마지막 구절에 이르면 논리의 모순에 빠지게 되는데, 이황 역시 그러했다. 나중에 이황은 주자의 본의가 "다만 경물을 묘사하는 데 있었다本只爲景物而設."는 결론에 이르지만, 초기에는 위와 같이 일부 주석가의 자의적 해석을 수용하기도 했던 것이다.

마지막 구절은 일상의 도를 중시하는 유가의 취향을 벗어나 다분히 도가적인 탈속을 추구하는 느낌을 준다. 유가는 인간 세상을 떠나서 뭔가 고원高遠하여 실천하기 어려운 일을 하지 않는다. 백성이 날마다 사용하는 떳떳한 도를 실천하면 그만이다. 이황은 앞서 구곡의 주석이 설명한 유가의 속성에 착안하여 문제의 마지막 구를 해석할 수 있다고 믿었다. 인간 세상이 아닌 다른 곳에서 특별한 그 무엇을 찾는 행위는 '색은행괴' 한 무리가 아니면 추구하지 않는다고 본다. 그 뒤의 정황이 어찌 되었든, 이황은 현실을 중시하는 유가와 달리 실재하지 않는 '무릉도원' 과 같은 곳에서 아름다움을 추구하려는 움직임을 '색은행괴' 로 규정하였다. 이처럼 16세기 이황과 기대승奇大升, 1527~1572, 明彦, 高峰·存齋, 文憲 시대엔 '구

---

65) 『退溪文集』卷16,「答奇明彦論四端七情·第二書」別紙: "九曲註, 優入聖域, 而未始非百姓日用之常, 夫豈離人絶世, 而有甚高遠難行之事哉. 此言非不美, 柰與更覓除是等語不應, 如何如何. 若曰, 漁郎更覓以下, 非吾學當如是, 謂索隱行怪之徒有如是者云, 乃非彼而喩我之辭耳則似近, 然則本註所謂此景非人間所多得者, 又非矣."

곡'이 단순히 아홉 구비로 이루어진 자연경관만을 뜻하지 않았다. 구곡에는 매우 복잡한 도학의 형이상학적 이념이나 도가의 신선사상 등이 스며들게 되어 있다. 송시열 시대에도 마찬가지였다.

송시열은 "그윽이 '장궁將窮' 두 글자를 보니 구곡九曲에 무한한 정취情趣가 있습니다. 또 상마桑麻와 평천平川에는 별로 특이한 경치는 없으나 은연중 경계 밖에 참으로 기묘한 곳이 있습니다. 그러므로 '다시 도원길을 찾는다更覓桃源路.' 하였습니다."고 하면서, 제9곡의 의미를 '상리常理' 가운데 절로 '묘리妙理'가 있고, 사법死法 가운데서 절로 활법活法이 있다고 보고, 그렇다면 도원이 이 구곡 중에 있으니, 다른 데서 찾을 필요가 없다고 했다.[66] 이는 선배인 이황과 기대승의 견해와 다소 다른 것이다.

대체로 '활연豁然'이라고 하였으니, 학문의 도리로 논하면 이는 온갖 이치가 환히 밝아서 한 가지도 흠이 없는 다음의 일입니다. 이것을 버리고 다른 데서 찾는다면 곧 이단의 괴벽한 술법이고, 성현의 대중지정大中至正한 도道가 아닙니다. 대저 선생先生(주희)은, 월중越中의 산수山水가 기상氣象이 천촉淺促함을 흠으로 여겼는데,[67] 이 구곡의 탁 트인[豁然] 곳에 당도하자 '이곳이 구경지究竟地인데 이곳을 버리고 다시 어디에서 진경眞境을 찾겠느냐.' 고 하였던 것입니다. 그런데 퇴계退溪의 뜻은 아마도 이 구곡을 천양闡揚하는 것이 아닌 듯하고, 고봉高峯의 뜻은 천양함은 적고 금절禁絶하는 것이 많습니다. 그러나 이것이 인간의 별천지가 아니면 이는 바로 더 없는 경계境界인데, 어찌 사람들로 하여금 갈 것이 없다고 하였습니까.[68]

---

66) 『宋子大全』卷134,「論武夷櫂歌九曲詩」: "竊瞷將窮二字, 則九曲有無限意趣, 且桑麻平川別無奇特景象, 而自有境外眞妙處. 故曰更覓桃源路, 蓋曰常理之中, 自有妙理, 死法之中, 自有活法之意也. 若是則桃源只在此曲中間, 不待別求也."

67) 『晦庵集』卷36,「答陳同甫」: "聞到會稽, 曾遊山否. 越中山水, 氣象終是淺促, 意思不能深遠, 武夷亦不至甚好. 但近處無山, 隨分占取, 做自家境界."

68) 『宋子大全』卷134,「論武夷櫂歌九曲詩」: "蓋旣曰豁然, 則以學問之道論之, 是萬理明盡, 一疵不存之後也. 舍是而別求他境, 則是異端僻術, 而非聖賢大中至正之道也. 大抵先生以越中山水氣象淺促爲病, 得此九曲豁然處, 以爲究竟地, 舍此而更於何處覓得眞境也. 若以退溪意看, 則恐非闡揚此曲之意也, 以高峯意看, 則闡揚意少而禁切意多, 且非人間別有天則是無上好境界也, 豈可使人莫往也."

인용문에서 나온 '구경지'나 '진경'은 주자의 말이 아니라 송시열이 주자의 생각을 풀어서 설명한 것이다. 『송자대전수차宋子大全隨箚』를[69] 참고해 보면, 일찍이 이황은 「무이도가구곡시武夷櫂歌九曲詩」를 차운하면서 "구곡산은 다만 넓게 열려 있어, 인가人家와 촌락村落이 장천長川을 굽어보고 있네. 그대는 이 놀이가 좋다고 말을 말라, 별일천의 묘처를 다시 찾아야지."라고[70] 했고, 기대승은 "구곡이 이미 활연한 진경眞境인데, 만일 이를 버리고 다시 도원桃源을 찾는다면 이는 인간이 아닌 별천지이니, 학문상으로 말한다면 이단異端인 것이다."고 여긴 것이다.[71] 이를 두고 송시열은 이황이 제9곡을 별로 기이한 경치가 없으니 주자가 「무이구곡가」에서 말했듯이 어부들처럼 다른 세상에서 즐거움을 찾도록 권유한 것으로[72] 보아 천양闡揚하는 뜻이 별로 없는 것 같다고 했고, 기대승은 천양하기보다 다른 곳에서 별천지를 찾지 말도록 금절禁絶하는 뜻이 많은 것 같다고 본 것이다.

송시열은 주자가 말한 '도원桃源'이 바로 그 제9곡에 있다고 보았고, 그곳이 바로 '진경眞境'이라고 했다. 말인즉 '진경산수'가 파라다이스라는 이야기다. 신선이 사는 이상향을 다른 세계에서 추구할 게 아니고 지금 이곳 내가 바로 보고 있는 그곳이라는 관점으로 의미의 외연을 넓혀 볼 수 있다. 확신에 찬 송시열의 '진경론'이 결국 주자의 무이구곡을 논하는 자리에서 전개되고 있다는 것이 놀랍다. 송시열도 조심성이 있는 분이었다. 선배들을 비판했으니 주위의 비난도 들릴 것이라, 김수증에게 "(제 생각을) 한번 잘 생각해서 판단해 주시되 남에게는 말하지 마소!"하고 끝맺음했다.[73] 이와 같이 여러 학자들의 구곡사랑이 마침내

김수증의 곡운은거와
농연그룹의 기유문예

---

69) 『宋子大全隨箚』 卷11, 卷134, 雜著, 十七板, '退溪意'와 '高峯意'를 참조.

70) 『退溪集』 卷1, 「閒居讀武夷志, 次九曲櫂歌韻」 十首, 其10: "九曲山開只曠然, 人烟墟落俯長川, 勸君莫道斯遊極, 妙處猶須別一天."

71) 『宋子大全隨箚』 卷11, 卷134, 雜著, 十七板, '高峯意': "高峯以爲九曲旣是闊然眞境, 若舍此而更覓桃源路, 則非是人間而別有天地, 以學問言之則是異端也."

72) 『退溪集』 卷16, 「答奇明彦論四端七情」 第二書, 別紙: "蓋九曲乃是尋遊極處, 而別無奇勝, 若因其無勝, 而遂謂遊事了訖, 則興盡意闌, 而向來所歷奇觀, 都成虛矣. 故末句云云, 意若勸遊人須如漁人尋入桃源之境, 則當得世外別乾坤之樂."

73) 『宋子大全』 卷134, 「論武夷櫂歌九曲詩」: "然以孤陋淺見, 敢論先賢得失, 罪不可贖, 只願谷雲老丈試賜裁擇而勿以語人也."

「구곡」 혹은 「구곡도」, 「구곡가」를 도연명의 「귀거래사歸去來辭」를 본뜬 「화도사和陶辭」와[74] 함께 일정한 주제나 수사의 틀이라고 할 수 있는 '토포스topos'가 되도록 하였다.

비록 그렇다 하더라도 '구곡'은 '구곡'이어야 했다. 구곡은 아홉 곡조라고 말해도 좋을 정도로 매우 리드미컬한 음악에 비유해도 좋다. 음악엔 베리에이션, 변주곡이 생기게 마련다. 주자의 무이구곡도 조선에 와서 수많은 변주곡을 만들어 내었다. '변주곡'은 어디까지나 '변주곡'이이어야 했다. 원곡의 얼개를 일탈하는 큰 폭의 개변을 용납하지 않는다. 이렇듯 구곡은 구곡답게 만드는 자연경관의 형식적 혹은 미학적 조건이 구비되어 있어야 한다. 이같이 본다면 김수증이 만들어 낸 곡운구곡의 내용은 전적으로 주자로부터 벗어나 독자적·조선적인 것으로 탈바꿈했다고 해야 한다. 김수증은 거기서 한 걸음 더 나아가 자신이 길러온 상수학적 심미안으로 자연물을 교묘하게 배치하고 개념을 부여하는 거대한 프로젝트를 완성했다. 그것이 바로 '화음동'이란 미적 공간이다.

김수증은 뛰어난 심미안의 소유자였다. 곡운을 발견하고 개척한 것이라든지 화음동을 성리학적 안목으로 은자의 장수지처藏修之處로 재구해 내는 능력 같은 것은 당시에 타의 추종을 불허하는 것이었다. 김수증은 자기의 능력과 지혜를 남과 공유하려는 적극적 심미주의자였다. 곡운구곡과 화음동은 물론하고 금강과 설악을 비롯한 많은 유람지·소요처를 몸소 답사하고 그 느낌을 지리지나 지방지가 요구하는 수준의 상세한 정보를 담아 유기산문으로 남겼다. 김수증은 기록에만 그치지 않고, 이를 아들과 조카에게 돌려가며 읽도록 했다. 또한 읽고 난 느낌을 시문으로 표현하도록 했다. 말하자면 자질들에게 산수미의 감상과 그 표현 교육을 철저하게 시켰던 것이다. 예를 들면, 곡운구곡시를 돌아가며 한 수씩 짓도록 한 것이라든지, 곡운과 화음동에 조영된 인공물에 대해 기문을 쓰도록 한 것 등이 바로 그것이다. 뿐만 아니라 아들이나 조카를 만날 때마다 자신이 고을 원으로 있던 고장에 경관이 좋은 산들, 예컨대 평강현의 청룡산, 희령산, 이천의

---

74) 남윤수, 『한국의 화도사 연구』, 역락, 1998.

그림 8 〈칠선동七仙洞〉 작자 미상, 죽화랑 소장.

그림 9 칠선동七仙洞 제1곡 〈雙溪〉 金允謙 (1711~1775) 作. 호암미술관 소장.

그림 10 칠선동 쌍계 실경 현 맹대교 일대.

김수중의 무운은거와 농연그룹의 가야문예

그림 11 광덕계곡 칠선동七仙洞 조감도.

광복산 등, 새롭게 발견한 산수 가유지처可游之處에 대해 친절한 말씨로 들려 주었다. 그래서 조카 김창흡은 "나는 젊어서 백부를 모시고 산수에 대한 이야기를 실컷 들었다."고 했다.[75] 그야말로 김수증은 명산승처를 잡아내는 데 있어 탁월한 재능을 지닌 산수 사냥꾼이었던 것이다.

아! 내가 산에 들어와 산지도 오래되었다. 점거한 곳마다 제각기 우열과 고하를 품평하였지만 유독 이곳만 처음부터 이름이 없었고 또 좀 더 일찍 와서 유관하지 못한 것을 한스럽게 여기게 되었다. 만물의 외관이 맑고 그윽하며 경계가 여기만 한 곳이 어디 있겠는가? 나와 같이 산수를 탐하는 사람도 오히려 얄팍한 이목에 구애되어 하마터면 이곳을 놓칠 뻔 했으니 이곳보다 훨씬 더 빼어난 곳이 있음을 또 어찌 알겠는가? 층층을 이룬 산과 겹겹이 진 고개 속에 비장된 탓에 미처 살펴보지 못한 것이 아닌가 싶다.[76]

1677년 9월 25일 두 사람의 진사李士涵, 李子三가 찾아왔기로 산수담론을 나누다

75) 『三淵集』卷24, 「平康山水記」: "余少侍伯父, 飫聞山水之談, 數及乎出宰斧壤時所嘗歷覽, 若本縣之靑龍戲靈, 伊川之廣福, 乃其選也. 余則欣然便有躍躍之意, 而東西睽背, 乍近而輒違之, 至老未償債矣."

76) 『谷雲集』卷3, 「七仙洞記」: "余之入山水窟久矣. 所占各有題品, 而獨恨此之未始有名而不得早來遊也. 物外淸幽境界若此者何限, 以余之貪饞於山水, 猶限於耳目之近而幾失乎此, 又安知絶勝於此者, 藏祕於重巒複嶺之中而有不及窺者歟."

가 전인미답의 계곡을 찾아 나선 일을 두고 쓴 「칠선동기七仙洞記」의 한 대목이다. 첫 번째 답사에선 유람에 참여한 사람의 수효가 7인이라 하여 그곳을 '칠선동' 이라[77] 이름을 만들어 붙이는 데서 끝난다. 1678년 김수증은 자기의 아들 창국, 창직과 두 조카 창협, 창흡을 데리고 다시 선유동을 찾는다. 일곱 굽이에 각기 품제를 하기 위해서였다.[78]

이러한 품제활동은 김창협에게 고스란히 이어졌다. 김창협은 백씨인 김창집에게 보낸 편지에서 "청평산은 비록 그다지 뛰어난 절경은 아니지만 매우 마음에 들어 그냥 떠나고 싶지 않게 하니 눈으로 보는 경치가 귀로 듣는 소문보다 못하지 않다는 말은 오직 이 경우에 해당될 것입니다. 설악산의 봉우리는 풍악산과 너무도 닮았는데 다만 이곳에는 풍악산처럼 정양대가 있지 않아 한눈에 온 산을 볼 수 없고 또 마음껏 여기저기 돌아다니며 즐기지 못하는 것이 안타깝습니다. 곡연과 봉정은 모두 가보지 못하였습니다. 수석의 경관은 그다지 대단한 구경거리가 못 되지만 폭포는 전에 본 적이 없는 특이한 것이었습니다. 박연폭포가 웅장하다면 이곳의 폭포는 아름답고 박연폭포가 뛰어난 기세를 갖추었다면 이곳의 폭포는 운치가 뛰어납니다. 그래서 어느 쪽이 더 나은지 순위를 정할 수는 없지만 더 특

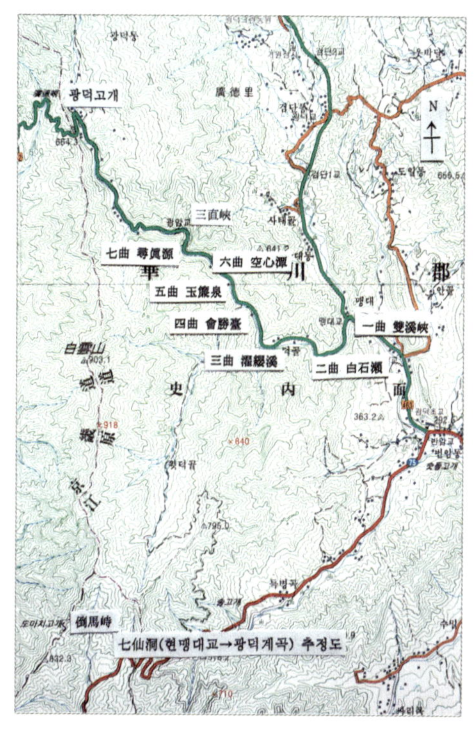

그림 12 칠선동의 칠곡 유준영 추정.

77) 앞의 글: "今此來遊者七人, 故創名之曰七仙洞."

78) 『谷雲集』卷3, 「重遊七仙洞記」: "戊午閏三月十二日, 携國·直兩兒, 姪子協·翕, 重遊七仙洞, 曲曲皆作品題." 그림 8·9·10·11·12를 참조.

이한 것은 이곳일 것입니다. 대승사는 별다른 뛰어난 경치는 없습니다만 한 가지 훌륭한 점은 지대가 높고 깊은 산속이라 속세 사람들의 흔적이 없는 깨끗한 곳이라는 점입니다. 그러나 중마저 떠나 황폐해져버린 것이 유감스러울 뿐입니다."[79] 라고 하여, 청평산·설악산·풍악金剛山, 곡연폭포와 박연폭포를 서로 비교하여 품평하였거니와 또한 족질族姪인 김시좌金時佐[80]에게 답한 편지에서는 "황강권상하과 의견을 주고받은 편지들도 모두 잘 받아 보았네. 그런데 산수에 대한 평은 지나치게 장황한 것 같으니 생각이 너무 드러나고 기상이 천박하다는 느낌을 받았네. 이는 그대가 이전부터 지녀온 병근인데 그것이 지금 또 드러난 것이니 이 점을 잘 살피지 않아서는 안 될 것이네. 산수를 품평하는 일은 주 선생도 그런 일이 있긴 하지만 '월 지방의 산수越中山水는 기상이 아무래도 협착하고 느낌이 심원하지 못한데 무이산도 그다지 좋지는 않다. 그러나 봄에 그곳에 가보니 산이 높고 물이 깊으며 붉은 꽃과 푸른 숲이 서로 어울려 그 나름대로 나쁘지는 않았다.' 하여 말뜻에 여유가 있었으니 어찌 이와 같이 박절한 적이 있었겠는가."[81]라고 하여, 바른 산수품평 태도를 유지하라고 타이르고 있다.

여기서 우리는 은자處士의 중요한 책무 중의 하나가 산수미를 발견하고 전파하여 다른 이들과 적극적으로 공유하는 데 있음을 알 수 있다. 산수를 평론하는 '제품題品'과 새로운 이름을 부여하는 '창명創名'이야 말로 산수미를 비평적으로 감수하여 심미능력을 제고시키는 주요한 수단이었다. 그리고 그러한 작업은 부단하게 추구된다는 데서 은사문화의 주요한 부분으로 자리를 잡게 된다. 그렇다면 김수증이 추구한 은사문화가 후대에 어떻게 계승되고 어떠한 양상으로 전개되었을까.

---

79) 『農巖集』 卷11, 「上伯氏」(丙子 : 1696): "淸平雖不甚絶特, 而極可愛, 令人不欲捨去, 所見不減所聞, 唯此爲然. 雪嶽峰巒, 絶類楓嶽, 而但苦無正陽臺, 不能盡聚於目前, 又不能極意窮探. 如曲淵鳳頂, 皆未入杖屨中, 水石之勝, 殊無大段可觀, 而瀑布之奇, 則前所未見. 蓋朴淵雄壯, 而此則縹緲, 朴淵以氣勢勝, 而此則以格韻勝, 甲乙雖未易定, 而此尤奇異矣. 大乘無他勝, 只高深非人境, 恨僧去荒落耳."

80) 金時佐는 여러 동학들과 뜻을 모아 1709년(숙종 35)에 스승 김창협의 유문을 수집하여, 1710년 김창흡의 서문을 받아 『농암집』 원집 34권을 활자로 간행한 바 있다.

3. 조선 후기 동유열기와 기유문예의 성립과정

15~17세기, 조선조 중기에 창작된 유산기遊山記를 공동 연구한 최근의 한 보고에 의하면[82], 17세기 이후 창작된 유기遊記와 유록遊錄이 약 500여 편에 달하는 반면 17세기 이전까지 창작된 것은 겨우 60여 편에 그쳤다고 한다. 이렇게 17세기 후반 이후 산수유기 창작이 활발하게 된 데에는 여러 가지 요인이 있을 터이다. 그 가운데 첫 번째 요인은 우리 산수에 대한 새로운 자각이다. 호란 이후 주체적 사고가 제고되었다. 중국이 만주족의 치하에 들어가자, 조선 지식인들은 중화문명의 맥이 소중화小中華를 자처해 온 우리나라에만 남게 되었다고 믿었다. 사고의 중심이 북경에서 한양으로 서서히 옮겨가고 있었다. 이 문제는 존주尊周 대명의리의 강조와 복수설치復讐雪恥를 주장하는 북벌론北伐論의 시의성 여부 문제와 함께 17~18세기 지식인의 사유를 파악하기 위해 간과해서는 안 될 대목이다.

조선이 중화문명의 주체일 수밖에 없다는 의식에 따라 문예도 중국을 선망하고 예찬하고 모방하기보다는 조선을 노래하고 표현하는 쪽으로 선회하게 된다. 학계에는 이러한 의식을 '조선중화주의'라고까지 말하고 있다. 그리고 그러한 의식이 송시열을 추종하는 문도그룹이나 후속세대, 예컨대 김창협이나 김창흡과 같은 이들에 의해 논리화의 과정을 밟아 문화예술 방면으로 확산되었다고 한다. 이러한 논리의 지평 위에서 이병연의 시가예술이나 정선의 회화예술, 진경산수화가 조선중화주의의 가장 빛나는 성과로 손꼽힌다.[83]

---

81) 『農巖集』 卷19, 「答道以」(甲申: 1704): "黃江往復諸紙, 併荷投示. 但山水之評, 似太張皇, 覺得意思暴露, 氣象淺薄, 此是道以從來病根, 而又發於此, 不可不察也. 評品山水, 朱先生固亦有之, 而如云越中山水, 氣象終是淺促, 意思不能深遠, 武夷亦不至甚好. 春間至彼, 山高水深, 紅綠相映, 亦自不惡. 其語意自是優裕, 何曾似此迫切."

82) 이혜순 외, 『조선 중기의 유산기문학』, 집문당, 1997. 이 저서는 금강산·묘향산·지리산·소백산·청량산 등 주요 산의 여행기록을 체계적으로 정리·분석해 조선 중기 산수문학의 의의를 규명하고 있다. 고연희(2000)의 논문, 각주 1을 참조.

83) 최완수 외, 『우리 문화의 황금기 진경시대』 1~2, 돌베개, 1998, 1999; 같은 이, 「겸재 정선 평전」, 『간송문화』 54, 한국민족미술연구소, 1998; 같은 이, 「겸재진경산수화고」, 『간송문화』 21, 29, 35, 한국민족미술연구소, 1981, 1985, 1988.

그림 13 〈단발령망금강산도
斷髮嶺望金剛山圖〉 정선 作.
1711년. 국립중앙박물관 소장.

　한 시대의 문화가 빚어지기 위해서는 문화를 지도하고 형성하는 원리로서 이념idea이 있어야 한다. 그렇다고 해서 하나의 이념이 모든 문화의 부면을 완벽하게 관철해 낼 수는 없다. 이념의 침투에도 일정한 한계가 있다. 특히 문학이나 서화예술은 일정한 양식manner에 대한 의존도가 높은 분야이다. 이념보다 그 양식이나 풍조가 지도적 우위를 점할 수도 있는 것이다. 이런 논리의 연장에서 정선과 그 후진들의 진경산수화라든지 김수증과 그 계승자들의 산수유기와 진경산수시의 창작이 검토될 필요가 있다.[84]

　김수증의 계승자들이 본격적으로 활동한 18세기 문학예술계의 핵심어는 '진眞'한 자로 압축된다. 무엇이 참다운 것인가에 대한 논의는 무엇이 '가假'인가에 대한 논의의 뒷면에 불과하다. 지난 시기에 이루어졌던 문예물에서 진과 가를 구별

---

84) 이종묵, 「서평: 시와 그림이 있는 여행: 고연희의 『조선 후기 산수기행 예술 연구』」, 『한국학보』 제28집, 일지사, 2002. 이 글에서 글쓴이는 고연희의 저작이 미술사에서 그 동안 최완수와 정옥자에 의해 제기된 진경산수의 이론과 틀이 갖는 한계를 극복했다고 평했다. 정선의 진경산수가 율곡 이이로부터 시작되어 우암 송시열, 농암 김창협으로 이어지는 조선중화주의(조선성리학)의 연장선상에서 발흥했다는 틀이 학계에 수용되고 있었으나, 고연희는 "정선의 진경산수가 명말청초 山水版畵나 紀游圖를 수용한 것임을 실증적으로 밝혔으며, 진경산수화와 흐름을 함께 하고 있는 17~18세기의 산수기행문학이 명말청초의 그것을 일정하게 수용한 결과임을 입증하였다."고 했다.

해 내고 진이라고 믿는 것을 따라 배우는 노력이 이어졌다. 그 가운데, 조선의 문인들은 먼저 우리 것 가운데 배타적 우월성을 확보하고 있으면서 가장 진선진미한 '금강산 따라 배우기'에 집중했다. 그 학습태도가 진지함을 넘어 조금 지나친 표현인지 모르겠지만, '광분狂奔'에 가까웠다.

문학이란 의미 있는 체험을 담아 내는 형식이라는 인식이 보편화한 것도 18세 문단사의 큰 특징이다. '체험'을 담자면 체험을 해야 한다. 체험에 참여할 수 없는 이는 체험한 이의 그것을 문학이라는 매개를 통해 추체험하는 방식으로 참여할 수 있다. 18세기의 체험에서 대종을 이루었던 것은 여행이다. 떠나갔다가 돌아오는 여행은 1회에 그치지 않는 게 그 속성이다. 또 다른 여행을 꿈꾸고 준비하게 만든다. 가장 손쉬운 여행은 친지를 방문하는 것이다. 일이 생겨 부득이 친지를 방문해야 할 때도 있고 일부러 보고 싶어 가는 경우도 있다. 동기는 다르지만 모두가 여행이다. 그런가 하면 사전에 계획을 하고 여행을 하는 예도 있다. 17세기 말에서 18세기 초반의 여행에서 이러한 징후가 점증하고 있음이 포착된다.

여행의 목적지 1위는 물론 금강산이었다. 일찍이 이민서李敏敍, 1633~1688, 호 西河가 남학명南鶴鳴에게 권했던 사악백두산, 묘향산, 지리산, 한라산이 차례로 그 다음 목록에 추가되는 상황이었다. 벼슬길에 있던 이들은 외직으로 나가게 될 때, 공무의 틈을 내어 부임지 주변 명산을 유람하는 예가 많다.[85] 명산유람의 취미는 긴 여정을 요구하는 해외여행으로 이어진다. 연행과 해유가 그것이다. 두만강을 건너 북경의 자금성을 다녀오거나 현해탄을 건너 일본의 에도막부를 찾아가는 여행은 아무나 할 수

---

85) 금강산에 대한 문학적 대응을 논한 글로는 다음과 같은 논문들이 있다. 이종묵, 「조선 전기 문인의 금강산 유람과 그 문학」, 『한국한시연구』 제6집, 한국한시학회, 1998; 심경호, 「조선 후기 문인의 동유 체험과 한시」, 앞과 같은 책, 같은 호; 강혜선, 「조선 후기 금강산화와 금강산시」, 앞과 같음; 우응순, 「조선 전기 금강산 유산시의 사례 연구: 김시습의 『유관동록』, 이이의 『풍악행』을 중심으로」, 『어문논집』 제50집, 민족어문학회, 2004; 이혜순, 「18세기 한일문사의 교류 양상: 기해 사행시 한일문사의 창수집을 중심으로」, 『대동문화연구』 제26집, 성대 대동문화연구원, 1991; 조규익의 「금강산 기행가사의 존재양상과 의미」, 『한국시가연구』 제12집, 한국시가학회, 2002; 김기영, 「금강산의 시조문학적 수용 양상 고찰」, 『어문학』 제74호, 한국어문학회, 2001; 윤지훈의 「삽교 안석경의 금강산 유기」, 『우리한문학회』 제12집, 우리한문학회, 2005; 박미나, 「18세기 금강산 시와 그림의 관련 양상 연구: 이병연의 시와 정선의 그림을 중심으로」, 경기대학교 석사학위논문, 1998.

그림 14 〈김창집 상〉 1720년, 《기사계첩 己巳契帖》중. 이화여대박물관 소장.

있는 것이 아니었다. 선택된 자만이 누릴 수 있는 행운이었다. '견문'의 확대와 신지식의 발견은 그때 주로 이루어졌다.

장동김문은 연행과 해유에 특별한 관심을 기울였다. 김상용이 1598년 성절사聖節使로 조천한 것을 시작으로 명말청초인 1626년 이루어진 김상헌의 중국여행체험 성절사 겸 사은진주사이 『조천록』으로 갈무리된 바 있다. 병자호란 이후로 김수항이 1653년 삼절연공사三節年貢使, 서장관와 1673년 사은겸삼절연공사謝恩兼三節年貢使, 정사로 2차에 걸쳐 연행하였고, 김수흥은 1680년 사은고부겸삼절연공사謝恩告訃兼三節年貢使, 정사로 연경을 다녀왔다. 또한 김창집도 1712년 동지사冬至使 겸 사은사謝恩使로 연행하면서 아우 김창업을 동행시킨 바 있거니와 장동김문의 후예들은 1886년고종 23 김가진金嘉鎭, 1846~1922, 호 東農에 이르기까지 세대를 거르지 않고 총 17인이 도합 20차례에 걸쳐 중국을 다녀왔던 것이다.[86] 이와 같은 장동김문의 연행을 통한 북학열기는 농연그룹의 후예들에 의해 계속 이어져, 훗날 박지원朴趾源 : 1737~1805, 호 燕巖의 북학파北學派를 형성시켰다.

한편 연행과 해유의 체험은 고스란히 기록으로 갈무리된다. 그것이 연행록燕行錄이고 해유록海遊錄·해사록海槎錄이다. 명산에 가자면 먼저 선배들의 유록을 읽어야 했고 연행이나 해유를 하자면 먼저 김창업의 『연행일기稼齋燕行錄』나 신유한의 『해유록』과 같은 선배들이 남긴 일기를 꼼꼼히 검토해야 했다.

여행체험을 기록으로 남기고자 하는 욕구가 가장 강렬하게 작용했던 대상은 역시 금강산유람이었다. 그 결과 조선 후기 문예의 일각을 유록과 유기, 일기와

---

86) 김창현의 「가재연행록에 대하여」(『여행과 체험의 문학』 중국편, 민족문화문고간행회, 1985)와 김태준·이승수·김일환의 『조선의 지식인들과 함께 문명의 연행길을 가다』(푸른역사, 2005)를 참조.

일록의 문학으로 채울 수 있게 된 것이다. 다시 본 논의로 돌아와 생각하면, 우리는 금강산에 대한 회상을 통해, 조선조 선비들이 지녔던 민족 자존의식이 국토산하에 대한 사랑에서 비롯된 측면이 강하다는 것을 알 수 있다. 특히 병자호란 이후, 국토산하를 예찬하며 자존을 이야기하는 산수담론의 풍미는 일찍이 없었던 것으로 한국 미학사에서 특기해야 할 사조였던 것이다. 이렇듯 17~18세기 선비들의 마음엔 언제나 금강산이 살아 있었다.

그들의 금강산을 향한 존모와 애정은 깊고도 멀어 되돌릴 수 없는 관성이 되어 버렸다. 김창협은 주자의 말을 빌려 자신의 지나친 산수취향을 경계한 바 있다.

> 나는 밤에 꿈속에서 산수를 노니는 일이 매우 많다. 금강산 유람에서 돌아온 뒤로 8~9년 동안 꿈속에서 비로봉과 만폭동 사이를 밟은 것은 이루 다 기억할 수도 없고 이따금 무어라 형언할 수 없을 정도로 기이한 경치를 만나기도 하는데 이 어찌 매우 좋아하기 때문에 그러는 것이 아니겠는가. 옛날 주자가 스스로 말하기를 "몇 밤을 연달아 꿈속에서 글을 풀이한다." 하고 이것이 비록 좋은 일이기는 하나 이 또한 꿈에 나타나는 것은 좋지 않다고 하였다. 산수 꿈을 꾸는 것이 비록 영화와 이득을 꿈꾸는 것과 다르기는 하나 한쪽에 치우쳐 매인 마음의 발로라는 점은 똑같다. 이 점을 스스로 경계해야 하겠기에 우선 이렇게 써 놓고 보는 바이다.[87]

금강산을 유람한 뒤 금강 산수가 그리워 꿈속에서 다시 찾을 정도로 조선 후기 선비들은 금강에 열광했던 것이다. 김수증과 그의 조카들인 김창협, 김창흡 형제들도 금강에 열광하고 전래의 동유전통을 체현하여 발전시킨 대표적인 인물들이다.

김수증은 78세라는 비교적 수를 누린 편이어서, 조카인 김창협1651~1708이나 김창흡1653~1722과 함께 공존한 시간이 길다. 김창협이 51세, 김창흡이 49세가 될

---

87) 『農巖集』卷34, 「雜識·外篇」: "余夜夢游山水極多, 自游金剛還, 八九年間, 夢踏毗盧萬瀑之間者 不可記, 往往遇奇異光景, 殆不能名言, 此豈亦好之篤故耶. 昔朱子自言連夜夢中解書, 以爲雖事 之善者, 亦不合形於夢, 夢山水, 雖異於夢榮利, 其爲偏係之發, 一也. 此宜自警, 聊書此以觀之."

그림 15 〈김창흡 상〉 19세기. 일본 텐리대
학도서관 소장.

때까지 가까이 있으면서 이들 조카의 성장을 지켜본 이가 바로 김수증이다. 농연 형제의 부친인 김수항은 요동하는 정국의 현실에서 노론의 영수로서 당파적 이익을 수호해야 하는 위치에 있었고, 종국에는 유배와 사사라는 비극적 운명을 맞았던 정치가였다. 기사환국으로 풍비박산이 나버린 장동김문의 구성원들을 추슬러 안정시켜야 하는 짐을 떠맡고 있던 김수증이었지만 언제나 조카들에게 백부로서 다정한 벗이 되어 주었다. 적어도 기사년 이후의 김수증과 김창흡은 동지였다고 해야 한다.

김창흡은 김수증이 죽자 그를 위해 「묘표墓表」를 찬술했고, 『곡운집谷雲集』을 편집하고 머리에 서문을 지어 올렸다. 김수증의 평생을 가장 잘 알고 있었기에 가능한 일이었다. 또한 김수증의 주손冑孫이 바로 김창흡의 아들이었기에 자연 김수증을 위한 추모사업은 모두 김창흡의 손을 거치지 않을 수 없었다.

백부의 문집을 영남 감영에서 간행하려고[88] 한다 하니 매우 기쁘다. 보내온 5책을 자세히 살펴보고 다시 점을 찍어 보냈다. 가기家記는 모두 조상의 덕과 가르침을 진술한 것으로 내용도 착실하고 문장도 좋아 손댈 곳이 없으니 모두 신고자 한다. 평소에 모시고 가르침을 받으면서 종일토록 들었던 바가 요컨대 가훈과 산거 두 가지에서 나오지 않았을 뿐이니, 이제 만일 가기와 유기를 세워서 강령으로 삼고 다른 글 약간을 덧붙이는 것이 좋겠다. 유기는 문장의 격조를 불문하고 전부 수록할 수는 없으므로 6, 7편을 빼놓았는데 곡운에 은거하기 이전의 작품 몇 편은 완숙함이 부족하

---

88) 당시 경상도 관찰사는 김수증의 외증손인 李宜顯이었다. 1711년 대구감영에서 목판 6권 3책을 간행한 뒤 안동 봉정사에 책판을 보관하였다고 한다.

니 우선 놔두기로 한다.[89]

김창흡은 김수증의 평생사업이 '가훈家訓'과 '산거山居'에 있다고 말했다. '가훈'이란 김상헌의 주손으로서 집안을 다스리는 것이라면 '산거'는 만년의 은거 생활을 말하는 것으로 문집을 엮을 때도 이 두 가지를 강령綱領으로 삼는 게 좋겠다고 했다. 그런데 김창흡은 '가훈'은 있는 그대로 실었지만 산수유기에 대해서는 곡운은거 이전 작품이 문장의 격조가 완숙하지 못하다고 보아서 6~7편을 빼버렸다. 김창흡으로서는 쉽지 않은 선택을 한 셈이다. 이 역시 김수증의 지음이라면 당연히 해야 할 일이라고 김창흡이 생각했기 때문이라고 본다.

김수증은 곡운은거와 구곡경영을 내외에 알려 공인받으려는 퍼포먼스를 진행했다. 이를 위해 한양의 장동김문 일족이 거의 다 그 무대에 올라갔을 뿐 아니라 장동 김문과 혼인관계를 맺은 경화세족京華世族 출신의 대소문중이 죄다 추임새에 따라 춤을 추었다. 김수증이 연출과 기획을 맡았다면, 주연은 조카인 김창협과 김창흡이 담당했다. 그리고 나머지 수많은 조연과 엑스트라가 동원되었다. 곡운구곡도谷雲九曲圖와 같은 그림, 곡운기谷雲記와 같은 기문, 농수정시籠水亭詩나 곡운구곡시谷雲九曲詩와 같은 시가, 즉 '기유문예紀遊文藝'가 무대를 장식하는 소품으로 만들어졌다. '기유문예'란 유기, 유록, 유람일기, 유람시, 기유도紀遊圖 등 자연산수나 인문경관을 유람하여 견문한 사실이나 감회를 담아낸 모든 예술행위를 뭉뚱그려 부르는 것으로 장동김문에서 기유문예의 성립을 촉진한 이가 다름 아닌 김수증이었던 것이다.

기유문예의 기초는 유기와 유록의 창작이다. 김수증은 생전에 여러 편의 유기와 유람일기를 남겼거니와 이를 위해 전인들의 산수유람 기록을 모아 『와유록臥遊錄』으로 엮어 두기도 했다. 물론 전인들의 산수체험 기록을 감상하면서 국토와 승

---

89) 『三淵集』卷17, 「答致謙」: "伯父文集, 將入梓于嶺營云, 何等喜幸. 來五册, 靜裏細閱過, 更爲打點以送, 而家記, 則皆是陳世德述祖訓, 勤摯著實, 而文字亦好, 不可加手. 故欲全存之. 尋常陪誨, 終日所聞, 要不出於家訓山居兩款而已. 今若以家記遊記立爲綱領, 而傅以他文若干, 似得宜矣. 遊記中, 亦不可不論文格而全收, 故汰去六七篇, 而谷雲以前入選數篇, 亦欠渾熟而第留之."

처에 대한 시야를 넓히고 유용한 여행기록을 창작하기 위한 모델로 활용하기도 했다. 1664년^{현종 5} 10월, 송시열이 지어 준 「김연지의 와유록 뒤에 쓰다^{書金延之臥遊錄後}」를 보면 김수증이 와유취미가 얼마나 대단했는가를 짐작할 수 있다.

> 소 선생邵先生(邵雍)이 일찍이 말하기를, "집 뜰을 나가지 않고도 곧장 천지와 접촉한다." 하였으니, 연지가 이 기록을 만든 것이 어찌 소 선생의 가르침을 사모한 것이 아니랴. 연지는 위로 당송唐宋의 여러 어진 이로부터 아래로 우리나라의 여러 노선생老先生의 기록에 미쳤는데, 그 이름을 상고하고 그 실지를 지적指摘하기를 마치 자신이 직접 그 지경地境을 지나면서 그 산천을 보는 것같이 하였다.[90]

아마도 이 『와유록』은 폭넓게 장동김문의 후예들에 의해 읽혀졌을 것이다. 그리하여 1681년경 김창집^{金昌緝, 1662~1713}이 전인들의 명산기^{名山記} 등을 모아 『징회록^{澄懷錄}』을 엮고, 『명산최승^{名山最勝}』 4책을 편찬할 수 있었던 것이 아닌가 한다. 그렇다면 유기와 유록, 유람일기의 전통은 김수증에게 힘입은 바 크다고 해야 할 것이다.

『동문선』에 수록된 시문을 검토해 보면, 고려 중기 임춘이나 이규보 이후 나타나는 유기문학 작품들이, 대개 산수자연의 유람을 통하여 문장의 기운^{文氣}을 기르기 위한 문예적 목적과 유람의 과정에서 견문한 것을 채록하여 치민의 자료를 삼기 위한 정치적 목적에 의해 창작되고 있음을 알 수 있다. 그러다가 점차 산수유기가 축적되자 전대에 이루어진 산수유람기를 참고하는 경향이 생겨나게 되었다. 등산 가이드북이 없던 시절에 선배들의 유람경험을 기록한 유기나 유록은 매우 소중한 지침이 되어 주었던 것이다. 15세기 고려의 도읍지인 송도^{박연폭포} 유람록인 채수^{蔡壽, 1449~1515}의 「유송도록^{遊松都錄}」과 남효온^{南孝溫, 1454~1492}의 「유금강산기^{遊金剛山記}」가 조선 중기 이후 자주 유록에서 인용되거나 소개되는 것도 이 때

90) 『宋子大全』 卷146, 「書金延之臥遊錄後」: "邵先生嘗言不出戶庭, 直際天地. 延之之爲是錄, 豈亦慕先生之風者耶. 之錄上自唐宋諸賢, 下訖吾東諸老先生之所記, 按名指實, 實如身歷其境, 而領其山川矣."

문이다.[91] 김수증의 「풍악일기楓嶽日記」가 나온 이래 이를 계승한 김창흡의 유기창작을 거쳐 오원吳瑗, 1700~1740, 伯玉, 月谷에 이르게 되면, 일기체 창작이 농연그룹의 유기양식의 특징을 이루었다.

이렇듯 종합예술로서 '기유문예'의 성립을 가져온 이가 바로 곡운 김수증이라면, 김수증을 이어 기유문예를 발전시킨 농연그룹이다. '농연農淵'이란 김창협金昌協, 1651~1708, 仲和, 農巖·三洲, 文簡과 김창흡金昌翕, 1653~1722, 子益, 三淵, 文康 형제를 합칭하고, 농연그룹이란 김창협과 김창흡 형제를 포함하여 그들의 자손이나 제자를 중심으로 의식을 공유하며 친밀하게 교류한 일군의 문인집단을 지칭한다.[92] 다음에서 농연그룹의 형성요인과 그들이 추구한 문예정신을 알아보기로 하자.

4. 농연그룹의 형성요인과 문예정신

농연그룹은 어떻게 형성되었는가. 농연그룹의 형성에는 몇 가지 요인이 있다. 첫째는 농연그룹 구성원이 대부분 19세기의 정치사를 움직인 3대 가문인 안동김씨·풍양조씨·여흥민씨와 학맥으로 연결되어 밀착되어 있다는 것이다. 뿐만 아니라 이들은 혈연·학연이 중복된 경우가 많았다. 이하조李賀朝는 이단상의 아들로서 김창직의 사위였으며, 홍유인은 김수증의 외손이었다. 민형수는 김창집의 사위 민창수閔昌洙의 형이었고, 오진주吳晉周·유수기俞受基는 김창협의 사위였다. 이덕재李德載는 김창흡의 사위였고, 유언전俞彦銓은 김창흡의 손녀사위였으며 조문명은 김창업의 사위였다. 이 외에도 문인들 중에는 안동김씨와 직간접적인 혼인 관계를 가진 사람들이 많았다.[93]

---

91) 호승희, 「조선전기 유산록 연구」, 『한국한문학연구』 제18집, 한국한문학학회, 1995.

92) 문인관계는 주로 『典故大方』(姜斅錫 편, 4권 1책, 활자본, 1924년에 간행, 아세아문화사, 1975년 영인)을 참조.

93) 김학수의 『끝내 세상에 고개를 숙이지 않는다: 17세기 명가의 내력과 가풍』(삼우반, 2005): "이

그림 16 〈조문명 상〉 19세기. 일본 텐리대학 도서관 소장.

벌열가문 출신이었던 농연은 이단상과 조성기로 대표되는 서울지역 학풍의 세례를 받으며 성장했다. 농연의 학문정신은 절충과 자득에 있었다. 김창협은 "의리는 천하의 공물이니 가부可否와 동이同異를 구분하는 것을 형적形跡 때문에 꺼려할 수는 없는 것"이라고[94] 했고, 또한 "우옹尤翁:송시열은 내가 존경하는 분이니 비록 수업을 받아 스승과 제자 사이가 된 적은 없지만 그분의 문하에 출입한 지 수십 년이 되어 정의가 돈독하다."[95]고 말한 바 있다. 이러한 언급을 신뢰한다면, 우리는 김창협의 학문적 태도가 당론에 좌우되거나 송시열의 학설을 맹목적으로 추종하는 양상을 보이지 않았을 것으로 본다. 공정한 마음으로 전개된 「사단칠정설四端七情說」은 그의 절충과 자득의 정신이 십분 발휘된 글이 아닐까 한다.

그는 "사단四端은 선善 일변이고 칠정七情은 선과 악을 겸했으니, 사단은 오로지 이理만을 말하고 칠정은 기氣를 겸하여 말한 것"이라는 이이의 설이 명백하다고 동의하면서도 다만 '기를 겸하여 말한 한 구절'에 대해서는 다소 견해를 달리했

처럼 김창협·김창흡이 서울 지역의 명가의 자제들을 광범위하게 규합할 수 있었던 것은 이들이 지니는 학문적인 깊이와 사상적 포용성과 밀접하게 연관되어 있었다. 여기에 김상헌의 증손이라는 사회적 지위가 가미되면서 이들은 보다 용이하게 서울학계의 구심점으로 부각될 수 있었던 것이다. 후일 김창협·김창흡의 문인들은 학문적인 연대를 바탕으로 영조 연간에는 노론 준론의 핵심으로 활동하게 되었다. 이후 김창협·김창흡의 학통은 김창협의 손자 김원행에게 전수되어 이론적 토대를 강화하는 한편, 호락논쟁의 과정에서는 낙론의 실체로 등장하게 된다."

94) 『農巖集』 卷16, 「答金叔涵載海」(壬午 : 1702) : "且念, 義理天下之公, 可否同異之間, 宜不以形跡爲嫌."

95) 『農巖集』 卷20, 「與愼無逸」(癸未) : "尤翁吾所尊也. 雖未嘗受業爲師弟子, 而出入門下, 數十年, 情義篤矣."

다. 김창협은 "칠정이 비록 실제로 이와 기를 겸했다 하더라도 요컨대 기를 위주로 하기에 그 선한 것은 기가 능히 이를 따른 것이고 그 선하지 않은 것은 기가 능히 이를 따르지 않은 것이니, 그 선과 악을 겸하였다고 함이 이와 같을 뿐이다. 처음부터 그것이 기를 위주로 하는 데에 해를 주지 않는다. 퇴계는 여기에 대해 견해가 있었지만 이곳이 극히 정미해서 말하기 어려웠다. 그래서 분석할 때 문득 두 갈래로 만들어 그 '기발이승ㆍ이발기수氣發理乘ㆍ理發氣隨'를 말하기에 이르렀으니 이름하여 말한 차이가 정지견正知見에 누가 되었다. 그러나 그 생각의 정밀하고 자상함은 후인들도 자세히 살피지 않으면 안 된다."고 했다.[96] 이와 같이 김창협은 존재론에 있어서는 이황의 호발설互發說을 부정하고 이이의 기발이승설氣發理乘說을 긍정했지만, 도덕론에 있어서는 "율곡이 사단은 칠정을 겸할 수 없고 칠정은 사단을 겸할 수 있다고 말했으나 그 실제는 칠정은 사단을 겸할 수 없다."[97]고 하여 이이의 인간과 자연의 통합적 시각을 버리고 이황의 설을 따랐다.

앞선 시기에 활동한 성혼成渾, 1535~1598, 호 牛溪이나 박세채朴世采, 1631~1695, 호 南溪ㆍ玄石, 조성기趙聖期, 1638~1689, 호 拙修齋와 임영林泳, 1649~1696, 호 滄溪 등과 같은 학자도 이황의 호발설을 융통성 있게 해석하려고 한 바 있는데, 김창협은 그 같은 선배들의 시각을 계승하여 보다 정치한 분석을 통해 이황의 학설을 부분적으로 수용하고 이이의 견해를 비판적으로 보완하고자 한 것이었다. 대체로 이황의 호발설에 긍정적인 태도를 보인 학자들은 소론계가 많았기에 이이의 학설을 정통으로 받들었던 송시열과 그 후계자, 예컨대 권상하 계의 노론들은 이를 못마땅하게 여겨 김창협의 학설을 배척하였다.

또한 김창협은 한국 성리학사에서 인물성동이론人物性同異論에 단초를 제공한 인물로 기억된다. 비록 초년에는 송시열과 토론하는 과정에서 인물성이론 쪽에 경

---

96) 『農巖續集』 卷下,「四端七情說」: "四端善一邊, 七情兼善惡, 四端專言理, 七情兼言氣, 栗谷之說, 非不明白, 愚見不無少異者, 所爭只在兼言氣一句耳. 蓋七情, 雖實兼理氣, 而要以氣爲主, 其善者, 氣之能循理者也. 其不善者, 氣之不循理者也, 其爲兼善惡, 如此而已. 初不害其爲主氣也, 退溪有見於此, 而此處極精微難言. 故分析之際, 輒成二歧, 而至其言氣發理乘, 理發氣隨, 則名言之差, 不免有累於正知見矣. 然其意思之精詳縝密, 則後人亦不可不察也."

97) 앞의 글: "栗谷言四端不能兼七情, 七情則兼四端, 其實七情不能兼四端."

도되는 경향을 보였지만 만년에 박세당朴世堂, 1629~1703, 호 西溪의 성리설을 비판하는 과정에서는 인물성동론 쪽에 가까운 논설을 폈다는 평가를 받았다. 뒷날 농연 그룹에 속했던 이현익李顯益과 이재李縡, 1680~1746, 호 陶菴의 문인인 임성주任聖周, 1711~1788, 호 鹿門는 인물성이론을 지지했고 권상하의 문인인 이간李柬, 1677~1727, 호 巍巖과 현상벽玄尚璧, 호 冠峯은 동론을 지지했다. 그러나 대체로 낙하洛下 : 서울에 거주했던 낙학파는 이간의 동론을 지지한 이가 많았고, 호중湖中 : 충청도에 거주했던 호학파는 한원진韓元震, 1682~1751, 호 南塘의 이론을 지지한 이가 많았다. 김창협의 노선은 초년 만년의 학설이 달라 단정 짓기 어렵지만, 김창흡과 그 문도 그룹에 속하는 박필주朴弼周, 1665~1748, 호 黎湖, 어유봉魚有鳳, 1672~1744, 호 杞園, 이재 등은 김창협의 만년 학설이 인물성동론을 지지했다고 믿고 그들 역시 동론을 긍정하는 편이었다.[98] 이처럼 농연의 학문은 김상헌의 가학에 기초하여 송시열의 의리정신, 이단상李端相, 1628~1669, 호 靜觀齋의 역학정신, 조성기의 실학정신을 계기적인 관계로 흡수하여[99] 절충과 자득을 거쳐 형성되었고, 후기에 가서 북학파로 발전을 보

98) 김용헌, 「율곡학의 비판적 계승―낙학파」, 한국사상사연구회, 『조선유학의 학파들』, 예문서원, 1997, 349~373쪽; 같은 이, 「농암 김창협의 인물성론과 낙학」, 『한국사상의 탐구―인성물성론』, 한국사상사연구회, 한길사, 1994, 145~184쪽. 그 밖에 농연의 학문태도에 대한 선행 연구를 들면 다음과 같다. 이천승, 「미호 김원행의 "심"에 관한 연구」, 『한국 철학논집』 제11집, 한국철학사연구회, 2002; 같은 이, 「농암 김창협의 지각논의와 심의 의미」, 『한국사상사학』 제21집, 한국사상사학회, 2003; 같은 이, 「농암 김창협의 심성론에 대한 연구」, 성균관대학교 박사학위논문, 2003; 같은 이, 「농암 김창협의 사단칠정설에 대한 연구」, 『동양철학연구』 제37집, 동양철학연구회, 2004; 조호연, 「조선성리학 연구에 대한 일고찰: 사칠논쟁과 호락논쟁을 중심으로」, 『한국사상과 문화』 제12집, 한국사상문화학회, 2001; 이동희, 「우계 성혼의 성리설과 조선 후기 '절충파'」, 『동양철학연구』 제36집, 동양철학연구회, 2004; 같은 이, 「조선 후기 '절충파'의 성리학설에 대한 연구」, 『동양철학연구』 제26집, 동양철학연구회, 2001; 조성산, 「17세기 말~18세기 초 낙론계 문풍의 형성과 주자학적 의리론」, 『한국사상사학』 제21집, 한국사상사학회, 2003.

99) 조성산은 「17세기 후반~18세기 초 김창협·김창흡의 학풍과 현실관」(『역사와 현실』 제51집, 한국역사연구회, 2004)에서 농연이 송시열의 의리정신, 이단상의 역학(상수학) 정신, 조성기의 경세(실학)정신과 아울러 이세구의 심학정신도 발전적으로 수용한 것으로 이해한 바 있다. 즉 17세기 서울·경기지역에서 불고 있던 서인 계열의 다양한 학문적 관심사를 선택적으로 흡수하여 자기화시킬 수 있었다는 것은 농연그룹의 학문적 개방성과 포용성을 보여주는 좋은 예라 하겠다. 이러한 정신은 형세를 중시하는 세계관으로 수렴되어 선배인 송시열과는 달리 북벌론의 현실성에 의문을 제기하고 중원의 지배자로서의 청의 실체를 인정하는 방향으로 세

아 홍대용·박지원 같은 걸출한 실학자를 배출하기에 이른다.[100]

김창협과 김창흡의 절충과 자득정신은 당시 장안에서 이미 소문이 파다하게 나 있었다. 선학의 말씀을 금과옥조와 같이 믿고 존숭하던 분위기에서 기존의 학설을 절충하고 나아가 자득한다는 것이 일반 지식대중의 호기심을 자극할지는 몰라도 크게 환영받을 일은 아니었다.

> 문간공(지촌 이희조)이 농암 삼연 형제와 「중용서中庸序」 지각설을 논했는데, 문간은 허령이 체이고 지각이 용이라 하고, 농암은 허령과 지각은 나누어 둘로 해서는 안 된다고 하여 피차가 왕복하기를 수십 차례뿐이 아니었다. 문간은 주자와 선유의 제설을 널리 이끌어 대고 곁으로 상고하여 증명을 삼았고 농연의 생각은 홀로 터득한 견해라고 자신하여 서로 지려고 하지 않았다. 기축(1709)년 겨울 문간이 도성에 들어왔는데(이때 농암은 세상을 떠났다) 삼연도 와서 또 그와 변론하기를 그치지 않았다. 내가 마침 자리에 있었는데 삼연이 좌중을 돌아보며 말하기를 "이런 식으로 관청에서 송사를 벌인다면, 동보가 근거로 댈 수 있는 문적이 많아서 장차 반드시 이길 것이고 우리들은 응당 패할 것이다."라고 하자, 문간공이 크게 웃었다. 대개 문간공의 규모는 무릇 경설에 대해서는 오직 선배 선유의 말씀을 존신하지만 농연의 법문農淵法門에서는 전인의 진언陳言을 도습蹈襲해서는 안 되며 바로 자득自得하기만 하면 된다고 생각하기 때문이다.[101]

계인식이 선회할 수 있음을 강하게 암시하는 전조였던 것이다.

100) 농암을 원류로 하는 낙학은 그의 양손자인 김원행(1702~1772)의 문도인 황윤석(1719~1791), 박윤원(1734~1799), 오윤상 등을 거쳐 홍직필(1776~1852), 오희상(1763~1833), 김창흡의 현손인 김매순(1776~1840)으로 계승되었다. 낙학파 가운데 김창협·김창흡에게 급문하여 사우관계를 맺은 학자형 문인을 소개하면, 어유봉, 민이승, 이희조, 박필주, 이재형, 김시좌, 이재, 윤봉구, 박성원, 김원행, 송명흠, 임성주 등을 거론할 수 있다. 김창흡 사후에 재전제자그룹에 속하는 이로는 김이안, 심정진, 오윤상, 황윤석, 홍대용, 박윤원 등이 있고, 삼전제자로는 오희상과 홍직필을 들 수 있다.

101) 趙榮祐, 『觀我齋稿』, 한국정신문화연구원 영인, 1984, 174~175쪽: "文簡公與農巖三淵兄弟, 論中庸序知覺說, 而文簡則謂虛靈體知覺用(從小註), 農巖則虛靈知覺不可分而二之, 彼此往復不啻屢十, 而文簡則朱子先儒諸說廣引傍考以爲證明, 農淵之意則自信獨得之見, 兩不相下. 己丑文簡入城(時農巖已卒), 三淵亦來, 又與之辨論不已. 余適在坐, 三淵顧謂曰, 若是官庭相訟之事, 則同甫多可據文籍, 將必勝之, 而吾輩當見屈, 文簡公大笑焉. 盖文簡公規模, 凡於經說, 惟尊信先輩先儒之語, 農淵法門, 則以爲不當蹈襲前人陳言, 便當自得而已云."

조선 후기를 빛낸 문인화가 중의 한 명으로 알려진 조영석趙榮祏, 1686~1761, 宗甫, 觀我齋은 겸재 정선, 사천 이병연과 함께 백악산 아래서 살면서 시화詩畵를 매개로 도타운 우정을 나누었고[102] 안중관, 유척기 등과도 매우 가까운 사이로 농연그룹에 들어올 만한 인사였다. 본래 이희조李喜朝, 1655~1724, 同甫, 芝村, 文簡와 김창협은 처남매부 사이로 다 함께 이단상의 문도였다. 조영석은 이단상의 손녀사위가 되면서 자연스럽게 이희조의 문인이 되었다. 또한 그의 외조부가 김수증의 아들 김창국이었다.[103] 따라서 조영석이 비록 학문태도 면에서 농연그룹과 다소 차이를 보일 수는 있겠지만 문예방면에 있어서는 농연그룹에 속한다고 말할 수 있을 정도로 매우 친밀한 관계를 유지하고 있었다. 이처럼 농연그룹은 인아척당姻婭戚黨의 연으로 서로 얽혀 있었던 것이다.

김창협의 지각설은 당시로선 매우 새로운 관점이었다. 김창협은 이理로서의 지智와 기氣로서의 지각知覺을 분리하여 성性과 심心의 구별이라고 하는 주자의 종지를 확인하고 나아가 지각을 심의 고유한 속성으로 돌려서 심의 '허령불매虛靈不昧'를 강조하려 했다. 이러한 김창협의 관점은 당시 학계의 논의와 방향을 달리하는 것이었다. 일반적으로 지智를 오상五常의 하나로 보고 그 지가 발한 것이 지각知覺이라고 보는 시각이 우세했다. 김창협은 자신의 이론을 유·불의 명확한 분변을 위해서 타당하다는 논리를 폈다.

한자문화권에서 종교에 대한 인식은 모두가 용어해석의 변별성을 가지고 진행된다. 심心이나 성性이나 지智 같은 것을 유·불·선이 모두 사용한다 하더라도 용어인식의 분별력을 환기시켜 종교나 학문 간의 차별상을 드러내 보이려 하는 것이다. 김창협은 '마음의 지각心之知覺'이란 키워드를 가지고 유·불과 양명학 사이의 변별력을 환기시키려 했다. 불교의 '진여법성眞如法性'이라든가 양명학의 '양지良知'와 같은 것이 단지 지각이며 하나의 심에 지나지 않는데도 불구하고 그들은 이를 성과 일치시켜 이해하려 하고 있기에, 심과 성을 분명하게 구분하지

---

102) 『觀我齋集』, 「謙齋鄭同樞哀辭」.

103) 兪拓基의 『知守齋集』 권10, 「敦寧府都正趙公墓誌銘幷序」, 洪直弼의 『梅山集』 권41, 「敦寧府都正贈吏曹參判趙公墓誌銘幷序」을 참조.

않게 되면 이단의 오류에 빠지게 된다고 주변을 설득했다. 논리인즉 수긍할 만한 것이었다. 정학正學과 이단을 명확히 구분하자는데 반대할 이가 누가 있겠는가. 그런데 한꺼풀 벗기고 들어가 보면, 그것이 심의 영각靈覺을 강조하기 위해 베풀어 놓은 설법이었음을 알게 된다.[104] 심의 영각이란 도덕의 원리를 깨달아 실천하게 하는 능력을 말하는 바, 이는 종래의 '성'을 절대화하여 '성＝리性卽理'에 치우쳐 있던 무게의 중심을 서서히 '심'으로 분산시켜 균형을 잡아보려는 성리학에 대한 반성적 움직임이었다.

김창협은 "마음의 허령지각은 동정動靜을 관통하고 체용體用을 겸한다. 허령의 본체는 지각이 미발未發에 보존되는 것이고, 허령의 작용은 지각이 이발已發로 드러나는 것이다."[105]라고 했다. 인용문에서 "문간은 허령이 체이고 지각이 용이라 하고, 농암은 허령과 지각은 나누어 둘로 해서는 안 된다고 하여 피차가 왕복하기를 수십 차례뿐이 아니었다."고 한 것이 바로 이것이다.

자각하는 주체가 '심'이라고 할 때, 그 심은 보편적 원리보다 언제나 대상을 마주하고 깨달아가는 현재主體를 강조하게 되어 있다. 그것이 내면으로 농연의 '자득' 정신에 힘을 실어 주는 기제이다. 그래서 "농연의 법문農淵法門에서는 전인의 진언陳言을 도습蹈襲해서는 안 되며 바로 자득自得하기만 하면" 되었다.

이렇게 농연은 논리의 정합성을 강구한 학문의 온축을 기반으로 하여 당대의 이름난 관료 및 벌열가의 자제들과 당색을 초월하여 긴밀한 교유관계를 맺었다. 숙종대 노소분열기에 노론 쪽 의리론을 관철하기 위해 격론을 서슴지 않았지만 서울 학풍과 송시열의 의리론을 절충하여 경화사족 출신 학인들에게 깊은 영향을 주었으며, 낙론의 2세대였던 이재李縡, 1680~1746, 熙卿, 陶庵와 낙론의 3세대로 활동한 김원

---

104)『農巖集』卷32, 雜識 內篇을 참조. 지각론에 대해서는 다음의 논문을 참고했다. 조성산, 「17세기 후반~18세기 초 김창협·김창흡의 학풍과 현실관」; 같은 이, 「농암 김창협과 숙함 김재해의 사상적 대립 연구: 지각론과 미발론을 중심으로」, 서울대학교 석사학위논문, 2000; 김태년, 「낙론계의 지각론 연구」, 고려대학교 석사학위논문, 1993; 문석윤, 「조선 후기 호락논변의 성립사 연구」, 서울대학교 박사학위논문, 1995; 조남호, 「김창협학파의 양명학 비판 : 지와 지각의 문제를 중심으로」, 『철학』 제39집, 한국철학회, 1993.

105)『農巖集』卷19, 「答道以」(丁亥) : "大抵心之虛靈知覺, 貫動靜而兼體用, 虛靈之體, 即知覺之存 於未發者, 虛靈之用, 即知覺之見於已發者, 非有二也."

행金元行, 1702~1772, 伯春, 渼湖에 이르기까지 지속적인 영향력을 행사했던 것이다.[106]

두 번째는 거주공간이 농연그룹의 결속과 교유를 촉진시켰다. 유한준俞漢雋, 1732~1811, 曼倩·汝成, 著菴은 서울 북촌 옥류동에서 태어나 유년기를 보냈는데, 그 때를 회상하며 다음과 같이 말한 적이 있다.

처음 우리 집안은 서울 북쪽의 옥류동에서 살았다. 서울의 북쪽은 사대부로서 세거하는 이들이 많았는데, 청풍의 안동김씨, 자하의 의령남씨, 옥류의 기계유씨가 가장 오래되었다. 그래서 세 성씨는 선대로부터 대대로 소목昭穆을 닦고 우호하며 지냈다. 후에 우리 집은 남산 아래로 이사하였지만 남씨와 김씨는 선대의 제택을 지키며 몸을 마친다. 대개 내가 수십 년 이래 남촌 사람이 되어버렸지만, 풀피리 불고 죽마 타던 꿈을 꿀 적마다 옛 고향의 시내와 언덕 옆 두 성씨 집 사이를 떠난 적이 없었다.[107]

한양의 인왕산 서북쪽 일대에 위치한 흔히 '북리北里', '북촌北村'으로 불리는 이 지역은 유한준의 선대가 세거했던 곳인데, 함께 거주했던 가문이 청풍김씨, 자하남씨였다.[108] 청풍김씨란 청풍계에 살던 장동김씨로서 그에게 시를 가르쳐

그림 17 〈이재 상〉 19세기. 국립중앙박물관 소장.

---

106) 조준호, 「조선 숙종—영조대 근기지역 노론학맥 연구」, 국민대학교 박사학위논문, 2004.

107) 『自著』卷17, 「南伯宗六十一歲壽序」(丙午): "始余家居漢師之北玉流洞, 漢師之北, 士大夫多世居者, 惟靑楓之金氏·紫霞之南氏·玉流兪氏爲最久. 故三氏之人, 自先世以來, 世修昭穆相好也. 後余家徙南山下, 而南氏金氏至今守先廬以終其身. 蓋余雖數十年爲南村人, 而吹蔥騎竹之夢, 未嘗不在於故里水丘之側二氏之間也."

108) 安重觀의 『悔窩集』卷5, 「南仲玉漢隷跋」: "亡友南君仲玉, 蓋如玉人也. 讀周易, 善鼓琴, 爲歌詩, 其居在白嶽之西紫霞洞, 洞幽深潔淨, 雖近於市朝, 而山林無異也. 余少也嘗贅寄其隣, 日從君遊久而不厭."이라고 해서 자하동이 도심에 가깝지만 산림과 다름없이 매우 그윽하고 깨끗

준 김이곤金履坤, 1712~1774, 厚哉, 鳳麓, 李徹永·金鍾厚·沈翼雲 등과 친분이 두터웠음도 이 문중 출신이다. 자하의 의령남씨는 그에게 문장을 가르쳐 준 남유용南有容, 1698~1773, 德哉, 雷淵, 漢紀의 아들, 李縡의 문인 집안이다. 의령남씨는 남정중南正重, 1653~1704, 伯珍, 碁峰 → 남한기南漢紀, 1675~1748, 國寶, 寄翁 → 남유용南有容 → 남공철南公轍, 1760~1840, 元平, 思穎·金陵로 이어져 18세기 경화세족으로 자리를 굳혔다. 옥류유씨는 바로 유한준의 기계유씨를 말하는 것으로 이들 문중은 중첩된 혼인관계를 맺고 있었는데, 그의 자형인 김려행은 김이곤과 함께 김상용의 후예였고, 남유용은 이보천李輔天, 박지원의 장인과 이종 형제간인데 족대부 유명홍俞命弘, 1655~1729, 季毅, 竹里, 偰의 아들의 사위였다. 유명건이 김수항의 사위가 된 이래 기계유씨와 장동김씨는 긴밀한 관계를 유지했다. 유명악俞命岳과 그의 아들 유척기俞拓基, 1691~1767, 호 知守齋, 김창협의 딸을 며느리로 맞아들인 유명홍과 그의 아들 유언명 등이 대표적이다. 말하자면 인왕산 일대에 세거해 오던 이들 세 문중은 백악시단 형성에 주도적인 역할을 했을 것이다.

　세 번째, 농연그룹에 활력을 불어 넣은 것은 농연이 추구한 문풍개혁운동이다. 특히 김창흡은 백악산 아래에 '낙송루洛誦樓'를[109] 짓고 동국의 시풍을 새롭게 변화시키고자 동지들을 모아 시가창작에 전념한 바 있다.[110] '낙송루' 시회를 통해 하나의 문학 동아리로 성장한 '백악시단'이 농연그룹의 학문과 문예 노선을 전국에 확산시키는 거점이 되었다.[111]

하다고 했다.

109) '洛誦'이란 말은『莊子』「大宗師」第六의 "聞諸副墨之子, 副墨之子聞諸洛誦之孫, 洛誦之孫聞之瞻明, 瞻明聞之聶許, 聶許聞之需役, 需役聞之於謳, 於謳聞之玄冥, 玄冥聞之參寥, 參寥聞之疑始."란 구절에서 유래한 것이다. '副墨之子'는 寫字(written text)이고 '洛誦之孫'은 口讀(oral tradition)으로 구비전승이 문자를 빌려 후대에 전해지는 메커니즘을 상정해볼 수 있다. 조선 후기 야담집『東稗洛誦』에서 "낙송"도 같은 의미이다. 이로 볼 때, '洛誦樓'는 한시 고전을 반복해서 입으로 송독하는 모임장소였음을 알 수 있다. '洛'은 洛陽(서울)의 줄임말이 아니라 '잇달아 끊이지 않다'는 뜻의 '絡'과 동의어로 쓰였다.

110) 이병연의 아우였던 李秉成(1675~1735)은『順菴集』卷5,「題寤齋趙尙書追悼三淵諸公詩後」에서 "北里文會之盛, 三淵先生實爲之倡, 而里中諸名勝, 相與頡頏周旋, 標致絶人."이라고 하여, 초창기 백악시단의 중심은 김창흡이었다고 말했다.

111) 이종호,「한국시화비평과 사공도의 시품」,『대동한문학』제13집, 대동한문학회, 2000.

　　국조의 시운詩運은 모두 서울에서 선도하였다. 서울의 시는 예로부터 동·북東北 두 마을이 가장 훌륭하였는데, 숙종·영조 시대에 이르러 북촌北村이 더욱 훌륭했다. 저 김농암金農巖·삼연三淵 두 선생이 유학儒學으로 이름이 드러났고 시 또한 창도하시어 걸출한 풍격이 일세를 덮었다. 세상에서 시를 말하는 자들은 최근 백년 이래에 그들보다 나은 이가 없다고 하였다. 그러다가 이를 이어 사천槎川(이병연) 이 공이 일어나 우뚝 사단詞壇의 큰 위치를 차지하고 지도자가 되었다. 같은 때에 모주茅洲(김시보)·증소橧巢(김신겸)·동포東圃(김시민) 등 여러 김 공이 있었고, 하층으로 홍유하洪柳下(홍세태)에 이르기까지 모두 시를 가지고 큰 명성을 얻었다. 이에 사람들이 북촌의 시를 높게 여기지 않는 이가 없었다.[112]

　　북촌시풍을 선도한 농연이 보여준 시학정신은 무엇이었던가.[113] 김창협은 "나는 이렇게 생각한다. 시는 성정性情의 산물이다. 따라서 오직 천기天機를 깊이 체득한 사람만이 잘할 수 있다. 만약 속이 좁고 사리에 어두운 사람이 한갓 성병聲病과 격률格律에 얽매인 체 억지로 생각을 짜내고 수사를 가하여 솜씨를 내보이면서 시인이라고 자칭한다면 그 어찌 '참다운 시眞詩'가 나오겠는가."[114]라고 했다.

---

112) 『著菴集』卷15,「八灘詩集序」: "國朝詩運, 皆先京都, 京都之詩, 自古稱東北二村爲最盛, 而至肅英之際, 北尤盛, 奧自金農巖三淵二先生, 以儒學顯, 而詩亦倡起, 傑出風格掩一世, 世之言詩者, 近百年以來, 靡有右稱, 而槎川李公繼起矣. 嵬然, 大坐詞壇, 執牛耳盟, 同時有茅洲·橧巢·東圃諸金公, 下至於洪柳下, 皆以詩得大名, 於是, 人莫不高北村之詩."

113) 농연의 시론과 한시창작에 대한 연구성과는 다음과 같다. 김남기,「삼연 김창흡의 시문학 연구」, 서울대 박사논문, 2001; 박명희,「삼연 김창흡의 시경론」,『한국언어문학』제47집, 한국언어문학회, 2001; 채환종,「삼연 김창흡의 사회시 연구: 갈역잡영을 중심으로」,『어문연구』제27집, 어문연구학회, 1995; 이승수,『삼연 김창흡 연구』, 안동김씨삼연공파종중, 1998; 최인황,「농암 김창협의 개성주의적 시론 연구」,『숭실어문』제15집, 숭실어문학회, 1999; 진영미,「농암 김창협 시론의 연구」, 성균관대학교 박사학위논문, 1997; 최현태,「농암 김창협 시론 연구」, 연세대학교 석사학위논문, 1995; 정시열,「농암 김창협 시론고」,『한국고전연구』제7집, 한국고전연구학회, 2001; 박명희,「조선 후기 시론 연구: 농암 김창협과 삼연 김창흡을 중심으로」, 전남대학교 박사학위논문, 1998; 진영미,「농암 김창협의 시 창작 방법론」,『한국시가연구』제11집, 한국시가학회, 2002; 오용원,「농암 김창협 시문학고」, 동국대학교 석사학위논문, 1994; 오용원,「농암 김창협의 시문학 연구」, 동국대학교 박사학위논문, 2000; 이동영,「농암 김창협의 시문학 연구」, 성신여자대학교 석사학위논문, 1992; 허윤성,「농암 김창협의 자연시 연구」, 한국교원대학교 석사학위논문, 2002; 강신중,「농암 김창협의 한시 연구」, 영남대 학교 석사학위논문, 1994.

114) 『農巖集』卷25,「松潭集跋」: "余謂詩者性情之物也. 惟深於天機者能之. 苟以齷齪顓冥之夫, 而

김창협은 시란 성정이 표출된 것으로 천기天機의 발동으로 이루어진다고 보고 성
병과 격률에 얽매이지 않는 참다운 시를 지어야 한다고 했다. 이른바 '진시眞詩'
운동이 바야흐로 일어나고 있었던 것이다.

김창협은 당나라 시인들의 작품이 탁월하게 평가되는 까닭을 바로 이러한 시
가의 속성에 맞추어 '자연自然'의 경지를 구현한 것에서 찾았다. 그러나 당시 중
국이나 조선의 시풍은 외면적인 형식인 성색聲色과 기격氣格에 힘쓰는 것으로 고
인을 모방하려는 풍조가 만연하였다. 김창협은 이러한 풍조가 결코 바람직하지
않다고 보고, 외면적이고 형식적인 겉치레에서 벗어나 '신정神情'과 '흥회興會'
가 깃든 작품을 지어야 한다고 주장했다[115].

또한 김창협은 이른바 '목릉성세穆陵盛世', 선조시대의 찬란한 문풍文風이 지닌
음울한 허구성을 폭로하였다. 선조 연간을 기점으로 명대 의고주의擬古主義가 제기
한 '성당을 배우자學唐'는 구호가 조선시단을 압도한 결과, 음조音調는 성당시와
비슷해졌으나 '타고난 바탕天質'은 상실하였다고 지적하였다[116]. 그가 말한 '천
질'이란 바로 한 인간이 지닌 본래적 순수성, '성정' 그 자체이다. 격조格調가 어
수룩하고 음조音調가 매끄럽지 않더라도 제 빛깔 제 목소리를 내는 용기가 있어야
비로소 '천질'이 구현될 수 있다. 이처럼 김창협은 모방주의, 형식주의는 늘 개
성의 상실이라는 함정을 파 놓고 우리를 기다린다는 점을 환기시켜 주고 있다.

김창협이 제기한 '천질'의 회복은 그의 아우 김창흡에 의해 보다 구체화된다.
김창흡은 조선 한시는 대체로 혼후회평渾厚和平한 평범한 격조凡調와 절실하지 못
한 태만한 정조慢調에 빠져 있다고 보아 이를 '동조東調', 혹은 '동태東態'라고 표현

徒區區於聲病格律, 掐擢胃賢, 雕鎪見工, 而自命以詩人, 此豈復有眞詩也哉."

115) 『農巖集』卷34, 「雜識」: "詩性情之發, 而天機之動也. 唐人詩有得於此. 故, 無論初盛中晚, 大抵
皆近自然, 今不如此, 而專欲模象聲色, 黽勉氣格, 而追踵古人, 則其聲音面貌, 雖或髣髴, 而神情
興會, 都不相似, 此明人之失也."

116) 앞의 글: "世稱本朝詩莫盛於穆廟之世, 余謂詩道之衰實自此始. 蓋穆廟以前爲詩者, 大抵皆學
宋, 故格調多不雅馴, 音律或未諧適, 而要亦疎鹵質實沈厚老健, 不爲塗澤豔冶, 而各自成其爲一
家言. 至穆廟之世, 文士蔚興, 學唐者寖多, 中朝王李之詩, 又稍稍東來, 人始希慕倣效, 鍛鍊精
工, 自是以後, 軌轍如一, 音調相似, 而天質不復存矣. 是以讀穆廟以前詩, 則其人猶可見, 而讀
穆廟以後詩, 其人殆不可見. 此詩道盛衰之辨也."

한 바 있다.[117] 그가 보기에는 '동조' 나 '동태' 를 조장한 주범을 조선시학 '300년 간의 고질적인 병폐' 인 기휘忌諱와 인습因襲의 폐단에서 찾았다. 그로 인해 선조시대 이후로 '진태眞態'가 드러나지 못하고 '진기眞機'가 활용되지 못하였다고 진단하였다. 그는 시가창작을 위해서 일정한 법도法가 필요하지만 기존의 법도에 지나치게 얽매여서는 안 된다고 생각하였다. 기존의 법도에 대한 지나친 집착과 구속은 인간의 상상력을 제약하여 시가창작을 '백가일격百家一格', '천편일률千篇一律'로 흐르게 만들기 때문이다.[118]

김창협과 김창흡 형제에 의해 창도된 일명 '북촌시北村詩'로도 불리었던 '백악사단' 의 시 정신은 이병연에 의해 계승되었고, 아울러 장동김문의 후예들인 김시보金時保 : 1658~1734, 자 士敬, 호 茅洲, 김시민金時敏 : 1681~1747, 자 士修, 호 東圃, 김신겸金信謙 : 1693~1738, 자 尊甫, 호 檜巢 등에 의해 수호되었으며, 뛰어난 여항시인 홍세태洪世泰 : 1653~1725, 자 道長, 호 柳下와 그를 따르는 정래교 · 정민교 등 중인층 사이로 퍼져 나갔다. 김창흡은 중년에서 만년에 이르도록 줄곧 자신의 치열한 시학정신을 견지하여 보다 다양하고 풍부한 시인 역량을 축적해 나갔다. 그리하여 이하곤李夏坤 : 1677~1724, 자 載大, 호 澹軒의 말처럼 후진들에게 그의 시적 견해가 금과옥조로 받아들여질 정도로 그의 영향력은 서울뿐만 아니라 전국에 미치게 되었던 것이다.[119]

김창흡이 시가 분야에서 재능을 드러냈다면 김창협은 고문散文 방면에서 당대의 거장이었다. 일반적으로 말해서 조선 후기 고문은 진한문秦漢文을 모범으로 삼는 의고문擬古文 계열과 당송문唐宋文을 모범으로 삼는 순정고문醇正古文 계열로 나누

---

117) 『三淵集』 原集, 卷19, 「答士敬別紙」를 참조.

118) 『三淵集』 原集, 卷23, 「何山集序」: "我東爲詩, 淵源旣淺, 無復憲章之可論, 而獨其詳於忌諱, 狃於仍襲, 實爲三百年痼弊. 然而, 宣廟以前, 雖有巧拙, 猶爲各呈其眞態以後, 漸就都雅, 則磨礱粉澤之日勝, 而忌諱愈詳, 仍襲愈熟, 非古之爲法, 而終爲法拘也. 故, 命物之必依彙部, 使事之要有來歷, 蹙蹙圈套之中, 不敢傍走一步, 遂使眞機活用, 括而不行, 豈復有截斷中流超津筏而上者乎. 蓋合而論之, 百家一格, 卽夫一人之作, 而境事雷同, 情致混倂, 又是千篇一律, 無可揀別矣. 噫. 詩可以觀, 豈欲其如是哉."

119) 『頭陀草』(驪江出版社影印, 1992), 第16冊, 「洪滄浪詩集序」: "三淵, 學益博, 眼益高, 膽益壯, 其詩愈變, 而愈奇愈新, 又其聲氣光焰, 足以鼓舞一世, 故後進之士, 莫不奔趨下風, 奉其緒言, 以爲金科玉條."

어지는데, 김창협은 최립崔岦 : 1539~1612, 호 簡易·東皐, 이식李植 : 1584~1647, 호 澤堂, 장유張維 : 1587~1638, 호 谿谷, 김석주金錫冑 : 1634~1684, 호 息庵로 이어지는 고문전통을 계승하여 일가를 이루었다.

김창협은 "옛 사람은 글을 지을 적에 오직 자신의 뜻己意에 근거하여 일에 따라 솔직하게 써서隨事直書 말뜻이 나름대로 충분하였네. 그래서 후세의 사람이 읽을 때에도 진실하여 맛이 있는眞實有味 것이네. 그런데 요즘 사람들은 걸핏하면 옛글을 인용하여 가차하고 꾸며 과장하려고 노력하다보니 결국 하나의 투식어套語가 되고 마네. 그래서 독자들도 상투적으로 예를 갖춘 말이라 여기고 사실적인 기록實錄이라고 생각지 않는 것이네. 이것이 바로 고금의 문장이 질적 차이가 나게 된 원인이니 잘 살피지 않아서는 안 될 것이네."[120]라고 해서, 고전산문의 특질을 '자기의 생각을 꾸밈없이 솔직하게 써내어 진실한 실록을 만들어낸 것'에서 찾았다. 그가 자구를 모의·표절하는 의고주의를 배격하면서, 문장을 자연스럽게 구사해야 한다고 주장한 것도 이 때문이다.

김창협의 고문이론이 잘 정리되어 있는 『잡지雜識』를 보면, 특히 비지문 찬술에 있어 '간엄簡嚴'한 고문의 법도를 구현해 내는 것이 중요하다고 했다. 이러한 논리는 그가 조선의 문장이 중국에 미칠 수 없는 세 가지 요소, 즉 '부솔膚率', '이속俚俗', '용미冗靡'를 제거하기 위한 방편으로 제기된 것이었다.[121]

---

120) 『農巖集』卷18,「答權爕」(丙子): "蓋古人爲文, 只據己意, 隨事直書, 而語意自足. 故後人讀之, 亦覺眞實有味. 今人動喜引用古文, 假借粧點, 務爲張大, 而畢竟只成一副套語. 故讀者亦認作備禮說話而不以爲實錄. 此正古今文字得失之分, 不可以不察也."

121) 농암의 고문(산문)과 그 이론에 대한 연구성과는 다음과 같다. 오석환,「농암 김창협의 산문문학 연구」, 단국대학교 박사학위논문, 2004; 전일우,「김창협의 문학론 연구: 『잡지 외편』을 중심으로」, 『숭실어문』제18집, 숭실어문학회, 2002; 정경훈,「농암 김창협의 고문연구: 비지문을 중심으로」, 충남대학교 석사학위논문, 1998; 채환종,「농암 김창협 문학연구」, 충남대학교 박사학위논문, 1994; 박영호,「농암 김창협 문학연구의 성과와 과제」, 『동방한문학』제21집, 동방한문학회, 2001; 오용원,『김창협의 사상과 문학 연구』, 신성출판사, 2004; 안영길,「김창협의 문학 연구」, 성신여자대학교 박사학위논문, 1996; 윤은영,「김창협 문학이론」, 중앙대학교 석사학위논문, 2000; 송혁기,「김창협 문학론의 연구」, 고려대학교 석사학위논문, 1996; 박영호,「농암 김창협의 문장론과 문체론」, 『동방한문학』제17집, 동방한문학회, 1999; 오석환, 「농암 김창협의 증서류 산문문학 연구」, 『한문학논집』제19집, 근역한문학회, 2001; 오석환, 「농암 김창협의 비지류 산문문학 연구」, 『한문학논집』제18집, 근역한문학회, 2000; 전일우,

권력과 은둔

혈연, 지연, 학연으로 조직된 농연그룹은 조선 후기 문화를 이끌어가는 주도세력으로 성장하게 된다. '진경문화'의 개화도 농연그룹이 성취한 성과 가운데 하나이고, 18세기 '북학파연암 그룹'를 주도한 실학자들 역시 귀가 따갑도록 농연의 이야기를 듣고 눈이 시도록 농연의 글을 읽은 농연그룹의 후속세대들이다. 이미 농연의 영향력은 농연 재세 시부터 강력했던 것 같다. 심지어 농연의 후예들이, 외조부를 닮아 어깨를 뒤로 젖히고 가슴을 내밀며 걸어가는 농연 형제의 걸음걸이조차 다투어 흉내 내려 할 정도였다. 장동김문의 젊은이들 사이에선 농암의 말투와 앉고 서고 나가고 물러서는 행동거지를 한결같이 따라했다고 한다. 이런 풍조에 대해 수곡 김주신金柱臣, 1661~1721은 김창협의 연박한 문학과 순독한 조행이 경모를 불러일으키기 때문에 후진으로서 그를 경모하는 것은 마땅하다 하겠지만, 행동거지까지 부자연스럽게 억지로 본뜨려는 것은 너무나 가소롭다고 지적한 바 있다.[122]

이제 농연그룹이 구축한 산수미에 대한 인식이 어떠한지 살필 차례이다. 지면의 제약상 이 글에서는 산수시문 개별작품에 대한 분석과 비평은 피하기로 한다. 다만 농연그룹의 산수관과 진경시학에 대해 간략하게 논술해 보기로 한다.

「농암 김창협의 문학론 연구」, 숭실대학교 석사학위논문, 2001; 양미경, 「김창협 예술론 연구」, 서울대학교 석사학위논문, 2003; 강혜선, 「김창협 고문 연구」, 서울대학교 석사학위논문, 1987; 정민, 「조선 후기 고문론 연구」, 한양대학교 박사학위논문, 1989; 오용원, 『(역주) 농암잡지』, 동국대학교 출판부, 2005.

122) 『壽谷集』卷11, 「散言」下篇: "金仲和昆弟皆仰胸, 行步之時, 兩肩似若向後, 其外祖羅海州亦然, 盖其賦形有自而然也. 近觀壯洞章甫輩, 其辭氣擧止, 一循仲和餘風, 而坐立進退之際, 胸仰肩反, 亦洽似仲和. 然皆不如仲和之天然也. 盖其淵博之文學, 純篤之操行, 自令人起敬. 故同閈從遊者之景仰如是, 其亦可尙也. 然孔子拱而尙右, 而二三子亦尙右, 郭林宗遇雨折巾, 而陳梁間故折巾一角者, 此盖出於慕其令儀, 而人之身體髮膚, 則受之父母, 如皐陶之馬喙, 文王之四乳, 周公之傴背, 孔子之圩頂, 又如漢帝之手過其膝, 是皆受於父母者, 若使他人悅周公之傴背, 强屈其脊, 奇漢主之長手, 引而過膝, 則其擎跽周旋, 必攣卷而不安矣. 今壯洞士人, 不識仲和仰胸如古人傴背受於賦形之初, 而强制其親遺體, 欲效而似之, 此其可笑, 甚於掩鼻而效洛生詠也. 大抵後生少年出入先生長者之門, 苟有悅服於心者, 則如公明宣之於曾子可也, 不當徒區區於聲音笑貌, 而又循外變形如今人也."

5. 농연그룹의 산수관

조선 중기 고문사대가의 한 사람인 장유張維, 1587~1638, 持國, 谿谷가 지은 『만필漫筆』에는 '호문정은 산수를 즐기면서도 직분을 지켰다胡文定愛山水而不廢職事'는 대목이 실려 있다. 먼저 번역문을 소개해 본다.

> 호 문정胡文定(宋 胡安國, 1074~1138)이 호남湖南에 사명을 받들고 나가서 순행巡行하다가 형악衡嶽(衡山, 五嶽의 하나로 南嶽)을 지나게 되었는데, 그 산세山勢가 웅장하고 수려한 것이 마음에 들어 한번 올라가 보려고 행장行裝까지 꾸렸다가, 이윽고 다시 생각하기를, "이것은 직무와 관계되는 일이 아니다." 하고는 곧바로 그만두었다. 그리고 만년晚年에 그 산 아래에서 5년 동안이나 살면서도 끝내 산행山行을 나서지 않았다. 세상 사람들은 산수山水를 유람하며 감상하는 것을 높은 흥치로 여긴다. 그리하여 관직에 몸담고 있으면서도 한곳에 퍼질러 앉아 돌아올 줄을 모른 나머지 자리를 비워 둔 채 폐해를 끼치는 경우가 혹 있는데, 호공胡公의 이러한 풍도風度를 얻어 듣는다면 또한 경계할 줄을 알게 될 것이다. 그리고 가령 명산名山 아래에서 5년 동안이나 살면서 한 번도 유람길을 나서지 않았다는 것만 해도 그렇다. 옛사람들은 자신의 마음속에 기르는 것이 있으면 하나의 방 안에서도 스스로 즐길 수가 있었던 것이다. 그러니 저 바깥의 구경거리를 가지고 어찌 자신의 진정한 즐거움을 바꿀 수가 있었겠는가![123]

장유는 이렇듯 호안국의 산수를 향한 절제력을 높이 평가하고 있다. 사람들은 산수를 유람하며 감상하는 것은 고상한 멋이라고世人以遊賞山水爲高致 여긴다. 그렇다고 공무를 팽개치고 마구 산으로 달려갈 수는 없는 일이다. 그런데 송시열은 일찍이 이희조의 「유산록遊山錄」 말미에 적기를 "나는 매번 회옹晦翁, 주자의 광려시匡

---

123) 『三淵集』 권26, 19~20쪽, 雜著, 「谿谷漫筆辨」: 胡文定爲湖南使, 行部過衡嶽, 愛其雄秀, 欲一登覽, 已戒行矣. 俄而思曰, 非職事所在也, 卽止. 晚居山下五年, 竟亦不出也. 世人以遊賞山水爲高致, 當官者或淹留忘返, 以至曠職貽弊者有之, 聞胡公之風, 亦可以知戒矣. 若乃閒居名山之下, 五年一不出遊, 古之人中有所養, 則一室之內, 有以自娛, 彼外境之玩, 何足以易吾眞樂哉." 『谿谷漫筆』 제1권에 보인다. 번역은 민족문화추진회본을 그대로 옮겼다.

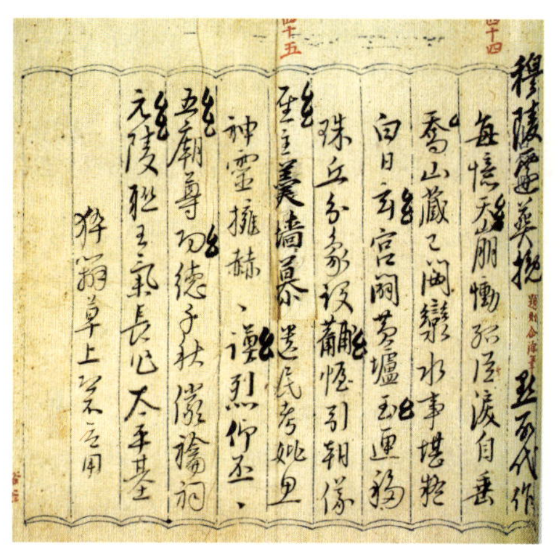

그림 18 장유의 〈오언고시五言古詩〉 경남대학교 박물관 소장.

廬詩에[124], '어찌 정무政務를 살피는 여가에 산수에 노닐려던 소원에 맞을 줄 알았으랴豈知朱墨暇, 乃適山水願.'라는 한 구절을 읽을 적마다 세상 사람들이 산수 좋은 곳에서 벼슬살이하면서도 쌀과 소금 관리에 골몰하느라고 청유淸遊를 저버리는 것을 늘 유감스럽게 여기곤 하였다."고[125] 말한 적이 있다.

송시열의 '청유' 긍정에서 한 걸음 더 나아가 보다 적극적으로 산수놀이를 권유했던 이는 김창흡이다. 그의 관점은 그래서 우리의 흥미를 끈다.

김창흡은 산수라는 것이 '음란한 소리淫聲'나 '요염한 여색妖色'처럼 인간을 유혹하는 그런 물건이 아니라고 말한다. 고명한 군자가 산수를 잘 관찰하면, 인지仁智를 즐기고 기상氣象을 기를 수도 있다. 이것이 산수가 음란한 소리나 요염한 여색과 다른 점이다. 그런데 만일 벼슬을 맡은 관리가 멋진 산수를 지나가게 되었다고 하자. 어떻게 해야 좋을까? 김창흡은 산수를 유람하느라 오래도록 자리를 비우게 되면, 경치에 팔려 본분을 해치는 결과를 가져온다고 본다. 그렇지만 분명한 것은 경치를 구경하느라 본분을 잠시라도 망각한 사람에게 문제가 있는 것이지, 산수 자체는 아무런 죄가 없다는 것이다. 언제 산수가 화류계의 계집처럼

---

124) "匡廬詩"는 다음의 긴 제목을 가진 작품을 줄여서 표현한 것이다. 『晦菴集』卷7,「立秋日, 同子澄寺簿及僉判教授二同寮星子令尹, 約周君段君同遊三峽, 過山房, 登折桂, 分韻賦詩, 得萬字, 輒成十韻, 呈諸同遊」: "抗塵幾何時, 猿鶴共悲怨, 豈知朱墨暇, 乃適山水願, 玆晨秋令初, 休沐謹邦憲, 佳賓忽四來, 英僚亦三勸, 駕言北郭門, 謝此旗隼建, 散目山崔嵬, 縱轡路修蔓, 凭欄快倒峽, 躋壑困脫輓, 追攀林樾深, 歡喜脚力健, 登高眺遠浦, 衆景爭自獻, 何必仍丹丘, 徑欲凌九萬."

125) 『宋子大全』卷149,「書李同甫遊山錄後」: "愚每讀晦翁匡廬詩, 有豈知朱墨暇乃適山水願之句, 常恨世人爲吏山水間, 鞅掌米鹽間, 孤負淸遊也."

'이리 오너라!', '놀다 가시게!' 하고 유혹한 적이 있는가 하는 말이겠다. 앞서 『만필』에서는 명산 아래 5년 동안 살면서도 그 산을 유람하지 않는 것을 인색하다고 말하지 않았다. 왜냐면, 모든 것이 마음의 작용이라고 보기 때문이다. 수양이 잘 된 이는 방안에서도 산수의 낙을 누릴 수 있다고 생각한다. 여기에 대해 김창흡은 이렇게 말한다.

> 산 아래에서 한가하게 살아가면서 5년 동안이나 나서지 않은 것이 우연이었다면 괜찮겠지만 뜻이 폐해를 바로 잡는 데서 나왔다면 너무 편협한 것이다. 반드시 이로써 본보기를 삼아 산수를 이목에 닿지 않게 한다면 저 공자가 태산에 오르고 주렴계가 갓끈을 씻은 일은 또 무엇이란 말인가? 이들은 모두 내양을 버리고 외양을 좇는 사람들이란 말인가? 나의 진락眞樂으로써 천지의 아름다운 곳과 만나면 내외가 원융하여 그 즐거움이 더욱 깊어지리니 피차에 서로 바꿀 것이 무엇인가? 스스로 울타리를 쳐 한 방에 깊이 처박혀서 산수가 나의 즐거움을 빼앗을까 두려워한다면 그 뜻이 넓은 것 같아도 실은 좁으며, 통하는 듯해도 실은 막힌 것이다.[126]

김창흡은 '내외원융內外圓融'을 이상적인 산수미 감수방식으로 들었다. 진락이란 내면에 갖추어져 있는 인과 지, 그리고 그 인자와 지자의 기상을 말한다고 할 수 있다. 이 같은 논리는 주자의 이학체계를 수용한 이황의 '요산요수론樂山樂水論'에도 반영되어 있다. 주자의 이학체계에서 보면, 산수자연미나 사회인생미 그리고 문학예술미를 막론하고 객체로 존재하는 모든 미의 본체는 바로 절대적이고 영원한 '이理', 곧 태극太極일 뿐이다. 솔개가 하늘을 날고 고기가 물속에서 뛰어오르는 '연비어약鳶飛魚躍'과 같은 현상은 곧 천리도체天理道體나 태극의 유행발현流行發顯으로 설명된다. 달리 말하면 도라고 하는 것은 본래 형이상학적인 것이기 때

---

126) 앞의 「谿谷漫筆辨」: "山水之爲物, 非如淫聲妖色之不可接心術者也. 高明君子有以善觀, 則樂仁智養氣象, 於是乎在, 至於當官者淹留曠職, 則固留連之爲害也. 於山水何罪焉. 閒居山下, 五年不出, 偶然如此則可也, 意若出於矯弊, 則亦已偏矣. 必用此爲法, 使山水無或接於耳目, 則彼仲尼之登岱, 濂溪之濯纓, 亦何爲也. 豈皆捨其內養而徇於外境者乎. 以吾之眞樂, 會天地之佳界, 內外圓融, 其樂盆深, 何彼此相易之有, 自有藩籬, 深藏一室, 惟恐山水之奪吾樂, 其意似廣而實狹, 似通而實滯矣."

문에 형체가 없다. 사물이나 형상을 빌려야만 그 도의 모습을 나타낼 수 있을 뿐
이다. 그 산수라는 것도 인과 지라고 하는 본질을 지니고 있고 그것이 외적으로
발현된 물질일 뿐이다. 만일 내가 심성을 잘 수양해서 그 인과 지의 속성을 잘 체
현해 내고 있다면, 굳이 산수에 나아가지 않아도 그 기상을 누릴 수 있는 것이
다.[127] 주자와 이황의 논리인즉 이와 같다.

오히려 산수가 하나의 외물로서 나의 인과 지에 손상을 줄 수 있다고 생각하면
결코 산수에 나아가 수용할 수 없다. 이른바 '완물상지玩物喪志'에 대한 경계이다.
여기에 대해 김창흡은 방안에서 벌벌 떨지 말고 문을 박차고 산수로 나가라고 말
한다. 그래야 내가 지니고 있는 인과 지의 속성이 보다 고양되고 깊어질 수 있다
는 것이다.

이는 율곡 이이의 '진락론'을 그대로 수용한 논법이다.

외물로서 즐거워할 만한 것은 모두 참다운 즐거움이 아니다. 군자가 즐거워하는
것은 안에 있고 밖에 있지 않으므로 저 솟은 봉우리와 흐르는 물은 다 나에게 관계가
없는 것인데, 옛 성현이 오히려 이를 즐거워한 것은 무슨 까닭일까. 대개 내외內外를
나누어서 둘로 보는 것은 참다운 즐거움을 아는 이가 아니다. 반드시 내외를 하나로
하여 피차彼此가 없는 이라야 참다운 즐거움을 아는 것이다. 천리는 본래 내외의 간
격이 없는 것인데 저 안이 있고 밖이 있는 것은 반드시 인욕이 개재하였기 때문이다.
진실로 인욕의 개재가 없다면 바로 호연자득浩然自得할 터이니 어디를 간들 즐겁지
않겠는가![128]

---

127) 『陶山全書』 3, 卷53, 「答權章仲」: "故欲知二樂之旨, 當求仁智者之氣象意思, 欲求仁智者之氣
象意思, 亦何以他求哉. 反諸吾心而求仁智之實而已, 若旣有仁智之實, 則所謂樂山樂水, 不得切
切然求, 而自有其樂矣. 今不知務此, 而徒觀其巍巍然蒼蒼然者, 曰吾以是求仁者樂, 混混然滔滔
然者, 曰吾以是求智者之樂, 吾恐其莽莽蕩蕩, 愈求而愈不近矣."

128) 『栗谷全書』 卷13, 「松崖記」(辛未, 1571): "嗚呼, 外物之可樂者, 皆非眞樂也. 君子之所樂, 在內
而不在外, 則彼之峙且流者, 無與於我, 而古之聖賢, 尙有樂之者, 其故何耶. 蓋分內外而二之者,
非知眞樂者也. 必也一內外無彼此者, 其知眞樂乎. 天理本無內外之間, 彼有內有外, 必有人欲間
之也. 苟無人欲之間, 則浩然自得, 焉往而不樂哉."

이이는 "그렇지만 외경外境의 뛰어남은 수양을 돕는 것이고 조존성찰操存省察이 곧 수양의 근본방법이다. 그 돕는 것에만 힘쓰고 근본을 소홀히 한다면 진정한 수양이 아니다."[129]라고 했다. 이이의 시대엔 산수를 매개로 '천리'의 유행발현을 체험하는 것이 중요했다. 이른바 천인합일의 미적 경계를 감수하려는 노력의 일환으로 산수유람이 권장되기도 했을 것이다. 김창흡이나 김창협이 이이의 이러한 견해에 동의했을지 모른다. 원론적으론 그렇다고 해야 한다. 농연도 여전히 퇴율시대의 사상적 유산을 상속받은 학자들이기 때문이다.

다만 농연이 바라보는 산수는 퇴율의 시대와 조금 달라졌다고 봐야 한다.[130] 그 사이에 임진왜란과 병자호란이 국토산하를 황폐화시켰다. 시대의식이 엄청난 변화를 가져왔다. 그에 따라 산수를 보는 마음과 눈도 조금은 달라지기 시작했다. 어떻게 달라졌을까. 특히 농연그룹에게 산수는 어떠한 의미로 다가왔는가. 큰 주제가 아닐 수 없다.

김창협은 1694년 갑술환국 후 여러 벼슬이 내려졌으나 사양하고 경기 영평 백운산 아래 농암 주변의 청령뢰 물가에서 만년을 보낼 생각으로 정자를 세운 바 있다. 그 정자에 쓴 상량문을 보면 농연그룹의 적극적인 산수관이 드러난다.

군자가 은거하여 학문을 닦고 소요할 때[藏脩游息]는 일찍이 산수를 감상하는 일[登臨之觀]을 폐한 적이 없었고 은사가 세상을 피해 숨을 때[棲遯隱淪]는 반드시 공활

---

129) 『栗谷全書』 卷13, 「平遠堂記」: "雖然, 外境之勝, 所以助養也, 操存省察, 乃養之之本法也. 務其助而忽其本, 則亦非眞養也."

130) 洪仁祐(1515~1554), 『恥齋遺稿』 卷1, 「答盧寡悔書」: "子曰, 攻乎異端, 斯害也已. 程子曰, 當如淫聲美色以遠之."; 鄭曄(1563~1625), 『守夢集』 卷3, 「金剛錄」: "山水之勝, 不過片時之悅目, 爲悅目而危一身, 此不近於失肩背者乎. 深悔衰翁作此行也, 下洞未半, 回望來路, 此身怳然從天降, 有小瀑貯溪, 名成潭, 白石鋪其底, 坐翫甚可愛, 以悅目忘身爲悔, 而猶愛此不已, 山水亦如淫聲美色, 使人浸浸然入於其中而不知返者耶." "淫聲美色"은 일단 사람의 귀와 눈과 같은 감각기관에 들어오면 가장 빠르게 마음을 변화시키기 때문에 성리학자들이 경계해야 할 대상을 비유적으로 제시할 때 종종 사용된다. 정자는 이단을 멀리하기를 마치 淫聲美色처럼 해야 한다고 말한 바 있다. 이단을 멀리해야 하는 것처럼, 일부 도학자 사이에서는 지나친 산수유람을 경계하려 했다. 이에 반해 김창흡은 일단 경계를 풀고 산수로 나가자는 쪽이다. 이 점이 종래 정엽이나 장유(1587~1638) 시대보다 변화된 모습이다. 그렇다면 퇴율 시대와는 더 큰 폭의 변화가 있지 않을까?

하고 유심한 지역[曠奧之境]으로 달려간다. 이 때문에 노봉蘆峰과 여산[廬阜]에서 주회옹朱晦翁(주희)과 주무숙周茂叔(주돈이)이 '참 즐거움[眞樂]'을 찾을 수 있었고 모령茅嶺과 동강桐江에서 도정백陶貞白(도홍경)과 엄자릉嚴子陵(엄광)의 '은밀한 자취[玄蹤]'가 세상에 새어나가지 않았다. 이에 강이며 산의 동動하고 정靜한 현상이 '저절로 사람의 신명이며 성정과 서로 연관이 있다[自然與神明性情相關]'는 것을 알겠으니, 그 산수의 소리와 빛깔, 맛과 향기 등은 그저 사람의 이목구비의 욕구를 충족해 주는 정도에서 그치지 않는다. 이는 이미 옛사람이 먼저 경험한 일로서 시대가 다르더라도 그 의미는 마찬가지이다."[131]

산수의 성색미향聲色味香이 단순히 이목구비耳目口鼻의 감각적 욕망을 만족시키는 데 그치지 않고 인간의 신명神明 그리고 성정性情과 연관되어 있다는 생각은 농연그룹의 적극적인 산수탐승의 이론적 기초가 되었다. 따라서 산수미의 발견과 향유는 고상한 정신활동으로 적극 장려해도 좋을 일이었다. 탐승을 위해 멀리 산수놀이를 떠나는 사람만이 아니라 은거하며 강학하는 학자에게도 산수는 매우 중요한 공간이었다. 산수가 인간의 신명과 성정에 끼쳐 주는 영향이 매우 크다고 보기 때문이다.

이러한 산수영향론은 훗날 이중환李重煥, 1690~?, 호 淸潭·靑華山人의 『택리지擇里志』가 만들어지게 된 기본 동기로 작용했거니와, 은자가 누려야 할 진락眞樂이 산수와 사귀며 교감하는 과정에서 획득된다는 생각을 낳아 복거지의 선택을 신중하게 만들었고, 나아가 산수를 평론하는 풍조를 조장했다.

시험 삼아 가까운 지역의 여러 승지를 논한다면, 이 정자처럼 정말 은거하기 좋은 곳은 없다. 노주鷺洲는 큰 길거리에 접해 있어 집터 자리로는 적합하지 않고 용암龍巖은 협곡에 묶이어 유유자적 소요하기 어려우며 옥병玉屏은 앞이 너무 트여 고요하

131) 『農巖集』卷26,「淸泠瀨新亭上梁文」: "君子之藏脩游息, 未嘗廢登臨之觀, 高人之棲遯隱淪, 則必趣曠奧之境. 是以蘆峰廬阜, 朱晦翁周茂叔之眞樂可尋, 茅嶺桐江, 陶貞白嚴子陵之玄蹤未泯. 是知流峙動靜, 自然與神明性情相關, 非止聲色味香, 只以充耳目口鼻之欲, 旣古人之先獲, 庶異代而同歸."

고 깊은 느낌이 없고 금수金水는 기이하지만 평탄하고 공활한 점이 모자란다.[132]

비교적 소박한 산수평론이다. 이런 식으로 복거할 곳을 고르는 데 까다로운 조건들을 늘어놓게 되고, 그로 인해 산수를 보는 눈이 더욱 세련되어져 갔다. 산수의 고요함과 움직임이 어떠한 모습을 갖추고 있어야 인간의 신명과 성정이 안정을 취하고 활력을 갖게 되는가. 이런 의제를 중심으로 농연그룹은 수많은 토론을 진행하면서 점점 산수미에 대한 인식을 제고시켜 나갔을 것이다.

그렇다면 우리는 산수에서 무엇을 취하는가. 아니 우리는 왜 산과 물을 찾아 길을 떠나는가. 이황은 이렇게 말한다.

산수를 좋아함은 그 청淸하고 고高함을 좋아할 뿐이다. 청한 것은 저절로 청하고 고한 것은 저절로 고한데, 사람이 알아주건 알아주지 않건 간여될 것이 무엇이겠는가?[133]

이황은 물의 맑음과 산의 높음을 좋아한다고 했다. '청고미清高美'의 수용이다.[134] 이이도 "산수가 능히 사람으로 하여금 정감을 옮기게 하므로 이 정자에 오르는 이가 산의 높은 것과 물의 맑은 것을 보고서 본원을 부식하고 물욕을 씻어버린다면 인이 더욱 두터워지고 지가 더욱 해박하여질 것이다."[135]라고 했다.

김창협은 일찍이 산수유람관에 대해 자신의 견해를 피력한 바 있는데, 후대의 문인들에게 하나의 지침으로 받아들여졌다.

유람遊覽의 유익함에 대해서는 소자유蘇子由(蘇轍)와 마자재馬子才(馬存)의 글 두

---

132) 앞의 글: "試論近地之諸勝, 孰若斯亭之允臧. 鷺洲濱於通衢, 不宜室宅, 龍巖束於兩峽, 未足盤旋, 玉屛敞而無此靚深, 金水奇而遜其夷曠."

133) 『退溪集』卷42, 「丹陽山水可遊者續記」: "山水之好, 好其淸高耳. 淸者自淸, 高者自高, 其於人之知不知何預哉."

134) 이종호, 「퇴계미학의 기본성격(상)」, 『퇴계학』 창간호, 안동대학교 퇴계학연구소, 1989; 같은 이, 『퇴계학에세이 온유돈후』, 아세아문화사, 2008.

135) 『栗谷全書』卷13, 「濯熱亭記」: "山水能使人移情, 登斯亭者, 見山之高, 見水之淸, 植本洗垢, 仁可益厚, 知可益周."

편에 자세히 나와 있네. 그러나 그것도 평소에 글을 읽고 학문을 하여 마음속에 쌓인 것이 풍부해진 뒤에 외물을 보고 듣는 것이 내면을 감동시켜 발현시킬 수 있다는 말일 뿐이니 어찌 마음속은 공허하여 아무 것도 없으면서 오로지 외물의 도움에만 의존한 다는 뜻이겠는가. 인자仁者와 지자智者가 산수山水를 좋아하는 것도 이와 같네. 만약 평소에 이치를 궁구하고 마음을 보존하는 공부를 하지 않다가 갑자기 우뚝한 산의 정 적인 모습과 흐르는 물의 동적인 모습을 보고 인과 지의 취향을 끌어내려 한다면 어찌 어렵지 않겠는가. 그러나 이른바 이치를 궁구하고 마음을 보존한다는 것도 일생생활 에서 글을 읽고 일에 대처하는 가운데에 있을 뿐이니, 그대의 편지에 말한 것처럼 고 원高遠하여 미치기 어려운 것이 아니네. 이 점도 그대가 더 생각해 보기 바라네.[136]

산수유람은 유익한 일이지만 평소에 독서와 학문에 충실을 기한 사람이라야 그 효험을 거둘 수 있으며 튼실한 공부가 밑받침되어 있지 않으면 아무리 산수유 람을 많이 한다 하더라도 실익이 없다는 견해이다. 이황의 '요산요수론' 이 김창 협에게 와서 더욱 강화되는 느낌이다. 주지적이며 내면수양을 강조하는 김창협 의 유람관은 세인들의 도에 넘쳐 무모하기까지 한 당시의 유람 행태를 교정하려 는 의도에서 나왔을 것이다. 인용문에서는 적극적으로 산수유람을 권장하지는 않았지만, 김창협 본인도 동유체험을 향유했거니와 이미 사대부들의 동유東遊 : 금 강산행 취미는 생활문화의 하나로 자리 잡은 지 오래였기 때문이다.

이하곤은 "산수 사이에 절로 맑고 빼어난淸泠秀異 기운이 있는데 사람이 그 기운 을 접촉하면 빙설氷雪이 심장에 스며드는 듯해서, 모르는 사이에 상쾌해진다. 이 러한 경지는 산수의 멋趣에 대해 깊지 않으면 알지 못한다."[137]고 했다. 여기서 말 한 '청령수이' 는 산수의 이상적 품격으로 일찍이 김창협이 화양동을 품평하며

---

136) 『農巖集』 卷18, 「答黃奎河」(癸未): "至於游覽之助, 蘇子由·馬子才二書, 固已具道矣. 此亦平 日讀書爲學, 積於中者已富, 而耳目之接於外者, 有以感觸助發耳. 豈其中空虛無有, 而專有資於 外耶. 仁智之樂, 亦是如此. 若無平日窮理存心之功, 而驟觀於山水流峙動靜之狀, 求以發仁智之 趣, 豈不遠哉. 然所謂窮理存心者, 亦只在於日用讀書應事之間, 非高遠難及如來諭所云爾也, 亦 惟賢者加之意也."

137) 『頭陀草』 册16, 「清暉亭記」: "蓋山水之間, 自有一種清泠秀異之氣, 令人觸之, 如冰雪沁入心腑, 不覺爽然, 此非深於山水之趣者不知也."

말했던 '격운청기格韻淸奇'와[138] 통한다. 이는 이황이 산수에서 '청'과 '고'를 이상적인 품격으로 보았던 것과 유사하다. 다만 '수이', 즉 '기奇'가 강조되고 있음이 굳이 다르다고 하면 다르다. 산수에서 말하는 '기'란 독특한 산의 개성을 지칭한다. 그 산만이 가지고 있는 멋을 감상하는 것이 명산을 찾는 이가 할 일이다. 이 '기'를 가려내서 산수품평을 할 수 있고 산수담론도 진진하게 이어갈 수 있다.

김창협과 김창흡은 '기이'한 산수를 대하는 태도에 있어 조금씩 취향을 달리한다. 김창협은 "산수를 보는 것은 마치 성현군자를 만나는 것과 같다."고 한다. 그러면서 "우리나라에서 명산이 많지만 풍악이 홀로 으뜸인즉 이는 가히 산수 가운데 성인이라 할 수 있다. 그런데 세상 사람들이 늙어 죽도록 한 번도 보지 못하니, 이 어찌 노나라에서 태어나 공자의 얼굴을 알지 못하는 것과 무엇이 다르겠는가?"라고 했다. 김창협의 산수론은 이처럼 매우 점잖고 진지하다. 그는 성현군자를 보지 못했을 때 한 번만이라도 얼굴을 보면 좋겠다고 하다가 만나고 나서는 그 용모를 바라보고 그 언론을 듣고서 그 애모할 만한 것을 참으로 알게 되어, 떠나가도 자꾸만 새록새록 생각이 떠올라 다시 보고 싶게 만드는 그런 산이 풍악이라고 말했다.[139] 좋은 산이 그렇다는 것이나, 좋은 산수유기도 그래야 한다는 의미를 깔고 있다.

'금강산은 산 중의 성인인 공자님이시다'라는 김창협의 생각과 달리 김창흡은 "산천은 나에게 진실로 하나의 좋은 벗이며 또한 하나의 훌륭한 의원이다."라고 했다. 내 몸에 걸려 있는 모든 고통과 슬픔을 잊게 하기 때문이다.[140] 김창흡의 산수관은 김창협에 비해 다소 처절하고 우울하기까지 하다. 산수에 몸을 완전히

---

138) 『農巖集』 卷23, 「華陽諸勝記」: "此皆苟細論之, 然, 而要其格韻淸奇, 終遜於楓嶽之碧霞潭矣."

139) 『農巖集』 卷25, 「柳集仲溟嶽錄跋」: "余嘗謂觀山水, 如見聖賢君子, 自其未見時, 則唯得一面焉幸矣, 及旣得見而望其容貌, 聽其言論, 而眞知其可愛慕, 則去而思之, 愈久愈不忘, 而其欲復見也, 乃甚於未見時. 蓋余於楓嶽, 實然矣. 今得集仲此錄讀之, 凡余前日之所游歷者, 森然歷落, 俱在目前, 此如宿昔所一見愛慕思想之人, 而得復聞其聲容起居動作之詳, 其爲傾倒何如也. 夫以東土之多名山, 而楓嶽獨冠焉, 則是可謂聖於山水矣, 而世之人, 乃或老死而不得一見, 此何異於身生東魯而不識仲尼面目也."

140) 『三淵集』 卷19, 「與李季祥」: "出游兩月而歸, 當其搜窮涯巓, 追逐雲月, 自喩適志也, 亦未覺悲苦在身, 山川之於我, 誠一好友也, 亦一良醫也."

맡기는 몰입형 산수관을 보여 준다. 김창협이 금강산에서 만난 것이 성인이었다면 김창흡은 산수에서 의원의 따스한 위로를 듣는다. 성인을 만나러 갈 때와 의원을 만나러 갈 때 만나는 이의 마음자세가 영 다를 수밖에 없다. 김창흡은 약기운이 떨어지면 의원을 만나 새로운 약을 받아오듯, 그렇게 산에서 위안의 약을 받아먹었다. 사회가 그를 병들게 했다면 산수는 그 병을 치료하는 의원이었다. 약도 오랫동안 먹으면 내성이 생기는 법이다. 갈수록 조금씩 더 강한 성분을 투여해야 약효가 나게 되는 것이다. 김창흡의 산수유람도 그와 같았다. 그래서 그는 이러한 자신을 마치 방탕하게 유곽에서 노니는 사람冶遊花柳之人, 즉 난봉꾼과 같아서 도저히 산수유람을 금지할 수 없다고 했다. 그가 초년기부터 어머니를 애태우게 했던 일도[141] 모두 이 같이 산수를 탐하는 고질병 때문이었다.[142]

이민서李敏敍, 1633~1688, 彝仲, 西河는 '유산은 술 마심과 같다.'고 했다. 산행할 때 함께 길을 가는 동반자가 있는 것이 좋다는 논리를 술을 빌어 말한 것이다. 무리지어 마시면 너무 소리를 질러대서 시끄럽고 혼자서 마시자니 무료한 게 탈이라. 그러니 두어 서너 명이 다정히 앉아서 오순도순 권하며 마시는 것이 시끄럽지도 무료하지도 않아 좋다는 것이다.[143]

---

141) 安錫儆(1718~1774), 『霅橋集』下, 143쪽, 「漫錄」: "三淵少時, 遊山久而未返, 夫人當産悶絕, 羅夫人驚惶救藥, 僅得回蘇而仍娩. 其後三淵之返面也, 羅夫人切責之曰, 夫婦旣同孕, 其娩也, 義當同居而救護, 爾乃知妻之臨産, 而遠遊不回, 使我累日驚憂, 不孝也不義也. 三淵自此以後, 臨産期, 必在家不遠遊." 삼연이 젊은 시절 유산하러 집을 나서 오래되도록 돌아오지 않았다. 그 때 부인(경주이씨 世長의 따님)이 산고를 겪다가 기절하는 일이 일어나 어머니 나씨부인이 놀라서 허겁지겁 약을 구하여 간신히 소생하여 아이를 분만한 적이 있었다고 한다. 그 뒤에 삼연이 귀가하여 나씨부인을 뵙자 나씨부인이 되게 야단을 치면서 "부부가 함께 아이를 잉태했으면 분만할 때에도 의리상 당연히 함께 있으면서 구호해야 하거늘 너는 처가 곧 생산할 것을 알면서도 멀리 유람을 떠나 돌아오지 않아 나로 하여금 여러 날 동안 놀라 근심하도록 했으니 불효를 저질렀고, 불의를 행했다."고 말했다. 삼연은 이런 일이 있고나서는 산기가 다가오면 반드시 집에 거하면서 멀리 유람하러 가지 않았다고 한다.

142) 『三淵集拾遺』 卷13, 「上親庭」(癸亥): "不幸子有瞽盲之疾, 厭喧愛靜, 自少而甚, 每有會意, 徑然而往, 若有物使之者, 當爾時, 輒不知事之利害, 義之當否, 必行而後已. 從前貽憂見過者, 太半由於此事. 年旣長矣, 稍欲拗意剛制, 而亦不自克, 有時卒發狂態如昨, 自得玆區, 貪戀已甚, 永矢爲藏修之所, 而向之走作於浪遊者, 則似覺減半, 此如冶遊花柳之人, 甚至於不可禁止, 則或勸以家畜一物, 子之有此, 與彼無異."

143) 『西河集』 卷1, 「遊金剛贈同遊」: "遊山如飲酒, 趣味識今朝, 群飲苦號呶, 獨酌亦無聊, 最宜兩三輩, 相勸不相囂."

이하곤도 유산을 음주에 비유했으나 이민서의 그것과는 다르다. 술 마시는 주량이 각기 다르듯이 산수의 맛趣을 이해하는 깊이가 다르다는 뜻에서다. 자잘한 선비들은 본디 멀고 남이 잘 안 가본 곳을 가려 하지 않으면서도, 간혹 산의 명성만 듣고 와가지고 샅샅이 둘러보지도 않고 산이 이름값을 못한다고 핀잔을 준다. 이하곤은 아무리 욕을 해대도 산은 산이요 물은 물이라 했다. 산이 손해 볼 게 없고 단지 그 천박한 무리들의 경망스러움만 드러날 뿐이다.[144] 산수유기도 이 '맛'을 제대로 알아야 멋진 작품을 만들 수 있다. 어유봉魚有鳳, 1672~1744, 舜瑞, 杞園은 '유산은 독서와 같다.'고 말했다. 책을 읽을 때 대강 한 번 읽고 나면 아무 것도 얻을 수 없기에 내용을 투명하게 파악할 때까지 숙독해야 하는 것과 같이 산도 산의 묘한 맛을 분명하게 깨달을 수 있을 때까지 새로운 미의 발견을 위해 부단히 힘써야 한다는 것이다. 어쩐지 어유봉의 비유는 김창협과 닮아 있고, 이하곤의 그것은 김창흡의 태도와 근사해 보인다.[145]

이이도 홍인우洪仁祐, 1515~1554, 應吉, 恥齋의 「풍악록」을 읽고, "천지의 사이에 모든 물체는 각기 리가 있으니 위로는 일월성신으로부터 아래로 초목산천에 이르고 미세한 것으로 술 찌꺼기나 불에 탄 재에 이르기까지 모두 도체가 붙어 있는 것으로 지극한 가르침이 아님이 없다. 그러나 사람이 비록 조석으로 눈을 붙여 본다 하더라도 그 이치를 알지 못하면 보지 않는 것과 무엇이 다르겠는가. 금강산에 유람하는 선비가 또한 눈으로만 볼 따름이고 능히 산수의 취미山水之趣를 깊이 알지 못한다면 비로 저 백성이 날로 사용하고 있으면시도 도를 일지 못하는 것과 별다를 것이 없을 것이다. 홍씨 어른홍인우과 같은 이는 산수의 취미를 깊이 알았다고 이를 수 있을 것이다. 비록 그러나 다만 산수의 취미를 알 뿐이고 도체를 알지 못하면 또한 산수를 아는 것이 귀중할 것은 없다."[146]고 했다. 즉, 금강산

---

144)『頭陀草』册5,「東游錄」: "游山如飮酒, 深淺各隨量, 苟不解其趣, 所得只皮相, 齷促世俗士, 本自憚遐曠, 亦或慕名來, 曾未窮搜訪, 謂山不副名, 往往加嘲謗, 於山豈有損, 徒見渠輩妄."

145)『杞園集』卷20,「東遊記」: "今到此而山中之勝, 殆無遺憾矣. 然遊山如讀書, 固好見所未見, 而要在熟之又熟, 使曲折昭著, 意態玲瓏, 而精神融通, 方可謂有得, 而忙迫涉獵, 何以造次妙哉."

146)『栗谷全書』卷13,「洪恥齋仁祐遊楓嶽錄跋」: "天壤之閒, 物各有理, 上自日月星辰, 下至草木山川, 微至糟粕煨燼, 皆道體所寓, 無非至教, 而人雖朝夕寓目, 不知厥理, 則與不見何異哉. 士之

이 금강산인 까닭을 아는 것이 곧 '산수의 취미'를 터득하는 길인 셈이다. 금강산 앞에 사는 사람이 매일 금강산을 보고 유람을 하면서도 금강산인 까닭을 모른다면 거기에 사는 보람이 없을 터이다.

이이는 눈으로 보아서 터득하는 취미도 중요하지만 마음으로 도체를 터득하는 노력이 보다 근본적이라는 가르침을 빠뜨리지 않았다. 홍인우의 「풍악록」이 완성도를 높일 수 있던 요인도 그가 이 산수의 취미를 제대로 알았던 데 있다. 쉽게 풀어 산수취미는 산수가 지닌 멋이라 해도 좋다. 산이 주는 감동이라고 할까, 산의 매력이라고 할까, 무언가 산에서 느끼는 희열 같은 것이 모두 이 '취'의 개념에 들어올 수 있다. 이러한 '취'의 문제는 농연그룹 사이에서도 주요한 관심사였다. 이하곤은 산수의 취에 대해 깊은 깨달음이 있어야 산수가 지닌 미감을 넉넉히 감수할 수 있다고 했다.[147]

김창협이 "사물을 잘 관찰하는 사람은 사물로 물건을 보지 않고 상으로 사물을 보며 상으로 상을 보지 않고 이치로 상을 본다. 상으로 사물을 보면以象觀物 지극한 상 아닌 사물이 없고 이치로 상을 보면以理觀象 지극한 이치 아닌 상이 없으니, 비유하자면 포정의 눈에는 더 이상 온전한 소가 없는 것과 같다."[148]고 했거니와 이 역시 산수라는 사물을 어떻게 바라볼 것인가 하는 문제와 연계되어 있다. 상수학의 대가였던 소옹의 관물정신이 김창협의 관물의식으로 전이된 듯하다. 아마도 김창협은 포정이 소를 잡을 때 결에 따라 살점과 뼈를 완벽하게 갈라내듯이 형상과 이치를 통해 산수의 취를 온전하게 장악할 수 있다고 생각한 것이다.

遊金剛者, 亦目見而已, 不能深知山水之趣, 則與百姓日用而不知者無別矣. 若洪丈可謂深知山水之趣者乎. 雖然, 但知山水之趣, 而不知道體, 則亦無貴乎知山水矣."

147) 「題沈叔平楓岳錄後」(『頭陀草』 册16), 「淸暉樓記」(앞의 책).

148) 『農巖集』 卷24, 「三一亭記」: "蓋善觀物者, 不以物觀物而以象觀物, 不以象觀象而以理觀象, 以象觀物, 則無物而非至象也, 以理觀象, 則無象而非至理也. 譬之, 包丁眼中, 無復有全牛焉."

6. 농연그룹의 진경시학

산수의 취를 깊이 터득하는 문제와 함께 그 터득한 내용을 글로 표현하는 것도 간단치 않은 문제였다. 농연그룹에서는 시문을 평하듯 산수를 담론하는 일이 일상이 되어 있었다. 산수담론과 시문품평은 시화상간詩畫相看의 아취를 낳게 되고 유한 사대부들 사이에 와유문화臥遊文化를 촉진시켰다. 이하곤은 "예로부터 고상하고 운치를 아는 선비는 산수를 성명으로 삼고 서화를 다반으로 여겼으니 이는 대개 맑고 차갑고 빼어나고 윤택한 기운에 자뢰하여 나의 소산하고 한원한 멋을 부치고자 함이다. 그러므로 맑은 창가에서 안석을 정갈하게 하고서 향을 피우고 차를 다려 마음에 맞는 사람과 마음껏 산수를 담론하고 좋은 글씨와 이름난 그림을 품평하는 것, 이것이 인생의 제일 지극한 즐거움이다."라고 했다.[149] 농연그룹의 아취가 풍겨 나오는 언술이다.

김창협은 시가의 묘리와 산수는 서로 통한다고 본다.

> 시가의 묘는 산수와 서로 통한다. 저 맑고 멀고 가파르고 무성한 것, 기이하고 곱고 그윽하고 씩씩한 것이 그 모습으로 된 것이 변화가 많고 그 경계를 이룬 것이 다 알기 어렵다. 멀리서 보면 정신이 솟구치고 다가서면 마음이 녹아버린다. 이게 산수의 훌륭함이다. 그런데 시가도 그렇다. 그러므로 이 두 가지가 서로 만나 정기가 이에 서로 흘러들어 가고 경치가 이에 서로 퍼지게 되니 이는 진실로 그렇게 되지 않도록 해도 그렇게 되는 것이다. 그러나 조화는 공을 온전히 함이 없고 인재는 치우침과 가림이 있기 때문에 우주 안에 산수로 된 것들이 모두가 뛰어날 수는 없고 사람이 시가에 대해서도 묘한 경지에 들어간 이가 드물다.[150]

---

149) 『頭陀草』册18,「題一源爛芳焦光帖」: "自古高人韻士, 以山水爲性命, 以書畫爲茶飯, 盖欲資其淸畫秀潤之氣, 以寄吾蕭散閑遠之趣耳. 故明囱淨几, 焚香瀹茗, 與意中人縱談山水, 評品法書名畫, 此爲人生第一至樂. 凡爲此者必高人韻士, 而非高人韻士, 亦不能知此樂也."

150) 『農巖集』卷21,「兪(命岳)李(夢相)二生東游詩序」: "詩歌之妙, 與山水相通, 夫淸迥峻茂, 奇麗幽壯, 其爲態多變, 其爲境難窮, 望之而神聳, 卽之而心融, 此山水之勝也, 而詩歌亦然. 故二者相値, 而精氣互注焉, 景趣交發焉, 是固有莫之然而然者矣. 然造化無全功, 人才有偏蔽. 故宇內之爲山水者, 不能皆勝, 而人之於詩歌, 亦鮮造妙."

김창협은 어떻게 하면 그 산수에 걸맞게 진경시를 지어낼 수 있을까 하고 고민했다. 산수와 시가가 서로 통한다는 것은 무엇을 말하는가. 산수는 각 부분마다 특징이 있고 계절과 기후에 따라 수시로 변하며 원근에 따라 모습과 기상을 달리한다. 그 점이 산수의 훌륭함이다.[151] 그러나 이른바 산수의 '승勝'이 될 수 있는 곳은 그리 많지 않다. 시가도 마찬가지다. 작가마다 작품마다 특징이 있어야 한다. 천편일률이 되어서는 안 된다. 서로 모양을 달리하는 것들이 모여서 큰 하나의 산수라는 공간을 만들어 내듯이, 시가도 대상에 따라 색깔과 모양과 소리가 달라야 한다.

시가와 산수가 서로 통한다는 전제 아래 김창협은 탁월한 시가와 훌륭한 산수의 만남이 필요하다고 했다. 문제는 금강산과 같은 훌륭한 산수는 있으되 그에 필적할 만한 탁월한 시가가 출현하지 않는 것이었다. 평범한 경치常境에서 기발한 말奇雋之語을 찾으려 들면 도움을 받을 수 없고 비속한 가락哇音으로 아름다운 경관瑰麗之觀을 묘사하려 들면 근사하게 묘사할 수 없는 것이다.[152] 금강산은 역량 있는 시인이 자기를 찬미해 주기를 기다리지만 금강산에 어울리는 역량 있는 시인은 나타나지 않았다. 이런 참다운 시인의 부재가 지속되는 한 시가는 오래도록 산수를 저버리게 마련이다.[153] 어떻게 해야 금강산의 실망을 풀어줄 수 있을까. 시가창작의 바른 법도를 세우는 일이 급선무이겠다.

세상에서 시를 짓는 사람들은 비근卑近한 것을 익히기를 좋아하여 진부한 것을 인습하고[因陋而襲陳] 한 번도 깊이 생각[深思]하여 독창적인 말[獨創之語]을 해본 적이 없다. 그들은 타고난 지혜[天機]를 발동하는 것이 미미하여 서정[興象]이 원대하지 못하고 사물을 형용하는 것이 조잡하여[命乎事物者粗] 묘사가 사실적이지 못하다[描寫不眞]. 이러한 태도로 산수를 찾아간들 어떻게 감발되는 것이 있을 수 있겠는가.[154]

---

151) 앞의 글: "夫造物者, 專以神秀淑麗之氣, 鍾之於是山, 以而爲奇峰峭壁, 以而爲淸泉邃谷, 以而爲嘉木異卉, 金砂銀礫, 其爲勝亦妙矣."

152) 앞의 글: "是以踐常境而求奇雋之語則無助, 操哇音而寫瑰麗之觀則未肯."

153) 앞의 글: "是二者又交相負也, 而人之負山水也顧多. 蓋詩道之衰久矣. 語山水於東方, 金剛爲大, 而自前世詩人歌詠甚多. 然求一言之克肖其勝, 卒不可得."

요컨대 독창적인 언어구사, 자연스런 흥취의 표출, 묘사의 진실성, 이 세 가지가 시가창작의 핵심요소로 작용해야 산수의 이름에 손색없는 작품을 만들어낼 수 있다. 김창흡도 김창협과 시에 대해 논할 적에는 반드시 시의 원리에 대한 깊은 이해와 독창성, 진실성과 고상한 운치를 숭상하며, 당시 조선 시인이 그렇지 못함을 개탄하곤 하였다.[155]

이상에서 논한 김창협의 생각을 다시 정리해 보면 다음과 같다. 명산을 표현하기 위해서는 명산에 걸맞은 역량 있는 시인이 필요하다. 역량 있는 시인은 생각을 깊이 해서 독창獨創의 언어를 구사할 수 있다. 그러자면 우선 천기天機가 깊어야 한다. 물루物累에 찌들어 천기가 약해진 이가 명산을 노래할 수 없는 일이다. 또한 흥기된 의상興象이 대상의 본질속성을 심원하게 전달하고 대상에 꼭 알맞은 정미한 언어를 선택하여 진실하게 묘사할[156] 수 있어야 한다. 모든 일에는 순서가 있는 법이다. 좋은 시를 쓰자면 먼저 좋은 시를 읽어야 한다. 좋은 시란 어떤 것인가. 앞서 제시한 조건을 만족시키는 작품들이다. 그것이 훌륭한 스승이다. 훌륭한 시로 엮어진 텍스트는 오랜 기간에 걸쳐 검증된 것이기에 '고古'란 의미를 붙인다.[157] 단순히 시간적으로 오래되었다는 의미가 아니라 '천기'의 손상이 덜한 작품군을 가리킨다.

결국 진경산수시 창작의 요체는 '물경에 나아가서 언어가 모두 참되고卽物而語皆眞' '경계에 따라 의경이 문득 새롭게逐境而意輒新' 되도록 하는 데 달렸다. 그래야 그윽한 경관과 뛰어난 자태가 반짝이듯 빛을 발하게 되어, 이 금강산을 일찍이 보았던 이로 하여금 마치 다시 본 듯한 착각에 빠져들게 만들 수 있다.[158] 그것이

---

154) 앞의 글: "世之爲詩者, 方且樂習卑近, 因陋而襲陳, 未嘗一致其深思, 以發獨創之語, 其動乎天機也淺, 而興象不遠, 命乎事物者粗, 而描寫不眞, 以此而之乎山水, 夫安能有所發."

155) 앞의 글: "子益每與余論詩, 必以深造獨詣, 眞際遠韻爲尙, 而慨東人之不然."

156) 여기서의 '眞'은 그림에서와 같은 '逼眞'을 말한다. 『農巖集』卷25, 「谷雲九曲圖跋」: "世言好圖畵, 必曰逼眞, 畵至於逼眞, 極矣. 雖顧·陸, 不容有加, 人惟求其眞而不得, 然後退而求之於畵, 若宗少文之於山水, 是也. 今不知當時所畵, 果逼眞與否."

157) 『農巖集』卷21, 「兪(命岳)李(夢相)二生東游詩序」: "二生之治詩歌, 其師法甚古."

158) 같은 글: "若其卽物而語皆眞, 逐境而意輒新, 幽觀勝態, 的皪燦發, 使嘗見是山者, 怳然如復見焉, 則余亦不圖其至於是也."

바로 김창흡이 김창협에게 일러준 '깊이 독자적인 경지에 나아가서深造獨詣' '심원한 운치를 진실로 만나는 것眞際遠韻'이다. 진경시의 요체는 '진眞', '신新', '독獨', '심深', '원遠' 다섯 가지인 것이다. 그리고 이것은 유기문학 창작의 필수요소로까지 일반화할 수 있다.

김창흡도 김창협과 같은 시가산수관을 지녔다. 호남으로 여행을 떠나는 박태관朴泰觀을 송별하며 준 시에서 김창흡은 이렇게 말했다.

> 시는 명산과 대천에 있건만
> 아무도 찾지 않아 풍광만 남아 있네.
> 영산강은 멀리 산호(珊瑚) 바다에 접해 있고
> 월출산은 높이 취곡(翠鵠) 하늘에 닿았구나.
> 진촉지방 기행은 자미(두보)를 기다려야 하고
> 파릉지방 물색은 청련(이백)을 기다려야 하네.
> 전에 최백(최경창과 백광훈)이 글을 다듬던 곳이니
> 길가에 버려진 주옥같은 시구가 얼마나 많았을까![159]

시의 소재가 명산과 대천에 있으니 그냥 두고 지나치지 말고 당나라 두보나 이백처럼 멋진 시를 지어 이름답게 흐르는 영산강과 우뚝이 솟아 있는 월출산을 노래하여 호남의 풍광을 빛내라는 주문이다. 만일 시인이 산수를 저버린다면 어떻게 될까. 그렇게 되면 이미 그 '시인'이란 명칭은 아무런 의미를 갖지 못하게 될 터이다. 그래서 김창흡은 "경관은 시를 저버리지 않으나 시가 경관을 저버리네. 천기하늘의 기밀와 인뢰인간이 내는 소리가 어찌 서로 멀다고 하겠는가境不負詩詩負境, 天機人籟豈相懸."라고[160] 하며 문인들에게 산수에 나아가 산수의 기밀을 적극적으로 찾아내어 시로 표현하라고 권유했다. 여기서 말한 '천기'는 문학적으로 해석하면 아

---

159) 『三淵集』 卷10, 「送朴士賓泰觀遊湖南」: "詩在名山與大川, 無人搜抉只風煙, 瀯湖迴接珊瑚海, 月嶽高摩翠鵠天, 秦蜀紀行須子美, 巴陵物色待靑蓮, 向來崔白推敲地, 何限驪珠棄道邊."

160) 『三淵集』 拾遺, 卷5, 「續賦山雪用磻溪韻」 其22: "雪爲粉繪掃江天, 點注晨雲與暮烟, 冷色鵲飢臨岸木, 遙聲笛起在灘船, 凌兢驢背尋何事, 縹緲樓居好近仙, 境不負詩詩負境, 天機人籟豈相懸."

마 천취天趣 정도로 볼 수 있지 않을까 한다. 즉, '산수의 취'로 보아도 좋다. '인
뢰'란 인간이 내는 소리이므로 보통 악기 일반을 지칭하기도 하지만 여기서는 시
가문학을 말한다고 하겠다. 또한 '경境'은 작가가 인식해야 하는 미적 대상을 말
하는데, 구체적으로는 산수의 경물을 뜻한다. 산수의 경물은 늘 그 자리 그렇게
있지만 시인은 그 산수경물의 취趣를 찾아서 향유하려 하지 않는데서 인간의 산
수에 대한 배반이 시작된다고 보는 것이다.

앞서 진경시의 요체가 '진眞'에서 출발한다고 했다. 김창협은 "세상에서는 좋
은 그림을 말할 때에 반드시 '핍진逼眞하다'고 한다. 그림이 핍진하면 더할 나위
없이 훌륭한 것이다. 고개지顧愷之와[161] 육탐미陸探微도[162] 그보다 더한 그림을 그리
지는 못하였다."고[163] 하여 서화예술의 '진'을 강조했다. 즉, '진'한 것이 '선善'
한 것이란 주장에 가까운 발언을 한 것이다.

이하곤 역시 경계 묘사의 진과 정감 표현의 실을 강조했다.

　시는 성조의 고하나 자구의 공졸을 논할 것 없이 그 경계를 묘사한 것이 참답고[眞]
정감을 표현한 것이 실다워야[實] 이를 천하의 좋은 시라고 이를 수 있다. 이태백과
두자미 뒤로 백낙천, 소자첨, 육무관 같은 이들의 시는 그 성조가 반드시 다 높지는
않고 자구가 반드시 다 공교롭지는 않았지만 그러나 일찍이 참답지 못한 경을 그리
거나 실답지 못한 정을 말한 적이 없어서 사람들이 읽으면 참으로 몸소 그 땅을 밟고
직접 그 말을 듣는 것 같으니 대개 또한 천하에서 좋은 시라 할 것이다. 그러므로 내

---

161) 顧愷之(約345~406): 字 長康, 小字 虎頭, 江蘇 無錫人. 東晉의 화가. 名門望族 출신으로, 歌賦
　　詞翰과 書法音律에 정통했다. 多才多藝하여 그가 이룩한 繪畵創作과 繪畵理論은 중국 회화사
　　상 중요한 위치를 차지한다. 그는 "畵絶, 才絶, 癡絶"로 일컬어졌다. 그의 회화이론은 "以形寫
　　形" 및 "遷想妙得"을 핵심으로 하는 "傳神論"인데, 중국회화의 발전 매우 깊은 영향을 주었
　　다. 후세에 전하는 작품으로는「女史箴圖」,「洛神賦圖」등이 있으나 모두 후인들의 모사본이
　　다. 畵論著作으로는『魏晉勝流讚』,『論畵』,『畵雲臺山記』가 있다.

162) 陸探微(?~約485): 중국 南朝, 宋의 화가, 蘇州人. 일찍이 宋 明帝의 侍從을 역임했다. 東晉 顧
　　愷之의 화법을 익혀 人物과 肖像에 능했다. 사람들은 그의 그림이 六法을 겸비했으며 筆跡이
　　周密勁利하다고 평한다. 중국 미술사상 顧愷之와 함께 '顧陸'으로, 顧愷之, 張僧繇, 吳道子와
　　함께 古代 '畵中四祖'로 불린다.

163)『農巖集』卷25,「谷雲九曲圖跋」: "世言好圖畵, 必曰逼眞, 畵至於逼眞, 極矣. 雖顧陸, 不容有加."

가 일찍이 말하기를, "시를 지음에 정히 화공의 사진寫眞과 같이 일모 일발이 닮지 않음이 없어야 한다. 그런 다음에 바야흐로 그 사람을 제대로 그렸다고 이를 수 있다. 만일 일모 일발을 닮게 하지 못한다면 비록 단청丹靑(그림)의 공교로움을 극도로 했다고 하나 신정神情이 곧 서로 관련되지 못하리니 어찌 그 사람을 그렸다고 이를 수 있겠는가!¹⁶⁴⁾

이하곤이 생각한 '천하에서 좋은 시'는 경계의 묘사와 정감의 표출이 진실한 작품이다. 그의 주장은 몸소 남쪽 지방 여행을 통해 지역의 특색, 계절의 변화, 객지의 감흥을 하나하나 시편에 갈무리하면서 기행시가 지켜야 할 창작원칙을 스스로 천명한 것이어서 설득력이 있다. 여기서도 한 터럭, 한 머리카락과 같이 미세한 부분을 정확히 기록해야만 훗날 독자로 하여금 기행한 곳의 대개大槪를 상상해 보도록 할 수 있다는 관점을 고수하고 있다.¹⁶⁵⁾ 이는 종래에 '성조나 자구' 사이에 매몰된 나머지 스스로 진실한 서정을 어렵게 만들었던 것에 비하면 일면 진일보한 것이다. 그러나 시인이 만나는 경계를 잘 묘사하고 흥기하는 정감을 잘 표출하는 것만이 능사는 아닐 것이다. 필시 '성조와 자구'도 유의해야만 천하에서 좋은 시로 불릴 수 있다. 다만 이하곤은 종래의 시풍이 지나치게 '성조와 자구'와 같은 형식적인 부분에 매달리는 것에 불만을 느껴, 내용적 부분에 더욱 관심을 갖아야 한다고 말한 것이다.

이러한 경향은 18세기 문예창작론의 대세를 형성했다. 이정섭李廷燮, 1688~1744, 호 樗村은 마악노초摩嶽老樵라는 필명으로 『청구영언靑丘永言』 발문에서 정에 따라서 솟아나는 것을 이어俚語로써 읊조리거나 노래한 시, 즉 국문으로 지어진 시가나

---

164) 『頭陀草』 册17, 「南行集序」: "詩無論聲調高下字句工拙, 其寫境也眞, 道情也實, 斯可謂之天下之好詩也. 李杜之後, 如白樂天, 蘇子瞻, 陸務觀諸人之詩, 其聲調未必盡高, 字句未必盡工, 然亦未嘗寫不眞之境, 道不實之情, 使人讀之, 眞若身履其地而面承其言也. 盖亦天下之好詩也. 故余嘗曰作詩正如畵工之寫眞, 一毛一髮, 無不肖似, 然後方可謂之寫其人矣. 苟或一毛一髮不能肖似, 則雖極丹靑之工, 而神情便不相關, 豈可謂之寫其人乎."

165) 앞의 글: "余南行往返三月, 得詩凡二百五十餘首, 只書其山川風土之異, 霜露時序之變, 羈旅道途之感而已, 不復區區於聲調字句之間也. 雖不敢自謂寫境也眞, 道情也實, 亦不至一毛一髮全不肖似, 後之讀者, 庶可因詩而想見南土之大槪焉. 遂名之曰南行集, 因爲序."

민요에서 드러나는 성정의 다양하고 자발적인 표현이, 모두 자연의 진기眞機로부터 나왔기에 인위적인 기교를 부린 사대부의 한시보다 오히려 감동적이라고 하여, 고아高雅한 성정을 중시하는 종래 사대부의 도학주의적 입장과 다른 태도를 취한 바 있다.[166] 물론 이정섭의 민요관은 김만중이 『서포만필西浦漫筆』에서 "지금 우리나라의 시문은 그 말을 버리고 타국의 말을 배워 설령 십분 비슷하더라도 이는 단지 앵무새가 사람의 말을 하는 것이니, 마을 거리를 다니며 나무하는 아이들과 물 긷는 아낙네들이 웅얼웅얼 하며 서로 화응하는 것이 비록 저속하다고는 하나, 그 진안眞贗 : 眞僞을 논한다면, 본시 학사 · 대부들의 이른바, 시부詩賦 따위와는 동렬에 올려놓고 논할 수가 없는 것이다. 하물며 이 세 별곡別曲은 천기天機의 자연스런 발로요, 이속夷俗 : 오랑캐 풍속의 저속함도 없으니, 자고로 좌해左海 : 우리나라의 참다운 문장眞文章은 다만 이 세 편뿐이다."라고[167] 한 그 '진' 과 '천기' 의 정신을 고스란히 이어받은 것은 의심의 여지가 없다. 농연그룹의 진시론이나 진경시학도 이러한 김만중의 문학론에서 상당한 영향을 받은 것으로 보인다.

한편 종조부 김만중의 의발을 전수받은 김춘택도 '실정實情'과 '진경眞境'을 그려낸 시를 중시했다.

일찍이 생각하기를, "진서산眞西山의 『심경心經』 이후에 참다운 학문이 매우 드물고 호원서胡元瑞의 『시수』 이후로 좋은 시가 들리지 않는다."고 했다. 하지만 학문을 함에 『심경』을 버릴 수 없고, 시를 논함에 또한 어찌 『시수詩藪』를 그만둘 수 있겠는가. 그러나 『시수』는 정말 치우친 곳이 있다. 또한 시가 모름지기 실정實情과 진경眞境을 그려내야 하거늘 호원서는 곧 "저주滁州에 비록 서간西澗이 없은 들 위응물韋應物의 절구에 해를 주지 않는다."고 여겼다. 그러나 이런 것들은 또한 옳지 않다.[168]

---

166) 박경수, 「조선 후기 천기론의 시학과 낭만주의 시론의 비교연구」, 『현대문학이론연구』 12, 현대문학이론학회, 1999; 김윤조, 「저촌 이정섭의 생애와 문학」, 『한국한문학연구』 제14집, 한국한문학회, 1991.

167) 『西浦漫筆』: "今我國詩文, 捨其言而學他國之言, 設令十分相似, 只是鸚鵡之人言, 而閭巷間樵童汲婦, 咿啞而相和者, 雖曰鄙俚, 若論眞贗, 則固不可與學士大夫所謂詩賦者同日而論. 況此三別曲者, 有天機之自發, 而無夷俗之鄙俚, 自古左海眞文章, 只此三篇."

168) 『北軒集』 卷16, 散藁, 「論詩文」 附雜說: "嘗謂眞西山心經之後, 眞學絶罕, 胡元瑞詩藪之後, 好

「저주서간滁州西澗」은[169] 위응물韋應物, 737~786의 출세작이다. 위응물은 중당中唐 시인으로 왕유와 함께 당나라를 대표하는 산수전원 시인이다. 「저주서간」을 두고, 호응린胡應麟, 1551~1602, 자 元瑞은 『시수』에서 "송나라 사람이 '저주 서쪽 시내에는 봄의 조수가 결코 이를 수 없다'고 했는데, 시인이 흥취가 일어 어구를 운용하게 되면, 클 때는 수미산을 작을 때는 겨자씨를 언급하게 되거늘 이를 알지 못하고 어찌 이러한 것에 구구하게 얽매이는가!"[170]라고 말한 바 있다. 여기서 '송나라 사람'이란 송대를 대표하는 고문가 구양수歐陽修, 1007~1072를 말하는 것이다. 일찍이 구양수는 저주 성 서쪽이 곧 풍산豊山으로 이른바 '서간'이란 것이 없고, 다만 성 북쪽에 시내가 하나 있는데 매우 얕아서 배를 띄울 수 없을 뿐더러 또한 강의 조수조차도 이르지 못하는데, 위응물이 사실이 아닌 것으로 아름다운 시구를 만들려 했다고 꼬집어 말한 적이 있다.[171] 호응린은 비록 현실 공간 속에 시인이 묘사하고자 하는 '서간'이 실재하지 않는다 하더라도 문제될 것이 없다는 생각이다. 그가 보기에 시인의 상상력은 겨자씨와 같은 미세미크로한 세계와 수미산과 같은 거대매크로한 세계 양 방면으로 무한하게 뻗어나갈 수 있다고 보기 때문이다. 호응린은 이와 비슷한 경우로 당나라 시인 장계張繼의 유명한 「풍교야박楓橋夜泊」이란[172] 시를 예로 들었다.

詩無聞. 然爲學而不可舍心經, 論詩而又何可廢詩藪乎. 但詩藪儘有偏處. 且詩須寫出實情眞境, 而胡乃以爲滁州, 雖無西澗, 不害有韋應物絶句, 此等却又不是."

169) 「滁州西澗」: "獨憐幽草澗邊生, 上有黃鸝深樹鳴, 春潮帶雨晚來急, 野渡無人舟自橫." 번역문을 소개하면, "개울가에 자란 풀 홀로 어여쁘고, 꾀꼬리는 나무 깊은 곳에서 울고 있네. 봄 강물은 비에 불어 밤 되니 더욱 세찬데, 나루터에 사람은 없고 배만 홀로 걸쳐 있네."이다.

170) 『詩藪』 외편, 권4, 唐(下): "宋人謂滁州西澗, 春潮絶不能至. 不知詩人遇興遣詞, 大則須彌, 小則芥子, 寧此拘拘."

171) 歐陽修의 『文忠集』 卷73, 外集23, 「書韋應物西澗詩後」: "右唐韋應物滁州西澗詩, 今州城之西乃是豊山, 無所謂西澗者, 獨城之北有一澗, 水極淺, 遇夏潦漲溢, 但爲州人之患, 其水亦不勝舟. 又江潮不至, 此豈詩家務作佳句, 而實無此耶."

172) 「楓橋夜泊」: "月落烏啼霜滿天, 江楓漁火對愁眠, 姑蘇城外寒山寺, 夜半鐘聲到客船." 번역해 보면, "달 지고 까마귀 울어 찬 서리 하늘 가득한데, 강가 단풍 고깃배 불빛에 시름겨워 잠 못 이루네. 고소성 밖 한산사에서는 한밤의 종소리 나그네 배에까지 들리네."이다.

또 장계의 "한밤중의 종소리 객선에 이르네[夜半鐘聲到客船]."에 대해서는 이야기한 자들이 많았지만, 모두 옛 사람들의 우롱거리가 되었다. 시류詩流(시인)가 경물을 빌려 시구를 짓는 것은 오로지 성률聲律의 조화와 흥상興象의 합치에 달렸거늘, 사실事實을 구구하게 따지는 일을 저들이 어찌 헤아릴 겨를이 있겠는가. 야반夜半의 시비是非는 물론하고 종소리가 들렸는지의 여부도 알 수 없는 일이다.[173]

구양수는 그의 『시화』에서 시인이 좋은 시구를 찾는 데 정신을 팔다가 그만 이치에도 맞지 않는 말을 만들어 내는 것이 병통이라고 하면서, 위의 「풍교야박」을 두고 이야기하는 이들이 이르기를, "시구는 아름답다 하겠으나 삼경은 종을 칠 때가 아닌데 어찌할꼬?"[174]라고 했다는 에피소드를 소개한 바 있다. 인용문에서 '사실을 구구하게 따지는 일'이라고 한 것은 바로 구양수의 「시화」를 염두에 둔 표현이다. 이처럼 호응린은 시가창작에서 성률과 흥상, 그리고 신운神韻을 높이는 낭만주의적 성향이 강한 비평가였다. 그러나 김춘택은 시란 실정과 진경을 묘사해야 참다운 시라고 보는 입장이다. 따라서 호응린의 저와 같은 태도는 매우 잘못된 것으로 비판을 받아 마땅했다. 김춘택이 말한 실정을 진정眞情으로 진경을 실경實景으로 바꾸어도 의미의 변화는 거의 없다. 시란 결국 주관정의와 객관물경의 교융을 통해 작자의 의경을 창조해 내는 작업이므로 시인의 마음과 자연의 대상이 얼마나 진실한가 하는 것이 관건으로 작용하게 되어 있다. 김춘택이 실정과 진경을 시의 생명소로 본 것 역시 농연그룹이 지향한 진경시학의 일정한 성과이다.

김만중이나 이정섭을 이어 홍대용이나 박지원, 정약용 등에게서 계속 제기되는 진시眞詩, 조선풍, 조선시 담론과 같은 것은, 요컨대 모두가 도덕률로 문예를 재단하려는 도학적 시경관을 탈피하여 시경 본의를 회복하자는 새로운 시경론詩經論에 기초해 있다는 점에서 농연그룹과 문예적 지향을 함께 하고 있다. 그림과

---

173) 『詩藪』, 앞과 같은 곳: "又張繼夜半鐘聲到客船, 談者紛紛, 皆爲昔人愚弄. 詩流借景立言, 惟在聲律之調興象之合, 區區事實, 彼豈暇計. 無論夜半是非, 即鐘聲聞否, 未可知也."

174) 『文忠集』 卷128, 「詩話」: "詩人貪求好句, 而理有不通, 亦語病也. …… 唐人有云, 姑蘇臺下寒山寺, 半夜鐘聲到客船, 說者亦云, 句則佳矣, 其如三更不是打鐘時."

시가에서 '진'은 '존재의 자연스러움畫'과 '본래적 성정의 우러남詩'과 통한다. 그런데 우리가 마주하게 될 진경시와 진경산수화가 모두 표현된 산수경물의 외적 형상이 '진'에 가깝다는 그 한 가지로 이유로 인해 예술성을 획득했다고 볼 수 있을까. 그렇지는 않을 것이다.

여기서 잠시 형신의 문제를 논할 필요가 있다. 형신形神의 문제를 중요하게 논의한 문인은 송나라의 소동파이다. 소동파는 대 그림으로 유명하였는데, 사물에 있어 형신겸비形神兼備 : 형과 신을 아울러 갖추어야 한다와 귀재신운貴在神韻 : 귀한 것은 신운에 있다을 강조했다. 「언릉 왕주부가 그린 절지에 적다書鄢陵王主簿所畵折枝」에서 "형체를 닮는 걸로 그림을 논하는 자는, 소견이 어린애와 큰 차이가 없고, 시를 짓는데 이런 시를 기필하는 자는, 정녕 시를 제대로 아는 이가 아니라네論畵以形似, 見與兒童鄰. 賦詩必此詩, 定非知詩人."라고 했다. 언뜻 보면 소동파가 형사를 퍽 문제삼은 듯하지만 사실은 형사에 경도된 평론태도에 불만을 표했을 따름이다.

이익李瀷, 1681~1763, 호 星湖은 소동파의 이 시를 두고 이렇게 말한 바 있다.

후세에 화가畵家들은 이 시를 종지宗旨로 삼고 진하지 않은 먹물로 그림을 거칠게 그리니, 이는 그 물체物體의 본질과 어긋나게 된 것이다. 지금 만약, "그림을 그리되 겉모습은 같지 않게 해도 되고, 시를 짓되 앞에 보이는 경치를 읊지 않아도 된다."고 한다면, 이치에 맞는 말이라 할 수 있겠는가? 우리 집에 동파가 그린 묵죽墨竹 한 폭이 있는데, 가지와 잎이 모두 살아 있는 대나무와 꼭 같으니, 이것이 소위 틀림없는 사진寫眞이란 것이다. 정신精神이란 모습 속에 있는 것인데, 모습이 이미 같게 되지 않는다면 속정신을 제대로 전해낼 수 있겠는가? 동파가 이렇게 시를 읊은 것은 대개 "겉모습은 비슷하게 되어도 속정신이 나타나지 않으면 비록 이 물체는 있다 할지라도 광채가 없다."는 것을 말한 것이다. 나도 이르기를, "그림이란 정신이 나타나야 하는데, 겉모습부터 같지 않게 되었다면 어찌 같다 할 수 있겠으며 또는 광채가 있어야 하는데 딴 물건처럼 되었다면 어찌 이 물건이라 할 수 있겠는가?"라고 한다.[175]

---

175) 『星湖僿說』 卷5, 萬物門, 「論畵形似」: "後世畵家, 得以爲宗旨, 淡墨麤畵, 與眞背馳. 今若曰, 論畵形不似, 賦詩非此物, 其成說乎. 余有家藏東坡墨竹一幅, 一枝一葉, 百分肖似, 乃所謂寫眞也. 神在形中, 形已不似, 神可得以傳耶. 此云者, 蓋謂形似而乏精神, 雖此物而無光彩也. 余則曰, 精神而形不似, 寧似光彩而他物, 寧此物."

　　이익은 형사가 사진寫眞을 위해서만
필요한 것이 아니라 결국은 정신精神을
잘 표현하기 위해 의의가 있다는 점을
강조하고자 했다. 일단 겉모양부터 같
게 만든 뒤에 궁극적으로 이 형사를 통
해 정신면모를 드러내는 단계로 나갈
수밖에 없다는 믿음이 강렬하다. 그러
나 문제는 늘 겉모양만 그럴싸하게 그
려내는 풍조였다.

　　임방任埅, 1640~1724, 호 水村도 일찍이
대나무 그림에서 형사와 핍진의 중요
성을 언급하여 "식물은 모두 그려낼 수
있지만 그리기 어렵기로 대나무 같은

그림 19 〈임방 상〉　18세기. 일본 텐리대학
도서관 소장.

것이 없다. 다만 형사形似만을 취하지 않고 귀중한 바가 풍격風格에 있기 때문에
반드시 그리는 자로 하여금 흉금이 전혀 속되지 않도록 하여 만균의 필력을 더한
다음에 붓을 내려야 비로소 핍진逼眞하게 되어 한 가지 한 잎이 모두 볼만하게 된
다."고176) 했다. 임방이 말한 '핍진'은 외형상의 '핍진'에 그치지 않는다. 이익이
말한 정신면모까지를 포함하여 참다운 경지에 도달하는 것을 뜻한다.

　　김창흡은 형形과 신神의 통일을 창작의 원칙으로 천명한 바 있다. 그는 "보내주
신 시 네 편은 정과 경이 모두 주밀하고 정신과 형체가 만남에 간극이 없는 듯한
데, 「화산華山」 고시 한 편은 더욱 저를 감동시킵니다."177)라고 하여, 정경구도情境
俱到 : 정과 경이 모두 드러남와 형신불격形神不隔 : 형과 신이 분리되지 않음의 원칙을 강조했다.
정경은 주관정의主觀情意와 객관물경客觀物景을 말하는 것으로, '정경구도'란 주관

---

176)『水村集』卷4,「寫竹歌贈李周卿志蕆」: "植物皆可寫, 難寫莫如竹, 不獨取形似, 所貴在風格, 必
　　令寫者胸襟逈不俗, 加以萬勻之筆力, 然後下筆始逼眞, 一枝一葉皆可目."

177)『三淵集』, 原集, 卷20,「答洪有人」: "寄來四篇, 情境俱到, 神之所會, 形若不隔, 華山一古尤感
　　余矣."

정의가 객관물경에 잘 전이되었거나 객관물경이 주관정의에 잘 용해되었다는 표현이다. 형신이 분리되지 않았다는 것은 무엇을 말하는가? 감각할 수 있는 사물의 형체를 묘사함에 그 형체의 본질 속성을 잘 구현해 내었다는 말이다. 물론 그 본질 속성이 시인 자신의 정신과 일치하는 경우에만 가능하다고 보겠다. 김창흡은 형신 일치와 통일의 원칙을 잘 구현한 작가로 두보를 꼽고 이백의 '신행神行'과 비교하기도 했다.[178] 그러나 김창흡은 형신이 모두 묘한 경지를 이룬 두보의 시를 평가하면서도 형사形似보다는 신사神似를 중시하는 태도를 보였다. 이른바 사진寫眞의 원리를 시가창작에 도입하여 "초상화寫眞는 그 신정神情을 얻음을 귀하게 여긴다. 다만 형골形骨만을 묘사할 뿐이라면 곧 그 사람을 제대로 묘사할 수 없다. 시를 짓는 일 또한 그러하다. 그 형形을 본뜨다가 신神을 잃어버리는 것은 그 현황玄黃을 약略하고 그 신준神駿을 얻는 것만 같지 못하다."[179]고 했다. 객관사물의 본질과 시인 주관의 정신을 계합契合시켜야만 좋은 시를 지을 수 있다는 생각이다.

김창흡의 형신구도를 전제로 하면서도 신사를 중시하는 시가예술관은 농연그룹의 후배들에게 일정한 영향을 끼쳤다. 그리하여 핍진을 강조하면서도 다른 한편에서는 전신의 문제에 집착하게 만들었다.

---

178) 『三淵集』, 原集, 卷19, 「答士敬別紙」: "子美之詩形神俱妙者也. 李白只神行者也. 所以子美牢籠萬象, 形形色色無所逃形. 故, 摘其警句亦不可勝數. 李白詩, 妙處多在光景玲瓏, 實無警句可掇取者. 以岑高王孟善寫物態者, 較諸李白, 則李白固高一層矣. 然, 形神俱妙, 終愧子美, 則均焉. 杜老自有渠學問才識, 非可以詩學目之也. 能爲孔明知己, 至比於伊呂程朱以前, 未有此識. 如東溟輩只摘取古人詩句, 綴緝爲詩, 奚其詩, 奚其詩."

179) 앞의 글: "寫眞貴得其神情, 只以形骨而已, 則便非其人. 作詩亦然. 與其摸形而遺神, 不若略其玄黃而得其神駿也."

7.《해악전신첩》과 기유문예의 새로운 전개

　　김창흡의 의발을 전수받아 김시민金時敏과 함께 북악시단을 빛낸 이는 이병연
이다.[180] 이병연은 김창흡 사후 대은암大隱巖 남쪽에 있는 취록헌翠麓軒을 중심으로
문회를 열어 북악시단의 성가를 높인 시인이다. 그는 생활과 시학을 일치시켜
5,000여 수가 넘는 한시를 남긴 스승 김창흡의 다작주의 정신[181]을 이어, 80 평생
동안 3만여 편이 넘는 작품을 지은 것으로[182] 유명하다. 그는 중국 고전시 역사
에서 가장 많은 9,000여 수가 넘는 작품을 남긴 남송의 애국시인 육유陸游, 1125~
1210, 자 務觀, 호 放翁처럼[183] 실제로 자신의 시가 산삭되지 않고 모두 간행되기를 바
랐다. 그러나 남아 전하는 작품은 1,000여 수에 불과하다.[184] 또한 주위 문사들로
부터 '일원체一源體' 라 불렸을 만큼 개성적인 시가창작으로 독특한 시체를 선보이
기도 하였다. 농연그룹 진경시학의 실체를 확인하자면 이병연의 작품을 들어 분
석해야 마땅하나 지면의 제약으로 이 글에서 다루지 못하는 것이 아쉽다.

　　널리 알려져 있듯이, 김창흡이 1710~1711년 사이에 두 차례나 금강산을 유람했

---

180)『東圃集』附錄, 金時粲의 輓詩: "知音早得淵翁(金昌翕)許, 老手爭高嶽下(李秉淵)名."

181) 여기서 말하는 '다작주의' 란 歐陽脩가 제시한 바 있는 좋은 글을 짓는 데 필요한 세 가지 방
　　법, 즉 많이 읽고(多讀), 많이 짓고(多作), 많이 생각하는 것(多商量)에서 이끌어온 말이다. 좋
　　은 시를 짓기 위해 부단히 습작하다 보면 자연 작품 편수가 많아지게 되는 것은 자연한 이치이
　　다. 그 뒤에 덜어내고 뽑아내는 일은 별개의 문제이다.

182) 安錫儆은 「論槎川遺集事贈柳生約行中」(『霅橋集』 册5)에서 "錫儆幸及乎晚歲而爲役, 得窺詩
　　草, 可三萬餘篇."이라 해서 이병연이 3만여 편의 한시를 지은 것으로 알려져 있으나 중간에 산
　　정을 거쳐, 沈魯崇이 『川選詩』(『孝田散稿』 册34)에 말한 "八千五百六十八首"가 남게 된 것으
　　로 보이고, 그러다 판각을 거치지 못한 상태로 내려오다가 초고본이 산일되어 詩抄만 남게 된
　　것이 아닌가 한다. 김형술, 「사천 이병연의 시문학 연구」, 서울대학교 석사학위논문, 2006.

183) 陸游가 실제 창작한 작품은 1만여 수가 넘었지만 스스로 산정한 뒤에 9,300여 수를 남겼다고
　　한다. 明나라 말기의 장서가였던 毛晉(1599~1659)의 汲古閣刻本으로 전하는 『劍南詩稿』 85
　　卷에 9,000여 수가 넘는 시가 수록되어 전한다. 이박에도 陸游는 『渭南文集』 50卷, 『放翁逸
　　稿』 2卷, 『南唐書』 18卷, 『老學庵筆記』 10卷 등과 『放翁家訓』, 『家世舊文』 등을 남긴 다작주의
　　자였다.

184) 김형술은 앞의 석사학위논문에서 洪樂純이 編刊한 『槎川詩抄』, 沈魯崇이 選集·批點한 『槎川
　　詩選批』, 閔百順의 『大東詩選』, 權燮의 『玉所稿』 「朋游唱酬錄」) 등에서 중복되는 작품을 감안
　　하여 계산한 결과 총 553題, 1036首가 현전하는 것으로 보고하고 있다.

그림 20 정선의 〈비로봉도〉 18세기. 개인 소장.

는데, 그 중 한번^{1710. 8} 김화金化현감으로 있던 시 제자 이병연과 만나 함께 비로봉을 오르기도 했다.[185] 그런가 하면 이병연은 1712년 8월 아버지 이속李涑, 아우 병성秉成, 벗인 장응두張應斗, 정선 등과 함께 두 번째 금강산을 유람했다. 유람코스는 김화 관아에서부터 내금강을 거쳐 다시 제16숙부 항렬에 있던 이집李潗의 흡곡歙谷 임소에 이르렀다. 이병연은 여행을 통해 마주친 승경지의 아름다움을 소재로 많은 시를 지은 시인이었던 만큼 금강산과 영남·사군 지역을 여행하고 나서 정선에게 《해악전신첩海岳傳神帖》·《금강도첩》·《영남첩》·《사군첩》 등의 진경산수를 그리게 했다. 또한 각종 시회와 아집雅集에 정선을 동반하여 다양한 실경화를 그리도록 유도함으로써 화가 정선의 창작활동에 지대한 영향을 미쳤다. 이병연은 정선과 공동작업을 하여 시와 그림을 병행시켰다. 이병연이 시를 지은 다음 정선이 거기에 그림을 붙여 시화상간詩畵相看하는 풍조를 만들어 갔던 것이다.[186] 조현명趙顯命이 "사천의 아름다운 시구와 겸재의 그림, 좌우에서 맞이하여 주인이 되네."[187]라는 지적도 당시의 이같은 정황을 잘 말해 주고 있다.

널리 알려진 바와 같이, 이병연은 자신이 금강산을 유람하며 쓴 시와 정선의 그림을 합하여 《해악전신첩》을 만들었다.[188] 1712년 제작된 이 《해악전신첩》은 현재

---

185) 김형술의 석사학위논문, 50쪽을 참조.

186) 박효은, 「18세기 조선 문인들의 회화수집활동과 화단」, 『미술사학연구』 233~234, 한국미술사학회, 2002, 157쪽.

187) 『歸鹿集』, 卷3, 「次李仲熙(春躋)西園軸中韻」: "槎川佳句謙齋畵, 左右招邀作主人."

188) 『해악전신첩』과 관련한 논의로는 강혜선, 「사천 이병연의 금강산시 연구」, 『한국한문학연구』 16, 한국한문연구회, 1993; 고연희, 「김창흡·이병연의 산수시와 정선의 산수화 비교 고찰」,

전하지 않지만[189] 최초의 소장자는 이병연이였다. 그는 1713년 스승인 김창흡에게 보여 제시를 받았다. 그리고 흡곡 현령으로 부임해 가던 길에 김화에 들른 조유수趙裕壽에게 제사를 받았으며, 1714년 금강산 유람을 위해 김화에 들른 이하곤에게 제사를 받았다.[190]

《해악전신첩》은 이리하여 더욱 성가가 높아졌다. 조유수는 "이 권속에 삼연의 소제小題가 이미 명산, 명화와 함께 삼절이 되었도다."[191]라 했고, 김창업金昌業은 "정생의 그림, 일원의 시, 금강이 있고부터 이런 기이함이 없네."[192]라 찬송했으며, 조구명은 "일원의 『금강첩』은 모두 수십 폭인데 모두 정선이 그렸고 삼연 및 일곱 번째 숙부조유수가 폭마다 제어를 남겼으니 기이한 보배라고 일컬을 만하다."[193]고 하여 찬사를 아끼지 않았다.

이하곤은 《해악전신첩》에 적기를 "무릇 그림은 전신이 어렵다. 능히 칠팔 할

『한국한문학연구』 20, 한국한문학회, 1997; 같은 이, 「조선 후기 산수기행문학과 기유도의 비교연구: 농연그룹과 정선을 중심으로」, 이화여자대학교 박사학위논문, 2000; 같은 이, 「조선시대 진환론(眞幻論)의 전개」, 『한국한문학연구』 29, 한국한문학회, 2002; 같은 이, 「17C 말 18C 초 백악사단의 명청회화 및 화론수용양상」, 『동방학』 3, 1997 등과 이선옥, 「담헌 이하곤의 회화관」, 서울대학교 석사학위논문, 1987이 있다.

189) 정선이 1747년(72세) 제3차 금강산 유람을 다녀온 뒤 다시 제작한 것으로 알려진 《해악전신첩》이 간송미술관에 소장 중이다.

190) 『頭陀草』 册14, 「題一源所藏海岳傳神帖」에는 22첩(金城披襟亭, 通溝暮雨, 斷髮領, 長安寺, 正陽寺, 萬瀑洞, 內山總圖, 佛頂臺, 出山圖, 海山亭, 三日湖, 門巖觀日出, 瓮遷, 通川門巖, 叢石, 侍中湖, 龍貢寺, 禾積淵, 三釜淵,. 入山圖, 近民堂, 栢田)에 대한 제사가 실렸고, 『三淵集』 卷25, 「題李一源海嶽圖後」에는 30첩(金城披襟亭, 通溝暮雨, 斷髮嶺望金剛山, 長安寺, 正陽寺, 碧霞潭, 金剛內山總圖, 佛頂臺望十二瀑, 百川橋出山, 海山亭, 三日湖, 高城門巖觀日出, 甕遷, 通川門巖, 叢石亭, 侍中臺中秋泛月, 龍貢寺洞口, 入山圖, 禾積淵, 三釜淵, 花江栢田, 花江縣齋, 唐浦觀魚, 舍人巖, 水泰寺洞口, 亭子淵, 谷雲籠水亭, 松風亭, 疊石臺, 七僊洞)에 대한 제사가 실렸으며, 『后溪集』 卷8, 「李一源海山一覽帖跋」에는 20첩(入山圖, 永平禾積淵, 三釜淵, 金化栢田, 金城披襟亭, 通溝暮雨, 斷髮嶺望金剛山, 長安寺, 正陽寺, 碧霞潭, 佛頂臺, 百川橋出山, 海山亭, 四仙亭, 門巖觀日出, 甕遷, 通州門巖, 叢石亭, 侍中臺, 龍貢寺洞口)에 대한 제사가 실렸다.

191) 『后溪集』 卷8, 「又題一源嶺東詩卷」: "此卷中, 三淵小題, 已與名山名畵, 三絶備矣."

192) 『老稼齋集』 卷5, 「送申正甫赴北幕」 其5: "鄭生之畵一源詩, 自有金剛無此奇."

193) 『東谿集』 卷8, 「焚香試筆」: "一源金剛帖, 凡數十幅, 皆鄭敲畵, 而三淵及第七叔父, 逐幅有題語, 可稱奇寶."

그림 21 김창업의 〈산수도〉 18세기. 간송미술관 소장.

정도 형사를 얻어도 이 역시 고수이다. 원백의 해악제도海岳諸圖는 그 묘한 곳은 거의 전신傳神에 가깝고, 그 평범한 곳 또한 모두 형사形似를 얻었다.”[194]고 했고, 또한 “산영루山映樓 앞 두세 봉우리만이 높게 빼어나 사랑스럽구나. 이 화폭은 은미한 것이 모아 쌓아 놓은 듯하니, 아마도 원백이 흥興이 나서 손 가는 대로 휘둘러 그 취趣만 구할 뿐 형사形似를 구하지 않았나 보다. 이는 곧 화가의 상마법相馬法이니 여황빈모驪黃牝牡를 생략한들 뭐 해로울까.”[195]라고 하여, 정선이 형사 못지 않게 흥취와 전신을 중시했음을 알게 해준다. 이병연도 “나의 벗 정원백은 자루 속에 화필이 없어 때때로 화흥이 일어나면 바로 내손의 것을 빼앗네. 금강에 들어오고부터는 휘둘러 그리는 것이 너무나 방자하다네.”[196]라고 했는데, 이는 정선의 붓놀림이 다분히 흥취에서 말미암는 경향이 있어 세밀한 형사보다는 사의寫意에 치중했을 가능성을 시사해 준다. 그래서 김조순金祖淳, 1765~1832, 호 楓皐이 “천기에 깊지 않은 자라면 아마 이런 경지에 이를 수 없을 것이다.”[197]라고 말한 듯하다.

민요의 진정성을 인정했던 이정섭은 서화예술 방면에서도 일정한 견해를 지

---

194) 『頭陀草』冊14, 「題一源所藏海岳傳神帖」: “凡畵傳神則難, 能得七八分形似, 斯亦高手也. 元伯 海岳諸圖, 其妙處幾乎傳神. 其平處, 又皆得其形似.”

195) 앞의 글: “山映樓前, 只有二三峰巉秀可愛. 此幅微似攢疊, 豈元伯興到時, 信手揮洒, 只求其趣, 不求其形似歟. 此乃畵家相馬法, 驪黃牝牡, 略之何害(長安寺).”

196) 『槎川詩抄』卷上, 「觀鄭元伯霧中畵毘盧峰」: “吾友鄭元伯, 囊中無畵筆, 時時畵興發, 就我手中 奪, 自入金剛來, 揮洒太放恣.”

197) 『楓皐集』卷16, 「題謙齋畵帖」: “非深於天機者, 蓋不能至此.”

니고 있었다. 이병연이 소장하고 있던 『운간사경첩雲間四景帖』에 발문을 쓰면서 말하기를 "그림에서 귀하게 여기는 바는 환경幻境에서도 진면목을 그려내는 것이니, 시 또한 환경에서 진면목을 내지 못하면 공교롭다 할 수 없다. …… 그의 시는 경치와 사물을 묘사하는 데 뛰어나니 마치 거울에 비추어 그려낸 듯하여 시마다 모두 참답다眞. 그런즉 일원이 본디 그림공부를 배운 적이 없지만 또한 시인으로서 고개지요 육탐미라 할 것이다."[198]라고 했다.

중국 4~5세기에 활동한 동진東晉의 고개지는 '전신사조傳神寫照'를 제창한 것으로 유명하다. 형상形象을 넘어 정신精神을 화폭에 담아내는 전신의 구현具現은 후대에 와서 인물화의 비평기준이 되기도 하였다. 고개지가 인물화를 그려 놓고는 몇 년 동안이나 눈동자에 손을 대지 않았는데, 누가 그 이유를 묻자 "사지의 잘생기고 못생김은 본디 오묘한 곳과 상관이 없는 것이요, 정신을 전하는 진실한 묘사그림 속에 혼을 불어 넣어 주는 것는 정히 눈동자 속에 있다四體姸蚩, 本無關於妙處, 傳神寫照, 正在阿堵中."고 한 이야기가 『진서·문원전·고개지晉書·文苑傳·顧愷之』에 전한다.

'전신'이란 화가가 대상물의 정태情態를 핍진하게 그려 내서 생동감이 넘치게 하는 것을 말한다. 흔히 진경산수 혹은 진경시라고 하면 문득 김창협이 말한 '핍진'한 묘사가 특징인 것으로 안다. 그러나 농연그룹에 속하는 시인이나 화가의 작품을 찬찬히 들여다보면 대상을 완벽하게 재현하려 하기보다는 대상의 특질을 찾아내어 그 정신면모를 묘사하려는 경향이 짙다는 사실을 알게 된다. 도대체 초상화에서처럼 수염 한 터럭, 머리카락 한 올까지 빠짐없이 그대로 복사해 내는 산수화라는 것이 가능하겠는가! 산수를 그릴 때 나무 하나, 꽃 하나까지 꼭 같아야 할 필요는 없다. 필자는 서화예술에 대해 문외한이어서 단언할 수 없지만, 인연이 닿아 전시회에 가서 정선의 그림을 감상하다 보면 종종 화가가 자신이 설정해 놓은 구도에 따라 실제의 경관을 조작하고 있지 않나 하는 생각을 하게 된다. 경물의 포치나 안배가 매우 선택적이어서 어떤 것은 아예 생략하거나 대강 거칠

---

198) 『樗村集』卷4, 「題一源所藏雲間四景帖後」: "所貴乎畫, 能于幻境生眞面, 詩亦非幻境生眞面, 不工. …… 其爲詩, 長於摸境狀物, 如臨鏡寫照, 筆筆皆眞, 然則, 一源固未嘗學爲?毫和墨, 而亦一詩家顧陸耳."

게 그리고 또 어떤 것은 매우 과장되고 자세하게 그리고 있음을 보게 된다. 산수 경물의 전형화가 이루어지고 있는 것이다. 어떻게 보면, 정선이 마치 대나무를 그리기 전에 흉중에 대나무가 자라나 있어야 하듯이胸中有竹 이미 마음에 산수를 꽉 채워 놓은胸中山水 뒤에 흥취가 도도해지기를 기다렸다가 일필휘지하는 풍류를 즐겼지 않았을까 한다. 물론 현장을 답사하고 스케치하는 과정을 거쳤겠지만 동일한 산수를 읊은 이병연의 시편을 대하고 필시 전신 효과를 거둘 수 있는 구도와 필치를 강구했을 것이다. 핍진이란 진경에 가깝다는 뜻 이전에 이미 실물과 100% 같은 것은 아니라는 뜻을 깔고 있음에 유의해야 한다. 오히려 역으로 다르기는 하나 진짜 같은 착각을 일으킨다는 미감 수용자의 입장을 배려하고 강조하는 표현이기도 하다.

정리하면 핍진이란 외면 형상의 닮음에 한정하여 일방적으로 사용되는 것이 아니라 본질精神의 구현이라는 측면에서 그 진정성을 인정하고자 하는 용어라는 점을 환기해 두고 싶다. 진경문화에 관심을 지닌 이들이 부디 이 점을 간과하지 않았으면 한다.

『해악전신첩』에 오게 되면 앞서 김창협이 말한 핍진이 이덕수李德壽, 1673~1744, 호 西堂의 진환일여眞幻一如로 발전한다. 금강산 진경眞景과 정선이 그린 금강산 그림, 즉 환경幻景을 분별하는 것은 잘못된 생각이라는 것이다. 분별지가 망상이라는 불교의 유심주의적 관점이 서화예술론에 반영되고 있어 이채롭다.

세인이 동해의 금강을 참다운 금강이라 하고 (그림) 첩 속의 금강은 그린 금강이라 하여 망령되이 그 사이에 분별을 생기게 하니 이는 곧 전도된 견해일 뿐이다. 그 형색을 논하면 흐르는 것 솟구친 것 하얗게 하늘을 밀치는 것 유연히 골짝으로 나가는 것을 동해의 금강이 본래 구비하고 있는데 첩 속의 금강도 일찍이 이를 구비하지 않은 적이 없다. 참과 참 아닌 것이 마음을 떠나 티끌이 없다면 첩 속의 금강이 본래 마음에 나타나는 바 경계이니 동해의 금강만 유독 마음에 나타나는 바 경계가 아니다. 한 마음 큰 땅을 제외하면 원래 한 마디 땅도 없는 것이니 또 무슨 동해의 금강과 첩 속의 금강이 있겠는가. 환幻으로 살펴보면 첩 속의 금강만 유독 환이 아니고 동해의 금강도 이내 환이며 색으로 구한다면 동해의 금강만 유독 진眞이 아니고 첩 속의 금강도 이내 진이다. 본래 분별을 말할 수 없는데 망령되이 그 사이에 분별을 생기게 하였다. 그러므로 "이는 곧 전도된 견해일 뿐이라."라고 말한 것이다. 아! 사람이 '나'를 두기 때문에 분별을 생기게 한다. '나'를 두고 '남'을 두면 분별이 더욱 자세해진다. 이로 말미암아 득실과 영욕이 서로 다투어 얼음처럼 벌벌 떨고 불처럼 활활 타오른다. 쪼개어 보면 이른바 '나'라는 것이 과연 어디에 있는가. 내가 이미 두지 않았거늘 하물며 그 밖에 작은 것으로 한 몸이요 큰 것으로 산하인데 어느 것인들 이 마음이 드러난 경계가 아닐까. 마음을 버리고 보면, 경계가 어느 곳에 있는가. 경계가 실제로 있지 않으니 분별이 곧 환이라. 이미 환이라 일렀으니 삼라만상 형형색색이 곧 진이라 이를 것이다. 잡으나 두지 않으면 조금 있다가 또 잃어버린다. 내 일찍이 이에 대해 일전어一轉語를 만들어 이르기를 "마음이 진眞하므로 경계가 진眞하다."고 했다. 또 말하기를 "마음이 진眞하므로 경계가 환幻하다."라고 했다. 이 첩을 보는 자가 금강산을 담무갈曇無竭(보살)을[199] 보는 것으로 생각할 수 있다면 반드시 장차 금강의 진면목을 내어 줄 것이다.[200]

---

199) 『星湖僿說』 卷2, 天地門, 「一萬二千峯」에서 李穀이 長安寺 碑文(「金剛山長安寺重興碑」)에서, "금강산의 뛰어난 경치는 다만 천하에 이름이 났을 뿐만 아니라 실제로 불경에도 기록되었으니, 『華嚴經』에 말한, '동북쪽 바다 가운데 금강산이 있으니 曇無竭菩薩이 1만 2,000의 보살로 더불어 항상 『般若經』을 說法했다.' 한 그것이 바로 이곳이다."라고 한 기록에 근거하여, 1만 2,000이라는 숫자는 봉우리가 아닌 곧 보살의 숫자라고 했다. 또한 이익은 본래 楓嶽이었는데 중들이 불경의 말을 따다가 고의로 金剛이란 이름을 붙였다고 했다. 사실 1만 2,000이라는 숫자가 풍악을 주관하는 산신령을 가리켜도 그만이고 봉우리나 보살이라고 우겨도 그만이다. 그로 인해 산이 달라지거나 옮겨갈 염려가 없기 때문이다. 다만 이덕수기 曇無竭(Dharmodgata)을 『화엄경』에서 금강산 1만 2,000봉에 상주하며 법을 일으킨다고 전하는 法起菩薩이라고 믿는 한 금강산은 불보살의 나라, 1만 2,000봉은 만개한 연꽃의 화신이 되지 않을 수 없다.

200) 『西堂私載』 卷4, 「題海嶽傳神帖」: "世人以東海之金剛, 爲眞金剛, 以帖中之金剛, 爲畵金剛, 妄生分別於其間, 是乃顚倒之見耳. 論其形色, 則流者峙者, 皓然而排空者, 悠然而赴壑者, 東海之金剛, 固具有之, 而帖中之金剛, 亦未嘗不具有之. 若眞與非眞, 離心無塵, 則帖中之金剛, 固心所現境, 而東海之金剛, 獨非心所現境乎. 除了一心大地, 元無寸土, 又何有東海之金剛與帖中之金剛乎. 以幻觀之, 帖中之金剛不獨幻, 而東海之金剛亦乃幻也. 以色求之, 東海之金剛不獨眞, 而帖中之金剛亦乃眞也. 本無分別之可言, 而妄生分別於其間. 故曰是乃顚倒之見耳. 噫. 人以有我, 故生分別, 有我有物, 分別愈細, 由是而得失榮辱之交爭, 慄然氷而熾然火. 柝而觀之, 所謂我者, 果何在乎. 我旣非有, 而況其他小而一身, 大而山河, 孰非此心之現境. 捨心而觀, 境何所在, 境非實有, 分別卽幻, 旣謂之幻矣. 萬象森羅, 色色形形, 旋謂之眞矣. 執之不有, 俄又失之. 余嘗於此, 作一轉語曰, 心眞故境眞, 又曰, 心眞故境幻, 觀是帖者, 能作是觀曇無竭, 必且以金剛眞面, 交付矣."

『장자莊子』「제물론齊物論」에 호접몽胡蝶夢 이야기가 나온다. 장주莊周가 꿈에서 나비가 되어 꽃들 사이를 즐겁게 날아다니다 깨어 보니 장주가 되어 있었다. 장주가 꿈속에서 나비가 된 것인지 아니면 나비가 꿈에 장주가 된 것인지를 구분할 수 없고, 꿈이 현실인지 현실이 꿈인지도 구별할 수 없다. 장주가 곧 나비이고 나비가 곧 장주라는 말에서 우리는 객관과 주관物我의 구별이 없는 만물일체의 절대 경지를 본다. 우리가 보는 나비와 장주는 순간의 변화에 불과하다. 이덕수는 금강산眞과 금강산도幻를 구별하지 말자고 한다. 피아의 구별을 잊고 물아일체의 경지로 나가자고 한다. 금강산과 금강산도가 별개로 존재하는 듯하지만 주관의 마음속에서는 하나다. 모두가 부처님의 세계이다. 내 마음이 부처인데 금강산이고 금강산도이고 뭐 다를 것이 있는가. 꿈속의 나비가 현실의 장주가 되었듯이 부처가 금강산이 되었다가 다시 금강산도로 몸을 바꾸었을 뿐이다. 같은 부처를 두고 진짜니 가짜니 같으니 다르니 하고 논하는 것은 망상이다. 마음이 없는데 금강산이 어디 있고 금강산도는 또 어디 있는가. 물아일체가 진이고 물아분별이 환이다.

진과 환이 다 같다는 발상은 《해악전신첩》이 그만큼 실제 산수의 모습과 정신을 제대로 구현해 내었다는 평가이기도 하면서 일종의 재현예술인 그림의 현실적 가치를 적극 긍정한 것으로 해석해볼 수도 있다. 이덕수는 불보살의 화신으로 금강을 보고 그림을 느낀다. 《해악전신첩》이 유가의 심미안에서 빗겨나기 시작한다. 부처의 눈에는 모두가 부처다. 부처의 평등안으로 옷을 갈아입은 선비의 도포자락이 만폭동 바람결에 너울거리는 광경을 연출하면서 보이는 금강의 형상을 통하여 보이지 않는 금강의 이념을 말하자고 한다. 그 이념은 불법이다.

정리하자면, 《해악전신첩》은 김수증에 의해 본격화된 기유문예의 후기적 성과인 동시에 기유문예가 새로운 국면으로 진입했음을 말해 주는 징표이다. 《곡운구곡도첩》이 개인 혹은 가문이나 당파적 성격이 짙다면 《해악전신첩》은 문인집단의 문학예술적 성격이 강화되었다고 할 것이다. 또한 《곡운구곡도첩》이 은거의 공간, 즉 조선 후기 사대부의 별서경영과 연관이 깊은 당쟁의 산물이라면 《해악전신첩》은 새롭게 고조된 국토인식에 기반한 조선 후기 문인들의 산수기행이 가져온 성과물인 셈이다.

또한 《곡운구곡도첩》은 비록 은자의 별서경영에서 비롯되기는 했지만 구곡경영이라는 점에서 회화의 사실성과 도학적 이념이 결합되어 있다. 도학적 이념의 개입은 후기의 화음동 경영에서 더욱 우세하게 나타나거니와 그만큼 김수증이 전원산수 공간에서 자연형상을 후퇴시키고 관념화된 미의식인 선천상수학의 이념을 앞세우고자 했음을 알 수 있다. 《해악전신첩》은 도학적 이념이 끼어들 틈이 없다. 정선이 그린 작품에서 자연산수를 사실적으로 그려내면서도 그 본질 속성을 명쾌하게 담아내려는 노력 또한 집요함을 느낄 수 있다. 어떤 측면에서 보면, 외적 형상의 사실적 묘사에 치중하는 형사形似보다 산수의 본질적 측면의 드러냄이라는 신사神似가 좀 더 우세한 편이 아닌가 한다. 이는 정선의 그림뿐 아니라 이병연의 시가도 마찬가지라고 봐야 한다. 그러다가 마침내 이덕수에 오면, 형색形色에 대한 집착을 버리고 전달해야 할 정신의 내용이 불법이라는 이념적 세계로 옮겨가는 기현상까지 낳았다. 우리가 《해악전신첩》에서 '전신'의 의미를 재음미해야 할 이유가 바로 여기에 있다.

8. 기유문예의 의의

김수증과 농연그룹에 의해 주도된 산수화론, 산수품평, 산수시론, 산수유기와 같은 산수담론은 한국문학사 및 예술사에서 심대한 의미를 갖는 것이다. 문화는 또 다른 문화와 서로 연결되어 있는 유기체이다. 산수문화는 오늘날의 화두인 생태문화와 직접적인 계기로 만나고 있으며 현재적 의미로 새롭게 부활할 여지가 충분하다. 그런 관점에서 이 글이 기여하는 것이 있다면 더 바랄 것이 없다.

농연그룹은 산수를 애호했다. 그 정도가 지나쳐 고질병이 된 이도 적지 않았다. 김수증과 김창흡이 김시습을 이어 광적인 유람의 전형으로 작용했기 때문이다. 김창흡은 따라 배울 선생이 있어 행복했다. 망설이지 않고 과감하게 산을 찾아 나설 수가 있었던 것이다. 김수증과 김시습은 김창흡에게 든든한 동반자였다.

김창흡은 김수증과 김시습의 삶이 행복했다고 확신했다. 그래서 그들이 가던 길을 주저 없이 따라 걸었다. 진정한 은자는 그래야 하는 것이다. '그때가 올 때까지'를 목이 쉬도록 부르며 시간을 저울질하는 사람은 은자가 아니다. 속된 선비일 뿐이다.

그런데 후기에 오면 산이 더 이상 은자의 안온한 수양공간으로만 남지 않았다. 새로운 산수를 사냥하러 다니는 기인들이 출현하게 된 것이다. 18세기 산수문화가 명산을 그려 낸 화첩이나 족자를 집집마다 갈무리해 두었다가 틈틈이 누워서 완상하는 이른바 '와유문화'의 열풍을 가져왔거니와 그 극단에서 우리는 이상적인 은거공간을 꿈의 상상력을 빌어 그림으로 재현하여 향유하려 했던 권섭權燮, 1671~1759[201]과 같은 문인예술가를 만나게 되고, 급기야 백두산 여행과 같은 오지 체험을 마다하지 않은 정란鄭瀾, 1725~1791, 幼觀, 滄海逸士[202]이나 신광하申光河, 1729~1796, 文初, 震澤[203]와 같은 전문여행가를 보게 되는 것이다. 여행의 체험과 그 기록이 문사의 아취로 굳어지면서 지도과 지리학에 대한 지식을 바탕으로 강역에 대한 새로운 자각이 일어나기 시작했다. 1712년숙종 38 중국 측묵극등이 거의 일방적

---

201) 황경일, 「玉所 權燮의 山水 散文 硏究: 海山錄과 夢記를 중심으로」, 성균관대학교 석사학위논문, 2004; 안계복, 「옥소 권섭의 꿈의 세계에 나타난 경관 특징」, 『한국전통조경학회지』 제22집, 한국전통조경학회, 2004; 이창희 역주『(옥소 권섭의 꿈세계)내 사는 곳이 마치 그림 같은데』, 다운샘, 2003.

202) 안대회, 「여행가 정란」, 『신동아』 2004년 8월호, 통권 539호, 556~569쪽. 정란을 엿볼 수 있는 자료로 南景羲(1748~1812)의 「鄭滄海傳」, 姜式儁(1734~1800)의 「贈滄海鄭幼觀瀾序」(『素隱集』 卷2), 申國賓(1724~1799)의 「與鄭滄海幼觀瀾」(『太乙庵集』 卷4), 申維翰(1681~1752)의 「贈鄭幼觀瀾序」(『靑泉集』 卷4), 李用休(1708~1782)의 「題鄭逸士遊白山錄後」·「送鄭逸士入海遊漢拏山」·「布衣鄭君(箕東)墓誌銘」(『탄만집』), 申景濬(1712~1781)의 「鄭東野(箕東)墓碣銘」(『旅菴遺稿』 卷11) 등이 있다. 정란이 18세기 후반, 姜世晃(1712~1791), 姜熙彦(1728~1782), 金弘道(1745~?) 등과 같은 예인그룹과 어울린 에피소드와 산행체험을 회화로 형상한 문제를 다룬 글들도 나왔다. 변영섭, 『표암 강세황 회화연구』, 일지사, 1999; 정병모, 『한국의 풍속화』, 한길아트, 2000; 민병삼, 『단원 김홍도』, 우석출판사, 2004. 관련자료 가운데 이용휴의 「題鄭逸士山行圖」, 李象靖(1710~1781)의 「題鄭幼觀瀾楓岳圖後」(『大山集』 卷45), 成大中(1732~1812)의 「書滄海逸士畵帖後」(『靑城集』 卷8)가 주목된다.

203) 진재교, 「18세기의 백두산과 그 문학」, 『한국한문학연구』 제26집, 한국한문학회, 2000; 같은이, 「진택 신광하의 北游錄과 白頭錄: 기행시를 통해 표출된 민족정서」, 『한국한문학연구』 제13집, 한국한문학회, 1990.

으로 정계비를 세운 이른바 '백두산정계비^{白頭山定界碑} 사건'이 발생한 뒤, 조선강역에 대한 새로운 인식이 생겨나기 시작했다. 주체적 인식의 강화는 『발해고』, 『아방강역고』와 같은 고대사 영역의 확대로까지 진행되었다.

요컨대, 농연그룹의 산수이론과 유기창작의 중심은 김창협과 김창흡이었다. 그러나 자신의 산수이론과 산수체험을 일치시킨 이는 김창흡이었다. 김수증과 이를 이은 농연의 산수취향과 문예의식은 그의 문호와 학파를 중심으로 하나의 유풍^{遺風}처럼 후대에 전해졌다. 김수증에 의해 추진된 기유문예는 《곡운구곡도》를 통해 하나의 규범을 완성하였고, 그 후 농연그룹에 의해 계승되어 김창흡의 시 제자인 이병연과 화가 정선의 합작품인 《해악전신첩》에서 부활되었다. 《해악전신첩》은 그림과 시와 평어가 어울리는 새로운 기유문예를 개척하여 후대에 새로운 모형을 제시한 것으로 문예적 의의가 자못 크다 할 것이다.

화음동 계곡

김수증의 은둔과 《곡운구곡도》

윤진영 (한국학중앙연구원 장서각 연구원)

1. 머리말

2. 김수증의 은둔과 곡운구곡

3. 《곡운구곡도》의 다면적 성격

4. 《곡운구곡도》와 화사 조세걸

5. 《곡운구곡도》의 고찰

6. 맺음말

김수증의 은둔과 《곡운구곡도》

1. 머리말

아무리 빼어난 산수山水라도 그 자체로는 세상에 드러날 수 없다. 누군가 경물의 아름다움을 발견하고서 찬사와 의미를 부여해 주어야만 비로소 세상의 명승名勝이 되는 것이다. 옛 사람들이 산수를 평할 때 자주 언급했던 이 말은 천하의 가경佳境일지라도 그 진가를 알아주는 인물을 만나야만, 그를 통해 세상의 명승으로 거듭날 수 있음을 말한 것이다. 경관으로 이름난 옛 명소마다 문인묵객들의 자취가 빠짐 없이 남아 있는 것은 이런 이유 때문일 것이다. 이 글에서 살펴볼 강원도 화천의 곡운계곡谷雲溪谷도 17세기 중엽 김수증金壽增, 1624~1701이 유거지로 삼은 이후 은둔의 명소로 세상에 이름을 얻게 되었다.

17세기 노론계 문사였던 김수증은 몇 차례의 지방관을 역임했지만, 붕당朋黨의 정국이 어수선할 때면 미련 없이 은둔을 택하였다. 권력과 당쟁黨爭의 중심에 있던 형제와 측근들의 죽음을 목도한 그에게 은둔은 세상사의 시시비비를 뒤로 하고 자신을 추스릴 수 있는 유일한 선택이었다. 이러한 김수증의 은둔은 강원도의 오지인 곡운구곡谷雲九曲과 화음동 정사華陰洞精舍를 중심으로 이루어졌다. 경관을 보는 높은 안목을 지닌 그에게 이곳은 더없는 승경勝景이었고, 편안한 안식처였다. 특히 곡운계곡은 300년이 훨씬 지난 지금까지도 김수증의 자연관과 독특한 은거의 행태를 살필 수 있는 공간으로 남아 있다.

명승과 인물의 만남은 주로 탐승探勝과 유거幽居의 형태로 이루어졌다. 자연을 직접 탐방하여 여정旅情을 즐기는 것이 탐승이라면, 경관이 좋은 곳에 머물러 소요하며 자연을 완상하는 것은 유거라 하였다. 탐승은 조선시대의 문예사에서 '유람'·'기행'·'유기遊記' 등의 개념으로 산수문학의 배경이 되기도 했다. 또한 유거는 탈속한 은자隱者의 경계를 추구하는 은둔문화와 관련이 깊다. 은둔은 공인된 지위에서 사적인 세계로 환경을 바꾸는 일이며, '출出'의 상황에서 물러나 '처處'로 돌아오는 것에 해당한다. 또한 성리학을 공부한 이들에게는 학문적 성찰을 향해 다시금 학문과 문예에 천착할 수 있는 기회가 되기도 했다.

은둔의 방법 및 태도와 관련하여 주목할 것은 조선 중기에 대두된 구곡九曲의 경영이다. 이는 주자성리학이 여말선초에 수용된 이후 학문적인 이해가 심화되고, 주자 존숭의식을 배경으로 한 현상으로 설명된다. 구곡은 남송대 주희朱熹, 1130~1200가 살았던 복건성福建省의 무이구곡武夷九曲에서 유래한다. 그리고 무이구곡은 주자 학문의 발원지이자 본산으로, 16세기 조선의 지식인들에게 큰 영향을 미쳤다. 누구도 가본 적이 없는 곳이지만, 주자가 생활하고 공부한 곳이라는 이유만으로 16세기의 성리학자들에게 이상적인 유거지로 이해되었다. 따라서 무이구곡을 동경하던 이들은 주자의 무이도가武夷櫂歌를 차운次韻하거나 중국에서 들어온 〈무이구곡도武夷九曲圖〉를 감상하며 이상적인 경계를 간접적으로나마 체험하였다.

그러나 17세기에 오면 무이구곡을 이해하는 양상은 달라진다. 개인의 유거지에 독자적으로 구곡을 경영한 사례가 나타나기 시작했다. 무이구곡에서 벗어나 자신의 구곡을 갖는 것이 주자의 행적을 더욱 적극적으로 계승하는 것이라는 인식이 자리잡기 시작한 것이다. 중국의 무이구곡과는 별개로 조선의 명승에 구곡이 조성된 것은 획기적인 일이다. 그리 많은 사례는 아니지만, 우리나라 땅에 재현된 구곡으로서 가장 대표적인 곳이 이 글에서 다루고자 하는 김수증의 곡운구곡谷雲九曲이다. 곡운구곡에 앞서 자신의 구곡을 표방한 사례로 율곡栗谷 이이李珥, 1536~1584의 고산구곡高山九曲이 있지만, 은거의 실천과 경영이라는 측면에서 보면 곡운구곡이 시사하는 바가 더 크다고 하겠다.

곡운계곡은 김수증으로 인해 '곡운구곡'으로 알려지게 된다. 김수증은 구곡의 각 명소에 이름을 새로 정하고, 경관의 아름다움을 그림과 시로도 남겼다. 지금 국립중앙박물관에 전하는《곡운구곡도》는 김수증의 자취가 서린 곡운구곡의 경관 아홉 곳을 화폭에 담은 것이다. 중국에서 들어온〈무이구곡도〉가 무이산의 실경을 그린 것이라면,《곡운구곡도》는 우리나라의 실제 경관을 대상으로 한 매우 사실적이고 현장감 넘치는 실경산수화이다.

《곡운구곡도》는 1981년 유준영 교수에 의해 학계에 처음 소개되었다. 유준영 교수는 구곡도의 연원을 살피면서 17세기 성리학자性理學者들의 정사경영精舍經營과 구곡도九曲圖 제작에 주목하였고,《곡운구곡도》의 실경산수화로서의 의의를 조명하였다.[1] 이후 화음동 정사지華陰洞精舍址에 대한 발견과 더불어 김수증의 은둔생활의 실상이 더욱 구체적으로 드러나게 되었다.[2] 이어서 곡운의 실경과 그림을 비교하여 실경산수화로서의 특징을 다룬 연구[3]가 있었고, 또한 김수증의 인물론과 문학세계[4], 그리고《곡운구곡도》를 그린 화가 조세걸曹世傑에 대한 연구[5]도 진행

1)《谷雲九曲圖》에 대해서는 兪俊英,「谷雲九曲圖를 중심으로 본 17세기 實景圖 發展의 一例」,『情神文化』8호, 韓國精神文化硏究院, 1982, 38~46쪽; 同著,「實景山水의 淵源으로서 九曲圖」,『季刊美術』19호, 中央日報社, 1981; 尹軫暎,「朝鮮時代 九曲圖의 受容과 展開」,『美術史學硏究』217·218호, 한국미술사학회, 1998. 6, 61~91쪽.

2) 兪俊英,「造形藝術과 性理學—華陰洞精舍에 나타난 構造와 思想的 系譜」,『한국미술사 논문집 I』, 한국정신문화연구원, 1984, 1~38쪽.

3) 실경산수화로서《곡운구곡도》를 다룬 논문으로는 윤진영,「朝鮮時代 九曲圖의 受容과 展開」,『美術史學硏究』217·218, 韓國美術史學會, 1998, 61~65쪽; 김현지,「17세기 조선의 實景山水畵 연구」,『미술사연구』제18호, 미술사연구회, 2004, 31~68쪽; 진준현,「조세걸과 곡운구곡도」,『韓國의 隱士文化와 谷雲九曲』(발표자료집), 화천문화원 화천향토문화연구소, 2005, 137~158쪽.

4) 黃仁健,「谷雲 金壽增의 山水文學 硏究」, 한양대학교 석사학위논문, 1998; 심경호,「谷雲을 中心으로 한 隱遁詩와 自然觀」,『동아시아 隱者들의 美意識과 谷雲九曲』, 韓日美學硏究會 국제심포지움 발표자료집, 1999; 李庚秀,「谷雲 金壽增의 隱遁詩」,『韓國의 隱士文化와 谷雲九曲』(국제학술대회 발표자료집), 화천문화원, 2005, 219~241쪽; 李鐘虎,「農·淵그룹의 遊紀文學과 隱逸意識」, 同書, 159~217쪽.

5) 진준현, 앞의 논문, 137~158쪽; 윤진영,「평양화사 조세걸의 도사(圖寫) 활동과 화풍」,『미술사의 정립과 확산』1권, 사회평론, 2006, 238~263쪽.

되어 곡운구곡과 《곡운구곡도》에 대한 본격적인 연구의 토대가 이루어졌다.

　김수증의 은거처였던 강원도 화천의 곡운구곡은 우리나라 은거문화의 대명사라 할 만하다. 은거의 주인공인 김수증이 남긴 기록이 있고, 그의 발길이 닿았던 빼어난 경관이 잘 보존되어 있으며, 이를 그린 그림까지 전하고 있어 한 인물과 관련된 은거문화의 여러 단면들을 실증적으로 살펴볼 수 있다. 《곡운구곡도》는 그동안 여러 차례 다루어진 바 있지만, 이 글에서는 곡운구곡의 실경과 그림, 주문자와 화가, 그리고 회화적 성격 등을 종합적으로 검토함과 아울러 기존의 논의를 정리하고자 한다. 먼저 그림의 대상이 된 곡운구곡과 김수증의 행적, 그리고 《곡운구곡도》가 갖는 다양한 성격에 대하여 알아볼 것이다. 이 화첩이 구곡도로서의 기본적인 성격과 유거도幽居圖로서의 특성, 그리고 실경산수화로서의 특징을 함께 지니고 있기 때문이다.

　다음으로는 《곡운구곡도》에 대해 중점적으로 살펴볼 것이다. 《곡운구곡도》는 그동안 화첩 자체에 대한 연구보다 정치적 배경에 주목하거나 조선 중기 실경산수화의 단편적인 사례로만 인용된 점이 없지 않았다. 이 과정에서 비약적인 해석과 곡해된 의미가 부여되기도 했다. 그러나 사료와 사실에 대한 고증의 여지는 아직도 많이 남아 있다. 따라서 《곡운구곡도》를 대상으로 하여 김수증과 이를 그린 화가 조세걸, 그리고 제작 배경에 대한 문헌기록들을 보다 면밀히 검토하여 살펴볼 것이다.

　또한 《곡운구곡도》를 실경과의 비교를 통해 사생寫生 과정에서 나타나는 주요 특징들을 자세히 살펴보기로 하겠다. 곡운구곡을 이룬 각 곡의 위치는 현재 어느 정도 밝혀진 상태이다. 따라서 실제 경관과 그림을 비교하여 검토하는 것은 이를 바라본 화가의 시선을 추적해볼 수 있는 단서라는 점에서 의미가 크다. 이는 곧 실경의 재현과정에 나타난 양식적 특징을 알아보고 17세기 실경산수화에 담긴 시대양식과 그 한계를 짚어 보는 것을 가능하게 한다. 특히 옛 화가들이 바라본 현장에 다시 서서 동일한 경관을 조망하여 살핀다는 것은 실경산수화 연구에 있어서 매우 큰 이점이 아닐 수 없다.

　이러한 과정에서 무엇보다 중요한 것은 조선 후기의 진경산수화眞景山水畵도 이러한 중기 실경산수화의 전통과 결코 무관하지 않다는 점이다. 《곡운구곡도》의 회화사적 의의는 이러한 조선시대 실경산수화로서의 특징과 그 배경을 이룬 문화사적인 의미를 조명해 나가는 과정에서 다시 하나씩 밝혀질 수 있을 것이다.

2. 김수증의 은둔과 곡운구곡

《곡운구곡도》는 김수증이 평양 출신의 화사畵師 조세걸로 하여금 그리게 한 산수화이다. 그림을 주문한 자와 그린 화가를 알 수 있고, 이들이 함께 바라본 그림 속의 실경까지 모두 남아 있는 셈이다. 《곡운구곡도》를 살펴보기에 앞서 이 그림을 그리고자 계획한 김수증과 그림의 현장인 곡운구곡에 대해 알아보기로 한다.

김수증은 지금으로부터 약 340년 전인 1670년현종 11 3월, 강원도 화천의 오지인 곡운계곡을 찾았다. 평소 경관을 보는 안목이 뛰어난 그에게 곡운계곡은 큰 호감을 갖게 하였다. 끝을 알 수 없을 만큼 굽이져 들어가는 깊은 계곡과 기이한 형태의 바위들, 그리고 완급을 이루는 계류 등은 탐승을 즐겼던 그에게 특별한 매력을 느끼게 했다(그림 1). 이때 김수증이 곡운계곡을 처음 방문한 이후, 몇 년이 지나자 이곳은 그가 꿈꾸어 온 유거지로 경영되기에 이른다. 김수증의 이름과 함께 곡운계곡은 은둔의 명소로 역사에 남게 된 것이다.

김수증이 곡운에서 은거한 것은 모두 두 차례이다.[6] 52세 때 들어와 7년간 머문 기간과 67세 때 다시 찾은 두 번째 은거기간이 그것이다. 첫 번째는 농수정사籠水精舍를 중심으로 구곡을 정하여 머물렀지만, 두 번째는 화악산華岳山으로 들어가는 입구에 화음동 정사를 지어 거처로 삼았다.[7] 두 곳 모두 그의 은둔관이 투영된 공간이었다. 먼저 김수증이 곡운으로 들어간 계기와 곡운에서의 행적을 중점

---

6) 이경구, 「谷雲 金壽增의 은거생활과 문예 활동」, 『韓國學報』 제116집, 일지사, 2004 가을, 117~122쪽.

7) 김수증의 화음동 정사 경영에 대해서는 兪俊英, 「造形藝術과 性理學—華陰洞精舍에 나타난 構造와 思想的 系譜」, 『한국미술사 논문집 I』, 한국정신문화연구원, 1984, 1~38쪽.

그림 1 곡운구곡의 제1곡 방화계　곡운구곡의 초입인 방화계에서 만월고개 방면으로 바라본 경관이다. 사방의 산이 시선을 막고 하늘마저 가렸지만, 굽이를 이룬 물길만이 구곡의 안과 밖을 이어준다.

적으로 살펴보자.

　잘 알려진 바와 같이 김수증은 안동김씨^{安東金氏} 김상헌^{金尚憲, 1570~1652}의 손자로 서울에서 태어나 성장했으며, 29세에 익위사세마^{翊衛司洗馬}로 첫 관직에 나아갔다. 이후 중앙의 요직에 오르지는 못했지만, 안동김씨 집안 인물들의 후원에 힘입어 지방관으로 나아갈 기회는 잦은 편이었다. 50대 이후 노론계 인사들이 정치적인 위기에 처할 때마다 곡운구곡으로 들어가 은둔을 실천하였다. 즉, 곡운구곡은 김수증이 관직에 나아가고 들어와 머무는 출처의 거점이었던 셈이다.

　김수증이 곡운을 처음 알게 된 것은 45세 때¹⁶⁸⁸이다. 당시 춘천^{春川}을 거쳐 평강현감^{平康縣監}으로 부임하여 가던 중, 누군가로부터 곡운의 경관이 빼어나다는 말을 듣게 된 것이 계기가 되었다.[8] 이때 김수증은 곡운에 대한 이야기를 잘 기억해

---

8) 『谷雲集』卷4, 「谷雲記」: “曾任平康, 以公事過鋤五芝村, 距谷雲不過一舍. 盖聞其勝而未得探討.”

두었다. 그리고 이를 실천에 옮겨 처음으로 곡운을 탐방한 것이 1670년^{현종 11} 3월이었다. 경관을 보는 안목이 높은 그였지만 깊은 계곡에 숨어 있던 곡운의 승경에 이내 매료되고 만다. 처음 방문했을 당시에 띠집으로 처소를 마련하여 가끔씩 들를 때를 대비해 둘 정도였다. 곡운을 자신의 노년^{老年}에 대비한 유거지로 삼고자 한 것이다. 이후 김수증은 52세 때¹⁶⁷⁵부터 이곳에 이주하여 7년간의 은거를 실행하기에 이른다.

김수증은 7년의 은거기간 동안 곡운에서 어떤 생활을 하였을까? 곡운에서 보낸 그의 행적을 어떻게 불러야 할까? 1671년^{현종 12}에 송시열^{宋時烈, 1607~1689}은 김수증의 부탁으로 「곡운정사기^{谷雲精舍記}」를 지어 주었다. 여기에서 그는 김수증이 곡운으로 들어오게 된 연유를 김수증 자신이 한 말을 인용하여 다음과 같이 적어 놓았다.

> 우리나라의 산수는 봉래산^{蓬萊山} 만폭동^{萬瀑洞}을 첫째로 치지만, 수석^{水石}이 평평하고 골이 넓어서 유영^{遊泳}·반선^{盤旋}하고 서지^{棲止}·경착^{耕鑿}할 만하기로는 저 만폭동이 이곳보다 못한 바가 있습니다. 더구나 매월당의 유적이 여기에 있으니, 제가 터를 잡아서 의지할 곳으로 삼는 일을 어찌 그만둘 수 있겠습니까.[9]

김수증이 곡운을 택한 것은 바로 '자유롭게 노닐며^{遊泳}', '마음껏 거닐며^{盤旋}', '머물러 거하며^{棲止}', '경작하기^{耕鑿}' 위한 것임을 분명히 밝힌 대목이다. 곡운은 김수증에게 어떤 명승보다도 머물러 살고 싶은 공간이었다. 스쳐가는 탐승의 경유지가 결코 아니었다. 그렇다면 무엇이 김수증에게 이토록 매력을 느끼게 한 것일까? 그것은 경작할 만한 땅과 넓은 거리에 펼쳐진 구곡의 소요 공간, 그리고 사육신^{死六臣}의 한 사람인 김시습^{金時習, 1435~1493}이 은거한 유적지라는 점을 들 수 있겠다. 이외에도 그의 감성을 자극하는 요소들이 많았을 것이다. 한 마디로 김

---

9) 『宋子大全』卷142, 「谷雲精舍記」: "吾東山水, 以蓬萊之萬瀑爲第一. 而若其水石平曠, 洞府寬廣, 可以遊泳盤旋而棲止耕鑿者, 則彼將有所遜焉. 而況有梅月之遺迹, 則吾之占之爲依歸之所 烏可已乎."

수증이 바라던 곡운에서의 삶은 자유롭게 한거閑居하고자 한 대단히 소박한 것이었다. 이러한 측면에서 그의 은거는 유거幽居라 할 수 있겠다. 그런데 김수증은 이곳에서의 유거를 무이구곡에서 한거閑居했던 주자朱子의 행적에 비유하였다. 여기에 대해 김수증이 남긴 기록은 없지만, 그가 행한 구곡의 지정과 경영이 이를 대변해 준다고 하겠다.

송시열은 「곡운정사기谷雲精舍記」에서 김수증이 특이하고 빼어난 곳의 속된 이름을 모두 소박한 것으로 바꾸었다고 했다. 대표적인 곳이 방화계傍花溪 · 설운계雪雲溪 · 수운대水雲臺 · 열운대悅雲臺 · 신녀협神女峽 · 농수정籠水亭 · 와룡담臥龍潭 · 귀운동歸雲洞 등이다.[10] 송시열이 「곡운정사기」를 지은 것은 김수증이 본격적인 은거생활에 들어가기 5년 전인 1671년이다. 따라서 김수증이 은거를 시작하기 이전부터 곳곳에 이름을 바꾸고 의미를 부여했음을 알려준다. 또한 이곳은 곡운구곡에 속하는 대표 명승들이라는 점에서 특별히 관심 있게 살펴볼 부분이다.

김수증은 49세1672 때 안악군수安岳郡守에 임명되었으나 이내 사임을 단행하였다. 곡운과 화악산 일대를 돌아보며 탐승을 즐기고 머물기 위해서였다. 이듬해 4월에는 9일간의 일정으로 곡운을 돌아보고서 그 여정을 「산중일기山中日記」에 남겼다.[11] 이때 포천抱川을 경유하여 도마치倒馬峙와 백운산白雲山을 통해 곡운으로 들어왔으며, 주로 곡운정사에서 머물렀다. 이때 둘러 본 곳은 곡운정사 주변의 와룡담제6곡 · 명옥뢰鳴玉瀨, 제5곡 · 설운계제4곡 · 신녀협제3곡 · 청은대淸隱臺 등이다.[12] 대부분 뒤에 정한 곡운구곡에 해당하는 곳이다. 이처럼 김수증은 관직을 떠나 있을 때도 자주 곡운을 찾아 산행과 휴식을 즐겼다. 머지않아 이곳에 정착하고 머물게 됨을 예지豫知했기 때문일까?

1674년숙종 원년에는 갑인예송甲寅禮訟이 일어나 영의정인 김수흥金壽興, 1626~1690

---

10) 『宋子大全』卷142, 「谷雲精舍記」: "其中奇絶之處, 名號樸陋, 皆有以換之. 遂有傍花雪雲二溪, 水雲悅雲二臺, 神女峽籠水亭臥龍潭歸雲洞."

11) 「山中日記」는 김수증이 1673년 4월 11일부터 19일까지 9일간의 일정으로 石室을 출발하여 抱川을 거쳐 곡운구곡을 방문한 일정을 기록한 일기이다.

12) 『谷雲集』卷3, 「山中日記」.

이 귀양을 가고, 이듬해에 김수항金壽恒, 1629~1689과 송시열이 유배되자, 김수증은 성천부사成川府使를 그만두고 그해 겨울 다시 곡운으로 들어갔다. 이번에는 가족과 함께 이주하여 본격적인 은둔생활을 시작하기에 이른다.[13] 이때 초당인 곡운정사를 넓혀 짓고서 '농수정사籠水精舍'로 이름을 고쳤다. 농수정籠水亭과 가묘家廟도 세웠다. '농수籠水'란 말을 이때 처음 썼음이 흥미롭다. 농수는 물소리에 세상사의 시시비비를 묻어 버리겠다는 뜻이다. 관료세계에 대한 절망과 세상사의 시름을 잊고자 한 그의 고단한 심경을 읽을 수 있다.

　김수증이 곡운으로 들어갔다는 소식을 뒤늦게 알게 된 송시열은 염려와 당부의 마음을 한 편의 편지를 통해 다음과 같이 전했다.

　　이른바 다른 계책이란 장차 어디로 가려는 것인가? 산이 높지 않은 것이 한스럽다고 한 것은 실로 주자朱子의 말씀이나, 산이 높기만 하고 경작할 곳이 없다면 또한 좋은 계책이 될 수 없네. 아무튼 지금 경읍京邑에 있으면 잘못 걸려들 염려가 있네. 곡운谷雲이 비록 좋은 곳은 아니나 우선 그곳으로 옮기어 점차 좋은 곳으로 들어가도록 하게. 그리고 속세를 등지겠다는 말은 무심히 받아들일 수 없는 일이라 공연히 개탄할 뿐이네. 고기가 못에 있어도 또한 극락이 아니라고 한 말은 실로 내가 하고 싶은 말이었네.[14]

　1675년숙종 1 8월 20일자로 보낸 이 편지에서 송시열은 김수증의 곡운행에 대해 우려를 표했다. 유거지로서는 경관만이 아니라 경작하며 생활할 수 있는 곳이어야 함을 강조했다. 그러나 사실은 송시열이 우려한 바와 달리 곡운에서의 경작이나 생활은 문제가 되지 않았다. 송시열이 곡운의 현황을 잘 알지 못했던 듯하다. 또한 송시열은 갑인예송으로 인해 서울에서의 상황은 안전을 담보할

---

13)『谷雲集』卷4,「華陰洞志」:"華嶽之北有洞焉. 清幽夐絶, 一塵不到, (중략) 余於庚戌占谷雲, 經營精舍. 乙卯冬擧室來棲, 其後又立籠水亭."

14)『宋子大全』卷51,「答金延之」乙卯年(1675) 8月 20日 :"所謂他計, 是將何向, 恨山不高, 是固朱子語. 然山徒高而無可耕之地, 則亦非良謀也. 第此時京邑, 恐有橫罹之憂, 谷雲雖淺 姑先移就, 漸入佳境, 未知如何, 丘壑, 謀亦難從容, 承諭慨然, 魚在于沼, 亦非極樂, 實先獲語也."

수 없다고 판단했다. 그래서 화를 피할 수 있는 곳에서 무사히 머물기를 당부하면서 후일을 기약했다. 김수증이 애초에 곡운정사를 마련한 것은 이러한 때를 예비하기 위한 방편이었던 셈이다.

김수증의 1차 은거의 행적에 대해서는 자세한 기록이 전하지 않는다. 곡운의 승경처를 소요하면서 김시습의 유적을 정비하는 등 구곡의 경영에 주력한 것으로 보인다.[15] 그러나 곡운은 앞서 말한 바와 같이 편안하게 거하는 유영遊泳과 반선盤旋의 공간으로서의 의미가 더 컸다. 다만 구곡은 그의 유거에 성리학적 명분을 부여한 산물이었으며, 곡운계곡의 명소 가운데 가장 빼어난 곳을 선정한 것이다.

김수증은 곡운의 곳곳을 돌아다니며, 그 경관의 아름다움을 글과 시편으로 남겼다. 단조롭지만 여유롭고, 한적함을 누리는 것이 그곳 생활의 즐거움이었다. 때로는 곡운구곡의 인근을 탐승하면서 자신의 소요 영역을 넓히기도 했다. 한 예를 「칠선동기七仙洞記」에서 엿볼 수 있다. 1677년에는 아들과 사위 등 일곱 사람과 곡운 서쪽의 백운산과 칠선동을 답사하였다.[16] 그 이듬해에도 아들인 창국昌國과 창직昌直, 조카인 창협昌協과 창흡昌翕을 데리고 다시 칠선동을 찾아 유람하였다(그림 2).[17] 첫 번째 방문 때 일곱 사람이 함께 했다고 하여 '칠선동'이라 이름 붙였다.[18] 칠선동은 구곡에 포함되지 않은 곳으로 농수정사로부터 서쪽으로 수십 리에 있는 백운산白雲山의 동쪽 줄기라 하였다. 김수증은 「칠선동기」에서 다음과 같은 말을 남겼다. "아! 내가 산에 들어와 산 지도 오래되었다. 점거한 곳마나 제각기 우열과 고하를 품평하였지만 유독 이곳만 처음부터 이름이 없었고 또 좀 일찍 와서 유관하지 못한 것을 한스럽게 여기게 되었다. 만물의 외관이 맑고 그윽하여 경계가 이만한 곳이 어디 있겠는가?" 이처럼 김수증은 구곡 이외에도 유거 공간

---

15) 金時習의 影堂을 건립하기 위해 강릉의 儒林에게 조력을 구하기도 하였다. 이경구, 앞의 논문, 120쪽.

16) 『谷雲集』卷3, 「七仙洞記」.

17) 『谷雲集』卷3, 「重遊七仙洞記」.

18) 『谷雲集』卷3, 「七仙洞記」: "余占谷雲之歸雲洞, 其西數十里, 卽百雲山東支也."

그림 2 칠선동七仙洞 경관 화천군 사내면 수밀리 인근의 칠선동 방면의 경관이다. 김수증은 백운산白雲山의 동쪽 줄기에 칠선동이 있다고 했다. 구곡에 포함되지 않지만, 외관이 맑고 그윽하여 김수증이 즐겨 찾던 곳이다.

을 평가하며 확장해 나갔고, 자신의 아들들과 함께 경관에 감동하여 시를 나누어 짓기도 하였다. 이는 은자의 역할이 산수미를 발견하고 전파하여 공유하는 데 있었음을 시사해 준다.[19]

1680년숙종 6에 김수증은 7년간 머물던 곡운谷雲을 나오게 된다. 이해 4월에 남인南人들이 대거 축출당한 경신대출척庚申大黜陟이 있었고, 9월에는 회양부사淮陽府使로 임명되었기 때문이다. 그러나 김수증은 곡운에 대한 미련을 쉽게 버리지 못했고, 결국 관직을 떠나 다시 곡운으로 돌아오기에 이른다. 그런데 이번에는 예상치 못했던 병세가 다시 악화되었고, 치료를 위해 다시 서울로 나와야 했다. 이때가 58세 되던 1681년숙종 7이다. 김수증은 자신의 서울 생활도 기약할 수 없다고

---

19) 李鍾虎, 「農淵그룹의 遊記文學과 隱逸意識」, 『韓國의 隱士文化와 谷雲九曲』, 華川文化院, 2005, 174쪽.

그림 3 화음동華陰洞 실경　김수증의 두 번째 은거지인 화음동 정사가 있던 곳이다. 농수정사로
부터 화악산 쪽으로 깊숙이 들어온 지점에 있다. 뒤편으로 화악산의 능선이 그림 같은 배경을 이
룬다.

생각하였고, 곡운으로 빨리 돌아가지 못함을 대단히 아쉬워했다. 그래서인지 서
울로 나온 이듬해에 평양 출신의 화사 조세걸을 데리고 곡운으로 들어갔다. 바로
《곡운구곡도》를 그리기 위해서였다.

　김수증은 그 뒤 약 9년간 서울로 나와서 살지만, 다시 곡운행을 결심하게 되는
계기를 맞는다. 1689년66세 기사환국己巳換局으로 남인계南人係 인사들이 대거 등용
되고, 송시열·김수항·김수흥 등이 죽음을 맞는 비극적인 상황을 접한다. 이로
인해 깊은 절망에 빠져 잠시 석실石室로 가서 머물던 김수증은 다시 곡운으로 무
거운 발걸음을 돌렸다. 이렇게 김수증의 2차 은거가 시작된 것이다. 그러나 이번
에는 농수정사에 머물지 않고 화악산 골짜기로 들어가는 입구인 화음동으로 거
처를 옮겨 화음동 정사를 경영하게 된다(그림 3).[20] 김수증의 1차 은거가 산수를

---

20) 유준영, 앞의 논문, 16~35쪽.

좋아한 기질과 정계政界에 대한 염증 때문이었다면, 2차 은거는 절망적인 상황에서 불가피하게 단행한 것인 만큼 탈속에 대한 심중과 의지가 더욱 깊게 배어 있었다.[21] 화음동 정사에 남긴 그의 유적은 이 같은 정황을 뒷받침해 준다.

김수증이 곡운과 화음동에서 보낸 세월은 모두 17년 정도이다. 그의 전 생애에 비하면 1/4에도 미치지 못한 기간이다. 그러나 곡운은 출처를 거듭했던 김수증의 은둔적 삶과 행적을 대변하는 공간으로 이름을 얻게 되었다. 이후 김수증은 1694년71세 갑술환국甲戌換局으로 관직에 임명되었으나 이내 사퇴하고서 다시금 곡운으로 들어갔다. 1697년74세에는 한성부漢城府 좌윤左尹을 지냈으며, 1701년에 78세의 나이로 생을 마감하였다.

김수증의 곡운에서의 은거는 남송대 주자의 행적을 모방한 단서가 곳곳에 보인다. 우선 구곡을 정한 것은 주희의 무이구곡을 염두에 두고 따른 것이다. 김수증 자신이 지은 「곡운기」에서 원래 지명인 '사탄史呑'을 '곡운谷雲'으로 고친 것도 주희가 거처한 무이산의 '운곡雲谷'이라는 지명을 의식한 것으로 보인다. 「곡운기」에서 김수증은 "내가 가장 아름다운 곳으로 구곡을 정하였다."[22]라고 했지만 이때까지만 해도 자신의 유거지에 구곡을 정한 사례는 매우 드물었다. 무이구곡과 별도로 자신의 구곡을 갖는 것은 그 누구도 쉽게 선례를 보이지 못한 일이었다.

그러나 김수증은 성리학적 은둔의 모범을 주자의 행적에서 찾았고, 여기에 준하여 곡운구곡을 표방하고 경영한 것으로 볼 수 있다. 그에게 구곡은 도학道學의 실현이라는 유학자로서의 입장을 명시한 것이기도 했다. 또한 그가 은거를 택한 것은 당쟁으로 얼룩진 현실에 대한 염증이 1차적인 이유였지만, 곡운에 대한 남다른 애정과 함께 자연 속에서 생활을 즐기고자 한 애착도 이유 중의 하나였다. 이처럼 성리학적인 은둔의 명분과 김수증 자신의 취향에 맞는 환경을 간직한 곳이 곡운이었다.

---

21) 이경구, 앞의 논문, 121쪽.

22) 『谷雲集』卷4, 「谷雲記」: "余以最勝處, 定爲九曲."

3. 《곡운구곡도》의 다면적 성격

《곡운구곡도》는 은거의 현장을 그린 유거도이자 동시에 실경을 그린 실경산수화이다. 그러나 가장 먼저 언급되어야 할 것은 구곡도의 유형에 속한다는 점이다. 따라서 조선시대에 이루어진 무이구곡도의 수용과 전개과정에서 이를 살펴보기로한다. 또한 당시의 문인들이 《곡운구곡도》를 유거도로 이해한 기록이 있어 유거도로서의 성격에 대해서도 알아보기로 한다. 마지막으로 실경산수화에 대한 김수증의 관심에 대해서도 살펴볼 것이다. 이러한 측면의 고찰은《곡운구곡도》의 회화적 성격을 보다 심층적으로 파악해 가는 과정이 될 것이다.

무이구곡도와 한국적 변용

무이구곡도는 앞서 언급한 바와 같이 남송대의 주자朱子, 1130~1200가 은거한 무이구곡武夷九曲을 그린 것이다. 이곳은 주자가 강학과 저술에 몰두하던 공간이었기에 후대에 주희 학문의 발양지로도 여겨졌고, 조선의 지식인들에게는 주자의 학문과 행적을 상징하는 그림으로 널리 전해졌다.[23]

무이구곡도의 현장인 중국 복건성福建省의 무이산 구곡계九曲溪는 기이한 층암절벽과 그 사이를 흐르는 계류가 수십 리에 걸쳐 펼쳐진 곳이다(그림 4). 예로부터 수많은 전설과 고사가 점철된 장소로도 유명하다. 주자(그림 5)는 관직에 있던 9년간을 제외하고는 일생의 대부분을 무이산의 인근의 숭안崇安 · 건양建陽 · 건안建安 등지에서 살았다. 54세 되던 1183년부터는 제자들과 함께 무이구곡에 정사精舍를 짓고 은거하면서 강론과 저술 작업에 전념하였다.[24]

무이구곡은 원대元代 이후 주자성리학의 발원지로서 또는 주희의 학통學統을 이

---

23) 윤진영, 「朝鮮時代 九曲圖의 受容과 展開」, 『美術史學硏究』 217 · 218, 韓國美術史學會, 1998, 61~65쪽.

24) 朱熹는 武夷精舍에서 문생제자들과 함께 강학과 저술에 몰두했다. 그의 門徒들도 구곡의 연안에 거처를 마련하여 함께 생활하였다. 이들은 蔡元定(1135~1198), 黃幹(1152~1221) 등 당대의 저명한 학자들이었다. 陳榮捷, 『朱子新探索』, 臺北: 學生書局, 1988, 199쪽.

그림 4 무이구곡의 실경 중국의 복건성 숭안현에 있는 무이구곡의 제5곡이다. 깎아지른 듯한 절벽들의 아래쪽에 주자가 머물던 무이서원이 있다.

그림 5 주자朱子 반신상 무이산에서 발견된 석비石碑에 새겨진 주자의 얼굴이다. 석비의 제작 시기는 알 수 없지만, 조선시대에 전해진 주자 초상의 전범典範이 되는 도상으로 추정된다.

은 후학들의 활동 공간으로 부상했다.[25] 이러한 배경 아래 주자의 학문적 업적을 선양하기 위한 상징물로서 무이구곡도가 활발히 제작되었다. 주자를 추숭하고자 했다면 초상화를 그려 전하는 것이 더 효과적일 수 있지만, 무이구곡도가 이를 대신했다. 물론 주자의 초상화도 조선 중기 이후 우리나라에 전해졌지만, 주자가 머문 장소와 공간이 갖는 상징성이 더 중요하게 인식되었다. 그러나 무이구곡도는 주자의 명성에도 불구하고 당시 중국 회화의 주제로 주목을 끌지는 못했다. 이는

---

25) 高令印, 『朱子事迹考』, 上海: 上海人民出版社, 1987, 133~134쪽.

무이구곡이 주자의 사적지事跡地라는 성격이 강했고, 무이구곡도가 주자의 사후 그를 추종한 후학들에 의해 제한적으로 제작되었기 때문으로 이해된다.

중국에서 제작되어 16세기의 조선에 전해진 무이구곡도 가운데 범본이 되었을 그림은 아직 명확히 규명되지 못하고 있다.[26] 원대 이후에 제작된 초기의 도상은 실경을 표현하면서도 「무이구곡가」의 시상詩想을 반영한 산수화였을 것으로 추정된다.[27] 이후 산수화 형식의 무이구곡도가 전형을 이룬 것은 명대明代 이후에 가서야 가능했던 것으로 추측된다.

무이구곡도가 조선에 들어온 것은 주자성리학에 대한 이해의 기반이 마련된 16세기부터였다. 또한 이 시기에 이루어진 주자와 관련된 각종 서책의 전래는 조선의 지식인들이 주자와 성리학에 대한 이해를 넓힐 수 있는 기회가 되었다.[28] 따라서 주자서朱子書와 성리학에 대한 연구가 진전되자, 주자는 학문의 종주로서 존경과 흠모의 대상이 되었다. 이러한 관심은 결국 무이구곡의 승경을 읊은 '무이도가' 와 무이산의 지리적 정보를 기록한 『무이지武夷誌』에 대한 탐독으로 이어지게 했고, 나아가 무이구곡도가 큰 유행을 이루게 하는 토대가 되었다.

16세기의 조선에 전래된 무이구곡도를 가장 먼저 접한 이는 이황李滉, 1501~1570을 비롯한 학자들이다.[29] 이들이 무이구곡도의 감상을 피력한 글에는 주자에 대한 철저한 존경과 경모의 태도가 잘 나타나 있다.[30] 당시 지식인들에게 있어 무

---

26) 중국의 宋－明代에 걸쳐 제작된 武夷圖·武夷山圖를 포함한 武夷九曲圖에 대한 기록은 尹軫 暎, 「朝鮮時代 九曲圖 硏究」 한국학대학원 석사학위논문, 1997, 10쪽을 참고.

27) 武夷九曲圖의 초기 형식은 朱熹가 지은 「武夷櫂歌」와 무이구곡을 그린 그림을 함께 결합한 형태로 추정된다. 明代의 관리였던 徐達左가 남긴 〈武夷九曲櫂歌圖幷記卷〉(『式古堂書畵攷』 권 24에 실림)이 대표적인 예이다. 무이구곡의 제1곡부터 제9곡까지 주희의 「무이도가」와 여러 문인들의 시를 그림 여백에 기록했다. 제목이 '櫂歌圖' 인 점은 무이도가와 그림이 접맥된 형식이 었음을 말해 준다.

28) 주자 관련 서책의 전래에 대해서는 金恒洙, 「16세기 士林의 性理學 理解」, 『韓國史論』 제7집, 서울대학교 국사학과, 1981, 59~60쪽을 참고.

29) 李滉의 무이구곡도 감상에 대해서는 윤진영, 「退溪 李滉과 陶山圖」, 『退溪 李滉 특강논문집』, 예술의전당, 2001, 3~16쪽을 참고.

30) 16세기의 무이구곡도를 감상한 문사들의 반응을 엿볼 수 있는 자료는 『退溪集』 卷43, 「李仲久 家藏武夷九曲圖跋」; 『寒岡集』 卷9, 「書武夷志附退溪先生跋李仲久家藏武夷九曲圖後」.

그림 6 이성길李成吉, 〈무이구곡도〉 무이구곡의 실경을 파노라마식으로 구성한 그림이다. 16세기의 무이구곡도 가운데 가장 묘사가 섬세하고 화격이 높은 그림이다. 1592년, 국립중앙박물관 소장.

이구곡은 크나큰 관심의 대상이지만, 누구도 가보지 못한 곳이었기에 그 의경은 상상 속에서만 떠올려야 했다. 이러한 무이구곡에 대한 동경을 크게 해소해 준 것이 바로 무이구곡도였다. 무이구곡도의 감상은 그 자체로써 구곡의 경관을 마주하여 주자의 도학적 삶을 간접 체험하게 하는 매체로 기능을 하였다.

무이구곡도는 16세기부터 본격적으로 우리나라에 소개되었다. 가장 대표적인 예가 국립중앙박물관 소장의 1591년 작 이성길李成吉의 〈무이구곡도〉이다(그림 6).[31] 두

---

31) 이성길의 〈무이구곡도〉에 대해서는 윤진영, 「朝鮮時代 九曲圖 硏究」, 韓國學大學院 碩士學位論文, 1997, 45~55쪽을 참고.

루마리 형식의 이 그림에는 화면 전체에 걸쳐 아홉 곡의 굽이가 묘사되었다. 감상자가 제1곡에서 제9곡까지 차례로 보아가는 과정은 마치 탐승의 여정을 느끼게 한다. 이러한 화면의 구성은 무이구곡의 경관적 특성과 두루마리 그림의 기능을 활용한 것이다. 화면에서 각 곡의 명칭은 기록하지 않았지만, 각 곡의 특징적인 경관을 일정한 간격으로 화면 안에 배치하여 묘사하였다. 실제로 무이구곡의 방대한 경관을 모두 제한된 화면에 나타내는 것은 불가능하다. 무이구곡 중에서도 유서 깊은 장소들을 취사하여 아홉 곡에 이르는 순서대로 재구성한 것이다.

이성길의 〈무이구곡도〉는 16세기의 기년작紀年作이자 당시 전래되던 중국본 무

그림 7 이성길, 〈무이구곡도〉의 제 1곡 무이구곡의 제1곡인 도교의 사원 충우관沖右觀과 그 뒤편의 대왕봉大王峯을 그린 부분이다. 충우관의 주변 경관을 한눈에 볼 수 있도록 구성하였다. 대왕봉 위에는 석실石室에 앉아 있는 도사道士 등 다양한 민간신앙의 흔적들이 남아 있다.

이구곡도의 특징들을 상세히 유추해볼 수 있는 기준작이다(그림 7). 전체를 한 장면으로 보면, 상상의 경치를 그린 듯하지만, 실제로는 무이구곡의 실경과 매우 흡사하다. 실경을 재구성하는 과정에서 각 경물의 특징들이 다소 축소되거나 과장된 점도 살필 수 있다.

제1곡에 보이는 도교의 사원인 충우관沖右觀은 높은 곳에서 아래를 응시한 부감俯瞰의 시점을 적용했다. 그 뒷편의 대왕봉大王峯과 만정봉幔亭峯은 건물의 지붕만이 암시된 채 안개에 휩싸여 있다. 안개 묘사가 유독 이 만정봉 주위에만 집중되어 있어 「무이도가武夷棹歌」 서곡의 "무이산 위에는 선령仙靈이 서리어 있고武夷山上有仙靈"라는 첫 구절을 연상하게 한다. 각 경물의 위치는 실제로 거리가 상당히 떨어져 있으나, 축약하여 구성하였다. 구곡의 계류는 화면 전반에 걸쳐 사선방향으로 반복되고 있으며, 각 곡은 주로 굽어져 꺾이는 부분을 중심으로 설정되었다.

제2곡은 옥녀봉玉女峯이다(그림 8 · 9). 무이도가의 "꽃을 꽂고 물가에 섰다揷花臨水."라는 구절은 실제 옥녀봉의 모습을 그대로 묘사한 표현이다. 제3 · 4곡을 지나 제5곡에 이르면 무이정사가 나타난다. 정사는 반측면으로 그려져 있고, 그 오른편 뒤쪽으로는 대은병大隱屛이 병풍처럼 자리 잡고 있다(그림 10 · 11). 주자는

그림 8 이성길, 〈무이구곡도〉의 제2곡　브이(V)자 형으로 꺾이는 계류의 중앙에 옥녀봉이 있다. 주자는 「무이도가」 제2곡의 시에서 옥녀봉의 자태를 "꽃을 꽂고 물가에 선 여인"에 비유했다. 봉우리 아래에 작은 배 한 척을 그려 넣어 대비시킴으로써 옥녀봉의 웅장함을 강조했다.

그림 9 옥녀봉 실경　무이구곡 가운데 그림과 가장 잘 일치하는 옥녀봉이다. 보는 방향에 따라 조금씩 달라 보이지만, 인위적으로 깎아 놓은 듯한 형태의 자연미가 인상적이다.

그림 10 이성길, 〈무이구곡도〉의 제5곡　주자가 기거했던 무이정사와 그 뒤편의 대은병大隱屛을 그린 부분이다. 정사는 서원書院으로 바뀐 모습을 그린 것으로 주자가 살았을 때보다 규모가 커진 모습이다.

그림 11 무이서원과 대은병大隱屛　무이정사는 원대에 무이서원으로 증축되었으나 문화혁명 때 모두 소실되었으며, 1999년에 옛 모습으로 중수하였다. 서원 뒤편으로 보이는 산이 대은병이다.

「무이정사잡영병서武夷精舍雜詠并序」에서 대은병을 "네 귀는 약간 수그러지다가 치켜 올라가 절단된 듯 마치 방악方屋에 모자를 씌운 듯하다四隅稍下 則反削而入 如方屋帽者."고 묘사하였다. 주자가 비유한 표현처럼 대은병을 그린 부분에는 그러한 실경의 특징이 잘 반영되었다. 여기에 묘사된 무이정사는 주자가 머물던 당시의 건물이 아니라 후대에 중수한 모습이다. 또한 계류에 드문드문 그려진 배들의 진행방향은 구곡계의 흐름을 암시하고 있다. 이와 같이 이성길의 〈무이구곡도〉는 16세기에 그려진 무이구곡도 그림 가운데 가장 수작秀作이라 할 만큼 치밀한 묘사가 돋보인다. 이러한 형식의 무이구곡도는 모사模寫를 통해 지방으로 전해졌고, 지방의 유생들 사이에 큰 반향을 일으키며 전래되었다.

그런데, 조선조 지식인들의 무이구곡도에 대한 관심은 17세기 이후 큰 변화를 가져왔다. 그것은 조선 구곡의 경영과 조선식 구곡도의 탄생으로 설명된다. 17세기의 문사들은 주자의 자취가 서린 무이구곡을 상상하고 동경하는 데만 그치지 않고, 자신이 머물던 현실의 공간 속에 직접 구곡을 마련하고자 하였으며, 대표적인 선학先學들의 유거지가 그 대상이 되었다. 특히 서인 노론계 문사들에게 있어 율곡의 고산구곡을 시작으로 송시열의 화양구곡華陽九曲[32] 그리고 권상하權尙夏, 1641~1721의 황강구곡黃江九曲 등으로 이어지는 계보를 이루었다(그림 12 · 13).[33] 선현의 거처에는 구곡이 없을 수 없다는 명분이 통용되었다. 이러한 조선 구곡의 설정은 무이구곡을 염두에 둔 것이지만, 모방이 아닌 주체적인 입장에서 이루어졌다. 그리고 조선 구곡의 경영은 바로 조선식 구곡도가 나오게 되는 계기를 마련하게 된다.

《곡운구곡도》는 김수증이 스스로 자신의 구곡을 정하고, 또 그림으로 남긴 사례이다. 이는 후학들이 선생의 구곡을 정하고 그림을 제작한 고산구곡이나 화양구곡과는 다른 경우이다. 특히 뒤에서 다시 살펴보겠지만, 그림으로 그려진 고산

---

32) 화양구곡에 대해서는 이완우, 「華陽洞과 尤庵 事蹟」, 『藏書閣』 18, 한국학중앙연구원, 2007, 133~155쪽.

33) 율곡의 고산구곡도와 이를 계승한 서인노론계 문사들의 구곡에 대해서는 윤진영, 「栗谷 李珥의 高山九曲과 高山九曲圖」, 『신사임당 가족의 시서화』, 관동대학교 영동문화연구소, 2006, 271~301쪽.

그림 12 고산구곡 실경 황해도 해주의 석담서원이 있던 고산구곡의 제5곡 경관이다. 석담서원은 뒤에 소현서원으로 사액賜額을 받았다.

그림 13 화양구곡의 실경 우암 송시열이 은거하던 충북 괴산군에 있는 화양구곡의 전경이다. 우암의 유적과 글씨가 곳곳에 남아 있다.

구곡도와 화양구곡도는 노론계 문사들에게 학통과 정치적 상황을 배경으로 제작되었다는 측면에서 이를 짚어볼 필요가 있다. 무이구곡도가 중국으로부터 전래되었지만, 17세기에 이르러 조선구곡도가 제작된 것은 조선구곡의 경영과 함께 문화사적인 현상의 하나로 시사하는 바가 크다고 하겠다.

유거도幽居圖로서의 성격

1680년숙종 6 회양부사직을 떠나 곡운으로 들어간 김수증은 이듬해에 병세가 깊어져 서울로 나오게 된다. 그 다음 해인 1682년숙종 8에 병세가 호전되자 평양 출신의 화사 조세걸을 데리고 곡운으로 들어갔다. 그리고 얼마 지나지 않아 조세걸을 시켜 그린 《곡운구곡도첩》 하나를 갖고 서울로 돌아왔다. 곡운을 떠나 있을 때 수시로 감상하며, 곡운에 대한 그리움을 달래기 위해 그린 것이라 했다. 서울에 머무는 동안 김수증은 《곡운구곡도》를 친분 있는 문사들에게 보여 주고서 찬시讚詩를 구했다. 권상하와 신정申晸, 1628~1687이 그림을 감상하고 찬시를 남긴 대표 인물이다.

권상하는 「김장수증金丈壽增의 곡운도谷雲圖를 구경하고 그림첩 위 여러 승경의 운韻에 차하다」라는 제목의 시를 남겼다.[34] 제목의 끝에 '갑자甲子, 1684'라는 간지를 쓴 것으로 보아 1682년숙종 8 그림이 완성되고서 2년이 지난 뒤에 차운시를 지은 것이다. 신정 또한 「차금연지 수증곡운정사도운次金延之 壽增谷雲精舍圖韻」[35]과 「제금연지곡운유거도題金延之谷雲幽居圖」[36]라는 제목의 시를 지어 감상한 근거를 남겼다. 대개 그림의 명칭이 '곡운도谷雲圖', '곡운정사도谷雲精舍圖', '곡운유거도谷雲幽居圖'로 기록되었음이 흥미롭다. 그런데 여기에서 의문점은 《곡운구곡도》를 감상한 이들이 '정사도精舍圖'와 '유거幽居'라고만 했지 왜 '구곡도'라 하지 않았는가 하는 점이다. 무슨 이유에서일까? 만약 화첩에 '곡운구곡도'라는 표제標題가 붙지 않았다 하더라도 그림 자체가 구곡을 그린 것이어서 구곡도임을 모를리 없었다.

이는 《곡운구곡도》를 본 문사들이 김수증의 곡운에서의 행적을 유거로 인식했음을 추측하게 한다. 무이구곡도만을 알고 있던 그들에게 '곡운구곡도'는 생소한 개념이 아니었을까? 개인의 구곡이란 점이 문사들 사이에서 널리 공감을 얻지 못한 듯하다. 이것이 《곡운구곡도》를 보고서도 '곡운구곡도'라고 표현하지 않은 이유일 것으로 추측된다. 사실 17세기에 우리나라의 구곡을 그림으로 그린 사례는 거의 없었다. 율곡의 고산구곡도도 17세기 후반기에 가서야 그림으로 그려졌고, 이때 그린 그림도 '고산도高山圖'였지 '구곡'이라는 말은 붙이지 않았다.[37] 송시열의 화양구곡도도 19세기 초에 이르러 그의 후학들에 의해 그려질 수 있었다.[38] 이로 미루어 보면, 당시에 특정지역을 그린 구곡도는 구곡도로서

---

34) 『寒水齋集』 卷1, 「看金丈 壽增谷雲圖 次帖上諸勝韻 甲子」.

35) 『汾厓遺稿』 卷2, 「次金延之 壽增谷雲精舍圖韻」.

36) 『汾厓遺稿』 卷3, 「題金延之谷雲幽居圖」.

37) 율곡의 서현손 李襑이 그린 고산도에 대해서는 윤진영, 앞의 논문, 276~277쪽을 참고.

38) 화양구곡도와 관련된 기록으로는 權燮(1671~1759)의 「華陽九曲圖說」이 있고, 그림으로는 成海應(1760~1839)의 『華陽洞志』에 수록된 화양동 그림, 그리고 李馨溥(1791~?)가 1809년에 그린 〈華陽全圖〉와 〈華陽九曲圖〉가 전한다. 여기에 대해서는 이완우, 앞의 논문, 133~155쪽을 참고.

선뜻 수용되기 어려운 분위기였음을 시사한다. 이러한 연유로《곡운구곡도》를 감상한 문사들에게 이 화첩은 정사를 포함한 유거도로 이해되었을 가능성이 크다고 하겠다.

《곡운구곡도》에 담긴 공간은 김수증이 유영遊泳·반선盤旋·서지棲止하고자 한 유거지에 해당한다. 그러하기에 수시로 이 화첩을 감상하면서 자신이 머물렀던 공간을 돌아볼 수 있었다. 김수증은 평소 구곡에 관심이 많았고, 한 곳의 경관만이 아니라 대표적인 명소들을 구곡의 구조로 연결지었고, 또 거기에 성리학적인 질서와 의미를 부여하고자 했다. 이는 평소 성리학자로서의 은거관을 지녔고, 자신의 유거생활을 주자에 비유하고자 했음을 반증해 준다. 김수증 스스로는 '구곡을 경영했다'는 말은 한 마디도 남기지 않았지만, 곡운계곡은 김수증에게 주자학적 은거관을 실천한 곳이고, 경관을 완상하는 그만의 생각과 즐거움이 투영된 곳이었다.

「곡운구곡도발谷雲九曲圖跋」을 쓴 김창협金昌協, 1651~1708은 김수증이 곡운구곡을 그리게 한 것은 산수를 좋아하며 즐김이 독실하고 깊었기 때문이라 하였다.[39] 즉, 산수에 대한 김수증의 애정을 첫 번째로 꼽고 있다. 그 다음으로는 자신의 유거지를 그림으로 즐기고자 한 각별한 관심 때문이라는 말을 덧붙였다. 그러나 이보다 더 직접적인 계기는 김수증이 김창협의 발문을 읽고서 남긴 다음의 기록에서 확인할 수 있다.

> 창협이 이 발문을 쓰자 선생[金壽增]이 그것을 읽고서 말하기를 "너의 말이 좋구나. 그러나 내가 이 그림을 그리게 한 것은 내가 때때로 산을 떠나기 때문에 이 구곡이 늘 내 눈에 들어올 수 없기 때문이다. 그러므로 그 쓰임새는 머물러 있을 때 보기 위해서이다."[40]

---

39) 『農巖集』卷25, 「谷雲九曲圖跋」: "然不曰好之篤而樂之, 深則不可也."

40) 『農巖集』卷25, 「谷雲九曲圖跋」: "昌協旣爲此跋, 先生讀之而曰爾言善也. 然余之爲此圖也, 亦以吾兩脚不免時時出山, 此九曲者不能常在目中, 故用爲爾時觀耳."

위의 내용은 짧지만 김수증이 곡운구곡을 그린 가장 직접적인 이유를 잘 설명해 준다. 이는 김수증 본인의 말이기에 더욱 신빙할 수 있다. 좋아하는 산수와 멀어져 있거나 가까이할 수 없을 때, 그림을 통해 산수를 완상하는 것은 동양 산수화의 일반적인 효용론이다. '누워서 노닌다'는 '와유臥遊'가 바로 여기에 적용되는 개념이다.《곡운구곡도》를 그리고자 한 것은 구곡을 떠나 있을 때 감상하기 위함이라 한 김수증의 의도도 크게 보면 와유와 다르지 않다. 지병으로 곡운을 떠난 뒤 그곳의 경관을 마주할 수 없을 때, 아쉬운 마음을 위로할 수 있는 유일한 매체가《곡운구곡도》였다.[41]

김수증은 구곡 경영만을 위해 곡운행을 실행한 것은 아니었다. 구곡의 경영은 유거와 산수애호의 취향이 접목된 결과로 나타난 것이며,《곡운구곡도》가 유거도로서의 성격을 띠는 것은 이 같은 이유에서이다.

실경산수화로서의 면모

김수증은 조세걸이 곡운구곡을 사생寫生할 때 현장에 함께 동행하였다. 구곡의 곳곳을 알려주고, 특별히 부각시키고 싶은 것을 강조하고 현장의 느낌이 잘 살아나도록 주문하기 위해서였다. 그 과정을 김창협은「곡운구곡도발」에서 다음과 같이 적고 있다.

선생[金壽增]이 (조세걸의) 손을 잡고 와서 직접 면전에서 명하여 구비마다 직접 보고 그리기를 거울을 대하여 사람을 그리듯이 하였다. 그러므로 그 겹겹이 쌓인 산봉우리와 기이한 돌, 소용돌이, 초가 모옥의 위치, 밭을 갈아 놓은 모양, 닭 울음소리와 개짖는 소리, 나귀를 타고 가는 것과 잠자는 소 등 종류마다 모두 갖추어 세밀하기가 빠뜨린 것이 없었다. (중략) 그런즉 선생이 산중에 있을 때 은자의 차림을 하고 산중에 노니는 것이 은연중에 그림의 경계境界가 되고 산을 나와서 문을 닫고 책상

---

41) 실제로 金壽增은 1681(辛酉)년 谷雲九曲을 떠났다가 1689년 己巳士禍 이후 재차 谷雲에 정착 隱居하였다.『谷雲集』卷4,「華陰洞志」: "辛酉出山, 仍之以喪病, 汨沒七八年, 至己巳秋復入."; 同,「谷雲記」: "辛酉, 以疾憂出山, 人事變遷, 至己巳, 又復獨來, 更築華陰洞."

에 앉아 그림 가운데를 손으로 가리키는 것이 은연중에 실구곡實九曲이니 그 진경眞
境과 그림을 어찌 구분할 수가 있겠는가.[42]

김수증의 설명에 따라 조세걸은 각 곡의 특징을 화폭에 담았다. 발문의 내용
중에 '대경취영對鏡取影'이란 말은 거울을 비추어 그 모습을 취한 것처럼 그림이
실경과 방불하다는 표현이다. 이는 당시 김창협이 보기에도 매우 사실적인 그림
으로 이해되었음을 말해 준다. 실제로 곡운구곡의 각 처소를 잘 알고 있던 김창
협은 그림의 세부까지도 실경과 비교하여 판단할 수 있었을 것이다. 그림 속의
경계와 실제의 진경계眞境界가 구분되지 않는다는 것은 곧 그림의 사실성을 두고
표현한 말로 이해된다.

김수증이 조세걸로 하여금 곡운구곡을 사실적으로 그리도록 한 것은 그의 산
수유기山水遊記에 나타난 경관의 서술방식과도 무관하지 않다. 김수증이 산수를
탐방하며 남긴 유기遊記에는 몇 가지 주요 특징이 발견된다. 먼저 산수 대상을 바
라본 정확한 위치를 밝혀 둔 점, 자신의 시점視點을 정하여 기록하는 방식, 그리고
대상에 대한 객관적이고 사실적인 묘사 등이 대체적인 특징이다. 이러한 기록은
이후의 독자들에게 경관에 대한 훌륭한 안내서로서의 기능을 하게 한다. 또한 실
경을 눈에 보이듯 묘사함으로써 독자에게 강한 현장감을 전달해 주기도 한다.[43]
따라서 김수증의 산수유기는 대상에 대한 직접적인 묘사를 추구하는 사진寫眞의
정신을 담은 것이라 할 수 있다. 그리고 이러한 유기의 서술방식은 그가 그림을
바라보는 시각에 그대로 적용되었던 것이다. 따라서 사실적인 그림을 선호하게
된 이유는 바로 그의 사진론에 입각한 문학관과도 밀접한 연관이 있다고 믿어진
다. 이렇게 본다면 조세걸에게 김수증이 강조한 것은 특정 화법에 대한 요구보다
대상을 충실히 재현하고자 한 핍진함이었다고 하겠다. 김수증의 산수유기에서

---

42) 『農巖集』 卷25, 「谷雲九曲圖跋」: "實手携而面命, 逐曲臨寫, 如對鏡取影. 故其重岡複峽, 奇石激
　　湍, 茅茨之位置, 園圃之耕鑿, 鷄鳴犬吠, 驢行牛眠, 種種備具, 纖悉無遺, (中略) 然則先生之在山
　　也. 角巾藜杖, 相羊九曲之中, 便是畵境界, 其出山也. 閉戶隱几, 指點粉墨之間. 便是眞九曲其眞
　　與畵, 又何分焉."

43) 황인건, 「谷雲 金壽增의 山水文學 硏究」, 한양대학교 석사학위논문, 1998, 57쪽.

볼 수 있는 사진의 태도는 《곡운구곡도》를 현장감에 충실한 그림으로 그려내게 한 배경이 되었던 것이다.

《곡운구곡도》는 조선시대의 구곡도 가운데 실경산수화에 속한다. 어떤 화법에도 종속됨을 보이지 않고, 시야에 들어오는 모습대로 진솔하게 그리고자 한 면이 높이 평가된다. 또한 김수증의 은거지를 그린 유거도이며, 구곡도의 한국적인 변용을 이룬 그림이라는 점에서 실경산수화로서의 의미는 더욱 크다고 하겠다.

고산구곡도와의 비교

《곡운구곡도》와 비교를 필요로 하는 그림이 '고산구곡도高山九曲圖'이다. 잘 알려진 바와 같이 고산구곡은 율곡 이이李珥, 1536~1584가 살아있을 때 조성되었다. 우리나라의 실경에 구곡을 재현한 사례로는 대단히 독창적인 창안이었다. 그러나 율곡이 활동하던 당대에는 고산구곡도가 제작되지 않았다. 고산구곡도는 송시열을 비롯한 노론계 문사들에 의해 제작되었는데, 그 시기는 《곡운구곡도》가 완성된 1682년보다 약간 늦은 17세기 말이었다.

율곡이 은거한 황해도 고산군高山郡 석담리石潭里의 고산구곡은 수양산首陽山의 서쪽 지맥을 이루는 선적봉仙適峯과 진암산眞岩山 사이의 계곡에 위치한다.[44] 율곡이 황해도와 인연을 맺게 된 것은 해주의 야두촌野頭村에 은거하던 전前 숙천부사 노경린盧慶麟, 1516~1568의 집안과 혼인하면서부터였다. 청백리로 이름 높은 노경린과 뜻이 통한 율곡은 그때부터 해주를 자주 왕래하였다.[45] 그 뒤 율곡이 석담을 처음 찾게 된 때는 1569년34세 교리校理에서 물러난 직후였다. 2년 뒤인 1571년36세에는 학인學人들과 더불어 고산구곡을 돌아보고 구곡의 곡명曲名을 지었으며, 이곳에서 은거의 뜻을 밝힌 바 있다.

당시 율곡이 정하고 이름 붙인 구곡은 제1곡 관암冠巖 · 제2곡 화암花巖 · 제3곡

---

44) 고산구곡은 조선 말기까지 간혹 '석담구곡(石潭九曲)'으로도 불렸지만 고산구곡이 보다 일반적인 명칭이다.

45) 『黃海道誌』, 黃海道誌編纂委員會, 1982, 78쪽.

취병翠屛 · 제4곡 송애松崖 · 제5곡 은병隱屛 · 제6곡 조협釣峽 · 제7곡 풍암楓巖 · 제8곡 금탄琴灘 · 제9곡 문산文山 등이다. 그 뒤 율곡은 2년간의 해주관찰사직을 마친 1576년41세에 고산구곡으로 돌아와 기거할 거처인 청계당聽溪堂을 세웠다.[46] 1578년43세에는 청계당 동편에 정사를 짓고 '은병정사隱屛精舍'라 이름 하여 구곡에서 본격적으로 유거幽居할 준비를 마쳤다.[47] 그러나 율곡은 여러 가지 사정 때문에 고산구곡에서 오래 머물지 못하였다. 관직의 임기를 마친 뒤 잠시 휴가를 보내기 위해 한시적으로 왕래할 정도였다.

고산구곡을 그린 그림으로 가장 이른 기록은 18세기의 문필가인 권섭의 글에 전한다. 여기에 따르면 김수증이 〈고산구곡도〉를 감상한 대목이 나온다. 당시는 《곡운구곡도》가 제작되기 이전이었다. 자세한 정황은 알 수 없지만, 김수증은 원만령元萬齡이란 사람의 집에서 율곡의 서현손庶玄孫 이석李練이 그린 〈고산도〉를 보게 되었다.[48] 김수증은 이석의 그림을 화사 조세걸에게 부탁하여 명주 바탕에 진채眞彩로 모사하게 하였다.[49] 권섭의 기록에서 확인되는 이석의 〈고산도〉와 조세걸이 그린 모사본은 지금 전하지 않는다. 그러나 위의 사실은 이석이란 인물과 그가 그린 〈고산도〉의 존재, 그리고 김수증이 이를 인지하고 있었음을 알려준다. 김수증이 〈고산도〉를 어떻게 이해했는지 알 수 없다. 다만 여기에서 눈여겨 볼 것은 조세걸이 모사한 그림을 족자簇子로 꾸민 다음 송시열에게 건넸다는 점이다.[50] 송시열은 이 그림을 단순히 감상을 위한 산수화로 받아들이지 않았고, 이내 몇 가지 착안을 하게 된다. 그것은 고산구곡도와 「고산구곡가」를 함께 판각板刻한 다음, 간행하고자 한 것이다. 즉, 율곡이 한글로 지은 「고산구곡가」를 한문으로 번역하

---

46) 위의 책, 75쪽.

47) 위의 책, 79쪽.

48) 『玉所集』卷10, 「題高山九曲圖說」: "文成先生高山九曲圖, 曾見絹面於尤菴先生宅. 浿洲畫師曺世傑之摹出, 先生庶玄孫練奭手畫本也. 每以不得覩眞本爲恨, 後於元萬齡壁上, 見故紙亂昧者, 卽是禾奭之手筆也."

49) 『玉所藏呇』, 「又書(高山九曲圖說)」: "谷雲金公, 使浿洲曺世傑, 以眞彩摹高山圖於絹面爲簇 一 納于尤翁先生."

50) 『玉所藏呇』, 위의 기록.

고, 이를 자신의 문인들에게 나누어 주어 한 수씩 차운_{次韻}하게 한 다음, 그것을 고산구곡도와 함께 꾸미는 일련의 작업이었다.[51] 그가 판각을 계획했던 것은 율곡의 시와 고산구곡도를 여러 점 제작하여 보급하는 데 목적을 두고 있었다.

송시열이 이렇게 고산구곡가의 차운과 고산구곡도를 제작하게 한 이면에는 정치적인 의도가 없을 수 없었다. 명분상으로는 차운시와 그림을 통해 임란 이후 매몰된 석담구곡에 대한 관심을 환기시키고자 하였다.[52] 그러나 실질적으로는 서인 노론계 문사들의 학통이 율곡에게서 비롯되었다는 정통성을 강조함으로써 문인들의 결속을 도모하고, 나아가 당시의 정치적인 상황을 주도하기 위해 자신들의 세력을 규합하고자 했던 것이다. 송시열의 이러한 의도는 「고산구곡가」를 차운할 인물로 김수항, 김수증, 김수흥 등 안동김씨_{安東金氏} 노론의 핵심 인물들을 선정한 과정에서도 확인된다. 즉, 송시열은 고산구곡도를 자신들의 학통을 상징하는 그림으로 부각시켰고, 그 핵심 인사들에게 차운시를 받은 다음 그림과 함께 장황하고자 한 것이다.

송시열은 권상하_{權尙夏, 1641~1721}(그림 14)에게 차운시를 분배할 인물의 물색을 부탁했고, 권상하는 그 과정을 수시로 송시열에게 알렸다.[53] 권상하가 이 일의 실무를 맡은 것이다.[54] 여기에 시를 지어 참여한 사람들은 김수증, 김수항, 권상하, 송주석_{宋疇錫, 1650~1692}, 송규렴_{宋奎濂, 1630~1709}, 김창흡_{金昌翕, 1653~1732}, 이희조_{李喜朝, 1655~1724}, 정호_{鄭澔, 1648~1736}(그림 15), 이여_{李畬, 1645~1718} 등 아홉 사람이었다.[55] 그러나 송시열은 이 사업의 완성을 보지 못하고 1688년 사사_{賜死}되고 만다. 이후 고산구곡도의 판각과 차운시의 완성 시기는 알 수 없지만, 결국 권상

---

51) 『玉所藏衿』, 「又書(高山九曲圖說)」.

52) 『宋子大全』 권89, 「與權致道」 戊辰六月十八日.

53) 『寒水齋集』 卷4, 「上尤庵先生」: "九曲圖摹刊事, 甚盛甚盛, 首韻一絶, 前日侍坐時竊嘗謄來, 居常諷詠, 無以間然矣. 因此而更得諸君子續和, 則其於發揮之道, 可無餘欠. 但谷雲兄弟及寒碧外, 如金台重叔李吏部可以當否, 如今領相此時恐非時, 更觀前頭而託之未晩耶. 城主以爲壺谷南台, 自是詞人求之無不可云. 而愚意竊欲託之於斯文中人, 不必如此汎及也. 未知如何."

54) 『寒水齋集』 卷4, 「上尤庵先生」.

55) 『玉所藏衿』, 「又書(高山九曲圖說)」: "分排谷雲, 文谷, 我伯父文純公, 宋校里敾九公, 宋霽月堂, 金農岩, 李芝村, 南臺谷, 任判書相元, 各作一詩."

그림 14 〈권상하 상〉 송시열의 제자로, 율곡의 유적을 복구하여 학파의 결속을 위해 노력한 인물이다. 음영법을 이용한 사실적 표현이 뛰어난 초상이다. 이명기李命基 作, 개인 소장.

그림 15 〈정호 상〉 송시열의 제자로, 일생을 노론의 선봉으로 활약했다. 시문과 글씨에 모두 능했다. 1720년, 『기사계첩己巳契帖』 중, 이화여대박물관 소장.

하의 책임 아래 남게 되었다. 「고산구곡가」의 차운시를 배분하기 위해 1차로 선정된 사람들 가운데 율곡의 학설에 위배되거나 조금이라도 부정적인 언급을 한 사람들은 제외되었다. 이러한 과정을 거쳐 1688년 이후 〈고산구곡도〉는 완성을 본 것으로 추측된다.

이와 관련하여 권상하가 판각본 〈고산구곡도〉를 제작한 것과 거의 같은 시기에 그려진 두루마리 형식의 〈고산구곡도〉 한 점이 전한다. 그런데 이 그림의 원본은 확인할 수 없고, 다만 일제강점기 조선사편수회朝鮮史編修會에서 간행한 『조선사료집진속朝鮮史料集眞續』에 실린 한 장의 사진으로만 남아 있다(그림 16).[56] 그림의 작자는 미상이다. 필자는 이 그림이 권상하가 추진하여 완성한 판각본 〈고

---

56) 김수증 필 〈고산구곡도권〉은 1930년대 朝鮮史編修會 간행, 『朝鮮史料集眞續』第一輯, 도판 16 참조.

그림 16 〈고산구곡도〉권   1916년 조선사편수회에서 간행한 『조선사료집진속朝鮮史料集眞續』에 수록된 고산구곡도이다. 고산구곡의 각 곡을 파노라마식으로 구성하여 그렸으며, 곡의 순서를 그림의 왼편에서 시작하여 오른쪽으로 전개시킨 것이 특징이다.

산구곡도〉와 매우 밀접한 관련이 있다고 생각한다. 여기에 대해서는 〈고산구곡도〉권의 내용을 살피면서 접근해 보기로 한다. 『조선사료집진속』의 사진 상태가 양호하므로 이를 근거로 하여 그림의 전체와 세부를 살펴본다.

『조선사료집진속』에 수록된 〈고산구곡도〉권은 두루마리 형식이고, 그 위쪽에 김수증이 친필로 쓴 1곡에서 9곡까지의 고산구곡가가 적혀 있다. 두루마리의 왼편 끝 부분에는 "곡운서谷雲書"라는 김수증의 글씨가 있다. 따라서 이 그림은 적어도 김수증이 사망한 1701년 이전에 그려진 것으로 추정되며, 현존하는 고산구곡도 가운데 제작연대가 가장 올라가는 그림이다. 화풍과 표현기법은 17세기 후반기의 산수양식과 잘 부합되고 있다.

〈고산구곡도〉권의 상단에 김수증이 쓴 글은 율곡의 「고산구곡가」와 이를 송시열이 한역漢譯한 시, 그리고 김수항 등 9인이 지은 「무이도가」의 차운시이다. 이 차운시는 앞서 송시열이 주도하여 그의 문인들과 「무이도가」의 시운詩韻을 나누고 지은 시의 내용과 같다. 또 두루마리 좌측 상단에는 판독되지 않는 주문방인朱文方印 2과顆가 찍혀 있다.[57)]

〈고산구곡도〉권에 적힌 한역시와 차운시는 송시열의 의도에 따라 권상하가 주도하여 1688년숙종 14 이후에 완성한 것이다. 그림의 상단에 글씨를 쓴 김수증이 작고한 연도가 1701년숙종 27이므로 이 그림은 1688년에서 1701년까지 13년 사이에 제작되었음이 분명하다. 화면의 전체 구성은 왼편 제1곡에서부터 시작하여 오른쪽으로 제9곡에 이르기까지 파노라마식으로 전개된다. 각 곡의 경물은 화면 위에 일정한 간격으로 배치하였으며, 경물의 주요 명칭을 적어 놓았다. 화면의 오른쪽에서 왼쪽으로 경물이 전개되는 일반적인 화면전개 방식과 달리, 〈고산구곡도〉권은 그 역순으로 왼쪽에서부터 시작된다. 이것은 고산구곡의 실제 지형을 근거로 한 방위적方位的인 개념에 근거했기 때문으로 추측된다. 즉, 그림의 위를 북쪽으로 놓고 보았을 때, 고산구곡은 서쪽에서 동쪽으로 거슬러 올라가는 지세가 아니었을까 추측된다.

〈고산구곡도〉권에는 「고산구곡가」의 시상詩想을 형상화하여 재구성한 면이 상당한 비중을 차지한다. 이러한 점은 「고산구곡가」의 몇 구절을 그림과 비교해 볼 때, 좀 더 명확하게 드러난다. 먼저 〈고산구곡도〉권에는 사계절의 변화가 분명하게 나타난다. 이처럼 사계절의 특성이 한 장의 그림에 모두 표현된 것은 고산구곡도가 바로 「고산구곡가」의 시상에 근거하여 형상화된 것임을 뒷받침한다. 즉, 「고산구곡가」에서 봄(제1·2곡), 여름(제3·4곡), 가을(제6·7곡), 겨울(제8·9곡)로 이어지는 사계절의 시적 이미지가 그림 속에 그대로 묘사되었기 때문이다. 봄으로부터 시작된 제1곡이 제2곡에서 제7곡을 거치며 여름과 가을의 계절적 분위기로 묘사되었으며, 제9곡에 이르러서는 겨울의 설경雪景으로 끝나는 방식을 취하였다. 즉, 「고산구곡가」와 〈고산구곡도〉권을 제1곡에서 제9곡까지 종합적으로

---

57) 『조선사료집진속』에는 "金壽增筆"로 되어 있으나 그림을 그린 화가는 알 수 없다.

그림 17 〈고산구곡도〉권의 제1곡 〈고산구곡도〉권의 제1곡 부분이다. 율곡이 지은 고산구곡가의
내용을 그림으로 바꾸어 놓은 장면이다. 자욱한 안개가 걷히자 먼 산이 드러나 보이고, 아래쪽 소
나무 사이에 앉아 벗이 오는지 바라보고 있다는 내용이다.

살펴보면, 그 안에는 '하루의 시간'이 흐르고 동시에 '한 해의 네 계절'이 진행
되었음을 알 수 있다.[58]

　다음으로 「고산구곡가」의 시어詩語를 그림으로 자세히 묘사한 경우는 제1곡의
그림과 비교를 통해 확인될 수 있다. 예컨대 제1곡 「고산구곡가」의 첫 구절은
"일곡은 어드메고"라는 식으로 각 곡의 대표적인 경물을 이끌어낸 점이 특징이
다. 제1곡에 해당하는 화면의 아래쪽에 '관암冠巖'이라 적힌 기둥 모양의 바위가
묘사되어 있다. 「고산구곡가」 제1곡의 첫 구절인 "일곡은 어드메고 관암의 히
비췬다 / 평무에 니 거드니 원산遠山이 그림 일다"의 내용이 화면 속에 그대로 형
상화되었다. 〈고산구곡도〉권의 제1곡은 관암·해·평무平蕪·원산遠山 등의 모티
프가 그려지면서 관암에 해가 뜨고 광활한 들판에 안개가 걷히는 경관으로 묘사

---

58) 金昞國, 「高山九曲歌 研究」, 성균관대학교 박사학위논문, 1991, 80～81쪽.

그림 18 석담정사　고산구곡의 가장 중심인 석담정사를 그린 부분이다. 그림을 그릴 당시에 정사
는 소현서원으로 사액을 받았다. 서원과 주변 경물을 빠짐 없이 포함하여 그렸다.

되었고, 안개 속에 가려 있던 먼 산이 드러나는 풍경으로 그려졌다(그림 17).

　또한 점경인물點景人物의 표현도 시의 내용과 잘 부합된다. 즉, 관암의 왼쪽에는
한 처사가 계류의 입구 쪽을 바라보고 앉아 벗이 오기를 기다리는 모습으로 그려
졌다. 특히 처사가 앉은 바위 왼편의 소나무 아래에는 술 단지가 놓여 있어, 셋째
구의 "송간松間니 녹준綠尊을 노코 빗 오는양 보리로다" 의 내용을 그대로 옮겼음을
알 수 있다. 제1곡에서는 「고산구곡가」의 소재인 관암, 해, 잡초가 우거진 들판,
그리고 안개, 먼 산, 소나무, 술 항아리 등이 그림 속의 모티프로 등장하였다.

　제5곡에 그려진 서원은 율곡의 강학처였던 석담정사石潭精舍인데, 그림 옆에 "소
현서원昭賢書院" 이라 적었다. 서원의 구조는 사액賜額을 받은 1610년 이후의 모습이
다. 즉, 앞쪽에 강당이 있고, 뒤편에 사당이 있으며, 서원 앞에는 요금정瑤琴亭이 위
치한다(그림 18·19).

　고산구곡도의 제작은 율곡의 학통을 계승한 기호학파의 인사들에 의해 추진
되었고, 송시열과 권상하가 그 중심에 있었다. 또 고산구곡도는 17세기 후반기

그림 19 요금정 실경 소현서원 앞의 요금정
瑤琴亭이다. 〈고산구곡도〉의 제5곡에도 자세
히 묘사되어 있다.

의 정치적인 상황과 관련하여 기호학파 문인들에 대한 비판을 견제하고, 학파 내부의 결속을 강화하기 위한 필요에서 제작되었다. 그리고 고산구곡도의 초기 형식은 가로로 연속되는 두루마리 형식을 취해 시와 그림을 함께 구성하였으며, 고산구곡의 실경과 「고산구곡가」의 시상을 절충적으로 형상화한 예를 보여 주고 있다.

고산구곡도가 율곡의 후학들에 의해 학통을 상징하는 그림으로 그려졌다면, 《곡운구곡도》는 김수증 개인이 경영한 구곡과 유거지를 그린 것으로 사적인 측면이 강하다. 자신이 머문 지역에 구곡을 정하고 경영하면서 그것을 그림으로까지 그려 의미를 부여한 사례는 김수증이 처음이다. 이밖에 고산구곡도는 성리학자들이 그림을 적극적으로 감상하게 된 계기를 마련해 주었고, 실경을 그린 이래로 실경산수화로 다루어진 점, 그리고 시가詩歌를 시각적으로 형상한 것이라는 점에서 회화사적으로 매우 중요한 의의를 지닌다. 또한 18 · 19세기 이후로는 이전 시대의 전형과 특성을 계승하면서 민화의 형식으로까지 확대 · 변용되었다는 점도 흥미로운 현상이다.

4. 《곡운구곡도》와 화사 조세걸

화사 조세걸의 행적

《곡운구곡도》를 그린 화가는 평양 출신의 직업화가로 활동하던 조세걸이다.[59]

---

59) 조세걸에 대한 작가 연구로는 윤진영, 「평양화사 조세걸의 도사(圖寫) 활동과 화풍」, 『미술사의 정립과 확산』 1권, 사회평론, 2006, 238~263쪽을 참고.

《곡운구곡도》에는 김수증의 의도가 곳곳에 반영되었지만, 이를 실경산수화로 완성하는 데는 조세걸의 솜씨에 의존해야 했다. 조세걸은 초상화와 신선도를 잘 그렸지만, 산수화에도 기량이 뛰어났다. 《곡운구곡도》는 실경을 바라보는 그의 시각과 화법이 잘 드러난 대표작이다. 여기에서는 조세걸 그림의 특징과 김수증을 비롯한 문사들과의 접촉에 초점을 두어 살펴보기로 한다.

조세걸의 본관은 창녕昌寧이고 호는 패주浿州이며, 1636년인조 14에 태어나 평양 지역에서 청년화가로 성장했다. 중년 이후에는 서울로 올라와 왕의 초상화인 어진御眞 제작에 참여하는 등 활발한 도사圖寫 활동을 펼쳤다. 졸년은 미상이지만, 70세인 1705년숙종 31에 남긴 그림이 전하고 있어 노년기까지도 활동했음이 확인된다.[60]

조세걸의 도사활동은 공적인 것과 사적인 활동으로 나뉜다. 어진이나 도감都監의 기록화 제작에 참여한 것이 공적 도사라면, 사적인 도사활동은 주로 관료사대부들의 개인적인 부탁에 응해 그림을 그린 일이다. 특히 서인노론계 문사들과 밀접한 관계를 맺고 활동했는데, 김수증이 가장 대표적인 후원자였다.

조세걸의 생애와 행적을 자세히 전해 주는 자료는 남아 있지 않다. 다만 어진 제작에 참여한 『승정원일기承政院日記』의 기사와 문집에 실린 화제畵題와 발문, 『창녕조씨파보昌寧曺氏派譜』, 그리고 「서경시화西京詩畵」 등이 그의 행적을 살필 수 있는 기초사료이다. 이 기록들을 정리해 보면, 조세걸의 가계는 관료로서 크게 현달한 인물은 없었으나, 선대부터 꾸준히 중·하급 관직을 시내왔으며, 병양에 재지在地 기반을 둔 양반가였다. 조세걸의 아버지인 조흥종曺興宗, 1583~1657은 일찍부터 벼슬을 단념하고 시와 글씨로써 필명筆名을 추구하며 살았던 인물이다. 특히 초서와 예서에 조예가 깊었고, 누관樓觀 등의 편액 글씨를 많이 남겼으며,[61] 아들 세

60) 조세걸이 그린 국립중앙박물관 소장의 〈溪山風雨圖〉에는 '乙酉季春浿州七十寫' 라는 款書가 있다. 乙酉年은 1705년(숙종 31)이며, 이때 조세걸의 나이가 70세였다. 이로 미루어 보면 조세걸의 生年은 1636년이 된다.

61) 『昌寧曺氏派譜』(藏書閣 MF35~4482): "字顯卿, 宣祖癸未四月二十一日生, 號眞樂亭, 爲詩有奇氣筆法, 入神草隷俱絶, 一時樓觀扁額多出其手. 子世傑亦善畵, 世謂曺氏三絶, 父得其二 子得其一."

걸의 그림과 함께 '조씨삼절曺氏三絕'로 불릴 만큼 당시 평양에서는 명서가로 이름을 얻었다.[62] 조세걸은 그의 아버지가 생존해 있던 당시 20세를 전후한 무렵부터 평양지역의 문사들 사이에서 그림으로 인정을 받았다.

박세당朴世堂, 1629~1703의 『서계집西溪集』에는 조세걸이 직접 "아버지는 진사를 했고, 집은 부유하여 서화를 좋아했으며 중국의 명적들을 구하여 소장한 것이 집 수 칸에 가득 찼다."고 말한 내용이 실려 있다.[63] 따라서 조세걸의 집안은 상당한 분량의 중국 서화류를 수장할 정도로 서화에 관심이 많았고, 또한 경제력이 뒷받침되었음을 알 수 있다. 조세걸은 이처럼 부유한 환경에서 일찍부터 중국의 명화를 접하며 그림에 대한 기량을 키울 수 있었던 것으로 보인다.[64]

『창녕조씨파보』의 세주細註에는 조세걸에 대한 다음의 기록이 적혀 있다.

호는 패주浿州이며 관은 자헌대부동지중추부사資憲大夫同知中樞府事이다. 공은 그림으로 세상에 이름을 떨쳤고, 사람됨이 담박하나 평상시의 행동은 분명하지 않아 마치 총명하지 못한 자 같았다. 그러나 종이를 접하면 마음을 열었고, 특히 수묵산수水墨山水에 뛰어났다. 숙종이 일찍이 화국畵局에 명하여 도성을 그리라 하였는데, 공이 일등을 하여 후한 상을 받았다. 후에 중국으로 사신을 가는 자가 있어 명화 한 점을 구입해 왔는데, 그것은 공公의 손으로 그린 것이었다.[65]

위의 내용을 통해 조세걸은 직업화가인 화사畵師로서의 활동에 주력하여 이름을 얻음과 동시에 관직까지 겸하였음을 알 수 있다. 조세걸의 사람됨이 담박하고 총기가 없어 보였지만, 그림을 그릴 때는 이와 달랐다고 한 것은 그의 다분한 예

---

62) 金漸, 『西京詩話』(『韓國詩話叢書』, 趙鍾業 編, 東西文化院, 1989), 575쪽: "曺上舍樂眞亭興宗, 爲詩有奇氣, 筆法特工, 草隷俱絕, 一時樓觀局額, 多出其手, 其子世傑亦善畵, 世謂曺氏三絕, 父得其二, 子得其一."

63) 『西溪集』 卷8, 「曺將軍畫帖跋」: "自言, 父爲進士, 家素饒嗜書畵, 多求中國名迹聚之, 家滿屋數間."

64) 『西溪集』 卷8, 「曺將軍畫帖跋」: "世傑幼時尤耽畫, 取看所藏, 日夜不擇 遂學之."

65) 『昌寧曺氏派譜』: "號浿州, 官資憲大夫同知中樞府事, 公以繪畫事鳴於一世. 爲人澹泊居常憒憒, 若不慧者, 至臨紙劃然, 心開尤工水墨山水. 肅宗嘗勅畵局畫都城, 公爲第一錫賚特厚, 後有奉使赴燕者, 購一名畵以來乃公之手也."

술가적 기질을 말해 준다. 또한 숙종이 명한 '도성도都城圖'를 그려 일등상을 받았고, 조세걸의 그림이 중국으로부터 역거래 되었다는 사실은 과장된 표현일 수도 있지만, 조세걸의 그림이 그만큼 유명세를 타고 있었음을 반증해 준다.

조세걸이 처음으로 서울에 온 것은 42세 때1677였다. 숙종이 1688년숙종 14 태조 영정影幀의 모사를 위해 화사들을 언급할 때, 11년 전1677에 조세걸이 상경했던 사실과 그의 인물화를 보았음을 말한 대목이 『승정원일기承政院日記』의 기사에 나온다.[66]

40대 중반 이후부터는 어진의 모사와 도사圖寫, 그리고 여러 도감의 업무에 그림 그리는 일을 맡아 참여하였다. 이후 조세걸은 1688년의 태조영정의 모사와[67] 1695년숙종 21의 숙종어진 도사[68] 등 두 차례의 어진 제작에 참여하였으며, 50대까지는 주로 무관직을 역임하였다.[69] 그 뒤 1699년숙종 25 4월, 66세로 동지중추부사에 오른 것이 그의 최종 관력이다.[70]

조세걸은 40세 이전까지는 평양을 근거지로 활동하였고, 40대 이후부터 60대 중반까지는 서울을 왕래하며 활약하여 화사로서의 명성을 얻었으며, 70세까지 작품을 남길 정도로 일생을 직업화가로서의 삶을 살았던 인물이다.

66) 『承政院日記』 제328책, 1688년(숙종 14) 3월 경진(7일): "上曰, 勿論士夫, 廣求善畵者可也. 曹世杰, 丁巳(1677)年間觀其所畵人物, 則頗極精妙矣."; 『承政院日記』 제328책, 1688년(숙종 14) 3월 신사(8일): "平壤曹世杰, 畵法頗精, 而聞已身死矣. 上曰, 頃聞世杰, 爲海伯金構幕下, 今已身死乎, 丁巳(1677, 숙종 3)年 上京時, 其年(2行缺, 後略)."

67) 여기에 대해서는 『影幀模寫都監儀軌』(1688) 32~33쪽; 李成美, 「朝鮮王朝 御眞關係 都監儀軌」, 『朝鮮時代御眞關係都監儀軌硏究』, 韓國精神文化硏究院, 1997, 69쪽 참고.

68) 조세걸은 1695년(숙종 21)에 숙종의 御眞圖寫에 主管畵師로 참여하였으나 숙종은 이를 대신들에게 공개하지 않고 은밀히 진행하였다. 따라서 당시의 기록에는 나오지 않고, 숙종 43년(1717) 4월의 『承政院日記』에서 간략히 확인된다[『承政院日記』 제477책, 1713년(숙종 39) 4월 무오(11일)].

69) 『承政院日記』 제343책, 1690년(숙종 16) 10월 무진(11일); 同 제346책, 1691년(숙종 17) 7월 갑진(21일).

70) 『昌寧曹氏派譜』에는 '資憲大夫同知中樞府事'로 되어 있다. 조세걸의 아버지인 曹興宗이 五衛都摠府副摠管으로 追贈된 것도 이때의 일로 추정된다.

    조세걸의 사적^{私的}인 도사활동은 17세기 후반기에 서인노론계 인사들과의 관계를 중심으로 이루어졌다. 주로 고위 관료들의 청탁과 후원을 받아 그림을 그린 일이 많았다. 다양한 화법을 구사한 조세걸의 그림은 수요자들로부터 큰 호응을 얻었다. 김창흡^{金昌翕}의 「곡운구곡도가^{谷雲九曲圖歌}」에 "조생^{曺生 : 조세걸}이 처음 서쪽에 왔을 적에 명성이 자자하여 온 장안을 떠들썩하게 하였다. 집집마다 병풍과 가리개를 그려 달라고 비바람처럼 모여드니 큰아버님이 조생을 데리고 산속으로 들어가셨다."고[71] 한 기록은 조세걸의 그림에 대한 인기를 짐작하게 한다.

    조세걸과 접촉한 문사들은 그의 그림에 글을 남긴 이들로 대체적인 범주가 정해지는데, 송시열·김수증·김만중^{金萬重}·김석주^{金錫胄}·김창협·이하조·김춘택^{金春澤}·권섭^{權燮} 등 대부분 서인^{西人} 계열의 문사들이다.[72] 조세걸이 이들과 접촉한 것은 40세 이후로 추정된다. 특히 조세걸과 김수증의 관계를 살펴보면, 두 사람은 1675년^{숙종 1}에 이미 만남을 가졌다. 송시열 또한 같은 해에 김수증에게 보낸 편지에서 조세걸이 여전히 집에 머물고 있는지를 묻고 있는 대목이 있다.[73] 송시열은 이무렵 조세걸에게 〈문희별자도^{文姬別子圖}〉를 모사하게 한 일이 있었기 때문이다.[74] 〈문희별자도〉는 김상헌이 심양^{瀋陽}에서 가져온 그림으로 송시열은 이 그림에 발문을 두 번이나 썼다.[75] 1675년 당시 김수증은 성천부사^{成川府使}로 있었고, 성천은 평양 인근이므로 이때 김수증이 조세걸을 알게 되었을 것으로 추측된다.

---

71) 『三淵集』卷1, 「谷雲九曲圖歌」: "曺生初自西來時, 聲價籍甚喧京師, 千家屛障風雨集, 伯父奪取山中歸."

72) 조세걸과 접촉한 서인노론계 문사들에 대해서는 윤진영, 「평양화사 조세걸의 도사(圖寫) 활동과 화풍」, 『미술사의 정립과 확산』, 사회평론, 2006, 243~247쪽을 참고.

73) 『宋子大全』卷51, 「答金延之 乙卯(1675)六月二十日」: "箕城畵手 尙在門否."

74) 『宋子大全』卷51, 「答金延之 乙卯(1675)六月二十日」: "文姬別子圖, 付此手摸取一本, 而以執事八分寫其拍, 仍並寫跋語而見投之. 則何幸何幸, 深企深企." 蔡文姬는 후한 때 학자 蔡邕의 딸로서 興平의 난에 오랑캐에게 잡혀가 거기서 아들 둘을 낳은 뒤 曹操의 주선으로 고향에 돌아오게 되는데, 그때 두 아들과 이별한 정경을 그린 그림이 '문희별자도'이다.

75) 『宋子大全』卷147, 「趙孟頫蔡文姬別子圖跋」.

1675년^{숙종 1} 6월에는 김수증과 송시열이 함께 계획한 《취성도^{聚星圖}》를 조세걸에게 그리게 하였다(그림 20).[76] 송시열의 문집에는 1675년 김수증과 함께 《취성도》를 만든 기록이 있다.[77] 이 《취성도》에 대해 간략히 살펴보면, 표지에는 제첨^{題簽}에 '취성도^{聚星圖}'라고 썼고, 그 아래에 '朝鮮 金壽增 書', '曺世傑 畵', '宋時烈 意匠'이라 적혀 있다. 표지 다음에는 네 면에 걸쳐 전서로 '취성지도^{聚星之圖}'라고 썼고, 이어서 그림 세 점을 각각 한 면에 한 점씩 그려 넣었다. 이 그림은 후한대^{後漢代}의 진식陳寔이 구숙苟淑을 방문하러 가는 과정과 접견 장면을 그린 것이다. 이를 두고 당시의 사람들이 이들의 모임이 별자리에 다 나타났다고 칭송하여 '취성'이라는 고사가 생겼다고 한다.[78] 그림은 변색과 박락된 부분이 많고 원본의 보존상태가 좋지 않아 자세히 살필 수 없지만, 수묵으로 인물의 특징을 간략히 그린 상태이다.[79]

일찍이 주희는 장주지사^{章州知事}로 있을 때 취성정^{聚星亭}의 중수^{重修} 공사를 둘러본 바 있으며, 이 고사를 그린 그림에 찬문까지 남겼다. 취성정의 고사와 관련된 주자의 행적은 송시열을 비롯한 성리학자들 사이에 큰 관심거리가 되었다. 송시열은 1675년 6월 장기^{長鬐}에 위리안치^{圍籬安置}되었을 때, 김수증과 함께 취성도를 제작하였다. 여기에 대해서는 그의 「연보^{年譜}」에 다음과 같이 기록되어 있다.

취성도는 곧 진식陳寔 · 구숙苟淑의 덕성德性에 관한 일이다. 선생이 생각하기를 이 일은 주선생朱先生[朱熹]이 찬을 지어 뜻을 붙인 것이 이미 깊고, 또 주자 · 남헌南

---

76) 〈聚星圖〉는 後漢代 陳寔의 故事가 있고, 북송대 歐陽修와 蘇軾이 눈이 오는 날 聚星堂에서 賓客들과 함께 詩를 지었다는 고사가 있다. 曺世傑이 그린 이 〈聚星圖〉는 현재 하버드대학교 도서관에 소장되어 있다. 畵帖으로 粧潢되었으며, 표지에는 '金壽增 書', '曺世傑 畵', '宋時烈 意匠'이라고 적혀 있다. 전체 21면 중 앞부분에 조세걸의 그림 세 점이 있다. 취성도에 대해서는 朱熹를 비롯하여 金尙憲, 宋時烈 등이 남긴 跋文이 있으며, 성리학자들 사이에 애호된 畵題였다.

77) 『宋子大全』 附錄 卷7, 「年譜」: "四十八年乙卯條."

78) '취성(聚星)'과 관련된 고사에 대해서는 유홍준, 『화인열전』 1, 역사비평사, 2001, 289~292쪽.

79) 그림 뒤에는 주희의 「聚星亭畵屛贊」을 비롯하여 「苟淑本傳畧」, 「陳寔本傳畧」, 「綱目陳苟子孫事實」, 「晦菴先生論陳苟」, 「宋尤齋與金壽增書」, 그리고 마지막에는 김수증이 쓴 「別紙」의 순으로 글을 수록하였다. 마지막 장에는 "崇禎丁巳八月上旬 安東金壽增謹書"라고 적어 두었다.

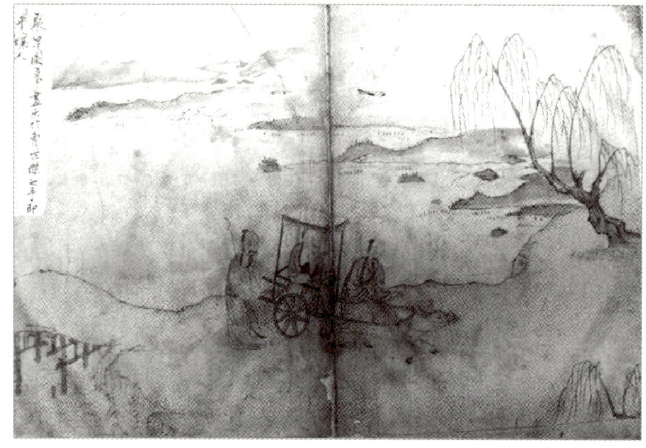

그림 20 《취성도》 1675년(숙종 1) 6월, 김수증과 송시열이 주도하고 조세걸이 그린 《취성도聚星圖》이다. 후한대後漢代의 진식陳寔이 구숙苟淑을 찾아가는 모습과 접견 장면을 주제로 하였다.

軒[張栻]·면재勉齋[黃幹]의 논설이 진실로 의의가 커서 쇠퇴해 가는 세속을 권계하는 하나의 단서가 될 만하다 하여, 그 일을 그리고자 김공[金壽增]에게 말하였더니, 김공이 즐겨 듣고 경영하였다. 선생이 여러 차례 편지로 왕복하여, 그 그림의 내력을 헤아린 다음, 먼저 주선생의 찬문을 쓰고 다시 세 선생[주자·남헌·면재]의 논설을 찬 아래에 붙이고 또 그 아래에 작은 발문을 붙여 동지에게 나누어 주었다.[80]

이로부터 5년 뒤인 1682년에 조세걸은 김수증의 부탁으로 《곡운구곡도》를 그리게 된다. 김수증과 알고 지낸 지도 7년 이상이나 되었을 때였다. 또한 김수증

---

80) 『宋子大全』 附錄 卷7, 「年譜」: "四十八年乙卯條."

은 율곡栗谷의 4대손인 이석李緈이 그린 〈고산도〉를 모사하는 일을 조세걸에게 맡기기도 했다.[81] 이러한 사실로 볼 때, 김수증은 조세걸이 상경上京한 초기에 많은 그림을 주문하였고, 그의 도사활동을 후원해 주었다고 짐작된다.

김수증의 형인 김수흥金壽興도 조세걸의 화격과 기량을 익히 알고 있었다. 1688년 숙종 14 태조어진 모사 시에 숙종은 젊고 눈이 밝은 윤상익尹商翊에게 모사를 맡기고자 했으나 도제조都提調인 김수흥은 조세걸이 피부색肉色을 잘 내는 데 특장이 있음을 들어 윤상익과 함께 영정 모사에 동참하도록 건의하여 숙종의 허락을 얻어낸 바 있다.[82]

또한 조세걸이 모사를 부탁받아 그린 사례도 주목을 요한다. 조세걸은 김석주의 부탁으로 명나라 직업화가 맹영광孟榮光의 그림인 〈낙신홍선洛神紅線〉을 모사한 바 있다.[83] 이 그림에 발문을 쓴 김만중金萬重은 조세걸의 임모본臨模本 또한 기이하여 맹영광의 그림보다 더욱 뛰어나다는 평을 남겼다.[84] 이는 조세걸이 맹영광의 인물화를 충실히 소화하고 있었음을 말해 준다.[85] 또한 김상헌이 심양에서 가져와 모사하게 한 〈문희별자도〉는 앞서 언급한 〈낙신홍선〉과 같은 종류의 채색인물화였다. 이외에도 〈고산도〉 역시 채색 그림에 대한 조세걸의 남다른 기량을 알려 주는 자료이다. 조세걸의 영향을 받은 평양 출신의 화가들 또한 그의 동시대와 다음 세대에 큰 활약을 하였다.[86]

---

81) 「玉所藏笭」, 又書〈高山九曲圖說〉: "谷雲金公, 使溟州曹世傑, 以眞彩摹高山圖於絹面爲簇 一納于尤翁先生."

82) 『影幀模寫都監儀軌』, 1688, 24쪽; 李成美, 「朝鮮王朝 御眞關係 都監儀軌」, 『朝鮮時代御眞關係都監儀軌研究』, 韓國精神文化硏究院, 1997, 69쪽.

83) 『西浦集』 卷2, 「題洛神紅線障子」: "障是孟榮光所畵, 斯百金尙書使曹世傑摸寫云, 尙書名錫冑."

84) 『西浦集』 卷2, 「題洛神紅線障子」: "孟生丹靑入三昧, 不學周昉畫肥婢, 曹子臨摹亦一奇, 絶勝優孟像廉吏."

85) 孟永光의 조선 방문과 화풍에 대해서는 안휘준, 「내조(來朝) 중국인 화가 맹영광」, 『한국 회화사 연구』, 시공사, 2000, 620~640쪽을 참고.

86) 조세걸의 영향을 받은 평양출신의 화가로는 宋彰燁, 金振汝, 崔萬厦 등이 있다. 여기에 대해서는 윤진영, 「평양화사 조세걸의 도사(圖寫) 활동과 화풍」, 『미술사의 정립과 확산』 1권, 사회평론, 2006, 247쪽을 참고.

　　조세걸은 어진 제작에 참여한 공적도사와 함께 서인 노론계 인사들 주변에서 여러 회사를 맡아 활동하였다. 위에서 언급한 사실 외에도 이하조의 「낭원군팔첩화발郎原君八帖畵跋」, 최석항崔錫恒의 『손와유고損窩遺稿』, 권섭의 『옥소고玉所稿』 등에도 조세걸의 작품에 대한 기록이 실려 있다.[87] 조세걸이 40대 이후 서울에서 활동할 수 있었던 배경에는 김수증을 비롯한 노론계 인맥의 도움이 컸고, 조세걸은 이를 통해 더욱 폭넓은 도사활동을 펼치며 전문화가로 성장할 수 있었다.

5. 《곡운구곡도》의 고찰

　　이 장에서는 《곡운구곡도첩》의 현상을 살펴보고, 화첩 속의 그림과 그림의 현장인 실경을 비교하여 살펴볼 것이다. 곡운구곡은 현재의 강원도 화천군 사내면 삼일리三逸里와 용담리龍潭里 일대에 걸쳐 있다(그림 21). 이곳의 옛 경관은 현재 잘 보존된 곳도 있지만, 300년이 넘는 세월 동안 몰라보게 달라진 곳도 많다. 남아 있는 구곡의 현장을 《곡운구곡도첩》의 그림과 비교해 보면 실경이 어떻게 화폭에 옮겨졌고, 지금의 실경이 그림 속의 경관과 얼마나 달라졌는가를 발견할 수 있게 된다. 또한 경물을 바라본 화가의 시점視點과 실경을 그리는 표현상의 원칙까지도 파악할 수 있을 것이다. 이처럼 그림과 그림 속의 실경을 비교하여 살펴보는 것은 실경산수화의 특색을 다양한 측면에서 따져볼 수 있는 중요한 기준이 된다.

　　《곡운구곡도첩》의 표지는 두꺼운 종이에 "谷雲九曲圖 丁巳改粧"이라 쓴 표제를 붙였다. 이 표제는 1857년철종 8에 화첩을 수리한 뒤에 부착한 것이다. 표지 다음에 모두 네 면에 걸쳐 김수증의 글씨로 "谷雲九曲之圖 崇禎壬戌復月 籠水亭主人"이라고 썼다(그림 22). '숭정崇禎 무오년戊午年'은 1682년숙종 8인데, 이때가 그림이 완성된 시기로 본다.

---

87) 李賀朝, 『三秀軒稿』 卷3, 「郎原君八帖畵跋」; 崔錫恒, 『損窩遺稿』 卷12, 「叙畵障」.

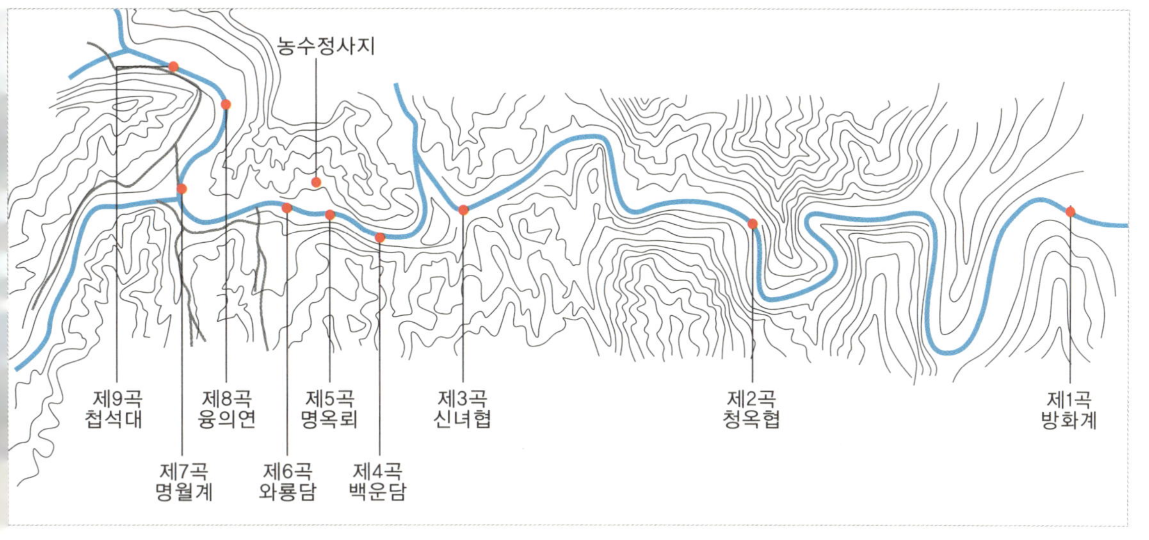

그림 21 곡운구곡 지도

김수중의 은둔과
《곡운구곡도》

| 395 |

    각 곡의 그림은 첩의 좌우 양면을 한 화면으로 하여, 제1곡에서 제6곡까지의 그림 여섯 점, 〈농수정도籠水亭圖〉 한 점, 그리고 제7곡에서 제9곡까지의 그림 세 점 등 모두 열 점이 장황되어 있다. 여기까지가 1682년 당시에 만들어진 화첩이다. 그 다음 면에는 그림이 완성된 지 10년 뒤인 1692년숙종 18에 김수증을 비롯하여 아들과 조카들이 무이도가武夷棹歌에 차운한 열 편의 시를 「곡운구곡차회옹무이도가운谷雲九曲次晦翁武夷棹歌韻」이라는 제목으로 실었다.

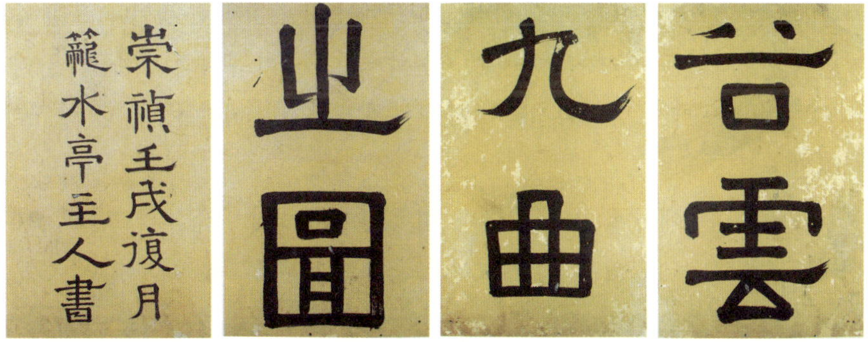

그림 22 《곡운구곡도첩》의 김수증 글씨 화첩의 세 면에 걸쳐 제목을 썼다. 마지막 면의 '숭정崇禎', '임술任戌'은 1682년(숙종 8)이고, 복월復月'은 11월이며, 김수증 자신을 '농수정주인籠水亭主人'이라 기록했다.

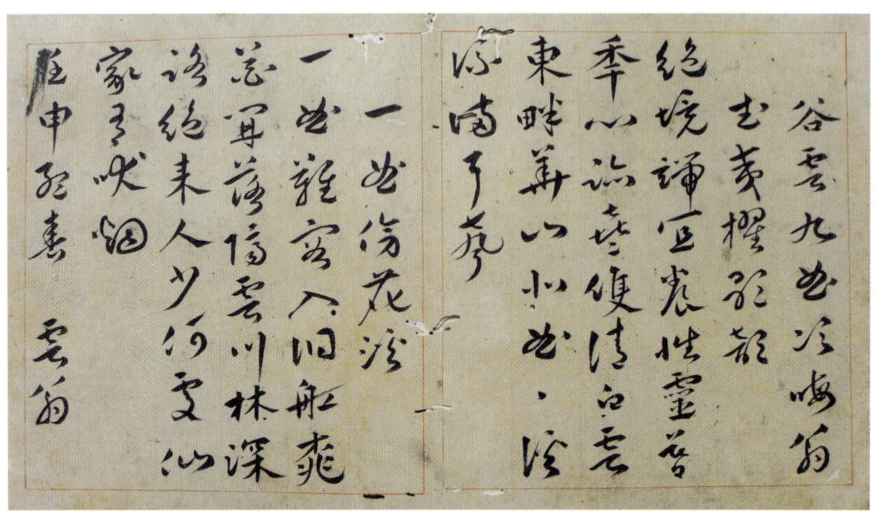

그림 23 《곡운구곡도첩》의 김수증 차운시　김수증이 아들과 조카에게 주자의 무이도가의 운을 따서 짓게 한 시이다. 서시序詩와 제1곡의 시는 김수증이 차운하여 지었다.

그 순서는 다음과 같다. 제1곡 김수증, 제2곡 아들 창국昌國, 1644년생, 제3곡 조카 창집昌集, 1648년생, 제4곡 조카 창협昌協, 1651년생, 제5곡 조카 창흡昌翕, 1653년생, 제6곡 아들 창직昌直, 1653년생, 제7곡 조카 창업昌業, 1658년생, 제8곡 조카 창집昌緝, 1662년생, 제9곡 외손 홍유인洪有人 등이다(그림 23). 차운시를 분배하기 위한 곡의 순서는 이들의 나이를 기준으로 했다. 김수증은 자신이 곡운에서 구곡을 경영한 사실과 그 의미를 아들과 조카들이 기억하기를 바라는 의도에서 시를 짓게 한 것이다. 또한 주자의 무이도가의 운韻을 차운한 것은 자신의 곡운구곡이 주자의 무이구곡을 따른 것이며, 이곳에서 보낸 자신의 생활을 주자의 행적에 비견하고자 한 의도로 이해된다.

이 차운시 다음에는 세 편의 발문이 적혀 있다. 김창협의 「곡운구곡도발」과 5대 손 김근순金近淳, 1772~?의 발문1804, 그리고 6대손 김흥근金興根, 1796~1870의 발문 1857 등이 이어져 있다. 김근순에 의하면 이 화첩은 꾸며진 지 약 122년이 지난 1804년순조 4에 장황되었음을 기록하였다. 상사上舍 이원성李源成이 서루西樓에 있던 《곡운구곡도첩》이 손상된 것을 발견하여 후손이자 당시의 판서인 김달순金達淳,

1760~1806에게 말하여 화공을 시켜 모사했다고 한다. 즉,《곡운구곡도첩》은 1804년까지 곡운서원谷雲書院의 서루에 있었던 것이 된다. 이때 모사한 한 본은 본가에 두었고, 원본은 곡운의 영당影堂에 보관하였다.[88] 약 50년 뒤인 1857년철종 8에는 김수증의 6대손인 김홍근이 원본을 다시 개장改粧하였는데, 이때 시를 수록하고 고쳐서 장황한 것이 현재에 이른다.

눈앞의 경치를 화폭에 담은 실경산수화라 하더라도 실경을 실제와 똑같이 그린 경우는 매우 드물다. 관찰된 경물은 재구성을 통해 화면에 옮겨지기 때문이다. 이때 화가는 3차원의 경관을 2차원의 평면에 어떻게 효과적으로 옮길 수 있는지 고민해야 한다. 그래서 카메라가 담아 내는 장면과 같이 하나의 시점에서 모든 경관을 조망한 장면은 과거의 실경산수화에서 거의 찾을 수 없다.

《곡운구곡도》와 곡운구곡의 실경을 비교하여 고찰할 때, 참고해야 할 기록은 김수증이 지은 「곡운기谷雲記」이다. 「곡운기」는 김수증이 처음 곡운으로 들어왔을 때로부터 19년이 지난, 그리고 《곡운구곡도》를 만든 지 7년이 지난 1689년숙종 15에 쓴 것이다. 그가 곡운 계곡에 첫발을 들이던 1670년을 회상하면서 각 곡의 명칭과 경관의 특징을 자세히 기록했다. 「곡운기」의 내용은 당시의 실경을 이해하는 데 도움이 될 뿐 아니라 그림 속의 현장을 확인하는 데에도 무엇보다 중요한 단서가 된다. 우선 곡운구곡 각 곡의 특징을 살펴보고, 그것이 지닌 경관상의 특색이 《곡운구곡도첩》에 어떻게 묘사되고 있는가를 살펴보는 데 중점을 두겠다. 김수증 이후, 18세기와 19세기에 각각 곡운을 탐방하여 기록을 남긴 이로는 오원吳瑗, 1700~1740과 다산茶山 정약용丁若鏞, 1762~1836이 있다. 이들의 기록은 경관의 특징을 묘사하듯 서술해 놓은 것이어서 당시의 실경을 재구성하는 데 많은 도움이 된다.

---

88) 丁若鏞이 1823년 곡운을 방문하여 구곡을 돌아본 뒤 곡운서원에 들렀다. 이때 화첩을 보고서 남긴 기록이 그의 탐방기인 『산행일기』에 다음과 같이 적혀 있다. "서원 안에 谷雲畵帖이 있는데 9곡의 泉石을 그린 것으로서 그린 이는 曹世傑이었고, 題語는 곡운이 지었다. 武夷櫂歌의 韻을 곡운이 제창하고 여러 子姪들이 각각 1곡씩 읊은 것인데 모두가 그의 手筆이다(院中有谷雲畵帖, 畵九曲泉石, 畵者 曹世傑 其題語, 谷雲之爲也. 武夷櫂歌之韻, 谷雲唱而諸子姪各詠一曲, 皆其手筆也)." 정약용, 『茶山詩文集』卷22, 雜評, 「汕行日記」(1823년 4월 20일).

정약용은 1823년순조 23에 곡운을 방문하였다. 초행길이었지만 그는 곡운을 둘러본 다음 경관에 대해 "곡운은 사방이 막힌 지역으로서 중간에 기름진 들이 열려 오곡이 잘 익는데 주위는 수십 리가 된다. (중략) 참으로 은자가 거처할 곳이요 또 난세에 생명을 보전할 곳이다."[89]라고 했다. 곡운의 전체적인 지형을 잘 묘사한 말이다. 정약용은 제1곡 방화계로부터 제2곡 청옥협에 이르기까지를 6~7리라 하였고, 이 사이에 기절奇絶한 곳이 많은데도 곡으로 정하지 않았다고 했다. 그리고 3·4·5·6곡은 짧은 거리에 인접해 있고, 7·8·9곡은 경관이라 하기에는 미약하다고 했다. 곡운구곡을 이룬 전체 지형에서 각 곡 간의 거리와 경관상의 인상을 평한 것이다. 김수증의 「곡운기」와 정약용의 「산행일기汕行日記」는 《곡운구곡도》에 그려진 구곡의 경관을 알아보는 데 있어 가장 참고가 되는 자료이다.

실경과의 비교 고찰

⚔ 제1곡 방화계傍花溪

김수증은 1670년현종 11 곡운을 찾았다. 2년 전 처음으로 곡운의 경관에 대한 이야기를 듣고서 계획해둔 바를 실행에 옮긴 것이다. 당시의 경로는 서울로부터 춘천을 거쳐 곡운구곡의 하류로 들어오는 코스를 선택했다. 현재의 강원도 사북면史北面 신포리新浦里에서 화천 방면으로 진입하면, 서쪽으로 접어드는 56번 도로가 나온다. 이 도로가 당시 곡운으로 들어가는 옛길이었다. 이 길의 입구로부터 약 5km 정도 평지를 지나 고개를 하나 넘으면 곡운구곡이 시작되는 제1곡 방화계傍

---

89) 『茶山詩文集』 卷22, 「汕行日記」(1823년 4월 22일): "總之谷雲者, 四塞之地, 中開衍沃 五穀蕃熟, 其周數十里, 其自春川來者, 崎險如此, 而試問永平之路, 其險倍之, 眞隱者栖遯之地 亂世全生之所也." 정약용은 이때 춘천을 경유하여 1670년(현종 11) 김수증이 처음 곡운으로 방문하던 경로를 따라 들어왔다. 4월 21일 오후에 도착하여 22일까지 이틀간 곡운을 둘러보고서 구곡의 경관을 평하였다.

90) 1823년 4월에 곡운을 방문한 정약용은 곡운으로 들어오는 초입인 마늘고개에 이르러 "蒜峯은 곧 곡운의 外關이다. 이 嶺을 넘자 물은 한층 더 맑고 돌은 한층 더 희고 산은 한층 더 높고 초목은 한층 더 울창하다."고 했다. 정약용, 『茶山詩文集』 卷22, 雜評, 「汕行日記」(4월 21일).

91) 『谷雲集』 卷4, 「谷雲記」.

花溪에 이른다.[90] 방화계는 "산이 높아지고, 계곡이 깊어진다山漸高 谷漸深."[91]고 한 곡운구곡의 기점이 되는 제1곡이다. 김수증은 이곳에 이르는 경로를 「곡운기」에 다음과 같이 기록했다.

"1670년(庚戌, 현종 11) 서울로부터 오리곡梧里谷을 지나 학고개[鶴峴]을 넘고 대천大川을 건너니 속명이 탄기灘歧라, 즉 곡운의 하류이다. 또한 마늘고개[蒜峴]를[92] 넘으니 산은 점차 높아지고 골짜기는 깊어져 인가人家의 연기가 끊어진다. 그 곳에서 한 십여 리를 더 가니 경치 좋은 곳이 있었는데 속명이 소박삽小僕挿이었다. 골짜기가 깊숙하고 깨끗하여 기상이 깊고 고요하며 격한 물살이 바위를 따라 이어지고 바위에는 꽃이 만발했다. 이름을 고쳐 방화계傍花溪라 했다."[93]

곡운구곡으로 접어드는 진입 경로를 간단히 기록한 것이다. 마늘고개蒜峴를 넘어 10여 리 정도 이른 지점이 방화계라고 했다. 그림의 위쪽 여백에 적힌 글은 춘천으로부터의 경로를 기록한 것이다. 여기에도 역시 오리고개를 지나 마늘고개를 넘는 것으로 되어 있다.[94] 지금도 방화계에 도달하려면 마늘고개를 넘어야 하는데, 이 고개는 현재 '만월滿月고개'로 불린다. 산현蒜峴의 '마늘고개'가 '만월고개'로 발음이 변용된 것이다.

화첩의 첫 폭인 〈방화계도〉에는 오른편의 사선방향으로 굽이져 들어가는 계류를 묘사했다(그림 24). 그림 오른편의 비탈진 소로小路에는 나귀를 끌고 내려오는 동자가 보인다. 아마도 소나무 아래의 바위에 걸터앉은 처사에게로 가는 중일 것이다. 이곳으로 연결된 작은 길은 현재 도로가 나면서 흔적 없이 사라져 버렸다.

---

92) 마늘고개[蒜峴]는 현재의 행정지명으로 만월[滿月]고개로 표기되어 있다. 1/25,000地圖(韓國國土地理院, 1995年 制作) 참조.

93) 『谷雲集』卷4, 「谷雲記」: "庚戌三月, 自京城由梧里谷, 踰鶴峴涉大川, 俗名灘歧, 卽谷雲下流也. 又踰蒜峴, 山漸高谷漸深. 人煙隔絶, 行十餘里, 得一佳處, 俗名小樸揷. 洞府幽淨, 氣深窈 激湍層巖, 巖花無數, 遂改名傍花溪."

94) 《谷雲九曲圖帖》제1곡 「傍花溪」: "自春川府北行, 渡母津, 踰馬峴, 過鋤吾之村, 西轉而過梧里谷, 渡一溪, 此是谷雲下流而爲洞口也. 踰蒜峴至此山回谷轉水石淸口, 余創名爲傍花溪, 去吾家十里."

그림 24 제1곡 〈방화계도〉 곡운구곡의 첫 곡인 방화계榜花溪를 그린 것이다. 계류 위쪽을 높은 산들이 가로막고 있어 첩첩 산중에 감추어진 계곡이 드러나는 듯하다. 1682년,《곡운구곡도첩》중, 국립중앙박물관 소장.

그림 25 방화계 실경 그림에 묘사된 넓은 암반과 시내 건너편의 작은 바위들은 실경에서도 확인된다.

그림 26 〈방화계도〉의 비탈길 방화
계의 너럭바위로 통하는 가파른 비탈길
에서 내려가지 않으려는 나귀와 고삐를
잡은 동자가 실랑이를 벌이고 있다.

그림 27 방화계 전경 방화계의 너럭바위와 계류가 감아 도는 둔덕을 카메라에 담았다. 실경이
그림 안에서 어떻게 재구성되는가를 살펴볼 수 있는 부분이다.

처사가 앉은 너럭바위는 원래 지금의 도로 위쪽에 잘려진 암벽과 연결된 거대한
암벽 자락이었던 것으로 추정된다(그림 25). 당시에는 현재의 도로 위쪽의 산비
탈 위에 길이 있었던 것으로 추정된다. 그 길에서 이 암반으로 내려오는 작은 길
이 바로 그림 속에 동자가 있는 지점으로 추정된다(그림 26). 화면의 오른쪽 아래
에 넓게 펼쳐진 너럭바위는 지금의 실경에서도 확인할 수 있다(그림 27). 너럭바
위 위쪽에서 계류 쪽으로는 바위 면에 층단層段이 나 있어 접근하기가 쉽다. 계류
의 건너편에도 그림 속의 바위 모양과 비슷한 암석들이 산재해 있다.

　　방화계는 곡운구곡이 시작되는 곳인 만큼 정확한 위치 비정과 이를 고증해 줄
만한 자료가 필요하다. 그런데 이곳이 제1곡 방화계라는 사실은 너럭바위에 새
긴 각자刻字가 발견됨으로써 더욱 분명해졌다. 이 글씨는 1856년철종 7 9월에서
1857년 11월까지 춘천부사로 있던 이용은李容殷이 '방화계傍花溪', '이용은李容殷'이
라고 새긴 것으로 추정된다.95) 바위에 새긴 글자는 현재 일부가 파손되어 '방傍'
자와 '화花'자의 윗부분, 그리고 '이李'자와 '용容'자의 윗부분만이 남아 있다(그
림 28). 특히 '방화傍花' 두 글자를 통해 이곳이 곡운의 제1곡인 방화계임이 확인
된 것이다. 1856년 경에도 곡운구곡의 각 곡은 인근의 사람들에게 잘 알려져 있
었던 것으로 추정된다. 이처럼 제1곡의 확실한 비정은 종래에 분명치 않던 다른
곡曲의 위치를 좀 더 정확히 찾아내는데 있어 분명한 기준이 된다.96)

　　방화계의 너럭바위 건너편에도 그림에서와 같이 각이 지고 모난 바위들이 놓
여 있다. 〈방화계도〉에서 눈길을 끄는 것은 이 바위의 특징을 보이는 대로 파악
하여 사실적으로 그린 점이다(그림 29). 바위를 그리는 일반적인 화법인 준皴이
나 미점米點 같은 상투적인 화법은 쓰지 않았다. 나무의 묘사도 비교적 자세하며,
근·중·원경의 거리에 따라 크기의 차이를 두었다. 즉, 경물의 크기에 따른 원
근법遠近法을 적용한 것이다. 앞쪽에 있는 나무는 가지의 앞뒤 관계까지 자세히
묘사하였다. 반면, 원경遠景의 산은 나무를 일일이 그리지 않고, 능선의 끝선에 있

95) 兪俊英,「金壽增의 隱遁思想과 谷雲九曲」,『第8回 韓日美學硏究會 學會報告書』, 韓日美學硏究
　　會, 1999, 56쪽.

96) 兪俊英, 위의 논문, 56쪽.

그림 28 방화계의 각자刻字 1857년경 춘천부사 이용은李容殷이 이곳을 찾아 '방화계傍花溪', '이용은李容殷'이라고 새겼다. 바위에 새긴 글자는 현재 일부가 파손되어 '방화榜花' 자와 '이용李容' 두 글자만이 겨우 확인된다(좌, 2008년 4월 촬영). 1999년 7월에 촬영한 사진(우)에는 '화花' 자의 아래 획이 조금 더 남아 있다. '방화傍花' 두 글자는 이곳이 곡운구곡의 기점이 되는 방화계임을 알려 주는 단서이다.

는 나무들만 묘사하였으며, 그 너머의 뒷산은 간략한 선묘나 옅은 채색으로 마무리하였다.

방화계를 지나는 계류는 완만하게 흐르다가 너럭바위에 이르면 격한 소용돌이를 이룬다. 1823년에 이곳에 들른 정약용丁若鏞은 "고개 아래로 내려와 얼마 안 가서 문득 비스듬히 누운 커다란 반석이 보이는데 거기에 비류飛流하는 물결이 허옇게 거품을 일으키고 있었다. 물어보니 바로 제1곡의 방화계였다."고 기록한 바 있다.[97]

그렇다면, 방화계의 현재 실경과 이를 그린 그림 속의 경관에는 어떤 차이가 있을까? 〈방화계도〉의 화면을 상·하 2단으로 나누어 보자. 하단은 앞쪽의 너럭바위와 계류를 중심으로 한 실경을 그렸다. 약 300년 전이라는 시간을 염두에 두더라도, 큰 너럭바위를 비롯하여 계류 건너편의 바위와 실경은 흡사하다(그림

---

97) 『茶山詩文集』 卷22, 雜評, 「汕行日記」(4月 21日): "旣到嶺根, 行未數里, 忽見巨石盤陀 飛湍雪沸, 問之乃第一曲傍花溪也."

30). 그러나 그림의 상단은 방화계의 굽이를 이루는 산등성이를 거의 해체시켜 놓은 듯 산만하게 그려져 있어 실경과 차이를 보인다. 즉, 방화계의 계류와 바위 등 가까이 있는 경물은 구체적으로 그렸으나, 원경의 산세는 충분한 공간감을 나타내지 않고 평면처럼 중첩된 산세로 표현하였다. 이렇게 보면, 〈방화계도〉는 계류 주변의 경물을 충실히 묘사하되 배경에 해당하는 산은 실제로 보이는 한 모퉁이에 국한하지 않고, 전체를 압축하여 그려 넣은 것이 된다.

〈방화계도〉는 화가가 계류와 너럭바위를 훤히 내려다 볼 수 있는 높은 위치에서 조망하여 그린 것으로 추측된다. 즉, 계류와 그 주변의 크고 작은 바위는 시선을 확장시키지 않고 하나하나 관찰하여 그렸다면, 그 뒤편에 배경을 이루는 산세는 하늘을 포함한 큰 공간 속에서 이를 재구성한 것이 된다. 높은 곳에서 낮은 곳을 조망하여 그리되 강조할 부분과 재구성한 부분들이 하나의 화면에 들어가는 이러한 특징은 조선시대의 실경산수화에서 일반적으로 볼 수 있는 현상이다.

'방화계'는 김수증이 '소박삽小僕揷'이라는 속명을 고쳐지은 이름이다. 당시 곡운을 방문한 시점이 3월이었기에 바위에 활짝 핀 꽃들이 그 이름의 모티프가 되었다.

❈ 제2곡 청옥협靑玉峽

청옥협, 계곡의 물빛을 '푸른 옥玉'에 비유하여 붙인 이름이다. 그 위치에 대해서는 그림 위쪽의 여백에 다음과 같이 썼다. "방화계로부터 5리 정도를 지나 산 하나를 돌아서면 석잔石棧이 옆으로 비껴 있다. 좌측으로는 위험한 시내를 내려다 보게 되며, 우측으로 층층이 높이 솟은 봉우리를 안게 된다. 이것이 바로 청옥협이다(그림 31)."[98] 이 기록에는 청옥협이 방화계로부터 약 5리 정도인 것으로 기록하였으나, 「곡운기」에는 10여 리를 가야 한다고 했다. 또한 정약용은 1곡과 2곡의 거리를 6~7리라 하여[99] 기록마다 차이를 보인다. 지금의 길로는 약 3~4리 정도가 될 것으로 추측된다. 그리고 제1곡에서 청옥협에 이르는 길은 지금의 도로보다 더 높은 지점에 있는 작은 소로였을 것으로 짐작된다. "위험한 시내를 내려다 본다"거나 "층층이 높이 솟은 봉우리를 안게 된다"는 말은 김수증이 즐겨 다녔던 길의 위치를 짐작하게 한다.

청옥협은 계류의 폭이 좁고 굽이를 이루는 지점이다. 〈청옥협도〉에서 볼 수 있듯이 굽이진 물길 안쪽으로는 완만하게 돌출해 나온 산등성이가 있고, 그 아래로는 길게 드리워진 너럭바위가 자리 잡고 있다(그림 32). 원래는 물길이 더 크게 굽이를 이루었던 것으로 짐작되는데, 도로를 내면서 훨씬 좁아진 상태이다. 「곡운기」에는 이러한 지형상의 특징을 다음과 같이 기록하였다.

계류를 따라 석림石林 가운데를 지나니 높고 낮은 큰 돌들이 많고 산봉우리는 연결되어 하늘을 막은 듯하며 길은 다한듯 하나 다시 통한다. 또 십여 리를 가니 석잔石

---

98) 『谷雲集』卷4, 「谷雲記」: "自傍花溪, 過五里許, 轉一山石棧斜川, 左臨危灣, 右擁層峯, 此爲靑玉峽."
99) 『茶山詩文集』卷22, 「汕行日記」.

그림 31 제2곡 〈청옥협도〉 제2곡의 청옥협이다. 길과 계류가 큰 굽이를 이루는 곳에 위치해 있다. 계류를 가로지르며 뻗어 나온 기다란 바위가 인상적이다.

그림 32 청옥협의 실경 제2곡 청옥협에서 좌우의 계류가 휘감아 도는 지형을 넓게 촬영한 것이다. 길게 뻗어 나온 백옥바위는 흔적도 없이 사라졌다.

棧이 물 사이에 있고 점차로 전망이 트여가는 것 같았다. 진실로 옛 사람들이 말한 빛이 있다고 한 것과 같았다. 드디어 그곳을 이름하여 청옥협靑玉峽이라 했다.[100]

계류는 그림의 오른쪽 아래를 돌아 나와 왼편으로 흘러간다. 화면 아래에 처사와 동자가 있던 너럭바위는 현재 크게 파손된 상태이다(그림 33). 그렇지만, 청옥협의 실경을 그림과 비교해 보면, 지금으로부터 약 320여 년 전 이 바위의 원형을 짐작하기는 그리 어렵지 않다(그림 34). 그런데, 가운데 부분에 우뚝 솟은 산등성이의 봉우리는 그림과 약간의 차이가 난다. 그림에서는 뒤쪽으로 갈수록 조금씩 높아지며 등성이가 중첩되어 있음이 보인다. 실경에는 이런 부분이 분명하지 않다. 다만 그림을 그린 위치와 시점이 현재의 도로면보다 훨씬 높은 위치임을 감안하면 전혀 수긍이 가지 않는 것은 아니다.

〈청옥협도〉에는 물길의 가운데에 높이 솟은 봉우리를 기준으로 왼편과 오른편의 양방향으로는 멀어져 가는 공간을 표현하였다. 즉, 화면의 좌우로 투시를 적용하여 원근감을 고려한 현실적인 공간을 연출하는 데 신경을 썼다. 그리고 〈청옥협도〉의 오른편으로는 산정山頂의 능선이 이어지며, 굽이지는 곳은 실제로 탁 트인 넓은 전망을 갖춘 곳인데, 화면에는 공간을 좁게 압축하여 표현하였다. 실경의 거리와 공간을 단축시키고, 이처럼 압축하여 그리는 방법은 넓은 범위의 경물을 재구성하여 그리는 과정에 있어 불가피한 요소이다. 이런 점은《곡운구곡도》에서 가장 많이 찾아볼 수 있는 특징이며, 또한 실경산수화에서 일반적으로 적용하는 방법이기도 하다.

산을 묘사한 부분은 전반적으로 먹이나 채색을 과도하게 사용하지 않았고, 능선의 가장자리 쪽에만 부분적으로 나무를 그려 넣었다. 이는 나무를 자세히 그리기보다 산의 골격과 형세를 파악하는 데 더 중점을 둔 결과로 이해된다. 또한 청록산수화의 특성상 산을 무성한 숲으로 표현해서는 효과를 볼 수 없기 때문이다. 근경으로부터 원경으로 멀어질수록 나무의 크기도 점차 작아진다. 나무의 묘사

---

100) 『谷雲集』 卷4, 「谷雲記」: "緣溪穿石林中, 高低辇确, 連峯障天 徑盡復通 又行十餘里 石棧際水 稍似開豁 眞古人所謂彷彿有光者 遂名之曰靑玉峽."

그림 33 **청옥협의 백옥바위 터** 약 300년이 넘는 세월은 곡운구곡에서 가장 운치를 자랑하던 백
옥바위를 모래와 자갈로 변하게 했다.

그림 34 **〈청옥협도〉의 잔도와 비위** 암석 위로 잔도가 나 있고 그 주변에 꽃망
울을 터트린 나무들이 어우러져 있다. 철쭉이 만개한 봄날의 정경이다.

그림 35 〈청옥협도〉의 백옥바위 바위의 끝에 걸터 앉은 처사에게 동자가 무언가를 가져가고 있다. 매끄러운 백옥색 바위로 추정되며, 바위의 상단 쪽에는 잔도棧道가 보인다.

그림 36 청옥협의 실경 청옥협의 좌측은 도로를 내기 위해 축대를 쌓아올렸다. 제1곡 방화계로부터는 약 2km 정도 떨어진 곳이다.

에 형태상의 차이를 둔 것은 그만큼 원근관계와 공간감에 대한 고려가 있었음을 말해 준다. 또한 채색도 산의 정상 쪽에는 청록 색조를 강하게 하였고, 아래쪽으로는 옅게 하여 자연스러운 공간감을 연출했다.

실제로 제2곡 〈청옥협도〉에는 처사가 앉아 있는 너럭바위 위쪽으로 띠처럼 작은 잔도가 묘사되어 있고(그림 34), 그 흔적은 지금의 실경에서도 어렴풋이 확인할 수 있다. 잔도의 오른편 끝자락에는 분홍색의 철쭉이 피어 있어 그림을 그린 시점이 초봄이었음을 알려준다. 약 320여 년 전에도 이곳이 곡운계곡으로 들어가는 유일한 길이었다. 정약용의 『산행일기汕行日記』에는 제1, 2곡의 진입로에 대해 "때로는 나무로 잔도를 만들어 평탄하다가도 조금 가면 다시 또 험악하곤 했다."고 적었다.[101] 제1곡과 제2곡으로 이르는 길은 벼랑을 지나고 잔도를 건너는 등 평탄하지 않았음을 알 수 있다.

처사가 앉은 바위는 제2곡의 모퉁이에 걸쳐 길게 자리 잡고 있다(그림 35). 바위의 형태에 따라 선묘를 넣었고, 오목한 부분에만 명암을 주어 백색 바위의 질감과 함께 바위의 굴곡을 잘 나타내었다. 지금은 원래의 형태를 찾아볼 수 없을 정도로 완전히 손상된 상태이다. 맞은편에 도로를 낼 때 이 암반을 깨뜨려서 축대를 쌓았기 때문으로 추정된다(그림 36). 현재 파손된 상태로 있는 바위의 옛 모습은 바로 이 그림 속의 바위로 남아 있다.

✴ 제3곡 신녀협神女峽

제3곡인 신녀협은 청옥협으로부터 상당히 멀리 떨어져 있다. 〈신녀협도〉에는 수평구도에 앞쪽의 계류와 암석, 그 위쪽에 성글게 그린 소나무, 그리고 그 너머로 원산이 배경을 이루고 있다(그림 37). 그림의 상단에는 "청옥협을 지나니 점차로 경관이 펼쳐지는 듯한 데 시내를 따라가면 여기에 이른다."[102]고 적혀 있다.

---

101) 『茶山詩文集』 卷22, 雜評, 「汕行日記」(4月 20日): "時以薪柴爲棧, 亦或平坦, 俄而復險." 또한 정약용은 같은 「汕行日記」에서 청옥협 북쪽 언덕의 넓은 반석이 노닐 만하며, 그 물이 깊기로는 9곡 중의 첫째이며, 배를 띄울 만하다고 하였다.

102) "過靑玉峽, 稍似開張, 緣溪而至此."

그림 37 제3곡 〈신녀협도〉 계류 건너편에서 담담하게 바라본 경관이다. 넓게 자리한 백옥색 바위가 눈길을 끈다. 오른편으로 소나무가 어우러진 언덕은 매월당 김시습의 유적이 있는 곳이라 하여 김수증이 자주 찾았던 곳이다.

그림 38 신녀협의 실경 백옥색의 너른 바위와 그 위쪽의 작은 언덕은 화면 안에 그대로 묘사되었다. 언덕 위에는 최근 '淸隱臺' 라는 현판을 건 누정을 세웠다. 배경을 이루는 산은 압축적으로 재구성하여 화면 안으로 끌어들였다.

계류는 왼쪽에서 오른편으로 잔잔히 흐르며, 바위가 얕고 넓게 드러난 평탄한 지형으로 묘사되었다. 신녀협의 전체 경관(그림 38)은 실제보다 훨씬 압축된 형태로 화면에 들어가 있다. 특히 계류 주변에 산재한 소나무는 몇 그루씩 겹쳐 그림으로써 하나하나 보이는 대로 그릴 때 나타나는 산만함을 최대한 줄였다. 화면 왼편의 계류 위쪽에서 흘러나오는 물결 묘사가 아주 섬세하다. 「곡운기」에는 "벼랑의 소나무는 높아서 상쾌하고 물과 돌들을 내려다보니 심히 맑고 환하여 수운대水雲臺라 이름 지었다."[103]고 하였다. 여기에서 '벼랑의 소나무'는 화면 오른편 언덕 주변의 소나무를 말한 것으로 보인다. 바위의 묘사는 윤곽선을 긋고 부분적으로만 명암을 주어 백색의 질감과 입체감을 잘 살렸다. 피마준披麻皴과 같은 남종화법南宗畵法은 거의 사용되지 않았다.

김수증이 곡운에 본격적으로 들어오기 한 해 전인 1673년현종 14에 남긴 「산중일기山中日記, 1673년 4월 17일」에는 신녀협에 대하여 다음과 같은 묘사를 남겼다.

시냇물이 갈라져 흐르고 또 작은 시내 하나가 북쪽에서 흘러와 세 물결이 만나는 곳에 작은 섬 하나를 만들었는데, 노송老松 대여섯 그루가 있다. 물이 불면 섬과 함께 잠기고 만다. 그 아래로는 너럭바위가 넓어 수십백 칸은 됨직하다. 가로 세로로 높고 낮아 어떤 것은 대처럼 뚝 끊어지고, 어떤 것은 가마솥처럼 깊고 우묵하며, 어떤 것은 바리때처럼 조그마하다. 맑은 물결이 어지러이 쏟아져 눈보라를 내뿜고 이끼가 엉겨 따라갈 수도 있고, 건너갈 수도 있다. 시내 북쪽에는 언덕이 불뚝 솟아 물가에 임해 있는데, 내가 일찍이 이곳을 찾아왔다가 수운대水雲臺라 이름 지었다.[104]

경관에 대한 정확한 관찰을 토대로 기록한 내용이다. 이 가운데 '세 물결이 만나는 시내 가운데의 섬'이라고 한 곳은 그림 왼편의 소나무를 그린 곳으로 짐작된다(그림 39). 세 물줄기가 만나는 가운데에 땅이 섬처럼 물 가운데에 있고, 그

---

103) 『谷雲集』卷4, 「谷雲記」: "松厓高爽, 俯觀水石, 甚淸曠, 名之曰水雲臺."

104) 『谷雲集』卷3, 「山中日記」: "溪水分流, 又有一小溪自北而出, 三流之交, 有一小嶼, 有老松五六株, 水漲則與齊俱入. 其下盤石廣闊, 無慮十百間, 縱橫高低, 陡斷或如臺, 深凹或如釜, 小或如鉢盂, 淸流亂瀉, 噴雪凝綠, 或可沿或可渡, 溪北有阜突然而臨, 余曾訪此, 名以水雲臺."

그림 39 〈신녀협도〉 부분 계류로 흘러 들어오는 작은 개울과 바위, 그리고 물결의 묘사에 이르기까지 세심한 관찰이 돋보이는 부분이다.

안에 노송이 있었던 듯하다. 그림의 왼편에 물살을 자세히 그린 곳이 당시 '세물결'이라 한 물결 가운데 하나로 추정된다. 실경에서도 수운대水雲臺의 왼편으로 흘러나오는 물줄기를 볼 수 있다. 그 아래에 깔린 흰 바위는 넓으면서도 모양의 변화가 많아 김수증의 「산중일기」에 기록된 경물 묘사와 부합되고 있다.

　〈신녀협도〉에서 배경을 이룬 산은 그림 속의 시점에서 바라볼 때 전체가 뚜렷이 보이지 않는다. 실경에서는 화면 아래에 있는 계류와 바위에 비해 훨씬 크게 보이며, 전체가 한눈에 들어오지 않지만 압축하여 묘사하였다. 산등성이에 몇 개의 선묘를 준 다음에 푸른 색조를 채색하였고, 그 위에 작은 호초점들을 찍어서 처리하였다. 그 아래 크게 그린 소나무에는 호초점을 중복시키지 않아 자연스러운 공간감을 나타내었다. 화가의 시선이 미치지 않는 곳에 있더라도 위치가 분명하고 중요한 경물일 경우 화면 안으로 끌어들인 것이다. 보이는 것 이상으로 보이지 않는 지형적 요소를 아는 대로 그리는 것도 주요 관건이었다.

　신녀협의 언덕인 '수운대水雲臺'를 마을 사람들이 '매월대梅月臺'라 부른 것을 보고, 김수증은 이곳이 매월당 김시습金時習, 1435~1493이 일찍이 머물렀던 곳으로 확신했다. 또한 "옛날 이름은 '기정妓亭'인데 내가 '신녀협'이라고 고쳤다. 물 위 쪽에 매월당의 유적이 있어 또한 이름 하여 청은대淸隱臺라 하였다."[105)고 그림 위에 적었다. 그림의 오른편에 보이는 언덕이 청은대이다.

김수증은 49세1672 때 9일간의 일정으로 곡운을 돌아보고서 그 여정을 기록한 「산중일기山中日記」에서 와룡담·명옥뢰·설운계·신녀협·청은대 등을 둘러보고서 골짜기 중에서 경치가 가장 으뜸가는 곳이 청은대라 하였다.[106) 정약용은 『산행일기』에서 신녀협을 다음과 같이 묘사했다. "양쪽의 언덕이 깎아지른 벽립壁立의 협곡이 아닌데도 협峽이라고 이른 것은, 대개 그 웅덩이의 형체가 마치 두 언덕으로서 협을 이룬 것 같기 때문이다. 우렛소리가 나고 눈처럼 흰 물결이 용솟음치며, 돌 색깔 또한 빛나 반들반들하다. 과연 절묘한 구경거리이다."[107)

신녀협은 지금도 우레와 같은 물소리와 함께 백색의 큰 바위들이 그대로 남아 있다. 김수증과 정약용의 기록과 비교해 보아도 크게 다르지 않다.

※ 제4곡 백운담白雲潭

〈백운담도〉는 수평의 구도에 특색 있는 바위와 물결의 묘사가 돋보이는 그림이다. 화가는 백운담의 바위가 펼쳐진 반대편에 위치하여 구도를 잡았다. 마치 시내를 따라 걸어가면서 바라본 장면을 그린 것처럼 경물의 구성에 큰 변화를 주지 않았다(그림 40). 그림 위에는 다음과 같이 썼다. "정녀협貞女峽으로부터 작은 시내를 건너고 언덕 하나를 돌아서 시내를 따라 올라가면 여기에 이른다. 마을 사람들이 많이 와서 놀면서 고기를 잡았다. 내가 처음에 '설운계雪雲溪'로 이름 지었으나 그 옛 이름을 물어보니 백운담白雲潭이라 했다."[108) 백운담 주변은 넓은

---

105) "舊名妓亭, 余改爲神女峽. 又名貞女峽, 水上有梅月堂舊迹, 亦名之日淸隱臺."

106) 『谷雲集』卷3, 「山中日記」: "細觀其地, 形勝甲於谷中."

107) 『茶山詩文集』卷22, 「汕行日記」: "兩岸非壁立之峽而謂之峽者. 蓋其渦臼之形, 如雙厓爲峽耳. 雷騰雪沸, 石色瑩膩, 果絶妙之觀也."

108) "自貞女峽渡小溪, 轉一厓循溪而上至此, 鄕人多來遊取魚, 余初名雪雲溪, 問其舊名, 卽白雲潭也."

반석이 있고, 물이 깊어 사람들이 모이거나 고기를 잡기에 적합한 곳이었다.

「곡운기」에는 백운담에 대해 다음과 같이 자세히 적혀 있다.

한 지류의 계곡을 지나 일리쯤 올라가니 청람산靑嵐山의 동남쪽에 이르렀는데 이곳은 즉 소위 말하는 대박삽大樸揷이다. 담의 형세가 심히 오목하고 담 좌우에 큰 돌들이 어지럽게 뒤섞여 있는 것이 마치 거북이와 용이 물을 먹고 있는 것 같았다. 물기운이 세차게 뿜어 오르면 수많은 기와를 무너뜨리는 듯 산골짜기에 진동하여, 이를 보고 있자니 가슴이 두근거린다. 물 밑 모두가 온통 돌인데, 기슭 사이로 드러난 것은 형세의 높낮이에 따라 울퉁불퉁하면서도 깨끗하게 반질거린다. 길이와 넓이가 무려 수백 걸음이라 봄, 여름 사이에는 고장 사람들이 통발을 드리우고 그물을 펼쳐 열목어를 잡는다고 한다. 마침내 이름을 고쳐 설운계라 하였다. 추가로 듣자니 예전에는 백운담이라 일컬었다 하기에 도로 그 예전대로 하였다. 그 옆에 바위 벼랑이 우뚝 솟았기에 이를 이름하여 열운대悅雲臺라 하였다.[109]

백운담의 바위 중에는 인공으로 다듬은 듯 일정한 두께의 층層이 나있는 것들이 많다. 계류 바로 옆의 바위는 인물화의 옷 주름을 연상시키듯 조밀하고 일정한 두께의 선묘로 처리하였다. 그림만 보면 언뜻 잘 이해되지 않는 모양이지만 실제 바위를 보면 그림상의 특징을 공감할 수 있고(그림 41), 사실적으로 묘사하였음을 알 수 있다. 화면 왼편의 바위틈으로 쏟아지는 격한 물살은 매우 자세하게 묘사하여 마치 물결이 부딪히는 소리가 들리는 듯하다. 김수증은 이곳의 형세를 "거북이와 용이 물을 먹고 있는 것 같았다."고 하였다.[110] 물살과 어우러진 바위의 모양과 잘 맞는 표현인데, 흥미롭게도 실제로 용의 형상을 한 바위도 확인할 수 있다(그림 42). 그 위쪽은 물이 고인 오목한 형세의 담潭을 이루고 있다.

---

109) 『谷雲集』 卷4, 「谷雲記」: "涉一支澗, 又上里許, 至靑嵐山東南, 此卽俗所謂大樸揷, 潭形深凹, 潭左右, 大石隆然錯列, 狀如龜龍飮水. 水勢噴激, 如裂萬瓦, 聲振山谷, 見之凜然, 水底皆是全石, 露出崖際者, 隨勢高低, 盤陀淨滑, 延袤無慮數百步, 春夏間, 鄕人設笱或張網, 取餘項魚. 遂改名曰雪雲溪, 追聞舊稱白雲潭, 還仍其舊, 其傍巖崖斗起, 名之曰悅雲臺."

110) 『谷雲集』 卷4, 「谷雲記」: "潭形深凹, 潭左右, 大石隆然錯列, 狀如龜龍飮水."

그림 40 제4곡 〈백운담도〉 화가의 눈높이에서 조망한 평범한 구도이다. 바위의 형태는 마치 찰
흙으로 빚어 놓은 듯한 부드러운 곡선과 굴곡이 인상적이다.

그림 41 백운담의 실경 그림에서 본 특이한 바위는 실제대로 그린 것임을 확인할 수 있다. 층층
이 주름진 바위면이 매우 특이하다. 왼편의 급류를 이룬 물살과 오른편의 잔잔히 흐르는 물결이
대조를 이룬다.

그림 42 백운담의 용바위 용의 형상을 한 바위가 세찬 물살에 맞고 있는 듯하다. 김수증도 이 바위를 용이 물을 먹는 듯한 형상에 비유하였다.

그림 43 〈백운담도〉의 바위 작은 길가에 이끼 낀 바위가 덩그러니 자리 잡고 있다. 선으로 형태를 그리고, 청녹색조의 채색을 한 뒤 먹으로 간략하게 명암을 주었다.

그림 44 백운담의 바위 〈백운담도〉의 소로변에 그려진 이끼 낀 바위의 실제 모습이다. 바위 앞쪽에 축대를 쌓아 단을 만들었는데, 이 지역에서 신성스러운 바위로 여긴 듯하다.

그림 45 〈백운담도〉의 바위
백옥색의 바위이기에 선묘로 묘사한 다음, 약한 먹으로 명암을 주었다. 바위 모양이 특이하고 물소리가 유난히 웅장하여 신비감을 느끼게 한다.

그림 46 백운담의 바위 1
세로로 놓인 거대한 바위는 그림과 매우 흡사하다.

그림 47 백운담의 바위 2
바위 뒤편에 '화운담華雲潭'이라는 글씨가 새겨져 있다.

이러한 사실성이 돋보이는 표현을 조금 더 부연해 보자. 우선 그림에 묘사된 작은 길 옆쪽에 푸른 색조로 채색한 커다란 바위가 눈에 띤다(그림 43). 그림에는 이끼가 낀 모양을 묘사했다. 다른 그림에서처럼 준皴이나 점 등은 사용하지 않았고, 먹도 최소한만 사용했다. 이러한 특징은 현재의 실경에서도 확인할 수 있다(그림 44). 이와 같이 특색이 뚜렷한 경물에는 화가의 묘사력이 집중되어 있다. 이끼 낀 바위 아래에는 암반 위에 걸쳐진 듯 세로로 놓인 바위가 눈에 띤다(그림 45). 실제 바위의 생김새나 각진 면들이 그림과 매우 흡사하다(그림 46). 이 바위의 뒷면에는 '화운담華雲潭'이라는 전서체 글씨가 새겨져 있다(그림 47).

계류 위쪽의 언덕에는 작은 길이 나있다. 그 주변으로 크게 그린 소나무와 뒤편의 배경 공간에는 아무것도 그리지 않은 채 남겨 두었다. 이는 실경산수화에서 보기 드문 표현으로 다소 애매하고 어색하게 보일 수 있는 부분이다. 아마도 수목樹木 사이의 빈 공백을 그려서 채우게 되면 공간감이 없어지기 때문에 공간은 남겨 두고 몇 그루의 소나무를 그려 넣은 듯하다. 특히 먹의 사용을 절제하였고 채색의 담도를 잘 조절하여 산뜻한 느낌을 전해 준다.

정약용은 이곳 백운담을 곡운구곡 중에서도 제일의 기관奇觀으로 꼽았다. 그리고 "반석이 넓게 깔려 일천여 명이 앉을 수 있고, 돌 빛은 순전한 청색에 아주 깨끗하다. 구렁으로 쏟아져 흐르는 물이 기괴하고 웅덩이에서 솟아 넘치는 기운이 언제나 흰 구름 같다."고 묘사했다.[111] 기이한 경관이라는 것은 현장을 가본 사람이라면 누구나 공감할 수 있을 것이다. 곡운구곡 중에서 가장 물살이 센 곳이 이곳 백운담이다. 물살이 바위에 부딪혀 흩어지는 것을 김수증은 '설운雪雲'이라 했고, 정약용은 '백운白雲'이라 표현했다.

✳ 제5곡 명옥뢰鳴玉瀨

〈명옥뢰도〉의 중앙에는 커다란 바위가 자리 잡고 있다. 주변의 경관을 살피기에 좋은 곳이다. 또한 크고 작은 바위들이 곳곳에 흩어져 있어 물살의 완급을 조

---

111) 『茶山詩文集』 卷22, 「汕行日記」: "全石平鋪, 可坐千人. 而石色純青, 潔白水之赴壑, 越奇越瓖, 其渦白沸騰之氣, 常如白雲."

그림 48 제5곡 〈명옥뢰도〉 계류의 물결을 매우 활달하게 묘사하였다. 남쪽 언덕 위에서 바라본 경관처럼 약간 눈높이를 높게 잡아 시내가 훤히 내려다보이는 시점을 택했다.

그림 49 명옥뢰의 실경 1 처사가 앉아 있던 바위와 뒤편의 배경을 이룬 삼각형의 산은 그림에서 금새 확인할 수 있다.

절해 준다. 이러한 계류의 형세와 바위를 묘사하기 위해 계류 건너편에서 이곳을 조망하였다(그림 48). 큰 바위의 뒤편 언덕으로는 김수증이 자주 왕래하였을 작은 길이 나 있다. 계류와 길은 큰 변화 없이 수평구도를 이루었으나 뒤편의 배경은 앞뒤로 중첩된 산세의 높낮이와 실경의 특징을 살렸다. 실경과 비교해 보면, 그림 가운데의 바위가 집중된 부분은 화가가 주시한 대로 그렸지만, 뒤편의 배경은 길게 펼쳐진 경관을 집약하여 표현하였다.

화면에는 "백운담白雲潭에서 수백 보를 지나면 부근에 우리 집이 있다. 산 아래에는 수채의 가옥이 있는데, 가복家僕들이 사는 곳이다. 와룡담이 그 앞쪽에 있다."[112] 고 기록하였다. 명옥뢰는 백운담으로부터 수백 걸음 위쪽에 있으며, 산 아래에 두어 집 가복이 산다고 했듯이 높이 솟은 산자락 아래에 가옥이 몇 채 그려져 있다.

바위는 층과 면을 구분하여 선묘로 자세히 관찰하여 묘사했다. 선묘에 붙여 엷은 담묵을 가하여 입체감을 주었고, 준법은 사용하지 않았다. 희고 단단한 바위 면의 색감과 질감을 사실적으로 표현하기 위한 방법이다. 이러한 음영의 묘사는 양감을 살렸지만, 전체적인 입체감을 나타내는 데는 효과를 얻지 못했다. 전체를 하나의 입면체로 파악하지 않고 부분적인 바위의 결을 표현하는 데 그친 감이 있다. 이 바위를 그림과 비교해 보면 현재의 실경이 상당히 파손된 상태임을 알 수 있다(그림 49). 처사가 앉아 있는 바위의 좌우를 보면 물살이 급격한 굴곡을 이룰 만큼 변화가 많다(그림 52). 실경에서는 이러한 변화를 볼 수 없지만, 일부분 그림 속의 특징과 흡사한 부분도 눈에 띈다. 그림에 비하면 실경에서의 바위는 두께가 얇아졌다고 할 만큼 크게 손상된 상태이다(그림 50).

원경은 실경에서 보이는 부분과 실제로 보이지 않지만, 화가가 알고 있는 주변 산세를 함께 구성하였다(그림 49 · 51). 실경에서 볼 수 있는 산은 두 개의 층을 이루고 있다. 계류 상단에 둔덕을 이룬 산과 그 너머에 솟아오른 높은 산이다. 이러한 표현은 앞뒤 공간의 거리 관계를 실경에 근거하여 고려한 것이다.

원경의 산은 윤곽을 먼저 정하였고, 그 다음에 능선의 경계에만 미점법米點法으

---

112) "自白雲潭, 轉數百步, 爲此近吾廬, 山下數家, 家僕所居也. 臥龍潭而在其前."

그림 50 **명옥뢰의 실경 2** 그림 속의 처사가 앉아 있던 높지막한 바위는 흔적 없이 사라졌고, 높낮이를 이루며 흐르던 계류는 이제 평평하고 평범한 시내로 바뀌어 있다.

그림 51 **명옥뢰의 실경 3** 사진과 그림에서 가장 많은 차이가 나는 부분은 배경을 이룬 산이다. 산을 이리저리 옮겨 재구성하는 것은 그림 안에서만 가능한 일이다.

그림 52 〈명옥뢰도〉 처사와 바위
작은 폭포처럼 떨어지는 물줄기를 처사가 응시하고 있다. 바위를 표현하는 방식은 매 그림마다 조금씩 다른데, 여기에서는 여러 면으로 이루어진 바위의 굴곡을 특색 있게 묘사하였다.

로 나무를 그려 넣었다. 먼 산의 정상 부분에는 호초점胡椒點으로 수목을 처리하였다. 즉, 산을 뒤덮고 있는 나무를 다 그리지 않고서도 산세와 나무의 크기에 변화를 주었고, 그에 따른 원근의 차이를 효과적으로 해결하였다. 산봉우리 쪽에는 청록의 채색을 짙게 가했고 그 아래로는 색조를 옅게 풀어 주면서 변화를 주었다.

「곡운기」에는 이곳을 "기이한 장관을 이루기가 백운담보다는 못하나 맑고 온화하기는 백운담보다 낫다"고 했다.[113] 물살이 격하고 센 백운담과 다른 명옥뢰의 온화한 분위기를 특징으로 든 것이다. 물결의 흐름을 가는 세선細線으로 묘사한 것은 실제로 관찰되는 물결의 흐름과 변화를 실감나게 표현한 것이다. 지금의 실경에는 가옥과 도로가 들어섰고, 축대를 쌓아올린 관계로 많은 변화가 있지만 그림 속 경관의 의경을 확인하기에는 큰 무리가 없다.

정약용은 "명옥뢰鳴玉瀨는 곧 모여 있던 담수潭水가 쏟아져 내리는 곳이다. 반석이 넓게 깔리고 놀치는 물결이 구렁으로 달림으로써 옥설玉雪이 함께 일어나고 풍뢰風雷가 서로 부딪혀 진동한다."[114]고 하여 여울물로서는 극히 아름다운 경관이라 하였다.

113) 『谷雲集』卷4, 「谷雲記」: "其傍巖崖斗起, 名之曰悅雲臺, 由此上數百餘步. 又得勝處, 奇壯遜白雲潭, 而淸穩過之, 名之以鳴玉瀨."
114) 『茶山詩文集』卷22, 「汕行日記」: "玉瀨卽潭水之所瀉也. 全石平鋪, 漰流赴壑, 玉雪交噴, 風雷相盪, 湍水之絶佳者也."

🔷 제6곡 와룡담臥龍潭

와룡담은 제5곡 명옥뢰와 가까운 거리에 있으며, 김수증의 거처인 농수정사가 있는 곡운구곡의 가장 중심이 되는 곳이다. 〈와룡담도〉의 여백에는 "명옥뢰와 와룡담은 서로 인접해 있다. 버드나무숲 주변에 물이 모여 맑고 깊다. 서쪽으로 농수정을 바라보면 은연히 송림松林 사이에 비친다."[115]고 적었다. 그런데 〈와룡담도〉는 앞의 그림들과 달리 높은 곳에서 아래를 바라본 부감법을 사용했다(그림 53). 이는 앞서 인용한 바와 같이 서쪽으로 농수정을 바라보았을 때 송림 사이로 비쳐 보이는 경관을 염두에 두었기 때문으로 이해된다. 김수증은 「곡운기」에서 와룡담의 경관을 다음과 같이 묘사했다.

> 푸른 산기슭이 꼬불꼬불 내려와 동북쪽을 등지고 서남쪽을 고리처럼 둘러쌌는데 동서東西 수백 보이고 남북南北 백여 보에 이른다. 물줄기는 서에서 동으로 이르러 휘어진 활 모양과 같고 그 안쪽은 평평하고 온화하면서도 깊어 거할 만하고 밭갈 만하다. 화악산은 비취빛을 머금어 책상을 대한 듯하고 그 앞에 용담이 있어 이름 하여 귀운동歸雲洞이라 하였다.[116]

와룡담은 북쪽이 산으로 둘러싸인 분지盆地이다. 그 안에 김수증의 가옥과 농수정 그리고 경작하는 밭들이 있었다(그림 54). 다른 곡의 그림과 달리 부감법으로 조망한 것은 산으로 둘러싸였으면서도 평지가 있는 공간상의 특징을 설명하고자 한 것으로 보인다. 농수정 뒤편의 서쪽 방향으로 보이는 산은 실제보다 높고, 그 아래의 넓은 평지는 생략되었다. 또한 와룡담은 명옥뢰와 인접해 있으므로 〈명옥뢰도〉에 나타난 수평구도의 반복을 피하고, 지형상의 특징을 부각시키고자 이러한 구도를 택한 것으로 생각된다.

그림 안에 농수정으로 보이는 누정이 있고 그 주변은 평지이다. 위의 「곡운기」

---

115) "鳴玉瀨與臥龍潭相接, 柳邊積水澄泓, 西望籠水亭, 隱映松林間."

116) 『谷雲集』卷4, 「谷雲記」: "蒼麓蜿蜒而下, 紽艮向坤, 四面環抱, 東西數百步, 南北百餘步, 水勢自西而東, 如彎弓形, 其內平曠穩奧, 可居可耕, 華嶽積翠, 如對几案, 以其前有龍潭, 遂名之曰歸雲洞."

그림 53 제6곡 〈와룡담도〉 농수정이 있는 와룡담을 높은 곳에서 내려다 본 시점으로 그렸다. 이 곳은 김수증의 거처가 있는 곳이기에 개울과 농수정, 그리고 주변의 지형을 한눈에 볼 수 있도록 구성하였다.

그림 54 와룡담의 실경 1 도로변의 주택이 자리한 곳이 농수정사와 농수정이 있던 곳으로 추정 된다. 그 아래의 개울이 당시의 와룡담이다.

에서 "거할 만하며 밭갈 만하다."고 한 곳이다. 귀운동歸雲洞의 남쪽 언덕은 소나무 숲이 빽빽하고 그늘이 있어 정자를 지었고, 그 이름은 최치원의 시어詩語를 취하여 '농수籠水'라 지었다고 한다.[117] 농수정사의 모습은 보이지 않는데, 이곳은 제6곡 〈와룡담도〉 다음에 별도의 한 폭으로 그려 첩 안에 수록하였다.

〈와룡담도〉에서 보이는 농수정 건너편의 언덕, 즉 화면의 왼편 산비탈에는 소나무 몇 그루가 성글게 그려져 있다(그림 55). 몇 그루만 성글게 그려 넣은 것은 그림상으로도 어색해 보인다. 그런데 이곳의 실경을 확인해 보면, 원래 소나무보다 잡목이 잘 자란 지역으로써 우거진 잡목 사이에 수령樹齡이 얼마 되지 않은 소나무가 산재해 있음을 볼 수 있다(그림 56). 그림을 참고하면 당시에도 이러한 모습이었을 것으로 짐작된다. 따라서 소나무를 듬성하고 성글게 그린 것은 관찰에 의한 것임을 말해 준다.

'와룡臥龍'은 남송대의 주자朱子, 1130~1200가 여산廬山에 와룡암을 지어 제갈량諸葛亮의 위폐를 봉안하였다는 고사와 관련된 말이다. 김수증도 이를 염두에 두고 제6곡의 이름을 지었다. 송시열은 「곡운정사기」에 다음과 같이 썼다.

---

117) 『谷雲集』 卷4, 「谷雲記」. "其南涯松林蔥鬱, 可置亭子, 取崔孤雲詩語, 名以籠水."

"연지延之[김수증의 字]가 이미 담 이
름을 '와룡臥龍'이라 했으니, 회옹晦翁
이 여산 와룡담에 암자를 지어 제갈무후
諸葛武侯를 봉안하던 고사를 모방하지
않을 참인가. 나는 연지의 서원西原의
자허子虛가 되고 싶지만 이미 늙어서 그
럴 수 없다. 회옹의 와룡암시臥龍庵詩를
적어서 보내니, 이후에라도 낙성하게 되
거든 이것을 벽에 걸어 두기 바라네."[118]

김수증이 곡명曲名을 '와룡'이라 한 의
미는 자신의 곡운정사를 주자의 와룡암
에 비유하고자 한 것이고, 송시열도 이를
잘 알고 있었다. 김수증은 '곡운정사'를
나중에 '농수정사'로 이름을 바꾸지만,
이곳을 주거지로 삼는 데에는 변함이 없
었다. 와룡담이 구곡의 나머지 곡과 다른

그림 56 와룡담의 실경 2 와룡담의 남
쪽 산비탈은 암반이 많아 소나무가 드물게
자란다. 특히 초봄의 풍경은 〈와룡담도〉의
그림 속 경관과 매우 유사하다.

점은 경관의 특색보다도 경작하고 거처할 환경을 갖추었다는 점이다. 그러나 〈와
룡담도〉에는 부감법으로 농수정과 송림이 있는 부분, 그리고 와룡담의 계류를 조
망하여 강조함으로써 다른 곡의 그림과 차이를 두었다.

▧ 제7곡 명월계明月溪

명월계에 대해서는 "우리 집으로부터 북쪽으로 가면 명월계이다."[119]라고 그림
오른쪽 상단에 썼다. 명월계는 계류가 잔잔히 흐르는 평탄한 지형을 이루고 있다.
그래서 화면상에도 수평 구도를 취했다(그림 57). 그림에는 크고 긴 바위와 작은

---

118) 『宋子大全』卷142, 「谷雲精舍記」: "延之旣以臥龍名潭, 則晦翁廬山之擧, 將不倣而爲之乎. 吾欲
爲延之之西原子虛, 而老矣不可得矣. 遂書晦翁詩以貽之, 如後萬一有成則願以此揭之壁間也."

119) "自吾家而北行, 爲明月溪."

그림 57 제7곡 〈명월계도〉 개울과 바위와 나무로만 채워진 수평적이고 단조로운 풍경이다. 제6곡 농수정사에서 서편으로 굽이를 이루는 지점에 있다.

그림 58 명월계 실경 계류는 6곡으로부터 오른편으로 크게 굽이를 이루는데, 특징적인 경물을 꼽기에는 너무나 평범하다. 그림 속에 보이는 아기자기한 바위들은 거의 사라졌고 원산의 큰 윤곽만을 그림과 비교해볼 수 있다.

돌들이 계류 사이에 널려 있고, 바위는 회백색의 질감을 살리기 위해 윤곽과 두께 만을 간략히 묘사했다. 계류의 가장자리에는 잡풀을 그려 넣을 정도로 작은 특징 까지도 자세히 살폈다. 실경도 그림에서와 같이 평범한 경관을 이루고 있다.

그림 가운데의 평지에는 장송長松을 성글게 배열하였는데 소나무는 실제 크기 보다 과장되었다. 소나무 가지가 아래로 쳐진 것이 특징인데, 지금의 실경에서는 이런 소나무를 볼 수 없다(그림 58). 〈명월계도〉에서 소나무를 이렇게 배치하지 않으면, 그림은 변화가 없고 단조롭기 그지없다. 소나무를 그려 넣음으로써 미약 하나마 공간이 확보되는 효과를 얻게 된다. 또한 실경을 보면, 계류 뒤편에 나무 들이 무성한데, 그림상에는 소나무 몇 그루만 강조하였고, 나머지는 생략한 상 태이다. 이 부분을 보이는 그대로 숲으로 묘사했다면, 오히려 현장감이 반감되었 을 것이다.

배경의 산은 세 겹으로 중첩되어 있다. 실제로 현장에서 보이지 않는 봉우리 도 있지만, 알고 있는 산의 위치와 방향을 고려하여 그린 것이다. 화면의 좌우측 능선에는 미점법에 줄기를 그은 소나무를 간략히 그렸으나, 나머지 부분은 호초 점과 청록의 채색을 구사하였다. 따라서 원산의 색감과 원근관계를 잘 설명해 준다.

명월계는 다른 곡에 비해 뚜렷한 특징이나 강조할 부분이 미약한 평범한 경관 을 이루고 있다. 김수증도 「곡운기」에 "서북 모퉁이로 수백 보 나아가면 반석이 있는데 가히 배회할 만하다. 이름 지어 명월계라했다."[120]고만 간단히 기록했다.

정약용은 명월계가 원촌院村 앞에 있는데, 우마견시牛馬犬豕의 오염과 티끌 등 어 지럽고 더러움이 형언할 수 없다고 했다. 또한 대교大橋가 걸쳐 있음으로써 수석 이 오염되어 있으니, 이곳 역시 구곡에 넣기에는 불가한 곳이라고 지적했다.[121] 정약용은 김수증이 곡운구곡을 경영한 지 약 120여 년 뒤에 곡운을 탐방하였는 데, 김수증이 명월계에 대해 앞서 인용한 바와 같이 "반석이 있어 배회할 만하

120) 『谷雲集』卷4, 「谷雲記」: "又出西北隅數百步, 有盤石亦可徜徉, 名之曰明月溪."
121) 『茶山詩文集』卷22, 「汕行日記」: "明月溪在院村之前, 牛馬犬豕之涉, 塵灰秕穅之雜, 已不勝喧 卑, 而大橋跨之, 水煩石汚, 斯又不可以充額者也."

다.”고 한 것과는 대조적인 평을 남겼다.

명월계는 그 위치를 찾기가 쉽지 않은데, 정약용이 이곳을 언급하면서 “대교가 걸쳐 있다.”고 한 말이 위치를 찾는 데 단서가 된다. 이곳은 〈농수정도〉 서측편에 다리를 묘사한 부분과 연관이 있으며, 그 주변이 명월계로 추정된다. 지금도 이 지점에는 삼일리 방향으로 교량이 놓여 있는데, 명월계는 바로 이 교량 건너편인 삼일리 방면에 해당한다.

✕ 제8곡 융의연隆義淵

융의연은 제7곡의 명월계와 비슷한 수평구도를 취하였다. “명월계로부터 한 벼랑의 산을 돌아서면 융의연인데 물 흐름이 조금 완만하다.”[122]고 그림 위에 적혀 있다. 그림의 가장 아래쪽으로 평지가 곡선을 이루고 있어 약간 굽이진 지점임을 알 수 있다(그림 59). 융의연의 실경도 비교적 평탄한 지형에 위치하고 있어 계류의 흐름이 연못처럼 잔잔하다(그림 60).

화면 가운데의 바위에는 한 처사가 앉아 탁족濯足을 즐기고 있고, 그 건너편에는 송아지가 웅크리고 있는 한적한 풍경이다. 바위는 두께가 있고 각진 부분과 물에 잠겨 있는 부분 등 특징을 살려 간결하게 그렸다. 소나무도 몇 그루만을 그려 넣었다. 특히 배경을 이룬 능선은 골격을 이루는 지점에 청록색을 채색하였고 멀리 보이는 나무들은 호초점을 찍어 처리하였다. 융의연의 좌측 산등성이 아래에는 절벽을 나타내고자 선묘로 암벽을 묘사하였는데, 실경에서도 이를 확인할 수 있다. 산등성이 부분에 암반이 노출된 절벽은 물기가 없는 갈필渴筆로 묘사했는데, 부분적으로는 부벽준斧壁皴의 터치와 유사하다. 채색의 담도淡度를 유지하기 위해 먹의 사용을 절제하였다.

1720년숙종 46에 이곳을 방문한 오원吳瑗, 1700~1740도 “또 수 백보를 가니 기이한 산등성이가 띠를 이루어 늘어선 것이 병풍과 같았다. 모두 석벽을 깎아지른 듯 험하다.”고[123] 하여 석벽이 있음을 인상 깊게 기록하였다. 화면상에는 석벽을

---

122) “由明月溪轉一山厓, 爲隆義淵稍平緩.”

123) 『月谷集』卷9, 「谷雲行記 庚子」: “又數百步, 一帶奇巒, 橫立若屏障面. 皆石壁巉削.”

그림 59 제8곡 〈융의연도〉 개울이 얕고 물결이 잔잔한 지점이다. 그 한쪽 바위에 걸터 앉은 처사는 탁족을 즐기고 있다. 건너편 소나무 아래에는 황소 한 마리가 자리를 틀고 웅크렸다.

묘사한 듯 수직으로 내려 그은 선묘 주위에 간단히 담묵을 눌러 주어 바위 면의 질감을 묘사했다(그림 60). 또한 오원의 기록에 따르면 석벽 아래에 모인 물이 깊은 연못을 이루었는데 넓이가 수 묘畝이며, 여기서부터 수 장丈의 거리를 지나면 그 옆에 고탑古塔이 있다고 하였다.[124] 그러나 그림에 고탑은 보이지 않지만 탑의 존재를 기록한 것은 이 근처에 암자가 있었음을 추정하게 한다.

1823년순조 23에 이곳을 방문한 정약용은 "명월계를 건너서 오른편으로 꺾어 드니, 이른바 융의연·첩석대가 있었는데 모두 길가에 있어 아름다운 경관도 없었다."고 하였다.[125] 절경을 찾으려는 시각에서 본다면, 당연한 평가인지도 모른다.

---

124) 『月谷集』 卷9,「谷雲行記 庚子」: "水停其下, 爲深淵廣數畝, 緑澄凝湛, 深過數丈, 古塔臨其邊."
125) 『茶山詩文集』 第22卷,「汕行日記」: "涉明月溪而右轉, 所謂隆義淵疊石臺. 皆在路旁, 旣無佳景."

그림 60 융의연 실경   (위) 굽이를 이루는 지점이다. 오른편 비닐하우스가 있는 곳에서 계류 건너편을 바라본 경관이 그림 속의 융의연일 것이다. (아래) 산의 정상 부분에 절벽과 같은 암반이 군데군데 드러나 있다. 〈융의연도〉에는 바위를 그릴 때 직설적인 묘사에 치중했음을 실경을 통해 알 수 있다.

✖ 제9곡 첩석대疊石臺

〈첩석대도〉에는 계류 좌우로 층을 이룬 바위들이 촘촘히 묘사되어 있다. 그 주변으로는 노송들도 듬성듬성 늘어서 있다. 계류는 사선斜線 방향으로 구성하여 경물을 배치하였으며 거기에 따라 공간의 깊이와 거리감을 살렸다(그림 61). 지금의 첩석대 실경을 보면, 그림에서 볼 수 있는 각지고 큰 바위는 전혀 찾을 수 없다(그림 62). 잔잔한 바위만이 남아 있는 평범한 계류로 보일 뿐이다. 그림 위에 적힌 글은 다음과 같다.

> 서쪽으로 돌아가면 좌우에 암석이 기괴하고 물이 그 사이로 흘러 내린다. 조금 더 올라가면 작은 탑[小塔]이 있고, 그 옆쪽에 길이 있어 백운령白雲嶺으로 향하게 된다. 경관은 여기에서 멈춘다.[126]

여기에서 작은 탑이 있다고 적힌 대로 〈첩석대도〉의 좌측 중단에는 담묵淡墨으로 소탑이 그려져 있다(그림 63). 이곳이 바로 신수암神秀菴이 있던 터로 추정된다. 그리고 탑이 위치한 서쪽은 백운령으로 가는 방면이어서 기록상의 방향과도 일치되고 있다.

「곡운기」에는 "(제8곡으로부터) 조금씩 더 나아가면 기이한 바위가 여기저기 나열되어 있고 물은 그 사이를 일사천리로 흘러간다. 이름 하여 첩석대라 하니 수석水石의 빼어난 곳이 여기에 이르러 다한다."고 하였다.[127] 이곳을 지나면 경관은 평지로 이어지기 시작하므로 여기까지를 구곡으로 정한 것이다. 그런데 김수증의 말대로 이곳의 바위들은 마치 인위적으로 잘라 놓은 듯 각이 진 매우 특이한 형상을 취하고 있다. 이러한 특징을 살리기 위해 바위를 그리는 화법인 준법을 거의 사용하지 않았고, 각진 바위 면들을 입체감 있게 묘사하였다. 실경을 보면, 사진에서처럼 지형상의 특색을 찾아내기 어려워 보인다. 따라서 시점을 높여서 내려

---

126) "又西轉而行, 左右岩石奇怪, 水瀉其間, 稍上有小塔, 其邊有路, 由此向白雲嶺, 觀止此矣."

127) 『谷雲集』 卷4, 「谷雲記」: "迤西稍進, 奇巖錯列, 水瀉其間, 名之曰疊石臺. 水石之勝, 至此而窮矣."

그림 61 제9곡 〈첩석대도〉 시내 좌우로 각이 진 묘한 바위들이 즐비하다. '첩석대疊石臺'라는 이름도 이처럼 바위가 포개어 지듯 대臺를 이루고 있어 붙여진 것이다.

그림 62 첩석대 실경 첩석대는 그림에서처럼 원래 특이한 모양의 바위가 많았던 곳이다. 그림과 현재의 실경을 비교해 보면 차이가 많아 곡운구곡에서 가장 경관의 변화가 심했던 곳으로 꼽을 만하다. 큼직한 몇 개의 바위만이 그 자리에 남아 옛 자취를 말해 준다.

다보는 부감법을 적용하여 바위의 특색과 주변 경물의 관계를 설명하였다.

《곡운구곡도》가 완성된 지 약 40년 뒤인 1720년숙종 46에 이곳을 찾은 오원吳瑗은 첩석대를 보고 "백석白石이 층층첩첩을 이루었다."고 기록했다.[128) 첩석대는 그림 속의 모습과 크게 다르지 않았다. 그런데 이로부터 약 100년 뒤인 1823년에 정약용은 첩석대에 대한 기문에서 "물속에 서너 개의 선돌이 있어 그 크기가 마치 비석만큼씩이나 한데, 두어 겹의 횡문橫紋이 있고 위에는 사람이 앉을 수가 없다."[129)고 하였다. 그림 속의 첩석대와 경관이 달랐음을 시사하지만 더 자세한 것은 알 수 없다. 그림에서와 같은 층암을 이룬 바위가 지금은 거의 사라진 상태이다. 근대 이후로 무분별하게 자행된 채석採石으로 인해 옛 경관을 완전히 상실한 모습이다. 곡운구곡에서 가장 훼손이 심하게 진행된 곳이 이 첩석대이다.

또한 정약용은 제9곡 첩석대의 주변 경관을 보고서 "좌우는 편편한 밭과 큰길로서 그늘을 이룰 만한 수목이 없으니, 이곳은 아마도 은사隱士를 수용하지 못할

---

128) 『月谷集』 卷9, 「谷雲行記 庚子」: "見有白石錯布溪中, 層層疊疊, 若治階級而齊整奇巧, 非人所及."

129) 『茶山詩文集』 卷22, 「汕行日記」(1823년 4월 21일): "水中立石三四枚, 大如碑塔, 有橫紋數重, 上不可坐."

것 같다.”[130]고 하였다. 〈첩석대도〉에는 계류 변의 바위 뒤쪽으로 소나무가 들어서 있으나 실제로 사람이 머물만 한 아늑한 분위기는 되지 못한다. 김수증이 위의 「곡운기」에서 언급한 “수석의 빼어난 곳이 여기에 이르러 다한다.”는 말과도 부합되고 있다.

농수정도

〈농수정도籠水亭圖〉는 《곡운구곡도첩》의 제5곡과 제6곡 사이에 장황되어 있다. 제6곡 와룡담에 있는 농수정은 김수증의 거처가 있는 곳이기에 별도로 한 장을 더 그렸고, 그림의 오른편 상단에 ‘농수정籠水亭 육곡六曲’이라 써서 위치를 표시했다(그림 64).

농수정은 농수정사의 앞 계류변에 위치한 정자이다. 그림에는 “청람산 한 가닥이 구불구불하게 뻗어내려 지세가 평탄하고 물은 만궁형彎弓形으로 돌았는데, 우리 집이 그 사이에 있어 화악산을 정면으로 바라본다. 시냇가에 붙여 농수정을 지었는데 동쪽으로 와룡담을 바라보게 된다.”[131]고 썼다. 농수정사와 농수정은 김수증이 1670년현종 11 가을에 처음 곡운으로 들어와 지은 곡운정사가 있던 곳이다. 현재 이곳은 평지로 남아 있지만, 주변의 실경은 〈농수정도〉와 매우 비슷하다(그림 65). 다만, 그림에는 넓은 거리에 펼쳐진 실경을 압축하여 담았다. 농수정은 기존에 있던 초가 모옥茅屋에 덧붙여 지은 것인데, 「곡운기」에는 다음과 같이 적었다.

경술(1670)년 가을에 시작하여 몇 년 사이에 일곱 간 띠집을 겨우 이루었다. 을묘(1675)년 겨울에는 온 집안을 다 데리고 와서 지냈으며, 그 뒤에는 다시 초당 세 칸을 세우고 편액하여 농수정사라 하였다. 다시 농수정을 지었고, 또 가묘家廟를 세웠으

---

130) 『茶山詩文集』 卷22, 「汕行日記」(1823年 4月 21日): “左右平田大路, 無樹木可蔭, 此恐不可以充隱也.”

131) “又題籠水亭云靑嵐山一支, 逶迤而來, 地勢平曠, 水如彎弓形, 吾家據其間, 正對華嶽山, 臨溪而爲籠水亭, 東望臥龍潭.”

그림 64 〈농수정도〉 김수증이 가족과 함께 머물던 농수정사의 주변 경관을 그린 것이다. 근경에서 원경으로 멀어지는 공간감이 잘 나타나 있다. 그림 속의 실제 경관은 이보다 훨씬 넓은 면적인데, 제한된 화폭 안에 단축되어 있다.

며, 좌우에는 아이들의 방을 마련하였고 마구간과 부엌 등을 대략 갖추었다.[132]

농수정 뒤편으로 보이는 농수정사는 김수증이 1675년숙종 1 곡운으로 이주한 다음에 증축한 것이다. 그 이전 1670~1675년 사이에는 초가 7칸으로 남아 있었다. 〈농수정도〉에 묘사된 가옥은 제법 큰 규모이다. 내부 구조를 자세히 살펴보면, 위에서 언급한 농수정사와 가묘, 안채 등이 확인된다. 그림 속 가옥의 모습은 실제 구조를 충실히 옮겨 그린 것으로 간주된다. 그런데 김수증은 여기에서 다른 곳보다 농수정사와 농수정에 특별히 신경을 썼다.

'농수정사' 는 먼저 지은 '곡운정사' 에서 이름을 바꾼 것이다. 또한 농수정을 지은 뒤 여러 문사들에게 그 운韻을 따라서 제시題詩를 지어줄 것을 부탁하는 등 농수정의 의미를 적극 알리고 있음을 볼 수 있다.[133] '농수' 라는 어휘는 최치원崔致遠의 시편 「제가야산독서당題伽倻山讀書堂」에서 따온 말인데,[134] 그 내용을 옮겨 보

---

132) 『谷雲集』 卷4, 「谷雲記」: "始於庚戌秋, 數年間, 僅成七間茅舍. 乙卯冬, 擧家來棲, 其後又立草堂三間, 扁曰谷雲精舍. 又作籠水亭, 又立家廟, 左右又設兒輩房室, 而廐廊廚庖之屬略備."

133) 『芝村集』 卷1, 「谷雲翁嘗搆一小亭, 取崔孤雲詩語, 扁以籠水. 一時諸賢, 多次其韻以題之, 翁命余屬和, 不得不承命」.

134) 崔致遠의 『孤雲先生文集』에는 이 詩의 제목이 「題伽倻山讀書堂」으로 표기되어 있고, 『箕雅』, 『大東詩選』에는 「題伽倻山」으로 기록되어 있다.

그림 65 농수정 실경 그림과 실경 사진을 비교해 보면 농수정 주변의 실경이 그림 속에 어떻게 재구성되었는가를 알 수 있다. 농수정사가 있던 위치도 쉽게 짐작할 수 있다.

면 다음과 같다.

미치듯 격한 물 바위를 치며 겹겹진 산구비를 울부짖으니	狂噴疊石吼重巒
사람들 애기는 지척에서도 분간키 어려워라.	人語難分咫尺間
세상 시비 귀에 들릴세라 항상 두려워	常恐是非聲到耳
짐짓 흐르는 물로 하여금 온 산을 뒤덮었네.	故敎流水鎭籠山

김수증은 "농수정"의 이름을 이 시의 마지막 구절인 "고교유수진농산故敎流水盡籠山"에서 따왔다.[135] 세상사의 옳고 그름을 따지는 시끄러운 소리를 듣지 않으려고 산을 에워싸며 흐르는 물소리로 귀를 막는다는 뜻이다. 실제로 곡운구곡의 물살이 격한 곳에는 어떤 소리도 들리지 않을 정도로 물소리가 크고 세차다. 이런 의미의 '농수'는 세상일에 대한 절연의 의지와 진정한 은거의 즐거움을 찾고자 한 김수증의 심경에 잘 부합되는 시어이다.

---

135) 『谷雲集』卷6, 「籠水亭小序」: "狂噴疊石吼重巒, 人語難分咫尺間, 常恐是非聲到耳. 故敎流水鎭籠山, 此乃崔孤雲詩, 刻在伽倻山紅流洞者也. 余自少愛誦之, 或遇水石噴薄處, 未嘗不懷高風. 盖亦庭草憶濂溪之意也. 余於庚戌春, 得占貃墟之谷雲, 旣置精舍, 仍就澗曲, 爲籠水之亭. 噫, 孤雲之作是詩, 意果何在, 余之有取於斯義者. 其亦不幾於絶滅是非之天者歟."

농수정사가 있던 곳은 제6곡의 상류인 귀운동歸雲洞이다.[136] 또한 그 남쪽의 언덕은 소나무 숲이 빽빽하여 정자를 둘 만하다고 했다. 〈농수정도〉에는 농수정 앞쪽에 소나무가 열을 이루고 있다. 현재의 실경에서는 비닐하우스와 가옥이 있는 지점이 농수정 터로 추정된다. 그 뒤편으로는 낮은 둔덕이 가까이 있고, 그 너머에 삼각형의 큰 산이 배경을 이룬다. 이 산은 다시 왼편의 능선으로 이어지는데, 그 능선 너머로 세 개의 작은 산봉우리가 올라와 있다. 이 부분은 실경에서도 확인된다. 전반적으로 실경에서 볼 수 있는 폭넓은 거리와 공간으로 이루어진 경관을 작은 화면 속에 압축하여 재구성한 것이다. 먼 거리에 걸쳐 펼쳐진 각 곡의 거리를 좁혀서 표현한 단축적短縮的 요소가 공통적으로 들어가 있다.

김수증은 「곡운기」의 마지막 부분에 다음과 같은 말을 남긴다.

대개 방화계傍花溪로부터 이곳(제9곡)에 이르기가 십여 리 사이이고 늘어진 벼랑은 얼기설기 얽혀 있으니 구름과 나무가 을씨년스럽다. 흰 돌과 이끼 낀 바위는 수상殊狀하고 이상한 꼴을 하고 있어 물소리가 우렁찰 뿐 인간이 만들어 낸 소리는 기척도 없다. 키 큰 소나무는 우뚝 솟아 철쭉꽃을 환히 비춘다. 사람으로 하여금 마음과 눈을 깨끗하게 하니 나는 가장 빼어난 곳으로서 구곡九曲을 삼는다.[137]

제1곡 방화계로부터 제9곡까지는 10여 리 정도의 거리라 하였다. 그리고 벼랑·구름·나무·흰돌·이끼 낀 바위·물소리·철쭉 등을 곡운구곡의 가장 인상적인 모티프로 꼽았다. 김수증이 농수정과 정사를 짓고 은거한 것은 갑인예송甲寅禮訟, 1675으로 빚어진 참담했던 일들을 잊고자한 생각이 동인이 되었다. '농수'라는 시어는 그의 은둔적 정서를 가장 잘 대변해 주는 용어이다. 김수증은 곡운의 여러 경관 중에서도 가장 아름다운 곳이 곡운구곡이라 했다.[138] 이처럼 승

---

136) 『谷雲集』 卷4, 「谷雲記」: "其內平曠穩奧, 可居可耕, 華嶽積翠, 如對几案, 以其前有龍潭, 遂名之曰歸雲洞."

137) 『谷雲集』 卷4, 「谷雲記」: "蓋自傍花溪, 至此十餘里間, 連嶂束峽, 雲木陰森, 白石苔巖, 殊狀異態, 水聲汨㵧, 人籟俱寂, 長松儼立, 躑躅照映. 令人心目醒然, 余以最勝處, 定爲九曲."

138) 『谷雲集』 卷4, 「谷雲記」: "余以最勝處 定爲九曲."

경과 구곡을 연결시킨 것은 그의 유거생활 가운데 구곡의 경영이 큰 비중을 차지했음을 짐작하게 한다.

표현양식의 특징

앞 절에서 《곡운구곡도》를 실제 경관과 비교하여 실경이 화면상에 재구성된 양상을 살펴보았다. 이번에는 실경을 화폭에 옮기는 과정에 나타난 표현양식을 중점적으로 알아보기로 한다. 이는 17세기에 그려진 다른 실경산수화의 화풍과도 비교하여 검토해 볼 수 있는 매우 중요한 단서이다.

첫 번째로 꼽을 수 있는 화법상의 특징은 그림을 그린 화가가 경관을 바라본 실제 시점을 반영한 점이다. 이는 17세기의 다른 실경산수화에서 찾아 보기 드문 특징이다. 대부분의 실경산수화는 가상假想의 시점을 높은 곳에 두어 위에서 아래를 내려다보는 부감법을 적용했다. 그러나 《곡운구곡도》에는 실제로 경물을 바라본 화가의 시점이 그대로 들어 있다. 즉, 화가가 현장에 서서 경물을 바라본 눈높이가 화면 속의 시점에 과장 없이 투사된 것이다. 이는 그림을 보는 감상자가 화가의 시점을 통해 실경을 바라보는 듯한 효과를 준다. 실경을 그리는 화가 자신의 시점을 기준으로 삼은 것이다.

두 번째는 원근의 표현에 나타난 특징이다. 《곡운구곡도》에는 형태의 크기에 따라 원근을 나타내는 형태원근법을 따른 부분이 많다. 예컨대 나무를 보면, 크기에 차등을 주어 거리감을 표현했다. 앞쪽은 나무 둥치와 가지를 자세히 그렸고, 중간 부분은 이를 약간 단순화시켰으며, 원경에는 호초점胡椒點이나 큰 미점米點 1~2개 정도로 간략하게 처리했다. 또한 근경과 중경의 사이를 여백으로 처리하여 안개가 드리운 것처럼 공간감을 확보하는 방법은 일부분에만 국한하였다. 이런 부분은 상투적이고 정형화된 표현에서 벗어나 실경에 대한 관찰이 비중 있게 다루어졌음을 잘 보여 준다.

세 번째는 단축적인 표현이다. 각 곡의 원경은 실제 화면에 표현된 것보다 훨씬 더 넓은 거리와 공간을 이룬다. 다시 말해서 화면상에는 실제 경관의 스케일을 줄이고 압축하여 그려 넣었다.[139] 이는 그림과 실경의 비교를 통해 확인된다. 그런데 이런 단축적 표현은 넓은 시야에서 바라본 경관을 한정된 화면 속에 담을 때 많이 취하는 방식이다. 예컨대 〈농수정도〉에서 농수정 뒤편의 산은 실제로 한 눈에 다 볼 수 없는 공간 속에 존재하는데 거리를 단축시켜 그린 것이다. 그런데 이러한 단축법은 수평적 개념의 거리뿐만 아니라 산고山高의 표현에도 적용되었다. 예컨대 제1곡 〈방화계도〉의 경우 계류 건너편에 위치한 근산近山을 마치 멀리 있는 것처럼 높이를 낮추어 처리한 부분이 그것이다. 아무리 가까이 있는 높은 산이라도 화면에 놓일 때는 산허리를 잘라 부분만을 그리지 않았다. 전체의 산세를 알 수 있도록 산 높이를 낮추어 그리는 방법이 적용되었다.

넷째, 강조와 단순화이다. 《곡운구곡도》에는 나무로 뒤덮인 산을 보이는 그대로 그리지 않았다. 예컨대 소나무를 보면, 여러 그루의 나무가 어우러진 경우가 많다. 그러나 앞쪽의 몇 그루만을 강조하였고, 뒤쪽은 간략히 그려 단순화하였다. 복잡하게 뭉쳐져서 드러나 보이지 않는 수목군樹木群을 비교적 자연스럽게 묘사한 것이다. 또한 산등성이의 나무는 윤곽선을 남기고 선묘와 점묘로만 묘사했다. 이 부분은 실제로 산 전체를 덮고 있는 나무를 다 그리지 않고서도 그 관계를 설명해 낸 것이다. 이처럼 수목 표현에 있어 강조와 단순화를 적절히 구사한 것은 실경을 그리는 데 매우 효율적인 방법이다. 보이는 경관을 일일이 묘사하지 않으면서도 특징을 효과적으로 살려낼 수 있기 때문이다.

다섯째, 알고 있는 부분을 그림에 반영하는 인지적認知的 화면 구성이다. 보이지 않지만 알고 있는 지형을 그린 부분이다. 이 경우는 배경 산수의 표현에 잘 나타난다. 예를 들어 앞산 너머에 있는 산은 앞산에 가리어 보이지 않지만, 지형상의 관계를 따져 그것의 일부분을 그림 속에 묘사해 넣었다. 즉, 눈으로 확인할 수 없어도 누구나 알고 있는 지형상의 특징을 대단히 중요하게 여겼다. 《곡운구곡도》에는 이러한 경물에 대한 인지적 요소가 실경의 표현과 절충되어 있는데, 이

김수증의 은둔과
《곡운구곡도》

---

139) 진준현, 「조세걸과 곡운구곡도」, 『韓國의 隱士文化와 谷雲九曲』(발표자료집), 화천문화원 화천향토문화연구소, 2005, 137~158쪽.

같은 요소는 오늘날의 풍경화에서는 찾아볼 수 없는 조선시대 실경산수화의 한 특색이다.

여섯째, 산과 암반의 표현에 나타난 특징이다. 산과 언덕의 골격을 잡아 주는 준법은 계류 주변의 암석에만 극히 부분적으로 사용하였다. 산등성이에도 능선을 구분하기 위해 부분적으로 피마준을 사용했다. 하지만 준법 자체는 강조하지 않았다. 바위와 나무는 변화가 거의 없는 선으로 형태를 그렸고, 음영이나 명암을 넣어 입체감을 살린 것이 특징이다. 즉, 설명적 요소를 줄여 간결한 필묵으로 처리하는 감필減筆의 경향을 볼 수 있다. 익숙해 있는 화법에 의존하기보다 직설적인 묘사를 하면서도 양식화에 비중을 두었음을 알 수 있다.

일곱 번째는 화풍의 문제이다. 《곡운구곡도》에는 17세기 후반기에 대두된 남종화풍南宗畵風이나 수묵水墨 선염渲染의 기법은 거의 반영되지 않았다. 바위의 질감을 드러내기 위한 준법의 활용도 상당 부분 절제되어 있다. 즉, 어느 특정 화풍이나 화법을 적용하였다기보다, 실경을 있는 그대로 바라본 화가의 시각과 그것을 객관적인 묘사로 다루고자 한 결과로 이해된다.

《곡운구곡도》에 발문을 쓴 김창협은 '핍진逼眞'을 좋은 그림의 요건으로 꼽았다. 이 그림을 가장 측근에서 보았던 그의 말은 여러 가지 시사점을 전해 준다. 이는 김수증 개인이 아닌 김창협 등 서인노론계 문사들의 그림 취향을 엿볼 수 있는 단서이기도 하다. 특정한 화법의 추구보다 실경을 화폭에 재현하여 현장감 넘치는 묘사를 추구하고자 한 이들의 회화관繪畵觀과 부합되는 대목이다.

6. 맺음말

《곡운구곡도》는 관련 기록이 풍부하고, 그림 속의 실경이 비교적 잘 남아 있으며, 조선 중기의 은둔 공간을 그린 실경산수화라는 점에서 매우 큰 의미를 지닌 그림이다. 따라서 이 장에서는 선행 고찰로 김수증의 구곡경영과 《곡운구곡도》의 회화적 성격, 그리고 화가 조세걸에 대해 알아보았고, 다음으로 《곡운구곡도》

의 경관적 특색과 함께 표현상의 특징들을 중점적으로 다루었다.

본론에서는 먼저 김수증과 곡운의 만남으로부터 시작된 유거와 은둔의 이력을 살펴보았다. 김수증은 45세 때 처음 곡운을 알게 된 이후 약 30여 년간 곡운과의 인연을 가꾸어 갔다. 김수증이 곡운을 자신의 유거 공간으로 택한 이유는 자유롭게 노닐고遊泳, 마음껏 거닐며盤旋, 머물러 거하며棲止, 경작하기耕鑿 위한 것에 있었다. 즉, 유거지에서의 자유롭고 한적한 삶을 즐기고자 한 것이다. 구곡의 경영도 이러한 유거생활과 크게 다르지 않은 것이었다. 다만 은거의 모범을 주자의 행적에서 찾았고, 여기에 준하여 구곡을 정하고 경영한 것으로 볼 수 있다. 또한 곡운 계곡에 생육신 김시습金時習이 머물렀던 사실은 김수증이 이곳에 정착하는 데 더욱 애착을 갖게 하였다. 그가 은거를 택한 것은 당쟁으로 얼룩진 현실에서 물러나기 위한 것이었지만, 산수 자연과 은둔에 남다른 관심이 있었기에 가능했다. 그런데 김수증이 《곡운구곡도》를 제작한 것은 기본적으로 감상을 위해서였다. 특히 곡운구곡을 떠나 있을 때 보고자 한 것이 첫째 목적이었다.

김수증의 은둔의 산물인 《곡운구곡도》는 무이구곡에서 유래된 구곡도로서의 성격과 은거의 현장을 그린 유거도, 그리고 동시에 실경을 그린 실경산수화로서의 성격을 지닌다. 구곡도로서는 16세기에 유행한 중국의 무이구곡도에서 구곡도의 현장을 조선의 경관으로 전환하여 그림으로 남긴 점, 그러면서도 실경산수화로서의 충실한 면모를 갖춘 것은 조선 중기 실경산수화의 발전과정에 있어 매우 중요한 국면이다.

《곡운구곡도》는 김수증의 안목과 주문도 있었지만, 이를 수용하여 그려낸 조세걸의 회화적 역량 또한 이 그림을 설명하는 데 가볍게 다룰 수 없다. 《곡운구곡도》에서 실경을 그린 핍진한 표현은 조세걸의 기량과 함께 17세기 실경산수화의 높은 수준을 가늠하게 한다. 풍류의 고장 평양에서 젊은 시절부터 화명畵名을 얻은 조세걸은 당시 서인노론계 인사들과 후원자나 수요자의 관계를 맺었는데, 그 중에서도 가장 가깝게 접촉한 인물이 김수증이었다.

이 장에서는 《곡운구곡도》를 현재의 실경과 비교하여 실경산수화로서의 특징을 조명하는 데 중점을 두었다. 그림 속의 현장은 약 300여 년 전의 과거와 달라진 부분도 있지만, 원형을 잘 간직한 곳도 있어 그림의 구성과 표현상의 특징을 자세히 살필 수 있다. 그림과 실경을 비교하는 데는 김수증이 곡운계곡의 실경을 자세히 묘사한 글인 「곡운기」를 참고하였다. 김수증이 직접 관찰한 기록이므로 그림 다음으로 경관의 실체를 알려주는 매우 중요한 자료이다. 1823년에 이곳을 방문한 정약용의 기록도 당시 경관의 모습을 이해하는 데 큰 참고가 된다.

《곡운구곡도》는 실경을 자의적으로 해석하지 않고, 특정 화풍에 예속되지 않은 실경산수화라는 점이 독특한 의미로 해석된다. 먼저 화면에 적용된 시점이 실제로 이 경물을 바라본 화가의 시점을 반영한 점이 주목된다. 예외적인 부분도 있지만, 과장된 부감법이나 가상假想의 시점이 아닌 실제로 화가가 서 있는 지점에서 시야에 들어온 경관을 그리고자 한 것이다. 또한 원근의 표현에도 화가 자신의 시점을 근거로 하여 객관적으로 표현하려 하였고, 시선을 높이 띄워서 내려다보는 부감법은 일부에만 적용하였다. 또한 화면에 묘사된 경관은 실제로 폭넓게 펼쳐진 경관을 상당부분 압축하여 그렸음을 실경과의 비교를 통해 확인할 수 있었다. 근경의 경물은 구체적으로 묘사하면서도 배산背山과 원경은 실제로 보이는 경관상의 거리와 공간을 축소하여 그려 넣었다.

실경은 화면 위로 옮겨질 때 재구성의 과정을 거치게 된다. 보이는 모든 것을 그림으로 그릴 수 없기 때문이다. 그런데 이 과정에서 인지적 요소가 포함된다는 점은 전통산수화에서도 일반적으로 볼 수 있는 특징이다. 즉, 눈으로 본 것을 그리면서도 어떤 지점에서는 보이지 않는 경물을 자신이 알고 있는 대로 화폭에 반영하여 그린 것이다. 이는《곡운구곡도》역시 전통적인 화면구성에서 완전히 벗어나 있지 않음을 말해 주고 있다. 그러나 여전히《곡운구곡도》의 평가에서 주목해야 할 부분은 기존의 화법을 적용시키지 않고 경물의 실제적인 면모를 면밀하고 충실히 묘사한 점이다. 이 부분은 또한 김수증의 회화관을 시사해 주는 대목이다. 김수증은 대상 자체의 묘사에 충실하고자 한 핍진론逼眞論을 추구했으며, 이는 그의 문학관과도 밀접한 관련을 갖는다. 이러한 관점은 이후 그의 조카인 김창협과 김창흡 등에게 영향을 주기도 하였다.

《곡운구곡도》는 좋아하는 실경을 마주할 수 없을 때, 보기 위한 목적에서 그린 것으로 김수증의 의도가 반영되었고, 이를 본 김창협은 '핍진' 하다는 말로 이 그림을 평가했다. 그런데 중요한 것은 김창협의 후원을 받아 활동한 그 다음 세대의 인물이 바로 겸재謙齋 정선鄭歚, 1676~1759이라는 점이다. 《곡운구곡도》는 김수증과 조세걸로 시작하여 김창협과 정선으로 이어지는 실경 및 진경산수화의 흐름상에 위치한다고 볼 수 있다. 대상을 진솔하게 묘사하고자 사진寫眞을 강조한 김수증의 유기遊記 문학과 회화관은 《곡운구곡도》를 통해 발현되었고, 다음 세대인 18세기의 진경산수화가 시작되기 이전에 실경산수화의 한 모범을 제시하였다는 데 무엇보다 큰 의미를 둘 수 있을 것이다.

1. 原典

邵　雍(1011~1077):『皇極經世書』,『伊川擊壤集』

朱　熹(1130~1200):『朱子大全』

李齊賢(1287~1367):『益齋集』

權　近(1352~1409):『陽村集』

徐居正(1420~1488):『徐四佳全集』

金時習(1435~1493):『梅月堂全集』

徐敬德(1489~1546):『花潭集』

李　滉(1501~1570):『陶山全書』,『退溪全書』

洪仁祐(1515~1554):『恥齋遺稿』

李　珥(1536~1584):『栗谷全書』

胡應麟(1551~1602):『詩藪』

金尙容(1561~1637):『仙源集』

申　欽(1566~1628):『象村集』

金尙憲(1570~1652):『淸陰集』

宋時烈(1607~1689):『宋子大全』

黃宗羲(1610~1695):『易學象數論』

尹　鑴(1617~1680):『白湖全書』

金壽增(1624~1701):『谷雲集』

金壽興(1626~1690):『退憂堂集』

申　晸(1628~1687):『汾厓遺稿』

李端相(1628~1669):『靜觀齋集』

金壽恒(1629~1689):『文谷集』

尹　拯(1629~1714): 『明齋集』

朴世堂(1629~1703): 『西溪集』

朴世采(1631~1695): 『南溪集』

李敏敍(1633~1688): 『西河集』

金萬重(1637~1692): 『西浦集』

金萬重(1637~1692): 『西浦漫筆』

權相夏(1641~1721): 『寒水齋集』

崔錫鼎(1646~1715): 『明谷集』, 『九數略』

金昌集(1648~1722): 『夢窩集』

金昌協(1651~1708): 『農巖全集』

金昌翕(1653~1722): 『三淵全集』

洪世泰(1653~1725): 『柳下集』

李喜朝(1655~1724): 『芝村集』

金昌業(1658~1721): 『老稼齋集』

金柱臣(1661~1721): 『壽谷集』

金昌緝(1662~1713): 『圃陰集』

趙裕壽(1663~1741): 『后溪集』

金昌立(1666~1683): 『澤齋遺唾』

金春澤(1670~1717): 『北軒集』

李秉淵(1671~1751): 『槎川詩抄』

魚有鳳(1672~1744): 『杞園集』

李德壽(1673~1744): 『西堂私載』

李夏坤(1677~1724): 『頭陀草』

鄭來僑(1681~1759): 『浣巖集』

申靖夏(1681~1716): 『恕菴集』

申維翰(1681~1752): 『靑泉集』

李　瀷(1681~1763): 『星湖僿說』

金時敏(1681~1747): 『東圃集』

金崇謙(1682~1700): 『觀復庵詩稿』

安重觀(1683~1752): 『悔窩集』

趙榮祏(1686~1761): 『觀我齋稿』

李廷燮(1688~1744): 『樗村集』

趙龜命(1693~1737): 『東谿集』

李用休(1708~1782): 『탄만집』

李象靖(1710~1781): 『大山集』

申景濬(1712~1781): 『旅菴遺稿』

安錫儆(1718~1774): 『霅橋集』

申國賓(1724~1799): 『太乙庵集』

成大中(1732~1812): 『靑城集』

兪漢雋(1732~1811): 『著菴集』

姜式儁(1734~1800): 『素隱集』

李頤淳(1754~1832): 『後溪集』

丁若鏞(1762~1836): 『茶山詩文集』

金祖淳(1765~1832): 『楓皐集』

李裕元(1814~1888): 『林下筆記』

『承政院日記』, 『朝鮮王朝實錄』, 『昌寧曺氏派譜』, 『京畿金石大觀』, 『安東金氏文獻錄』, 『性理大全』, 『典故大方』

2. 論著

1951 野間省一, 『西安碑林』, 東京: 講談社.

1958 今井宇三郎, 『宋代易學의 研究』, 東京: 明治圖書出版株式會社.

1963 鈴木由次郎, 『漢易研究』, 東京: 明德出版社.

1966 常盤大定, 『佛教と儒教道教』, 東京: 東洋文庫.

1968 北譯方邦, 『構造主義』, 東京: 講談社.

1968 戸田豊三郎, 『易經注釋史綱』, 東京: 風間書房.

1973 富士正晴, 『中國の隱者』, 東京: 波岩書店.

1974 권근 지음, 권덕주 옮김, 『입학도설』, 을유문화사.

1974 三浦國雄, 「伊川擊壤集の世界」, 京都大學人文科學研究所, 『東方學報』 47, 京都大學出版部.

1974 王雲五 主編, 南懷瑾・徐芹庭 註譯, 『周易今註今譯』, 臺灣商務印書館.

1974 山下靜雄, 『周易十翼の成立と展開』, 風間書房.

1975 김기승, 『한국서예사』, 정음사.

1975 Joseph Needham, *The Grand Titratien: Science and Society in East and West*, London, 橋本敬造 譯, 『文明の滴定』, 東京: 法政大出版會.

1977 김용운・김용국, 『한국수학사』, 열화당.

1977 David E. Mungello, Leibniz and Confucianism, *The Search for Accord*, University Press of Hawaii, Honolulu.

1978 김영윤, 『한국서화인명사서』, 예술춘추사.

1978 山田慶兒, 『朱子の自然學』, 東京: 岩波書店.

1979 민족문화추진회, 『국역송자대전』, 고전국역총서.

1979 三浦國雄, 『朱子』, 東京: 講談社.

1979 上野日出刀, 『伊川擊壤集』, 東京: 明德出版社.

1979 友枝龍太郎, 『朱子の思想形成』, 東京: 春秋社.

1981 김항수, 「16세기 사림의 성리학 이해」, 『한국사론』 7, 서울대학교 국사학과.

1981 三浦國雄, 「打乖」, 京都大學 中國哲學史研究室, 『中國哲學史研究』 4.

1981 王甦, 『退溪詩學』, 퇴계학연구원.

1981 유준영, 「구곡도의 발생과 기능에 대히여: 한국실경산수화 발전의 일례」, 『고고미술』 151, 한국미술사학회.

1981 유준영, 「실경산수의 연원으로서 구곡도」, 『계간미술』 19, 중앙일보사.

1981 유준영, 「구곡도의 발생과 기능에 대하여」, 『고고미술』 151, 국립중앙박물관.

1981 최완수, 「겸재진경산수화고」, 『간송문화』 21, 한국민족미술연구소.

1982 남정숙, 「서화담의 유기론에 관한 연구」, 한국학대학원 석사학위논문.

1982 유준영, 「곡운구곡도를 중심으로 본 17세기 실경도 발전의 일례」, 『정신문화』 8, 정문연.

1982 이민홍, 「〈무이도가〉 수용을 통해 본 사림파문학의 일양상: 퇴계・하서・고봉을 중심으로」, 『한국한문학연구』 6, 한국한문학회.

1982 『皇極經世書』(册二), 臺灣 中華書局.

1983 강길수, 「조선시대의 교육고전」, 한국정신문화연구원 편, 『한국의 교육고전연구』.

1983 김주한, 「퇴계의 주자시 이해: 무이도가를 중심으로」, 『한민족어문학』 10, 한민족어문학회.

1983 류정동, 「하서 김린후의 천명도에 관하여」, 『동방사상론고』, 도원유승국박사화갑기념논문집.

1983 조동일, 『한국문학통사 2』, 지식산업사.

1983~1987, 馮錦榮, 「方以之の思想-方氏象數學への思索」, 京都大學中國哲學史研究室, 『中國思想史研究』 6-10號.

1984 유준영, 「조형예술과 성리학: 화음동정사에 나타난 구조와 사상적 계보」, 『한국미술사논문집』 1, 한국정신문화연구원.

1984 윤내현, 『상주사』, 민음사.

1984 Roman Jacobson · Morris Halle, Fundamentals of Language, 테렌스 혹스 지음, 오원교 옮김, 『구조주의와 기호학』, 신아사.

1985 김창현, 「가재연행록에 대하여」, 『여행과 체험의 문학』 중국편, 민족문화문고간행회.

1985 小笠智章, 「雍と張載の思想における神の意義」, 京都大學中國哲學研究室, 『中國思想史研究』 第8號.

1985 최완수, 「겸재진경산수화고」, 『간송문화』 29, 한국민족미술연구소.

1985 『건축과 환경』, 월간 건축과 환경사, 1985년 9월호.

1987 강혜선, 「김창협 고문 연구」, 서울대학교 석사학위논문.

1987 이선옥, 「담헌 이하곤의 회화관」, 서울대학교 석사학위논문.

1988 潘富恩 · 徐余慶, 『程顥程頤理學思想研究』, 上海: 復旦大學出版社.

1988 鳥恩溥, 『周易: 古代中國的世界圖式』, 吉林文史哲出版社.

1988 朱伯崑, 『易學哲學史』 中册, 北京大學出版社.

1988 陳舜臣 지음, 이용찬 옮김, 『중국고적발굴기』, 대원사.

1988 최완수, 「겸재진경산수화고」, 『간송문화』 35, 한국민족미술연구소.

1989 이종호, 「퇴계미학의 기본성격(상)」, 『퇴계학』 창간호, 안동대학교 퇴계학연구소.

1989 정민의, 「조선후기 고문론 연구」, 한양대학교 박사학위논문.

1990 박희병, 「17세기 동아시아의 전란과 민중의 삶: 김영철의 분석」, 김학성 외 9명, 『한국근대문학사의 쟁점』, 창작과비평사.

1990 劉笑敢 지음, 최진석 옮김, 『장자철학』, 소나무.

1990 이종호, 「조선 사대부층의 비지문자론」, 『교남한문학』 3, 교남한문학회.

1990 진재교, 「진택 신광하의 북유록과 백두록: 기행시를 통해 표출된 민족정서」, 『한국한문학연구』 13, 한국한문학회.

1991 김용구, 「매월당의 방랑과 비판정신」, 강원대학인문과학연구소, 『매월당: 그 문학과 사상』, 강원대학교 출판부.

1991 이혜순, 「18세기 한일문사의 교류양상: 기해 사행시 한일문사의 창수집을 중심으로」, 『대동문화연구』 26, 성균관대학교 대동문화연구원.

1992 김용정, 「라이프니츠의 기호법 사상과 역의 논리」, 『주역의 현대적 조명』, 범양사.

1992 김상헌 지음, 김희동 옮김, 『남사록』, 영가문화사.

1992 김진근, 「새로운 주역관을 위한 연구」, 한국주역학회 편, 『주역의 현대적 조명』.

1992 오진탁, 「주역 계사전 연구」, 한국주역학회 편, 『주역의 현대적 조명』, 범양사.

1992 이동영, 「농암 김창협의 시문학 연구」, 성신여자대학교 석사학위논문.

1993 강혜선, 「사천 이병연의 금강산시 연구」, 『한국한문학연구』 16, 한국한문연구회.

1993 김태년, 「낙론계의 지각론 연구」, 고려대학교 석사학위논문.

1993 민영대, 『조위한과 최척전』, 아세아문화사.

1993 조남호, 「김창협학파의 양명학 비판: 지와 지각의 문제를 중심으로」, 『철학』 39, 한국철학회.

1993 최완수, 『겸재 정선 진경산수화』, 범우사.

1993 Gene H. Golub and Charles F. Van Loan, *Matrix Computations*, The Johns Hopkins University Press, London, 2nd. ed.

1994 강신중, 「농암 김창협의 한시 연구」, 영남대학교 석사학위논문.

1994 김용헌, 「농암 김창협의 인물성론과 낙학」, 『한국사상의 탐구: 인성물성론』, 한국사상사연구회, 한길사.

1994 오용원, 「농암 김창협 시문학고」, 동국대학교 석사학위논문.

1994 채환종, 「농암 김창협 문학연구」, 충남대학교 박사학위논문.

1994 최완수, 「조선시대서화사개설」, 『간송문화』 46.

1995 문석윤, 「조선 후기 호락논변의 성립사 연구」, 서울대학교 박사학위논문.

1995 三浦國雄, 『風水 · 中國人のtopos』, 東京: 平凡社.

1995 채환종, 「삼연 김창흡의 사회시 연구: 〈갈역잡영〉을 중심으로」, 『어문연구』 27, 어

문연구학회.

1995 최현태, 「농암 김창협 시론 연구」, 연세대학교 석사학위논문.

1995 호승희, 「조선전기 유산록 연구」, 『한국한문학연구』 18, 한국한문학학회.

1996 곽신환, 「주역천견록과 양촌권근의 역학」, 한국주역학회 편, 『주역과 한국역학』, 주역연구논총 2, 범양사.

1996 김용헌, 「율곡학파의 비판적 계승」, 『조선유학의 학파들』, 예문서원.

1996 송혁기, 「김창협 문학론의 연구」, 고려대학교 석사학위논문.

1996 안영길, 「김창협의 문학 연구」, 성신여자대학교 박사학위논문.

1996 한국사상연구회 편저, 『조선유학의 학파들』, 예문서원.

1996 심경호, 『다산과 춘천』, 강원대학교 출판부.

1997 고연희, 「17C말 18C초 백악사단의 명청회화 및 화론수용양상」, 『동방학』 3.

1997 고연희, 「김창흡·이병연의 산수시와 정선의 산수화 비교 고찰」, 『한국한문학연구』 20, 한국한문학회.

1997 高懷民, 『邵子先天易學』, 臺北.

1997 김기현, 「주리설의 확립과 도덕적 인간학」, 한국사상사연구회, 『조선유학의 학파들』, 예문서원.

1997 김낙진, 「실학적 경세치용학의 대두」, 『조선유학의 학파들』, 예문서원.

1997 김용헌, 「율곡학의 비판적 계승: 낙학파」, 한국사상사연구회, 『조선유학의 학파들』, 예문서원.

1997 馬華·陳正宏 지음, 강경범·천현경 옮김, 『중국은사문화』, 동문선.

1997 박희병, 「신흠의 학문과 그 사상적 위치」, 민족문화추진회, 『민족문화』 20, 민족문화추진회.

1997 손병욱, 「수양과 실천의 통일: 남명학파」, 한국사상연구회, 『조선 유학의 학파들』, 예문서원.

1997 오석원, 「안동 선비문화의 형성배경과 현대적 의의」, 『안동의 선비문화』, 아세아문화사.

1997 우응순, 「신흠 시의 일국면」, 『민족문화』 20, 민족문화추진회.

1997 윤진영, 「조선시대 구곡도 연구」, 한국학대학원 석사학위논문.

1997 이덕일, 『당쟁으로 보는 조선역사』 2, 석필.

1997 이성미, 「조선왕조 어진관계 도감의궤」, 『조선시대어진관계도감의궤연구』, 한국정

신문화연구원.

1997 이원명, 『고려시대 성리학수용연구』, 국학자료원.

1997 이종호, 「상촌 신흠의 산문저술과 문예의식」, 『민족문화』 20, 민족문화추진회.

1997 이종호외, 『안동의 선비문화』, 아세아문화사.

1997 이혜순 외 4인, 『조선 중기의 유산기문학』, 집문당.

1997 진영미, 「농암 김창협 시론의 연구」, 성균관대학교 박사학위논문.

1998 강혜선, 「조선 후기 금강산화와 금강산시」, 『한국한시연구』 6, 한국한시학회.

1998 남윤수, 『한국의 화도사 연구』, 역락.

1998 박명희, 「조선 후기 시론 연구: 농암 김창협과 삼연 김창흡을 중심으로」, 전남대학교 박사학위논문.

1998 박미나, 「18세기 금강산 시와 그림의 관련 양상 연구: 이병연의 시와 정선의 그림을 중심으로」, 경기대학교 석사학위논문.

1998 서일대학 강경향토문화연구소, 『석실서원』, 남양주문화원.

1998 심경호, 「조선 후기 문인의 동유 체험과 한시」, 『한국한시연구』 6, 한국한시학회.

1998 연세대학교박물관, 『서안비림』.

1998 유준영·이상해, 『화음동정사지 지표조사』, 강원도 화천군·성균관대학교 과학기술연구소.

1998 윤진영, 「조선시대 구곡도의 수용과 전개」, 『미술사학연구』 217·218, 한국미술사학회.

1998 이승수, 『삼연 김창흡 연구』, 안동김씨삼연공파종중.

1998 이종묵, 「조선 전기 문인의 금강산 유람과 그 문학」, 『한국한시연구』 6, 한국한시학회.

1998 정경훈, 「농암 김창협의 고문연구: 비지문을 중심으로」, 충남대학교 석사학위논문.

1998 최완수, 「겸재 정선 평전」, 『간송문화』 54, 한국민족미술연구소.

1998 최완수, 「진경시대 서예사의 흐름과 계보」, 『진경시대』 2, 돌베개.

1998 최완수 외, 『우리 문화의 황금기 진경시대』 1, 돌베개.

1998 河娅和, 『朱熹及其美學思想』, 第三節 北宋五子, 山東大學 博士學位 論文.

1998 황인건, 「곡운 김수증의 산수문학 연구」, 한양대학교 석사학위논문.

1999 權倫慶, 「朝鮮後期 『不染齋主人眞蹟帖』 考察」, 『湖巖美術館 研究論文集』 4號, 湖巖美術館.

1999 박영호, 「농암 김창협의 문장론과 문체론」, 『동방한문학』 17, 동방한문학회.

1999 潘立勇, 『朱子理學美學』, 北京: 東方出版社.

1999 변영섭, 『표암 강세황 회화연구』, 일지사.

1999 서일대학 민족문화연구소, 『남양주역사기행』.

1999 심경호, 「곡운을 중심으로 한 은둔시와 자연관」, 한일미학연구회 국제심포지엄 『동아
　　　시아 은자들의 미의식과 곡운구곡: 은둔자들의 시와 자연관을 중심으로』, 화천문화원.

1999 유준영, 「김수중의 은둔사상과 곡운구곡」, 『제8회 한일미학연구회 학회보고서』, 한
　　　일미학연구회.

1999 이완우, 「곡운 김수중 예서」, 한빛문화재단 제68회 정례발표회.

1999 최완수 외, 『우리 문화의 황금기 진경시대』 2, 돌베개.

1999 최인황, 「농암 김창협의 개성주의적 시론 연구」, 『숭실어문』 15, 숭실어문학회.

1999 홍선표, 「조선 후기 회화의 애호풍조와 감평활동」, 『조선시대회화사론』, 문예출판사.

2000 고연희, 「조선 후기 산수기행문학과 기유도의 비교연구: 농연그룹과 정선을 중심으
　　　로」, 이화여자대학교 박사학위논문.

2000 안휘준, 「내조 중국인 화가 맹영광」, 『한국 회화사 연구』, 시공사.

2000 오석환, 「농암 김창협의 비지류 산문문학 연구」, 『한문학논집』 18, 근역한문학회.

2000 오용원, 「농암 김창협의 시문학 연구」, 동국대학교 박사학위논문.

2000 윤은영, 「김창협 문학이론」, 중앙대학교 석사학위논문.

2000 이덕일, 『송시열과 그들의 나라』, 김영사.

2000 이성무, 『조선시대당쟁사』 2, 동방미디어.

2000 이완우, 「조선 중기의 서예」, 한국서예이천년전 특강 자료집, 예술의전당.

2000 이이화, 「국가재건과 청의 침입」, 『한국사 이야기』 12, 한길사.

2000 이정우, 『접힘과 펼쳐짐: 라이프니츠, 현대과학, 역』, 거름.

2000 이종호, 「한국시화비평과 사공도의 〈시품〉」, 『대동한문학』 13, 대동한문학회.

2000 이효숙, 「곡운 김수중의 한시 연구」, 강원대학교 석사학위논문.

2000 정병모, 『한국의 풍속화』, 한길아트.

2000 조성산, 「농암 김창협과 숙함 김재해의 사상적 대립 연구: 지각론과 미발론을 중심
　　　으로」, 서울대학교 석사학위논문.

2000 진재교, 「18세기의 백두산과 그 문학」, 『한국한문학연구』 제26집, 한국한문학회.

2001 김기영, 「금강산의 시조문학적 수용 양상 고찰」, 『어문학』 제74호, 한국어문학회.

2001 김남기, 「삼연 김창흡의 시문학 연구」, 서울대학교 박사학위논문.

2001 박명희,「삼연 김창흡의 시경론」,『한국언어문학』 47, 한국언어문학회.

2001 박영호,「농암 김창협 문학연구의 성과와 과제」,『동방한문학』 21, 동방한문학회.

2001 오석환,「농암 김창협의 증서류 산문문학 연구」,『한문학논집』 19, 근역한문학회.

2001 유홍준,『화인열전』 1, 역사비평사.

2001 이동희,「조선 후기 ‘절충파’의 성리학설에 대한 연구」,『동양철학연구』 26, 동양철학연구회.

2001 이석해,「문화경관으로 본 곡운구곡의 특성」,『한국전통조경학회지』 19-4, 한국전통조경학회.

2001 이이화,『국가재건과 청의 침입』, 한국사 이야기 12, 한길사.

2001 전일우,「농암 김창협의 문학론 연구」, 숭실대학교 석사학위논문.

2001 정시열,「농암 김창협 시론고」,『한국고전연구』 7, 한국고전연구학회.

2001 조호연,「조선성리학 연구에 대한 일고찰: 사칠논쟁과 호락논쟁을 중심으로」,『한국사상과 문화』 12, 한국사상문화학회.

2001 윤진영,「퇴계 이황과 도산도」,『퇴계 이황 특강논문집』, 예술의전당.

2002 고연희,「조선시대 진환론의 전개」,『한국한문학연구』 29, 한국한문학회.

2002 박효은,「18세기 조선 문인들의 회화수집활동과 화단」,『미술사학연구』 233~234, 한국미술사학회.

2002 이종묵,「서평: 시와 그림이 있는 여행 : 고연희의 〈조선 후기 산수기행예술 연구〉」,『한국학보』 28, 일지사.

2002 이종묵,「철원의 삼부락과 김창흡」,『문헌과 해석』 통권 21, 문헌과해석사.

2002 이천승,「미호 김원행의 ‘심’에 관한 연구」,『한국 철학논집』 11, 한국철학사연구회.

2002 전일우,「김창협의 문학론 연구: 〈잡지 외편〉을 중심으로」,『숭실어문』 18, 숭실어문학회.

2002 조규익,「금강산 기행가사의 존재양상과 의미」,『한국시가연구』 12, 한국시가학회.

2002 진영미,「농암 김창협의 시 창작 방법론」,『한국시가연구』 11, 한국시가학회.

2002 허윤성,「농암 김창협의 자연시 연구」, 한국교원대학교 석사학위논문.

2003 글렌 예페스 엮음, 이수영·민병직 옮김,『우리는 매트릭스 안에 살고 있나』, 굿모닝미디어.

2003 미우라 쿠니오 지음, 이승연 옮김,『주자와 기 그리고 몸』, 예문서원.

2003 양미경,「김창협 예술론 연구」, 서울대학교 석사학위논문.

2003 이창희 역주, 『내 사는 곳이 마치 그림 같은데: 옥소 권섭의 꿈세계』, 다운샘.

2003 이천승, 「농암 김창협의 지각논의와 심의 의미」, 『한국사상사학』 21, 한국사상사학회.

2003 이천승, 「농암 김창협의 심성론에 대한 연구」, 성균관대학교 박사학위논문.

2003 조성산, 「17세기 말~18세기 초 낙논계 문풍의 형성과 주자학적 의리론」, 『한국사상사학』 21, 한국사상사학회.

2004 김현지, 「17세기 조선의 實景山水畵 연구」, 『미술사연구』 18, 미술사연구회.

2004 민병삼, 『단원 김홍도』, 우석출판사.

2004 안계복, 「옥소 권섭의 꿈의 세계에 나타난 경관 특징」, 『한국전통조경학회지』 22, 한국전통조경학회.

2004 안대회, 「여행가 정란」, 『신동아』 8월호 통권 539호.

2004 앤 팔루던 지음, 이동진·윤미경 옮김, 『중국황제』, 갑인공방.

2004 오석환, 「농암 김창협의 산문문학 연구」, 단국대학교 박사학위논문.

2004 오용원, 『김창협의 사상과 문학 연구』, 신성출판사.

2004 우응순, 「조선 전기 금강산 유산시의 사례 연구: 김시습의 〈유관동록〉, 이이의 〈풍악행〉을 중심으로」, 『어문논집』 50, 민족어문학회.

2004 이경구, 「곡운 김수증의 은거생활과 문예활동」, 『한국학보』 30권 3호, 일지사.

2004 이동희, 「우계 성혼의 성리설과 조선 후기 '절충파'」, 『동양철학연구』 36, 동양철학연구회.

2004 이종호, 「시의 존재와 역사의 진실을 찾아서: 두기 최성대의 시 의식과 이화암노승행」, 『조선의 문인이 걸어온 길』, 한길사.

2004 이천승, 「농암 김창협의 〈사단칠정설〉에 대한 연구」, 『동양철학연구』 37, 동양철학연구회.

2004 조성산, 「17세기 후반~18세기 초 김창협·김창흡의 학풍과 현실관」, 『역사와 현실』 51, 한국역사연구회.

2004 황경일, 「옥소 권섭의 산수 산문 연구: 〈해산록〉과 〈몽기〉를 중심으로」, 성균관대학교 석사학위논문.

2005 김창협·오용원 옮김, 『농암잡지』, 동국대학교 출판부.

2005 김태준·이승수·김일환, 『조선의 지식인들과 함께 문명의 연행길을 가다』, 푸른역사.

2005 윤지훈, 「삽교 안석경의 금강산 유기」, 『우리한문학회』 12, 우리한문학회.

2005 이경수, 「곡운 김수증의 은둔시」, 『한국의 은사문화와 곡운구곡』, 국제학술대회 발표자료집, 화천문화원.

2005 이종호, 「농·연그룹의 유기문학과 은일의식」, 『한국의 은사문화와 곡운구곡』, 국제학술대회 발표자료집, 화천문화원.

2005 진준현, 「조세걸과 곡운구곡도」, 『한국의 은사문화와 곡운구곡』, 국제학술대회 발표자료집, 화천문화원.

2005 Christopher Grau ed., *Philosophers Explore the Matrix*, Oxford University Press.

2006 김형술, 「사천 이병연의 시문학 연구」, 서울대학교 석사학위논문.

2006 쓰치다 겐지로 지음, 성현창 옮김, 『북송도학사』, 예문서원.

2006 윤진영, 「율곡 이이의 고산구곡과 고산구곡도」, 『신사임당 가족의 시서화』, 관동대학교 영동문화연구소.

2006 윤진영, 「평양화사 조세걸의 도사(圖寫) 활동과 화풍」, 『미술사의 정립과 확산』 1권, 사회평론.

2006 이종묵, 『조선의 문화공간』 3책, 휴머니스트.

2006 조규희, 「곡운구곡도첩의 다층적 의미」, 『미술사논단』 23, 한국미술연구소.

2007 김병기, 『조선의 명가 안동 김씨』, 김영사.

2007 김상봉, 『수역 數易』, 은행나무.

2007 김헌애, 「조선시대 예서 연구: 김수증의 팔분을 중심으로」, 경기대학교 석사학위논문.

2007 문용직, 『주역의 발견』, 도서출판 부키.

2007 조성산, 『조선 후기 낙론계 학풍의 형성과 전개』, 지식산업사.

2007 심경호, 『산문기행: 조선의 선비 산길을 가다』, 이가서.

2007 이완우, 「화양동과 우암 사적」, 『장서각』 18, 한국학중앙연구원.

2007 이창일, 『소강절의 철학: 선천역학과 상관적 사유』, 심산.

2007 버트런드 러셀 지음, 안효정 옮김, 『권력』, 열린책들.

2008 이종호, 『퇴계학에세이 온유돈후』, 아세아문화사.

2009 한명기, 『정묘·병자호란과 동아시아』, 푸른역사.

ㄱ

가은 · 270
가훈 · 299
감상준 · 210
감상헌 · 208
감숙회 · 25
갑술환국 · 240, 282, 364
갑인예송 · 359, 439
강감요략 · 209
강석기 · 219
격운청기 · 23
견번 · 216
겸재화첩 · 120
경신대출척 · 240, 362
경신환국 · 281, 283
경천대 · 275
경화거족 · 20
경화문인 · 212, 213
경화사족 · 196, 272, 307
경화세족 · 200, 299, 309
계축옥사 · 45, 209, 220
고개지 · 214, 343
고문 · 224
고문사학 · 199
고문이론 · 313
고사전 · 35
고산구곡 · 372, 379
고산구곡가 · 23, 379, 382, 384
고산구곡도 · 378, 381, 383
고산도 · 393
고산석담구곡 · 110
고전 · 227
곡연 · 263, 291
곡연폭포 · 292
곡운계곡 · 352, 356
곡운 · 18, 190, 194, 252, 254,
　　257, 272, 275, 281, 288

곡운구곡 · 244, 281, 288, 352,
　　355, 376, 399, 419
곡운구곡도 · 21, 233, 299, 349,
　　354, 363, 365, 372, 374,
　　376, 378, 386, 392, 398,
　　407, 435, 440
곡운구곡도가 · 390
곡운구곡도발 · 396
곡운구곡도첩 · 346, 373, 394,
　　396, 436
곡운구곡시 · 288, 299
곡운기 · 299, 364, 397, 405,
　　412, 415, 423, 426, 436,
　　439, 444
곡운도 · 374
곡운서원 · 280
곡운유거도 · 374
곡운은거 · 244, 272, 283, 299
곡운정사 · 360, 427, 438
곡운정사기 · 358, 427
곡운정사도 · 374
곡운집 · 185, 245, 298
곡운체 · 193, 241
공극산 · 204
공사문견록 · 191
공자 · 57, 214
관물의식 · 326
관물정신 · 326
관물철학 · 26
관서록 · 249
광무제 · 57
광복산 · 290
광해군 · 18, 220
괴산 · 24, 275
구곡 · 272, 275, 283
구곡가 · 288
구곡경영 · 347
구곡도 · 284, 288, 372

구곡문화 · 23
구양수 · 228, 234, 238, 334
군옥지소 · 216
굴원 · 198, 211
권근 · 36
권대운 · 282
권력 · 18
권력과 은둔 · 30
권리풍광 · 21
권상하 · 23, 222, 275, 292,
　　303, 372, 380, 385
권선문 · 247
권섭 · 348, 390, 394
귀거래사 · 288
귀운동 · 359, 439
금강 · 288
금강도첩 · 340
금강산 · 12, 248, 270, 295,
　　323, 328, 339, 344, 346
금강산도 · 346
금사담 · 275
금석록 · 234
금석문 · 192, 205, 229
금석학 · 29, 193
기계유씨 · 309
기년설 · 281
기대승 · 285
기발이승설 · 303
기사사화 · 25
기사환국 · 363
기유도 · 299
기유문예 · 241, 244, 299, 301,
　　346, 349
기정 · 278
기호학파 · 386
길운절 · 209
김가진 · 296
김광욱 · 210

김광찬 · 21, 200, 220, 226
김광현 · 193, 205, 218
김극효 · 29, 200, 204
김근순 · 396
김덕원 · 282
김동욱 · 38
김동현 · 38
김려행 · 309
김만중 · 211, 333, 390, 393
김명국 · 233
김명석 · 229
김방걸 · 240
김번 · 46, 200
김상관 · 46, 204
김상용 · 18, 201, 217, 219, 237, 241, 296, 309
김상헌 · 12, 190, 200, 204, 206, 210, 224, 226, 233, 235, 237, 241, 272, 282, 296, 304, 357, 390, 393
김생해 · 200
김석주 · 117, 313, 390, 393
김성달 · 205
김성우 · 205
김수능 · 221
김수민 · 205
김수웅 · 221
김수증 · 12, 190, 219, 235, 241, 248, 251, 261, 275, 281, 291, 297, 301, 346, 349, 352, 362, 372, 382, 386, 390, 405, 413, 419, 424, 427, 433, 436, 443
김수징 · 221, 225
김수칭 · 221, 225, 231
김수항 · 221, 237, 240, 273, 281, 296, 298, 309, 360, 363, 380, 383
김수홍 · 206
김수흥 · 221, 282, 296, 359, 363, 380, 393
김승경 · 245, 250, 258
김시걸 · 205
김시민 · 310, 312, 339
김시보 · 205, 310, 312

김시습 · 12, 199, 249, 253, 258, 278, 347, 414
김시양 · 257
김시좌 · 292
김신겸 · 310, 312
김영철전 · 245
김오일 · 241
김원행 · 307
김육 · 217
김이곤 · 309
김자대전 · 235
김장생 · 193
김정희 · 194
김제겸 · 282
김제남 · 20, 209, 220
김조순 · 342
김주신 · 314
김중일 · 229
김진규 · 193
김진상 · 193
김창국 · 291, 306
김창숙 · 233, 236, 241
김창업 · 239, 296, 301, 341
김창즙 · 239
김창직 · 237, 291, 301
김창집 · 236, 291, 296, 300
김창협 · 25, 196, 234, 237, 240, 272, 291, 293, 297, 299, 301, 309, 319, 343, 349, 375, 390, 396, 442
김창흡 · 25, 194, 197, 226, 237, 241, 256, 290, 293, 297, 301, 304, 309, 311, 316, 323, 329, 337, 341, 347, 349, 380, 390, 444
김춘택 · 211, 282, 333, 390
김치겸 · 51, 241
김헌애 · 192
김호겸 · 236
김확 · 272
김홍근 · 396

ㄴ

나만갑 · 219
낙송루 · 123, 309

낙학파 · 304
남공철 · 309
남유용 · 309
남인 · 22
남정중 · 309
남종화법 · 412
남학명 · 295
남한기 · 309
남한산성 · 220
남효온 · 300
낭유령 · 272
내외원융 · 317
노경린 · 378
노론 · 194
농수정 · 280, 283, 359, 424, 426, 436, 441
농수정도 · 395, 430, 436, 441
농수정사 · 23, 196, 356, 360, 363, 426, 437, 439
농연그룹 · 29, 296, 301, 304, 306, 308, 314, 319, 326, 333, 338, 343, 347, 349
누정기문 · 196, 244
능운대 · 275

ㄷ

단심국 · 217
단청가 · 215
당파 · 14
대은암 · 204, 339
도가 · 59
도관 · 271
도교 · 271
도르곤 · 17
도마치 · 22
도산구곡 · 24
도산 · 283
도연명 · 218, 263
도예합일 · 193
도원경 · 263
도원 · 287
도참설 · 79
도학 · 286
도화원기 · 263
동국진체 · 193

동봉육가 · 253, 258
동유 · 322
동유전통 · 297
두만강 · 250
두보 · 330, 338

ㄹ

라이프니츠 · 70, 84
레비스트로스 · 37

ㅁ

마방진 · 73
만동 · 222
만월고개 · 399
만폭동 · 271
만필 · 315, 317
망단기 · 276
매월당 · 271
매월대 · 413
맹교 · 249
맹영광 · 217, 393
맹자 · 58
명산기 · 300
명성산 · 272
명옥뢰 · 278, 359, 419, 423
명월계 · 280, 427, 429, 431
목극등 · 348
목내선 · 282
목릉성세 · 311
목멱산 · 204
묘향산 · 248, 295
무명와 · 196, 198
무이구곡 · 23, 275, 283, 287, 353, 364, 372
무이구곡가 · 367
무이구곡도 · 288, 353, 365, 372, 443
무이구곡도가 · 23
무이도가 · 284, 370, 383, 395
무이도가구곡시 · 287
무이산 · 292
무이정사 · 370, 372
문선 · 226
문예의식 · 241, 349
문예전통 · 224, 237, 241
문예정신 · 205, 301
문예취향 · 192, 218, 225, 233

문왕 64괘 · 71
문왕팔괘 · 25
문풍개혁운동 · 309
문희별자도 · 25, 390
물아일체 · 346
물외한적 · 233, 261
미불 · 214, 215
미호 · 28
민암 · 282
민창수 · 301
민형수 · 301

ㅂ

박광일 · 98
박세당 · 304, 388
박세채 · 36, 303
박제호 · 37
박지원 · 296, 305, 335
박태관 · 330
박필주 · 304
반수암 · 43, 267, 268
반정 · 35
발해고 · 349
방사 · 35
방축 · 19
방화계 · 47, 275, 278, 359, 398, 402, 439, 441
방화계도 · 404
배청파 · 237
백광훈 · 330
백동도 · 217
백두산 · 248, 269, 295
백두산정계비 사건 · 349
백악사단 · 29, 309, 312
백악산 · 22, 306, 309
백악시단 · 309
백연 · 262
백운담 · 276, 414, 419, 421
백운동 · 204
백운령 · 280, 433
백운산 · 12, 275, 361
백원학파 · 82
벌열가문 · 302
범엽 · 58
법성 · 245, 258
벽운방 · 254
벽의만 · 278

별서 · 20, 346
별서지 · 273
병성 · 340
병자호란 · 15, 199, 220, 250, 296, 319
병자호란기 · 246
복건성 · 365
복겸 · 201
복서 · 37
복희 64괘 방원도 · 83
복희팔괘 · 25
본지풍광 · 21, 283
봉림대군 · 17, 217, 246
봉사손 · 282
봉정 · 291
부감법 · 440
부의 · 71
부지암 · 196, 198
북리 · 308
북벌론 · 18, 293
북악산 · 205
북악시단 · 339
북촌 · 20, 199, 256, 269, 308
북촌시단 · 238
북촌시 · 312
북촌시풍 · 310
북칠 · 230
북학파 · 296, 304, 314
불암 · 204
붕당정치 · 18

ㅅ

사군첩 · 340
사내면 · 12
사단칠정설 · 302
사령운 · 249
사림정치 · 34
사마광 · 82
사마천 · 249
사문난적 · 117
사미옹 · 202
사미인곡 · 211
사창리 · 271
사한가 · 215
사화 · 18
산거취향 · 273
산수관 · 314, 323

산수기 · 195
산수기행 · 346
산수담론 · 290, 297, 323, 327
산수론 · 323
산수문학 · 195
산수미 · 241, 292, 314, 320
산수미학 · 244, 255
산수시 · 270
산수시론 · 347
산수영향론 · 320
산수유기 · 38, 194, 294, 300,
    323, 347
산수유람 · 241, 244, 249, 251,
    255, 269, 299, 322, 324
산수유람기 · 300
산수이론 · 349
산수취향 · 297, 349
산수품평 · 292, 323, 347
산수화 · 213, 343
산수화론 · 347
산중문답 · 263
산중일기 · 359, 413
산해관 · 17
산행일기 · 398, 410, 414
삼귀정 · 96
삼부락 · 272, 273
삼부연 · 12, 272
삼일정 · 26
삼전도 · 15
삼주삼각 · 28
삼청동 · 204
상수학 · 29, 271, 288, 326
서경덕 · 63
서경시화 · 387
서법예술 · 192, 205, 224, 232
서어촌 · 275
서인 · 18
서포만필 · 333
서한예첩후 · 227
서화 · 14
석담정사 · 385
석봉체 · 193
석실 · 22, 199, 256, 269, 363
석실서원 · 25
선 · 후천팔괘도 · 25
선천상수학 · 347
설벽와 · 276, 277

설악산 · 263, 288, 291, 292
설운계 · 359
성리학 · 14, 353, 364
성하지맹 · 220
성혼 · 203, 303
세심대 · 204
세운내 · 132
소동파 · 216, 336
소씨문견록 · 120
소양강 · 29, 271
소옹 · 26, 300, 326
소중화 · 17, 293
소현서원 · 385
소현세자 · 17
송규렴 · 380
송문흠 · 193
송백당 · 269
송상기 · 225
송설체 · 192
송시열 · 18, 190, 199, 218,
    222, 228, 275, 281, 293,
    300, 307, 315, 358, 363,
    372, 379, 382, 390, 427
송자대전수차 · 287
송주석 · 380
송준길 · 193
수운대 · 359, 412
수은대 · 413
시경관 · 335
시경론 · 335
시서 · 69
시운 · 26
시화 · 335
신광하 · 348
신녀협도 · 413
신녀협 · 278, 359, 410, 412
신선전 · 55
신유한 · 296
신정 · 373
신흠 · 36, 93, 201, 203
실경산수화 · 356, 365, 378,
    440, 443
실학정신 · 304
심법 · 26
심양 · 17, 251
쌍계사 · 246, 248
쓰치다 겐지로 · 100

ㅇ

아방강역고 · 349
안동김씨 · 301
안중관 · 306
안진경체 · 193
알브레히트 뒤러 · 73
양구 · 12
양명학 · 199
양보음 · 253
양송체 · 193
양재역 벽서사건 · 258
양주 · 256, 269
어유봉 · 304, 325
어진 · 387, 389
엄광 · 57
여산 · 56
여흥민씨 · 301
역산비 · 228
역학계몽 · 36
역학사 · 35
역학정신 · 304
연경 · 25
연하벽 · 244
연행 · 200, 295
연행록 · 296
연행일기 · 239, 296
열선전 · 55
열운대 · 253, 359
영귀연 · 277
영남첩 · 340
영당 · 47, 280
영산강 · 330
영평 · 258, 272
예서 · 225, 233
예송 · 18, 281
오로회 · 216
오리곡 · 275
오삼계 · 17
오시수 · 240
오원 · 28, 301, 397, 430, 435
오윤겸 · 203
오일 · 235
오진주 · 301
오촌동 · 219
옥녀봉 · 370
옥류유씨 · 309
옥사 · 283

와룡담 · 278, 280, 359, 424
와룡암 · 275
와운암 · 253
와유 · 21, 376
와유록 · 299
와유문화 · 327
와유암 · 203
완물상지 · 318
왕세정 · 199, 227
왕수인 · 199
왕안석 · 83
왕유 · 216, 334
왕필 · 78
왕희지체 · 193
외포 · 20
요금정 · 385
요산요수론 · 317, 322
용골 · 67
운간사경첩 · 343
운곡 · 283
운곡기 · 105
운영담 · 275
원만령 · 379
원유 · 198, 245
원회운세론 · 91
월굴암 · 26, 196
월출산 · 330
유금강산기 · 300
유기 · 293, 299
유기문학 · 330
유기산문 · 196, 244, 288
유람시 · 299
유람의식 · 245, 252, 256, 269
유람일기 · 299
유록 · 293, 299
유명건 · 309
유명뢰 · 194
유명악 · 309
유명홍 · 309
유배 · 19
유산기 · 293
유산록 · 315
유송도록 · 300
유수기 · 301
유악 · 67
유언명 · 309
유언전 · 301

유준영 · 233, 354
유지당 · 196
유척기 · 306, 309
유한준 · 308
유한지 · 194
유효립 역모사건 · 219
유훈 · 240
유희한묵 · 225
육유 · 339
육청 · 261
육청진전 · 263
윤경지 · 215
윤덕희 · 218
윤두수 · 215
윤상익 · 393
윤임 · 258
윤진영 · 39, 233
윤휴 · 30
율곡 이이 · 15, 275, 303, 318,
      321, 325, 372, 378, 380,
      382, 385, 393
융의당 · 253
융의연 · 280, 430
은거취향 · 240
은둔문화 · 19
은병정사 · 379
은사문화 · 292
은일문학 · 195
은일의식 · 37, 49
은일전 · 62
은자 · 283
은자의식 · 269
은허 · 66
음양소장 · 26
음중팔선도 · 215
읍궁암 · 275
옹암 · 136, 272
옹암구거 · 148
의령남씨 · 309
의리학 · 29
이간 · 304
이경여 · 194
이공 · 208
이괄의 난 · 219
이규보 · 300
이단상 · 29, 301, 304, 306
이덕무 · 204

이덕수 · 344, 346
이덕재 · 301
이덕중 · 28, 276
이민서 · 295, 324
이백 · 263, 330, 338
이별 · 254
이병연 · 28, 196, 293, 306,
      310, 312, 339, 347, 349
이보천 · 309
이사 · 228, 235
이상해 · 39
이석 · 379, 393
이성길 · 368, 372
이세백 · 28
이소 · 226
이소경 · 211
이식 · 207, 234, 313
이여 · 380
이완우 · 192
이용은 · 187, 402
이원성 · 396
이유원 · 210
이이첨 · 220
이익 · 336
이인상 · 193
이자민 · 208
이자성 · 17
이자헌 · 12
이재 · 304, 307
이정구 · 203
이정섭 · 332, 335, 342
이종호 · 39
이중환 · 320
이지재 · 81
이진법 · 84
이집 · 340
이천격양집 · 26
이하곤 · 28, 312, 322, 331, 341
이하조 · 301, 390, 394
이항복 · 201, 203
이현익 · 304
이화암 · 246
이화질서 · 181
이황 · 15, 193, 199, 257, 275,
      283, 303, 317, 321, 367
이효숙 · 194, 198
이희조 · 36, 305, 315, 380

인경왕후 • 193
인뢰 • 330, 331
인목대비 • 35
인문석人文石 • 26
인물성동론 • 304
인물성이론 • 303
인왕산 • 205, 308, 309
인조 • 15, 17, 217
인조반정 • 35, 209, 213, 219
인찰 • 231
인평대군 • 218
일민 • 59
일원체 • 339
임당체 • 201
임방 • 337
임성주 • 304
임영 • 303
임진왜란 • 44, 199, 319
임춘 • 300
임하필기 • 210
임형수 • 256

ㅈ

자하남씨 • 308
잡지 • 313
장 피아제 • 85
장계 • 334
장동김문 • 192, 200, 202, 205,
　　210, 217, 219, 225, 238,
　　296, 298, 300, 312, 314
장동김씨 • 282, 309
장수지처 • 288
장유 • 205, 218, 313, 315
장육당육가 • 254
장응두 • 340
장자 • 57, 213, 214
장자방 • 231
장자 • 346
장주 • 34
장지국 • 208
저주서간 • 334
전각 • 230
전문 • 205
전서 • 190, 192, 225, 233
전서체 • 205, 217
전신 • 338, 347
전신사조 • 343

전원시 • 270
전주체 • 205, 235
전후문자 • 229
절의정신 • 220
정 · 주학 • 15
정경구도 • 337
정광필 • 201
정두경 • 60
정란 • 348
정래교 • 312
정민교 • 312
정범조 • 246
정사경영 • 23, 107
정선 • 28, 196, 293, 306, 340,
　　347, 349, 445
정약용 • 28, 276, 335, 397,
　　403, 410, 419, 429, 435
정엽 • 203
정유길 • 200, 203, 208
정이 • 37
정재륜 • 191
정창연 • 201
정철 • 211
정호 • 380
제갈량 • 25, 254, 426
제물론 • 346
조광윤 • 14
조구명 • 341
조문명 • 301
조선사료집진속 • 381
조선중화주의 • 293
조성기 • 29, 302
조성명 • 234
조세걸 • 24, 233, 284, 356,
　　373, 376, 386, 392, 443
조식 • 64
조영석 • 122, 306
조운기 • 252, 254
조위한 • 245
조유수 • 341
조이숙 • 208
조전기덕비 • 227
조천 • 200
조천록 • 44, 296
조천사행 • 29
조한영 • 24, 237
조현명 • 340

조홍종 • 387
존주 대명의리 • 293
종요 • 227
주서 • 190, 192
주역 • 19
주역참동계 • 61
주자 • 23, 226, 234, 275, 283,
　　287, 317, 366, 426, 443
주자대전 • 25
주자서 • 235
주자성리학 • 213, 353, 365
주자학 • 199
주희 • 353, 364, 391
죽림칠현 • 62
죽반승 • 267
중용 • 226
중원 • 15
지각설 • 306
지리산 • 269, 295
진경 • 17, 286, 344
진경론 • 287
진경문화 • 21, 314, 344
진경산수론 • 24
진경산수시 • 294, 329
진경산수화 • 293, 294, 336,
　　355, 445
진경시 • 328, 330, 336, 343
진경시학 • 314, 333, 335, 339
진도남 • 29
진락 • 320
진시황 • 228, 335
진은 • 270
진전첩발 • 228
진회 • 185
집고록 • 229, 234
징회록 • 300

ㅊ

창녕조씨 • 237
창명 • 292
창흡 • 196
채수 • 300
채옹 • 227
채원정 • 78
척화파 • 24
천근석 • 26, 196
천기 • 213, 329, 330, 342

천기유동 · 214
천인합일설 · 26
천취 · 331
첨성대 · 275
첩석대 · 280, 431, 433
첩석대도 · 433, 436
청고미 · 321
청구영언 · 332
청람대 · 266
청량산 · 275
청령뢰 · 319
청령수이 · 322
청룡산 · 288
청몽루 · 260
청옥협 · 276, 278, 405, 407
청옥협도 · 410
청은대 · 253, 359
청음집 · 168
청천면 · 275
청평사 · 12
청평산 · 291, 292
청풍계 · 20, 202, 203, 204
청풍김씨 · 308
체용론 · 77
최경창 · 330
최립 · 212, 216, 313
최명길 · 17
최석항 · 282, 394
최성대 · 246
최척 · 246
최척전 · 245
최치원 · 438
추강만박도 · 239
추사체 · 194
축수편 · 257
춘천 · 190, 271, 357
춘추대의 · 17
충우관 · 370
취록헌 · 339
취석 · 131
취성도 · 25, 391
칠선동 · 291, 361
칠선동기 · 291

ㅌ
타괴 · 175
타괴법문 · 173

탕운곡 · 252, 254
탕평정국 · 29
태극도 · 25
택당총완 · 207
토포스 · 288
통감강목 · 209

ㅍ
파곳 · 275
파로호 · 12
팔기군 · 15
팔법 · 206
팔분 · 190, 192, 230
팔분예서파 · 194
팔분체 · 192, 193, 230, 231
풍광 · 283
풍교야박 · 335
풍산 · 46
풍악록 · 325
풍악산 · 291
풍악일기 · 301
풍양조씨 · 301
풍전역 · 272
프랙탈 · 69
피세의식 · 263
필운산 · 204
핍진 · 344, 442

ㅎ
하도낙서 · 25
학가산 · 43
학소대 · 275
학조대사 · 126
한계산 · 263
한라산 · 269, 295
한래왕교 · 26, 196
한묵유희 · 239
한영 · 221
한원진 · 304
한유 · 226
해사록 · 296
해서체 · 230
해악전신첩 · 340, 344, 349
해유 · 295
해유록 · 296
해인사 · 246
해주 석담 · 275

허균 · 199, 209
허연 · 249
현상벽 · 304
현종 · 18
형사 · 336, 342, 347
형신겸비 · 336
형신불격 · 337
형신 · 336
호고취향 · 200
호발설 · 303
호안국 · 315
호응린 · 334
호접몽 · 346
호학파 · 304
홍공 · 208
홍눌 · 148
홍대용 · 305, 335
홍만종 · 60
홍세태 · 28, 245, 310, 312
홍유인 · 301
홍인우 · 325
홍주 · 219
화산도사 · 29, 288
화악산 · 12, 43, 252, 263, 265, 271, 275, 356, 359, 363
화양구곡도 · 374
화양동 · 222, 275, 322
화운담 · 419
화음 · 199, 261, 267
화음동 · 196, 244, 252, 258, 262, 269, 283, 288, 347
화음동 정사 · 25, 352, 363
화천 · 12, 352, 356
환경 · 343, 344
환국 · 18, 35, 283
황강구곡 · 372
황극경세서 · 26
황신 · 203
황인건 · 194, 195
회계도 · 217
회맹단 · 204
효종 · 17
후한서 · 58
훈구세력 · 34
희령산 · 248, 288